U0456150

讀史方輿紀要

（四）

〔清〕顾祖禹 撰

團結出版社

目录

读史方舆纪要卷四十一

山西三　平阳府

○平阳府，东至潞安府三百九十里，又东南至泽州四百一十里，南至黄河二百六十五里，又渡黄河至河南之陕州一百二十里，又西至黄河三百一十里，又渡黄河西北至陕西延安府二百七十里，北至汾州府三百九十里，又东北至沁州三百四十里。自府治至布政司五百九十里，至江南江宁府二千四百里，至京师一千八百里。

《禹贡》冀州地，即尧舜之都，所谓平阳也。《世纪》云：其地在平水之阳而名。春秋属晋。战国属魏。秦为河东郡地。两汉因之。三国魏始置平阳郡。晋因之。永嘉三年，刘渊僭号，建都于此。其后石赵慕、容燕及苻、姚之徒，相继有其地。后魏亦为平阳郡，兼置东雍州。太和中罢，孝昌中，改置唐州。建义元年，又改晋州。魏收《志》：真君四年，置东雍州。太和十八年罢。孝昌中置唐州，建义初改晋州，后又置总管府于此。东魏、北齐皆为重镇。后周亦曰晋州。隋初改平阳郡为平河郡，以阳与杨同音也，三年废郡，而州如故。炀帝改州为临汾郡。义宁初，复曰平阳郡。唐复曰晋州。天宝初，亦曰平阳郡。乾元初复故。五代梁置定昌军节度，开平三年，分护国节度置，兼领绛、沁二州，寻又改为建宁军。后唐曰建雄军。宋仍为晋州，亦曰平阳郡、建雄军节度。政和六年，升为平阳府。金因之。河东南路置于此。元曰平阳路。大德九年，改为晋宁路。明初复曰平阳府，领州六、县二十八。

府东连上党，西界黄河，南通汴、洛，北阻晋阳。宰孔所云景、霍以为城，景，太也，谓霍山。汾、河、涑、浍以为渊，而子犯所谓表里河山者也。战国时，魏有其地。秦商鞅言于孝公曰：秦之与魏，譬若人有腹心之疾，非魏并秦，秦即并魏。何者？魏居岭厄之西，都安邑，而独擅山东之利。利则西侵秦，病则东收地。魏必东徙，然后秦据河山之固，东乡以制诸侯矣。秦、汉以降，河东多事，平阳尝为战地。曹魏置郡于此，襟带河、汾，翼蔽关、洛，推为雄胜。杜畿云：平阳披山带河，天下要地。是也。晋室之乱，刘渊窃据其地，纵横肆掠，毒被中原。迄于五胡迭兴，索头继起，平阳居必争之会，未有免于锋镝者也。及周、齐相争，平阳如射的。然齐卢叔虎尝谓其主演曰：今宜立重镇于平阳，与彼蒲州相对，深沟高垒，运粮积甲，彼闭关不出，则稍蚕食其河东地，使日穷蹙。彼若出兵，非十万以上，不足为我敌也。其后周主邕伐齐，乃曰：前出河外，先是周主伐齐，出河阳，攻拔其南城，故云。直为拊背，未扼其喉，晋州本高欢所起之地，镇摄要重，今先克之。鼓行而东，足以穷其巢穴矣。及晋州拔齐，遂不可复固。唐起义师，亦先入临汾，及西指关中。柳宗元曰：晋之故封，太行倚之，首阳起之，黄河迤之，大陆靡之。大陆在今北直钜鹿县境，盖约言封域所届也。盖地大力强，所以制关中之肘腋，临河南之肩背者，常在平阳也。朱温争河中，先取晋、绛，克用遂不能与抗。刘知远自河东定汴、洛，亦自晋、陕而东。及女真、蒙古之祸，平阳皆先受其毒，而后及于关、洛。夫平阳之形势，顾可忽乎哉？

〇临汾县，附郭。古平阳也，相传即尧所都。春秋为晋邑。昭二十八年，魏献子分羊舌氏之田为三县，以赵朝为平阳大夫。其后韩贞子居此。汉为平阳县，属河东郡。高帝封功臣曹参为侯邑。昭帝时，度辽将军范明友亦封平阳侯。后汉仍为平阳县，曹魏置平阳郡治焉。晋因之。后魏为晋州治。隋改县曰临汾，大业三年，州废，属临汾郡。义宁初，属平阳郡。唐武德元年，郡废，属晋州。后因而不改。《城邑考》：今城，明初因旧城增筑。景泰初增修，周十二里有奇，有门四。正德七年，筑东郭新城，周六里有奇，凡三面为门六。编户一百五十二里。

平阳城，府西南二十里，故尧都也。汉置县。应劭曰：平阳在平河之阳而名。后汉亦为县治。《水经注》：汾水自高梁邑，又南经白马城，西经平阳郡治，又南经平阳县故城东，又南与平水合。东自狐谷亭，又东径平阳城南，又东入汾。平阳城，今在汾水西也。一名刘渊城。相传渊筑此城，自蒲子徙都之。或曰：永嘉三年，刘渊徙平阳，自谓尧后，而平阳城亦曰尧城，因都于此，改诸城门皆因洛阳门名。是渊所都即平阳城矣。《括地志》：今晋州城因平阳城东南为之。《通典》又云：临汾县有古尧城。《郡志》云：刘渊城，今名金店。其地皆在今郡城西。意故城阔远，刘渊城即平阳旧壤矣。

高梁城，《括地志》：在临汾东北三十七里。晋邑也。《春秋》：僖九年，晋乱，齐侯以诸侯之师伐晋，及高梁而还。又僖二十四年，晋文公刺公子围于高梁。《竹书纪年》：晋出公二十年，智伯瑶城高梁。汉高二十年，封郦食其子疥为高梁侯，邑于此。《水经》：汾水西南过高梁邑，故高梁氏之墟也。宇文周建德五年，齐主高纬围平阳，周主邕自将救之。高阿那肱以周师大集，议坚壁勿战，却守高梁桥。既而两军合战，齐主奔高梁桥，遂北走。桥盖以故城名也。《郡志》：今其地名程王里，亦曰梁墟。

武遂城，孔颖达：城东去平阳七十里。战国时韩邑。《史记》：楚怀王二十年，昭睢曰：秦破韩宜阳，而韩犹事秦者，以先王墓在平阳，而秦之武遂去之七十里也。《韩世家》：襄王六年，秦复与我武遂。九年，秦复取武遂。十六年，秦与我河外及武遂。釐王六年，与秦武遂地二百里。又《秦纪》：武王四年，涉河城武遂。《年表》：昭王十一年，以武遂复归韩。即此。〇西平城，在府西北四十里。晋永嘉五年，刘聪据晋阳，以其子骥为征西将军，筑西平城居之。建兴元年，并州牧刘琨伐汉，遣监军韩据自西河而南，将攻西平，聪益军守之。是也。又刘渊城，《志》云：在府西南二十里。相传渊筑此城，自蒲子徙都之。或曰永嘉三年刘渊徙平阳，自谓尧后，而平阳城亦曰尧城，因都于此，政诸城门皆用洛阳门名。是渊所都即平阳城矣。《括地志》：今晋州城因平阳城东面为之。通典又云：临汾县有古尧城。《郡志》云：刘渊城，今名金店，其地皆在今郡城西。意故城阔远，刘渊城即平阳旧壤矣。

柴壁城，在府西南六十里汾水上，旧为戍守处。晋元兴初，姚秦拔魏乾壁，魏主珪驰救，围攻秦将姚平于柴壁，秦主兴将兵救之，将据天渡运粮以馈平，魏博士李先曰：兵法高者为敌所栖，卑者为敌所囚，今秦皆犯之，宜及兴未至，遣奇兵先据天渡、柴壁，可不战取也。珪因筑重围以绝内外，遂克之。胡氏曰：柴壁在汾东，天渡盖汾津之名，在汾水西岸，今太平县子奇垒与此接界，或以为即柴壁云。〇白马城，在府东北二十里。魏收《志》：晋州治白马城，贞观六年，移治平阳古城，即今治是也。

姑射山，府西五十里，有姑射、莲花二洞，其南面支阜曰平山，平水出焉。其西北为分水岭，西接蒲县界，旧有关，今废。又石孔山，在府西三十五里，当姑射山前，九孔相通，深不可测。

漫天岭，府东北五十里。与浮山县东南之龙角山相接。山势回远，因名。

汾水，在府城西二里。自汾州府南流，历灵石、赵城、洪洞等县流经此，又南入襄陵县界。周威烈王时，韩康子都平阳，从智伯伐赵，决晋水灌晋阳。智伯曰：吾乃今知水可以亡人国也。魏桓子时康子，康子履桓子之跗，以汾水可以灌平阳，绛水可以灌安邑也。旧《史》云：汾水可以灌安邑，绛水可以灌平阳，乃文误耳。后汉建安七年，袁尚遣郭援入河东，与并州刺史高幹及南匈奴攻略城邑，曹操使钟繇围南单于于平阳，未拔，而郭援自河东驰至，众惧。繇曰：援若度汾为营，乃其未济击之，可大克也。援果径前渡汾，济未半，击破之。晋元兴元年，姚兴引兵救柴壁，将据天渡，魏人为浮梁渡汾西，筑围拒之。兴至，屯汾西，凭壑为垒，束柏材从汾上流纵之，欲以毁浮梁，魏人钩取为薪蒸，兴计无所出，柴壁遂陷。后周建德五年，周主攻齐晋州军于汾曲。胡氏曰：汾曲在平阳南。今汾水上有西桥、加泉、吴村等渡，皆东去城二三里。馀详大川。

平水，在府西南。源出平山，流至城西五里，汇为平湖。又西南流至襄陵城北，东入于汾，居民皆引溉田。一名晋水。○涝水，在府城北。源出浮山县北乌岭山，流入境，一名高河，或谓之长寿河，西流入汾。洪武十一年，知府徐铎引入城为二池，以供民汲，曰永利池。

潏水，在府城东。源出浮山县东南龙角山，西北流入境，合高梁水。又西北会涝水入汾。《唐志》：临汾东北十里有高梁堰，武德中，引高梁水入百金泊以溉田。贞观十三年，为水所败。永徽二年，刺史李宽自城东二十五里夏柴堰引潏水溉田，令陶善鼎复治百金泊，亦引潏水溉田。乾封二年，堰坏，乃西引晋水。晋水即平水也。百金泊，在今城东南二十里。〇夏池水，在府西南三十里，流合晋水入汾。又天井水，在府北五十里，南流入汾。《志》云：晋将曹佃袭击刘曜将卜休于此。

匈奴堡，旧《志》：在府西南七十里，匈奴种人尝保聚于此，因名。姚秦时为戍守处。晋义熙十一年，并州胡叛秦入平阳，推匈奴曹弘为单于，攻秦将姚成都于匈奴堡，姚懿自蒲坂讨擒之。十二年，姚懿以蒲坂叛，欲运匈奴堡谷以给镇人，姚成都拒之，懿遣将攻成都，为成都所擒。十三年，刘豫伐秦，檀道济等渡河攻蒲坂，遣别将攻匈奴堡，为成都所败。今堙。又府东北旧有冷泉关，今亦堙废。

狐谷亭，在府西北。《春秋》：僖十六年，狄侵晋，取狐、厨、受铎，涉汾，及昆都，因晋败也。杜预曰：临汾西北有狐谷亭，即春秋时晋之狐厨邑。预所谓临汾，今绛州也。又府南有昆都聚，时晋惠公为秦所败也。〇尧祠，在城南五里。旧《志》云：在城东十里平原上，以尧尝都此也。朱梁开平三年，晋兵攻晋州，大掠至尧祠而去，即此。

襄陵县，府西南三十里。南至太平县六十里，东至浮山县百十五里，东南至翌城县百里，至乡宁县百五十里。春秋时，晋大夫郤犨食邑也。汉置襄陵县，属河东郡。应劭曰：县西北有晋襄公陵，因名。后汉因之。魏属平阳郡。晋及后魏因之。高齐移禽昌县治此，以襄陵并入。隋初郡废，县属晋州。大业二年，复曰襄陵县。唐因之，仍属晋州。元和十四年，改隶绛州。太和初，复改为河中府。唐末复故。五代晋又改属绛州，寻属河中府。宋还属晋州。今城周五里有奇，今编户七十二里。

襄陵旧城，县东二十五里，县本治此。应劭曰：襄陵在县西北。师古曰：有晋襄公陵，因以名县。《水经注》：汾水自平阳，又南经襄陵故城西。《括地志》：襄陵故城在临汾东南三十五里，是也。《晋·地道记》曰：晋武公自曲沃徙此。晋大兴初，平阳乱，石勒西击靳准，据襄陵北原。永和十二年，姚襄为桓温所败，自洛阳奔平阳，进据襄陵。太元十一年，苻丕自晋阳南屯平阳，与慕容永战于襄陵，大败。后魏主焘神䴥初，擒赫连昌，析襄陵东北置禽昌县，并置禽昌郡。真君二年，郡废，县属平阳郡。后齐移治襄陵，因改襄陵曰禽昌。隋复为襄陵，皆治此。唐移治于汾水西，在今县西南十里，地名宿水店。宋天圣初，徙治晋桥，即今县也。《一统志》：禽昌城在洪洞县东南二十四里，或谓之白马城。又有郤犨城，在县东南二十里。其东面圮于水，馀三面尚存遗址，或曰即故襄陵城云。

乾壁城，在县东南，亦曰乾城。晋元兴初，魏主珪与后秦有隙，命并州诸部积谷于平阳之乾壁以备秦，既而姚兴遣军攻乾壁，拔之。魏收《志》：禽昌县有乾城，即乾壁矣。

三磴山，在西南十五里，山长九十馀里。其形三层，山之北有龙斗峪。又焦石山，在县南十五里，亦曰焦石岭。○崇山，在县东南四十里，一名卧龙山，顶有塔，俗名大尖山。山之西峤，亦曰卧龙冈。东南接曲沃、翼城，北接临汾、浮山，皆谓之分水岭，南北连亘，长二十馀里。

汾河，在城东。自临汾县流入境，又南入太平县界。○晋水，在城北，即平水也。亦自临汾县流入界，引流为中渠、横渠，又为李郭、高石二渠，分溉民田，下流东入于汾。又三交水，在县东二十里，源出崇山，合诸溪水西流入汾。

灰泉，县北二里。又县西南十五里有丹朱泉。又西南十里有娥、英二泉。俱引流溉田，下流注于汾河。

太平关。县南三十五里。又南至太平县二十五里。旧名故关镇。《宋志》：县有雕掌、豹尾二寨，今废。

○**洪洞县**，府北五十五里。东至岳阳县五十五里，东南至浮山县八十里，西至蒲县百三十里，北至霍州八十里。春秋时杨国，晋灭之为杨邑。汉置杨县，属河东郡。魏属平阳郡，晋因之。后魏改属永安郡。隋属晋州，炀帝时州废，属临汾郡。义宁初，改为洪洞县。唐因之。今城周六里有奇，今编户九十一里。

杨城，县东南十八里，春秋时故国治此。伯侨自晋归周，封于杨。晋灭杨，以赐羊舌肸。昭二十八年，羊舌氏灭，魏献子使僚安为杨氏大夫。是也。《寰宇记》：杨城在范东郛，一名危城，晋叔向所筑。又高梁城，杜预云：杨城东南有高梁亭，在平阳县西，即临汾之高梁城矣。《后汉志》引《地道记》云：梁城去县五十里，叔向是也。

洪洞城，县北六里。东魏置镇于此。西魏大统二年，宇文泰军于蒲坂，略定汾、绛，东魏行晋州事，封祖业弃城走，薛修义追至洪洞，说之还守，不从，修义遂还据晋州，拒却魏师。姚勖《序行记》：周建德五年，从行讨齐师，次洪洞，百雉相临，四周重复，控险据要，城主张元静率所部肉袒军门请降。《北史》：周主邕攻拔晋州，宇文宪自雀鼠攻拔洪洞。是也。隋末，因改杨县曰洪洞。唐大顺初，遣张濬等伐河东，军于晋州，李克用遣李存孝营赵城，薛志勤等营于洪洞，即今县矣。

西河废县，县西南三十里。后魏孝昌三年，侨置西河郡，治永安县。隋开皇初，郡废，改县曰西河，属晋州。大业初，县废。唐武德中，复析洪洞，置西河县，仍属晋州。贞观十七年，省入临汾。

九箕山，县东十五里。厥状类箕，南向有九，一名土山。《志》云：县北有玉峰山，自九箕而来，西临汾水。又英山，在县西南，其东南与姑射山相接。○娄山，在县西三十里，北接赵城县之罗定镇。又县城南有洪崖，高逾百尺，东西袤五十里，涧水出焉，流入于汾。又西南有宝崖，四壁孤绝，北俯汾河。

汾河，县西二里。自赵城县流入境，又南入临汾县界。《志》云：县南有通利渠，又有众利渠，皆导汾水至临汾县北，溉田各数十顷。○华池泉，在县东十里。县西二十里有普济泉。又南有普润泉。县东南二十五里，又有深泉、宝泉。其相近者，又有双泉及无底泉，俱引流溉田，而注于汾。

普润驿。在县北。《志》云：正统十年建。

〇**浮山县**，府东九十里。北至岳阳县四十里，东至泽州沁水县百二十五里，南至翼城县七十五里，西南至太平县百三十里。本汉襄陵县地。高齐省入禽昌，隋复置。唐武德二年，析置浮山县，属晋州。四年，改曰神山。宋因之。金大定七年，复曰浮山。兴定四年，更名忠孝。元仍曰浮山。今城周四里有奇，今编户十七里。

郭城，县南十里，故戍守处也。魏收《志》：禽昌县有郭城，其城三面险绝，惟东面平夷，即此。《志》云：浮山县旧治郭城，五代唐自郭城移于今治，一名丹朱邑，中有丹朱饮马泉云。

龙角山，县南三十五里。两峰对峙，旧名羊角山，唐武德中改今名。其东南峰有珍珠洞，又有华池。山之南麓跨翼城县界。〇浮山，在县西六十里，相传洪水时，此山随时消长也，县因以名。又县东八里有南尧山，县东北二十里有北尧山，上皆有尧祠。

黑山，县北四十里。一名牛首山，又名乌岭，涝水出焉。〇秦王岭，在县东北四十里。旧《志》：唐太宗南破宋老生，从霍山潜行至此，以扼前锋，后人因呼为秦王岭。

涝水，在县北。源出乌岭，亦名黑水。旁有小涧沟，合流而入临汾县界。又潏水，在县东南十五里，源出龙角山西北，亦入临汾县界，下流俱注于汾水。

平宁里，在县东十里。东汉初，绝永安集河东，破青犊贼，报功于此，因名。

鬼门关。在县北，出绛州之间道。

〇**赵城县**，府北九十里。东北至霍州五十里，西北至汾西县九十里。东南至浮山县百五里，东至岳阳县七十里。周穆王封造父之地，即厉王所奔之处。春秋时，赵简子居此。汉为彘县地，属河东郡。后汉阳嘉三年，更名永安，郡不改。后魏太武帝废，宣帝复置。隋为霍邑县地，义宁初，始析置赵城县，属霍山郡。唐武德元年，郡废，属吕州。贞观十七年，改属晋州。宋熙宁五年省，元丰三年复置。政和二年，升为庆祚军。金复为赵城县。元改属霍州。明洪武三年，改今属。城周五里有奇，编户三十七里。

故赵城，县南三十五里。相传造父始封此，即赵简子之邑也。《志》云：今县东北三里有赵简子城，隋置县于此。唐麟德初徙县于今治。今故城遗址尚存。

霍山，县东北十五里。北跨霍州灵石县界，东抵沁源县界，古冀州之镇也。今详见名山霍山。○罗云山，在县西四十里。山高耸，尝有云气舒布于其上，一名七佛峡。

汾河，在县西。自霍州流入界，又南入洪洞县境。

霍渠。在县东南四十里，即霍山之水也。唐贞元中，引流分二渠，名曰北霍、南霍。其北渠分三道，专溉赵城境内之田。南渠分五道，兼溉洪洞境内之田，凡九百有馀顷。下流注于汾水。又有大泽渠，在县东北二十里，源亦出霍山。元中统四年，引渠灌田十馀顷，西入于汾，俗呼为清水渠。

○太平县，在府西南九十里。东至翼城县百十里，东南至曲沃县八十里，南至绛州五十五里，西北至乡宁县百六十里。汉临汾县地，属河东郡。后魏真君七年，析置泰平县，属平阳郡。后周讳泰，改曰太平。隋开皇三年，郡废，属晋州。十年，属绛州。唐、宋因之。明洪武二年，改今属。今城周三里有奇，编户五十四里。

太平城，在今县北。《志》云：后魏置泰平县，在今县北二十五里太平关，今关亦名故城镇，以此也。隋尝移治于关东北，唐初复还旧治。贞观七年，移县于敬德堡，即今县矣。

临汾城，在县南二十五里。亦曰汾城。秦昭襄王五十年，发卒军汾城旁，即此。汉置临汾县，属河东郡。魏、晋属平阳郡。后魏真君七年，并入太平县。太和十一年，复置。后齐县废。隋改平阳曰临汾，而故城遂墟。《旧志》：临汾故城，在绛州东北三十五里。盖境相接也。

汾阳山，县南十里。以汾水经其南而名。

汾水，县东三十里。自襄陵县流入境，又西南入绛州境。其渡口曰临汾渡，县境诸小水皆流汇焉。〇雷鸣水，《志》云：有二，一出县西北十五里之蔚邨，一出县西二十五里西侯邨，俱东流注于汾。又有源泉，在县东北二十五里，潜流地中，而东南出，引渠溉田，下流入汾。

子奇垒。县东三十里。子奇，后秦主姚兴弟姚平字也。兴使与狄伯支等将步骑四万伐魏，攻平阳，拔之，遂据柴壁。魏军大至，截汾水以断粮援，平大败，将麾下三十骑赴汾水死。今此垒西临汾水，垒侧有柴邨，亦曰柴庄，盖即柴壁云。〇白波垒，在县东南三十里。后汉末，黄巾馀党郭大于汾西白波谷筑垒寇太原，即此。今名永固邨。

〇**岳阳县**，府东北百十里。东北至沁州沁源县百九十里，西南至洪洞县五十五里，西至赵城县七十里，西北至霍州百十里。汉彘县及上党郡谷远、猗氏三县地。后魏建宁元年，置安泽县，属义宁郡。隋开皇十六年，属沁州。大业二年，改曰岳阳县。十二年，州废，属临汾郡。义宁初，属平阳郡。唐属晋州。宋因之。元省，寻复置。今城周三里有奇，今编户十八里。

冀氏城，县东南百二十里。汉猗氏县，属上党郡。后魏建义元年，析禽昌、襄陵地置冀氏县，兼置冀氏郡治焉。高齐郡废。隋属晋州。唐因之。会昌三年，刘稹以泽、潞畔，河中帅陈夷行以兵守翼城及冀氏，既又诏晋、绛行营帅石雄自冀氏取潞州，仍分兵屯翼城，以备侵轶，是也。宋仍曰冀氏县。元至元三年，省入岳阳。明年，以冀氏当东西驿路之要，复置县，以岳阳并入。寻复置岳阳，而冀氏县废。今名冀氏里。又有合阳城，在县南，亦后魏末置，属冀氏郡，高齐省入冀氏。

和川城，县东九十里。后魏建义初，分禽昌地置义宁县，属义宁郡。隋初郡废，县改曰和川，属沁州。大业初废。义宁初，复分沁源县置，属沁州。唐因之。宋改属晋州。熙宁五年，省入冀氏县。元祐初，复置。金因之。元省入岳阳。今名和川里。《志》云：县东北九十里有故唐城，相传尧都故址。

凤凰山，在县北五十里。顶有风洞，有泉二道，流出其中。一名露岩山。○刁黄岭，在县东百九十里。又东至潞安府长子县五十里，岭长二十里，高八里。今详长子县。

千亩原，县东北九十里。《左传》：桓二年，晋穆侯夫人生太子，命之曰仇，其弟以千亩之战生，命之曰成师。盖晋侯尝破狄于是原也，今原下为沁水所经。

沁水，县东百里。自沁州沁源县流入界。县东南有蔺水，出县北里保丰邨，南流合焉。又东南流入泽州，下流至河南武陟县入大河。今详大川。

大涧水，在县北。《志》云：涧水有二源，一出县北安吉岭，一出县西北金堆里，俱西南流入洪洞县界，引渠溉田，下流注于汾水。又县南有赤壁水，西北流，合于涧水。一名通军水。《志》云：赤壁水出赵城县霍山南，西南流二十里，至县西漏崖入地中，过南三十里，复出而合涧水。又县东北二十五里有下冶泉，出西山石崖下，经下冶邨亦流合涧水入汾。洪武七年，引渠至城东溉田。○八十里川，在县东百六十里，源出长子县发鸠山，西南流入境，合于沁水。其川长八十里，因名。

东池堡。县南三十里，周一里，北面临崖。《志》云：隋大业初，县尝移理于此。〇赤壁，在县西一里，亦曰赤壁城，亦壁水经其下。《志》云：晋大兴初，刘曜自长安讨靳准，军至赤壁，即此。恐误。

〇**曲沃县**，府南百二十里。东至翼城县五十五里，西至绛州五十六里，南至绛县六十里，西南至闻喜县九十五里。晋新田之地。汉为河东郡绛县地。后汉为绛邑县地。晋属平阳郡。后魏太和十一年，改置曲沃县于此，属正平郡。周明帝移治乐昌城。隋开皇三年，郡废，属绛州。唐、宋因之。明洪武二年，改今属。城周三里有奇，编户六十八里。

绛城，县西南二里。一名新田城。《左传》：成六年，晋人谋去故绛，徙居新田。是也。汉于南境置绛县，此仍谓之绛城，俗又讹为王城。后魏为曲沃县地。《志》云：魏初置县于绛山北，后周移治乐昌堡，在今县南七里，亦曰乐昌城。隋又移治绛邑故城北，即今县也。〇桐乡城，在县西南四十五里，接闻喜县界。汉武元鼎六年，将幸缑氏，至左邑桐乡，闻南越破，因置闻喜县。或曰：桐乡城在今闻喜县西南八里。《一统志》：今闻喜县即故桐乡城，皆误也。

陉庭城，在县东，与翼城县接界。《左传》：桓二年，翼哀侯侵陉庭之田，陉庭南鄙启曲沃伐翼。三年，曲沃武公伐翼，次于陉庭，逐翼侯于汾隰，获之。杜预曰：汾隰，汾水之边也，亦谓之荧庭。襄二十三年，齐侯伐晋，取朝歌，为二队，入孟门，登太行，张武军于荧庭，盖即陉庭矣。《史记·晋世家》：哀侯八年，侵陉庭，陉庭与曲沃武公谋。九年，伐晋于汾旁。贾逵曰：陉庭，翼南鄙邑名，亦谓之陉城。又《韩世家》：桓惠王九年，秦拔我陉，城汾旁。孔氏曰：陉城在汾水旁。似误。盖谓自陉庭以至汾旁地也。

乔山，县西北四十五里。山高五里，长二十馀里，接襄陵县界，形势陡峻。其西麓有梦感泉，齐主高纬围平阳，恐周师猝至，于城南穿堑，自乔山属于汾水。纬大出兵，陈于堑北。即此。○紫金山，在县南十三里，产铜。山半有泉，下注悬崖，冬则凝而成冰，一名冰岩山。下又有龙底泉，《开山图》谓之绛山。

蒙坑，在县东北五十里，西与乔山相接。晋元兴初，魏主珪围柴壁，安同曰：汾东有蒙坑，东西三百馀里，蹊径不通。姚兴来，必从汾西直临柴壁。如此，便声势相接，不如为浮梁渡汾西，筑围以拒之，兴无所施其智力矣。珪从之，大败后秦主兴于蒙坑之南。五代梁开平三年，晋将周德威将兵出阴地关，攻晋州，梁将杨师厚自绛州驰救，周德威以骑兵扼蒙坑之险，师厚击破之，德威乃解围去。周广顺元年，北汉主引契丹兵围晋州，周将王峻自绛州驰救。晋州南有蒙坑，最险要，峻忧北汉兵据之，闻前锋已度，喜曰：吾事济矣。北汉主闻峻至蒙坑，遁去。今乔山以北，自西而东，山蹊斜纠，即蒙坑矣。

汾水，在县西三十五里。自太平县南流经县界，折而西入绛州境。

浍水，在县南五里。《志》云：浍河源有二，一出翼城县之乌岭山，西流入县境。一出绛县东北大交镇东，亦西北流入县境，又西入绛州界，注于汾水。《左传》：成六年，晋人谋迁新田，谓有汾、浍以流其恶者也。《史记·韩世家》：懿侯九年，魏败我浍。或谓之少水。《左传》：襄二十三年，齐侯伐晋，戍郫邵，封少水。盖封尸为京观于浍水之旁也。郫邵，见垣曲县。

济溪，在县南七里。源出紫金山麓，澄澈细流，民引以溉园圃，北入浍河。又有合水，在县北二十五里，出两崖间，合而成流，因名，西流入汾县南。又有金沟水，居民亦引流溉田，流入浍河。又新绛渠，在县东北三十五里。唐永徽元年，县令崔翳引古堆水溉田，凡百馀顷，今堙。○龙泉，在县东北三十里，一名温泉，亦有灌溉之利。

虒祁宫，县西南四十九里。《春秋》：昭八年，叔弓如晋，贺虒祁也。又晋作虒祁宫，而诸侯叛。杜预云：宫在绛西四十里，临汾水。《水经注》：汾水西径虒祁宫北，有故梁截汾水中，凡三十柱，柱径五尺，裁与水平，晋平公之故梁也。其宫背汾面浍，西则两川之交会也。《竹书》：晋出公五年，浍绝于梁。即是处矣。

蒙城驿。县西北四十里。又侯马驿，在县西南三十里。俱明洪武八年建。

○翼城县，府东南百三十里。东至泽州沁水县百里，西南至绛州曲沃县七十里，西至太平县百五十五里，北至浮山县七十五里。春秋时，晋之绛邑，后更曰翼。汉为绛县地，属河东郡。后魏太和十二年，置北绛县。孝昌三年，兼置北绛郡治焉。隋开皇初郡废，县属绛州。十八年，改曰翼城县。义宁初，于县置翼城郡。唐武德初改为浍州。二年，又为北浍州。四年州废，仍属绛州。天祐二年，改曰浍川县。五代因之。宋复曰翼城。金兴定四年，升为翼州，寻又升为翼安军。元复曰翼城县，属绛州。明洪武二年，改今属。今城周八里，编户八十四里。

故翼城，在县东南十五里。晋故绛也，城方二里。《春秋》：隐五年，曲沃庄伯以郑人、邢人伐翼。《诗谱》曰：穆侯迁都于绛，曾孙孝侯改绛为翼。庄二十六年，献公使士蔿城绛，以深其宫，自曲沃徙都之。即此。或以为唐城，误也。后魏北绛县置于此。隋、唐为翼城县治。五代唐徙治于王逢寨，即今县云。又荧庭城，在县东南七十五里，即春秋晋之陉庭也。今详见曲沃县。

皮牢城，县东北。《史记·魏世家》：惠王十年，伐赵取皮牢。《秦纪》：昭王四十八年，王龁攻皮牢，拔之。今为牢寨邨。《括地志》：浍水侧有皮牢城。是也。又息城，《志》云：在县西三张邨，春秋时，郑太子奔晋居此，亦曰寿城。

小乡城，在县西南，后魏末置小乡县，属南绛郡。隋初县属绛州，又改为汾东县。大业初省，义宁初复置，属翼城郡。唐初属浍川，寻属绛州。武德九年，省入翼城县。

浍高山，县南十五里。《史记·魏世家》：武侯九年，狄败我于浍。又惠王九年，我败韩师、赵师于浍。《括地志》云：浍山也，在翼城县。《纪胜》：山形如鸟翼，一名翱翔山，产铜及铁，唐置钱坊二所于此。又有岩洞泉壑之胜。〇羊角山，在县东北三十里，即浮山县之龙角山也。又县西北十五里有覆釜山，俗呼小绵山，上有介子推庙。

乌岭山，县东三十五里。又东北至泽州沁水县四十里，山南北有长岭，岭上东西通道，有二岭相对，曰东乌、西乌。唐会昌三年，晋绛行营帅石雄讨刘稹于泽、潞，引兵逾乌岭，破五寨，时刘稹亦遣将安全庆守之。李德裕曰：乌岭距上党百五十里。谓此山也。亦曰黑山，浍水出焉。

浍水，在县南。出东乌岭，旁引溉田，西流经城南，而入曲沃县界。《水经注》：浍水导源黑水谷，经翼城北，盖谓故城也。又女家水，在县东南。《水经注》：翼城东有女家水，出家谷中。《竹书纪年》：庄伯以曲沃叛伐翼，公子万救翼，荀叔轸追之，至于家谷者也。其水西北流入浍。

马泊泉，县北二十五里。其北有卧马山，泉出山下，因名。又有沙泉，在县东南十二里，二泉皆有灌溉之利，居民赖之云。

龙化镇。县东四十里。《志》云：镇南连绛县，北接浮山，为商旅辏集之所。

〇**汾西县**，府西北百八十里。东南至霍州五十里，西南至蒲县百二十里，西至隰州百六十里，北至霍州灵石县九十里。汉河东郡彘县地。后汉改彘县为永安县。西魏尝置临汾县，兼置汾西郡治焉。隋开皇初郡废，县属晋州。十八年，改曰汾西，属吕州。大业初属临汾郡。义宁初，属霍山郡。唐武德元年，属吕州。贞观十七年，改属晋州。宋因之。今城周四里，编户十五里。

新城废县，县西北。后周置，属汾西郡。隋开皇中，省入汾西县。义宁初，复置。唐初属北温州。贞观初州废，县仍省入汾西。《一统志》：新城东南三十里有故温泉城。

青山，县西六十里。《寰宇记》：山南入赵城，西北至温泉县，长百六十里。唐天宝六载，敕改汾西，山亦姑射之连阜也，产铁。温泉废县，今见隰州。又有商山，在县东南六十里。

汾水，县东三十五里。自灵石县流入境，又东南入霍州界。

小潺涧，县东北五里。其源曰白龙泉。又县东十五里有轰轰涧，涧东南有潭，深不可测。涧中又有穴，龙嘘气出入，其声如雷，因名，并东流注于汾水。又有泊池，在城东隅。元天历中开凿，其水冬夏不涸，亦流入于汾。

申邨堡。《旧唐书》：隋末汾西县陷于贼。武德初，权于今城南五十里申邨堡置县。贞观十六年，移于今所。《郡志》云：唐开元县尝徙治厚义邨，宋复归旧治。邨亦在今县南。

〇蒲县，府西百四十里。西北至隰州九十五里，西南至吉州百五十里，南至乡宁县百七十里。汉河东郡蒲子县地。后魏为石城县地。后周大象元年，置蒲子县，属定阳郡。隋开皇五年，属隰州。大业二年，改为蒲县。唐武德二年，置昌州于此。贞观初州废，县仍属隰州。宋仍旧。元初废入隰川县，寻复故。明初洪武二年，改今属。城周三里有奇，编户九里。

蒲县城，在今县西南二里。隋大业初县治此。《志》云：县东北有故箕城，隋开皇蒲县治也。大业二年，移于新城。唐初，复移于城东，即今治矣。天复二年，河东将李嗣昭攻慈、隰，下之，屯于蒲县。汴军营于蒲南，别将氏叔琮分军断河东兵归路，而攻其垒，破之。即此。

石城废县，县西六十里。后魏主焘置定阳县，属五城郡。太和二十一年，改曰石城，后周兼置石城郡。周末郡废，又并县入蒲县。宋白曰：后周大象初，于废石城置蒲子县，隋移今治云。〇昌原废县，在县西，唐武德初，置昌原县，属昌州。贞观初，废入蒲县。

翠屏山，在县治西南一里。山势耸秀，岩下有涌泉。又县南一里有峨眉山。县东五里有东神山。〇孤山，在县北三十里，一名黑儿岭，相传昔有刘黑儿居此。岭沿五鹿山下，至县东北界，长五十里。

第一河，在县城西。源出赵城县之七佛峡，流经此，又西至大宁县界，入于大河，以山溪众水所宗，因名。

张村岔。在县东六十里。向设巡司戍所。

附见：

平阳卫。在府治东。永乐元年建，辖左、右、中、前、后五千户。

〇蒲州，府西南四百五十里。南至河南陕州二百三十五里，西南至陕西华州百五十里，西至陕西同州八十里。

古蒲坂，舜都也，春秋时属魏。晋献公灭魏，以封大夫毕万，后遂为魏地服虔曰：魏在晋之蒲阪。秦置河东郡，两汉、魏、晋皆因之。后魏为河东郡治，兼置雍州。东魏初，改置秦州，魏收《志》：神䴥初，置雍州。延和初，改秦州。太和中，州废。天平初，复置秦州。西魏因之，后周改曰蒲州。建德末，于蒲州置营。河东郡皆如故。隋初郡废，仍曰蒲州。大业初又改为河东郡。唐武德元年，郡废，复曰蒲州武德二年，置总管府。九年，改为都督府，旋罢。开元八年，置中都，升州为河中府，旋罢，仍曰蒲州。天宝初，曰河东郡。乾元初，复曰蒲州。三年，仍置河中府，《唐书》：乾元二年，兼置耀德军于河中城内，广德二年废。上元初，又为中都，寻复改河中府为蒲州。元和三年，复曰河中府。又至德二载，置河中节度，治蒲州，兼领晋、绛、慈、隰、同、虢诸州，其后数有分合改易。光启初，赐军号曰护国。今详见州域形势。五代时，仍曰河中府，宋因之。亦曰河东郡、护国军节度。金曰蒲州。天德初，复曰河中府。《金志》：大定五年，置陕西元帅府于此。元仍旧。明洪武二年，复曰蒲州，以州治河东县省入。编户八十七里。领县五。今仍曰蒲州。

州控据关、河，山川要会。春秋时，为秦、晋争衡之地。战国时，魏不能保河东，三晋遂折而入于秦。汉以三河并属司隶，为畿辅重地，自古天下有事，争雄于河山之会者，未有不以河东为噤喉者也。曹操曰：河东，天下之要会。晋永兴以后，刘渊据平阳，而蒲坂尚为晋守，关中得以息肩。及永嘉末，赵染以蒲坂降刘聪，而关中从此多故矣。晋亡关中，由于失蒲坂也。刘曜据关中，以蒲坂为重镇。其后苻、姚之徒，皆以重兵戍守。赫连氏因之。拓跋魏争关中，先夺其蒲坂，及赫连定复据长安，又急戍蒲坂以之，而夏不复振矣。孝昌末，杨侃曰：河东治在蒲坂，西逼河滑，其封疆多在郡东。是也。西魏大统三年，蒲坂来附，宇文泰遂进军蒲阪，略定汾、绛，汾谓今吉州。及东魏来争，未尝不藉蒲坂以挫其锋。唐安史之乱，郭子仪以河东居两京间，扼贼冲要，乃自洛交今陕西鄜州。渡河，趋河东，袭据其城。时贼将崔乾祐守河中，子仪自洛交渡河，河东司户韩旻翻城应子仪，乾祐遁去。大历初，元载议建中都曰：河中之地，黄河北来，太华南倚，有羊肠、底柱之险，浊河、孟门之限，以镮辕为襟带，谓洛阳也。与关中为表里，建都于此，可以总水陆之形势，壮关、河之气色。光化四年，朱全忠欲先取河中，以制河东，召诸将谓曰：我今断长蛇之腰，诸将为我以一绳缚之。盖有河中，则河东不能与长安相联络也。既而全忠遣军自汜水渡河，出含山路，见闻喜县。袭取晋、绛，以兵守之，扼河东援兵之路，克用不能进，河中遂陷。胡氏曰：由太原西南至汾州二百六十里，又南至晋州三百五十里，又南至绛州百二十五里。自绛州西南至河中，三百六十五里。援兵纵由捷径得进，而晋、绛扼其冲，遮前险，守后要，进不得援河中，退不得归太原矣。金人谋取关中，完颜讹可曰：河中背负关、陕，南阻大河，此战守要资也。蒙古之取关中也，石天应曰：河中自古用武之地，北连汾、晋，西度同、华，起漕运以通馈饷，则关中可克期而定。明初平关、陕，亦自河中济河。河中为襟要之地，振古如兹也。

河东废县，今州治。秦蒲坂县地，属河东郡。两汉以后因之。后魏移郡治于此。隋开皇三年，郡废，属蒲州。十六年，析置河东县。大业初，为河东郡治。唐武德初，蒲州治桑泉县。三年，还治河东。自是常为州郡治。五代汉乾祐初，河中帅李守贞与长安叛将赵思绾、凤翔叛帅王景崇相连络，郭威督诸军击守贞于河中。诸将欲急攻城，威曰：河中城临大河，楼堞完固，未易轻也。不若且筑长围守之，使飞走路绝，我坐食转轻，彼城中无食，公私困竭，父子且不相保，况乌合之众乎？遂刳长濠，筑连城，列队伍而围之。又循河设大铺，连延数十里，更番步卒守之。遣水军舣舟于岸，寇有潜往来者辄擒之。守贞于是大困，遂克之。即今城也。明初，省县入州。今城周八里有奇。

蒲坂城，州东南五里。春秋时，秦、晋战于河曲。杜预曰：即蒲坂矣。战国时为魏地。《史记》：秦昭襄四年，取魏蒲坂。五年，魏朝临晋，复与魏蒲坂。十七年，秦以垣易蒲坂、皮氏。汉曰蒲反县。应劭曰：故曰蒲，秦始皇东巡见长坂，故加反云。反与坂同也。后汉曰蒲坂县。建武十八年，上幸蒲坂，祠后土。晋永嘉五年，时南阳王模镇关中，使牙门赵染戍蒲坂，染叛降于刘聪，聪遣染与刘曜等攻模于长安。建兴初，刘聪遣刘曜屯蒲坂，以窥关中。咸和三年，石勒将石虎攻蒲坂，刘曜自将驰救，虎引却。八年，后赵石生起兵长安讨石虎，使其将郭权为前锋出潼关，自将大军军蒲坂。姚秦时置并、冀二州于此。义熙十二年，姚懿以蒲坂叛，秦主泓遣姚绍击平之。十三年，刘裕伐秦，檀道济渡河攻秦并州刺史户昭于蒲坂，泓使姚驴救之，蒲坂降于裕。十四年，置并州镇焉，明年没于赫连夏。后魏主焘始光三年，遣将奚斤袭夏蒲坂，取之，斤遂西入长安，自是为河东郡治。神䴥初，夏主定复取长安，魏主命安颉军蒲坂以拒之。太和二十一年，自龙门至蒲坂祀虞舜，遂至长安。永熙三年，宇文泰讨侯莫、陈悦于秦州，高欢遣将韩轨据蒲坂以救之，不克。既而高欢自晋阳举兵向洛，宇文泰遣别将赵贵自蒲坂趣并州。西魏大统三年，宇文泰取蒲坂。八年，高欢围玉壁，宇文泰出军蒲坂。十六年，高洋篡位，泰大举伐之，自弘农济河而北，会大雨，乃自蒲坂还。后周仍为河东郡治。隋开皇初，为蒲州治，寻析置河东县。大业初，以蒲坂并入焉。《志》云：今州城外东南隅有虞都故城，与州城相连，周九里有奇。其相近有虞坂云。

永乐城，在州东南百二十里。本蒲坂县地。后周置永乐县，为永乐郡治，寻省郡，后又省县入芮城。唐初，复置永乐县，属芮州，寻改属鼎州。贞观八年，改属蒲州，寻还属虢州。神龙初，复属蒲州。宋因之。金废为永乐镇，属河东县。王应麟曰：毕万始封魏，即河中之永乐云。今有永乐渡，在大河北岸，路通河南阌乡县。洪武四年，置巡司，属潼关卫。

涑水城，州东北二十六里。《左传》成十三年，晋侯使吕相绝秦，所谓伐我涑水者。又羁马城，在州南三十六里。《左传》：文十二年，秦伐晋，取羁马。亦吕相所云剪我羁马者也。《史记》：晋灵公六年，秦康公伐晋，取羁马，晋侯怒，使赵盾、赵穿、郤缺击秦，战于河曲。是矣。即今之涉丘。

中潬城，在蒲津河中渚上。隋置，以守固河桥。桥西岸又有蒲津城。隋末，李渊自河东济河，靳孝谟以蒲津、中潬二城降。又西关城，或曰即蒲津城也。五代汉乾祐初，李守贞以河中畔，郭威等讨之，白文珂克其西关城，别将常思栅于城南，威栅于城西。是也。馀详见重险蒲津。

中条山，州东南十五里，其山中狭，而延袤甚远，因名。亦曰薄山，亦名雷首山。《春秋》宣二年，赵宣子田于首山，即此山也。山之北有数峰攒立，拱揖州城，中高旁下，俗因名为笔架山。《志》云：笔架山在县南十五里。又南五里为八盘山。又十里为麻谷山，下有虞原，相传段干木隐此。馀详见名山雷首。

首阳山，州东南三十里，与中条连麓，山有夷齐墓。《诗》：采苓采苓，首阳之巅。是也。或以此为雷首山。《十三州志》：首阳一名独头山，山有雷泽，即舜所渔处，其水南流入黄河。《开山图》：首阳与太华本一山，当黄河中流，巨灵胡开为两山，手足之迹犹存，盖传讹矣。或又谓之方山。

历山，州东南百里。相传即舜所耕处。上有历观，汉成帝元延二年，幸河东，祠后土，因游龙门，登历观。是也。《郡国志》：河东有三辂山，北曰大辂，西曰小辂，东曰荀辂，三山各距城三十里，舜耕历山，谓此地云。又九峰山，在州东南百二十里，有九峰序列，形势秀拔。

风陵堆，州南五十五里，相传风后冢也。亦曰封陵。《史记》：魏襄王十六年，秦拔我蒲坂、阳晋、封陵。二十年，秦复与我河外及封陵以和。亦谓之风谷。《正义》：封陵在蒲坂南河曲中。《索隐》云：《纪年》作封谷。《水经注》：函谷关直北隔河有层阜，巍然独秀，孤峙河阳，世谓之风陵。戴延之所谓风堆也。《括地志》：风陵在蒲阪、西南河曲之中。杜佑曰：风陵堆南岸与潼关相对，亦曰风陵山，一名风陵津。曹操征韩遂，自潼关北渡，即其处也。后魏永熙末，魏主西入关，高欢克潼关而守之，使别将厍狄温守封陵。又大统三年，高欢遣窦泰攻潼关，宇文泰潜军袭之，自风陵渡至潼关，窦泰败死。〇峨眉原，在州东五里，自西而东，绵亘逶迤，跨临晋猗、氏之境。

黄河，在州西门外。自荣河、临晋县流入境，经雷首山西，折而东入芮城县界。杜预曰：黄河经蒲坂南，所谓河曲也。秦穆公五年，与晋战于河曲。吕相绝秦，所谓入我河曲者也。宇文周保定初，凿河渠于蒲州，盖导河入渠，以资灌溉。《志》云：州城北有溥惠渠，又有永济渠，筑堰障之，谓之玉龙堰。又有古护堰，在州北一里，古北滩之西，东起滩角，西抵河岸，长四百馀步，用石筑垒，以防黄河涨决，侵啮州城也。其相近者，又有连城、横渠等堰，各长数十丈，以障御大河。

涑水，在州东十里，有孟盟桥。其上流即绛水也。自绛县历闻喜、夏县、安邑、猗氏，至临晋县界，合姚暹渠而西出，流经此。又西南注于大河，俗名扬安涧。《水经注》：涑水经雷首山北，与蒲坂分山。是也。〇沩汭水，在州南百里。《志》云：历山下有二泉，名沩、汭，东西相距二里，南流为妫，北流为汭，异源同归，西注于河，即尧厘降二女处。又有舜井，在州治东南二里，城中井脉皆硷，此水独甘。有二井，南北相通，可秉炬入，俗以为即《史记》所云穿孔旁出者。宋祥符四年，车驾临观，赐名广孝泉。

谷口泉，在州东南十五里。即中条山之水谷口，有泉出焉。傍又有苍龙谷泉，俱流入大河。又有泓龙潭，在州东三十里中条山，北流五里，入临晋县之姚暹渠。《志》云：州东南一百二十里有玉洞泉，旁又有寒谷泉，俱发源中条山阳，引流溉田，注于大河。

蒲津关，在州西门外，黄河西岸。今名大庆关，山、陕间之喉吭也。亦曰蒲渡。详见前重险蒲津。

风陵关，在州南六十里，路通潼关。唐圣历初，于风陵堆南津口置关，以讥行旅。《宋志》：蒲州河西县有蒲津关，河东县南有风陵关。是也。亦曰风陵津，亦曰风陵渡。洪武八年，置巡司于此，属潼关卫。

合河故镇，在州南五十里潭郭村。亦为合河铺。

陶邑乡，在州北三十里。《水经注》：蒲坂西北有陶城，舜陶于河滨，即此。《唐志》：河中有陶城府，盖府兵所屯也。贞元二年，马燧讨李怀光于河中，军宝鼎，败怀光兵于陶城。今曰陶邑乡。《志》云：州有陶城，又有陶泽，即舜所渔处，在首阳山下，南流入于河。○武壁，亦在州北。《志》云：自蒲州至荣河、河津、黄河岸侧，凡八寨，曰汾阴、胡壁、赵郇、薛戌、薛堡、连柏、西仓、禹门，俱元至正末筑。以薛堡居中，可制诸营，移中军于此，更名武壁，周围千二百步，南临绝涧，其北一门。今存遗址。

河东驿。在城南，旧在城北一里。洪武九年改建。又有河东驿运所，在城东，洪武十一年建置。

○临晋县，州东北九十里。东南至解州七十里。春秋时晋桑泉地。汉为解县地。后魏为北解县地，属河东郡。隋开皇十六年，置桑泉县，属蒲州。义宁初，蒲州移治此。唐还旧治，仍属蒲州。天宝十三载，改曰临晋。今城周三里有奇，今编户六十一里。

解城，县东南十八里，即春秋时晋之解梁城。解，读曰蟹。僖十五年，晋惠公许赂秦伯以河外列城五，内及解梁城。《战国策》：赧王二十一年，秦败魏师于解。即解梁也。汉置解县，属河东郡。后汉及晋因之。后魏为南解县，西魏时改废。《春秋》杜预注曰：解梁城，在汉解县西。又北解城，在今县西三十里，后魏太和十一年，置北解县，属河东郡，即此。后周废。○桑泉城，在县东北十三里，春秋时，晋故邑也。《左传》：僖二十四年，晋公子重耳济河入桑泉。杜预曰：桑泉城在解县北二十里也。隋因以名县。又有温泉废县，唐武德三年，分桑泉地置，九年废。

郇城，县东北十五里，文王庶子所封郇国。《诗》所谓郇伯劳之者也。后并于晋。僖二十四年，秦送重耳渡河，围令狐，晋人军于庐柳，咎犯与秦、晋大夫盟于郇。成六年：晋人谋居故绛，诸大夫皆曰，必居郇、瑕者也。服虔曰：郇国在解县东。郦道元曰：今解故城东北二十四里有郇城，在猗氏故城西北。杜预曰：解县西北有郇城。《寰宇记》：在今猗氏县西南四里，似皆有误。○瑕城，在县东南，京相璠曰：河东解县西南五里有故瑕城。《春秋》：僖三十年，秦晋围郑，郑烛之武谓秦穆、所云许君焦、瑕，朝济而夕设版者。又文十二年，秦侵晋，及瑕。十三年，晋使詹嘉处瑕，守桃林之塞。即此。焦，见河南陕州。桃林，见陕西潼关。

虞乡城，县南六十里。汉解县地，后魏分置虞乡县。唐武德初，改虞乡为解县，即今之解州。而于解县西五十里别置虞乡，即此城也。贞观二十二年，省入解县。天授二年，复置，属蒲州。天祐四年，朱全忠围河中，河中降。全忠自洛阳驰至虞乡受其降。盖虞乡西至河中六十里而近也。宋仍为虞乡县地，金因之。元省入临晋。明因之。今复置虞乡县。○阳晋城，在县西南。《括地志》：虞乡县西二十五里有阳晋城，一名晋城。《史记·魏世家》：襄王十六年，秦拔我阳晋。又西北有高安城。《赵世家》：成侯四年，与秦战于高安。《正义》：高安，在河东也。又智城亦在县西。《括地志》：虞乡县西北有智城，智伯所居。

王官城，在县南。《城冢记》云：在虞乡南二里。《左传》文三年，秦师涉河焚舟，取王官城。成十三年，晋侯使吕相绝秦，所云俘我王官者。《水经注》：涑水西经王官城，城在南原上，人谓之王城。《志》云：

王官谷以王官废垒为名，即此城也。○东张城，在县西，《括地志》：虞乡西北有张杨故城，一名东张城。汉二年，曹参攻魏将军孙遫军于东张，大破之。《水经注》：涑水西南经张杨城东。魏收《志》北解县有张杨城，是也。

五老山，在县西南五十里，与中条山相接。一名灵峰，峰岩洞壑泉涧之属，参差环绕，以数十计，称为名胜。又二嶷山，在县东北三十里，有大嶷、小嶷，南北并列，亦曰三嶷山。

王官谷，县东南七十里。《志》云：山在中条山中，岩洞深邃，泉壑幽胜。旁有天柱、跨鹤诸峰，瀑布、贻溪诸水。山水之胜，甲于河东。唐末司空图隐于此。○峨眉坡，在县北五里，东连猗氏、闻喜县，西抵黄河，即蒲州之峨眉原也。

大河，在县西。自荣河县南流入境，又南入蒲州界。《志》云：县西三十里有吴王渡，在河东岸，与陕西郃阳渡相对，即韩信渡河袭魏豹处。昔有吴、王二姓居此，因名。上有吴王寨，洪武四年，置巡司戍守于此。

涑水，县东南二十五里。自安邑、猗氏县西流入县境，又南而姚暹渠流合焉，并流而西入蒲州界。《唐志》：虞乡北十五里有涑水渠，贞观十七年，蒲州刺史薛万彻所开，自闻喜引流入临晋，以溉民田。

姚暹水，县东南。源出夏县巫咸谷，流经安邑县及解州，又西流入县境南，去盐池十里，本名永丰渠。隋大业中，都水监姚暹重开故渠，因曰姚暹渠，南汇于五姓湖。引流而西，出蒲州东十里孟盟桥入大河。遇山水涨溢，有横决溃堤，侵入盐池之患，因为姚暹堰以障之，今附详大川盐池。

五姓湖，县南三十五里。亦曰五姓滩。滩旁为五姓村，湖因以名，即涑水，姚暹渠经流所钟之地也。《水经注》：涑水经张杨城东，又西南属于二陂，东陂世谓之晋兴泽，东西二十五里，南北八里。西陂一名张泽，或谓之张杨池，东西二十里，南北四五里，西北去蒲坂十五里，五姓湖当即两陂之馀流矣。《寰宇记》：张泽以唐张嘉贞与弟嘉祐居此而名，谬矣。

瀵泉，县西三十里。泉有五，陕西郃阳县有四，此有其一，异出同源，故名曰瀵。大如车轮，常时沸涌。郭璞云：瀵泉在河东西，潜流相通，是也。今详见郃阳县。

皂荚戍。在县南，西魏大统中，高欢围玉壁，宇文泰出军蒲阪，至皂荚，闻欢退，渡汾追之，不及。胡氏曰：皂荚在蒲坂东也。

○荣河县，州北百二十里。东北至河津县九十里，西至陕西韩城县三十里，东南至临晋县六十里。古纶地，夏后少康所邑也。战国时为魏汾阴地。汉置汾阴县，属河东郡。后汉及魏、晋因之。晋乱，刘渊省汾阴入蒲坂县，后魏时复置，兼置北乡郡治焉。后周改为汾阴郡。隋初郡废，县属蒲州。义宁元年，复置汾阴郡。唐初改属泰州。贞观十七年，还属蒲州。开元十年，获宝鼎，因改县曰宝鼎。宋祥符三年，又改为荣河县，又置庆成军。熙宁初军废。金贞祐三年，升为荣州。元仍曰荣河县。今城周九里，今编户三十二里。

汾阴城，县北九里。战国时魏邑也。《史记》：周显王四十年，秦伐魏，取汾阴。汉置汾阴县。高帝六年，封周勃为汾阴侯。《图经》：城北去汾水三里西北隅有丘曰脽丘，上有后土祠。文帝十六年，以辛垣平言周鼎将出汾阴，乃治庙汾阴南，临河，欲祠出周鼎。武帝元朔六年，获宝鼎于汾阴，因改元曰元鼎。四年，始立后土祠于脽丘。宣帝神爵元年，幸汾阴万岁宫。建武初，邓禹自汾阴渡河入夏阳，是也。晋大兴初，刘曜讨靳准于平阳，使其将刘雅屯汾阴，隋迁县于今治。唐开元十年，改曰宝鼎。《唐史》云：十一年，祭后土于汾阴。二十年，行幸北都，还至汾阴祠后土。皆因故名也。宋大中祥符三年，祠汾阴，有荣光溢河之瑞，因改宝鼎县曰荣河。《括地志》云：故汾阴城俗名殷汤城，以城北四十二里有汤陵云。

脽丘，县北十里。亦曰脽上，亦曰魏脽。如淳曰：脽，音谁。脽者，河之东岸特堆崛起，长四五里，广二里，高十馀丈，旧时汾阴县亦在脽上。汉置后土祠，即在县西，汾水经脽北而入于河也。汉元狩四年，得大鼎于魏脽后土祠旁，其后数幸河东祠后土。宣帝及元、成时，亦数幸祠焉。唐开元十年，幸东都，既而将幸晋阳，因还长安。张说曰：汾阴脽上有汉家后土祠，宜因巡幸修之，为农祈谷。从之。明年祀后土。二十年，复祀焉。碑文有云：脽上祠者，本魏晋癸阜丘之旧，汉家后土之宫，汾水合河，梁山对麓。是也。

黄河，在县城西。自吉州及河津县西南流入县境，又南而汾水流入焉，复南流入临晋县境。《志》云：县北九里后土祠前有汾阴渡，金人设此以通秦雍之路。今废。

汾水，县北十二里。自绛州及河津县流入境，至县西注于河，县当河、汾二水之交也。汉元光初，河东守番系言，漕从山东更底柱之险，败亡甚多而烦费，宜穿渠引汾溉皮氏汾阴下，引河溉汾阴、蒲坂下，度可得五千顷谷，从渭上与关中无异。而底柱之险，可毋复漕。从之。既而河移徙，渠不利，乃复罢。宇文周建德中伐齐，将出河阳，诸将以河阳要冲，齐精兵所聚，汾曲戍小山平，不如进兵汾、潞，直掩晋阳。周主不听，师果无功。既而以晋州为高欢所起地，镇摄要重，谋取之。乃军于汾曲，遣将攻平阳，克之。王氏曰：自荣河以西，皆汾曲也。

万岁宫，在汾阴故城内。城西北二里即后土祠也。汉武立祠，并置宫于此，时临幸焉。又有大宁宫，在今城内东北隅，宋真宗祀汾阴，此其斋宫云。

胡壁镇。县东三十里。唐光化元年，陕虢王珙引汴兵攻河中，李克用遣李嗣昭救之，败汴兵于胡壁镇，汴兵走还。朱梁乾化二年，朱友珪杀全忠，朱友谦以河中附晋，友珪遣康怀贞等攻之，屯于河中城西，晋将李存审等救友谦，败梁兵于胡壁，是也。《金志》万泉有胡壁镇，盖与万泉接界矣。

○**猗氏县**，州东北百二十五里。南至解州六十里，东南至夏县七十里，北至万泉县六十五里。古郇国地，后为晋令狐地。汉置猗氏县，属河东郡，因猗顿所居而名。后汉及魏、晋因之。后魏仍属河东郡，西魏改曰桑泉，后周复旧。隋属蒲州，唐因之。今城周七里有奇，今编户五十里。

猗氏城，县南二十里。《孔丛子》：鲁人猗顿适西河，大畜牛羊于猗氏之南。此即其所居也。汉置县于此，高祖封功臣陈遬为侯邑。《水经注》：涑水经猗氏县故城北县南对泽，即猗顿故居。丁度曰：《左传》所云郇瑕之地，沃饶而近盬，即猗氏也。后猗顿居此，用盐盬起富，汉因以猗氏名县。隋徙县于今治。五代梁乾化三年，朱友珪遣将攻朱友谦于河中，晋王存勖驰救，却梁军，顿于猗氏，即今县也。今故城俗名王寮郚。

令狐城，县西十五里，晋邑也。《左传》：僖二十四年，晋文公济河围令狐。又文七年，晋败秦于令狐，至于刳首。阚骃曰：令狐即猗氏地，今其处犹名狐邨。又县北有庐柳城，秦送重耳入晋，围令狐，晋军庐柳，即是城也。

涑水，在县南六里，自安邑县流入界，又西入临晋县境。○盐池，在县东南，接解州境。《志》云：池近猗氏故城南，故杜预曰：猗氏有盐池。

神羌堡。县东北十五里峨嵋坡上。《志》云：邓禹围安邑，定河东，常驻师于此。

○**万泉县**，在州东北百九十里。东至绛州稷山县九十里，东南至安邑县九十里，南至猗氏县六十里，西至荣河县七十里。汉汾阴县地，属河东郡。唐武德三年，置万泉县，初属秦州，寻属绛州。大顺二年，改属河中府。宋因之。金末，改属荣州。元复故。今城周五里有奇，今编户三十七里。

薛通城，即今县治。《志》云：后魏主焘始光初，赫连勃勃东侵河外，汾阴人薛通率宗族十馀家于县东八十里筑城自固，因名薛通城。唐初置县于此，以城东谷中有泉百馀区，因名曰万泉。

孤山，县西南十里。一名介山，以亭然孤峙，不接他山也。山之南麓，接猗氏县界。《汉志》：汾阴县有介山在南。《唐十道志》：河东道名山曰介山，其山高三十里，周七十里，汉武帝用事介山，即此。后周保定初，韦孝宽筑城于玉壁以北，齐人至境上，会夜，孝宽使汾水以南傍介山、稷山诸邨皆纵火，齐人以为军营收兵，自固版筑遂集所谓介山，亦即此山也。或又讹为绵山。西半隅有槛泉，南麓有双泉。又有桃花洞，东谷又有暖泉，流为东谷涧。

东谷涧。在县南，自孤山东谷中发源，北流八里，入于沙涧。又东北入稷山县，注于汾水。

○**河津县**，州东北二百十里。西北至吉州百八十里，南至万泉县六十五里，东北至太平县一百五十里，西至陕西韩城县五十里。古耿邑，殷王祖乙尝都此，后为耿国。春秋时献公灭之以赐赵夙，属晋。秦置皮氏县。两汉属河东郡。魏、晋属平阳郡。后魏曰龙门县，后又置龙门郡。隋初郡废，县属蒲州。唐武德初，置泰州于汾阴县，明年移治此。贞观十七年，州废，县属绛州。元和中，改属河中府。宋因之。宣和初，改曰河津县。金贞祐中，改属荣州，元复旧。今城周三里有奇，今编户三十四里。

龙门城，今县治。战国魏皮氏邑也。《括地志》云：皮氏城在今龙门县西一里。秦惠文君九年，渡河取汾阴、皮氏。梁襄王六年，秦取我汾阴、皮氏、焦。《竹书》：襄王十二年，秦公孙爰帅师围我皮氏，翟章帅师救之。十三年，城皮氏。又梁哀王十二年，秦来伐我皮氏，未拔而解，后为皮氏县。汉河东守番系请穿渠引汾水以溉皮氏，是也。后魏始改皮氏县为龙门，盖因山以名县。陆澄曰：河东龙门城西对夏阳之龙门山，后魏置龙门镇于此。孝昌三年，以薛修义为龙门镇将。永熙末，高欢破潼关，屯华阴，龙门都督薛崇礼以城降欢，即是城也。隋大业十一年，李渊为山西、河东抚慰大使，击破贼帅毋端儿于龙门。十三年，渊起义师克绛郡，遂至龙门。唐武德二年，刘武周将宋金刚逼绛州，陷龙门。调露初，以突厥降部背叛，遣将屯龙门以备之。开元二年，置仓于此，曰龙门仓，城盖滨河要口矣。宋因改曰河津。《通志》：元皇庆初，旧县为河所圮，因移治西北一里。明朝景泰初，因元城修筑云。

万春城，县东北四十里。宇文周建德四年，韦孝宽陈伐齐三策，请于三鸦以北，万春以南，广事屯田，预为积贮，时盖置镇于此。自此南至河南鲁山县之三鸦镇，皆与齐分界处也。唐武德五年，析龙门置万春县，属泰州。贞观十七年，省入龙门县。○耿城，在县南十二里，殷王祖乙所都。《书序》曰：祖乙圮于耿。《史记》：祖乙迁邢。司马贞曰：邢，音耿，即耿也。周为耿国，晋献公灭之，以赐大夫赵夙。《郡志》：县东一里有耿乡城。误。

龙门山，县西北三十里，即大禹所凿处。河经其中，一名孟门。吴起曰：殷纣之国左孟门。是也。《水经注》：龙门上口，在北屈县西，所谓孟门也。龙门下口，在皮氏县西北，今与陕西韩城县分界。山下有涌泉，其东麓有瓜谷，西麓有遮马谷，皆导泉成渠，有灌溉之利，下流入黄河。山顶又有石洞，相传文中子隐居处也。今详见陕西名山。

黄河，县西十里，自吉州流入界，经龙门山下，有禹门渡，道出韩城。又南经县西，曰黄河渡，亦与韩城分界，又南流入荣河县境。

汾河，在县东南三十里，自稷山县流入界。《志》云：县东南二十八里有黄邨渡，县南八里有修福渡，盖皆汾河渡口也。又西南流入荣河县界。

十石垆渠，县东南二十三里。唐贞观二十三年，县令长孙恕凿，溉田良沃，亩收十石，因名。又县西南二十一里有马鞍坞渠，亦恕所凿也。又县北三十里有瓜谷山堰，唐贞观十年所筑，堰瓜谷水溉田，今皆废。

龙门关，在县西北龙门山下，后周所置，唐因之。关下即禹门渡也。《志》云：县北三十里有禹门渡巡司，洪武三年置。今亦见韩城县。

岸头亭，在县南，古岸门也。《史记》：秦孝公二十四年，与晋战岸门，虏其将魏错。又惠文王后十一年，败韩于岸门，斩首十万。《魏世家》：襄王五年，秦使樗里子伐取我曲沃，走犀首岸门。又汉武初，封卫青校尉张次公为岸头侯。《表》作皮氏，司马贞曰即岸门也。

冀亭。在县东，古冀国也。《左传》：僖二年，晋荀息曰，冀为不道。杜预曰：冀在皮氏县东。又曰：季过冀野，见郤缺耨。今县东十五里有如宾乡，即其地也。《战国策》：苏代说燕王，秦下南阳、封、冀。王氏曰：封谓封陵，冀谓冀亭矣。〇赤壁，在县北，刘渊据平阳时置戍处也。晋太兴初，靳准尽诛刘氏，刘曜闻乱，自长安赴之，军于赤壁。《水经注》：皮氏县西北有赤石川，盖置壁垒于此，因名。

附见：

蒲州守御千户所。在州城东北。洪武二年建，初隶山东都司，后改属北直潼关卫云。

〇**解州**，府西南三百四十里。南至河南陕州百五十里，西南至陕西华州二百四十里，西至蒲州百二十里。

春秋时晋地，战国属魏。秦为河东郡地。两汉及魏、晋因之。后魏仍为河东郡地。隋、唐为蒲州地。五代汉乾祐初，始置解州。

宋因之。金仍为解州，《金志》：初置解梁郡军，寻罢为郑郡。贞祐三年，又升为宝昌军。兴定四年，徙治平陆。元复故。元改属平阳路，明初，以州治解县省入。编户三十一里。领县五。今亦曰解州。

州面石门而背鸣条，外控底柱之险，内擅盐池之利，河东奥区也。《国赋考》：解盐岁额凡四十二万引，都转盐运使驻于河东。《战国策》：秦有安邑，则韩必无上党、三晋之祸，盖始于失河外，而成于亡安邑。

废解县，今州治，汉解县地。后魏太和初，析置安定县，属河东郡。西魏改曰南解，又改曰绥化，寻曰虞乡。隋因之，属蒲州。唐武改为解县，属虞州。贞观十七年省，二十二年复置，仍属蒲州。五代汉为解州治。宋以后因之。明初省。今州城周九里有奇。

臼城，在州西北。春秋时，晋大夫臼季邑，亦谓之臼衰。《左传》：僖二十四年，晋文公入取臼衰。杜预曰：在解县东南，盖谓临晋县之旧解县也，今属州境。

檀道山，州南五里。与中条山相连，山岭参天，左右壁立，间不容轨，谓之石门。凡百梯才可上，亦曰百梯山。东岭出泉，澄渟为池，谓之天池，上有盎浆，俗名止渴泉。《山海经》：高前之山，其上有水，甚寒而清，谓之帝台浆。郭璞以为即檀道山所出泉也。有圣女崖，亦曰玉女溪。《志》云：檀道山路通河南窦津渡。窦津，即洹津也。见芮城县及河南灵宝县。

石锥山，在州西南五里，即中条之支峰也。或以为雷首山。《五代志》河东郡虞乡县有石锥山。魏主诩武泰初，萧宝寅据关中以叛，正平民薛修义等攻围蒲坂以应之。魏遣长孙稚等讨宝，行至恒农，遣行台左丞杨侃分兵北渡，据石锥壁，侃因以计悉降修义之众。即此山也。

白径岭，在州东南十五里。中条山之别岭也，路通陕州太阳津渡。《志》云：由檀道山陡径出白径岭，趋陕州，即石门百梯之险也。唐至德二载，郭子仪复河东，贼将崔乾祐走安邑，复自白径岭亡去。朱梁乾化三年，朱友谦以河中降晋，梁军攻之。晋王存勖自将救之，遇梁军于解县，大破之，追至白径岭而还。

黄河，州南九十里。自芮城县流入界，又东南入平陆县界，河南岸则陕州灵宝县境也。

盐池，州东三里，接安邑县界。其盐不劳人力，自然凝结，盛于夏秋，杀于冬春，国赋边储，所资甚大。又有女盐城，亦曰六小池，亦曰硝池，在州西北十五里，池分为六，有咸淡之异。今俱详见大川。

浊泽，《括地志》：出解县东北平地，即涿水也。涿，音浊。《史记》：赵成侯六年，伐魏取涿泽。又《魏世家》：惠王初立，韩懿侯、赵成侯。合兵伐魏，战于浊泽，魏氏大败。是时，魏都安邑，或以为河南之浊泽，误也。今湮。

姚暹水，州北十五里，即永丰渠也。自安邑县流入，又西入临晋县界。《宋国史》：天圣五年诏陕西漕臣修永丰渠，自后魏正始四年，都水校尉元清引中条山下平坑水为渠，西入黄河以运盐，名曰永丰，周、齐间废。隋大业中，都水监姚暹浚渠，自郏郊西入解县，民赖其利。唐末湮没，盐运大艰。至是殿直刘逵请开浚，自解州安邑至蒲州白家场，通舟运盐。漕臣王博文以为便，遂浚之，公私果利。今仍曰姚暹渠。〇熨斗陂，在州西二十里。《郡国志》：魏正始中，穿以系船，今废。形似熨斗，因名。

长乐镇。州东北十里盐池上，有巡司，洪武八年建。又紫泉监，在州南。《唐志》：乾元元年置监，有铜穴十三。后废。〇石门，《志》云：自州东南白径岭，逾中条山，通陕州道，山岭参天，左右壁立，间不容轨，谓之石门。

〇**安邑县**，在州东五十里。东至平陆县百十里，东北至夏县六十里，西北至猗氏县六十里。故夏都也，春秋时属晋，战国为魏都，后入于秦。秦为安邑县，河东郡治焉。两汉及魏、晋因之。后魏太和十一年，置安邑郡，寻改县为北安邑县，又改郡为河北郡，县属焉。隋仍为安邑县。开皇十六年，置虞州。大业初，州废，县属河东郡。义宁初，复置安邑郡。唐武德初，改置虞州。贞观十七年，州废，县属蒲州。至德二载，改县曰虞邑。乾元初，改隶陕州。大历四年，复故名。元和三年，仍属河中府。五代汉改属解州。宋因之。今城周六里有奇，今编户九十五里。

安邑故城，县西二里。皇甫谧云：夏禹都此。春秋时，魏绛徙安邑。又魏武侯二年，城安邑。《战国策》：城浑曰：蒲坂、平阳，相去百里，秦人一夜袭之，安邑不知。《史记》：秦孝公八年，卫鞅将兵围安邑，降之。《魏世家》：惠王三十一年，秦地东至河，安邑近秦，于是徙都大梁。《秦纪》：昭襄二十一年，左更错攻魏，魏献安邑，始置河东郡。后汉初平二年，关东诸军讨董卓，卓使牛辅分军屯安邑。或谓之魏豹城。《志》云：城本魏文侯所筑，汉初魏豹居此，遂以豹名。南有韩信沟。又蒲州城北亦有魏豹城，相传豹藏兵以拒韩信处。

司盐城，县西二十里。《括地志》：故盐氏城也。《秦纪》：昭襄王十一年，齐、韩、魏、赵、宋、中山，共攻秦，至盐氏而还。汉有司盐都尉治此，因名司盐城。或曰：唐大历中，于县西南三十里置盐治，因筑城于此。今其地亦名路村，河东、陕西都转运盐司署在焉。〇兴乐废县，在县南。唐武德三年，析安邑县置，属泰州，贞观初省。又蚩尤城，《志》云：在县西南十八里。县东南又有娄室城，金将娄室陷河东时所筑。

中条山，县南三十里有石槽，泉出其中，曰青石泉，流经县东，引以溉田，下流注于涑水。又有银谷，在山中。《隋志》：县有银冶。唐大历中，亦尝置治于此。〇玉钩山，在县东北二十里。其山东西连亘十里，状如玉钩，下有玉钩泉。

鸣条冈，县北三十里。《括地志》：高涯原在安邑县北，其南坂口即古鸣条陌，冈之北与夏县接界。或云舜所葬也。孟子曰：舜卒于鸣条。《尚书·大传》：伊尹相汤伐桀，战于鸣条，即此。又虞坂，《志》云：在县南二十里，以舜尝都此而名，俗名青石槽。〇高侯原，在县东十七里，晋咸和三年，石勒遣石虎攻蒲坂，刘曜驰救，虎引退，曜追及之于高侯，大破之。杜佑曰：高侯原在闻喜县北。

涑水，在县北，自夏县流入界，即绛水下流也。《战国策》：绛水可以灌安邑，是也。又西流入猗氏县境。〇华谷水，在县西南四十里，自夏县流经县界，又西入蒲州界。或讹为苇谷水。

盐池，在县西南二十里，所谓安邑盐池也，与解池为二。详见前。

苦池，县东北二十里，姚暹渠自夏县合众渠之水，汇流于此，亦名苦池滩，又西入解州境。〇龙池，在县南二十里，与盐池相近，一名黑龙潭。姚暹渠涨溢，往往自苦池灌注于此，池不能受，冲入盐池。今为堰以防之，曰黑龙堰。今亦详见盐池。又淡泉，在县西南十八里，盐池之北。他水皆盐，此泉独淡，亦曰甘泉。

龙池宫。在县南龙池上。唐开元八年置，寻废。又昆吾亭，《志》云：在县西南一里，昆吾即助桀拒汤，汤先伐之者。〇圣惠镇，在县西南二十里盐池上，有巡司，洪武四年置。

〇**夏县**，州东北百里。南至平陆县九十里，北至闻喜县五十五里。本汉安邑县地。后魏太和十一年，改曰北安邑，置安邑郡。十八年，改河北郡。后周改为夏县，置安邑郡。隋郡废，寻属虞州。大业初，属河东郡。唐武德初，仍属虞州。二年，县民吕崇茂据县叛，自称魏王，裴寂讨之，为所败。贞观十七年，属绛州。大足元年，改属陕州，寻还属绛州。乾元三年，仍属陕州。宋因之，金改属解州。今城周五里有奇，今编户六十六里。

夏城，县西北十五里。相传禹建都时筑，一名禹王城。城内有青台，高百尺，或谓之涂山氏台。孔氏曰：夏县东北十五里有安邑故城。

巫咸城，县南五里。相传殷巫咸隐此，亦曰巫咸顶，一名瑶台顶。下有谷，亦曰巫咸谷。《水经注》：盐水流经巫咸山北。是也。〇磄山，在县西北七十里石磄邨，即峨嵋坡高阜也。

柳谷，县北五里中条山中。唐贞观十一年，幸柳谷，观盐池。又贞元中，阳城以学行著闻，隐居柳谷之北，是也。

涑水，县西四十里。自闻喜县流入。《郡县志》：涑川在县境，东西三十里，南北七里，即吕相绝秦所云伐我涑川者，又西南入安邑县界。

姚暹渠，在城南。中条山北之水引流为渠。在县北十里有横洛渠，县东十里又有李绰渠，皆中条山谷诸水所导流也。汇流而南，入于安邑之苦池滩。〇青龙河，在县北三十里。《志》云：以河流屈曲如盘龙而名，下流合于涑水。

涌金泉，县西南十五里，西入安邑之黑龙潭。相传盐池得此水始凝结。〇皇川，《志》云：在县东南五十里中条山内，相传夏后避暑离宫之所。

高显戍。在县北。后周建德五年，周主邕自长安救晋州，至高显。胡氏曰：高显与涑川相近。

〇**闻喜县**，州东北百二十里。北至绛州七十里，东至绛州绛县亦七十里，西至猗氏县一百十里，西北至稷山县九十五里。春秋时，晋之曲沃地。秦改为左邑，属河东郡。汉武帝经此，闻破南粤，因置闻喜县，仍属河东郡。后汉及魏、晋因之。后魏置南太平郡于此，后属正平郡。隋初郡废，县属绛州。唐因之。宋属解州。今城周四里有奇，今编户六十六里。今属绛州。

左邑城，在县东。春秋时之曲沃也。杜预曰：曲沃，晋别封成师之邑，在闻喜县。是也。桓八年，曲沃灭翼。庄二十六年，献公自曲沃徙都绛。二十八年，使太子申生居曲沃。亦谓之新城，又谓之下国。僖十年，狐突适下国，遇太子。又太子谓突曰：请七日见我于新城西偏，即曲沃也。又襄二十三年，齐纳晋栾盈于曲沃。《战国策》：周显王四十六年，秦伐魏，取曲沃。又赧王元年，秦复伐魏，取曲沃而归其人，谓之左邑。《水经注》：左邑，故曲沃，《诗》所谓从子于鹄者也。汉元鼎六年，分左邑县地置闻喜县。东汉罢左邑，移闻喜县治焉。建安初，车驾还洛阳，自安邑幸闻喜。后周移县治今绛州之柏壁，隋移治甘谷。《寰宇记》：今县东二十里有甘谷口，甘泉出焉，即其地也。唐复移治桐乡故城，五代时移今治。

周阳城，县东二十九里。汉文帝元年，封淮南王舅父赵兼为侯邑。又景帝三年，封田蚡弟胜为周阳侯，邑于此。《志》云：县东北三十五里有避暑城，相传晋献公所筑。○燕熙城，在县北。晋太元十一年，西燕慕容忠等引军自临晋而东，至闻喜，闻慕容垂已称尊号，不敢进，筑燕熙城居之。即此。

汤山，县东南三十里。以上有成汤庙而名。山产铜，唐置铜冶于此。《寰宇记》：县东南十八里有景山，即《山海经》所云南望盐泽者。又县东南九十里有小横岭山，接绛县界。绛县有大横岭，故此曰小也。山下有三泉，并出流为白石河，下流注于涑水。○华谷，在县东，《水经》：涑水出闻喜县东山黍葭谷。郦道元曰：涑水所出，俗谓之华谷，后周韦孝宽请筑城于此，以防高齐处也。今见稷山县。

涑水，在县南。《志》云：源出绛县横岭山乾洞，伏流盘束地中而复出，西流经县东合甘泉，引为四渠，曰东外、乔寺、观底、蔡薛，溉田百有二十八顷，西流经夏县界，下流入于黄河。《水经注》：涑水出县东华谷，至周阳与洮水合。《左传》：子产曰：台骀宣汾、洮之神也。司马彪曰：洮出闻喜，亦涑水之兼称矣。后周建德四年，周主如河东涑川。明年，克晋州，留兵戍守，齐人攻晋州急，命宇文宪屯涑川为声援，盖在县界。

乾河，在县东北。郭璞曰：县有乾河口，但有故沟，无复水也。《水经注》：教水出垣县北教山，世谓之乾涧，其水南历鼓钟川，分为二涧，一涧西北去百六十里，山岫回阻，才通马步，即闻喜东北之乾河口也。《秦纪》：白起取韩安邑之东到乾河，即此。

董泽，县东北三十五里。《水经注》：董水西经董泽陂南，陂东西七里，南北三里。《春秋》：文六年，晋蒐于董。又宣十二年，厨武子曰：董泽之蒲，可胜既乎？杜预曰：河东闻喜县东北有董泽陂，陂中产杨柳，可以为箭也。一名董氏陂。又名豢龙池，即舜封董氏豢龙之所。其地出泉，名董泉，民引以溉田，流入涑水。

沙渠，在县东南三十五里。《唐会要》：仪凤二年，诏引中条山水于南陂下，西流经十六里，溉涑阴田，谓之沙渠，今堙。〇冷泉，在县东四十里。又有温泉，一出县东南胡邨，一出官庄邨，俱引渠溉田，流入涑水。

黄芦草，县东三十里。溉田，入浮水。又府东二十五里卧虎冈下亦有此泉。

含口，在县东南。亦曰含山路。《水经注》：洮水源出闻喜县青野山，世以为青襄山。其水东经大岭下，西流出山，谓之含口，又西合于涑水。唐大顺初，张濬攻河东，为李克用所败，走保晋州，复自含口遁去，逾王屋，从河阳渡河，还长安。天复中，朱全忠谋取河中，遣张存敬将兵自汜水渡河，出含山路，袭绛州，绛州出不意，遂降于全忠。

龙头堡。在县东北二十八里。《寰宇记》：后周正平郡及闻喜县尝理于此。〇涑水驿，在县城西。宋、元以来故驿。又留庄隘，在县东南七十里中条山上，南通垣曲县，北接绛县。冷谷口，今亦见平陆县。

〇平陆县，州东南九十里。南至河南陕州五百里，东北至绛州垣曲县一百八十里，西北至解州百里。春秋时虞国地也，后为晋地。战国时魏地。汉为大阳县地，属河东郡。后汉及魏、晋因之。后魏属河北郡。后周天和二年，改置河北县，并置河北郡治焉。隋开皇十五年，郡废，县属蒲州。唐贞观初，改属陕州。天宝初，因开漕渎，得古刃，篆文曰平陆，遂改今名。宋因之。金改属解州。今城周二里有奇，今编户六十六里。

大阳城，在县东五十里。应劭曰：吴山在其西。是也。汉置县，以在大河之阳而名。光武初，邓禹围安邑，数月未下，更始将樊参等渡大阳欲攻禹，禹逆击于解南，斩之。兴平二年，帝自陕渡河，至大阳，御牛车幸安邑。后魏属河北郡，后周改县为河北县，移于今治。杜佑曰：大阳，春秋时北虢所都。似误。

虞城，县东北四十五里。《史记》：武王封周章弟虞仲于周之北故夏墟，是为虞仲。司马贞曰：夏都安邑，虞在其南，故曰夏墟。应劭曰：《汉志》大阳有吴山在西，上有虞城，周武王封泰伯后于此，为晋所灭。亦曰吴城。秦昭王五十二年，伐魏取吴城，即此。又有茅城，在县东南茅津上，春秋时晋邑也，亦曰茅亭。〇鄍城，在县东北二十里，春秋时虞国之鄍邑也。《左传》：僖二年，晋荀息曰，冀为不道，入自颠軨，伐冥阜三门。杜预曰：前此冀伐虞至鄍也。其城周四里，亦谓之鄍塞。

下阳城，在大阳故县东北三十里。春秋时虢邑也。僖二年，虞师、晋师灭下阳。《谷梁传》：虞、虢之塞邑，晋献公假道于虞以伐虢，取其下阳以归。贾逵曰：虞在晋南，虢在虞南也。元至正十六年，察罕帖木儿自陕州追汝阴颍至安邑，贼还，欲渡河而南，察罕扼之于下阳，赴水死者甚众，贼乃遁去。

底柱山，在县东南五十里。亦曰三门山，亦曰底柱峰。《邑志》：底柱六峰皆在大河中流，最北有两柱相对，距岸而立，所谓三门也。次于其南有孤峰特起，峰顶平阔，禹庙在焉，其西有立石数枚，圆如削成。复次其南有三峰，东曰金门，中曰三堆，西曰天柱。大河湍激于群峰间，南析而东出，两崖夹水，壁立千仞，天下之奇观也。与河南陕州接界。详见河南名山。

虞山，在县东北五十里。亦曰吴山，以山有泰伯庙也。亦曰虞阪，即中条之支阜，《左传》谓之颠軨。《水经注》：軨在傅岩东北十馀里，东西绝涧，于中筑以成道，指南北之路，谓之軨桥。桥之东北曰虞原，原上道东有虞城，其城北对长坂二十馀里，谓之虞坂，亦即傅说所筑处矣。《战国策》：楚客谓春申君曰，昔骐骥驾盐车上吴坂，迁延负辕，而不能进。即此处也。魏孝昌末，正平民薛修义围河东，薛凤贤据安邑以应，萧宝寅，诏遣宗正珍生讨之，珍生守虞坂不敢进。即此。其坂自上及下，七山相重。

卑耳山，在县东。齐语作辟耳。桓公悬车束马，逾太行与辟耳之溪拘夏。《史记》：齐桓公曰，束马悬车登太行，至卑耳山而还。《正义》：卑音壁。《索隐》曰：卑耳山在河东大阳县。韦昭曰：拘夏，辟耳山之溪也。○箕山，在县东北九十里。山形如箕，因名。相传尧时许由隐此。下有清涧，即由洗耳处。又覆釜山，亦在县东北。《唐志》：县有瑟瑟穴，有银穴三十四，铜穴四十八，在覆釜、三锥、五冈、云分等山。三锥山，见垣曲县界。

傅岩，县东三十五里。即殷相傅说隐处，俗名圣人窟。其地亦曰隐贤社。孔安国曰：傅氏之岩，在虞、虢间，通道所经，有涧水坏道，常使胥靡刑人筑护之。说贤而隐，代胥靡筑以供食，故曰说筑傅岩之野。《史记》亦作傅险。〇间原，在县西六十里，俗呼让畔城。至今其田民无耕者，即虞、芮质成于文王之田也。其原东西七里，南北十三里，西去今芮城亦六十里云。

黄河，在县城南。自芮城县而东，至是微折而南，至县东南三十五里傅岩前。有茅津渡，亦曰大阳渡。又流经县东五十里，经底柱峰，曰三门集津。又流经县东南一百二十八里，曰白浪渡，皆黄河津济处也。今茅津、白浪，皆有巡司戍守。又茅津，详见陕州大阳津。

交涧水，在县西北五里中条山。东西二沟，流与中涧合，俗名三汊涧，流注于河。〇沙涧，在县东三十里，出傅岩中，径大阳故城，东流注于河。今沙涧、茅津渡，共设一巡守。今亦见闻喜县。

留庄隘，在县东北中条山，中路通垣曲县。〇坞乡，在县西。后汉建安元年，帝驻安邑，诸将韩暹屯闻喜，胡才、杨奉屯坞乡，即此。

张店镇。在县西北。唐乾宁四年，陕虢王珙攻河中王珂，李克用遣将李嗣昭救之，败陕兵于猗氏，又败之于张店，遂解河中之围。《金人对境图》：张店，平陆所属镇也。〇金鸡堡，在县南二里，有金鸡冈。其顶高峻，前临黄河，昔人因置堡于此，为戍守处。

〇**芮城县**，在州西南九十里。南至河南灵宝县四十里，北至临晋县百三十五里，东北至解州八十里。古芮国。春秋时魏国地，后属晋。汉为河东郡河北县。西魏置安戎县。后周改曰芮城，又置永乐郡于此。隋省郡，县属蒲州。唐武德二年，置芮州。贞观元年州废，县属陕州。宋因之，金改属解州。今城周三里有奇，今编户四十里。

古芮城，县西三十里。商时芮伯封此，与虞为邻国。文王为西伯，虞、芮质成是也。周时芮为同姓国，其封地在今陕西同州。《春秋》：桓三年，芮伯万为母所逐，出居于魏，谓即此城云。今名郑邨。

河北城，在县东北七里。一名魏城，故魏国城也。晋献公灭之，以封其大夫毕万。汉置河北县。《汉志》注：河北县，古魏国也。晋义熙十二年，秦姚懿屯陕津以拒刘裕，谋袭夏安、散谷以赐河北夷夏，事败被执。魏、晋皆属河东郡，姚秦置河北郡于此。后魏因之。后周改置河北郡于大阳，此城遂废。《汉注志》：河北县即古魏国。是矣。

首阳山，县北十五里，北与蒲州接界。《郡国志》：薄山在县城北十里，以其南北狭薄，谓之薄山，即中条之异名也。《封禅书》：自华以西，名山七，薄山其一也。《水经注》：薄山亦名襄山云。详见前名山雷首。〇甘枣山，在县东北二十里，亦中条山之支阜也。

黄河，在县南。又县西亦距河，相去不过二十馀里，县居河、山之间，最为迫狭，亦谓之河曲。晋义熙十三年，刘裕伐秦，前锋檀道济等至潼关，薛帛据河曲来降，即此。旧《志》云：河水自蒲坂南至潼关，激而东流，蒲坂、潼关之间，谓之河曲也。

恭水，在县北二十里。源出甘枣山，流入大河。〇永乐涧，在县西。《水经注》：涧水源出薄山，南经河北县城西，又南注于河。后周永乐郡盖因以名。今谓之蒲萄涧，在县西二十里。又大安池，在县南十五里。引以溉田，下流入河。

洹泉，县东北三十五里。出中条山，南入大河。一名洹泽，其入河处，谓之洹津，渡达河南灵宝县。《郡志》云：洹津一名窦津，亦名陌底渡，在芮城县东南四十里王邨。洪武四年，置巡司。九年，移司于县南七里。今详灵宝县窦津。〇通泽泉，在县东八里，流合县西北十三里之地皇泉。又鹿跑泉，在县东北八里，一名深静泉，俱有灌溉之利。

万寿堡，县西北八里。《志》云：周显王时，芮民西接于秦，葺此堡以自守，废址犹存。又太尉堡，在县东南十五里。《志》云：刘世让尝屯兵于此，本名凤凰堡，芮民呼世让为太尉，因名。

襄邑堡。在县东。晋义熙十三年，刘裕遣诸军伐姚秦，进抵潼关，檀道济、沈林子自陕北渡河，拔襄邑堡。《括地志》：襄邑堡在河北县。

〇绛州，府南百五十里。东至泽州四百五十里，东南至河南府五百里，南至河南陕州二百五十里，西南至蒲州三百七十里，西至陕西同州四百十里，西北至吉州二百七十里。

春秋时为晋国，战国属魏，秦、汉属河东郡。魏正始八年，分河东、汾北置，属平阳郡。晋因之。后魏太武帝置东雍州及正平郡，孝文帝废东雍州。东魏孝静帝复置。高齐因之，皆为重镇。后周亦曰正平郡，武成二年，改州为绛州。隋初，郡废，仍曰绛州。大业初改为绛郡。唐武德元年，复曰绛州。天宝初，曰绛郡。乾元初，复故。宋因之。亦曰绛郡。金仍为绛州，又置绛阳军节度。兴定二年，升为晋安府。元复曰绛州。明初以州治正平县省入。编户五十二里。领县三。今仍曰绛州。

州控带关、河，翼辅汾、晋，据河东之肘腋，为战守之要区。马燧拔此而怀光危，唐兴元初，河东帅马燧攻李怀光，拔绛州，分兵取闻喜、万泉、虞乡、猗氏、永乐，进逼河中。朱温扼此而王珂陷，光化四年，朱温先取晋、绛，以扼河东援兵之路，河中遂陷。五代周备此而河东却，周广顺初，北汉合契丹兵攻晋州，周主遣王峻驰救，峻自陕州至绛，北汉乃引兵趋郸。金人屯此而关中倾，宋建炎中，金人屯绛州，屡犯关内，次第陷没，所系非浅矣。

正平废县，今州治。晋故绛地。汉为河东郡临汾县地。魏置正平郡。后周改置临汾县，亦为正平郡治。隋开皇三年，郡废，属绛州。十八年，改县曰正平。大业三年，改属绛郡治。唐、宋因之。明初省。今城周九里有奇。

柏壁城，州西南二十里。其城高二丈，周八里。后魏明帝元年，置柏壁镇。太武帝置东雍州治于此。后周武帝置绛州，初亦治此。唐初刘武周及其将宋金刚陷并、浍等州，世民进讨，自龙门渡河，屯柏壁，大破其别将于美良川。或曰：美良川在城东北。今柏壁镇有秦王堡，亦以世民而名也。

长修城，在州西北二十一里。汉置长修县，属河东郡。高帝二年，封杜恬为侯国。后汉省。《水经注》：汾水经临汾县东，又屈从县西南流，又西过长修县南，又西与华水合。后周天和五年，韦孝宽虑齐人将图汾北，请于华谷、长秋筑城，以杜其患。宇文护不听，汾北果为齐所据。长秋，长修之讹也，今名长秋镇。近《志》作晋灵公城，谬。〇阳壶城，在州西。《九域志》州有阳壶城。《史记》：周安王元年，秦伐魏，至阳狐。或以为即此地。

九原山，州西北二十里。春秋晋诸大夫葬此，赵文子与叔向观于九原，是也。晋义熙十三年，刘裕伐秦，前锋檀道济等攻潼关，秦将姚绍据险拒守，遣兵屯九原，阻河为固，欲以绝道济粮援，沈林子击破之。亦谓之九京。

峨眉山，在州南十里。《志》云：山迤逦连闻喜、夏、猗氏、临晋、荣河诸县界，西抵黄河，东抵曲沃西境。亦曰峨眉坡，亦曰峨眉原，即中条之坡阜也。〇哺鸡坡，在州北六里，即赵宣子食翳桑饿人处。

汾水，在州南。自曲沃县流入境，又西入稷山县界。《水经注》：汾水南至临汾县东，又屈从县南西流。谓之汾曲也。唐德宗时，州臣尝凿汾水灌田万三千馀顷。

浍水，在州东南四十里。亦自曲沃流入境，至州南之王泽，合于汾水。《春秋》：晋平公、齐景公至浍上，即此。《括地志》：王泽在州南。智伯攻赵，赵襄子奔晋阳，原过后从，至于王泽。即其地为绛州。隋初移于正平，此城遂废。

鼓堆泉，州北十五里。出九原山，其上有堆，如覆釜形，履之如鼓声。水分二派：东曰清泉，西曰灰泉，引入州城，以注于汾水。《水经注》谓之古水，其堆亦曰古堆。唐初义师克临汾，进次古堆，绛郡守陈叔达不下，高祖攻拔之。或谓之鼓山。

武平关。州西二十里。北齐时屯兵于此以防周。《通典》：州南七里有故家雀关，亦周、齐时戍守处也。汾阳监，在州北，《唐·食货志》：绛州有汾阳、铜源等钱监，天下垆九十九，绛州居其三十云。

〇**稷山县**，州西五十五里。东北至太平县百里，西至蒲州河津县六十里，东南至解州闻喜县九十五里。汉闻喜县地。后魏置高凉县，属高凉郡。西魏属龙门郡。隋开皇初，郡废。十八年，改县曰稷山，属绛州。唐因之。光化初，改属河中府。宋仍属绛州。今城周五里有奇，今编户七十三里。

玉壁城，县西南十三里。西魏大统四年，东道行台王思政以玉壁险要，请筑城自恒农徙镇之。宇文泰从之，因以思政为并州刺史，镇玉壁。八年，高欢伐魏，入自汾、绛，连营四十里，思政守玉壁以断其道，欢攻围之不能克。十二年，韦孝宽代思政镇玉壁，高欢自邺会兵于晋阳，至玉壁围之，以挑西师，不出。欢百计攻围，昼夜不息，孝宽随机拒守。欢用术士孤虚法，聚攻其北。北天险也。智力俱尽，卒不能拔。周保定初，置勋州于此，以旌孝宽之功。后又尝移绛州治此。《通释》：玉壁城周八里，四面并临深谷，后周置勋州总管府，又改为绛州，隋初移于正平，此城遂废。

华谷城，县西北二十里。《水经注》：涑水出闻喜县黍葭谷，谓之华谷。又有华水，出华谷中，西流与汾合，后周天和五年，韦孝宽在勋州，请筑华谷、长秋二城，以杜齐人争汾北之路，不听。既而齐将斛律光争汾北，出晋州道，于汾北筑华谷、龙门二城，与周人相持。此即斛律光所筑者。建德五年，围晋州，分遣宇文招自华谷攻齐汾北诸城，是也。今名华谷邨。

龙门城，在县北，即高齐斛律光所筑以争汾北者。《五代志》：稷山县有后魏龙门郡城，盖县本后魏龙门县地也。〇又高凉城，在县东南三十里。后魏太和中，分龙门县置高凉县，后又置高凉郡，领高梁、龙门二县，西魏又改置龙门郡，高凉属焉。隋迁县治汾水北，改曰稷山县。或作高梁，误也。〇廉城，在县东北十里，相传赵将廉颇戍守之地，今曰廉城邨。又高欢城，在县西五里，高欢攻围玉壁时所筑也。又县西三里有稷王城，亦周、齐时戍守处，以稷王庙而名。

稷神山，县南五十里，隋因以名县。杜预曰：闻喜西有稷亭。是也。《水经注》：山在汾水南四十里。山东西二十里，南北三十里，高十三里。山上有稷祠，下有稷亭。相传后稷始播谷于此。《志》云：山之麓跨万泉、安邑、闻喜、夏县界。

摩云山，在县西。《唐史》：河中、绛州之间，有摩云山，山绝高，民保聚其上，寇盗无能近。龙纪初，泽州帅李罕之攻拔之，时人谓之李摩云。〇清原，在县西北二十里。《春秋》僖三十一年，晋蒐于清原，作五军以御狄。又宣十二年，赤狄伐晋，及清原也。又成十八年，晋逆周子于京师而立之，大夫逆于清原。杜预曰：在闻喜县北。《寰宇记》：安邑县北五十里有清原也。《一统志》：县有清源城，晋文公蒐作五军之所。〇龙谷水，在州东北十八里。《春秋》：昭二十九年，龙见于绛郊，水因以名。又马壁谷水，在州南。《宋国史》：熙宁八年，都水监程师孟言，正平县南有马壁谷水，臣向常劝民开渠溉田五百馀顷，是也。下流俱入汾水。

汾水，在县南十里，自绛州流入境。高欢围玉壁，城中无水，汲于汾，欢使移汾，一夕而毕，盖于上流决水移之，不使近城也。汾水又西入河津县界。《志》云：今县西南十二里有玉壁渡，元魏时于汾水北置关，后为渡。其南又有景邨渡，后徙而西北，为李邨渡夏秋以舟，冬为木桥以济。○漉漉泉，出稷神山，北流入汾。又县北三里有葫芦泉，县西有碧水泉，县东北有白杨泉，皆引流溉田，注于汾水。

文侯镇。在县西北。高齐天保十年，斛律光击斩周将曹回公，柏谷城主薛禹生弃城走，光遂取文侯镇，立栅置戍而还。柏谷城，或云亦在县境，非河南郾师之柏谷城也。

○**绛县**，州东南百里。北至曲沃县六十里，东北至翼城县七十里，南至垣曲县百五十里。春秋时晋新田之地。汉为绛县，属河东郡。高帝六年，封周勃为侯国。晋属平阳郡。后魏置南绛县，又置南绛郡治焉。后周废郡，改县为绛县，寻置晋州。建德五年，州废，仍置绛郡。隋初郡废，县属绛州。唐初县属浍州，寻复属绛州。今城周五里有奇，今编户四十里。

车箱城，在县东南十里。《志》云：晋侯处群公子之所，城东西形长如车箱而名。西魏大统五年，尝修此城为戍守处，又侨置建州于此。十二年，高欢围玉壁，别使侯景将兵趋齐子岭，魏建州刺史杨标镇车箱，恐其寇邵郡，帅骑御之。十六年，宇文泰伐齐，自弘农为桥济河，至建州，即此城也。宋白曰：绛县本理车箱城，隋移今治。齐子岭，见河南济源县。○曲阳城，在县东南，魏地也。汉初曹参追击魏豹于曲阳，即此。或曰：在曲沃之阳，故曰曲阳。

太行山，县东二十里。山甚高险，西北诸山，多其支委。或谓之南山，即元末察罕败贼处。馀详见河南名山。○太阴山，在县东南十里。崖壁峭绝，阳景不到，接连太行，势极高峻。下有沸泉峡，悬流奔壑，一十馀丈，西北流，注于浍水。

绛山，县西北二十五里。山出铁，亦名紫金山。盖与曲沃县接界。

《志》云：绛山西入闻喜县，东距白马山，绛水出其谷内。○横山，在县南四十里，东南跨垣曲县界，一名大横岭。《志》云：涑水出岭之乾洞，伏流盘束地中，至闻喜县界，始出而西流云。

殽山，县东南八十五里。亦曰效山，又讹为罩山，即《山海经》所云教山，教水出焉者也。孔颖达云：乾河之源，出于此山之南，入垣曲县界。

绛水，在县西南二十五里。《括地志》：绛水一名白水，今名沸泉，源出绛山，飞泉奋涌，注县积壑三十馀丈，望之极为奇观，可接引以北灌平阳。胡氏曰：此正绛水利以灌平阳之说，然《括地志》亦因旧文强为附会耳。《志》云：绛水西流，入闻喜县，为涑水之上源。

浍河。在县东北四十里，地名大交镇，浍水别源出焉，西北流，会山溪诸水，至曲沃会于翼城县之浍水。

○垣曲县，州东南二百三十里。西南至解州平陆县百八十里，东至河南济源县百七十里，南至河南渑池县一百二十里。汉河东郡垣县地。后魏皇兴四年，置白水县，为邵郡治。后周兼置邵州，改县曰亳城。隋开皇初，郡废。大业初，州废，改县为垣县，属绛郡。义宁初，曰邵原郡。唐武德初，置邵州。贞观初州废，县仍属绛州。龙朔三年，改属洛州，长安二年复故。贞元二年，又属陕州。元和三年，还属绛州。宋改为垣曲县。今城周四里，今编户十九里。

垣曲城，在县西北二十里，故魏邑也。一名王垣。《史记》：魏武侯二年，城安邑、王垣。又秦昭襄十五年，大梁造白起攻魏取垣，复与之。十八年，复取垣。汉置垣县。后汉延平元年，垣山崩，即垣县山也。徐广曰：县有王屋山，故曰王垣，亦曰武垣。曹参击魏豹于曲阳，追至武垣，生得豹，遂取平阳。《博物记》：山在县东，状如垣，故县亦有东垣之称。建安十年，寇张白骑之众攻东垣。晋太元十一年，苻丕与慕容永战于襄陵，大败，南奔东垣，即此。后魏改置白水县，而故县遂废。或曰：魏白水县，即故垣县也。城东有白水，西南流合清水，故名为白水县，邵郡、邵州，皆治焉。西魏大统四年，杨标取邵郡，东魏城堡多附于魏，即此。《五代志》：后魏置建州于高都，西魏亦尝侨置于邵郡。高都，详见泽州。

邵城，在县东。亦曰郫邵。《博物记》：垣县东九十里有郫邵之厄。《春秋》：文八年，晋贾季迎公子乐于陈，赵孟杀诸郫。即郫邵也。又襄二十三年，齐侯伐晋，取朝歌，入孟门，登太行，张武军于荧庭，戍郫邵。孔颖达曰：垣县有召亭。是也。宋白曰：其地即周、召分陕之所，今有邵原祠，在垣县东六十里古棠树下，魏邵郡盖因以名。○亳城，在县西北十五里，相传汤克夏归亳，尝驻于此，因名。后周以此名县。隋义宁初，复置亳城县，属邵原郡。唐武德初，属邵州，五年省。又有葛城，在县西南五里，相传汤始征葛，即此。俗名葛伯寨，盖传讹也。或曰：《史记》赵成王十七年，与魏惠王遇葛孽，此即葛孽城。

阳胡城，在县东南二十里。近大河。亦曰阳壶，即殽谷之北岸。春秋时谓之壶丘。襄元年，晋人以宋五大夫在彭城者，归置之壶丘。杜预曰：河东之垣县东南有壶丘亭也。亦曰阳壶。战国周安王元年，秦伐魏，至阳壶。后魏时曰阳胡。《魏书·裴庆孙传》：邵郡治阳胡城，去轵关二百馀里。魏主修永熙三年，与高欢有隙，将入关，使源子恭守阳胡，盖以防欢之邀截。西魏以邵郡为重镇，与高欢相持，亦即阳胡矣。

清廉城，县西五十二里。后魏置，以清廉山为名。隋义宁初复置，属邵原郡。唐武德初，属邵州。贞观初，省入垣县。又蒲原废县在县东，后周置，大业初省。唐武德二年，改置长泉县，属怀州，寻废。○皋落城，在县西北六十里。《水经注》：清水东流经皋落城，即《春秋》闵二年晋侯伐东山皋落氏处。世谓之倚亳城，盖声相近。今亦见前乐平县皋落山。

王屋山，在县东北百里，接河南济源县及泽州阳城县界，沇水出焉。《志》云：县东十里有济源山，或以为济水源出此山之阳也。今王屋山详见济源县。

三锥山，在县北六十里。三峰如锥，旧产铜。其相近者有鼓钟山，或曰瞽冢山也，相传瞽瞍葬处。又折腰山，在县西北七十里。中低两高，旧有铜矿，凿久摧折，故名。又西北有清廉山，清水出焉。《水经注》：清水出清廉山之西岭，世亦谓之清营山，其水东南流，出峡，峡左右有城，盖古关防云。又西北有白马山，与绛县接界。〇锯齿山，在县东北十五里，以山峰错列而名。又诸冯山，在县东北四十里。孟子云：舜生诸冯，盖即此。又东北有马头山，白水出焉，流合于清水。

黄河，县南二十里。有济民渡，南岸直河南新安县北界。《志》云：河自平陆东流入县东，又东南入河南济源县境。是也。

清水，在县西。源出清廉山，东南流，白水流合焉，又东南入于大河。《水经注》：白水径垣县故城北，又东南径阳壶城东，又东南流注于河云。

乾河，在县东北。源出绛县接界之觳山，西南流注于河，即鼓钟川分流南出之水也。是水冬干夏流，亦曰乾涧。《史记》云：秦昭王十四年，涉河取安邑以东，至乾河，盖在此。《唐史》：会昌四年，泽、潞降将高文瑞言官军攻泽州，须过乾河立寨，自寨城连延筑为夹城，环绕泽州。是也。

箕关，在县东北七十里。亦曰濝关。《水经注》：濝水出王屋西山濝溪，夹山东南流，经故城东，即濝关也。濝水西屈经关城南，又东流注于河。《后汉书》：建武元年，遣邓禹入关，至箕关，击河东都尉。二年，遣司空王梁北守箕关，击赤眉别校，降之。即此。

鼓钟镇，在县北六十里。亦曰鼓钟城。《水经注》：教水出垣县北教山，其水南历鼓钟上峡，飞流注壑，夹岸深高，南流历鼓钟川，川西南有冶官，世谓之鼓钟城。后周建德五年，攻晋州，分遣尹升守鼓钟镇，即是处矣。鼓钟川水至马头山东伏流，重出南入于河。

裴氏堡。在县东南。晋永嘉末，居人裴氏筑堡自守处也。后因置屯戍于此。永和九年，秦苻坚侨置幽州治焉。十一年，燕慕容儁遣慕容长卿入轵关，攻秦幽州刺史疆哲于裴氏堡，败没。《志》云：今县有横岭，有巡司，设兵戍守。

〇**霍州**，府北百四十五里。东至沁州二百九十里，西至隰州二百五十里，北至汾州府二百二十里。

春秋时霍国，后为晋地。战国属赵。秦、汉属河东郡。魏、晋属平阳郡，后魏因之。建义初，置永安郡。隋开皇初，郡废。十六年，置汾州。十八年，改为吕州。大业初，州废，属临汾郡。义宁初，置霍山郡。唐初，复置吕州。贞观十七年，州废，县属晋州。宋因之。金仍属平阳府。贞祐三年，置霍州，元因之。明初，以州治霍邑县省入。编户二十里。领县一。

州大岳镇其东，汾水经其西，据山川之胜，为扼要之所，争衡于太原、平阳间，未有不以州为孔道者也。

霍邑废县，今州治。《禹贡》岳阳地，周彘邑也。周厉王无道，周人逐之，出居于彘。《地志》：武王封叔处于霍，即彘邑也。汉置彘县，属河东郡。后汉阳嘉三年，改为永安县。魏、晋因之，属平阳郡。后魏建义元年，置永安郡治焉。东、西魏相持，东魏置永安戍于此。后周建德六年，克晋州，宇文宪自雀鼠谷攻拔洪洞、永安二城，是也。隋开皇中，为汾州治，寻为吕州治，又改县为霍邑县。大业初，州废。十三年，李渊起义兵于太原，自西河进克霍邑，寻为霍山郡治。唐初亦为吕州治，州寻废，而霍邑不改。金为霍州治，明初省。今城周九里有奇。

吕城，州西三里。故吕乡，晋吕甥邑也。今有吕陂，在州西南十里，亦以吕甥名。隋因置吕州，亦曰吕州城。唐武德二年，世民破刘武周将寻相于吕州，即此。或谓之永安城，即故永安县治。又彘城，杜预曰：在永安县东北，即周厉王所居，今州城东北有厉王陵。〇赵城，在州西南。周穆王封造父于赵城，即此，为赵氏之始。《水经注》：汾水历唐城东，又南径霍城东，又经赵城西。是也。又赫连城，在州西北四十里。《志》云：赫连勃勃所筑。恐误。

霍城，州西十六里，故霍国也。《左传》：闵元年，晋献公灭霍，赵夙为御，霍哀公奔齐。晋国大旱，卜之曰：霍泰山为祟，使赵夙召霍君奉祀，晋复穰焉，此其故居云。又《魏世家》悼子徙治霍，即此。〇唐城，在州西。薛瓒曰：尧所都，东去彘十里。《水经注》：汾水过永安县西，又东历唐城东。又有陶城，《志》云：在州南三十里。今为陶唐谷。

霍山，州东南三十里。南接赵城，北跨灵石，东抵沁源，其东峰最高者，即观堆也。今详见名山。

鸡栖原，州东北三十里，霍山高平处也。周主邕克晋州，宇文宪进克永安，齐人焚桥守险，军不得进，宪使宇文椿屯鸡栖原，伐柏为庵以立营，齐主纬闻平阳陷，乃自晋阳分军向千里径，又分军出汾水关，自帅大军上鸡栖原，周人引还，是也。又州南十里有銮铃原，相传唐太宗过此，挂銮铃于树，因名。

石鼻谷，州东三十五里，谷中出水，引至城南灌田，名石鼻渠。又义成谷，在州东南三十里，中出水，亦西流灌田，皆霍山旁谷也。

汾水，在城西。自汾州府流经灵石县，又南流入境，又南入赵城县境。〇霍水，在州东南。《志》云：水出霍太山，西流经赵城县南，又西注于汾水，盖即霍渠之上源矣。

彘水，州南一里。源出霍山，西南流，经城南入汾。又州东八里有古鱼池，州东十里有章丘泉，州南十五里有方池，州东南十五里有圆泉水，东北三十五里有罗头泉，俱引流溉田，下注于汾。

贾胡堡，州东北五十里，在霍山蛤蟆岭上。隋大业十三年，李渊起兵太原，至西河，入雀鼠谷，进军贾胡堡，去霍邑五十里，是也。《括地志》：灵石县有贾胡堡，盖旧在灵石县境。

千里径，州东十里。后魏平阳太守封子绘所开之径也，为北出汾州，径指太原之道。或谓之十里径。亦详见名山霍山。

霍山驿。在城东。又有霍山递运所，俱明洪武中建置。

〇灵石县，州北百里。东至沁州沁源县百九十里，北至汾州府介休县六十里，西北至汾州府孝义县五十里。汉太原郡介休县地。隋开皇十年，分置灵石县，属介州，以傍汾水开道得瑞石而名也。义宁初，属霍山郡。唐初属吕州，贞观中，州罢，县属汾州。宋因之。元改属霍州。今城周一里有奇，今编户十九里。

静岩山，县东北二十里。《郡国志》：即太岳之异名也，下有五龙泉，亦谓之五龙山。〇介山，在县东三十里，春秋时，介子推隐此，因名。一名介美山，亦曰绵山，接沁水、介休二县境。又尖阳山，在县东南五十里，极险峻。

高壁岭，在县东南二十五里。亦名韩信岭，最为险固，北与雀鼠谷接。后周建德五年，齐师败于晋州，高阿那肱退守高壁，馀众保洛女砦。周主邕向高壁，阿那肱遁走。宇文宪攻洛女砦，拔之。又隋仁寿末，汉王谅举兵并州，杨素击之。谅遣其将赵子开拥众十万，栅绝径路，屯据高壁，布陈五十里。素令诸将以兵临之，自引兵潜入霍山，缘崖谷而进，营于谷口，驰出子开之北，子开大败。唐武德三年，世民追宋金刚将寻相及于吕州，乘胜逐北，一昼夜行二百馀里，战数十合，至高壁岭，是也。《志》云：岭在霍州北八十里，有高壁铺。又洛女砦，亦在县南。

秦王岭，在县东南三十里。《志》云：县西南三十里有宋老生寨，高四里，与秦王岭相对，盖老生所筑，以拒唐兵之处。其地亦名鲁班缠，山溪峻险，架木为梁，俗谓之缠，世传鲁班所修云。

汾水，在县城北。自汾州府介休县流入境，又西南流经汾西县东，而入霍州界。

仁义河，在县南四十里。源出沁源县境，经尖阳山，民引渠以灌田，至仁义驿西南二十里，而入于汾。又谷水，在县东北四十里，出棉山白口谷，居民引以溉田，流经城北入于汾，一名小水河。

阴地关，县西南百二十里，出汾、晋之间道也。唐大顺元年，张濬建议讨李克用，会诸道兵于晋州，出阴地关，游骑至汾州，为河东所败。光化五年，朱全忠攻太原，遣其将侯言以慈、隰、晋、绛兵入自阴地，取汾州。既而克用遣将李嗣昭等出阴地关，取隰、慈等州。梁开平三年，晋将周德威等复出阴地关，攻晋州。又贞明二年，梁、晋相持于魏、博，梁将王檀请发河中、陕、同、华诸镇兵袭晋阳，自阴地关入，奄至晋阳城下，晋人大惧，力战，梁军乃却。石晋末，刘知远称帝于太原，引兵南下，自阴地关出晋、绛。周广顺初，北汉主刘承钧屯阴地关，进攻晋州。既而北汉主复合契丹兵出阴地关攻晋州。显德元年，诏王彦超等自阴地关入，攻河东汾州。关盖扼束要地矣。《通志》：阴地关在县南二十里汾水西。恐误。

南北关，在县东八十里。《宋志》：县有阳凉南关、阳凉北关。靖康末，女真将粘没喝自太原分兵趋汴，平阳叛卒导入南北关，粘没喝叹曰：关险如此，而我乃得越，南朝可谓无人。遂取威胜军，陷隆德府。既而姚古复隆德、威胜，扼南北关。又李纲遣范琼屯此。《志》云：关与沁州、辽州、汾州，皆去太原五驿云。又《唐志》县有长宁关。

汾水关，在县西南。《括地志》：灵石县有汾水关。后周主邕攻晋州，分遣宇文盛守汾水关。既克平阳，齐主纬自晋阳驰救，分军出千里径，及汾水关，盛拒却之。既而周主自平阳进向晋阳，至汾水关是也。○冷泉镇，在县北四十里。有冷泉，北流入汾，镇因以名。灵石口巡司置于此。《志》云：镇有冷泉渡，临汾河，其南三十里有下河门渡，相近又有南山小水渡。

瑞石驿。在县城东南，有瑞石递运所。《志》云：县南四十里仁义镇有仁义驿，亦明洪武中置。

○吉州，府西二百七十里。东南至绛州三百里，西南至陕西韩城县百七十里，西北至陕西延安府二百九十里，东北至隰州一百六十里。

春秋时，晋之屈邑也。战国属魏。秦、汉属河东郡。魏、晋属平阳郡。后魏置定阳郡。东魏兼置南汾州。天平四年，南汾州降于西魏。高齐武平二年，复攻取之。北齐曰西汾州。后周改为汾州。隋开皇初，郡废。十六年，改为耿州。十八年，复为汾州。大业初改曰文城郡。唐武德初，又为汾州。五年，改为南汾州。八年，改为慈州。天宝初，曰文城郡。乾元初，复曰慈州。宋因之。熙宁五年州废，改属隰州。元祐初，改置吉乡军，寻复为慈州。金曰耿州，明昌初，改曰吉州。元以州治吉乡县省入。明初，仍曰吉州。编户二十一里。领县一。

州控带黄河，有龙门、孟门之险，为河东之巨防，关内之津要。

吉乡废县，今州治。汉北屈县地，后魏延兴四年，置定阳县，为定阳郡治。后周天和五年，杨敷守定阳，齐将段韶围之。敷固守不下，韶急攻之，屠其外城。会韶病，谓高长恭曰：此城三面重涧，皆无走路，惟虑东南一道耳，贼必从此出，宜简精兵而守之，此必成擒。长恭乃令壮士千馀人伏于东南涧口，城中粮尽，斅出走被擒，即此。隋初，郡废。开皇十八年，改县曰吉昌，为汾州治。唐为慈州治。五代唐避李国昌讳，改曰吉乡。宋因之，元省。今州城周不及五里。

北屈废县，州东北二十一里。春秋时晋屈邑，即公子夷吾所居。《左传》曰：晋有屈产之乘。又晋二五言于献公曰：蒲与二屈，君之疆也。杜预曰：二屈当为北屈，汉置北屈县。应劭曰：有南故加北，汲郡古文，翟章救郑，次于南屈。后汉及魏晋仍为北屈县。晋建兴初，并州刺史刘琨与代公猗卢伐刘聪，琨进据蓝谷，猗卢遣拓跋普根屯于北屈。升平初，姚襄将图关中，自北屈渡河，进屯杏城。《水经》：北屈西距河十里。魏收《志》：神䴥元年，擒赫连昌，囚于北屈，置禽昌县。或曰：后魏析置禽昌县，北屈县省入焉。孝文时，又析置定阳县。杜佑曰：吉昌，汉北屈县也。蓝谷，见太原府太原县。杏城，见陕西中都县。

南汾城，在州南。东魏置南汾州于定阳，后周取之，改为汾州。高齐武平初，斛律光围定阳，因筑南汾城以逼之。《志》云：州西南十里有倚梯城，在龙门上口，垒石为之，东北高据峻岭，西南俯临黄河，悬崖绝壁，百有馀丈，以其险绝，非梯莫上，因名。或以此即斛律光所筑南汾城云。

姚襄城，州西五十二里。襄为桓温所败，走平阳时所筑，后人因名。城周五里，高二丈。杜佑曰：姚襄城西临黄河，控带龙门，实为险峻，为周、齐交争之处。后周天和五年，宇文护使郭荣筑城于姚襄城南，定阳城西。既而齐人取汾州，及姚襄城，惟郭荣所筑城独存。又耿城，在州南。相传殷祖乙所都也，隋因置耿州。杜佑曰：隋耿州置于耿吉城，即此。

仵城废县，州北六十里。本北屈县地，后魏置五城县，兼置五城郡治焉。魏收《志》：五城县初名曰京军，太和二十一年，改名五城。隋初郡废，改县曰伍城，属汾州。唐武德二年，改置仵城县，属昌州。贞观初，县废，寻复置，改属慈州。宋废为仵城镇，金兴定五年，复置仵城县，属隰州。元废。《志》云：州东北去蒲县六十里。是也。

文城废县，在州西北五十里。本西魏所置，属汾州。隋因之，唐属慈州。《旧唐书》：显庆三年，移县治仵城县东北文城郚。天祐中，改曰屈邑。五代时，复曰文城。宋仍属慈州，熙宁五年省为镇。金因之，属吉乡县。

壶口山，州西七十里。《禹贡》：既载壶口，是也。东魏初，高欢自壶口趋蒲津，击宇文泰。隋末，李渊自龙门进军壶口，河滨之民献州者以百数，即此处也。壶口之北，即孟门山。○孟门山，在州西七十里。《山海经》：孟门之山，上多金玉。《淮南子》：龙门未辟，吕梁未凿，河出孟门之上，大禹疏通，谓之孟门，故《穆天子传》曰：北登孟门九河之蹬。孟门，即龙门之上口也。此为黄河巨厄，夹岸崇深，奔浪悬流，倾崖触石，诚天设之险。又南至龙门山，谓之下口云。

挂甲山，州南二里。相传尉迟恭，尝挂甲于此而名。又风山，在州北十里。有穴如轮，风从中出。○明珠山，在州西九十里，东接乡宁县界。

黄河，州西七十里。自隰州大宁县流入境。《通释》：河至文城县孟门山，是为入龙门，至汾阴县合河之上，是为出龙门，从古津要之所也。又清水河，在州北，流入大河。州南又有南涧水，亦西流入大河。

采桑津，在州西，大河津济处也。《春秋》：僖八年，晋里克败狄于采桑，《史记》谓之啮桑。《晋世家》：献公二十五年，晋伐翟，以重耳故，翟亦击晋于啮桑。《水经注》：河水又南为采桑津，又南经北屈故城西。

乌仁关，州西七十里。下临黄河，与陕西宜川县接界。又平渡关，在州西北百二十里，西临大河，路出陕西，亦为津济要口，与乌仁关俱有巡司戍守。

牛心寨。在州北。宋嘉定十五年，吉州为蒙古所据，金人侨置吉州于牛心寨，蒙古将木华黎自隰州攻拔之。又青龙堡，在州东南。金末，蒙古将木华黎徇青龙堡，金平阳公胡天祚以平阳降，木华黎遂取金河中府。〇慈乌戍，在州西。周、齐相争时，置戍于此。《旧唐书》：武德八年，改南汾州为慈州，以近慈乌戍故也。

〇**乡宁县**，州东南六十里。东至襄陵县百三十五里，西南至蒲州河津县百三十里。东北至蒲县百里。汉临汾县地，后魏分置太平县。延兴四年，又分太平县置昌宁县，后又置中阳郡于此。隋初郡废，县属汾州。大业初，属文城郡。唐仍属慈州。五代唐讳昌，改曰乡宁。元初省，寻复置。今城周四里有奇，今编户十六里。

骐县城，县南六十里。汉县，属河东郡，武帝封驹几为侯国，东汉省。〇长宁城，在县西四十里。或曰：后魏末置永宁县，属定阳郡，即此城也，后废。今亦名西宁邨。又县西三里有泊城。《志》云：旧县治此，后避水患移今治，因名。

吕乡废县，在县东南。后魏主焘置刑军县。太和二十一年，改曰平昌，属五城郡。隋开皇初，改县曰蒲川，属隰州。大业初废。义宁初，复置平昌县。唐初因之，贞观元年，改曰吕乡县，属慈州。刘昫曰：吕乡以旧镇为名，上元三年，移治故平昌城，汉临汾县地也。五代周显德中，县废。《寰宇记》：吕乡废城，在乡宁县东南八里。《一统志》：在吉州东南百五十里。似误。

两乳山，县西南七十里。两峰如乳，因名。亦曰两乳岭。五代唐清泰三年，张敬达讨石敬瑭，兵败困于晋安砦，诏遣耀州将潘环将蒲、同以西戍兵，由晋、绛两乳岭出慈、隰共救之，即此。晋安寨，见太原府太原县。〇尖山，在县东南二十里，以山势耸拔而名。《图经》：县东十五里有柏山，以山多柏也。又有林山，在县西二十五里。

马头山，县南六十里，其山峭峻如马首然，汉骐县置于其下。〇豁都峪，在县东北三十五里，每大雨，西山诸水会于此，下达襄陵、太平二县境，溉田甚广。

黄河，县西八十里。自吉州流入，又南入河津县界。〇鄂水，出县东北五十里之宋家沟，引为四渠溉田，西南流，经县南入于河。

龙尾碛。县西一百里。《志》云：名结水，桥路通陕西韩城县。洪武二年，置巡司戍守。

〇**隰州**，府西北二百八十里，西南至吉州二百里，西渡河至陕西延安府百三十里，北至汾州府永宁州二百五十里，东北至汾州府二百七十里。

春秋时，晋之蒲城也，战国时属魏。秦及两汉皆为河东郡地。魏、晋为平阳郡地。永嘉中，刘渊据此，置大昌郡。后魏废郡为南汾州地。西魏于此置汾州及龙泉郡。后周因之。隋初，郡废，开皇四年，改置西汾州。五年，改为隰州。大业初，复为龙泉郡。唐仍曰隰州。天宝初，曰大宁郡。乾元初，复故。宋因之。金曰南隰州。天德三年，复为隰州。元因之，属平阳路。明洪武二年，以州治隰川县省入。编户三十一里。领县二。今仍为隰州。

州内阻山险，外控大河，东连汾、晋，西走关中，凭据高深，战守之资也。

隰川废县，今州治。春秋时晋蒲邑，重耳奔蒲，即此也。《战国策》：秦伐蒲，蒲人恐，请胡衍救蒲，衍说樗里子解去。《括地志》：蒲邑故城，在隰川县南，蒲水经其南，亦曰蒲阳。《史记·魏世家》：襄王七年，秦降我蒲阳。又景湣王五年，秦败我蒲阳。《秦纪》：惠王十年，使公子华、张仪围魏蒲，取之。《通释》：蒲阳故城，在隰川县北四十五里蒲水之北，即重耳所居，《括地志》误也。汉置蒲子县，魏、晋因之。永嘉二年，刘渊取河东，自离石徙都蒲子，是也。后周改置长寿县。隋开皇十八年，改曰隰川，为州治。后因之，明初省。今城周七里有奇，惟南、北、西三门。

温泉城，在州北二百里，与汾州府孝义县接界。本蒲子县地。后魏末置新城县，为南吐京郡治。后周废郡，隋并废县。唐武德二年，置温泉县，并置北温州治焉，兼领新城、高唐二县。贞观初州废，县属隰州，以新城、高唐二县并入。宋仍为温泉县。金改属汾州。元至元三年，省入隰川及孝义县。今为温泉镇。又高唐城，在废温泉县东南十五里，唐初所置县也，寻废。○常安城，在州北三十里。唐初置县，属昌州，贞观初废。

姚岳城，在州东北。周保定初，勋州刺史韦孝宽以离石以南生胡数为寇抄，而居齐境，不可诛讨，欲筑城于险要以拒之，使别将姚岳董其役，曰：计此城十日可毕。此距晋州四百里，敌军至，我之城辨矣。果城之而还。后人因谓之姚岳城。○横城，在州南三十五里。隋汉王谅起兵太原，遣其将吴子通屯兵筑城，横断隰州之道，因名。

石阿城，州北百里。《史记》：赵成侯十一年，秦攻魏，赵救之，攻石阿。孔颖达曰：石阿在石、隰二州间。是也。《志》云：州北二里有龙泉城，后周龙泉郡盖治于此。○穀城，《九域志》：在州东四十五里。神农尝五谷于此。王象之曰：县南高岭有屈穀山，为煎炼丝矾之处。其城为谷城，俗讹以为神农尝谷处云。

蒲子山，州东北五十里。相传尧师伊蒲子隐处，汉以此山名县。又妙楼山，在州北七十里。山有石岩高广，内有石室，前有龙池泉，冬夏不竭。

龙泉山，《寰宇记》：在州北七十里，接石楼县界。山下牧马，多产名驹，因名。后周以此名郡。○五鹿山，在州东七十里。《志》云：山有五鹿大夫庙。

蒲水，在州城西。源出汾州府石楼县之石楼山，流经此，又南流入大宁县界，合于昕川，而入黄河。○紫川，出州东山谷中，以岩石皆紫而名，西南流入大宁县界，至马斗关入黄河。又有黄栌水，源出州东北黄栌谷，西南流，合于紫川。又龙子湫，在州南十里，一名瀑布泉，出山谷门，西入大宁县界之大昕川，常有龙见于此，因名。

白壁寨。在州北。《宋志》：温泉县有碌矾务一，及水头、白壁、先锋寨三。金俱废。

○**大宁县**，州西南九十五里。东南至吉州九十里。西南至陕西宜川县二百七十五里，北至永和县百里，东至蒲县九十里。汉北屈县地，后魏为五城县地。后周析置大宁县，属汾州。隋大业初，省入伍城县。唐武德二年，复置大宁县，又置中州治焉。贞观初，州废，县属隰州。宋因之。元废，寻复置，仍属隰州。今城周二里有奇，今编户十里。

大义废县，在县北。唐初，置大义县，又于县西北置白龙县，俱属中州。贞观初，州废，二县俱省入大宁县。

翠微山，在县南二里。《志》云：县城南有城涧河，山在其南。又孔山，在县西北三十里，山有孔相通，其东岩石上有圣水泉，流入昕川。○镇关山，在县西七十里，以西临马斗关而名。《志》云：县东北二十五里有退过谷，其水亦流入昕川。

黄河，县西七十五里，马斗关渡在焉，西接陕西延长县界。《志》

云：大河自永和县南流经此，又南流入吉州境。

昕川，在县东南。《志》云：昕川之水，自隰州来者曰蒲川，自吉州来者曰义亭川，自永和县南流入境者曰麻束沟，自县东支流来会者曰小道沟，合为昕川，西流入大河。〇龙窠水，在县西南六十里。自永和县南流入隰州界，又西南流入县境，合于昕川，注于大河。其水峻急，不通舟楫。

马斗关，县西七十五里。临大河渡口，亦曰马斗渡。唐置关于此。今有巡司。

浮图镇。在县城北。高齐河清四年，置镇于此，为戍守处。隋初，大宁县治焉。大业初，县废，唐徙今治，镇仍属焉。〇南北寨，在县南、北，去城各一里。元末右丞时公权、院使李子厚置此戍守。

〇永和县，州西百五十里，西至陕西延川县百里。东北至汾州府石楼县百二十里。本汉河东郡狐讘县地。魏置永和县。晋属平阳郡，后魏废。北齐于狐讘城置临河县及临河郡。隋罢郡。开皇十八年，改县曰永和，属隰州。唐初，置永和州。贞观初，州废，县仍隶隰州。宋因之。今城周三里有奇，今编户十里。

狐讘城，县西南三十五里。汉置县，属河东郡。后汉县废。曹魏置永和县，在今县西南九十里。后废。高齐改置临河县于狐讘故城，隋仍旧治，复曰永和。唐武德二年，移县治于仙芝谷西，即今治也。〇楼山城，在县南十里，后周置归化县。隋开皇十八年，改曰楼山。大业初废。唐武德初，复置，属东和州。贞观初，废入永和县。又石羊城，在县西南五十里，后魏太武置石羊军于此，孝文时废。

楼山，在县东南三十五里，亦曰北楼山。其在县南四十八里者曰南楼山。两山相对，其形如楼，楼山县以此名。〇双山，在县东南二十五里，以两峰并秀而名。

仙芝谷，县东北五里。唐迁县治于仙芝谷西，即是谷也。又索陀谷，在县东北三十五里，水流曰索陀川，西合仙芝谷水，入于大河。

黄河，在县西五十里。自永宁州、石楼县流入县界，又南入大宁县界。〇索陀川，在县东北三十五里，西流入仙芝河入黄河。

永和关。县西六十五里。下临黄河，路通陕西绥德州，有巡司戍守。亦见陕西延川县。〇兴德关，在县西六十里黄河岸上，亦为兴德关渡。又铁罗关，在县西南七十里，亦黄河渡口也。亦曰铁罗关渡，路出陕西宜川县。

读史方舆纪要卷四十二

山西四　汾州府 潞安府

汾州府，东至潞安府四百四十里，又东南至沁州四百八十里，又南至平阳府三百九十里，又西南至平阳府隰州二百七十里，东北至太原府二百里。自府治至布政司见上，至南京二千四百三十里，至京师一千三百八十里。

《禹贡》冀州地。春秋时属晋。战国属赵。秦属太原郡。二汉属太原及西河郡。魏因之。晋为西河国。后魏曰西河郡，后又侨置汾州。北齐改南朔州，后周改为介州，而西河郡如故。隋初郡废，炀帝复改介州为西河。唐初改为浩州。武德三年，改为汾州。天宝初，曰西河郡。乾元初，复曰汾州。五代末，属于北汉。周显德初，侵北汉得之，置宁化军，兼领石、沁二州。旋入于北汉。宋仍曰汾州，亦曰西河郡。金因之，兼置汾阳军。元复为汾州，属太原路。明初，以州治西河县省入，北直山西布政司。万历二十三年，升为汾州府，领州一、县七。今仍曰汾州府。

府控带山、河，肘腋秦、晋。战国时，秦、赵相持，往往角逐于此。东汉之季，西河尤为多事。迨于刘渊发难，中原陆沉，祸乱之征，未始不自西河始也。周、齐争胜于河、汾间，郡常为兵冲。隋大业之末，唐乾符以后，太原南指，未有不以州为中顿，平阳北向，未有不以州为启途者也。北汉保河东，州尤为肘腋重地。宋人于岚、石、隰三州以至黄河，皆置城戍关，杜河外入麟府路以捍夏人。盖西北有事，府为必备之险矣。

〇**汾阳县**，附郭。汉兹氏县，属太原郡，魏置西河郡于此。晋改县曰隰城，属西河国。后魏亦为西河郡治，又置汾州治蒲子城，孝昌中自蒲子移汾州、隰城。隋仍为介州治。唐上元初，改曰西河县。宋以后因之。明初省。万历中，建汾州府，因改置今县。《城邑考》：府城，一名四阳城，世传曹魏所筑，四面皆向日也。元至正十二年重筑。明朝景泰二年，因旧城增修，城周九里有奇。嘉靖十九年，复筑东外城，周亦九里有奇；又筑南外城，周三里有奇，与郡城相辅。编户九十五里。

隰城故城，府西七十里。汉县，属西河郡。晋属西河国。或云三国魏省隰城入兹氏。晋改兹氏曰隰城。后魏主焘延和三年，如美稷，遂至隰城，大破山胡白龙于西河，是也。东魏侨置灵州于隰城县界。后周废。又故兹氏城。《志》云：在府南十五里，汉县治此，高帝封夏侯婴为侯邑。一名甄子城，魏收《志》：太和八年，复置西河郡，治兹氏故城。孝昌中，以吐京五城、定阳等郡陷没，皆寄治西河，今其地名巩郇，有故城遗址。〇八门城，在府北十五里。《志》云：刘渊遣将乔嵩攻西河，因筑此城，城有八门，故名。俗名罗城。又有偏城，在府西南五十里广城邨。后赵时筑此以防西北诸部，其城北占山阜，南临绝涧，有欹侧之状，因名。又祝融城，在府治西，相传祝融氏所居。

美稷城，在府西北。汉美稷县，属西河郡。本治今废胜州西，后汉中平中，以寇乱南徙五百馀里，即此城也，寻废。〇牧师城，在府西北境，汉边郡皆置牧师苑以养马，此即西河郡牧苑也。或曰：亦在今废胜州境，后汉永元六年，匈奴大帅逢侯叛，南单于师子与汉中郎将杜崇屯牧师城，是也。后亦移置于府境，其地广斥，宜畜牧。宋治平中，崔台符按汾州，得牧地三千二百顷。明年，移沙苑马五百牧于此，即古牧师地矣。

隐泉山，府北四十里。山有汤泉，一名汤泉山，或谓之谒泉山。上有石室，相传子夏所居也。俗谓之子夏山，又名卜山。《志》云：山之阳为卜山，山阴为陶山。与太原府文水县接界，今详见文水县。○比干山，在府西北九十里，相传纣使比干筑城于此。

万户山，府西二十里。延袤二十里，高八十丈，平坦可居万户，因名。又柏山，在府西五十里，上多柏树。一名将军山，相传石赵将赵鼎者御敌，战死于此，因名。○石室山，在府西三十里，山多岩窟，可居。又府西北三十里有白彪山，其山石壁巉岩，峰峦耸秀，林木丛茂，泉流飞涌，洞壑层启，村墟联附，为州之胜。相传昔有驺虞见此，亦名驺虞山。

汾水，府东二十五里。自太原府汾水县流入界，又流经平遥、介休、孝义县，而西南入灵石县境。详见大川汾水。

文水，府东北五十里，亦自文水县流入县境。一名文谷河，亦曰万谷河。至府东十五里，谓之西河泊，亦谓之文湖。《水经注》：文湖东西十五里，南北三十里，湖西侧有一城，谓之潴城，潴泽所聚也。盖即水以名城，湖亦谓之潴城泺，其水东入于汾。宋熙宁初，诏复汾州西河泺，泺在城东，周四十里，旧时旱则引以溉田，雨以潴水，兼有菱、芡、蒲、鱼之利，可给贫民。前转运使王沿废为田，人以为病，至是从御史刘述言，复之，即文湖也。

禹门河，城西十里。西山诸溪之水会流于此，谓之河口，伏流潜注，东入于文湖。相传禹导洪水至此，因名。又有麻屈水，亦在府西十里，平地涌出，灌溉田亩，民赖其利。又原公水，亦曰原公涧，又名壶溪水，源出白彪山麓，沿山南注，至谷口，转折而东，历城东北数十邮，溉田万亩，东南注于文湖。《志》云：原公水一名马跑泉，亦曰贺鲁水，相传有贺鲁将军者驻师白彪山，马跑泉涌，因名也。〇向阳水，在府西三十里，一名悬泉水，源出向阳峡，下流合于原公水，今涸。又府南十里有清沟水，一名董师河。城北八里有贾家庄泉，亦流合焉，居民引以灌田，下流东注于汾水。

善利渠，在府西南。西山诸泉源会流为渠，东西首尾凡百馀里，有灌溉之利。又灵浮泉，在府西南四十里，亦东流合诸山泉，引流溉田。

临汾宫，府东十五里。隋大业四年，建以避暑，盖据文湖之胜而为之，亦谓之汾水行宫。

金锁关。府西三十五里。一名向阳峡。岩崄插天，中断如辟，为汾、水咽吭，汉、晋以来戍守处也。明初置巡司，寻废。隆庆初，增筑关城设兵防御，颇为严固。又黄芦岭关，在府西六十里，置关岭上，凭高为险。宣德四年，置巡司于此。〇康家堡，在府东二十里，临汾水上，有康家堡渡，路通平遥县。《志》云：城东有汾阳驿，洪武中置。

〇**孝义县**，在府南三十五里。东至霍州灵石县三十里。汉兹氏、中阳二县地。后魏太和十七年又分置永安县，仍属西河郡。北齐省入介休县。后周复置。隋属介州，唐属汾州。贞观初，改县曰孝义，以旌县人郑兴也。五代周显德五年，晋州将李谦溥击北汉，破孝义，即此。宋太平兴国初，改县曰中阳，寻复旧。熙宁五年省，元祐初复置。今城周四里有奇，今编户三十里。

中阳城，在县西北，故赵邑。《史记》：赵武灵王九年，秦伐我，取西都及中阳。又惠王十四年，与秦会中阳。亦曰西阳，《秦纪》：惠文王后九年，取赵西阳，即中阳也。汉置中阳县，属西河郡。魏因之，永嘉中废。《括地志》云：中阳在隰城县南。

吴城，县西南七十八里。战国时，魏吴起为西河守，筑此城以拒秦，因名。近时贼据吴城，从向阳峡窥汾州，即其处也。又虞城，在县东北十里。又有虢城，在县北十里，俗讹为瓜城。相传晋灭虞、虢，迁其人于此，筑城居之，因名。魏收《志》：定戎郡，永安中置，治吴城，即此城也。〇鱼城，在县北十九里，或云：后魏末，六镇扰乱，置城于此为戍守处。又有东多城，在县北二十里。魏收《志》：永安中，置真君郡，治东多城，是也。又团城，在县西北十八里。旧《经》云：团城，后魏孝昌中所置。魏收《志》：武定四年，置武昌郡，治团城。

六壁城，县西南十五里。《后魏书》：太平真君五年，讨叛贼于六壁。《水经注》：胜水东经六壁城南，魏朝置六壁于其下，防离石诸部，因为大镇。太和中罢镇，置西河郡。《志》云：六壁者，县所辖贞壁、贾壁、白壁、许壁、柳壁并六壁为六也。魏收《志》：永安中，置显州，治六壁城，领定戎、建平、真君等郡。又领瓜城、东多城、团城等三城。瓜城，即定戎郡治也。后周省。唐为府兵所居，曰六壁府。

狐岐山，县西北八十里。《禹贡》：治梁及岐。孔氏以为岐，狐岐山也。盖洪水怀襄，大河泛滥至此山下云。一名薛颉山，胜水出焉。〇白雀山，在县西八十里，峰峦高峻。又县西一百六十里有上殿山，高峻为汾、隰诸山之冠。

雀鼠谷，《冀州图经》：谷在县南二十里，长一百一十里，南至临汾郡霍邑界，汾水流经谷内，即《周书》调鉴谷云。今详介休县。〇安生原，在县南十里。旧《经》：土地沃饶，有西河之美者，惟安生原耳。

汾水，县东二十里。自汾阳县流入，与介休县接界。《志》云：县东三十里汾河上有比干台，纣遣比干于驺虞山筑台避暑，此其遗迹云。

胜水，在县南二里。源出狐岐山，东南流，至县西十里，曰胜水陂。

亦曰元象泊，以昔有里人元象者有孝行，躬耕于此而名。县境之水，汇于此陂，又东注于汾水。《志》云：胜水一名孝水，在县西十五里。〇义水，在县北十五里，亦出狐岐山，东流经此。一名行春川，流入汾阳县境，分为善利、得利、分利、丰义、紫金五渠堰，其溉田数百顷，又东入于汾。县名孝义，以此二水也。

土京水，出县西南十五里土京谷，一名西阳水。《水经注》：胜水东合阳泉水，水出西山阳谿，东经六壁城北，又东注于胜水，即此水也。又左水，在县南二十里，一名贾愿水，今涸。又板谷水，在县西北二十八里，东流入胜水陂。

白龙渠，在县西二十里白壁关，居民引以溉田。又有三泉，在县西二十八里，东流入板谷水，溉田可十馀顷。〇普济渠，在县南十五里。《志》云：县西七十里有玉泉山，泉如漱玉，引流溉田，即普济渠也。又润民渠，亦在县南。自县西引胜水，灌附郭诸邨田，民赖其利。

温泉镇。县西九十里，即隰州之废温泉县也。《志》云：其地有高唐山，温泉出焉。镇南通吉、隰诸州，北连宁乡、永宁之境，为往来襟要，有巡司戍守。

〇**平遥县**，府东八十里。东至太原府祁县五十里。汉平陶县，属太原郡。本在今太原府文水县界，后魏移置于此，改曰平遥，仍属太原郡。隋属介州。唐属汾州。宋因之。今城周九里有奇，今编户五十八里。

京陵城，县东七里。即春秋之九原也。《国语》：赵文子与叔向游于九原。胡氏曰：原当作京。汉置京陵县，属太原郡。《水经注》曰：其故京尚存，汉初增陵其下，故名。魏、晋因之，后废。唐置京陵府，以居府兵。杜佑曰：隰城有汉京陵城，误也。又清世城，在县南，隋开皇十六年，析平遥县置清世县，属介州，大业初废。

中都城，县西十二里，西南至介休县五十里。《春秋》：昭二年，晋侯执陈无宇于中都。战国时属赵，亦谓之西都。《赵世家》：武灵王九年，秦拔我西都。汉置中都县，属太原郡。文帝为代王，都中都，即此城也。后汉亦曰中都县。晋属太原国。永兴初，刘渊遣别将寇太原，取中都。后魏省入邬县，而别置中都县于榆次。《水经注》有婴侯水，径中都县南，俗谓之中都水，又至邬县。魏收《志》邬县有中都城。《括地志》中都城在平遥县西南十二里。是也。○羌城，在县西北四十里，《志》云：汉建安中，筑此以居羌人。又思归城，在县东三十里，刘渊攻刘琨于太原，筑垒拒守，因思归而夜遁，故名。

蔚州城，县西北二十五里。后魏末，侨置蔚州，于邬县界。后周废。《城冢记》谓之屈顿城，昔汉武帝于汾堤侧屈曲为顿，后因汾水泛溢废坏。后魏于其地侨置蔚州，今城址犹存。○青城，在县东二十里。又有亭冈城，在县南二十八里，下有亭冈水。或曰皆后魏所置也。又来城，《城冢记》：在县西二十三里。相传后汉来歙所筑。

超山，县东南四十里。一名过山，以高耸超过群山而名。又麓台山，在县南四十里。《尔雅》：山足曰麓，土高曰台。一名蒙山，又名谒戾山，《山海经》：谒戾之山，婴涧水出于其阴，是也。

汾水，县西五十里，与汾阳县接界。县境诸水，悉流入焉。○中都水，出县东二十里中都谷横岭下，西流合原祠水，经城南，入邬城泊。亦名城东水，以成化中泛涨北流，经县城东，而西入于汾也。今有中都堰，在县东南一里。又原祠水，在县东南十五里，平地涌出，灌溉民田百顷，合中都水以入于汾。原上有祠，因名。

卤涧水，出县东南二十里之朱坑，流经县东，分为二十四池，灌溉民田。又婴涧水，在县东三十里，亦流合中都水入汾。又亭冈水，在故亭冈城南。《志》云：源出亭冈谷，流合邬城泊。○张赵泊，在县西北三十里。一名壤公泊。又邬城泊，在县南，与介休县接界，又东接祁县昭馀祁薮，亦谓之邬泽云。

普同关。在县南五十里普同谷口。东南接绵上关，达沁源县，西抵关子岭，南入岳阳县，为往来要地。洪武五年，置巡司戍守。

〇**介休县**，府东南七十里。东北至太原府祁县九十里，北至文水县八十里。晋大夫士弥牟邑。秦置介休县，以介山为名。汉属太原郡。晋属西河国。后魏仍属西河郡。东魏析置平昌县，兼置定阳郡。后周改郡曰介休，以介休故县省入平昌。隋初郡废。开皇十八年，又改平昌曰介休。义宁初，复置介休郡于此。唐初又改为介州。贞观初，州废，以县属汾州。宋因之。今城周八里，今编户四十五里。

介休城，在今县东南十五里。汉县治此。后周建德五年，自平阳进攻晋阳，周主邕与宇文宪会于介休，即此。今城东魏所置平昌县也，隋改置介休于平昌，故城遂废。

邬城，县东北二十七里。春秋时晋邑，魏献子以司马弥牟为邬城大夫。《史记》：曹参从韩信击赵相夏说于邬东，大破之；又围赵别将军于邬城中。汉置邬县，属太原郡。晋及后魏因之。北齐废。《志》云：故邬城历、隋唐至宋，始圮于水，城北接文水，东接祁县境。

随城，《地志》：在县东，春秋时晋邑也。隐五年，曲沃庄伯伐翼，翼侯奔随。后为士会食邑。又平周城，在县西四十里。《十三州志》：战国时魏邑也。梁襄王十三年，秦取我曲沃、平周，即此。汉置平周县，属西河郡。后汉因之。晋省。又《郡志》云：县东四十五里有武城，秦遣武安君白起伐赵，经此，因名。今有武城水。〇板桥城，在县西北十八里。《郡国志》：刘渊击刘琨于此，其城阻水，以板桥为渡，因名。又开远府，在县西北八里，华夏府在县东北三十里，皆唐置，以居府兵。

介山，县东南二十五里。一名介美，以介子推隐此也。山南跨灵石，西跨沁源，盘踞深厚。亦曰绵山。亦曰绵上。晋文公求介子推不获，以绵上为之田，是也。又襄十三年，晋侯蒐于绵上以治兵。二十九年，齐高竖奔晋，晋城绵而置旃。今亦曰横岭。又忌坂，在县西南十二里，相传子推被焚处也。○洪山，亦在县东南二十里，石洞水出其下。《志》以为狐岐山也。

天峻山，县东南十五里。以高峻入云而名。又蚕簇山，在县东南三十里，势极高，形如蚕簇。又抱腹岩，在县西南四十里，群峰回绕，涧水环流，石梯峻险，松柏交加，形如抱腹，因名。

雀鼠谷，县西南二十里。《水经注》：汾水南过冠爵津，俗谓之雀鼠谷。数十里间，道皆险隘，水左右悉结偏梁阁道，累石就路，萦带岩侧，或去水一丈，或高六丈，上带山阜，下临绝涧，俗谓之鲁般桥。盖古之津隘，今之地险也。后周建德五年，周主邕攻晋州军于汾曲，分遣宇文宪将兵守雀鼠谷。隋大业十二年，太原留守李渊破贼甄翟儿于雀鼠谷。十三年，李渊起义兵，由西河入雀鼠谷。唐武德三年，刘武周陷介州，唐将姜宝谊等战于此，兵败被虏。既而世民击武周，追破其将宋金刚，宿于雀鼠谷西原。又开元十一年，北巡并州，经雀鼠谷。谷盖当往来之要路。

东褫谷，县东南四十里。四围皆山，中有石磊，横空数仞，周广三里，岩顶有泉，倒流如瀑布，谓之悬泉，流为白牛泓，浚深莫测。又有黑龙池，水色常黑，其下流皆注于汾河。○西褫谷，县东南二十里，有西谷水，东谷之水流合焉。又有沂阳谷，在县西四十里，有沂阳水，东流入于汾水。

度索原，在县东南介山下。唐初裴寂攻刘武周将宋金刚于介休，寂军于度索原，营中饮涧水，金刚绝之。士卒渴乏，寂欲移军就水，金刚纵兵击之，寂失亡略尽。○千亩原，在县南，亦曰千亩聚。周宣王九年，战于千亩，王师败绩于姜氏之戎。又晋穆侯十年，战于千亩，有功。杜氏曰：其地在介休县。

汾水，县西二十里。《志》云：县西北五十里有大宋渡，亦汾河渡口也。南流二十馀里，为小宋曲。又南流与孝义县接界，县境诸水，悉流入焉。○谢谷水，在县西南十里，源出谷南磨子沟，平地涌出，大小十数泉，流入谷中，灌十馀邨田，至小宋曲，北入汾。

洪山水，县东南二十里。一名石洞水，源出洪山，或谓之胜水。四泉并发，四时不竭。宋文彦博引为东中西三渠，灌自城以东数邨之田，凡九十馀顷。西北流注于汾。又三道河，在县东北六里，平地出泉，分流为三道，下流入汾。又珞石涧，亦在县东南二十里，源出绵上箭杆岭，下流入于汾，今涸。

邬城泊，县东北二十里，与平遥县接界。流合中都水，注于汾河，或谓之蒿泽。隋仁寿初，汉王谅以赵子开败于高壁，大惧，自将众十万拒杨素于蒿泽，既而退守清源。高壁，见灵石县。○小桥泊，在县东北十八里，亦西入汾河。又龙泉，在县西南二十里，平地涌出，北流入汾。又有灰柳泉，在县东二十里石洞邨，引渠灌田，西北入汾。

子岭关。县东南六十里。路出沁源县，洪武五年，置巡司戍守。○张难堡，在县北，昔人筑堡自守处也。唐初世民败宋金刚于介休，追数十里，至张难堡，是也。

○**石楼县**，府西南二百里。南至隰州九十五里，西至陕西清涧县百八十里，西北至陕西绥德州黄河岸九十里，西南至隰州永和县百二十里。汉西河郡土军县地，后汉省。后魏太平真君中，置岭西县，属吐京郡。太和二十年，改县曰吐京。隋开皇初，郡废。十八年，改为石楼县，属隰州。唐初于县置西德州。贞观初，州废，县属东和州。二年，州复废，县仍属隰州。宋以后因之。万历二十三年，改今属。今城周一里九十六步，今编户十三里。

土军城，县西三十里。汉县治此。高帝十一年，封宣义为侯邑。又武帝封代共王子郢客为土军侯，后汉废。亦曰吐京城，音讹也。晋义熙九年，吐京部与离石部出以眷叛降夏王勃勃，勃勃因置吐京护军于此，后魏将娄伏连袭杀之。宋元嘉二十二年，魏主焘如上党，西至吐京。又萧齐建武三年，后魏吐京部反，旋击平之。《寰宇记》：城在团圆山下，其城圆而不方，俗谓之团城。隋迁今治。

长寿城，县东五里。《旧唐书》：武德初，置长寿县，属西德州。贞观初，县废，谓之长寿村。五代周广顺初，北汉刘承钧自攻晋州，不克，移军隰州。隰州将孙继业迎击之于长寿村，败之，即此。《寰宇记》：县北六里有夷吾馆，即晋公子夷吾所居也。后魏孝文置长寿县于此。《志》云：夷吾馆在县东二十五里。○临河城，在县东六十里，唐初置临河县，属西德州，贞观初废。或以为后周所置，误也。

团圆山，县西北三十里。山顶高而状圆，因名其山。东西长一百八里。有小蒜谷，胜水泉出焉，北流六十里入黄河。又有百泉谷，在山之分水岭下，泉约百馀派，西流八十里入黄河。○翠金山，在县南三十里，一名台骀山，上有台骀神庙。

石楼山，县东南六十里。蒲水出焉，流入隰州界，隋以此山名县。○龙泉山，在县南，接隰州界。《水经注》：龙泉出吐京城东南道左山下，牧马川上多产名驹。亦名屈产泉，即晋献公以屈产之乘假道于虞者。《志》云：屈产泉在县东南四里。又黄云山，在县东六十里，与县东南牛心山相接。

黄河，在县西百里。从宁乡县流入界，过上平关，又南入隰州永和县界。

土军川，在县西五十里。源出团圆山。有土军谷，亦曰吐京谷，西达于大河，县境诸水，悉流合焉。或讹为统军川。后周主邕建德五年，自将攻晋州，分遣达奚震守统军川，即此。

上平关，县西北九十里，下临黄河，路出陕西绥德州。五代梁开平二年，李茂贞遣延州帅胡敬璋攻上平关，为梁将刘知俊所败，即此。今有巡司戍守。

永宁关。县西北九十五里，下临黄河，路通陕西青涧县。又窟龙关，在县东北六十里，东接孝义县，南接隰州，北抵宁乡县。二关明初俱置巡司戍守，今革。

〇**临县**，府西北二百里。北至陕西吴堡县三十里，东北至岢岚州兴一县一百八十里。汉离石县地，属西河郡。后周置乌突县，兼置乌突郡治焉。隋郡废，县改曰太和，属石州。唐初改为临泉县，置北和州治焉。贞观三年，州废，仍属隰州。宋初因之。乾符三年，改属晋宁军。金仍属石州。至元中统二年，改属太原府，三年，升为临州。明初改曰临县，仍属太原府，万历中改今属。今城周三里有奇，编户十七里。

修化城，在县南。后周置窟胡县，兼置窟胡郡治焉。隋初郡废，改县为修化，属石州。唐省。又县东南有庐山废县，亦后周置，大业初，并入修化县。

连枝山，县东七十里，枝脉蔓衍，连接群山。亦谓之磨盘山，《志》云：山周六百馀里，近时官军逐贼于此，贼据险拒守，官军不能克。又黄云山，在县东北三里，榆林河出焉。

车突谷，在县东北。《志》云：后周置乌突县，盖以车突谷而名。北魏孝文太和二十年，吐京部反，汾州刺史元彬遣军击破之，追至车突谷，又破之，即此。

黄河，县北二十里。自岢岚州兴县界流入，又西南入永宁州境。〇榆林河，在县东北。源出黄云山，下流入于黄河。又有临泉水，在县治北，亦流入于大河。

克胡寨。县西北百二十里。黄河东岸，路通陕西葭州。古置浮梁，今以舟济。金大定中筑城，屯兵于此，以防夏人。元废。明朝洪武五年，置巡司。其南二十馀里有曲峪村渡，又南三十里有郭家塔渡，南四十里有堡子峪渡，俱通葭州。又南十二里有索达安渡，路通陕西吴堡县。

附见：

汾州卫。在府城内。本守御千户所，洪武二十四年建。弘治五年，升为卫。

○永宁州，府西北百六十里。南至平阳府隰州二百五十里，西至陕西绥德州二百五十里，北至太原府岢岚州二百五十里，东北至太原府三百九十里。

春秋时白翟地，《齐语》：桓公西征，攘白翟之地，至于西河。即州境也。战国初为赵之离石邑，后为秦、魏二国之境。秦属太原郡。两汉属西河郡。晋属西河国。刘渊倡乱于此。后赵石勒置永石郡。后魏为离石镇。北齐置怀政郡，又改为离石郡，兼置西汾州。后周改西汾为石州，而郡如故。隋初，郡废州存，炀帝又改为离石郡。唐复为石州。天宝初，曰昌化郡。乾元初，复故。宋因之。亦曰昌化军。金属太原府。元仍属太原路。明洪武三年，以州治离石县省入，仍曰石州，属太原府。万历二十三年，改为永宁州，编户四十里。属汾州府，领县一。

州重山合抱，大川四通，控带疆索，锁钥汾、晋，诚要区也。《边防考》：州西逾黄河，即延、绥边地，北边偏、老，最属要冲，而黄芦岭尤为险阻。嘉、隆之间，往往入寇，州境被其蹂躏，防维切焉。今四方无虞，州日益蕃庶，化理之隆，安得不推所自欤？

离石废县，今州治。战国时赵邑也。周赧王三十四年，秦取赵蔺、离石，此即离石地。汉置县，属西河郡。汉初破匈奴，追至离石，匈奴复聚兵楼烦北，是也。武帝封代共王子绾为侯邑。后汉为西河郡治。《东观记》：西河郡治平定县，离石在郡南五百九里。永和五年，以匈奴寇掠，徙郡治离石。晋亦曰西河国治，永兴初，为刘渊所据。石赵置永石郡于此。后魏太和二十年，北巡，还至离石，置石城县，属伍城郡。高齐置昌化县，后周改为离石。隋以后因之，明初省。州城景泰元年，因故城修筑，周九里有奇。

定胡城，州西二十里。本汉离石县地，后周置定胡郡及县。隋初郡废，县属石州。唐武德三年，置西定州于此。贞观二年州废，县仍属石州。宋因之。大观二年，改属晋宁军。金仍属石州。明昌六年，改为孟门县。元废。又孟门城，在定胡废县西。唐贞观三年，分定胡县地置孟门县，七年省。〇方山城，在州西北七十里，隋义宁初，置方山县。唐武德二年，置方州。贞观三年，州废，县仍属石州。宋因之。《金志》：贞祐三年，徙县于积翠山。山盖在故县北。元省。《郡志》云：方山城，在州北百四十里。

蔺城，在州西，战国时赵蔺邑也。《战国策》：智伯之赵，请蔡、皋狼之地。鲍氏曰：蔡当作蔺。《赵世家》：成侯三年，魏败我蔺。武灵王十三年，秦拔我蔺。又武灵王曰：先王取蔺、郭狼。郭狼即皋狼矣。汉置蔺县，属西河郡。武帝封代共王子罴军为侯邑。后汉因之。魏废。〇皋狼城，在州西北。《史记·赵世家》：孟增幸于周成王，是为宅皋狼。《索隐》谓居以皋狼之地也。汉置皋狼县，属西河县，武帝封代共王子迁为皋狼侯邑于此。狼作琅。后汉亦为皋狼县，魏废。

縠罗城，在州北。汉县，属西河郡，后汉废。永和六年，匈奴引乌桓作乱，使匈奴中郎将张耽等率鲜卑到縠城，击乌桓于通天山，大破之。胡氏曰：縠城即縠罗城。通天山，即岢岚州兴县之石楼山。

左国城，州东北二十里。晋时匈奴左部所居城也。《载记》：后汉建武初，南单于入居西河之美稷，今离石之左国城，单于所徙庭也。晋成都王颖拜刘渊为北单于，渊自邺还至左国城，继而自离石徙都焉。杜佑曰：离石有南单于庭左国城。〇庐城，《寰宇记》：在州治东二里，晋刘琨所筑，以攻刘曜，遗址犹存。

吕梁山，州东北百里。《禹贡》：治梁及岐，孔氏曰：梁，吕梁山也。《吕氏春秋》：龙门未辟，吕梁未凿，河出孟门之上。是也。俗名榖积山，与太原府交城县接界，东川河出焉。〇方山，在州北故方山县界，县以此名，文水出焉，流入太原府交城县。又州境有步佛山。宋初，王忠植以河东步佛山忠义士复石、代等十一州，授河东经略安抚使，是也。

赤䂬山，州东北三十里。亦曰赤䂬岭，高欢遣窦泰自晋阳袭尔朱兆于秀容，兆走，追破之于赤䂬岭，是也。亦曰赤䂬冈，王象之曰：离石山，一名胡公山，又为赤洪岭，故离石水亦名赤洪水。〇仙洞山，在州西南五十里，一名白马仙洞，洞深远，中有龙渊。又乌崫山，在州西南二十里，下有乌崫泉。《志》云：州北二十里又有三阳云凤山。

黄栌岭，在州西北八十里。高齐天保三年，自晋阳如离石，自黄栌岭起长城，北至社平戍，四百馀里，置三十六戍。社平，《齐记》作社子，盖在今朔州之废武州界。又《斛律金传》黄栌岭在乌突戍东，盖与今临县接界。亦作黄芦岭。今为戍守要地。

大河，州西百十里。有官菜园渡，路出陕西绥德州。《志》云：大河自临县流入界，又南入宁乡县境。

东川河，在州东北。发源榖积山，流经州城西北，合于北川河。又北川河，在州城西，源出赤䂬岭，合于东川河，并流而西南入于黄河。〇赤䂬水，在州西北方山废县境，即离石水也，源出赤䂬岭，东南流合于东川河。

虎泽，在州北。《汉志》注：谷罗县西北有武泽，即虎泽也。又故美稷县亦有虎泽，今详见榆林卫。○青龙泉，在州西六十里，平地涌出，西流入黄河。

孟门关，州西四十里。隋置，其地险固，今有巡司戍守。《通典》：后周定胡郡盖置于此。《州志》：关在州西百二十里，故孟门县也。元废，置离石巡司于此，城垣庐舍，不减于旧。今为孟门巡司。又有赤坚岭巡司，洪武三年置。亦曰赤洪岭，在州北百八十里。

永安镇。在州城内。《唐志》：大历中，置镇将于石州，以绥御党项。《会要》：党项部落，曰野利越诗、野利龙儿、野利厥律儿、黄野、海野、野窣等，居东山部，夏州号平夏部，代宗永泰后，皆徙石州，因置镇以统之。

○**宁乡县**，州西南五十里。南至石楼县百二十里。后周析置平夷县，属离石郡。隋、唐属石州，宋仍旧。金改曰宁乡。元初，属太原路。至元初，改属石州。今城周五里有奇，编户十三里。

宁乡城，在县东。后周置宁乡县，属离石郡。隋大业初，并入离石县。

楼子台山，县东南三十里。山势危耸，状若层楼，因名。其顶有刘公洞。又仙明山，在县南十里，下有仙明洞。又县南二十里有屏风山。○卧龙冈，在县城东，高里许，形如卧龙，北自州界迤逦而东，抵汾州界，盘踞五十馀里。

黄河，在县西百五十里，有三交口渡，路出陕西绥德州，南流入石楼县界。

清水。县南三十五里。北流经州西南十里，合东川水入黄河。又车辙泉，出县南三十五里车辙山下。县东南三十里又有蕉泉，出蕉山下，流合车辙泉，民多引渠灌田，西北流入州界，合于清水。亦谓之南川河。

〇潞安府，由东至河南彰德府三百里，由南至泽州一百九十里，西至平阳府三百九十里，又由西北至太原府四百五十里，又由北至辽州二百四十三里。自府治至布政司见上，至南京二千二百六十里，至京师一千三百里。

《禹贡》冀州地，商、周时为黎国，《书》曰：西伯戡黎。春秋时黎为狄国所灭，《诗·卫风·式微》：黎侯失国，而寓于卫也。《左传》：晋伯宗数狄罪曰，夺黎氏地也。后为赤狄潞子国。晋灭之，其地入于晋。战国初为韩之别都，后属赵。秦取之置上党郡，《秦纪》：昭襄四十七年，攻韩上党，上党降赵，白起破赵于长平。明年，尽有韩之上党。又《战国策》谓为两上党者。王氏曰：以地在韩、魏间，犹安邑近韩，而云韩安邑也。两汉、魏、晋皆因之。后魏亦曰上党郡。后周兼置潞州。隋郡废州存，炀帝复曰上党郡。唐复曰潞州，武德二年，置总管府。九年，改曰都督府。贞观八年，曰大都督府。十年，仍曰都督府。十七年罢。开元十七年，以龙潜于此，复置大都督府。天宝初，曰上党郡。乾元初复故，寻置昭义军节度。先是至德初，置上党节度，寻曰泽潞节度。大历十年，始有昭义之名。今详见州域形势说。五代梁改匡义军，唐曰安义军，《五代史》：梁龙德二年，晋王存勖改昭义为安义，时李嗣昭子继韬为节度，为避父讳也。明年，李继韬降，梁改曰匡义。是年唐灭梁，仍改曰安义，长兴初复为昭义。晋复曰昭义军。天福五年，割辽、沁二州属昭义。明年，二州复还河东。宋仍为潞州，亦曰上党郡昭义军，太平兴国初，改军号曰昭德。崇宁三年，升为隆德府。金复为潞州。元初亦曰隆德府，寻复为潞州，属平阳路。明初洪武二年，以州治上党县省入。九年，北直山西布政司。嘉靖八年，升为潞安府，领县八。今仍为潞安府。

府据高设险，《志》云：郡地极高，与天为党，故曰上党。为两河要会，自战国以来攻守重地也。周最曰：秦尽韩、魏、上党、太原。秦地天下之半也，制齐、楚、三晋之命。荀子曰：韩之上地，谓上党之地。方数百里，而趋赵，赵不能凝也，凝犹当也。故秦夺之。汉初韩信收上党，乃下井陉。东汉初，冯衍遗上党守田邑书曰：上党四塞之固，东带三关。《汉志》：上党郡有上党、壶口、石陉三关。晋太和四年，燕皇甫真告其主暐曰：苻坚有窥上国之心，洛阳、太原、壶关，皆宜选将益兵，以防未然。盖洛阳、太原，邺都之外屏，而壶关则肘腋之备也。时申绍亦言：宜移戍并土，控制西河，南坚壶关，北重晋阳，西寇来则拒守，过则断后。暐皆不用。既而苻坚命王猛伐燕，谓猛曰：当先破壶关，平上党，长驱趋邺，所谓疾雷不及掩耳。时燕都在邺。唐李抱真曰：山东有变，上党常为兵冲。杜佑曰：上党之地，据天下之肩脊，当河、朔之咽喉。杜牧曰：泽、潞肘京、洛而履河津，倚太原而跨河、朔，语其形胜，不特甲于河东一道而已。五代梁围潞州，晋王存勖曰：上党河东藩蔽，无上党，是无河东也。宋靖康初，粘没喝围泽州，种师中请由邢、相邢，今北直顺德府。相，今河南彰德府。间，捷出上党，捣其不意。王应麟曰：上党于河北常为兵冲者，以东下壶关，则至相州，南下太行，则抵孟州也。明初定山西，亦由泽、潞而北。上党诚自古必争之地矣。

○长治县，附郭。汉壶关县也。隋置上党县，潞州治焉。唐、宋因之。明初省。嘉靖八年，改置今县。编户一百七十里。

壶关城，今州治。汉置壶关县，属上党郡。晋因之。魏收曰：秦上党郡治壶关，汉治长子，董卓又移郡治壶关。慕容氏时，郡尝治安民城，后复治壶关。后魏时，移县治于颖阳冈上。隋改置上党县于此。《上党记》：曹公围壶关，起土山于城西，城内筑界城以遮之。今城内有子城，周围三里一十步，为郡治。《旧唐书·田悦传》：马燧等师于壶关，东下收贼芦家寨。又城西南隅有古塔，其址即晋潞州节度使李嗣昭所筑夹寨，以御梁师者。《五代史》：梁开平初，遣李思安围晋李嗣昭于潞州，思安筑重城，内以防奔突，外以拒援兵，谓之夹寨，盖嗣昭亦于城内筑寨御之也。明年，晋王存勖破夹寨，潞州之围遂解。后唐同光二年，潞州牙将杨立作乱，既平夷其城。天成中，始复葺治焉。潞州城池高深，夷毁之后，非复旧观矣。明洪武二年，因旧土城改筑砖城，城周十九里有奇。

壶关山，府东南十三里，延袤百馀里，东接相州。崖径险狭，形如壶口。《春秋》哀四年，齐国夏伐晋，取八邑，壶口其一也。《汉志》上党郡有壶口关，盖置于此。建安八年，并州刺史高幹闻曹操讨乌桓，复举兵并州，守壶口关。十一年，操围壶关，壶关降。晋永嘉二年，并州刺史刘琨使上党太守刘惇帅鲜卑攻壶关，刘渊将綦毋达败遁。明年，渊遣王弥、刘聪、石勒等攻壶关，刘琨遣将王肃等救之，败没。既而刘聪等破屯留、长子，刘惇遂以壶关降。太和五年，秦王猛伐燕，攻壶关，克之，执上党太守慕容越，燕大震。太元十年，秦幽州刺史王永为后燕将王佐等所攻，弃箕城奔壶关。十九年，慕容垂灭西燕，遣慕容农出壶关，是也。亦谓之崞口。唐天宝末，李萼说平原太守颜真卿，欲开崞口出程千里之师。建中二年，田悦以相魏叛，贝州刺史邢曹俊谓悦曰：今置万兵于崞口以遏西师，则河北二十四州，皆为尚书有矣。既而田悦围临洺，河东节度马燧、昭义节度李抱真救之，合兵东下壶关，军于邯郸。《图经》：壶口东出相州滏口，谓之崞口，地形险要，自昔为噤喉之地。是也。又大顺初，潞州降于朱全忠，李克用遣兵围之，全忠使骁将葛从周将千骑潜自壶关，夜抵潞州，犯围入城。又光化二年，河东将李嗣昭攻潞州，汴将贺德伦弃城遁，趋壶关，河东将李存审伏兵邀击，杀获甚众。《志》云：壶关山在今壶关县西北二里，山形似壶，古置关于此而名。

柏谷山，府东北十三里。山多柏树，一名百穀山。俗传神农尝谷处，有百穀泉。《志》云：岩壑绝胜，与太行、王屋相连。〇五龙山，在府东南二十里。《寰宇记》：本名上党山，西燕慕容永时有五龙见山上，因名。山多松柏，森茂干霄，为郡之胜。又雄山，在府东南六十里，视诸山为雄长，因名，淘水出焉。

白田原，在府西北。《载记》：晋永嘉二年，刘渊使其子聪攻壶关，命石勒为前锋，并州都督刘琨遣护军黄秀等救壶关，勒败秀于白田，杀之，遂陷壶关。白田，一作封田。黄秀，《通鉴》作王肃。

潞水，府西南二十里，即浊漳水也。《周礼·职方》：其川漳，其浸汾、潞。阚骃曰：潞水即漳水，源出长子县发鸠山，东北流，经府境，入襄垣县界。后汉初平二年，袁绍屯河内，何进故部将张燕与南单于於扶罗自上党归之，屯于漳水。晋太和五年，秦王猛与燕慕容评相持于上党，慕容评鬻水与军，人，绢一匹，水二石，即此矣。详见北直大川漳水。

故城水，府西南十六里。北流二里，合石子河，西流入浊漳水。〇淘水，在府东南八十里，源出雄山，流与八谏水合。又八谏水，在府南六十里。其地有八谏山，水出山下。相传赵括将八人谏括，不听，自刎于此，因名。其水亦西流，入长子县界，会于浊漳水。又有鸡鸣水，出府东八十里之鸡鸣山，流入于八谏水。黎水，出府城西南三十五里之黎侯岭，流合于故城水。

西涧，在府西。刘渊遣石勒、刘聪攻壶关，聪败刘琨将韩述于西涧，勒败王肃于封田，遂克壶关。胡氏曰：西涧、封田，皆在壶关东南。似误。〇龙潭，在府西三十里。亦名金龙池，渊深不可测，亦流入于漳水。

壶关，见上壶关山下。《汉志》上党郡三关之一也。〇桃花寨，在府西南，近时官军尝击贼于此。

黎亭，在府西南三十五里黎侯岭上。相传黎侯所筑。应劭曰：黎亭，黎侯国也。晋永兴二年，刘渊以离石大饥，徙屯黎亭，就邸阁谷。即此。〇裴村，在府西北五里，唐会昌五年，昭义帅庐钧发兵戍振武，饯之于裴村，潞卒作乱，钧奔潞城，是也。

太平驿，府西北八十里。唐置，五代周显德二年，北汉入犯，昭义节度李筠拒之，壁于太平驿，遣将穆令均逆战于梁侯驿，是也。又府西有龙泉驿，以龙潭水而名，亦唐置。会昌三年，刘稹以泽、潞畔，朝廷敕使至，镇将郭谊盛兵陈龙泉驿为迎候，即此。又城南有龙泉桥，或谓之金桥。《唐志》：金桥在州南二里。

梁侯驿。府西北百十里，五代周显德初，北汉合契丹兵入犯，遣其将李存瓌自团柏进攻晋州，又自团柏南趣潞州，进屯梁侯驿，昭义帅李筠拒之，遣其将穆令均逆战于梁侯驿，而自帅大军屯太平驿，既而令均前进，遇伏败死，筠遁归上党。宋白曰：梁侯驿在团柏南，太平驿西北。团柏，见太原府祁县。

〇**长子县**，府西南五十里。东南至泽州高平县八十里。周初，史辛甲所封地也。晋为长子邑。汉置县为上党郡治。晋属上党郡，后为慕容永所都。后魏仍属上党郡。北齐县废。隋开皇九年，置寄氏县。十八年，改为长子县，属潞州。唐以后因之。今城周五里有奇，今编户九十三里。

长子城，在县治西南。晋邑也。《左传》襄十八年，晋人执卫行人石买于长子。后为赵地，智伯攻赵，襄子将出，从者曰：长子近，且城厚完。后又属韩。《赵世家》：成侯五年，韩与吾长子。是也。汉置县治此。后魏永安二年，元颢自梁入洛，魏主北走，尔朱荣驰见魏主于长子，即日南还，是也。《唐十道图》：长子城，丹朱所筑。丹朱，尧之长子，因名。亦曰丹朱城。

乐阳城，县西南三十里。后魏末析长子县置乐阳县，属上党郡，北齐废。今名乐阳村。又神农城，《后魏风土记》云：在县东南五十六里羊头山下，有神农泉。又有榖关，即神农得佳谷处。应城，在县东南四十里。魏收《志》长子县有应城，又有倾城及幸城。倾城，今见沁州断梁城注。

羊头山，县东南五十六里。以形似名。后汉安帝永初五年，羌寇河东，任尚击羌于上党羊头山，破之，是也。又紫云山，在县东南四十里，与壶关山相接。又东南十里为庆云山，相传尧时五色庆云见此，因名。○梁山，在县东二十里，梁水出焉。又伞盖山，在县西南五十里，远望峰峦如盖，伞盖水出焉。

发鸠山，县西五十里。《山海经》：发鸠之山，漳水出焉。《水经注》：浊漳水出麓谷，与发鸠连麓而在南，《淮南子》谓之发苞山。《志》云：麓谷在县城西，有大道入壶口关，东出达襄国，西登奚斯巨岭以达河东，径阻千里，亦谓之长子西谷。唐大顺初，朝廷讨李克用，以孙揆镇昭义，河东将李存孝伏兵于长子西谷中，揆至，突出擒之，即此。○刁黄山，亦在县西五十里，亦曰刁黄岭。刁一作彫。唐会昌三年，刘稹以泽、潞叛，使其将李佐尧守刁黄岭以拒官军。大顺初，河东将李存孝擒孙揆于长子西，追击馀众于刁黄岭，尽杀之。即此。《志》云：山多杂木，与发鸠山相接。

江猪岭，县西南四十里，与长平关相近。由岭路达雕窠岭，皆险隘处也。五代梁开平初，围晋潞州，别将尹皓攻晋江猪岭寨，拔之。周显德初，与北汉主相距于高平，命李彦崇将兵守江猪岭，遏北汉主归路，彦崇擅引还，北汉主果自其路遁去。又雕窠岭，亦在县西南。五代周显德初，北汉主败于高平，引百馀骑由雕窠岭遁归，宵迷误之晋州，复苍皇北走，仅得入晋阳，是也。胡氏曰：江猪岭在泽州高平县西北。盖自岭而南，即高平界也。

浊漳水，在县南五里。源出发鸠山，流经此，又东北入长治县界。《志》云：发鸠山下有灵湫泉，盖即浊漳水之源也。○蓝水，在县东北十九里，出屯留县盘秀山，东南流经此。又东北经长治县西南二十里而入于漳水。《志》云：蓝水下流入于沁源县。误也。

梁水，县东三十里。源出梁山，东北流，入于长治县界，合于漳水。又伞盖水，出伞盖山下，亦东北流，入于漳水。又尧水，在县西南十三里，出西山下，东北流，合梁水入于漳水。○秦水，源出县西方山，流入泽州沁水县界，即秦川水之上源也。

长平关。县南四十里，又南去高平县四十五里，即秦白起坑赵卒四十万处。隋置关，唐因之。《志》云：长平关即江猪岭，上有石如猪也。《图经》云：关盖置于武纥岭，秦、赵战于长平，赵兵败，秦白起逐之至此岭，北去县四十五里。又县西北二十里有漳泽驿，长平北出之道也。

○**屯留县**，府西北五十五里。又西北至沁州百六十里。春秋时晋余吾邑，亦曰纯留。汉置屯留县，属上党郡。后汉、魏、晋及后魏皆因之，北齐省。隋开皇十六年复置，属潞州，唐因之。今城周四里有奇，今编户二十五里。

纯留城，在县东南十里。春秋时潞子国，亦赤狄种也。宣十六年，晋人灭留吁，遂为晋邑，谓之纯留。襄十八年，晋人执卫行人孙蒯于纯留。又三家分晋，徙靖公于纯留。《战国策》：张仪劝秦伐韩曰，断屯留之道。即纯留也。《竹书》：梁惠成王十二年，郑取屯留、尚子。尚子，即长子。《秦纪》：始皇八年，王弟长安君成蟜将军击赵反，死屯留。汉置县于此。晋亦曰屯留县。永嘉三年，刘渊遣子聪攻壶关，取屯留、长子。唐武德五年，自霍壁移今治，或以为故城亦兼霍壁之名。又蒲鄗城，一作蒲鶮城。其地在纯留故城南，亦赵邑也。始皇八年，将军壁死，卒屯留，蒲鹄反，即此。或曰：古纯留城，在今县西十里之平村，一名卞和庄。

余吾城，县西北十八里。春秋晋馀吾邑也。汉置馀吾县，属上党郡。后汉建武六年，封景丹子尚为侯邑，后省。五代梁攻晋潞州，晋兵屯余吾寨以救之。盖于故城置寨也。今为余吾驿。〇陭氏城，在县西南七十里，汉县，属上党郡。陭奇一作倚。晋省。后魏景明初，改置寄氏县，仍属上党郡，北齐废。

三峻山，县西北三十五里，有三峰高峻。《尚书》汤伐三嵕，或曰即此。俗传为羿射九乌之所。一名麟山。下有三嵕水。盘秀山，在县西南八十里，岩岫盘曲，孤峰秀挺，亦名盘石山。蓝、绛二水，皆出于此。又西南十里有霜泽山，其山高寒霜早，故名。又疑山，《志》云：在县南九里。后魏孝文帝幸潞，见此山有伏龙，疑而不进，因名。

绛水，在县治北。《通典》：绛水出鹿渎山。《志》云：鹿渎山即盘秀山也。东北流经此，又东南流入长治县界，至潞城县境，合于漳水。又蓝水，亦出盘秀山，东南流入长子县界。〇蒲谷水，出县西三十里蒲子谷，东南流，合于绛水。《志》云：县东北二十里有积石谷，积石水出焉。又有高丽水，出县西七十里之高丽村。霜泽水出县西南霜泽山，俱流入绛水，以达于漳河。又八孔泉，在县西南八十里，有八泉自平地涌出，东流注于绛水。

高河壁。在县东南。高河，即绛河也。朱梁开平初，围晋潞州，晋将周德威壁于高河，梁兵击之，大败。又后唐末，契丹及石敬瑭败唐兵于团柏谷，进趋潞州，赵德钧及子延寿迎谒于高河，即此。

〇**襄垣县**，府北九十里。西北至辽州榆社县百三十里。秦置县，属上党郡。相传邑城为赵襄子所筑也。二汉及魏、晋因之。永嘉三年，上党为刘渊所陷，并州刺史刘琨使其将张倚领上党太守，据襄垣。建兴三年，刘聪遣刘曜攻败之。后魏属乡郡。建义初，置襄垣郡治焉。北齐郡废，后周置韩州。大业初，州废，县属上党。唐初亦置韩州。武德八年，突厥寇潞、沁、韩三州。贞观十七年，州废，县仍属潞州。今城周六里有奇，今编户八十三里。

韩城，在县治北。或曰：战国时韩所置也，后人因名曰韩城。后周置韩州治此。又县北二十七里有宁城，或曰赵简子所筑。又县西北九十里有石勒城，《志》云：勒取上党时积草城也。

安民城，县北十二里。晋永嘉三年，刘渊寇陷上党，并州刺史刘琨遣将张倚领上党太守，据襄垣，因筑此以安上党之民，故名。大兴中，石勒略上党，陷安民城。永和十一年，上党人冯鸯逐燕上党守段刚，据安民城。魏收《志》：燕慕容儁以上党郡治安民城，后迁壶关。魏皇始元年，复移治安民。真君中，还治壶关。是也。

五巑山，县西南六十里。山岭巉屼，因险设关，为戍守处。又错上洪山，在县北三十三里，以山溪丛杂而名。○鹿台山，在县南二十里。下临浊漳水，高耸如台，因名。

仙堂山，县北五十里。山势巍峨，上有龙洞及仙堂寺，山冈有琉璃岩，又有石九圈，如车网环水，其中虽旱不涸。○松门岭，《冀州图》云：在县北百三十里，通太原驿路。

浊漳水，县西南十里。自长治县流入境，又东北流，至县东北三十五里，折而东南流，入潞城县界。后魏长广王建明初，尔朱兆追高欢至襄垣，会漳水暴涨，桥坏，兆轻马渡水，与欢为誓处也。

涅水，在县西北六十里。源出沁州武乡县覆甑山，东南流入县界，会小漳水，至县西南十里甘村，合浊漳水。苻秦将王猛伐燕，与慕容评战，陈于涅源而誓之，即此。杜佑以为潞源也。又史水，亦在县西北六十里，曲折东流，入于涅水。

小漳水，县西北六十里，自沁州流入境，合于涅水，亦谓之铜鞮水。又甘罗水，在县西北三十里，至县东北一里合浊漳水。《志》云：县西十里有雍子水，又西五里有下谷水，下流俱入浊漳水。

五巑关，在五巑山上。正统初，抚臣于谦置巡司于此。又井谷关，在县东南四十里。《寰宇记》：其地有天井谷，深邃如井，中有关，魏初迁邺，置关于此。亦名天井关。《唐志》云：襄垣县有百井故关。是也。

虒亭。县西北五十里。虒，音斯。《汉志》铜虒有虒亭，盖与沁州接界。五代周广顺元年，潞州将陈思让败北汉兵于虒亭，宋为虒亭镇，今为虒亭驿，西北去沁州六十里。

〇**潞城县**，府东北四十里。东至黎城县七十里。春秋时潞子婴儿国，晋灭之。汉置潞县，属上党郡。晋为上党郡治。后魏太平真君十一年，改县为刈陵县。隋开皇初县废。十六年，改置潞城县，仍属潞州。唐因之。天祐二年，改曰潞子县。五代唐复曰潞城。今城周四里，今编户八十里。

潞城，县东北四十里。汉县盂治此。后魏改刈陵县，移治漳水东。唐乾元二年，泽潞节度王思礼败史思明将杨旻于潞城东，即今县也。〇微子城，在县东北十五里。纣都朝歌，潞在畿内，微子盖食采于此也。

三垂山，县西二十里。晋永嘉中，刘聪将乔乘攻晋上党太守宠和于壶关，平北将军王广，韩柔驰救，败乔乘于三垂。五代梁开平二年，晋王存勖救潞州，伏兵于三垂冈下，乘大雾直抵夹寨，出梁军不意，大败之。即此。

黄阜山，《冀州图》云：在县西三十里。一名黄沙岭。山上有城，即晋将崔恕与刘聪将綦毋剀战于黄阜，败死处也。〇凤凰山，在县西北五里，一名天冢冈，顶有风洞，中有玉女泉。又伏牛山，在县东南十五里。《唐史》：景云三年，黄龙见于此。

浊漳水，在县北。自襄垣县流入界。《志》云：县西三十五里为交漳村，有交漳水、绛水自长治县西北流，经此而合于浊漳，交流而东，故名。自此而东，凡一百八十里而入河南林县界，亦谓之潞川。晋太和五年，秦王猛克壶关，还攻晋阳，燕慕容评畏猛，不敢进，屯于潞川，猛克晋阳，还军潞川，评败走。太元十八年，慕容垂伐西燕，慕容永遣其将刁云等守潞川以拒之。二十一年，拓跋珪取并州，遣别将长孙肥追慕容农，及于潞川，获其妻子，是也。《志》云：县城东十五里有潞水，西流会浊漳，故漳水亦兼潞水之名。

台壁，在县北。《水经注》：潞县北对故台壁，漳水经其南，本潞子所立。晋太元十九年，慕容垂伐西燕，慕容永聚粮台壁，遣兵戍守以拒之。既而后燕军围台壁，台壁降，垂陈于台壁南，遣别将伏千骑于涧下，与永合战，垂伪退，永追之，行数里，骑从涧中出，断其后，垂军四面俱进，大破之。即此。

黄碾村。在县西北，距上党四十五里。晋王存勖救潞州军于黄碾村，是也。〇武王坞，在县西南四十里。相传武王伐纣时经此，因名。有武王祠。

〇**壶关县**，府东二十五里。东至平顺县三十里。汉壶关县地。隋初，析置上党县。大业初，以壶关县并入焉。唐武德四年，复析置壶关县，属潞州。今城周二里有奇，今编户八十七里。

壶关旧城，在县东南五十里。《括地志》：后魏移壶关县当羊肠坂羊头山之厄。是也。其地名颖阳冈。唐初置县于高望堡，在今县西七里。贞观中，移治进流川，即今治云。

大王山，县东南二十五里。《后魏书》：太平真君九年，诏于壶关东北大王山累石为三封，又斩其北凤凰山南足以厌之，以望气者言山有王气也。一云：孝文见此山有封龙，又断此山之东麓。普泰初，高欢帅六镇降众就食山东，屯壶关大王山，盖即王气之应也。又唐玄宗以潞州别驾膺大统，亦其验云。凤凰山，在今县北十五里。

乌泉山，县东南三十里。山色皆黑，山半出泉，伏地而流。又有黄山，在县南二十八里，山色皆黄。○三壅山，在县东南九十里，其山三面壅障，因名。山下出泉，名壅水，东南入河南林县界。

羊肠坂，在县东南一百六里。《汉志》壶关有羊肠坂，是也。坂长三里，盘曲如羊肠。《战国策》：周樊馀谓楚王，韩兼两上党以临赵，即赵羊肠以上危。两上党谓地在韩、魏间者。又王莽命王嘉曰：羊头之厄，北当燕、赵。杜佑曰即此也。○大峪岭，在县西南三十里，有铁矿。又县南六十里有赵屋岭，亦产铁矿及赤白石脂。

壶水，在县西北二里。《志》云：水出壶关山下，流经此，又西经府北，下流入于浊漳，今涸。又进流川，在县西南三里，亦曰清流川，壶水支流也，今亦涸。

沾水，在县东南。《水经注》：沾水出羊肠坂。《汉志》注：沾水东至朝歌，入于淇水。○惠泽池，在县治南；甘泉池，在县治北。县地高峻，艰于得水，明洪武、景泰中，凿此二池，甚为民利。

十八盘隘。在县东南八十五里。以回盘险僻而名，路通河南林县。又槲林隘，在县东南百二十里，羊肠坂南出之道也。亦与河南林县接境。

○**黎城县**，府东北百十里。又东北至河南涉县八十里。古黎侯国。汉潞县地。后魏刈陵县地。隋开皇十八年，置黎城县，属潞州。唐因之。宋熙宁中省，元祐初复置。今城周四里有奇，今编户三十七里。

黎侯城，县东北十八里。《春秋》：晋荀林父灭潞，立黎侯而还。《志》以为即此城也。又有故黎城，在县西北十里，旧县治此。宋天圣三年，移于今治。○石城，在县南八十里，旧传石勒筑此以贮谷，因名。

白岩山，县北十五里。又积布山，在县西北六十里，形如积布。又西北二十里有桃花山。

吴儿峪，县东二十八里，又东北接河南涉县。亦曰吾儿峪，太行山口也。后唐清泰三年，张敬达等攻河东，为河东及契丹所败，赵德钧将卢龙兵出土门路赴救，进至吴儿峪，趋潞州。元至正中，察罕帖木儿塞吴儿峪以遏贼冲，是也。

浊漳水，在县西南二十三里。自潞城县流入境，与平顺县接界，又东南流入河南林县境。〇清漳水，在县东北三十里，自辽州流入界，东入河南涉县境。

玉泉水，县西北五十里，山下有石窍，三泉喷涌而出，合为一川，入河南涉县界，注清漳。

吾峪关。在吴儿峪口。马氏曰：吾儿峪即故壶口关，盖音讹也。今其地至为要隘，洪武三年，置巡司戍守。

〇**平顺县**，府东北七十里。东南至河南林县百十里。本壶关、潞城二县地，名青羊，山险僻多盗。嘉靖七年，益肆剽劫。事平，明年，析二县地，又益以黎城县地，置平顺县，属潞安府。今城周二百五十丈有奇，今编户三十二里。

照城，县东三十里。西燕慕容永所筑，以拒慕容垂者。又有益阳城，在县东南四十里，今为城头村。又阳护城，在县北五里，皆慕容永所筑。

紫团山，县东南九十里。其山高耸，昔尝有紫气见山顶，团圆如盖，因名。产人参，名紫团参。〇麦积山，在县东南百四十里，磊石巑岏，形如麦积。

浊漳水，在县东北。自潞城县流入境，与黎城县接界。〇赤崖泉，在县东八十里，源出石洞中，洞深里许，洞内产卢甘石，洞口土色赤，泉出其中，因名。

正梯隘。在县东九十里。一名梯头隘。以形险若梯而名，路通河南林县。

附见：

沈阳中护卫。在府城内。永乐七年，为沈府置。又潞州卫，在府治南，洪武元年建。

读史方舆纪要卷四十三

山西五　泽州　沁州　辽州

○泽州，东至河南卫辉府四百十里，南至河南怀庆府一百二十里，西南至河南河南府二百八十里，西至平阳府绛州四百五十里，西北至平阳府四百十里，北至潞安府一百九十里，东北至河南彰德府三百二十里，自州治至布政司六百二十里，至江南江宁府一千八百里，至京师亦一千八百里。

《禹贡》冀州地，春秋属晋，战国属韩，后属赵。秦属上党郡。汉为上党、河东二郡地。后汉及魏、晋因之。后魏置建州，魏收《志》：慕容永分上党置建兴郡，真君九年省，和平三年复置。永安中，罢郡，置建州，治高都城。领高都、长平、安平三郡。北齐亦为建州及长平、高都二郡。后周并二郡为高平郡。隋废郡，改建州为泽州，因濩泽水为名。炀帝又改州为长平郡。唐初，复置建州，又为盖州。贞观初改置泽州，《旧唐书》：武德初，置盖州，领高平等县；又置泽州，领濩泽等县。三年，置建州，领晋城等县。六年，废建州，以盖州治晋城县。贞观初，又废盖州，以泽州治晋城。是也。天宝初，曰高平郡。乾元初，复为泽州。宋仍为泽州。亦曰高平郡。金曰南泽州，以别于北京之泽州也，寻复故。元光二年，又升为忠昌军节度。元属平阳路。明初以州治晋城县省入。洪武九年，改隶山西布政司。编户一百六十七里。领县四。今仍为泽州。

州境山谷高深，道路险窄。战国时，秦争韩、魏，往往角逐于此。自两汉之季，以迄晋室之衰，自晋阳而争怀、孟，由河东而趣汴、洛，未有不以州为孔道者。后魏都洛，迨其末也。河北多事，高都、长平恒为战场。隋末，窦建德与唐相持于虎牢，其臣凌敬谓宜取怀州、河阳，鸣鼓建旗，逾太行，入上党，是也。唐之中叶，泽潞一镇，藉以禁制山东，说者谓州据太行之雄固，实东洛之藩垣。五代时，晋王存勖败梁人于潞州，进攻泽州，梁将牛存节自天井关驰救，曰：泽州要害，不可失也。既而梁争上党，往往驻军泽州。周显德初，周主败北汉兵于此，而河东之势日蹙。宋初李筠起兵泽、潞，闾丘仲卿说筠：公孤军举事，大梁甲兵精锐，难与争锋。不如西下太行，直抵怀、孟，塞虎牢，据洛阳，东向而争天下，计之上也。筠不能用而败。盖太行为河北之屏障，而州又太行之首冲矣。

晋城废县，今州治。本汉高都县地。隋为丹川县地。唐武德三年，析置晋城县，为建州治。六年，废建州，自高平移盖州治此。贞观元年，废盖州，自端氏移泽州治焉。后因之。明初省。今城，明洪武初因旧城修筑，周七里有奇，有门三，北面无门。

高都城，在州东三十里。战国时魏地。秦庄王三年，蒙骜拔魏高都。汉置高都县，属上党郡。魏、晋因之，慕容永置建兴郡于此。后魏真君九年省。和平五年，复置郡。永安初，改置建州，又置高都郡治焉。三年，魏主诛尔朱荣，尔朱世隆自洛城北走，至建州，刺史陆希质拒守，世隆攻屠之。永熙中，高欢以其党韩贤为建州刺史，魏主修罢州以去贤，因复置建兴郡。既而高欢谋迁魏主于邺，遣三千骑镇建兴。北齐仍为高都郡治，后周为高平郡治。隋开皇初，郡废。十八年，改为丹川县，泽州治焉。唐武德初，县属盖州。三年，析置晋城县。九年，省入晋城。今亦曰高都村。〇盖城废县，在州东北，唐武德初置，属盖州。九年，省入晋城。

太行山，州南三十里。自此东西一带诸山，虽各因地立名，实皆太行也。《志》云：州南九十里有碗子城，是为太行绝顶。其间群山回环，两崖相夹，中立小城，隐若铁瓮，亦曰碗子城关，亦曰碗子城山。明朝正统中，凿石平险，以免折轴摧车之患。今关属河南河内县。馀俱详河南名山。

五门山，州西十二里。形若城墉，有门凡五。又松岭山，在州西南三十里。〇浮山，在州东南三十五里，以高近浮云而名。其并峙者曰硖石山，以两石拱峙，壁立若门也。又天池岭，在州东三十七里，其岭石崖壁立如城，南北二石门，中可容千人，昔人尝设寨避兵于此。

马牢山，在州东南。唐大顺初，汴军围泽州，河东将李存孝击之，汴将李谠等遁去，存孝等随而击之，大破之于马牢山。山即太行之别阜也。〇丹谷，在州东太行山麓。《水经注》：丹水经高都县，东南流，注于丹谷，《晋书·地道记》：高都有太行关，丹溪为关之东谷，涂自此去，不复由关矣。魏主子攸诛尔朱荣，尔朱世隆引兵犯洛阳，不克，北趣并州，诏源子恭出西道讨之，仍镇太行丹谷，筑垒以待之。既而尔朱兆自汾州引兵据晋阳，南破丹谷军，遂渡河趋洛阳。

丹水，州东北三十里。源出高平县西北仙公山，流经州境合白水，下流入于沁河。《汉志》注：丹水出莞谷，东南入泫水。《水经注》：丹水出高都县东北，东流，左会绝水也。水即《汉志》所谓泫水，今丹水是也。《寰宇记》：丹水一名泫水。又《水经注》云：丹水经石人北。其石人各在一山，角倚相望，南为河内，北为上党，二郡以之分界。《志》云：州东南八十里有石人山。

白水，州南三里。源出城西南胡泓水，东南流，历天井关，合于丹水。晋太元十五年，慕容永引兵向洛阳，朱序自河套北济河，破永于太行，进军至白水。去长子百六十里，即此也。

天井水，出天井关南，三泉并导，渊深不测，北流注于白水。亦谓之北流泉。又有源漳泉，在州东北三十三里，东流入于丹水。

天井关，州南四十五里，当太行绝顶，俗传孔子将入晋，回车于此。宋靖康初，赐名雄定关。元末谓之平阳关，其南即羊肠坂道，至为险要。今详见重险天井关。

巴公镇，州北三十五里。五代周显德元年，北汉主南侵，引兵至高平南，陈于高原，与周军遇；又以中军陈于巴公原，周主自将御之，大败汉兵。今为巴公镇。○韩店，在州北，明初元将扩廓遣兵攻泽州，我师御之于此，不利。

科斗店。在天井关南。唐会昌三年，河阳帅王义元讨刘稹，遣兵军于天井关南科斗店，为稹将薛茂卿所败，即此。○横望隘，在州西南八十里，太行绝顶也。即狄梁公望云思亲处。今为横望镇，洪武二年置，与怀庆府碗子城相距六里。又南有柳树隘，亦曰柳村店，有巡司戍守，与碗子城相接。

○高平县，州北八十三里，西北至潞安府长子县八十里。战国赵长平地。汉置泫氏县，属上党郡。魏、晋因之。后魏曰玄氏县，属建兴郡。永安中，析置平高县，属长平郡。北齐属高都郡，改县曰高平。后周属高平郡，隋郡废，县属泽州。唐初置盖州于此。武德六年，盖州移治晋城县属焉。贞观初，盖州废，县属泽州。宋因之。今城周四里有奇，今编户百五十三里。

泫氏城，在县东十里。《竹书》梁惠成王九年，晋取泫氏，是也。汉县治此。晋永兴初，刘渊遣刘曜取泫氏。后魏改为玄氏县，长平郡治焉。高齐废郡，仍省县入高平。五代梁开平二年，晋将周德威攻梁泽州，不克，退保高平。周显德初，北汉主南侵，过潞州，不攻，引兵而南，军于高平之南，既而败于巴公原，周军追至高平，汉兵失亡无算。即今县也。

长平城，县西北二十一里，即秦白起破赵处。汉武帝元朔二年，封卫青为侯邑。刘昭曰：泫氏有长平亭也。晋永嘉三年，刘渊遣其子聪及石勒等攻壶关，东海王越遣王旷等济河拒之，至太行，与聪遇，战于长平之间，败没。《水经注》：长平城西有秦垒，秦坑赵卒，收头颅筑台于垒中，因山为台，崔嵬杰起。今仍号白起台。城之左右沿山亘隰，南北五十里，东西二十里，秦、赵垒壁存焉。《志》云：头颅山在县西五里，白起台在其上。

阳阿城，县南六十里。汉县，属上党郡。高帝封万䜣为侯邑。后汉因之。晋废。《地记》：慕容永分上党郡置建兴郡，盖治阳阿县。后魏亦治阳阿县，初属上党郡。永安中，属高都郡。北齐废入高都。○光狼城，在县西南二十五里，《秦纪》：昭襄王二十一年，白起攻赵，拔光狼城。今其地名秦赵村。《志》云：县南三十五里有故关城，秦置。

米山，县北十里。相传赵将廉颇积米于此，俗呼为大粮山。又韩王山，亦在县北。《志》云：县之主山也。其山独高，上有平地数亩，登眺之，四面诸山，皆如培塿。相传秦围韩王于此，因名。又金门山，在县北五里，当赵垒之门，其土赤色，日照如金。

羊头山，在县东北三十里，相传神农尝五谷于此。山畔生黍，和律者采之以定黄钟。又翠屏山，在县东三十六里，山峰秀丽，若翠屏然。又仙公山，在县西北四十五里，丹水出焉。○走马岭，在县西北十里，出铁矿。《志》云：县西十里王降村有护国铁冶，元大德间置，至正间废。明洪武间，徙置县北二十里，永乐中废。今旧治犹存。又县西二十里为省冤谷，即赵括败死，馀众被坑处也，旧呼杀谷。唐玄宗幸潞州，过此致祭，改名省冤。

丹水，县西北五里。自仙公山南流，经县南入州境，一名长平水。《志》云：丹水上源合上党诸山之水，建瓴而下，每暴雨涨高二三丈，浮沙赤赭，水流如丹，因名。唐贞元初，县令明济引水入城，号曰甘水。又泫水，在县西北，《通典》谓泫谷水流合丹水，泫氏县以此名，今湮。

绝水，在县城西。《志》云：头颅山下有阳谷，绝水出焉。秦军筑绝此水，不令赵饮，故名。今堙。据《水经注》：绝水出泫氏县西北阳谷，东南流，径泫氏县城北，又东南与泫水合。水出西北玄谷，东南流，径泫氏城南，又东会绝水乱流，东南至高都与丹水会。今所云绝水即泫水，而丹水乃绝水也。源流相错，存以俟考。〇许河，在县南二十五里。《志》云：源洁泉出县西南三十里之原邨，其泉周四丈，深丈五尺，东西分引溉田，西南流十馀里合山水，经许庄，名许河，东南流数里入丹河。

长平关，县西北四十五里。隋置，有关官，唐因之。《通释》：泽州有长平关，即此。今亦为长平驿，与潞安府长子县接界。〇磨盘砦，在县西北，明初冯宗异取泽州，破磨盘砦，进克潞州，是也。又桑子镇，在县西南，近时官军尝破贼于此。

赵障。在县西。战国赵孝成王四年，取上党，廉颇军长平，秦陷赵军，取二障、四尉。《括地志》：赵障故城，一名都尉城，今名赵东城，在高平县西。又有故縠城，此二城即二障也。〇西垒壁，在县北。赵孝成王七年，赵括为将，秦攻赵，夺西垒壁。又有赵东垒，一名赵东长垒，即赵括战不胜，筑壁坚守处也。《正义》曰：俱在高平县北。

〇阳城县，州西百里。东南至河南济源县百十里。汉河东郡濩泽县也。晋属平阳郡。后魏属安平郡。隋属泽州。唐武德初，置泽州于此。八年，移泽州治端氏。贞观初，又移州治晋城县属焉。天宝初，改为阳城县。今编户百里。

濩泽城，县西三十里。战国时魏邑也。《竹书》：梁惠成王十九年，晋取泫氏、濩泽。汉置濩泽，县盖治于此。后汉封邓鲤为侯邑。建安十年，高幹举兵并州，入濩泽，即此。后魏移今治，今为泽城村。

析城山，县西南七十里，即《禹贡》所云底柱、析城者，盖太行之支山也。山下有神池，渊深莫测，相传与济渎相通。《水经注》：山甚高峻，上平坦，有二水，东浊西清，左右不生草木。亦曰析津山。东麓地名桑林，相传神禹祷雨处。〇王屋山，在县南八十里，即《禹贡》所云析城至于王屋也。山连绛州垣曲县及怀庆府济源县界，《古今地名》云：王屋山方七百里，高万仞，本冀州之河阳山。

白涧山，县西北十六里。《水经注》：濩泽水出濩泽城西白涧岭。是也。晋义熙十二年，丁零翟猛雀驱掠吏民入白涧山为乱，后魏主嗣遣将张蒲等击平之。〇史山，在县东北三十里，产铁。其西五里有金裹谷堆，堆下亦有铁矿。

樵峣，县东三十里。有百脉泉，百流腾沸，亦名百聚泉，东流入沁河。又崦山，在县北三十里，东有白龙潭。又羊肠坂，在县东六十里，下有栖龙潭，亦东流入沁。

沁河，在县东二十里。自沁水县流入境，又南入河南济源县界。今详见大川。

濩泽，县西北十里。《墨子》云：舜渔于濩泽。汉以此名县。《水经注》：泽水出白涧岭，经濩泽城南，又东注于沁水，即濩泽也。隋置泽州，亦因以名。

荆子隘。在县南八十里，路通河南济源县，今有怀庆卫官军戍守。

又有三缠凹，在县北，其地险僻，近时官军尝败贼于此。

〇**陵川县**，州东北百四十三里。北至潞安府壶关县五十里，东至河南辉县九十里。汉泫氏县地。隋初为高平县地。开皇十六年，析置陵川县，属泽州，以县多陵阜而名。唐属盖州。贞观初，属泽州。会昌三年，忠武帅王宰讨泽、潞叛帅刘稹，败稹兵于天井关，进拔陵川，即此。宋仍曰陵川县。今城周二里有奇，今编户九十二里。

马武山，在县东五十里。后汉初，马武尝屯军于此。又孤峰山，在县东七十里，以孤峰特起而名。《寰宇记》：县西南六十里有九仙台，一峰孤峙，三面泉流。

淅水，出县东北四十里佛子山，下流经潞安府平顺县界，又流入河南林县，注于洹水。又平田水，在县东南九十里，源出孤峰山，下流亦入河南林县界，注于浊漳水。〇蒲水，在县西北二十里，西流入于丹水。

永和隘。县南六十里，路出河南修武县。明初设巡司戍守，嘉靖中革。寻以宁山卫官兵戍此，复罢。今仍设官兵戍守。又五度关隘，在县东南八十里，路通河南辉县，明初调宁山卫官兵戍守，后亦罢。

〇**沁水县**，州西二百里。西北至平阳府浮山县七十里。汉置县地，属河东郡。后魏改为东永安县。孝昌中，置泰宁郡治焉。后又为广宁郡。北齐废郡，改县曰永宁。隋开皇十八年，复曰沁水县，属泽州。王世充尝置原州于此，唐复故。今编户五十四里。

沁水故城，县西三十里。汉县，在河南济源县界。隋始改置于此，后移今治。今名故城村。又安平城，《志》云：在县东六十里，后魏安平郡治此，东南去端氏县三十里。

端氏城，县东九十里。本晋邑。《史记·赵世家》：成侯十六年，与韩、魏分晋，封晋君以端氏。肃侯元年，夺晋君端氏，徙之屯留。汉置端氏县，属河东郡。晋属平阳郡。后魏置安平郡于此。隋初郡废，县属泽州。唐武德八年，徙泽州治此。贞观初，又徙州治。晋城县属焉。宋因之。元至元三年，省入沁水。

马邑城，在县东二十里山上。秦、赵拒战，筑此城以养马。其地峻险，南临小涧，北距大川。或云：即白起与赵括战时所筑。〇王离城，在县东北五十六里。《志》云：秦将王离所筑，阻险临崖，四面悬绝。

三尖山，县东北三十里。三峰并峙。又县东三十里有偃月山，俗呼车辋山，有车辋水。〇石楼山，在县城南，山下有濯缨泉，流入杏谷水。又鹿台山，在县南三十里。《水经注》云：山上有水，渊而不流。

嵬山，县东九十里。一名隗山。其形峻岌，与群山连绵不绝。《志》云：山在故端氏城东，城西南又有磕山。〇东辅山，在县西南九十里，其西为西辅山，与析城山相连，有辅车之势。《水经注》：辅山高十馀里，与垣县北教山相接云。

乌岭，县西北四十里。或曰：即春秋晋之黑壤也。宇文周讳黑，改为乌岭。唐会昌三年，晋、绛行营节度使石雄讨刘稹，败之于乌岭，即此。岭与平阳府翼城县接界。〇空仓岭，在县东百四十里，相传秦白起诡运置仓以给赵括处。

沁河，县东五十里。源出沁州沁源县，经平阳府岳阳县界，东流入县境，又东南流入阳城县界。

芦河，在县南。源出鹿台山，流经阳城县东十八里，合于沁水。〇杏谷水，在县城东，源出县西三十五里陕沟村，流至此，合于梅谷水。梅谷水，源出县西北三十五里梅谷邨，流至城东，与杏谷水合，流经县东郑庄邨，入于沁河。又秦川水，在县东。《水经注》：秦川水出巨峻山，带引众流，积以成川，西南径端氏故城东，又南入于沁水。《隋志》：端氏县有巨峻山。秦川水，今堙。

东乌岭关。县西北五十里。宣德四年，置巡司于此。〇窦庄堡，在县东北，近时土人尝败贼于此。

附见

宁山卫。在州治东北。洪武四年，置所。十一年，改卫，隶河南都司。永乐七年，改隶后军都督府。

〇沁州，东南至潞安府二百二十里，西南至平阳府三百五十里，西北至汾州府四百八十里，北至太原府三百十里，东北至辽州一百七十里。自州治至布政司见上，至江南江宁府二千四百里，至京师一千七百里。

《禹贡》冀州地，春秋属晋，战国属韩，后属赵。秦属上党郡，两汉及魏、晋因之。后魏置乡郡，魏收《志》：石勒分上党置武乡郡，后罢，延和二年，改置乡郡。隋初，郡废。开皇十六年，置沁州，治今沁源县。大业初，复废，属上党郡。义宁元年，置义宁郡。唐初，复改为沁州。天宝初，曰阳城郡。乾元初，复曰沁州。宋太平兴国四年，改置威胜军，以沁州省入。金复曰沁州，元光二年，升为义胜军节度。元隶平阳路。明初，以州治铜鞮县省入。编户六十六里。洪武九年，北直山西布政司，领县二。今仍曰沁州。

州北接太原，南走泽、潞，居心膂之地，当四达之冲，山川环抱，形要之地也。

铜鞮废县，今州治。其旧城在今州南十里，中有宫阙台基，即春秋时晋之别宫也。《左传》：成九年，郑伯如晋，晋人执之铜鞮。襄三十一年，郑子产谓铜鞮之宫数里，即此。又晋大夫羊舌赤所邑也。昭二十八年，灭羊舌氏，魏献子使乐霄为铜鞮大夫。刘昭曰：羊舌所邑，在晋宫北二十里。汉置铜鞮县，属上党郡，高帝八年，周勃转攻韩信军铜鞮，破之。后汉亦为铜鞮县。后魏时，县属乡郡，隋属潞州。唐武德初，改属沁州，寻属韩州。贞观中，韩州废，仍属潞州。刘昫曰：武德三年，铜鞮县移治洨水堡。六年，移于今所。今县南四十里又有铜鞮故城，或以为隋、唐时县治此。宋太平兴国三年，于县之乱柳石围中置威胜军，寻移铜鞮县为军治。金仍为沁州治。元因之。明初省。今州城，元末筑。洪武十一年，因旧城增修，周六里有奇门四。

阏与城，州西北二十里。孟康曰：阏与，读曰焉与。战国时，赵将赵奢大破秦军，解阏与之围，其地在河南武安县。秦始皇十一年，王翦攻阏与及邺轑阳。又汉二年，韩信破代，擒代相夏说于阏与，即此处也。《后汉志》邺县有阏与聚，《冀州图》谓之鸣苏城，俗曰乌苏邨。轑阳，见辽州。○甲水城，在州北七十里，为汉之上党郡涅县地，后魏改置阳城县，属乡郡。隋开皇十八年，改置甲水县。大业初，废入铜鞮县。唐武德三年，复置甲水县，六年省。

断梁城，在州东北。下临深壑，三面绝涧，广袤二里。《水经注》：断梁城即铜鞮县之上虒亭。又东南有倾城，即县之下虒聚云。《志》云：倾城，在襄垣县西北九十里，盖接境处也。

铜鞮山，州南四十里。一名紫金山。又州西北五里有龟山。《图经》：铜鞮峙前，龟山峙后，为州之形胜。○圣鼓山，在州东北五里，上有大石，击之声如鼓。一名圣鼓岭。下有水，流入漳河，俗呼为小河。又伏牛山，在州西北三十里，山有龙泉，漳河源出焉。又有石梯山，在州南七十里，山势峻险，因名。

漳水，在州西二里。有二源，一出伏牛山西谷，一出州西北三十里滑山。流至交口，合为一川，名西漳河，又名小漳水，亦谓之铜鞮水。流经此，又东南入潞安府襄垣县界，经虒亭镇，至甘邨，合于浊漳。○龍池，在州西二十里龍山下。又后泉在州西南四十里后泉山下，俱流入漳河。

乱柳寨，在州城东北。五代梁开平二年，晋将周德威解潞州之围，闻晋王李克用病笃，退屯乱柳。又后唐清泰末，赵德钧奉命攻河东，将幽州兵趣潞州，合泽、潞兵至乱柳，盘桓不进。宋太平兴国四年，亲征北汉，驻跸于此，今有驻跸台。〇良马寨，在州东八十里。《志》云：潞州津梁寺地美水草，良马辔置于此。唐会昌四年，河中帅石雄讨刘稹，拔其良马等三寨一堡，是也。

西唐店。在州北。唐，一作汤。胡氏曰：店在乱柳西。后唐清泰末，赵延寿自河阳引兵如潞州，遇其父德钧于西唐店，以兵属之，既而趣团柏谷，与诸军合。团柏谷见太原府祁县。

〇**沁源县**，州西二百里。西南至平阳府岳阳县百九十里。汉置穀远县，属上党郡。晋省。后魏建义初，置沁源县，兼置义宁郡治焉。隋初，郡废。开皇十六年，置沁州治此。大业初，州废，县仍属上党郡。义宁初，复为义宁郡治，唐初复置沁州治此。宋改置威胜军，县属焉。金因之。元光二年，升为穀州，元复故。今城周二里有奇，今编户十五里。

穀远城，在县城南。汉县治此，晋废。《志》云：上党入河东穀远，其通途也。后讹为孤远城。魏收《志》：义宁郡治孤远城，即此。〇绵上山，在县北八十里。隋末分介休县之南界置。唐属沁州。宋属威胜军。金属沁州。元省入沁源县。又废昭远县，亦在县北，唐武德二年置，三年废。

绵山，县北百里。与汾州府介休县接界，即介山也，沁水出焉。又静草嵬山，在县西北七十里，与灵空山相接，势高风寒，不生草木。《志》云：灵空山在县东北六十里。〇琴泉山，在县东六十里，下有灵泉，西流入沁河。又雕巢岭，在县东南四十里。

沁河，县东一里。源出绵山东谷，流入平阳府岳阳县界。《汉志》注：沁水出穀远县羊头山世靡谷，东南至荥阳入大河。或以为即绵山也。《水经注》：沁水一名泊水，出山谷中，三源奇注，径泻一隍，左右近溪，参差翼注。《寰宇记》：沁有二源，一出绵山东谷，一出县东北马圈沟，俱南流，至交口郇而合，经县城东而南注云。又青龙河，在县东二十五里，亦曰青龙沟，西南流入沁河。〇寒泉，在县东北五十里青裹山上。又有马跑泉，出灵空山，俱西南流入沁河。

绵上关，县西八十里。洪武四年，置巡司于此。又柴店关，在县北，唐置，旧为戍守处。

固镇砦。县西南三十里。唐会昌四年，官军讨泽、潞叛帅刘稹，降将高文端言：固镇砦四崖悬绝，势不可攻，然寨中无水，皆饮涧水，在寨东约二里许，官军宜进兵逼之，绝其水道，不过三日，贼必弃寨遁去，官军即可追蹑。前十五里至青龙寨，亦四崖悬绝，水在寨外，可以前法取也。其东十五里即沁州城矣。胡氏曰：时州治沁源。《唐史》：时河中帅王逢破石会关，诏以文端所言示逢，仍令屯翼城。据此，则寨在沁源之西南。

〇**武乡县**，州北六十里。东至辽州榆社县五十里，北至太原府太谷县八十里。汉涅县地，属上党郡。晋析置武乡县，仍属上党郡。石勒置武乡郡于此，后魏改为乡郡，县亦为乡县。隋初郡废，县属潞州。唐初属韩州。州废，仍属潞州。武后时复曰武乡县。神龙初，仍曰乡县。天宝初，复曰武乡。宋改属威胜军。今城周一里二百四十步，今编户三十六里。

武乡城，在县东北。晋初，置县于此。石勒生长武乡，曰：武乡，吾之丰、沛。因置武乡郡。五代志：上党郡乡县，后魏置南垣州，寻改曰丰州。孝武帝修大昌初，高欢自邺讨尔朱兆于晋阳，入滏口，军于武乡，兆遂北走。东魏置南垣州，寻改丰州。后周州废。唐亦曰武乡县。会昌中，刘稹以泽、潞畔，遣其党康良佺守武乡，以拒官军，即此。《寰宇记》：武乡旧城，在今辽州榆社县西北二十里，唐武德三年，移于今治。

涅县城，县西七十里。汉涅氏县治此。后汉曰涅县，晋因之。后魏移武乡治涅县，既又徙武乡治南亭川，涅县并入焉。〇石勒城，《志》云：在县城北半里许，石勒尝屯兵于此，因名。魏收《志》：乡县三台岭上有李阳村，又有麻池，即石勒与李阳争沤麻处。

八角山，县西三里。以山形八角而名。又鞞山，在县东北一里，相传石勒微时耕牧于此，尝闻鞞铎之音而名。〇羊径山，在县东百里，路若羊肠，为入太行之径。其相接有龙岩洞，洞深广，即太行山麓也。

护甲山，县西北九十里。亦曰胡甲岭，一名侯甲山。《水经注》以为覆甑山也，涅水出焉。又有隆舟水，流入太原府祁县界，其下流亦名侯甲水。《水经注》：侯甲水发源胡甲山，山有长坂，谓之胡甲岭，刘歆《遂初赋》所谓越侯甲而长驱者也。今为北出太原之径道，明初设巡司戍守。又西交山，在县西百二十里，以山势相交而名。

涅水，县西五里。源出护甲山，东南流经此，注于漳河。又漳水，源出辽州八赋岭，流经榆社县，至县西五里合涅水，又东南流，至潞安府襄垣县东北三十五里，入于浊漳，所谓武乡之漳河也。

昂车关，在县东北七十里。唐置。一作卬车关，亦曰芒车关。声相近也。魏收《志》：上党郡沾县有昂车岭。《新唐书》：武乡县有昂车关，会昌三年，刘稹以昭义畔，诏讨之，河东节度使刘沔以兵守昂车关，既而诏沔自昂车关路临贼境。又光化五年，朱全忠将氏叔琮入太行，由天井关进军昂车关，是也。

土河寨。县东七十里，西南北三面阻绝深涧，东面有墙，旧为戍守处，今名土河邨。

附见：

沁州守御千户所。在州治西。洪武十一年建。

辽州，东至北直广平府三百六十里，东南至河南磁州三百里，南至潞安府二百四十三里，西北至太原府三百四十里，北至太原府平定州二百二十里，东北至北直顺德府二百四十里。自州治至布政司见上，至江南江宁府二千四百二十里，至京师一千二百里。

《禹贡》冀州地，春秋属晋，战国属韩，后属赵。秦属上党郡，两汉因之。晋属乐平郡，郡治沾县，见前乐平县。后魏因之。隋属辽州，州治乐平县。大业初州废，属太原郡。唐初，仍属辽州。武德六年，改置辽州于此。八年，改为箕州。先天元年，改仪州。天宝初，曰乐平郡。乾元初，复曰仪州。中和三年，复为辽州。五代因之。石晋天福二年，尝改置昭义军于此，兼领沁州，四年废。宋仍曰辽州亦曰乐平郡。熙宁七年，州废，属平定军。元丰八年，复置辽州。金曰南辽州，别于东京之辽州也。寻复故。元属平阳路。明初，以州治辽山县省入，今编户三十里。洪武九年，北直山西布政司，领县二。今仍曰辽州。

州居太行绝顶，地少平夷，僻而实险。唐会昌中，泽、潞兵乱，李德裕遣兵自仪州东据武安，河南属县。以断洺、邢之路。光化以后，河东与汴人争邢、洺，州境常为孔道。五代之际，邢、洺有事，自晋阳而逾太行，州实为之腰膂，形势讵不足恃哉？

辽山废县，今州治。战国时赵地，亦曰轑阳。秦始皇十一年，王翦攻赵轑阳，即此。汉为涅氏县地，属上党郡。武帝封江西为轑阳侯，邑于此。晋置轑阳县，属乐平郡。后魏曰辽阳县，北齐废。隋开皇十年，置辽山县。十六年，以县属辽州。大业初，州废，县属太原郡。唐武德三年，置辽州，县属焉。六年，自乐平移州治此，后因之。明初废。《城邑考》：州北三里有故辽阳城，城周五里，相传县旧治此。唐武德三年圮于水，徙今治。今城，元至正一四年重筑，明景泰初因旧城修筑，周四里有奇，门四。

平城废县，州西北七十里。《志》云：即赵平都城也，赵简子所立。东魏武定末，高洋谋受魏禅，自晋阳拥兵而东，至平都城，即此。隋开皇十六年，置平城县，属并州。唐初因之。武德三年，改属榆州。六年，又改属辽州。宋熙宁七年，废为镇。元祐初，复为县。金贞元二年，又废为镇。贞祐四年，复为县，改曰仪城。元至元三年，省入辽山县。〇交漳城，在州东南七十里。隋开皇十六年，置交漳县，属辽州，大业初废。今曰交漳邨。

辽阳山，州东三里。后魏以此名县。又箕山，在州东南七十里，山有石室，唐箕州以此名。〇五指山，在州东五十里，山岩高耸，有五指迹。《十六国春秋》：石勒当生时，此山草木皆成铁骑形。

黄泽岭，州东南百二十里太行山上。唐光化三年，朱全忠遣兵攻刘仁恭于幽、沧，拔德州，围沧州，克用遣周德威将兵出黄泽，攻邢、洺以救之。五代梁乾化五年，魏博附晋，晋王存勖引兵自黄泽岭东下，与李存审会于临清。既而梁将刘鄩与晋兵相持于魏县。鄩以晋兵尽在魏州，晋阳必虚，乃潜引军自邺而北，由黄泽岭西出。会阴雨，黄泽道险，堇泥深尺馀，士卒援藤葛而进，皆腹疾足肿，死者什二三。晋人觉之，先为之备，鄩不能进，至乐平而还。周广顺元年，北汉主刘崇发兵屯黄泽岭，谋窥邢、赵，周亦遣将陈思让戍磁州，扼黄泽路，是也。

千亩原，州东南三十里。州境多山，惟此地高平，广可千亩，上有泉，自石穴涌出，分流灌溉，众沾其利。亦名千亩泉。

清漳水，在州东南。源出平定州乐平县之少山，流入州境，分而为二：一自废平城县东南流，经州南一里而东。一自和顺县石堠岭，流经州东七十里而南，至交漳村。二水合流，入潞安府黎城县界。详见北直大川漳水。

辽阳水，在县西北，出和顺县境。或曰：即漳水支流也。流经废辽阳城东，谓之辽阳水，东南流，仍合于清漳水。

黄泽关，在黄泽岭上。山势险峻，路径曲折，凡一十八盘，元置关于此。路通河南武安县。洪武十一年，置巡司戍守。

前亭。在故平城县西。高洋谋受魏禅，自晋阳行至前亭，马忽倒，洋意恶之，至平都城，不复肯进，即此地也。又州北有甘露寺，北齐主洋天保十年，尝禅居深观于此。

〇**榆社县**，州西百里。西北至太谷县百六十里。汉上党郡涅县地。晋武乡县地。隋开皇十六年，置榆社县，属韩州。大业初，县废。义宁初，复置。唐初，于县置榆州。武德六年，州废，县属辽州。宋熙宁七年，废入武乡县。元祐初，复置。元至元三年省。六年，复置。今城周三里有奇，今编户三十二里。

榆社故城，在县西。魏收《志》：乡县北有榆社城，隋因置榆社县。唐会昌三年，河中帅刘沔讨刘稹，壁于榆社，即今县也。〇偃武城，在县东北。唐武德三年，置偃武县，属榆州。六年州废，县并入榆社。《郡国志》：县东三十里有箕城。《春秋》：僖三十三年，晋人败狄于箕，即此。《寰宇记》云：唐箕州所理也。又武乡废县，在今县西北二十里，盖与沁州武乡县接界。

秀容山，在州东南三里，县之镇山也。山势逶迤而西，峰峦秀丽，因名。《志》云：以山达忻州定襄县界而名，似误。〇顶山，在县西北八十里，峰峦特起，冠于群山。

鼓腰岭，在县西。唐会昌三年，泽、潞畔帅刘稹遣其党康良佺等守石会关，良佺为河东帅王逢所败，弃关退屯三十里，守鼓腰岭。岭盖与沁州武乡县接界。又县西五十里有黄花岭，为往来之径道，有巡司戍守。

武乡水，在县西南。出沁州武乡县界，流入境，又流经和顺县西南，而北入漳水。《志》云：出和顺县之孙膑坡，南入县界，似误。〇仪川河，在县东北，有二源，一出县东四十里武乡岭，一出县东北狼儿岭，又东北流，合为一川，至州界合于漳水。

小漳水，有二：一自和顺县界，流经县西之黄花岭，有黄花岭水流合焉，又南流，至武乡县合于涅水。一出黄花岭东麓，流经县东，合于仪川河。

石会关，在县西北。又西即武乡之昂车关，为扼要之处，唐置关于此。会昌三年，河东帅刘沔讨泽、潞军于石会，刘稹亦遣其将郭僚守石会关。既而河东将王逢克之。四年，太原军乱，石会守将杨珍复以关降，稹寻复取之。五年，潞州军乱，李德裕请召河东帅王宰守石会关，且分兵守潞州四境，乱寻定。又光化二年，汴将氏叔琮自马岭关西侵河东，为河东将周德威所败，引还。德威追之，出石会关，叔琮复败走。五年，朱全忠大举攻河东，分遣其将氏叔琮拔泽州，降潞州，进取晋阳，出石会关，营于洞涡驿。攻晋阳不克，叔琮复自石会关引归。天复二年，叔琮自晋州败河东兵，长驱围晋阳，不克，引还。河东将李嗣昭等追之，及石会关，叔琮留数马及旌旗于高冈之颠，嗣昭等疑有伏兵，引去。五代唐同光初，梁人谋分道攻唐，以陕、虢、泽、潞之兵自石会关趋太原，不果。清泰三年，契丹救石敬瑭，至太原，围唐兵于晋安砦，游骑至石会关。汉初以契丹既去汴，议进取之道，汉主欲自石会关趣上党，不果。周显德五年，潞州帅李筠击北汉石会关，拔其六寨。关盖泽、潞北走晋阳之径道也。洞涡驿，在今徐沟县。

马陵关。县西北九十里，与太原府太谷县接界。其东接和顺县之孙膑坡，俗讹为庞涓自刎处，今有巡司戍守。详见太谷县。〇古寨，在县东南二里，高三丈，东南二面俱临沟涧，旁有幽洞，盖昔人避兵处。

〇**和顺县**，州北九十里。北至平定州乐平县七十里。本春秋晋大夫梁馀子食邑也，亦名榆城。汉为沾县地，属上党郡，晋属乐平郡。北齐置梁榆县。隋改曰和顺，属并州。唐初因之，武德三年，改属辽州。宋熙宁中省，元祐初复置。今城周二里三百二十二步，今编户二十三里。

和顺故城，在县治东北。或云石勒时所置。后魏废。隋因以名县。又义兴废县，在县西，唐武德三年置，六年废。○梁榆城，在县西。《水经注》：榆水出梁榆城西，卢谌《征艰赋》：访梁榆之虚郭，乃阏与之旧都。是也。北齐因置梁榆县。

合山，县东四十里。盘踞纡回，上多松柏，下有郎君、娘子二泉。又九京山，在县北五里，亦名九原山。○嵩山，在县西八十里。又西十里有三尖山，以三峰并峙而名。

松子岭，县北三十里，与乐平县接界，有关在其上，岭路崎岖，最为险峻，下有松子水。又石堠岭，在县西北四十里，漳水经其旁。又有石鼓岭，在县南三十里。○八赋岭，在县西百馀里，两山对峙，如八字然，一名八缚岭。大涂水出焉，流入榆次县境。岭下又有八赋水，东流合漳水。又小漳水，亦出于此。县西百二十里又有孙膑坡，山势盘曲，西接马陵关。

漳水，县西北三十里。自乐平县流入境，分为二流，又南入州界。○小漳水，在县西南百里，源出八赋岭，流入榆社县界。

榆水，在县西。《水经注》：榆水有二源，一出梁榆城西大嵰山，谓之北水，东南流，经城东南，注于南水。南水亦出西山，东南流，经梁榆城南，合于北水。《志》云：梁榆水今出县之石堠岭，流经县东南，合于清漳。又南松岭水，出县西南四十里南万岭，其松子水亦曰北松岭水，俱流入漳水。○水神水，源出县东七里涉河谷，北流经乐平县东南八十里水神谷，合沾水。

饮马池，在县境西山之阴。水甚清澈，相传石勒饮马处。又有沤麻池，在县东北三十里李阳邨，《志》以为即石勒与阳所争者。○万水泉，在县东六十里，流合漳水。

黄榆岭关，县东八十里太行山顶，路通北直邢台县。洪武三年，置巡司戍守。又松子岭关，在松子岭上。《志》云：路通北直真定县，五代末为河东守险之地。明朝正统八年，置巡司于此。

赵奢垒。《志》云：在县东五十里，赵奢所筑也。县西二里有鹿苑，方广数十亩，相传赵襄子养鹿处。

读史方舆纪要卷四十四

山西六　大同府

○大同府，东至北直保安州五百里，南至太原府代州雁门关二百九十里，西至大同右卫黄土山墩二百三十里，北至废宣宁县猫儿庄一百二十里。自府治至布政司六百七十里，至江南江宁府三千五百里，至京师九百里。

《禹贡》冀州地，春秋时，为北狄所居，战国属赵。秦为云中、雁门、代郡地，汉因之。后汉末，中元大扰，郡县俱废。三国魏属新兴郡，晋亦为新兴、雁门郡地。后魏主珪天兴中，徙都平城，置司州牧及代尹，又改为万年尹。孝文太和中迁洛，改置恒州，时司州改置于洛阳也。又改代尹为万年尹，后周并废。隋以其地属代、朔、云三州。唐武德六年，置北恒州，明年废。贞观十四年，自朔州北移云州于此。永淳初，为突厥所破，州废。开元二十年，复置云州。天宝初，改云中郡。乾元初，复曰云州。《唐志》：大中三年，置大同军节度。治云州，割河东云、蔚、朔三州隶焉，后废置不一。详见州域形势说。五代唐置大同军节度。石晋归于契丹，置西京，改云州曰大同府。金因之。元曰大同路。明初改为大同府，领州四、县七。今仍曰大同府。

府东连上谷，南达并、恒，西界黄河，北控沙漠，居边隅之要害，为京师之藩屏。《史记》：赵襄子逾勾注，破并、代以临代貉，即此地也。战国时为燕、赵边境，秦胁燕、赵，恒指此以张军声。汉亦为缘边郡地，每遣将屯军以攘却北寇。后汉末，中原多事，弃为荒徼，中土倒悬之势，见端于此矣。晋永嘉中，拓跋猗卢与并州牧刘琨求陉北地，得之，日益盛强，后遂建都于此，蚕食邻方，并有中夏。及六镇之乱，魏以覆亡。说者谓弃代北而迁河南，非魏之利也。周、齐之间，突厥渐强，凭陵屡及焉。唐初亦被其患，后建设军屯，以藩卫河东。范阳之乱，郡亦被其侵轶。逮咸通以后，四郊多垒，沙陀桀黠于此，其后遂专制河东。李克用复出此以并有卢龙，盖燕、代间必争之地也。石晋归其地于契丹，宋不能复有，遂基靖康之衅。女真之亡辽，蒙古之亡金，皆先下大同，燕京不能复固矣。故明都燕，以郡为肩背之地，镇守攸重。正统末，恃以挫狡寇之锋。天顺中，石亨镇此，尝言大同士马甲天下，若专制大同，北塞紫荆，东据临清，决高邮之堤以绝饷道，京师可不战而困。盖府据天下之脊，自昔用武地也。《边防考》：明许论等所著《九边图说》，凡数十家，今辑为《边防考》。大同川原平衍，三面临边，多大举之寇。明初封代藩于此，置大同五卫，大同前、后、左、右卫及朔州卫也。及阳和五卫、阳和、高山、天城、镇虏、蔚州卫也，谓之大同迤东五卫。东胜五卫，东胜左、右二卫及玉林、云川、威远，三卫也。卫各五千六百人，以屯田戍边。又设大边、二边，以为扞蔽。明初修筑山西烟墩，东路起天成卫北榆林口，直抵朔州暖会口。西路自朔州北忙牛岭，直抵东胜路黄河西岸灰沟村。是时云内、丰州，悉为内境，边圉宁谧者数十年，后乃多故矣。永乐初，东胜二卫移置永平、遵化，自是防维渐疏。正统间，衅孽间作，于是云川、玉林并入左右卫，云内、丰州之民，悉迁应、朔二州，西边数百里地遂成瓯脱，自是寇患日棘。嘉靖十五年，筑弘赐等内五堡。弘赐、镇川、镇边、镇河、镇虏堡是也。二十三年，又筑镇羌等小五堡，镇羌、拒墙、灭胡、迎恩、败胡堡是也。次城靖虏，次城威胡，次城新平一带城堡，而全镇之保障稍备。二十五年，增筑边墙，延袤五百余里西起鸦角山，与山西镇老营堡接界。东止李信屯，与宣府西阳河堡接界。三十七年，又增筑云冈等六堡。云冈、云西、红土、黄土、云阳、牛心堡是也。自是以后，增堡缮城、画边置戍益严益密。万历八年，筑大边五百六十余里，又筑三门、马营、桦门等堡，而后绸缪，庶无余策。然初时全算，已失之矣。寻分云中、云东、云西等路，阳和、天城等为东路，右卫、左卫等为中路，平虏一带为西路。又得胜等堡为北东路，助马等堡为北西路，仍属中路管辖。又有新平城，仍属东路管辖，而威远路则属中路管辖云。并称险要。而中路之北东路、北西路，尤近寇门；新平孤悬绝塞，界宣、大两镇之冲；平虏西连老营，与偏关接壤，为套寇东涉之径，防御尤切云。

○大同县，附郭。汉平城地，属雁门郡，东汉末废。后魏道武自云中徙都此，初为代尹治，迁洛后为恒州治。高齐曰北恒州。后周废州为恒安镇。隋属云内县。唐武德六年，置北恒州。是年刘武周余党苑君璋自马邑退保恒安，州寻废。贞观元年来降。十四年，自朔州北定襄城，移云州及定襄县置于此。永淳初，为默啜所破，因移百姓于朔州，而州县俱废。开元二十年，复置云州，又改置云中县。辽析云中置大同县。元以云中县省入焉。今编户二十六里。

平城废县，府东五里。相传秦、汉时旧县也。汉高七年，至平城，出白登，为匈奴所围，七日而后罢去。八年，周勃等击破韩王信，还攻楼烦三城，因击朔骑于平城下。寻属雁门郡，为东部都尉治。后汉建武十年，吴汉等出高柳，击破卢芳将贾览及匈奴数千骑于平城下。永平十六年，骑都尉来苗等讨北匈奴，分道出平城塞。晋建兴初，刘琨表猗卢为代王，治故平城为南都。隆安二年，拓跋珪自盛乐徙都平城，谓之代都。置代郡，始营宫室，建宗庙，立社稷，东至代郡，西极善无，南极阴馆，北尽参合，皆为畿内。既又徙河北六州豪杰于代都。义熙二年，珪规度平城，筑灅南宫，阙门高十余丈，穿宫池，广苑囿，规立外城，方二十里。宋白曰：魏道武都平城，东至上谷军都关，西至河，南至中山隘门砦，北至五原，地方千里，以为甸服。孝文都洛，改置恒州，及六镇之乱，故都为墟。隋为恒安镇。开皇十九年，遣代州总管韩洪镇恒安，为突厥达头所败。唐为云中县，皆故平城也。石晋以赂契丹，契丹因置西京。《辽志》：西京城周二十里，东门曰迎春，南曰朝阳，西曰定西，北曰拱极，元魏宫垣占城之北面，双阙尚在焉。金仍为西京。《城邑考》：今城东五里无忧坡上有平城外郭，南北宛然，相传后魏时故址。《旧记》：宋永初三年，魏筑平城外郭，周三十二里，既又广西宫外垣，周二十里。是也。今府城，洪武五年大将军徐达因旧土城增筑，万历八年增修，周十三里有奇。

定襄城，府西北二十八里。或曰汉定襄郡城，非也。唐贞观十四年，自朔州北定襄城移云州及定襄县置于隋之恒安镇，此即贞观时之定襄也。《括地志》：朔州定襄县本汉平城县，谓此。○燕昌城，在府东北四十里。太元二十一年，慕容垂复伐魏，败魏兵，拔平城，会疾发，顿平城西北三十里，筑燕昌城而还。《水经注》：燕昌城在平城北四十里，俗谓之老公城。又东安阳城，在府东南，汉县，属代郡。或曰：赵主父封其长子章于代，号曰安阳君，即此也。东汉末，县废。晋义熙五年，魏主珪为子清河王绍所弑，肥如侯贺护举烽于安阳城北，贺兰部人皆赴之，即此。魏收《志》：永熙中，置高柳郡治安阳，盖后魏时改置。

平齐城，府西三十里。汉平城县地。《魏书》：皇兴三年，徙青州齐人于京师，置平齐郡及威宁、归安二县以处之。《隋志》：郡寻废。后齐改曰太平县，后周曰云中县，隋曰云内县。又齐置安远、临塞、威远、临阳等郡，属北恒州，俱在境内，后周并废。唐贞观中为定襄县地，后又改置云中县，即今郡治。

宣宁城，府西北八十里。《辽志》：唐会昌中，以西德店置德州。契丹开泰八年，复置，治宣德县。县亦唐会昌中置，汉桐过县地，高齐紫阿镇也。《金志》：辽德州昭圣军治宣德县，金州废。大定八年，改县曰宣宁，属大同府。元因之。明初废。又天成城，在府北百八十里。《辽志》云：魏道武尝置广牧县于此，唐为云中县地，辽析置天成县，属大同府。金因之，元省。即今天成卫也。○奉义城，在府东北。辽析云中县置，属大同府。金省为镇，属大同县。

新平城，府西南百里。晋建兴元年，拓跋猗卢城盛乐为北都，修故平城为南都。更南百里，于㶟水之阳黄瓜堆，筑新平城，谓之南平城，晋人亦谓之小平城。元兴二年，魏主珪如南平城，规度㶟南，将建新邑。杜佑曰：北齐置朔州，在后魏故都西南之新城，即新平城也。后移于马邑，即今朔州治。唐时亦谓新平城为新城。武德三年，代州都督蔺謩与突厥战于新城，不利。五年，李大恩击突厥于马邑，顿兵新城，败死。亦为神武川之地。元和中，沙陀朱邪执宜自盐州随范希朝镇河东，始保神武川之黄花堆。后李克用生于神武川之新城，即此也。景福二年，李克用北巡，将趋云州，以幽州帅李匡威等侵云州，乃潜入新城。辽为应州地。宋宣和七年，辽主延禧走天德，又至应州新城东六十里，为金将娄室所擒，即此。

高柳城，府东南九十里。汉县，属代郡，西部都尉治此。后汉建武九年，吴汉等击卢芳将贾览于高柳，败绩。十五年，卢芳自匈奴入居高柳，骑都尉张堪击破之。二十一年，马援出高柳，击乌桓。《志》为代郡治。熹平五年，遣夏育出高柳，分道击鲜卑，败绩。晋太元十一年，魏叛将刘显等奉故什翼犍少子窟咄逼魏主珪，屯高柳，珪求救于慕容垂，垂子麟与珪会兵击窟咄，大破之。义熙九年，拓跋嗣如高柳川。十三年，复如高柳。后复置县，永熙中置郡也。北齐郡县俱废。《水经注》：高柳故城，在代中，其傍重峦叠巘，霞举云标，连山隐隐，东出辽塞。杜佑曰：高柳在云中县境。

当城，在府东南。阚骃《十三州记》：在代郡高柳东八十里，当桓都山作城，故曰当城。汉县，属代郡。高祖十一年，樊哙别将兵定代地，斩陈豨于当城，是也。后汉及晋因之，后废。又且如城，在府东，汉县，属代郡，中部都尉治此。应劭曰：在当城西北四十里，后汉废。晋义熙十一年，魏主嗣如沮洳城，即且如之讹也。胡氏谓城以下湿得名，误矣。〇白登城，府东北百十里，因故白登台而名。辽置长青县，今改曰白登。宋嘉定四年，蒙古拔乌沙堡及乌月营，破白登城，遂攻西京，金将胡沙虎弃城遁。明初洪武二年，李文忠出朔州，败元于白登。又遣将分道败元于三不剌川及顺宁阳门，是也。县寻废。乌沙堡，见北直之废开平卫。阳门，见宣府镇。

参合城，在府东百里。汉县，属代郡。高帝十一年，故韩王信与胡骑入居参合，柴将军与战，屠参合，斩韩王信，即此。后汉末，县省。晋元康中，拓跋禄官分其众为二部，一居代郡参合陂之北。咸康五年，什翼犍会诸大人于参合陂。太元二十年，后燕慕容垂遣其子宝击魏，还至参合陂，营于陂东蟠羊山南水上。魏军追至陂西登山，下临燕军，纵兵掩击，燕军大败。二十一年，慕容垂复伐魏，至参合陂，见积骸如山，设祭吊之，死者父兄皆号恸，垂惭愤，疾笃而还。《燕书》：垂过参合陂，乃进顿平城三十里。是也。义熙三年，魏主珪自濡源西如参合陂，乃还平城。六年，魏主嗣北击柔然，引兵还参合陂。刘宋景平元年，魏主嗣北巡至参合陂，其后复置县，仍属代郡。东魏天平中，属梁城郡，北齐省。《水经注》：可不埿水出雁门、沃阳县东南六十里山下，西北流注沃水，合流而东，径参合县南。县西北有参合陂，亦曰参合陉，俗谓之苍鹤陉。

盛乐城，府西北三百余里。汉置成乐县，为定襄郡治。后汉改属云中郡，后废。鲜卑拓跋力微，始居其地。晋元康五年，拓跋禄官始分其国为三部，一居上谷之北，濡源之西，自统之。一居代郡参合陂之北，使兄沙漠汗之子猗㐌统之。一居定襄之盛乐故城，使猗㐌弟猗卢统之。建兴初，猗卢城盛乐，以为北都。其后为石虎所败，部族东徙。至拓跋翳槐于咸康初，复城盛乐，在故城东南十里。弟什翼犍于咸康六年，始都云中之盛乐宫。明年，筑盛乐而居之，城于故城南八里，即汉之成乐县地也。又《晋纪》：太元十一年，拓跋珪徙居定襄之盛乐，盖前此迁逐于云中、代郡间，未有定居也。亦曰云中宫。《地记》云：云中宫在云中故城东四十里。义熙九年，魏主嗣如云中旧宫，盖是时都平城，故谓盛乐为云中旧宫。魏主焘始光元年，柔然入云中，攻拔盛乐宫，魏主击却之。寻置朔州，领盛乐、广牧二郡。《司马楚之传》：世祖拜为云中镇太守、朔州刺史。是也。正光五年，元彧讨破六韩拔陵，顿于朔州。是年，诏改怀朔镇为朔州，更命朔州曰云州，亦谓之云中，李崇为破六韩拔陵所败，自白道还云中。既而复自云中引兵还平城，曰：云中者，白道之冲，贼之咽喉，若此地不全，则并肆危矣。乃请留费穆为云州刺史，既而北境皆没，惟云中一城独存，久之乃弃城南奔。《地记》：云中城东八十里有成乐城，今云中郡治，一名卢城。魏收《志》：永熙中置盛乐郡，为云州治所，即此。唐初平突厥，置云中都督府于盛乐，寻罢。天宝元年，王忠嗣奏置振武军，西去东受降城百余里。大历八年，徙单于都护府治振武军城内。元和七年，李绛言：振武、天德左右，良田万顷，请择能员开置营田，可以省费足食。于是诏以韩重华为振武军营田等使，起代北，垦田三百顷，三岁大熟，因募人为十五屯。屯制，每三十人耕百亩，就高为堡，东起振武，西逾云州，极于中受降城，出入河山之际，凡六百余里，列栅二十，垦田二千八百余顷，岁收粟四十万余石。既而请益开田五千顷，可以尽给振武、天德、灵武、盐、夏五城之军，议格不行。《唐史》：振武、天德良田，广袤千里。是也。贾耽曰：振武城在朔州北三百五十里，本汉定襄郡成乐县。《续通典》：振武军，故盛乐城也，在唐朔州北二百八十里，与定襄故城对，其地居阴山之阳，黄河之北。五代梁贞明二年，契丹阿保机袭吐谷浑，还至振武，尽俘其民而东。后置振武县，属丰州。金废为振武镇。其北七十里有黑沙碛云。

平地城，府西北五百里。《元志》云：本名平地臬。至元二年，省入丰州，三年置平地县，属大同路。明初省。〇武进城，在府西北塞外，汉县，属定襄郡，西部都尉治焉。光武封赵虑为侯邑，寻复为县，属云中郡。熹平初废。又沙陵城，在武进城西。汉县，属云中郡，后汉末废。《汉志注》：白渠水出武进塞外，西至沙陵入河，即此。

原阳城，在府西北境。故赵邑也。《战国策》：赵武灵王破原阳以为骑邑，即此。汉为原阳县，属云中郡。后汉末废。《水经注》：芒干水出阴山，南经武皋县，又南径原阳故城西，是也。又武皋城，亦在府西北境，汉县，属定襄郡，中部都尉治此。后汉末废。《汉志》注：有荒干水出塞外，西至沙陵入河，即《水经注》所云芒干水也。〇武要城，在府北。汉县，属定襄郡，东部都尉治此。后汉末废。《志》云：武要西北即石漠矣，盖极塞也。又陶陵城，亦在府北，汉县，属云中郡，东部都尉治焉，后汉废。

武泉城，在府西。汉云中郡属县也。汉初灌婴击反韩王信于马邑，别降楼烦以北六县，斩代左相，破朔骑于武泉北。又周勃击破朔骑于此。景帝中六年，匈奴入雁门至武泉，是也。后汉末废。〇北舆城，亦在府西境。汉县，属云中郡，中部都尉治焉。后汉废。郦道元曰：武泉水出武泉县故城西南，又南流西屈径北舆故城南，是也，其地俱在白道北。又府西北有武城城，汉县，属定襄郡，后汉废。

净州城，府西北四百二十里。金大定中置，治天山县。元因之，曰净州路。明初废。又砂井城，在府西北五百里，金人置砂井总管府，领砂井一县。元曰砂井路，明初废。今其地有砂井，外即界壕。〇苏武城，在府西北五百余里，相传汉苏武使匈奴时居此。

东胜城，府西五百里，辽所置东胜州也。《续通考》：辽太祖破振武军，故胜州之民皆趋河东，胜州遂废。石晋割代北献辽，乃置东胜州，领榆林、河滨二县。金初属西夏，后复取之，并置武兴军，领东胜一县。元又省东胜县入州，明初改建东胜左、右二卫，兵民皆耕牧河套中，外寇稀少。洪武二十六年，城东胜，永乐初，移入畿辅，其地遂墟。正统三年，边将周谅言：东胜州废城，西滨黄河，东接大同，南抵偏关，北连大山、榆杨等口，中有赤儿山，东西坦平，二百余里。其外连亘官山，实外寇出没必经之地，若屯军此城，则大同右卫、净水坪、偏头关、水泉堡四处营堡，皆在其内，可以不劳戍守。非惟可以捍蔽太原、大同，亦所以保障延安、绥德也。时不能用。成化中孛来窃入套中，边事日亟。嘉靖间，陈讲亦言东胜撤而偏关之备急。盖东胜当全晋之西北，关系尤重矣。

桑乾城，府东百五十里。汉县，为代郡治。后汉仍属代郡。建安二十三年，曹操遣子彰击代郡乌桓，彰乘胜逐北，至桑乾，去代二百里，即此。后废。亦谓之桑乾川。晋太元初，苻秦分代地，自河以东属刘库仁，库仁西击库狄部，徙其部落置之桑乾川。《魏土地记》：代城北九十里有桑乾城，城西渡桑乾水，去城十里有温汤，疗疾有验。刘宋昇明二年，魏主宏如代汤泉。明年，复如代郡温泉，是也。○梁城郡城，在府东，或曰即梁川也。魏主焘太平真君十年，将寇宋，大猎于梁川。天平二年，置梁城郡于其地，领参合、旋鸿二县。《一统志》：今去朔州西二十里有梁郡城，后魏尔朱荣所筑。未知所据。

怀朔城，在府西北。后魏六镇之一。魏收曰：朔州本汉五原郡。建和二年置镇，后改为怀朔。《水经注》曰：光禄城东北即怀朔镇城，是也。今为榆林镇，故胜州也。后魏孝文帝太和十八年，如怀朔镇，又如武川镇，如抚宣镇，复如柔玄镇。胡氏以为此六镇自西徂东之次第。正始初，柔然侵魏之沃野及怀朔镇，诏原怀出行北边，怀还至恒、代，按视诸镇左右要害可以筑城置戍之处，欲东西为九城，储积粮仗，为犬牙相救之势，使游骑之寇，终不敢攻城，亦不敢越城南出。从之。正光四年，沃野镇民破六韩拔陵畔，其党卫可孤围武川镇，遂攻怀朔镇。孝昌中，改置朔州，并置大安郡。既而武川陷，怀朔亦溃。以朔州寄治并州界。魏收《志》大安郡领狄那、捍殊二县，是也。后齐废。今详见故丰州。

武川城，在府北塞外，魏六镇之一也。《北史》：魏主焘破蠕蠕，列置降人于漠南，东至濡原，西暨五原阴山，竟三千里，分为六镇，曰武川、曰抚冥、曰怀朔、曰怀荒、曰柔玄、曰御夷。孝文太和八年，高闾请依秦汉故事，于六镇之北筑长城。又云：计六镇东西不过千里，一夫一月之功，可城三步之地，强弱相兼，不过用十万人，一月可就。是六镇皆在代都以北。胡氏谓以千里计之，六镇相距各一百七十许里，是也。又十八年，魏主如武川镇。景明四年，使源怀巡行北边六镇，恒、燕、朔三州。正光四年，沃野镇民破六韩拔陵，叛，其党卫可孤围武川镇，又攻怀朔镇。六年，柔然阿那瓌为魏讨破六韩拔陵，自武川西向沃野，屡破拔陵兵。杜佑曰：后魏六镇并在马邑、云中、单于府界。其武川镇在白道中汉水上。《隋书》：宇文述，代郡武川人，后或废镇为县也。《唐志》：魏武川镇城，今名黑城，在天德军北二百里。又云：光禄城东北有怀朔古城，俱未足据。天德军见陕西榆林镇，光禄城即光禄塞，亦见榆林。

柔玄城，在府东北塞外於延水东。《水经注》：柔玄镇在长川城东，城南小山於延水所出也。孝昌初，柔玄镇民杜洛周反于上谷，围燕州镇，盖与上谷接境。胡氏曰：柔玄镇城在汉且如县西北塞外。魏太和十八年，如柔玄镇，即此。○抚冥城，胡氏曰：当在武川，柔玄之间，魏六镇之一也。宋元徽元年，柔然侵魏柔玄镇，二部敕勒应之。魏太和十八年，如抚冥镇，遂东至柔玄，是也。

怀荒城，在府东北塞外，魏所置六镇之一也。魏收《志》蔚州，即改怀荒，御夷二镇置。魏正光三年，遣元孚抚谕柔然阿那瓌于柔玄、怀荒二镇间。胡氏曰：怀荒在柔然之东，御夷之西，是也。今御夷镇，见宣府镇怀安卫。

马城，在府东北境。汉县，属代郡。东部都尉治此。东汉元初六年，鲜卑寇马城塞，邓遵等击破之。又建光初，鲜卑其至犍寇居庸关，犯云中，围乌桓校尉徐常于马城。阳嘉二年，鲜卑寇马城。又魏明帝太和二年，鲜卑轲比能围护乌桓校尉田豫于马城，即此。《十三州志》：马城在高柳东二百四十里。

延陵城，在府东北塞外。战国时赵邑也。《史记·赵世家》：孝成王十八年，延陵钧帅师从信平君廉颇助魏攻燕，即此。汉置延陵县，属代郡。后汉废。《风俗记》：当城西北有延陵乡，故县也。○颓当城，在塞北。汉初韩王信入匈奴，居此生子，因以为名。

榆林城，在府东北边外。或云：唐时戍守处，谓之黑榆林。五代唐末，契丹尝驻牧于此。明宣德间，亦尝于此置榆林县，正统时废。俗呼为榆林旧县。《边防考》：榆林城在阳和卫新平堡外三十里。又有大同山，离新平边百五十里，又北百五十里为白海子，俱部长驻牧处。○祁连城，在漠南，唐贞观四年，李靖破突厥于阴山，徙其羸弱数百帐于云中，使阿史德为之长，后为阿史德时健部。二十二年内附，置祁连州，隶营州都督府。

云中城，府西北四百余里，古云中城也。《虞氏记》：赵武侯自五原河曲筑长城，东至阴山。又于河西造一大城，其一箱崩不就，乃改卜阴山河曲而祷焉。昼见群鹄游于云中，乃即其处筑城，因名。秦、汉云中郡皆置于此。后汉末废。孔颖达曰：云中城在唐胜州榆林县东北四十七里。晋太和二年，燕将慕容渥以幽州兵戍守云中，代什翼犍攻走之。隋属金河县地。开皇三年置曰阳寿，又置榆关总管。五年，改置云州总管。十八年，改县曰金河。二十年，废州，改属大利县。仁寿二年，复属榆林郡。唐武德五年，突厥入雁门寇并州，命云州总管李子和趋云中掩击之。龙朔三年，置云中都护府于此。麟德元年，改单于都护府，领金河一县。今亦见陕西榆林镇单于城。胡氏曰：金河，汉之云中郡城也，在隋榆林郡城东北四十里，自朔州至单于府，凡三百五十七里。大历八年，徙治振武城内，旧城遂废。《唐志》：单于府金河县，魏道武所都，秦汉云中郡地，自单于府西北二百七十里。又有云中守捉城，调露中，裴行俭破突厥置。又《志》云：乌咄谷二百七十里至古云中城。入塞《图》云：从平城西北行五百里至云中，又西北五十里至五原，又西北行二百五十里至沃野镇，又西北行二百五十里至高阙，又西北二百五十里至郎君戍，又直北三十里至燕然山，其说参错不经，不足据也。又《冀州图》云：云中城周十六里，北去阴山八十里，南去汉长城百里。亦谬。

云内州城，府西北五百余里。《辽志》云：本唐中受降城地，辽初置代北、云、朔招讨司，改云内州，又为开远军，治柔服县。宋政和中，辽主延禧还走云内，即此。金因之。元省县入州。胡氏曰：云内州原领柔服、云川二县。明初废。《九边辑略》云：宣德中，置丰州及云内等县，设官置戍。正统间，主帅宴乐于楼子塞，致寇突入边内，于是玉林、云川等卫内徙，而丰州、云内之民迁于应、朔诸处云。〇云川废县，亦在府西北。《金志》：本曷董馆，后升为裕民县，寻废。大定中复置，属云内州，又改为云川县。元废县，设录事巡司，寻废。又有宁人废县，在故云内州东，辽置属云州，金废为宁人镇，属柔服县。

长川城，在府东北。《水经注》：柔玄镇西有长川城，晋隆安三年，魏主珪北巡，分命拓跋遵从东道出长川，拓跋乐真从西道出牛川，珪自将大军从中道出驳髯水，以袭高车，大获而还。义熙二年，魏主珪从漠北还长川。《志》云：长川有白黑二漠，黑在东，白在西。胡氏曰：长川在御夷镇西北，大漠之东。

黑沙城，在府西北。唐永隆二年，曹怀舜击突厥畔部于黑沙，败还。永淳初，突厥余党阿史那骨笃禄等据黑沙城，寇并州及单于府北境，代州都督薛仁贵击破之。〇威宁城，在府北。金置新城镇，属抚州。承安二年，改为威宁县。元废。今威宁海子是其地也。

静边城，在府西北。《旧唐书》：在单于府东北。唐天宝三载，朔方节度使王忠嗣所置军也。十四载，安禄山将高秀岩自大同军寇振武，朔方节度使郭子仪击败之，乘胜拔静边军。贼来攻，复大败之，因进围云中，使别将拔马邑，开东陉关。宋白曰：静边军在云州西百八十里。〇定边城，在府西百八十里。唐开元中，置军于此。旁有石窑、白泊等戍，相去各四五十里。《志》云：云州界内又有奉城军，唐置。〇振远城，在府西北，旧《志》云：在单于府界，唐天宝七载，郭子仪为振远军使，即此城也。

长城，在府北。郦道元曰：白道岭左右山上有垣若颓基焉，沿溪亘岭，东西无极，疑赵武灵王所筑也。《北史》云：魏主焘太平真君七年，筑畿上塞围，起上谷，西至河，广纵千里。又宋白云：云中北至长城三百里即蕃界。崔豹《古今注》谓秦筑长城，土色皆紫，称为紫塞，是也。《一统志》：长城在府北十里。

白登山，府东七里。上有白登台。汉初冒顿纵骑三十万围高帝于白登七日，即此。郦道元曰：今平城东十七里有台，台南对冈阜，即白登山。晋隆安二年，拓跋珪如繁畤宫，畋于白登山。宋永初二年，魏主嗣发代都人筑苑，东包白登，周三十余里。元徽五年，魏主宏如白登。杜佑曰：魏主嗣于永兴四年，立宣武庙于白登山。神瑞二年，又立庙于白登山西，今有东西二庙。又魏主宏太和四年，如白登山。十五年，诏白登山宣武庙唯遣有司行事，是也。又梁元帝《横吹曲》云：朝跋青陂道，暮上白登台。盖谓此。○火山，在府东南。《水经注》：白登南有武周川，川东南有火山，山上有火井，南北六十七步，广减丈许，源深不见底，火势上升，若微雷发响，以草爨之，则烟腾火发，一名荧台。齐建元二年，魏主宏如白登山，又如火山，既而复自平城如火山，即此。

雷公山，府西北十五里。后唐清泰末，云州军乱，谋应河东，节度使沙彦珣走西山，据雷公口，收兵入城讨定之，即此。○纥真山，在府东北五十里。纥真，犹汉言千里。其山冬夏积雪，故谚云：纥真山头冻死雀，何不飞去生处乐？又有神井歌曰：纥真山头有神井，入地千尺绝骨冷。亦名纥干山。

武州山，府西二十里，武州川水所经也。峪中有石窟寺，又有石窟寒泉。《水经注》：武周川水东南流，水侧有石祇洹舍并诸窟室，比丘尼所居也。其水又东转灵岩南，凿石开山，因岩结构，盖浮屠巨丽处，即石窟寺也。宋元徽三年，魏主宏如武州山。齐建元二年，魏主如方山，遂如武州山石窟寺。永明元年，魏主复如武州山石窟佛寺。二年，魏主复如武州山石窟寺。《魏土地记》平城宫西三十里有武周塞口，即此山也。

方山，府北五十里。北魏主宏屡如方山，为其母冯太后营寿陵。又于方山南起灵泉宫，引如浑水为灵泉池，东西百步，南北二百步，是也。又北苑，亦在其地。《魏史》：太和元年，于苑中起永乐游观殿，穿神渊池。三年，如方山。四年，复如方山。五年，又如方山。冯太后乐其山川，曰：它日必葬我于此，不必祔山陵也。乃为太后作寿陵。又建永固石室于山上，欲以为庙。七年，魏主弘及冯太后如神渊池，遂如方山。八年，魏主如方山，遂如鸿池。胡氏曰：即旋鸿池也。是后屡如方山及灵泉池。十四年，西如方山，复如灵泉池。是年，葬冯太后于永固陵，其后又数谒永固陵。胡氏曰：方山在平城北如浑水上。《志》云：山顶有拓跋魏二陵及方山宫遗址。

栲栳山，在府西北。景泰初敌寇大同，镇帅郭登帅兵饵之，行七十里，至水头。谍云：东西贼窝贼营十二，自朔州掠回，登直前奋击，追四十里，至栲栳山，尽夺所掠而还。又磨儿山，在府西平虏卫西北五十里，山形险峻，周环如磨，为古今用武之地。天顺中，石亨镇大同，败敌于此，又败之于三山墩，是也。〇大峨山，在府西北塞外。又有秦山，在白道北，隋筑长城，以秦山为塞内云。

尔寒山，在府北塞外。后魏主焘始光二年，五道伐柔然，一军从东道出黑漠，一军出白、黑二漠间，魏主从中道，一军出栗园，一军从西道出尔寒山。诸军至漠南。舍辎重，轻骑赍十五日粮，度漠击之，柔然惊走，即此。〇和兜山，在漠南。后魏主焘始光三年，自云中西巡至五原，既而畋于阴山，东至和兜山。山盖在阴山之东，长山之南。

柞山，在府西北五百余里。北魏主焘始光初，命长孙翰等伐柔然，自将屯柞山，亦曰柞岭。是年，焘破夏统万，引兵还至柞岭，即此。神䴥二年，焘西巡至柞山。晋元熙元年，魏主嗣畋于犊渚。李延寿曰：犊渚在柞山之西，临河，是山在河东也。魏主濬太安三年，畋于松山。或曰：松山当作柞山。四年，复畋于松山，遂如河西。胡氏曰：其山在河之西岸。恐误。

弹汗山，在府东北。东汉桓帝时，鲜卑檀石槐立庭于弹汗山歠仇水上，去高柳北三百余里。南抄缘边，北拒丁零，东却夫余，西击乌孙，尽据匈奴故地，东西万四千余里。是也。○蟠羊山，在参合陂东，后燕慕容宝丧师于此。又北魏主嗣泰常六年，北巡至蟠羊山，是也。

青山，在府西北塞外。唐贞观十五年，李世勣击薛延陀，逾白道，追及之于青山，即此。明嘉靖初，中国叛人逃出边者，升板筑墙，盖屋以居，乃呼为板升，有众十余万，南至边墙，北至青山，东至威宁海，西至黄河岸，南北四百里，东西千余里，一望平川，无山陂溪涧之险，耕种市廛，花柳蔬圃，与中国无异，各部长分统之。隆庆五年，俺答归附，缚叛人赵全等来献，板升之党始衰。

晚霞山，在府东北天城卫东南。山势高耸，日落后，返照成霞，因名。又形似莲花，一名莲花山。又大同山，亦在府东北。《九边考》：在新平堡北百五十里，又北百五十里为白海子，俱部长驻牧。○七宝山，在府城北四百余里，山下有城，金时所筑，置戍于此。或谓之汉五原城，误也。

意辛山，在府北塞外。亦曰意亲山。晋太元十年，代刘头眷击破柔然于意亲山。十五年，拓跋珪会燕慕容麟于意辛山，击贺兰，诸部皆降于魏。宋元嘉中，魏主焘幸意辛山，破贺兰诸部，还幸牛川。意辛山盖在牛川之北。《北史》：意辛山，贺兰部所居，逾阴山而北，即贺兰部也。又《志》云：府西北五百余里有官山，上有九十九泉，流为黑河。又有石碌山，在故平地县东四十里，山出石碌，因名。

七介山，在府境。宋元嘉十六年，柔然闻魏主焘伐姑臧，乘虚深入，至善无七介山，平城大骇，遣军拒却之于吐颓山。《志》云：今府西南四十五里有七峰山，或以为即七介山也。善无见前代州。车崘山，在府北塞外。崘，《北史》作轮。魏主濬太安三年，北巡至阴山，伐柔然，军于车轮山。宋元徽三年，魏主宏如武州山，又如车轮山，是也。

箭笴山，在府东北。宋宣和五年，辽将亡，其臣奚回离保据箭笴山称奚帝，既而窥燕山，为郭药师所败，其下杀之。或曰：山在北直抚宁县界，此名同而实非也。又焦山，在府东百八十里。宋太平兴国七年，契丹主贤幸云州焦山，得疾而卒。嘉靖初叛卒郭鉴等哨聚于此。

夹山，在云内州北六十里。宋宣和四年，金人袭辽主延禧于白水泺，辽主遁入夹山，即此。《一统志》：夹山在朔州北三百四十里，与黑山东西相连。黑山，今见陕西榆林卫。

东木根山，在府北。《志》云：五原有木根山。此山在河东，故曰东木根山。晋太宁二年，代王贺傉以诸部未服，筑城于东木根山而徙居之。魏主宏尝言远祖世居北荒，平文皇帝始都东木根山。平文，郁律谥也，盖郁律亦都此云。或讹为勿根山。晋太元十四年，后燕慕容德等击代叛部贺讷，追至勿根山，是也。

黄瓜堆，在府西南百十里。或曰即古黄华山也。赵武灵王十九年，北至无穷，西至河，登黄华之山。《水经注》：桑乾水与武州水合而东南流，屈径黄瓜堆南，又东南流经桑乾郡北。魏孝昌初，斛律金自云州南出黄瓜堆，为上谷贼杜洛周所败。齐天保四年，柔然寇肆州，齐主洋自晋阳击之，至恒州，大破柔然于黄瓜堆。唐武后垂拱三年，突厥叛部寇朔州，黑齿常之大破之于黄花堆，即黄瓜堆也。元和四年，沙陀朱邪执宜从河东帅范希朝徙于定襄川，始保神武川之黄花堆，修新城而居之。景福初，李克用北巡，至天宁军，以幽州帅李匡威等袭云州，乃遣将发兵于晋阳，而潜入新城，伏兵于神堆，擒吐谷浑逻骑三百。既而大军至，乃入云州，出击李匡威、赫连铎，兵皆败去。神堆亦即黄花堆，新城即后魏之新平城，在神堆东南。宋白曰：云州西南至神堆栅九十里。

石子岭，在府西北。晋太元初，苻秦遣兵伐代，代将刘库仁与秦兵战于石子岭，大败。胡氏曰：岭当在云中、盛乐西南。《新唐书》：自夏州北度乌水，一百二十里，至可朱浑水。又百余里至石子岭。是也。又陵石，在盛乐故城东。《北史》：魏主珪东如陵石。或曰：陵石，地名，有山溪之阻，时置城邑于此。

达速岭，在府西北境。高齐天保五年，北巡至此，行视山川险要，将起长城。明年，遂发民筑长城，自幽州西至恒州，是也。又牛皮岭，在府东六十里。《唐志》：云州有牛皮关，今关在岭上。又《志》云：府西三十里有双化岭，盘踞凡百余里。

郁对原，在塞北。元魏正光三年，柔然那瓌叛魏，魏遣李崇等击之。自平城北出三千馀里，别将於谨追至郁对原，前后十七战，屡败之，即此。

黑沙碛，在振武故城北，亦谓之鸣沙。唐元和八年，振武遣兵趋东受降城备回鹘，至鸣沙，兵乱而还，即黑沙碛矣。

石漠，在塞北。自阴山而北，皆大漠也。其间有白漠、黑漠及石漠之分。白、黑二漠，以色为名，石漠以地皆石碛而名。《北史》：石漠在汉定襄郡武要县西北。晋义熙三年，魏主珪如豺山宫，遂至石漠。又魏主焘始光二年，大伐柔然，遣长孙翰等从东道出黑漠，长孙道生等出白、黑二漠间。白漠盖在黑漠西也。亦谓之大碛。四年，魏主西伐统万，命其将陆俟督诸军屯大碛以备柔然，即此。又宋泰始中，魏主宏追柔然至石碛，即石漠矣。魏主宏太和十年，敕勒叛柔然，柔然伏名敦可汗自将讨之，追奔至西漠，即大漠之西偏也。唐贞观四年，李靖袭破突厥于定襄，突厥徙牙帐于碛口，既而靖破突厥于阴山，军于碛口，漠南遂空。武后万岁通天二年，突厥嘿啜建牙于黑沙，即黑漠矣。《志》云：大漠在阴山北，东极辽海，西尽居延。是也。

黄河，在废东胜州西八里。自榆林北塞流经此，乃折而南，经朔州西界，入太原府河曲县及保德州境，亦谓之西河，以在平城西南也。魏主焘神䴥元年，如西河校猎，其津济之处，有君子津，又有来违津，俱在东胜州境。郦道元曰：河水南入云中桢陵县西北，又南过赤城东，又南过定襄桐过县西，河水于二县间济，有君子之名。又曰：君子津在云中西南二百余里，汉桓帝时有洛阳大贾卒于此。津长田子封以遗资悉归其子，桓帝嘉之，因名其津为君子津。晋太和三年，代王什翼犍击刘卫辰，自君子津济，时河冰未合，什翼犍命以苇絙约流，俄而冰合，然犹未坚，乃散苇于其上，冰草相结，有如浮梁。代兵乘之以渡，卫辰不意兵猝至，遂遁走，什翼犍收其部落而还。太和初，苻秦伐代什翼犍，军还，至君子津，会代乱，秦将李柔等勒兵趋云中，遂定其地。元熙元年，魏主嗣西巡云中，从君子津西渡河，大猎于薛林山。宋元嘉三年，魏主焘伐夏，行至君子津，会天暴寒冰合，遂济河袭统万，大掠而还。明年，遣执金吾桓贷造桥于君子津，寻发诸军济河，即此。其来违津，在君子津之南，魏主修永熙二年，高欢表请讨宇文泰云：臣今勒兵自河东渡，又遣恒州刺史库狄干等将兵自来违津渡，或谓之朱违津。元至元初，命选善水者一人，沿黄河计水程达东胜，可通漕运，驰驿以闻云。

桑乾河，府南六十里。源出马邑县洪涛山。《水经注》：湿水出雁门阴馆县，东北至代郡桑乾县南，与桑乾水合，因总谓之桑乾水，即卢沟河上源也。晋建兴初，代猗卢筑新平城于灅北，后又筑宫于灅南，谓之灅南宫。魏都代时，数临幸焉。今详见北直大川。

如浑水，府东北四十里。《志》云：出开山口，一名御河，其水两源，合而为一，历府城东，又南流，与武州川合，注于桑乾河。又武州川水，在府南十五里，俗名合河，源出武州山西白羊山溪谷中，引为石渠，流至府南，又东南注于如浑水。〇兔毛河，在府西北三百里，出塞外骆驼山下，南流经右卫西，至东胜州，入黄河。又有仓头河，在威远卫城南，流合兔毛河。

金河，在府西北。杜佑曰：金河上承紫河之水，南流入大河，是也。亦曰金川，北齐主洋天保五年，邀柔然于金川，柔然远遁。隋大业三年，北巡，发榆林，历云中，溯金河，幸突厥启民牙帐，即此。唐因置金河县。《一统志》：金河在古云内州东南百五十里。

紫河，在府西北塞外。隋大业三年，发丁男百万筑长城，西距榆林，东至紫河，二旬而毕。唐贞观十四年，遣突厥阿史那思摩建牙于此，亦曰紫乾河。唐天宝初，朔方节度使王忠嗣北讨奚怒皆，战于紫乾河，三遇三克，耀武漠北而还。《隋志》：定襄郡大利县有阴山紫河。杜佑曰：胜州榆林县有金河。紫河自马邑郡善无县流入境，合金河，又南流，入于大河。

横水，在府西北。《唐史》：在金河北百四十余里。永隆二年，曹怀舜等袭击突厥叛部于黑沙城，不遇，还至横水，为突厥所败，即此。〇白渠水，亦在府西北。《水经注》：白渠出云中塞外，西北径成乐固北，又西径魏云中宫南，下流入于大河，今俱湮废。

士卢河，在府北塞外。魏主宏太和十六年，命拓跋颐等击柔然，分兵三道，中道出黑山，东道出士卢河，西道趋侯延河，军至大碛，大破柔然而还。侯延河，当在榆林塞外。〇黑河，在府西北四百里。源出官山，西流入云内州界，至东胜州，入于黄河。

诺真水，府西北塞外。《唐志》：出古云中城，西北行四百余里至诺真水。贞观十五年，薛延陀侵突厥于漠南，李世勣自赤柯泺追及之于青山，薛延陀走，累日乃至诺真水，世勣大败之。〇库斛真水，在府北塞外。后魏别部侯莫陈居于此，世为渠帅云。

牛川，在府北塞外。《班志》注：於延水出代郡且如塞。牛川亦当相近。晋太元十一年，拓跋珪大会于牛川，即代王位。是年，以窟咄之乱，乞师于燕，自弩山至牛川，屯於延水南，出代谷，以会燕师。十六年，魏别部贺染干与贺讷相攻，珪复与燕共讨之，燕将兰汗帅龙城之兵击染干，破之于牛都，即牛川矣。盖燕人牧放，于此聚会，因名为都也。染干在贺兰部之东偏，故以龙城兵击之。隆安三年，拓跋珪大猎于牛川之南。义熙六年，后魏长孙嵩讨柔然，至漠北而还，柔然追围之于牛川。十三年，魏主嗣大猎于牛川，登釜山。是牛川与釜山相近也。宋元嘉五年，魏主焘北巡，大畋于牛川，即此。釜山，今见北直怀来卫。

长川，在府东北，即《汉志》於延水也。《水经注》：於延水出塞外柔玄镇西，长川城南小山，东南流，径且如故城南，亦谓之修水，下流径广宁县，注于桑乾河。广宁，见北直保安州。又野马川，在府北塞外，明初，蓝玉出山西，败王保保于此，又败之于土剌河。土剌河，见漠北。〇贾家湾，在府东北。正德十一年，蒙古分道寇大同，总兵潘浩与战于贾家湾，败绩，遂犯宣镇。

赤柯泺，在府西北。积水处曰泺。唐贞观十五年，李世勣击薛延陀于漠南，其众自赤柯泺北走，世勣自直道邀之，逾白道，追及于青山，又败之于诺真水。〇吐禄泺，在府西北塞外。宋宣和六年，夏人与金议和，粘没喝承制割下寨以北、阴山以南乙室邪剌部吐禄泺西之地与之。下寨，或曰辽末置戍守处，在大河之北。

羊城泺，在府东北境。宋宣和四年，金将斜乜等闻辽主在云中，分兵出青岭、瓢岭，期会于羊城泺，共袭辽主，即此。青岭，见北直废开平卫。〇大水泺，在府北。宋嘉定四年，蒙古铁木真侵扰云中、九原，遂破大水泺以入，金遣将驻军抚州以备之。抚州，见北直废开平卫。

白水泺，在府北。宋宣和四年，金将斜乜等袭辽主于羊城泺，辽主闻金师出岭西，遂趋白水泺。粘没喝复以精兵袭之，辽主遁入夹山。五年，金人袭辽主于阴山，执其诸王妃主而还，辽主自应州率兵邀战于白水泺，大败，西走云内州。

捺剌泊，在府北。后唐长兴三年，时赵德钧守幽州，契丹入寇不得志，因徙居黑榆林南捺剌泊，寇云、朔间。《五代史》：是年契丹自黑榆林捺剌泊至没越泊，云欲借汉水草，大同帅张敬达聚众遏其冲要，契丹不敢南牧，是也。清泰末，石敬瑭因契丹近在云、应间，遂资其兵以取中国云。〇没越泊，在府西北。《一统志》：没越泺、大盐泺，俱在府西四百里，近古丰州。

瓠芦泊，在府西北。唐显庆中，曹怀舜击突厥叛部，留老弱于瓠芦泊，帅轻骑进至黑沙，无所见而还。

奄遏下水海，府西北二百里。水潮无常，纳大凋、小凋、大汇、小汇四河及银海水诸细流，合而入于黄河。威宁海子，在府北，塞下属部驻牧处也。天顺中，石彪镇大同，请置城于威宁海，不果。成化十六年，王越袭败蒙古酋于此。

鸿池，亦曰旋鸿池，在府东。《水经注》：梁城郡旋鸿县东山下水积成池，东西二里，南北四里。又魏主珪天兴二年，穿鸿雁池于平城。魏主宏太和八年，如方山，又如鸿池，是也。又有鱼池，亦在平城北，魏主嗣永兴五年，穿鱼池于平城北苑。魏主宏太和九年，如鱼池，登青原冈，即此。

温汤，《水经注》：在桑乾城西十里，魏主焘太延五年，常爽置馆于温水之右，教授千百余人，于是魏之儒风始振。又魏主濬和平末，侍中、司徒陆丽治疾于代郡温泉，是也。〇吐若奚泉，在怀朔镇北无结山下。《北史》：魏主诩正光二年，柔然阿那瓌、婆罗门相继内附，高阳王雍等奏怀朔镇北吐若奚泉，原野平沃，请置阿那瓌于此，其婆罗门请置于西海郡，时阿那瓌自怀朔、婆罗门自凉州来降，各以附近地居之也。

平城宫，在府北门外，后魏故宫也。《水经注》：魏太极殿南对承贤门，门南即皇信堂。《魏纪》：太和元年，于太极东堂之东，起太和、安昌二殿，又于宫南起朱明、思贤二门，复起永乐游观于平城北苑。四年，起东明观。七年，皇信堂成。十二年，起经武殿。十五年，始议政于皇信堂东室。又更定律令于东明观。是年，谒冯太后于永固陵，设荐于太和庙，盖是时置后主于太和殿中也。既又禅于太和庙，寻辞太和庙，奉神主迁于新庙。十六年，以安昌殿为内寝，皇信堂为中寝。又是年，朝飨群臣于太华殿，既而毁太华殿为太极殿，徙居永乐宫。殿成，复还居之。十七年，大会公卿于经武殿，议南伐迁洛，以后日渐颓废。今仅有二土台，东西对峙，盖故阙门也。又城西门又有二土台，盖辽、金宫阙云。

灅南宫，在府西南七十里。晋建兴元年，猗卢筑新平城于灅北。后魏主珪天兴六年，幸南平城，规度灅南面夏屋山、背黄瓜堆以建新邑。天赐三年，筑灅南宫阙，引沟穿池，广苑囿。又魏主嗣如灅南宫，遂如广宁。广宁，见保安州。或曰：即后魏所置广宁郡也，今见朔州。○道坛，《魏史》：在平城东南灅水左，太武焘时寇谦之建。又作静轮宫，在道坛东北。《水经注》：湿水南经平城东，水左有大道坛，孝文太和十五年，移道坛于桑乾之阴，改曰崇虚寺。

鹿苑，在府南。《北史》：魏道武天兴二年，起鹿苑于南台阴，北距长城，东包白登，属之西山，广轮数百里。又魏主嗣泰常二年，起白台于平城南，高二十余丈。宋泰始七年，魏主建鹿野浮图于苑中之西山，是也。栗园，在塞北，魏主焘始光二年，分道伐柔然，遣娥清出栗园，是也。栗园盖与长川相近。

孤店关，在府东北。成化十九年，王越出孤店关，至猫儿庄，袭敌于威宁海子，是也。○开山口，在府东北五十里。山口有谷，名开山谷。其西有大寺、小寺二口，又折而东，有黑峪、尖峪二口。《志》云：大、小二寺口，俱在府北二十里。东尖峪在府西南四十里，黑峪则在府西四十里。

石佛寺口，府西三十里。《志》云：在左卫东百十里。又兔毛河口，在府西北二百里。《志》云：在右卫西北二十里。其西三十里又有小隘口。○阳和口，在府东北。《志》云：在阳和卫西北十五里，亦名前口。其东北二十里有将军口，又东二十里曰阳和后口。

虎峪口，在阳和卫东北二十里。又卫东北二十五里，有小白埒峪口。又十五里，有大白埒峪口。又有威宁口，在卫西北七十里。○白阳口，亦在府东北，《志》云：在天成卫北二十里，亦曰白羊口。正德十一年，寇犯大同塞，突入白羊口，大掠而去，即此。又有榆林口，在卫西北三十里。其相近者曰砖磨口，又西北十里曰水磨口。

猫儿庄，府北百二十里。正统十四年，乜先寇大同，至猫儿庄，偏将吴法战死。既而乜先挟上皇出宣府塞，过猫儿庄、九十海子，历苏武庙、李陵碑，至黑松林，入乜先营，是也。又曹家庄，在府东北。嘉靖中，敌寇大同，镇将周尚文败之于此。又有李寨，在天成卫东，其东南有枳儿岭。○水寺口，在卫西北。嘉靖三年，大同抚臣张文锦以镇城孤弱，筑水寺口五堡，遣卒戍之，卒叛附塞外。十八年，督臣毛伯温，帅臣周尚文，相继城之，即弘赐等五堡也。

红寺儿堡，府北五十里。正统元年筑，周一里有奇。又高儿堡，在府西六十里，天顺二年筑，周三里有奇。又沙河堡，在府西北六十里，正统初筑，周二里有奇。怀仁堡，在府西南八十里，永乐九年筑，周不及二里。赵麻堡，在府南百十里，永乐九年筑，周不及一里。又第三柞堡，在府西百二十里，洪武七年筑，周不及一里。今有大同前卫戍守。

长安堡，府东南五十里。府东百二十里又有诸泉堡。俱周不及二里。又漫流堡，在府东百四十里，周二里有奇。已上三堡俱大同后卫屯军戍守。○鸦儿崖堡，在府西百二十里，永乐二十一年置。今属朔州卫。

青坡道，在府东北。《新唐书》：云州云中县有阴山道、青坡道，皆出兵路也。《辽志》长青县有青陂。梁元帝《横吹曲》所云：朝跋青陂道梁。是矣。《名胜志》：青陂道在平城东南四十里。似误。

通漠道，在府南。唐贞观三年，时陉岭以北为突厥颉利所据，诏李世勣出通漠道，李靖出定襄道，柴绍出金河道，灵州都督任城王道宗出大同道，幽州都督卫孝节出常安道，营州都督薛万彻出畅武道。凡六总管进讨突厥，皆受靖节制。四年，进屯恶阳岭，夜袭颉利，颉利走保铁山，复袭击之，尽获其众，于是复定襄、恒安地，斥境至大漠。永隆二年，裴行俭讨突厥叛部，时突厥妻子、辎重皆留金牙山，行俭至代州陉口，遣将一出石地道，一出通漠道掩取之，又追突厥于细沙，平之。或曰：通漠等道有随宜立名以别军号者，非确有其地也。铁山，见陕西榆林镇。金牙山、细沙，俱在漠外。

白道，在府北塞外。后魏云中郡有白道岭、白道川，自白道北出，为怀朔镇。又西北为沃野镇。自白道而南，为武川镇。又南即云中城也。《水经注》：芒干水出塞外，南径阴山，又西南径白道南，谷口有城，侧带长城，背山面泽，谓之白道。自城北出有高坂，谓之白道岭，岭上土穴出泉，所谓饮马长城窟者也。芒干水又南径云中城北，南达于河。《括地志》：魏武川镇北有白道谷，谷口有白道城。《北史》：魏正光五年，六镇叛，李叔仁与破六韩拔陵战于白道，败绩。六年，李崇讨破六韩拔陵别将崔暹，与战于白道，大败。崇自白道走云中，继又自云中引还平城，曰：云中者白道之冲，贼之咽喉，若此地不全，则并、肆危矣。因以费穆为云州刺史。高齐天保六年，齐主洋自将击柔然，至白道，留辎重，帅轻骑五千追柔然，及之于怀朔镇，大破之，至沃野镇，获其酋长。又隋开皇三年，命杨爽等出朔州道讨突厥，遇之于白道，击败之。五年，突厥沙钵略为西突厥及契丹所败困，请度漠南，寄居白道川，隋主许之。十九年，高颎等击突厥，追渡白道，逾秦山七百余里而还。秦山，即阴山矣。唐贞观四年，李世勣出云中击突厥，大破之于白道，既复追击之，逾白道川，败之于诺真水。又李靖自定襄引兵会世勣于白道，至阴山，破突厥部落。十五年，薛延陀度漠南，屯白道川，据善阳岭，击突厥可汗于定襄，可汗入长城，保朔州。白道盖云、朔之襟要矣。

总秦戍，在府西北境。齐天保七年，自西河总秦戍筑长城，东至于海。明年，又于长城内筑重城，自库洛枝东至坞纥戍，凡四百余里。《北史》：齐前后所筑长城，东西凡三千余里，率十里一戍，其要害置州镇，凡二十五所。〇石辇铎，在府西北塞外。宋宣和中，辽主延禧为金人所败，既失西京及沙漠以南，遂奔于讹莎烈之地，金阿骨打自将袭之，前锋蒲家奴等追及辽主于石辇铎，大败之，又追至乌里质铎，辽主遁去。

乐宁镇，在府西，隋置戍守处也。开皇十九年，突厥达头寇恒安镇，赵仲卿自乐宁镇邀击败之。亦曰乐安，唐天复三年，河东云州将王敬晖叛降刘仁恭，克用遣李嗣昭等讨之，仁恭遣将赴救，嗣昭退保乐安。又伏远镇，在府西北，亦周、隋时戍守处也。隋开皇十九年，突厥突利为其都篮可汗败于长城下，突利南走至边，复谋北遁，长孙晟觉之，密遣使入伏远镇，速举烽，突利以为追至，遂驰入镇，即此。

横水栅，在府北。唐会昌二年，河东奏回鹘乌介入云、朔，剽掠横水。胡氏曰：横水，栅名也，时置戍以防回鹘。五代唐改横水栅为石门镇，同光二年，黜李从珂戍石门镇。《薛史》：庄宗时，吐谷浑白承福附唐，依北山北石门为栅，赐额为宁朔、奉化两府，以都督为节度使授之，其地即横水栅也。北山，一作中山。

单于台，杜佑曰：在云州云中县西北百余里，汉武元封元年，勒兵十八万骑出长城，北登单于台。唐武后永昌初，使僧怀义讨突厥，行至紫河，不见敌，刻石单于台。《元和志》云：台在西受降城东北。又李陵台，《一统志》：在云内州北，高二丈余。《唐志》：云中都护府有燕然山，山有李陵台。所谓燕然山，即阴山耳。〇斗鸡台，在府城东。唐乾符五年，云州兵乱，共迎蔚州刺史李克用于蔚州，克用帅众趋云州，至城下，屯于斗鸡台下。

金陵，在盛乐故城西北。《志》云：后魏末，迁洛阳诸帝皆葬云中之金陵。正光五年，魏主谓寇连恒、朔，逼近金陵，是也。

青冢，在府西北塞外，相传王昭君冢也。地多白草，此冢独青，因名。宋宣和五年，金将斡离不等袭辽主于阴山，至青冢，遇泥泞不能进，乃以耶律大石为乡道，直趋辽主营，执其诸王妃主群臣，又追至扫里门而还。杜佑曰：唐金河县有李陵台，王昭君墓。○苏武庙，在废云内州北。正统末，乜先挟上皇至小黄河苏武庙，即此。

云中驿。在府治东。又东南七十里有瓮城口驿。俱洪武中置。

○怀仁县，府南六十里。东南至应州八十里。唐云中县地。辽析置怀仁县，因阿保机与晋王李克用会东城，取怀想仁人之义而名。《五代史》：梁开平初，晋王克用与契丹阿保机会于云州东城，即此事也。金升为云州。元复为怀仁县，属大同路。今城周三里有奇，今编户八里。

清凉山，县西二十里，旧有砖塔及利国铁冶。又锦屏山，在县西南二十五里，旧有瓷窑及铁冶。○金龙山，在县西南三十五里，有泉，与马邑金龙池脉相通，因名。又玉龙山，在城西北四十里，中有七峰，石洞、天桥，皆自然之胜。《志》云：即府西南七峰山之别名也。

三台岭，在县北。《边防考》：怀仁城周四里有奇，黄花岭峙其前，三台岭拥其后，又有镇海嵐卢峪，足以控御云。

桑乾河，在县南。自马邑县流入境，其南即山阴县界也。

海子，县东十五里，周三十里。其西北有泉，源不可测，居民资以灌溉。○灰泉，在县东二十五里，又县北四十里有神泉。

偏岭口，县西南五十里。其北又有大峪、小峪、芦子、阿毛四口，并为戍守要地。

西安堡。县东南四十里。地名疙疸头，本西安镇，接应州界，置驿于此。嘉靖四十年筑堡，万历二年、二十八年增修，周二里有奇。堡地平漫，为四通之道。嘉靖二十三年，寇由宣府膳房堡入犯应州、怀仁，此地被掠最甚，故设堡于此，以备不虞。属井坪路管辖。

附见：

山西行都司，在大同府城内。洪武初建，府界卫所属焉。又有大同前、后二卫，俱在城内，亦洪武中建。《通志》：府西百四十里有白羊城，大同旧卫盖置此。

大同左卫，府西南百二十里。明初设，永乐七年、万历六年增修，城周十一里有奇。分边十一里有奇，有黑龙王墩、水源儿墩，为最冲。边外威宁海子，寇所居也。嘉靖三十七年，设兵备使者于此，分堡十四，分边百二十四里，东起宁夏，西止铁山堡，为大同中路。

云川卫，旧治在府西二百余里。正统中，并入大同左卫。

大同右卫，府西二百里。明初置，永乐七年、万历三年增修，城周九里有奇。分边三十二里有奇，内黑嘴子等口为最冲。边外大松树、旧玉林一带，即属部驻牧。本城孤悬西北，向来寇骑突犯，辄当其冲。《九边考》：右卫西入敌界，南逼通川。嘉靖三十六年，俺答攻围右卫，分骑塞道，卫大困，故将尚表极力拒守，援至始解。

玉林卫，旧治在府西北三百四十里。正统中，并入大同右卫。

阳和卫，府东北百二十里。洪武三十一年置，城周九里有奇。南有关，累土为之，内设阳和驿，军民商贾秦集焉。万历三十年增修，又筑连城于关西隅，屹为雄镇。分边十九里，内杏园儿、神峪沟、天蓬沟，皆极冲，白沙滩次之。边外二十余里鹅沟等处，即属部驻牧处也。正统十四年，乜先入犯，边帅朱晟与战于阳和口，败没。正德十一年，寇入大同，上幸阳和，闻寇围总兵王勋于应州，亲讨之，大战，寇引而西，追至平虏、朔州而还。嘉靖七年，寇入犯，大掠阳和。二十六年，备设兵使者于此，辖卫四、堡七，分边九十六里有奇，为大同东路。本路随地皆边，向称冲要。寇犯宣镇之顺圣诸处，天城、阳和，其首冲也。

高山卫，府西三十里。宣德元年，置于阳和城内。天顺六年分置，嘉靖十四年，改建今城。万历十年增修，周四里有奇。城密迩镇城，与聚落城为左右翼云。○聚落城，在府东二十里，天顺二年、弘治十三年，增筑。隆庆六年，修葺，周二里有奇。城当四达之冲，西北崄巇，而东南平易，寇一迩此，则四突纵横矣。故缮城设备，为尤切焉。

天城卫，府东北百八十里，东南至蔚州百五十里。洪武二十一年设，万历十三年增修，城周九里有奇。内有镇虏卫及天城驿，分边长六里，其水峪口、寺儿墩，为极冲边。外麻地沟等处，此即属部驻牧。卫当东路最冲，嘉靖二十七年，寇大举突犯，卫被犯最剧。《志》曰：天城、阳和，相去六十里，中间有白羊口堡、鹁鸽峪堡，为往来要地。

镇虏卫，在天城卫城内。宣德元年建。

平虏卫，府西二百五十里。成化十七年置，万历二年增修，城周六里有奇，分边一十九里有奇。本城北面高山，东西冈阜环绕，险与敌共，随在皆冲，而大水口诸处尤甚。边外汾水河一带，即属部驻牧。嘉靖中，岢岚、应、朔之变，俱从此溃入。嘉靖四年，俺答突犯，城乏薪、水，几不克全。议者欲连城据山，削冈辟渠，以为苞桑之计。《边防考》：平虏城，备兵使者驻此，分堡四。边墙东起威胡堡界，西至南沙河，长四十七里有奇，是为大同西路。其地寒苦瘠薄，兵弱戍寡，而寇骑充斥，几无宁岁云。

威远卫，府西百八十里。明初建，正统三年、万历三年增修，城周五里有奇。分边十五里有奇，内大羊坡、双山儿、小羊坡为最冲。边外泥河儿，即属部驻牧处。本城地势平衍，寇入最易，弘治十三年、嘉靖四十三年、隆庆四年，皆由此突犯。《边防考》：嘉靖三十九年，以云内多故，分设威远路，辖城堡五，分边三十九里有奇，东抵右卫，西至平虏，虽称辅车，然道路隔越，冈阜崎岖，拒守不易。

许家庄堡，府东南九十里。嘉靖三十九年，改民堡置戍守，万历三十九年增修，周三里有奇。堡当宣、镇两镇之径道，虽近腹里，而地势平旷，嘉靖中尝为寇冲。

得胜堡，府北五十里。嘉靖二十年置，万历二年增修，周三里有奇。《边防考》：嘉靖十八年，设兵备使者驻宏赐堡，辖堡八，分边起东路之靖虏堡，至北路拒门堡，长九十六里零。三十三年，移驻于此，是为大同北东路。盖直北之极边，而镇城之外郛也。堡西即镇羌堡，为唇齿之势。隆庆五年，马市成，诏设市于威虏堡，俺酋以威虏无水，改市得胜堡，即此。

镇羌堡，在得胜堡西。嘉靖二十四年置，万历二年增修，周一里有奇。分边长二十二里零，北有洞儿沟、野口等处为最冲，边外柳河山、海子等处，即部署驻牧。《边防考》：堡当边塞首冲，嘉靖二十年，敌由此突犯。隆庆五年，设马市于此，尤为要地。

宏赐堡，在得胜堡东二十里。嘉靖十八年置，万历二年增修，周四里有奇。分边十九里零，内石燕庄沟、黑石头沟、水泉沟，俱最冲。边外牛川山，即部署驻牧。嘉、隆中屡为寇冲，备御最切。《明史》：嘉靖三十年，仇鸾啖敌开马市，市成，寇又入边。已复请市宏赐堡，拒之，寇遂复侵掠。

镇川堡，在宏赐堡东二十里。嘉靖十八年置，万历十年增修，周二里有奇。分边长二十里零，内魏家湾、黑石头沟、镇山店，俱最冲。边外威宁海南北二岸等处，即部署驻牧。堡地势平衍，嘉、隆中尝为敌冲云。

镇远堡，在得胜东七十里。本名镇胡堡。嘉靖十八年，改民堡置戍守，万历十一年增修，周二里有奇。分边长二十一里零，内白石崖、汉旧十墩，俱最冲。边外海子东岸、狐山腰、大山一带，俱部署驻牧。堡东有采药山，隆庆中寇闯入至此。

拒墙堡，在得胜西北二十里。嘉靖二十四年置，万历二年增修，周一里有奇。分边十三里零，内芦草墩、破口墩为最冲，而镇夷墩、莺架墩次之。边外大虫岭诸处，即部署驻牧。《边防考》：堡城挺出边外，冲要不下镇羌，而孤危过之。嘉靖二十八年，寇犯拒墙堡，大同帅周尚文拒却之。后数由此突犯，兼以土田硗确，仰食内地，每虞不给云。

镇河堡，在得胜西南五十里。嘉靖十八年置，万历十四年增修，周二里有奇。堡与镇虏距边稍远，为拒墙、得胜之后援。其镇虏堡，在镇河东十里，嘉靖十八年筑，万历十四年增修，周二里有奇。堡地势卑旷，惟恃拒墙为外蔽云。以上共八堡，俱属北东路管辖。

守口堡，在阳和卫西北十五里。嘉靖二十五年置，隆庆六年增修，周一里有奇。分边十二里零。内尖山儿等沟为极冲。边外威宁海子、黄河套诸处，即部署驻牧。堡为阳和之肩背。隆庆初，寇从此入犯，全镇告急。后徙市于此，防御要地也。

靖虏堡，在守口西二十里。嘉靖二十五年置，隆庆六年增修，周二里有奇。分边十一里零，内碾儿沟、子濠沟诸处，为最冲。边外柳沟、大尖山诸处，即部署驻牧。堡一望平川。隆庆初，虏由沙沟入犯。戒备不可不预也。

镇门堡，在守口东一十里。嘉靖二十六年筑，隆庆六年增修，周一里有奇。分边十三里零，内大、小鹁鸽峪极冲。边外鹅沟诸处，为部署驻牧。嘉靖二十三年，俺答犯铁里门、鹁鸽峪，宣大督臣翁万达拒却之。铁里门盖在天城卫南。又二十四年，寇由小鹁鸽峪突犯，幸声援易及，得以无患。然中无井泉，与镇口、镇宁等堡，俱取资边外。虏若绝流塞源，则坐困之道也。

镇口堡，在阳和东北六十里。嘉靖二十五年筑，隆庆六年增修，周一里有奇。分边十三里零，内榆林、水磨等口极冲。边外乾沙沟诸处，即部署驻牧处。嘉靖间，寇尝由此入犯天城一带，备御尤切。

镇宁堡，在阳和东北八十里。嘉靖四十四年置。隆庆六年增筑，周一里有奇。分边十三里，内威狐口、白羊口极冲。边外野马川、回回墓，皆部署驻牧。嘉、隆中寇由李隆沟不时入犯。又地皆沙碛，艰于井泉，若潜以地沟引之，庶无意外之虞。

云阳堡，在左卫西北二十里，当破胡南此之冲。嘉靖二十七年筑，万历二十四年增修，周一里有奇。堡东蔽左卫，且为白羊之羽翼。〇牛心堡，在云阳西北十五里。嘉靖三十七年筑，隆庆六年增修，周六里有奇。俱出左、右二卫之中。北有黑龙王等山，重冈叠嶂，敌骑窃伏处也。

红土堡，在卫西北五十余里。嘉靖二十七年筑，万历二年增修，周一里有奇。堡西距右卫仅十五里，迤东则黄土、牛心、云阳诸堡也。往者右卫被围，去左卫仅七十余里，声援断绝，故立各堡以备往来接济云。〇黄土堡，在左卫西北四十三里。嘉靖四十七年筑，万历十六年增修，周一里有奇。堡地势平衍，寇骑易于蹂躏。已上十一堡与左、右、云、玉四卫，俱属大同中路管辖云。

助马堡，府西北百里。嘉靖二十四年筑，万历初增修，周二里有奇。分边二十里零，内小振远等墩极冲。边外源城儿一带，即部署驻牧。堡设在极边，东接拒门等堡，西连保安，所谓外五堡也。迤东地势平易，虏每突犯，其马头山迤西边在山内，无险可恃。隆庆以后，置市于此，皆为冲要。《边防考》：嘉靖二十六年，应州参将移驻于此，辖堡九，分边自北东路之拒墙堡，至中路之破胡堡，长七十七里，是为大同北西路。所以增左卫之援，厚全镇之防也。

保安堡，在助马西十余里。嘉靖二十四年筑，万历初增修，周一里有奇。分边十四里零，内双沟子、旧八墩子梁、五墩子梁，俱极冲。边外界牌沟、九龙沟、玉林城一带，俱属部驻牧。堡设在冲边，地势平衍。倘一失守，高山、左卫而南，俱无宁宇矣。

拒门堡，在助马堡东十余里，嘉靖二十四年筑，万历初增修，周一里有奇。分边十五里零，内威宁海等处最冲。边外水泉儿滩、周家岭一带，即属部驻牧。又堡东有弥陀山，寇尝困我兵于此。堡孤悬边外，备御尤切。〇宁虏堡，在助马堡西五十里，嘉靖二十一年筑，万历初增修，周二里有奇。分边长十一里零，内喜鹊墩极冲。边外土城及传家岭、毡帽山一带，俱属部驻牧。嘉靖中，虏不时入犯款塞。后设市场于此，亦冲要处也。

弥虏堡，在助马堡西二十余里。嘉靖二十二年筑，四十二年修，万历二年增筑，周二里有奇。分边四里零，内中口墩极冲。边外丰州、云内一带，俱属部驻牧。堡外控保安诸堡，内蔽左卫、云西，东与破虏接。但地势平易，彼由助马、保安而入，长驱之势，不可不虑也。

威虏堡，在助马堡西四十里。嘉靖二十一年置，万历初增修，周二里有奇。分边十一里零，内双井、双沟等处为最冲。边外东寺沟、花子山、齐头山及秃墩一带，俱属部驻牧。嘉靖中寇尝由青北塔入犯。堡地势平旷，易于驰突，设在西南极边，距左卫五十馀里，亦障蔽要地也。

荷虏堡，在助马堡西南二十里。嘉靖二十二年筑，万历初增修，周二里有奇。旧为极冲，自增建五堡，称为腹里。土田饶衍，宜于耕植。但地势平旷，难于堵截。

云西堡，在助马堡西南五十里。嘉靖三十七年设，万历二十四年增修，周一里有奇。堡西连左卫，东接高山，实敌必经之地。虽近腹里，亦要区也。

云冈堡，在助马堡南四十里。《边防考》：云冈有新旧二堡。嘉靖中，以旧堡地形卑下，北面受敌，因筑新堡于北崖，移官军戍守。仍存旧堡，以便行旅。二堡俱土筑，各周一里有奇。东通镇城，西通左卫，为云西孔道。贼每由此突入，道路为梗。新城既筑，有险可据，且镇城所需煤炭，俱仰给于此。有惊，据险守，可称保障，已上九堡，俱属大同北西路管辖。

迎恩堡，在平虏卫西北四十里。嘉靖二十三年筑，万历初增修，周一里有奇。分边十里零，内镇川墩最冲，老鹳咮次之。边外泥河儿一带，即属部首驻牧，往往由此入寇。嘉靖中，石州之祸，此为难始。款塞后，设小市场于此，亦防御要处。

败胡堡，在平虏卫北四十里。嘉靖二十三年筑，隆庆六年增修，周一里有奇。分边八里零，内镇川墩、泉儿沟最冲。边外灰河一带及长胜墩迤北，俱为寇境。嘉靖中，寇由此入犯朔州一带，为冲险之地。

瓦窑口堡，在阳和卫东北九十里。嘉靖三十年筑，隆庆六年增修，周一里有奇。分边七里，内东烟墩极冲。嘉靖中，寇由宣府膳房堡入，由此堡出。《边防考》：堡当新平孔道，称咽喉地。有嵎谷门，可以设伏，倘新平疏虞，此犹可控拒也。

永嘉堡，阳和卫东百五十里，嘉靖三十七年设，万历二年增修，周三里有奇。堡设在边内，与宣镇李信屯相犄角，地广人稀。嘉靖二十八年，寇由此犯。亦要地也。已上共七堡，与阳和、天成、高山、镇虏四卫，俱属大同东路管辖。〇白登堡，《志》云：在阳和卫城南三十里，永乐九年筑。又关头堡，在卫北七十里，宣德间筑。土城，俱周二里有奇。与□□□□净水瓶堡，俱属阳和□□路管辖。猫儿庄堡，在阳和卫□□□里，□□□筑，周二里有奇。

新平堡，在阳和卫东北百余里。嘉靖二十五年置，隆庆六年增修，周三里有奇。分边十八里，内水泉儿沟、榆林县川为极冲。边外小石城、榆林旧县，俱属部驻牧。堡建于山后，东接宣镇西阳河，南接瓦窑沟、天城卫。嘉、隆中屡为寇冲。归款后，设市口于此，亦要地也。《边防考》：大同东路旧边自镇宁堡缩而南，与宣镇李信屯相联，不惟边垣迂远，且皆架堆。及嘉靖二十五年，展拓而北，与宣镇西阳河相接，境土益辟，夷酋远徙，为计甚便。西就东路分驻新平路参将，辖堡四，分边四十六里零。本路孤儿口外，备御最切。边外有榆林旧县，距新平山数十里，遗址犹存，议者谓宜恢复以壮肩背之势。

平远堡，在新平东南四十里。嘉靖二十五年筑，隆庆六年增修，周二里有奇。分边十二里零，内大红花林极冲。边外红花林、回回墓、头可水二道、兴、白海子，俱属部驻牧。嘉靖中，寇由此入犯宣镇、紫沟诸处，盖东路要地也。

保平堡，在新平西二十里。嘉靖二十五年设，隆庆六年增修，周一里有奇。分边七里零，内平胡墩极冲。边外腰火儿诸处，即属部驻牧。堡建在山后，嘉靖三十七年，寇由此入犯，亦备御要地。

桦门堡，在新平东二十里。万历九年设，十九年增修，周不及一里。分边九里零。边外发放牌、插沟及旧榆林一带，俱属部驻牧。堡设在山坪，寇犯瓦窑沟，此其必经之地也。已上四堡，俱属新平路管辖。○上畔庄堡，在天城卫西南二十里。又米辛关堡，在卫南二十里。方城堡，在卫南七十里。以上三堡，俱周一里有奇，与阳和北卫、猫儿庄堡皆属天城卫屯军戍守。又长胜堡，在天城卫北六十里，永乐元年筑，周不及三里。

马营河堡，在右卫西北十余里。万历元年土筑，周不及一里。分边五里零，内十水口最冲。边外旧榆林城迤西一带，即属部驻牧。○破胡堡，在右卫东北三十里。嘉靖二十三年、万历二年增修，周二里有奇。分边四里零，内平梁、镇静二处极冲。边外大松树山、丰州旧城、宁海、云川城一带，皆属部驻牧处。又堡东有黑龙山，崇岩深谷，易于藏伏。嘉靖中，寇由此突犯。

杀胡堡，在右卫西北四十里。嘉靖二十三年置，万历三年增修，周二里。分边二十里零。堡逼近寇巢兔老河，直通塞外，川原平衍，便于长驱，往往由此入犯。古道沟、新水口等处，俱极冲。边外归化城、昭君墓，即属部驻牧。隆庆五年，设市场于此，为往来之孔道。

残胡堡，在右卫北三十里。嘉靖二十三年筑，隆庆六年增修，周一里有奇。分边十五里零，内东莺、北塔、首阳林儿极冲，芹菜坡诸处次之。边外沙城一带及归化城、昭君墓，俱属部驻牧。嘉靖中，尝苦寇掠，此堡与破胡并为右卫羽翼，田地沃饶，耕屯可恃云。

马堡，在残胡堡东。嘉靖二十五年设，万历初增修，周一里有奇。分边十里零，内山前沟、二道沟、虎头墩、驼山、双沟子最冲，而山前墩尤甚。边外接昭君墓、丰州诸处。嘉靖中数为寇患。

铁山堡，在左卫西七十里。嘉靖二十八年筑，万历二年增修，周一里有奇。分边十里零，内双墙墩极冲，孔家半坡、莺黎稍次之。边外小松山、长沟诸处，即属部驻牧。嘉靖中，为寇残毁，后加修葺，遂以铁山名之。北望右卫，南接云石中路诸堡，亦冲要之地也。《志》云：右卫城南二十五里有新城堡，西南一十里有大柳树堡，又西南五十里有苍头河堡，周俱不及一里。有屯军戍守。又韩家马营堡，在右卫北二十里。又王忠官屯堡，在卫南四十里，亦属右卫戍守。

三屯堡，在左卫北，隆庆三年土筑，万历二年增修，周不及一里。分边亦仅一里零。边外土城一带，即属部驻牧。堡虽临边，而山险足恃，左卫之屏障也。○阻胡堡，在平虏西北六十里。嘉靖二十三年筑，隆庆六年增修，周一里有奇。分边八里零，内寺儿墩极冲。边外乾河沟即寇境。

堡孤悬极塞，路当险要。嘉靖十九年，寇由此入犯石州一带。三十二年，由此犯岢岚一带。所当力为防御，以西当偏头之冲，南扼雁门之险者也。以上三堡，俱大同西路管辖。

威胡堡，在威远卫西北六十里。嘉靖二十三年筑，万历九年增修，周一里有奇。分边十里零，内五谷烟、徐四岭极冲。边外响水河、大营盘一带，即属部驻牧。堡地当绝塞，旧为寇冲，备御尤切。

云右堡，在威远西北四十里。旧堡今在堡东南。嘉靖三十八年筑，山高无水，离边尚远，不便。万历十年，改筑于王石匠河，即今堡也。周一里有奇。分边十四里零，内镇墙等墩极冲。边外马耳山、长沟一带，即属部驻牧。堡地势平旷，又置市场于此，密连市口，转输之资，藉于威远。道路崎岖，不无孤悬之虑。

威平堡。在威远西三十里。嘉靖四十五年筑，万历初增修，周一里有奇。二十三年，又筑土堡一座，与此相接。堡近腹里，稍近威远、平虏之中，亦威远应援所系也。《志》云：威远城西北六十里有净水瓶堡，宣德间筑，周一里有奇。〇祁家河堡，在威远东南五十里。嘉靖四十一年筑，万历初增修，周二里。西藩威远，东蔽左卫，为往来接济之处。以上四堡，俱威远路管辖。

〇**浑源州**，府东南百三十里。东至蔚州二百十里，东南至北直定州五百里，西南至大同府代州二百七十里，西至应州百五十里。

战国时赵地，秦属雁门郡。两汉为雁门、代二郡地。晋属新兴郡。后魏属神武郡。隋属雁门郡。唐属云州。五代唐属应州，辽因之。金贞祐二年，置浑源州，元至元四年，以州治恒阳县省入。明亦曰浑源州。编户十一里。今仍旧。

州恒岳耸峙，群峰回环，控据深险，东偏之保障也。

恒阳废县，今州治。本汉平舒、崞二县地，唐末置浑源县，以川为名。后唐属应州。金置州于此。元初改县曰恒阳。至元初，以县并入州。今因之。州城周四里有奇。

班氏城，在州西北。汉县，属代郡。后汉末废，俗谓之去留城。《水经注》：如浑水南流，经班氏城东。即此。〇狋氏城，在州东。孟康曰：狋氏，读曰权精。汉县，属代郡，后汉末废。《十三州志》：县在高柳南百三十里，湿水经其北，俗谓之苦力干城。《通志》：州西四十里有古崞城。未知所据。

恒山，州南二十里，即北岳也。《志》云：恒山之顶名天峰岭，岭下建北岳观，观侧有飞石窟，上建后土祠镇之。观前风如虎吼，名虎风口。距东南五十里，有夕阳岩，旁有潜龙泉，通玄谷岩。东面有碧峰嶂，东南有古老岭，岭下有白虎峰。其初入山之径曰步云路，行数里为望仙岭，东半岩有集仙洞，东北有紫芝峪。西南有石脂冈。又有玉华峰，北去州十里，峰峦高秀，形如削玉，此皆州境恒山之胜也。详见北直名山。

龙山，州西南四十五里。一名封龙山。夏时雨过，山气上腾如龙，因名。其东北五里为玉泉山，以山出泉如玉也。又有柏山，与龙山东麓相连，山高多柏，亦曰柏梯。宋朱弁《浑源城记》：南山层峦叠巘，林木深蔚，柏梯凌峙于其北，中有香炉峰，特起屹立，此柏梯之奇观也。又有惠岭，在柏山东北，秀丽可爱，亦曰秀丽峰。下有黑龙池。又东有五峰山，以五峰如削而名。《志》云：五峰山在州东，是也。〇昼锦山，在州西北二十五里，其相连者曰马鞍山。

翠屏山，在州南四十里。《志》云：在恒山之南，以秀丽如屏而名。又州东南六十里有孙膑山，上有孙膑寨。山之西麓又有庞涓寨，相距数里。旧尝聚兵守御于此。后人讹以孙膑、庞涓为名也。

桑乾河，在州北。自应州流入界，又东入广昌县境。

浑源川，在州西北十里。源出州西南叹吐峪，分流至州东北，汇为大泽。西流至城北五里之神溪，溪中有孤石，方一亩，高一丈，水经其下，曲折流，西北入于桑乾河。○崞川，在州东北二十里，流经州西南十五里，复西北，流经怀仁县西安堡，入桑乾河。

滱水，在州东南。《志》云：在恒山南七十里，或曰即职方所云呕夷水也。发源州东南五十里枪峰岭，经灵丘、广昌二县境，出倒马关，入北直唐县界，谓之唐河。

乱岭关，州东四十里，路通蔚州。洪武七年，置巡司戍守。又大寨头关，在州西南百十里，东南连紫荆关。洪武九年，置蔡家峪巡司于此。

磁窑口。州南十七里恒山右协，路通灵丘县。洪武九年，置巡司。其西八里有李峪口，西南十里又有大、小凌云二口，南通代州北楼口。嘉靖中，边臣杨博言：州南磁窑诸口，驿马、银钗诸岭，天设险阻，为紫荆、倒马外藩，是也。银钗岭，见灵丘县。○王家庄堡，在州东五十里，本王家庄马驿，嘉靖十九年筑堡，周二里有奇。又东南与灵丘县接界，山路崎岖，亦控扼之所也。《志》云：王家庄驿在州南百二十里。又州城东南有盘铺驿。

○应州，府南百二十里。东至浑源州百五十里，南至太原府代州百八十里，西至朔州二百三十里。

战国时赵地，秦属雁门郡，两汉因之。晋时仍旧。后魏为神武郡地。隋属朔州。唐为云州地。五代唐置应州。天成初，又为彰国军。辽以后因之。明初仍为应州，以州治金城县省入。编户二十里。领县一。今因之。

州南控雁门，北接云、朔，地势平衍，易于驰突，守御要区也。

金城废县，今州治。本名金凤城，后唐明宗生于此，因置金城县，为州治。或曰：旧城在今治东十里，李克用迁金城于天王村，即今治也。明初废。《边防考》：州城旧系土筑，隆庆六年增修，周六里有奇。

沃阳废县，在州西南。魏收《志》：天平二年置善无郡，领善无、沃阳二县，后齐废。〇楼烦废县，在州西。或曰：汉县盖置于此，属雁门郡。《北魏本纪》：猗卢五年，取楼烦地，徙民于陉南，遂置牧苑。后魏主珪和平六年，如楼烦宫。盖地近平城，往往游猎于此。余详代县。

洼陶废县，在州西。《汉志》：洼陶，雁门郡属县也。孟康曰：洼，读注。后汉仍属雁门，晋因之。或曰晋时移治陉南，仍旧名耳。后废。《水经注》：夏屋水出夏屋山东溪，西北流入桑乾河，枝水又东流结为南池，池北对洼陶故城，故名。又东北注桑乾水。今夏屋山，见代州。

龙首山，州东北三十里，与云中南山相接。又雁门山，在州西南，与代州北山相接。两山相望，故州以应名。〇龙湾山，在州南四十里，亦名南山，上有龙池。稍南为茹越口，接代州繁峙县界。

黄花岭，州西北三十里，又南去山阴县四十里，即黄瓜堆也。详见大同县。

桑乾水，在州北。自山阴县流入境，又东入浑源州界。又大小石峪水，自州南山中流出，至州西旧城外，合入桑乾河。

北娄口，州东南四十里，今为北楼口堡，属代州繁峙县。又黄沙口，在州东南六十里，北接牛槽峪，南通代州。《一统志》：北娄口东有黄沙、徐峪、康峪三口，其西则有牛槽、大石、小石三口，是也。

大石口，州南三十里，亦与代州繁峙县接界。宋雍熙三年，潘美与契丹战，大败于飞狐，杨业引兵护云、应、寰、朔吏民内徙，时耶律斜轸已陷寰州，势甚盛，业遇之，欲领兵出大石路，直入石碣谷以避其锋。护军王侁不可，欲从雁门北川中而往。业不得已，遂自石硖路趋朔州，军败死之。石硖路，今崞县石硖口是也。又小石口，在州西南三十五里，今为小石口堡，亦属繁峙县界。

茹越口，州南四十里。亦南接繁峙县，其西接胡峪口。旧俱设巡司戍守，今改置茹越等堡，属山西镇。其间又有时峪、箭杆峪、明枢峪、狼峪、神堂峪、水峪、马峪等一十三口。

安边镇。在州东。旧《志》云：州有三冈、四镇。三冈者，城东二十五里为赵霸冈，城西为黄花冈，城南为护驾冈。四镇者，城东为安边镇，城南为大罗镇，城西为司马镇，城北为神武镇。元人所称三冈四镇护金城者也。〇安银子驿，在州城西北。又有安银子递运所，今革。

〇山阴县，州西六十里。西北至马邑县百五十里。汉阴馆县地。唐为马邑县地。辽置河阴县，属朔州，寻属应州。金大定七年，改为山阴县。贞祐二年，又升为忠州。元至元二年，废入金城县。寻复置山阴县，属应州。今城周四里有奇，今编户七里。

山阴故城，《通志》云：在县西南十五里，亦名忠州城。《边防考》：今县城即故河阴城也。明永乐三年，筑土城，周四里有奇。隆庆六年增修。县境八岭环拱，二河襟带，然无险可恃，耕植颇艰。嘉靖间，敌由宣镇大石梁入寇，又由镇城西下，几为所陷。

黄昏城，在县北，亦曰日没城。《水经注》：黄昏城东有日中城，又东有早起城，亦曰食时城，在黄瓜阜北曲中。《志》云：怀仁县南三十里有鸡鸣城，即早起城也。俱后魏孝文所筑。

黄花山，县北四十里。即黄瓜堆也，亦曰黄花岭。《水经注》：桑乾水东南径黄瓜阜西，又屈径其堆南。徐广云：猗卢废嫡子曰利生于黄瓜堆者也。详见大同县。〇复宿山，在县南三十五里，亦名佛宿山。山下有何家泉。又龙门，山在县南三十里，亦名隘门，上有御射台，后魏文帝尝较射于此。

桑乾河，在县北。自马邑县流入县界，与怀仁县分境，又东入大同县及应州界。〇黄水河，在县城西，出龙湾峪口，东北流，至应州西北八里，注于桑乾水。《志》云：县南八里有西伯渠，嘉靖中开此，东注伯泥河，而入于桑乾，以杀复宿山诸峪水涨之害。

龙湾峪口。在县西南四十里，南通代州水峪口，其东有五人、盆子、沙家、赤石、四峪，俱南通代州吴峪口。其西有东寺、西寺、白树、棘料、石门等峪，皆隘险处也，后俱塞。又有宽峪、水峪二口，嘉靖中，改置城堡，属山西镇代州东路戍守。〇山阴驿，在县城内西南，洪武中置。

附见：

安东中屯卫。在州治东北。洪熙初，自朔州调置于此，辖左、右、中、前、后五千户所。其中、前二所分守浑源州，后所守怀仁县，左、右二所俱附卫。〇山阴守御千户所，在县治东，宣德三年置。

〇**朔州**，府西南二百八十里。南至太原府代州百四十里，西南至太原府岢岚州二百二十里，西北至大河二百五十里。

战国时燕地，《括地志》：赵李牧灭襜褴，降林胡，今朔州地也，盖以州为赵地。**秦为雁门代二郡地。汉初属韩国，寻属定襄、雁门二郡。后汉属云中、雁门二郡。建安中，为新兴郡地**。《通典》：汉末匈奴侵边，自定襄以西，尽云中、雁门之间遂空。建安中，魏武集荒郡之人立新兴郡。**晋怀帝时，刘琨表以鲜卑猗卢为大单于，封代公，徙马邑，即其地也。后魏迁洛后，置桑乾、神武二郡。东魏始改置朔州。后齐改桑乾曰广宁，神武曰太平，并属朔州**。《五代志》：后齐置朔州于马邑城，亦谓之北朔州，控御突厥，士卒强勇，为齐重镇。武平七年，周师克平阳，齐主攻围不克，败奔晋阳，欲向北朔州，是也。明年，周平齐，以齐降将封辅相为北朔州总管，州将赵穆等拒之，而迎定州刺史高绍义，引兵南出，为周所败，奔突厥。后周郡废。隋开皇初，置朔州总管府。大业初，府废，改州为代郡。寻又改为马邑郡。唐复置朔州。天宝初，改马邑郡。乾元初，复故。天祐末，改置振武军于此。辽改军为顺义军。宋宣和中，曰朔宁府，金仍为朔州，元属大同路。胡三省曰：元朔州置顺义节度，领鄯阳、窟谷二县，而马邑则仍置固州，盖元初所置也，今《志》不载。窟谷，见前静乐县。明初以州治鄯阳县省入。编户八里。领县一。今仍旧。

州西距洪河，北临广漠，壮雁门之藩卫，为云中之唇齿，屹然北峙，全晋之距防也。

鄯阳废县，今州治。汉为马邑县地，属雁门郡。郡地寻废。后齐于此置招远县，为广安郡治。隋初，郡废。大业初，改县曰善阳，州郡皆治此。唐因之。辽改曰鄯阳，金、元仍旧。明初省。今州城，洪武三年因旧址改筑，万历十五年增修，周六里有奇。

马邑城，《旧志》：在州东北，相传秦时所筑。汉初，韩王信自晋阳请治马邑，既而为匈奴所围，遂以马邑降。后信平。复为马邑县治。后汉永和五年，中郎将张耽等败南匈奴于马邑。晋移置于陉南，仍属雁门郡，后废。后魏于故马邑城置桑乾郡。东魏改广宁郡，移朔州来治。后周亦为朔州治。隋初因之。开皇二年，突厥入寇，李充败之于马邑。大业初，改置治鄯阳县，马邑并入焉。

宁远城，州西八十里。宋所置宁远寨也。熙宁初，诏李宗咏往河东修宁远寨，后没于辽，置宁远县，属朔州。金改属武州，元省。○镇威城，在州西南。宋置戍于此，与辽人分界处也。靖康元年，夏人取武州地，攻镇威城，陷之，既而复为金有。又宁边城，在州西。《志》云：城西北至东胜州三百里，本名唐隆镇，辽置宁边州、镇西军于此，不领县。金增置宁边县为州治，元省。其地半入武州，半入东胜云。

神武城，在州东南。后魏置神武郡于桑乾水上，领尖山、树颓二县。后齐改郡曰太平。后周郡废。隋改尖山曰神武县，属朔州。唐废入鄯阳县。元和四年，沙陀朱邪执宜随范希朝镇河东，希朝处沙陀余众于定襄川，于是执宜始保神武川之黄花堆。卒，子赤心嗣。薛居正曰：神武川在应州境内。黄花堆，见前。○树颓城，在州南。《水经注》：树颓水出沃阳县东山下，西南流，右合诰升爰水，其水左合中陵川。后魏置树颓县，属神武郡，齐废。树颓，魏收《志》作殊颓。

桑乾城，在州东。《隋志》：后魏置桑乾郡。隋为桑乾镇。开皇中，郭衍在朔州筑桑乾镇，是也。大业十三年，刘武周据马邑，雁门太守陈孝意等讨之，围其桑乾镇，为武周所败。又广宁城，或曰在桑乾郡城东南。魏收《志》：广宁郡属朔州，领石门、中川二县，孝昌以来寄治并州界。后齐盖因旧名改桑乾为广宁云。

桐过城，在州西。汉县，属定襄郡。过，音戈。后汉末废。《冀州图》：云州西五十里即桐过城，误。○桢陵城，在州西北。汉县，属云中郡，西部都尉治焉。《汉志注》：县西北有缘胡山，其西即大河所经也。又沙南城，在桢陵东南，亦汉县，属云中郡，后汉末废。

沙陵城，在州西北。《志》云：在桢陵废县东。其相近又有咸阳废县。俱汉县，属云中郡，后汉末省。○赤城，在州西北。《水经注》：河水自云中桢陵县南过赤城东，又南过定襄桐过县西，是也。晋太原十六年，魏贺兰部内乱，魏主珪与后燕共攻之，慕容麟击贺讷于赤城，擒之，即此地也。北魏登国三年幸东赤城。又泰常八年，筑长城于长川之南。起自赤城，西至五原，延袤二千余里，以备柔然。

骆城，在州北。汉置骆县，属定襄郡，后汉末废。俗谓之大洛城。晋义熙九年，北魏主嗣如定襄大洛城，即此。○兰池城，在州西北。《续汉志》云中郡沙南县有兰池城。顺帝鸿嘉末，乌桓寇云中，围度辽将军耿晔于兰池城，即此。

秀容城，在州北境。《括地志》秀容在汉定襄郡界，后魏置秀容郡及县于此。晋太和十九年，西燕慕容永为慕容垂所攻，请救于拓跋珪。珪遣拓跋虔等帅骑东渡河，屯秀容以救之。隆安二年，拓跋珪以秀容川部长尔朱羽健从攻晋阳、中山有功，环其所居割地三百里以封之，是也。后立秀容护军于汾水西北六十里，徙秀容之人居之，因以此为北秀容。今详见忻州。

定襄城，州北三百八十里。《括地志》：汉置定襄郡于此，北魏之云中郡也。城东四十里有后魏云中宫。隋开皇五年，置云州总管府，十九年，改立突厥突利为意利珍豆启民可汗于朔州，筑大利城以处之。二十年，徙云州来治。大业初，改置定襄郡，治大利县。唐初，复置云州。武德二年，突厥入据定襄。贞观三年，李靖袭破突厥于定襄，是也。十四年，迁置襄县于恒安镇，此城遂废。《唐纪》：贞观十三年，复立突厥阿史那思摩为可汗，使统其部众。十五年，思摩始建牙于故定襄城，即此城也。亦谓之北定襄。宋祁曰：古定襄城，其地南大河，北白道，畜牧广衍，为龙荒最壤。

武州城，州西百五十里，南去岢岚州百十里。战国时，赵之武州塞也。汉为武州县，属雁门郡。武帝元光二年，王恢诱匈奴入马邑，匈奴遂入武州塞，未至马邑百余里，知汉有伏兵，还出塞。后汉末，县废。后讹为武周。魏主焘破柔然、高车，敕勒诸部皆来降，其部落附塞下而居，自武州塞以西，谓之西部，以东谓之东部，依漠南而居者，谓之北部。崔浩曰：平城首西百里有武州城，恐非汉之故城也。《续通考》：善阳县有武周塞，辽于此置神武县，盖因后魏神武故城而名，属朔州。重熙九年，置武州治焉。亦曰宣威军，金人省县入州，元因之，明初废。其故城周五里有奇，镇西卫分军戍此，为屯留堡。《志》云：武州有八馆地，辽置馆舍于此，因名。宋靖康初，夏人因金人内侵，乘虚画取河外武州等八馆地，即此。

怀朔城，魏收曰：即汉五原郡。今榆林镇，故丰州也。杜佑曰：在朔州北三百馀里。汉五原郡也，后魏六镇之一。魏孝文帝太和十八年如怀朔镇，又如武川镇，如抚宣镇，复如柔玄镇。胡氏以为此六镇自西徂东之次第。正始初柔然侵魏之沃野及怀朔镇，诏原怀出行北边。怀还至恒、代，按视诸镇左右要害可以筑城置戍之处，欲东西为九域，储积粮仗，为犬牙相救之势，使游骑之寇终不敢攻城，亦不敢越城南出。从之。正光四年，沃野镇民破六韩拔陵畔，其党卫可孤围武川镇，遂攻怀朔镇。既而武川陷，怀朔亦溃。孝昌中改置朔州，并置大安郡。其后荒弃，以朔州寄治并州界。魏收《志》：大安郡领狄那、捍殊二县，是也。后齐废。今详见故丰州。

翠峰山，州西南七十里。东连石碣峪，北接马鬃山，南通宁武军山口，西至陀罗台，山盘踞二百余里。或谓之西山。晋太元十二年，后燕慕容楷等击伐叛帅刘显于雁门，显奔马邑西山，即此。〇燕京山，在州南百二十里，即管涔山也，与太原府静乐县接界。《志》云：州西南百馀里又有东灵山，在旧武州境。

族蠡山，在州北境。隋开皇十九年，遣高颎等分道出朔州伐突厥，颎以赵仲卿为前锋，遇突厥于族蠡山，大破之；追至乞伏泊，复破之；追度白道岭，逾秦山七百余里而还。又大芹山，亦在州北塞外，隋开皇二十年，史万岁出朔州道讨突厥，至大芹山，与敌遇，驰击破之，遂北入碛数百里而还。〇闾门山，在州北境，唐会昌二年，回鹘乌介可汗部落溃散，将余众驻牙于大同军北闾门山，即此。

折敷岭，在州西北塞外。北魏孝昌初，恒、朔叛乱，元深在朔州，使於谨招西部铁勒酋长乜列河等诣深降，深欲引兵出折敷岭迎之，即此。《通典》作折敦岭。〇恶阳岭，在州北。唐贞观四年，李靖讨突厥，自马邑进屯恶阳岭，夜袭定襄，破之。胡氏曰：恶阳岭在定襄古城南。又有善阳岭，在白道川南。

陈家谷，在州南。宋雍熙三年，杨业自应州石硖路趋朔州，与护军王侁等期会于陈家谷口。既而业与契丹耶律斜轸战，败趋狼牙村。侁不得业报，登托逻台，望无所见，以为契丹败退，欲争其功，领兵离谷口，缘交河西南而进。行二十里，闻业败，即却走。业转战至暮，至谷口之托逻台死焉。狼牙村，或曰即今州西南十八里之洪崖村。交河，一作灰河。陈家谷，亦南通忻、代二州之道也。〇腊河谷，在州西北。唐武德七年，高满政以马邑来降，既而苑君璋复引突厥来寇，满政破之于腊河谷。

黄河，在废武州西北二百五十里，与陕西榆林卫接境。

灰河，州南三里，源出宁武军山口，北流至洪崖村，伏流十五六里涌出，经城南，至马邑县入桑乾河。《水经注》：马邑川会桑乾水而注湿水，即此河矣。〇七里河，在州北七里，东南合灰河。又州西北之下峪有腊河，东南流入于桑乾河。

弥泽，在州西南。晋太元十二年，拓跋珪会后燕慕容麟击刘显于弥泽，破之。又魏主宏太和九年，如弥泽，登牛头山。胡氏曰：俱在马邑南。

安众塞，在州北。唐会昌三年，回鹘乌介可汗犯塞，振武节度使刘河与天德将石雄出云州，走马邑，抵安众塞，遇敌与战，败之。又保大栅，在州西北。唐会昌三年，回鹘将嗢没思来降，赐姓名李思忠，屯保大栅，击破回鹘乌介可汗兵，即此。〇大狼水寨，在州西。宋景德元年，知府州折惟昌自火山军入契丹朔州界，前锋破大狼水寨，是也。

宁武军口，州南百二十里。即代州崞县之宁武关也，亦南连静乐县界，有分水岭。又神池口，在井坪所西南九十里。正统十三年，置巡司于此。其东南有土城塞。又州境有堡子巡司。《志》云：州北三十里有沙净口，正统十四年置巡司，今革。〇答剌海子口，在州西北塞外，明洪武初朔州巡警陈德败寇于此。

深井戍。在州西北，后魏孝昌二年，西部敕勒斛律洛阳反于桑乾西，尔朱荣击破之于深井，是也。又万寿戍，在州北塞外，隋大业四年，诏以突厥启民可汗奉化，宜于万寿戍置城造屋。或曰：万寿戍即启民牙帐，炀帝幸此，因名。〇杷头烽，在州西北，唐会昌二年，回鹘为黠戛斯所败，屯天德、振武北境，河东节度使苻彻修杷头烽旧戍以备之。《志》云：杷头烽北临大碛，东望云、朔，西控振武，朔州之要地也。既而回鹘乌介可汗屯杷头烽北，寻犯烽南，突入大同川，转斗至云州城门，大掠而去。《志》云：州治西北有城东驿。

〇**马邑县**，州东北四十里。东南至太原府代州百里。本秦县，属雁门郡。两汉因之。隋为善阳县地。唐开元中，分置大同军，复于军内置马邑县。建中间，尝为朔州治。《新唐志》：朔州治善阳，马燧移治马邑。是也。五代梁开平四年，晋王存勖于此置兴唐军。天成初，改置寰州，领寰清一县。辽复为马邑县。金贞祐二年，改为固州，元复旧。今城周三里有奇，今编户四里。

大同军城，即今县治，亦曰大同川。杜佑曰：调露中，突厥南侵，裴行俭所开置，南去代州三百里，似军在今县北也。又武后大足元年，改大同军曰大武。开元四年，拔野固、回纥、同罗、霫、仆固五部来降，置于大武北。五年，复曰大同军。司马氏曰：开元五年，罢天兵、大武等军，以大同军为太原以北节度使，是大武自为一军，非即大同矣。会昌二年，回鹘乌介可汗过杷头烽南，突入大同川，转斗至云中城下，即今县治也。《边防考》：邑城洪武六年筑，正统二年、隆庆六年增修，周三里有奇。

嘉靖十九年，寇尝大举入犯，亦要冲之地也。〇广武城，《志》云：在县南八十里，盖与代州接界，今广武驿以此名。

洪涛山，县西北十五里。一名累头山，灅水出焉，即桑乾河源矣。《班志》注：阴馆县有累头山，治水所出。《隋志》曰：累头山，在代州雁门县。盖山与代州接境。《通志》：朔州东北五十里有契吴山，与洪涛山相连。又有雷山，在县北十余里。〇紫荆山，在县南五十里，高二十里，连亘数百里，极为险要。

太和岭，县东南六十里，即勾注之别名也。详见名山勾注。〇松子岭，或云在县西南，唐武德七年，突厥围马邑，诏刘世让自崞城进救，至松子岭，不敢进而还。崞城，今代州崞县。

灅水，在县西。《志》云：桑乾水自静乐县之天池，伏流至洪涛山下，汇为七源：曰上源，曰玉泉，曰三泉，曰司马洪涛，曰金龙池，曰小卢，曰小浦，合为一流，是为桑乾河之源。由县治西，东南流，入山阴、怀仁县界。晋咸康五年，代王什翼犍会诸大人于参合陂，议都灅源川。元熙元年，魏主嗣观鱼于灅水。宋景平元年，魏主嗣如马邑观灅源。其后太武焘亦尝西如马邑观灅源。《汉志》谓之治水，《水经》谓之湿水。〇金龙池，在县西北，其相近者又有卢湾泉，俱流合于桑乾水。

雁门关，县东南七十里，与代州接界，详见名山勾注。〇佳吉砦，《志》云：在太和岭北口西山上。又有杨六郎砦，在县西五十里雁门关北口东山上。其西五里即佳吉寨。

白杨门。在县北。明初，元兵围大同，李文正出雁门，趣马邑，进至白杨门，败其众。大同围解，遂进兵东胜州，至莽哥仓而还。莽哥仓，盖在塞外。《志》云：县城东南五十里雁门关下有广武驿。

附见：

朔州卫。在州东。洪武十年置，辖左、右、中、前、后五千户所。〇马邑守御千户所，在州治东北，宣德五年置。

井坪守御千户所，州西北百余里。《志》云：在府城西南二百六十里，成化二十二年筑，隆庆六年增修，周四里有奇。万历四年，移朔州参将驻此，分辖井坪以下十城堡。边墙东起西路界，西止丫角山，长三十一里零，内屏雁、代，东障朔、应，为西路之险。《边防考》：嘉靖五年，边寇突犯，参将李瑾击败之，数年不敢窥云中南界。隆庆元年，叛人赵全言于俺答曰：晋兵弱，石、隰间多肥羊良田，可致也。彼藉宣、云为援，远来疲，安能抗我？俺答乃分六万骑四道入寇，一入井坪，一入朔州，一入老营，一入偏关，所向披靡，陷石州，攻汾州，分掠平阳、太原之境，三旬始却。井坪实戍守之要也。

第三堡，在井坪所北三十里。嘉靖三十三年筑，万历初增修，周一里有奇。分边十三里零，内王家庄、杨家大沟、观音山，俱兵冲。边外宁边河、照壁山、黑石等处，皆敌境也。隆庆中，设小市于此，杂相错伺。而本堡地形漫衍，土性浮脆，边墙易圮，筹边者每致虑焉。

暖会堡，州西北七十里。永乐二年筑，周不及一里。又□□□堡，在州北六十里，永乐□□年筑，周不及一里。又黑龙堡在州东北六十里，姑□堡在州西九十里，旱井堡在州西北九十里，俱周一里有奇。又西骆驼堡，在州西北百里，周不及一里。以上六堡，俱朔州卫屯军戍守。

将军会堡，在井坪所西北五十里。旧名白草坪，寇往往由此窃掠。万历九年，始建土城，二十四年改筑，周一里有奇。分边十七里零，内曹家窊、白羊林、响石沟，俱极冲。边外黑青山一带，即部长驻牧，堡据三城之冲，边为两镇之要地。

乃河堡。井坪所西南五十里。嘉靖四十五年筑，万历初增修，周一里有奇。西去老营堡四十里。嘉、隆间，寇由此入犯，掠石州、崞县诸处，盖老营之兵专保西界，而乃河为东界，防御少疏，彼得乘间而入，便为山西全镇之祸。堡盖两镇利害所关也。已上三堡，与朔、应州马邑、山阴、怀仁及西安堡，俱属大同中路，而分辖于井坪参将云。○顾家店，在乃河堡东二十里，又东与平虏卫接界，亦往来策应之要地也。

○蔚州，府东南三百五十里。东北至北直宣府镇三百里，东至北直易州二百二十里，东南至北直定州三百五十里，南至北直真定府四百里，西南至太原府代州三百六十里。

战国时赵地，后又属燕。秦属代郡，《舆地广记》：蔚州本古代园，赵襄子定代地，武灵王置代都。又代北有之襜褴戎，赵李牧灭襜褴，即此。汉、晋因之，后燕时郡废。晋太元十三年，废代郡，悉徙其民于龙城。后魏为怀荒、御夷二镇地。永安中，置蔚州。魏收《志》：寄治并州郲县界。东魏改置北灵丘郡。后周仍置蔚州，治灵丘。隋初，郡废州存。大业初，州废属上谷郡。唐初，复置蔚州，治灵丘。《新志》：开元初，尝移治安边，乾元初复故。胡氏曰：唐永淳二年为忠顺军节度。天宝初，曰安边郡。乾元初，复故。辽曰忠顺军，又改武安军。宋雍熙三年得其地，寻复没于辽，仍称蔚州，寻复日忠顺军。移治灵仙。金亦为蔚州。元废州，以其地属弘州，弘州，今北直宣府镇废顺圣西城是，在州西北九十里。寻复为蔚州，属宣德府。明洪武四年，改今属，以州治灵仙县省入。编户十六里。领县三。

州山川险固，关隘深严，控燕、晋之要冲，为边陲之屏蔽。飞狐形胜，实甲天下。《边防考》：州地气丰暖，岁收恒裕，居民繁庶，商贾辏集，虏每属意。又民属大同，军属宣镇，介两边之中，屹为要区。

灵仙废县，今州治。汉代县地，属代郡，后汉末废。隋末为安边县。唐因之，属蔚州。《新唐书》：开元十二年，置安边县，治横野军。至德二载，改为兴唐县。五代梁改隆化县。后唐复曰安边县。辽曰灵仙县，蔚州治焉。金、元因之，明初省。州城，洪武七年筑，高厚完固，因号为铁城，周七里有奇。

代王城，州东北二十里。《舆地广记》：蔚州本古代国。赵襄子定代国，武灵王置代郡。又代北有襜褴之戎，李牧灭之。秦始皇十九年，王翦灭赵。赵公子和率其宗奔代，自立为代王。二十五年，王贲自燕还攻代，虏代王嘉。项羽徙封赵歇为代王。歇迁赵，立陈馀为代王。又汉高六年，立兄喜为代王，此其故城。应劭曰：代，故代国也。汉代县属代郡，后汉代郡仍治代县。后燕时废。《志》云：代王城周二十九里，九门，遗址俱存。金波泉发源其北，夹城东南流，入于滋水。〇雊瞀城，在州东北百里，汉县，属上谷郡。读曰句无。师古曰：读够冒。后汉因之，晋废。

天成军城，在州南。宋白曰：本名横塞军，初置在飞狐，后移蔚州。开元六年，张嘉贞移于古代郡代王城南，以为九姓之援，又谓之横野军。《唐纪》：开元六年，移蔚州横野军于山北，屯营三万，是也。杜佑曰：横野军在蔚州东北百四十里，去太原九百里。时蔚州治灵丘也。乾元二年，徙天成军合之，而废横野军。景福元年，李克用击卢龙李匡威于云州，匡威败遁，克用追至天成军而还。九姓，谓敕勒、拔野固等九姓，时皆内附。又有唐所置清塞军，在天城军西，本清塞守捉城，贞元十五年改置军，五代时废。或曰横野军，开元中，盖徙于顺圣西城之地。

定安城，州东六十里。《辽志》云：汉东安阳县地，属代郡。辽置定安县，属蔚州。金贞祐二年，升为定安州，元复为县，明初省。

五台山，州南三十里。山麓绵延，西南与代州五台县相接，详见名山。〇马头山，《魏土地记》：代郡东南二十五里有马头山，即代王嘉入摩笄自杀处。《括地志》：摩笄山，一名磨笄山，在飞狐县界北百五十里。

今见保安州。又九宫山，在州东南三十里。金章宗尝避暑于此，因名。有九宫口，路通易州。又东南二十里有永宁山，亦金章宗游猎处。

倒剌山，州东七十里，以山岩层峻而名。一名雪山，又名太白山。《志》云：太白山在州东南三十里，上有奇石，形如马头，俗谓之马山。其西五里又有三奇石，俨如三仙，因名灵仙山。五代唐以此名县。〇玉屏山，在州西北六十里。又西北二十里有襄山，两山相接，又西即应州界也。又有人头山，在州北百二十里、天成卫南三十里，以形似名。

横谷，在州西北。汉高十一年，樊哙破陈豨朔骑于横谷，即此。《志》云：州东南六十里有松子岭，又州西北百五十里有平顶岭，路通大同、宣府。永乐十三年，置巡司于此。

桑乾水，在州西北。自广灵县流入境，又东北流入北直保安州界。〇葫卢水，在州城北。其水上槽狭，下流阔，因名。其上流即广灵之丰水也，下流注于桑乾河，或以此为呕夷河。

滋水，在州西南三十里。其上流即广灵县之壶流河也，东流经此，地名南马庄，有流水泉，金时民竞争利，铸铁板一片十窍，分流灌田，与滋水合，又东北注于葫卢河。〇暖泉，在州西三十里。其水夏凉冬温，资以灌溉。又西十里有饮马泉，俱流注于滋水。

隘门关，州西南四十里。今名石门口。路通灵丘、广昌二县，宋置戍守于此，明初置巡司。其东有龟峪，路通广昌县。《志》云：九宫山有九宫口，洪武中置巡司。其东有永宁、松子二口，今俱塞。又平顶岭在州西北百五十里，路通大同、宣府。永乐十三年置巡司，今革。〇五叉山口，在州西北三十里五叉村，路通大同府。又神仙口，在州北五十里芦子涧，路通保安左卫，皆蔚州卫官兵戍守。

鸳鸯口，州东七十里，近壶流河，两山相峙，状如鸳鸯，路通保安右卫。永乐十三年，置巡司于此，今革。〇兴宁口，在州东北百二十里，路通宣府、大同。永乐十三年，置巡司。天顺中，徙置于北口关，即兴宁北口也。又美峪口，在州东百二十里，以山岩秀丽而名。路通北直保安州，直抵居庸关。永乐十三年，置巡司于此。十六年，徙置董家口，亦曰董家庄，即今保安州美峪所。

双塞。在州境。正统十四年亲征，至大同东还，次双塞，议从紫荆关入，既又转从宣府，遂有土木之变。又长塞镇，在州西南，唐戍守处也。○洗利机台，在州北境。嘉靖二十三年，敌突犯至此，为烽堠之所。《志》云：州东北九十里有鸳鸯驿，西六十里有白乐站。又州治东南有蔚州马驿。

○**广灵县**，州西六十里。西至浑源州百五十里。汉代郡延陵县地，后汉废。五代唐同光初，析兴唐县，置广陵县。辽因之。金曰广灵，仍属蔚州。今城周二里有奇，编户九里。

广陵城，即今县治。辽曰广陵。《边防考》：县城土筑于洪武十六年，万历元年改筑，周二里有奇。县居浑、蔚适中之地，有六楞山、火烧岭诸处，矿徒之巢穴也。又县东北七里有寡妇城，古戍妇所居。

加斗山，县东南十五里。上有圮城，或以为即留老寨也。昔人筑此以避兵，亦名留老疃。洪武中，又筑寨于此，周一里有奇，曰加斗寨。○九层山，在县北二十五里，山有九层，山崖出泉仅斗许，可供百余家，名一斗泉。又千夫山，在县西北五里，俗名千福山。又县东北三里有老山，其山皆石，百草环生，若点翠然，一名翠山。

林管山，县西南四十里。下有泉，名百家泉，流入壶流河，上有勒汉砦。相近为临灌山，石夹泉流，延袤数里，灌田甚众。○平顶山，在县北三十里，其顶方平。相近有巧八山，以一山居中，四围七山相向而名。左侧为牛栏窝山，以周围有天生石栏也。又北为六楞山，险峻深阻，奸徒之薮。《志》云：六棱山在县西七十里。

桦山，县东北三十五里。山多桦树，上有三分砦。其相近者又有瓦房山，形如瓦屋，可居百人。又火烧岭，在县西北五十里。

桑乾河，在县北。自浑源州流入界，又东入蔚州境。〇丰水，在县治东南。《志》云：源出县西南二十里之天井山，伏流至城东南，平地有一山，山下乱泉涌出，东流为葫卢河。

壶流川，在县西南，即滋水也。自灵丘县流入境，经县西南壶川山，下有神泉流注焉，因名。又县西三十里有莎泉山，莎泉出焉，东流合于壶川，又东入蔚州境。

集兴疃池，在县南五里。其水清湛不竭，又有小河，出城西南十五里直峪山下。又西南五里为枕头河，亦出直峪山崖谷间。其初出曰洒雨泉，引流数里，分灌民田。北注为枕头河。又有瑞泉，出县西五十里白羊山中，湍暴奔腾，声如唾玉，流为小河，并注于壶流川。〇作疃池，在县西十三里，东注于壶流川。今涸。

林关口，在县西南四十里林管山下，路通灵丘县。旧有巡司，后革。景泰初，徙平岭关巡司于此。其东三十里有直峪口，又东十余里有唐山口及桦涧岭、火烧岭二口，今俱塞。

焦山砦。在县东北十三里焦山村。洪武中，筑寨于此。又瓦房砦，在县东北三十里瓦房村，以瓦房山名也，县西二十里又有土岭砦，周不及一里。俱洪武中筑。

〇**广昌县**，州南百五十里。东北至北北直易州百七十里，东南至北直唐县百四十里。古飞狐口也。汉置广昌县，属代郡。后汉属中山国，曹魏封乐进为侯邑。晋属代郡，后废。后周于五龙城复置广昌县。隋仁寿初，改曰飞狐县，属易州。唐初，寄治易州之遂城县，遥属蔚州。贞观五年，复旧。辽仍为飞狐县，金、元因之。明初，复改广昌县。今城周三里有奇，编户四里。

飞狐城，今县治。相传即古飞狐道，自隋至元，皆曰飞狐县。明初始复为广昌县。县城洪武七年、嘉靖三十七年增修，周三里有奇，为蔚州南面之险。《通志》云：城东十五里有纣王城，相传比干为纣所筑，中有比干庙。

白石山，县东南二十里。山多白石，有白石谷口，路通北直唐县，过东即浮图峪口矣。又黑石山，在县北五十里，山多黑石，与白石口相对。○登梯山，在县西南四十里，山路险峻，直上如梯，亦名登梯岭。又《志》云：县南三里有七山，以七峰相连而名，涞水出焉。又县西南十里有香山，松柏郁葱。县有香山驿，以此名。

插箭岭，县东南五十余里。相传宋将杨彦朗曾插箭其上，亦曰插箭峪。明嘉靖三十二年，蒙古俺答犯大同，趋紫荆，攻插箭、浮图等峪，即此。岭南五十里曰柳角安口，通北直完县、唐县界。○铁岭，在县东四十里。山石皆铁色，因名。上有铁山堡，或曰即广昌岭也。又有驿马岭，在县西南五十里。

浮图峪，县东四十里铁岭下，路出紫荆关。嘉靖中，俺答突犯，游击陈凤、朱玉率宁夏、固原兵来援，乃却，追过浮图峪，及之于三家村，败走之，即此。《边防考》：浮图峪南二十余里即插箭岭，当紫荆、倒马二关之冲，宜移紫荆参将于浮图峪，遇警则营浮图峪北之石门。移倒马参将于插箭岭，遇警则营岭北之杜家庄，备御庶为严密云。○雕窠崖，在县西六十里，有洞产铜，旧设铜山冶，唐贞元中废。又有飞狐洞，《志》云：在县东南十里。

涞河，在县东南。源出七山。《汉志》广昌，有涞水出。《水经注》曰：拒马水出涞山，即涞水也。晋刘琨守此以拒石勒，因名拒马河。东流经紫荆关，入北直易州界。一云金章宗尝走马饮水于此，亦名跑马河。《汉志》注：涞水东南至容城入河，过郡三，行五百里。郡三，谓代、上谷、涿郡也。

徐河，在县东南。《水经注》：徐水出代郡广昌县东南大岭下，东北流径郎山，入北平县界，即今北直保定府徐河上源也。《秦纪》：始皇十六年，代地震，自乐徐以北至平阴。胡氏曰：乐徐当在徐水左右。平阴，见下灵丘县。〇唐河，在县南，即呕夷水也。自灵丘县流入境，过倒马关入北直唐县界。

木井涧，在县东，一作木瓜。唐乾宁中，李克用讨燕，刘仁恭遇战于此。东南流入于涞水，或谓之交牙川。《水经注》：广昌南有交牙城，以交牙川水而名。〇小沼，在县东南。宋雍熙二年，诏定州刺史田重进出飞狐伐契丹，重进至飞狐南，败契丹，遣别将谭延美屯小沼，即此。又有涞源泉，在县南半里，东流合拒马河。

紫荆关，县东北百里，东北至北北直易州八十里。古名蒲阴陉，为控扼要地。详见北直重险。〇倒马关，在县南七十里，东南至北直定州二百五十里。关之西十里曰岳岭口，亦戍守处。《志》云：广昌逼近紫荆、倒马，重冈叠巘，巍然百雉，为两关之枢要，是也。亦详北直重险。

宁净口，在县东南三十里，接浮图峪，路通易州五虎岭。《志》云：宁净口与浮图峪口，景泰三年俱筑堡置戍于此。〇对节砦，在县北。县西南四十里又有梼栳寨，西北二十里有窟窿寨，四十里有夹鞍寨。又县东北十里有馒尖寨，又东十里有孟良寨。俱自辽、金以来为戍守处。

黑石岭堡。县北二十里。《志》云：即古飞狐峪也。正德二年，筑堡于此。万历初增修，周不及一里。堡旁无村落，四面高山，东有团堡，西有枪头岭，皆盗贼聚劫之所。商贾转输，道必由此，戒备不可不豫。〇香山驿，在县治东南，东至北直易州涞水县塔崖驿八十里，至紫荆关五十里。县南倒马关有倒马驿，至倒马关南一里，一名□□。

〇**灵丘县**，州西南百五十里，西北至浑源州百里，西南至代州繁峙县二百三十里。汉县，属代郡。相传以赵武灵王葬此而名。后汉废，后魏复置县，为灵丘郡治。后周兼置蔚州治焉。隋初，郡废。开皇十九年，突厥都蓝可汗击败别部突利于长城下，入蔚州，即此。大业初，州废，县属雁门郡。唐复置蔚州治焉。辽属蔚州。金贞祐二年，升置成州。元复为灵丘县。今城周五里，今编户十里。

灵丘故城，县东十里，故赵邑也。《史记·赵世家》：孝成王七年，以灵丘封楚相春申君。汉置县，高帝十一年，樊哙斩陈豨于灵丘，即此。后魏移县于今治。今城天顺二年改筑，周五里有奇。

平舒城，在县北。《史记·赵世家》：武灵王十九年，与燕易土，燕以平舒与赵。即此。汉置县，属代郡。后汉建武七年，封马武为侯邑。晋亦曰平舒县，仍属代郡。升平初，匈奴单于贺赖头帅其部落降燕，慕容儁处之代郡平舒城，是也。后魏天平中，置上谷郡，治平舒县，北齐废。《魏土地记》：古代城西九十里有平舒城。《括地志》：平舒故城在灵丘县北九十三里。○莎泉城，在县东北。后魏置莎泉县，属北灵丘郡，后齐废。《北史》：北史魏主焘太延二年，遣将张黎发定州兵通莎泉道，即此。

平邑城，在县西北。战国赵献侯十三年，城平邑，即此城也。汉置县，属代郡。王莽曰平湖。后汉初废，永元八年复置。《十三州志》：平湖城在高柳南百八十里，即平邑矣。又平阴城，在县北，汉县，属代郡。《水经注》：道人县有潭，渊而不流，俗谓之平湖。战国赵王迁五年，代地震，自乐徐以北至平阴。平阴当在平湖之北也。又阳原城，在县东北，汉县，属代郡。《水经注》：湿水东径道人县故城，又东径阳原城，俗谓之北鄌城。今顺圣西城即其地也。○大昌城，在县南，后周置大昌县，属灵丘郡，隋省入灵丘县。《通志》：县西二十里有萧太后城，其南二里有杨六郎城，止一面，俗传杨六郎与萧后相拒处。

隘门山，县东南二十里。《水经注》：滱水自县南流入峡，谓之隘门，设隘于峡，以讥行旅。其南山高峰隐天，深溪埒谷。《舆地纪胜》：隘门山壁立直上，极险隘，后魏于此设义仓，宋设关防，以讥禁行旅。又三山，在县东二十五里，有三峰耸峙。〇恶道山，在县东北二十里。山路崎岖，峻险难行，因名。

高是山，县西北七十里。其东三十八里，有枚回岭，与高是山山麓相接。《山海经》：高是之山，滋水出焉。《水经》作高氏山。又太白山，在县南十里，极高险，道路崎岖，回绕十八盘，冬初积雪，春暮不消，因名。有钟乳穴。一名太白巍山。

银钗岭，县东二十五里，接广昌县界，两旁高山，卓峙如立钗然。〇石铭陉，在县西。《水经注》：滋水经高氏山东南流。山上有石铭题云冀州北界，故世谓之石铭陉云。

滱水，在县南。自浑源州流入界，又东南入广昌县境。〇滋水，在县北，径枚回岭，悬流五丈，湍激之声，震动山谷。

祁夷水，在县北。《汉志》注：平舒县有祁夷水，北至桑乾入冶水，冶水即桑乾河也。《水经注》：祁夷水出平舒县东，东北流经兰亭南，又东北径石门关北，旧出中山故关也道，其下流注于桑乾河。〇黑龙河，《志》云：出县西四十里黑龙谷，南流合于滱水。

水南寨，县西南五十里。址高四里，滱河经其北，因名。县北十五里有三塅寨，以顶有三塅而名。又顺城寨，在县西北百里，址高五里，峭壁如城。又县东南六十里有牛栏寨，高五里。县西北六十里又有观音寨。〇镇边堡，在县北六十余里。《边防考》：地名柳沟，有属部落驻牧，夏则移驻龙会，距县三百余里。

定西砦。在县西，五代唐所置。宋雍熙三年，贺令图与契丹耶律斜轸战于定西，败绩南奔，斜轸追及于五台，即此。〇大胜甸，在县东六十里。蒙古与金人战，大败金人于此，因名。《志》云：县城东四十里秀岭下有秀岭驿，又东至广昌县四十五里。盖境相接也。

附见：

蔚州卫，在州治西。洪武七年建，隶山西行都司。宣德五年，改隶万全都司，辖左、右、中、前、后、中中、中左、中右八所。〇广昌守御千户所，在县治东北。洪武十三年建，隶山西行都司。宣德五年，改隶万全都司。

桃花堡，卫东九十里。嘉靖四十四年改民堡，置戍于此。万历十二年增修，周不及一里。蔚州、保安相距百八十里，堡当其中路。隆庆六年设仓，置递于此。其地平衍沃饶，正东与易州之马水口、昌平之白羊口相对，可为形援云。

深井堡，卫东北百二十里，又东北至宣镇六十里。正德五年筑，万历七年增修，周三里有奇。四山环绕，中独洿下，积水经年不涸，因名。嘉靖三十五年，敌尝由此入犯保安州之殷家梁，盖兵自西北而东南，堡适当其冲。所有南口砦、石壑子、罗家窊等处，皆寇境也。〇滹沱店堡，在深井西十里，本民堡。嘉靖四十五年为寇攻毁，因修治之，置戍守于此，周不及一里。

连云堡。在卫东北。嘉靖十九年，寇大掠宣府，逾顺圣川，至蔚州，堡塞尽破。总兵白爵御之于水泉儿，大败，副总兵云冒御之于连云堡，又败。堡盖民堡也。水泉儿，一作水儿亭，又在其东北云。

读史方舆纪要卷四十五

山西七　外夷附考

蒙古，东抵兀良哈，西连西番，北逾沙漠。自和林距京师，凡四千余里。《四裔考》：北方历代为患，种类不齐，称名各异。夏曰獯鬻，周曰猃狁，秦、汉曰匈奴，汉末曰乌桓，晋曰鲜卑，南北朝有蠕蠕，隋、唐时曰突厥，宋曰契丹，及女真衰而蒙古起焉。蒙古，契丹别部也。契丹部落之小者，曰蒙古，曰泰赤乌，曰塔塔儿，曰克列，各据分地。既而蒙古皆兼有之。或曰：蒙古即鞑靼也。《续通典》：鞑靼本东北方夷靺鞨别部。唐贞元以后，奚、契丹渐盛，部众分散，或属契丹，或依勃海，渐流徙于阴山。其俗语讹，因谓之鞑靼。广明元年，李克用败于云、朔，往依之。克用得志，俾牙于云、代间。欧阳修曰：鞑靼在奚、契丹东北，后为契丹所攻，部族分散，居阴山者，号曰鞑靼。《宋国史》：蒙古在女真之北，唐为蒙兀部，亦号蒙骨斯。绍兴五年，金主亶命胡沙虎将兵击之，至九年乃还，蒙古追袭取之于海岭。绍兴十七年，金人与蒙古和，时蒙古益强，兀术讨之。不克，乃与议和，割西平河以北二十七团寨与之，岁遗牛羊米豆，且册其长熬罗勃极烈为蒙辅国王。不受，自号大蒙古国，旋称祖元皇帝。其后也速该并吞诸族，铁木真继之，日以盛大。开禧二年，称帝于斡难河之源，寻灭金而有其地。至忽必烈遂混一中夏，历八十八年而覆亡，仍主于沙漠。洪武三年，元主妥懽帖睦尔殂。太子爱猷识里达腊嗣，七年殂。次子脱古思帖木儿嗣。二十年，其主自庆州欲往和林，至土剌河，为其臣也速迭儿等所杀。是后国内乱，五传至坤迭木儿，咸复被弑。永乐初，鬼力赤立，称可汗，去国号复称鞑靼。既而与其属阿鲁古西与瓦剌战，大败。瓦剌者，蒙古别部也。洪武时，其长猛可帖木儿据其地，死而众分为三：曰马哈木，曰太平，曰把秃孛罗，不附鬼力赤，互相仇杀。未几，蒙古部众以鬼力赤非元裔，杀之，而立本雅失里为可汗，复与瓦剌战，不胜。七年，以瓦剌内附，封马哈木为顺宁王，太平为贤义王，把秃孛罗为安乐王。八年，上亲征，追奔至斡难河，本雅失里战败，仅以七骑绝河遁去。明年，马哈木等乘本雅失里弱，遂灭之。阿鲁台请为其主报仇，诏封为和宁王，于是瓦剌之贡绝。十一年，亲征瓦剌，大败之。明年，马哈木死。十六年，子脱欢请嗣爵，复封为顺宁王，自是瓦剌奉贡，而阿鲁台复贰。二十年，亲征阿鲁台，至阔滦海，上遁去。后又屡征之，皆不见敌而还。宣德元年，贤义王太平死，子捏列忽嗣。五年春，弃开平城独石。先是永乐中，弃兴和及大宁，至是开平复失，宣、辽道绝矣。阿鲁台与瓦剌构衅。不解，阿鲁台寻败，兀良哈驻牧辽东塞下。时脱欢强，并有义贤、乐安之众，阿鲁台与战，复败。脱欢急击杀之，悉收其部落，欲自立为可汗，众不可，乃求元后脱脱不花为主，以阿鲁台众归之，居漠北。正统二年，脱欢诱三卫兀良哈窥塞下。四年，脱欢死，子乜先嗣，称太师、淮王。太师者，其握兵大帅号也。时部众皆服属乜先，脱脱不花拥虚名而已。乜先外虽奉贡，而纵肆不法，驿骚九边，又攻哈密，执王母，掠沙州，破兀良哈，至胁诱朝鲜，边将皆知其必为寇矣。十四年，尽发种落犯边，脱脱不花犯辽东，知院阿剌寇宣府，乜先寇大同，阉王振主亲征，驾至大同，敌势张甚，还师至土木，寇突至，官军大溃。上遂北狩，既而乜先入紫荆，薄都城，败去。景泰元年，送上皇还。三年，乜先与脱脱不花相攻，不花败依兀良哈，弑死。乜先尽收其妻子，杀元裔几尽，并吞诸部，东至辽水，西至赤斤，蒙古皆受约束，自称大元田盛大可汗。田盛犹华言天圣也。乜先新立，恐诸部不从，欲通好中国，希复为寇。未几，知院阿剌率所部攻杀乜先，其部落离散，窜居西北边，瓦剌稍衰。阿剌因乜先淫酗残暴，众心离贰，故得乘间杀之，而诸部复不附，阿剌势弱，惟孛来最雄长，称太师，复求故可汗脱脱不花子尊立之，号小王子。自是遂以小王子为称，而毛里孩、阿罗出诸部相继奋矣。天顺中，孛来屡寇陕西、大同及河西诸处。六年，小王子死，共立其兄脱思，称马可古儿吉思王子，而毛里孩、阿罗出、孛罗，俱出入河套为边患。成化元年，脱思与孛来并入贡，顷之，诱兀良哈犯辽东。未几，入犯延绥，而诸部亦不相统一，孛罗忽者结毛里孩，阿罗出者结乩加思兰，各树党相攻，出没河套中。孛来势分，复与毛里孩相仇杀。既而毛里孩攻杀孛来，并弑马可古儿吉思王，更立可汗；复弑之，自称黄岑王。别部孛鲁乃称齐王，并遣使贡。而瓦剌乜先之子阿失帖木儿者，亦颇戢其部落，与毛里孩诸酋争雄长云。乩加思兰者，亦别部也。初居哈密北山，天顺末始盛，侵掠哈密，雄视诸番，竟东渡河与虏合，屡犯延绥、固原一带。四年，阿罗出纠兀良哈寇延庆，边郡大扰，于是搜套之议起。八年，延、绥抚臣余子俊创筑榆林边墙，以备套患。时毛里孩、孛罗乃、阿鲁出，三部稍衰败，而小王子之酋满鲁都入河套称可汗，乩加思兰称太师。九年，与孛罗忽寇韦州，督臣王越乘间捣其巢于红盐池，于是渡河北去，稍稍寇宣、大、辽东，诱兀良哈为导。十一年，乩加思兰攻满鲁都，并孛罗忽之众，满鲁都部之脱罗干、亦思马因复攻杀乩加思兰，亦思马因自称太师。十六年，督臣王越袭败套寇于威宁海子，自是而屡寇延绥，大同已东，迄无宁岁。时满鲁都衰弱，入寇者复称小王子，或称把秃猛可王，即故小王子，复与亦思马因相攻。二十三年，亦思马因死，而瓦剌有两太师，一克舍、一革舍，克舍死，弟阿沙赤为太师，与革舍弟阿力古多相仇杀，西走哈密。时小王子死，弟伯颜猛可代为小王子。弘治元年，自称大元大可汗，以太师专权，废不设，与瓦剌并入贡。其后乃有火筛，火筛者，脱罗干之子小王子部落也。狡悍与小王子争雄长，屡劫诸部寇边。十二年，火筛入河套，连寇大同，遂深入，京师戒严。明年，寇榆林及固原，大为边患。正德初，屡犯宣、大、延、绥、宁、固诸处。四年，小王子与火筛相仇杀，火筛死，并欲杀其丞相亦不剌，亦不剌拥众掠凉州，攻破安定等部，驻牧西海，复有别部之长阿角秃斯者与之合。七年，掠乌思藏据之，转掠松潘、洮、岷间。八年，小王子犯大同。明年，复犯宣、大，既又入固原及大同塞。十三年，小王子死，有三子：长阿尔伦、次阿着、次满官嗔。阿尔伦前死，二子，长卜赤，次也明，皆幼，阿着称小王子。未几死，众立卜赤，称亦克罕，克罕犹可汗也，然亦称小王子如故。嘉靖初，屡盗陕西塞，深入为患，时亦不剌复驻牧贺兰山后，出没扰边。八年，乃纵掠宣、大、山西，入宁夏，遂由镇番入西海，与亦不剌结亲，谋内犯。十一年，以数万骑渡河而西，袭卜儿孩，大破之。卜儿孩亦小王子部落，遁入西海，与亦不剌、阿尔秃厮共患边者也。明年，复犯大同塞，时小王子富强，稍厌兵，其连岁深入蹂西北边者，皆其别部也：曰吉囊、曰俺荅。二人于小王子为从父行，其大父曰歹颜哈，有十一子，次曰赛那剌，有七子：长吉囊、次俺荅，皆雄桀善兵。吉囊壁河套，名袄儿都司，直关中，俺荅壁丰州滩，直代、云中。吉囊、俺荅，各九子，子各万骑，弟老把都亦数万骑，壁张家口，直宣府，诸昆从百十，皆有分地，率盗边自肥，小王子不能约束也。小王子亦徙而东，直蓟、辽，号曰土蛮。别有种黄毛者，尝乘间侵掠，因会兵击破之，黄毛臣伏。十三年，大举盗边，自是西至甘肃，东至宣、大以及山西，四十余州邑，尽被残破。会吉囊死，俺荅益张。二十五年，陕西督臣曾铣议复套甚锐，严嵩、仇鸾谗杀之。二十九年，俺答东寇蓟，三卫导之深入，越古北口，犯通州，西薄都城。久之，循诸陵而北，东循潮河川，复由古北口出，时大同帅仇鸾惧其复至，阴啗以开市。俺答遂上书陈请，许之。市成而纵掠如故，议者咸咎马市非计。三十一年，鸾死，马市罢，自是纵横突犯，终嘉靖之季。九边相继告警，边事日圮。是时诸部独俺荅强，土蛮尝攻之，不能克，与连和，西海长亦不剌、阿尔秃厮，始犹与角，后折而入于彼。隆庆初，俺荅入山西塞，陷石州，攻汾州，分掠太原、平阳之境，三旬乃却。三卫之董忽力复勾土蛮入蓟州塞，蹂昌黎、抚宁、乐亭、卢龙，京师震动。四年，犯大同塞，又犯辽东塞，至锦州。会其孙把汉那吉来降，宣、大督臣王崇古等纳之，因与之为媾。把汉那吉者，俺荅第三子铁背台吉子也，幼孤，鞠于俺荅妻一克哈屯所，长而狷，俺荅奇爱之，至是以嫌恨来归。俺荅方掠西番闻之，疾驰归，遣人祈请崇古，使缚叛人赵全等以易那吉。俺荅受命，请称臣贡方物开市，崇古以闻，诏允所请。五年，封俺荅为顺义王，其弟老把都子黄台吉以下，各受爵有差。西部吉能等亦请市，许之，皆授爵有差。使贡马，设为定制。明年，老把都、吉能皆死，黄台吉市后期，复劫车部革固东徙。革固者，不知所从来。嘉靖间，始流居宣府塞下，而先是有史部者，亦以黄台吉暴虐自拔归。议者以二部为我外藩，诏俺荅归车部，瓦剌自正德后，稀往来，时与北相仇杀。北部每西行，辄以复仇瓦剌为名，大蚕食诸番，西北苦之，而东部土蛮散入辽东。自是北部势衰，边患稍息。

和林城，在漠北千余里。唐回鹘毗伽可汗故城也。蒙古初都此，以西有哈喇和林河，因名。《志》云：蒙古之先有孛端叉儿，其部族居乌桓北，与畏罗、乃蛮、九姓回鹘、故城和林接壤，世奉贡于辽、金，而总领于鞑靼，至也速该始盛，攻塔塔部，还次跌里温盘陀山，而生铁木真，后日以强大。铁木真既称帝，以和林为会同之所。宋端平二年，蒙古主窝阔始城之，周五里许，亦曰元昌路，寻为转运和林使司。中统初，改置宣慰司及都元帅府，寻又分都元帅府于金山南，而和林止设宣慰司。至元二十七年，复立都元帅府。大德十一年，立和林等处行中书省，置和林总管府。至大二年，又改行中书省为行尚书省，寻复故。皇庆初，改为岭北等处行中书省，而和林路为和宁路云。

吉利吉思城，在漠北，近废庭州北境。《元史》：有其地，南去大都万余里，相传乃满部居此。元析其民为九千户，境长千四百里，广半之。谦河经其中，西北流。又西南有水曰河浦，东北有水曰玉须，皆巨浸，会于谦河，而注于昂可剌河，北入海。昂可剌，在吉利吉思北，旧为附庸。又吉利吉思之东，谦河之北，有乌斯城，因水为名。〇撼合纳城，在乌斯东，谦河源出于此，其地惟二山口可出入，山川林樾，险阻为甚。撼合纳者，番言布囊也。口小腹大，地形类之，因名。又谦州，在吉利吉思东南，去大都九千里，以河为名。当谦河西南，唐麓岭北，居民数千家，悉蒙古、回鹘人，地沃衍，宜耕稼。其相近曰益兰州，益兰者，蛇称也。州境旧有巨蛇，因名。至元七年，置吉利吉思、撼合纳、谦州、益兰州断事官于此。

龙城，在漠北，古单于庭也。胡氏曰：匈奴祭天大会诸部之处，即曰龙城，无常处。汉元光二年，卫青出上谷击匈奴，至龙城。天汉二年，李陵自浚稽山引兵东南循故龙城道行，盖即匈奴所常会聚处，时匈奴益徙而北也。

杨义城，在漠北。又有天波罗城、含利城，城傍有美水丰草，皆唐时突厥所居，移徙不常。〇乌员城，颜师古曰：地名也。汉本始元年，分道伐匈奴，韩增出云中塞千二百里，至乌员，即此。又怛笃城，在废庭州西北。唐显庆初，程知节等败西突厥于鹰娑川，进至怛笃城而还。或讹为达督城。〇咽城，在废庭州西北，西突厥处木昆部所居城也。唐显庆元年，周智度攻处木昆等部于咽城，拔之，即此。

葛逻禄国，在漠北，近故庭州境。《唐纪》：在北庭西北、金山之西，亦突厥诸部也。一名哥逻禄，有三族：一谋落，亦作谋剌。二炽俟，亦作婆匐。三踏实力。永徽初，皆内属。显庆三年，以谋落部为阴山州都督府，炽俟部为大漠州都督府，踏实力部为玄池州都督府，后稍南徙，自号三姓叶护。开元二年，葛逻禄诣凉州降，既而为突厥嘿啜所击，遣兵救之。寻与拔悉弥国俱属北庭都护府。天宝十载，叛附大食，败高仙芝兵于怛罗斯城。后并于吐蕃。

拔悉弥国，在葛逻禄西。亦曰拔悉密国，突厥别种也。贞观二十三年，遣高侃讨突厥余种车鼻可汗，入其境，拔悉密部遂来降，以其地置新黎州。开元八年，朔方总管王晙请发拔悉密会击突厥，拔悉密先至，逼突厥牙帐而陈，唐兵不出，为突厥所败，寻附属于突厥。天宝初，拔悉密与回纥葛逻禄共攻杀突厥骨咄叶护，推拔悉密酋长为颉跌伊施可汗，回纥葛逻禄，自为左右叶护。三载，复攻杀突厥乌苏可汗，既而回纥葛逻禄又攻拔悉密，破杀之。

突骑施国，在废庭州西北三千余里，西突厥别部也。唐显庆三年，时西突厥既灭，诸部皆内附，以其地置嗢鹿、洁山等都督府。长安二年，突骑施乌质勒悉并西突厥地，屯碎叶西北，复攻陷碎叶，徙居之，寻复内附。开元二年，为突厥嘿啜所败灭。三年，突骑施部将苏禄鸠集余众复据其地，十姓部落稍归之。二十六年，国乱，既而苏禄子骨啜立，为吐火仙可汗，据碎叶城。又别部长黑姓可汗尔微时勒，据怛罗斯城。二十九年，碛西节度使盖嘉运袭击吐火仙等，擒之，别部之莫贺达干，据其地。天宝三载，河西节度使夫蒙灵詧讨斩之，更立黑姓部长骨咄禄毗伽为十姓可汗，后亦并于吐蕃。碎叶城，见西域亦力把力，怛罗斯城，见西域哈烈境内。

黠戛斯国，在废庭州北七十里，即古之坚昆。《汉纪》：坚昆东去单于庭七千里，南至车师五千里。黄龙元年，郅支单于西击乌孙，因北并坚昆，留都之。其后西徙，坚昆复有其地。梁绍泰初，突厥强盛，北并契骨，即坚昆矣。唐初曰结骨，亦曰居勿，又为纥骨，亦曰纥吃斯，后改号曰黠戛斯，在伊吾之西，焉耆之北，白山之旁。贞观十一年入贡。二十二年，其部长入朝，以为坚昆都督府隶燕然都护。乾元中，为回鹘所破，自是隔远，不通中国。其君长曰牙热，建牙青山，去回鹘牙，橐驼行四十日。开成末，黠戛斯盛强，阿热自称可汗，大破回鹘，回鹘败散，既而遣使贡献。会昌三年，册为可汗。五代时，为契丹所并。胡氏曰：青山在剑河西。

骨利幹国，在翰海北。亦铁勒诸部，产良马，其地北距海，去京师最远。又北渡海，则昼长夜短，盖近日出处，所谓煮羊胛适热日已复出者。唐贞观二十二年来贡，以为玄阙州。○斩啜国，亦铁勒诸部也。在庭州东北千五百里。唐显庆中，尝与突骑施俱内属。

驳马国，在漠北。一名弊剌，或曰遏逻支。《唐史》：其地直突厥之北，距京师万四千里，北极于海。以马耕田，虽货马而不乘，资湩酪以食。马色皆驳，故以名国。

阿至罗国，在漠外。居北河之东，世属于拓跋魏，或曰高车种也。后魏正光初，阿至罗侵柔然，柔然伏跋可汗击之，为所败。东魏主善见兴和三年，阿至罗国主副伏罗越若子去宾来降，封为高车王。天平中，附于高欢，屡为西魏患云。

阿拔国，在漠外。隋开皇五年，突厥沙钵略与西突厥阿波相攻，阿拔国乘虚袭沙钵略，掠其妻子。隋军为击败阿拔，所获悉与沙钵略。沙钵略喜，乃立约以碛为界，其地盖在突厥之西南。

金山，在塞北。其地三垂斗绝，惟一面可容车骑，壤土夷博，诸部自昔建牙于其北，亦曰金牙山。元魏时，高车建牙于此。正光二年，凉州刺史袁翻议处柔然婆罗门于西海故城。西海在酒泉北，去高车所居金山千余里，是也。隋末，西突厥射匮拓地，东至金山，西至海。唐贞观中，突厥别部斛勃者窜此，自称乙注车鼻可汗，距长安万里。二十三年，遣高侃将回纥、仆骨兵击之。永徽元年，侃师至阿息山，车鼻遁走，追获之于金山。永隆二年，裴行俭将兵讨突厥叛部阿史那伏念等，遣偏将程务挺等掩袭金牙山，尽获其妻子辎重。胡氏曰：突厥初起，建牙于金山，其后分为东、西突厥，凡建牙之地，皆谓之金牙山。苏定方直抵金牙，擒贺鲁，此西突厥所居金牙山。裴行俭遣将掩金牙山，此东突厥所居金牙山也。可汗所居，亦曰金帐云。又《元史》：仁宗延祐二年，以其兄武宗子和世㻋镇云南，行至延安，其下谋作乱，不克，和世㻋遂西走，至北边金山，西北诸王察阿台等皆来附，和世㻋至其部，与定约束，每岁冬居扎颜，夏居斡罗斡察山，春则命从者耕于野，凡十余年，边境宁谧。文宗天历元年，迎周王和世㻋于漠北，周王遂发北边，至金山岭北，二年即位于和林北，是也。

郁督军山，在漠北。即乌德鞬山。初，回纥屯此，亦谓之都尉鞬山，译语音转也。其地距长安三千里而赢。唐贞观二年，为薛延陀建牙之地，东至靺鞨，西至西突厥，南接大碛，北至俱伦水，皆属焉。《唐历》云：山在回纥牙帐西，甘州东北，突厥既亡，薛延陀遂建牙于都尉鞬山北，独逻水南。山左右有嗢昆河、独逻河，皆屈曲东北流。嗢昆在南，独逻在北，过回纥牙帐东北五百里而合流。贞观二十年，李世勣讨薛延陀，至郁督军山，遂灭薛延陀，是也。永徽元年，高侃擒突厥车鼻于金山，诏处其余众于郁督军山，建狼山都督府统之。天宝三载，回纥南据突厥故地，立牙帐于乌德鞬山，即都尉鞬山也。南距汉高阙塞千七百里。元和三年，沙陀朱邪尽忠帅部落自甘州归唐，循乌德鞬山而东。《新唐书》：回纥牙帐东有平野，西据乌德鞬山，南依嗢毗水。嗢毗水，即嗢昆水矣。

寘颜山，在漠外。其下有赵信城。汉武帝元狩四年，匈奴所筑以居降将赵信者。卫青出定襄，至幕北，匈奴败走，追至寘颜山赵信城而还。又霍去病以轻骑追奔至寘颜山，得匈奴积粟处也。或曰：山亦名卢山，卫青薨，武帝命起冢象卢山。又扬雄曰：运府库之财，填卢山之壑。孟康曰：卢山，单于南庭。寘，一作阗。

燕然山，在漠外。汉武征和三年，遣李广利伐匈奴，深入至郅居水，还至燕然山，战败，降匈奴。后汉和帝初，窦宪出朔方鸡鹿塞，至涿邪山，会军分兵，破北单于于稽落山，遂临私渠北鞮海，宪出塞三千余里，登燕然山，刻石纪功而还。《匈奴传》：燕然山，在匈奴中连邪乌地。《北史》：燕然山，在菟园水北。

涿涂山，在漠外。涂，读邪。山在高阙塞北千余里。汉天汉二年，遣公孙敖、路博德等讨匈奴，会师涿邪山。后汉永平十六年，征北匈奴，度辽将军吴棠出高阙，坐不至涿邪山，免。建初元年，南单于与边郡及乌桓之兵击破北匈奴于涿邪山。又元和二年，南匈奴与北部温禺犊王战于涿邪山，斩获而还。永元初，讨北匈奴，窦宪出鸡鹿塞，邓鸿出稒阳塞，南单于出满夷谷，皆会涿邪山。晋太元十六年，拓跋珪击柔然，遣长孙肥追柔然匹候跋，至涿邪山降其众。又魏主焘神䴥二年，击柔然，循弱水西行，至涿邪山而还。太延四年，自五原伐柔然，至浚稽山，分遣拓跋崇从大泽向涿邪山，不见柔然而还。太平真君十年，复伐柔然，出涿邪山，行数千里，柔然远遁，是也。

狼居胥山，在漠北。汉霍去病出代二千余里，与匈奴左贤王接战，左贤王败遁，乃封狼居胥山而还。《汉书》：元封四年，去病出代、右北平二千余里，历度难侯之山，济弓卢之水，封狼居胥山，禅于姑衍，登临翰海而还。宋元嘉二十六年，帝欲经略中原，王玄谟每献筹策，帝曰：观玄谟所陈，令人有封狼居胥意，谓此事也。

天山，在漠北。魏主焘太延四年，伐柔然，从浚稽北向天山，西登白阜。胡氏曰：此漠北之天山，即唐铁勒思结多滥葛所保之地，非伊吾之折罗漫山也。白阜，即雪山矣。〇白云山，亦在漠北。《一统志》：永乐八年，六军营于此，时四山云气洁白如练，因赐今名。

都斤山，《志》云：在漠北。后周时，突厥分三部，其中部木杆可汗牙帐居都斤山。隋初，沙钵可汗居此，亦作度斤。开皇十七年，隋以宗女娶突厥别部突利，突利本居北方，长孙晟说其帅众南徙，居度斤旧镇，以伺察雍虞闾是也。唐时突厥可汗亦尝据此，其西五百里有高山迥出，无草树，谓之勃登疑黎，犹华言地神也。

稽落山，在涿邪山北。后汉和帝初，窦宪击北单于，至涿邪山，分遣精骑，大破之于稽落山，即此。《唐书》：太宗以突厥斛律部地置稽落州，以多滥葛部地置燕然州，皆因山以名也。〇马鬣山，在漠外。唐贞观元年，回纥破突厥兵于马鬣山，追至天山，是也。又按台山，亦在漠外，元成宗大德中，使其兄子怀宁王海山镇漠北。大德十年，成宗崩于海上，自按台山至和林，引而南，即位于上都。

贪于山，在漠外。隋大业初，敕勒诸部叛西突厥处罗可汗，推契苾哥楞为易勿真莫贺可汗，居贪于山北。《新唐书》作贪污山。又以薛延陀乙失钵为也咥嵩小可汗，居燕末山北，亦在漠外，既而复臣于西突厥。〇不峁罕山，亦在漠外，斡难河源出于此。又迭里温孛答山，在斡难河旁。《志》云：元铁木真生于此。

南床山，在漠外。晋太元十六年，拓跋珪追破柔然于大碛南床山下，又遣长孙嵩追斩其别帅屋击于平望川，长孙肥追柔然东部帅匹候跋至涿邪山，匹候跋举众降。南床山在大碛西，一作南商山。〇白邙山，在漠外，成祖北征阿鲁台，至答口兰纳木儿河，驻河上，前锋抵白邙山，无所遇而还。

兰干山，在漠外。汉天汉二年，李陵请自当一队，到兰干山南，以分单于兵，即此。山盖近居延塞外。〇木剌兰山，在漠外。唐天宝初，朔方节度使王忠嗣讨突厥，进军碛口，进营木剌兰山，攻多罗斯城，涉昆水，斩米施可汗。昆水或以为即唱昆水也。

金微山，在陕西甘肃镇东北居延塞外。后汉永元二年，窦宪屯凉州，使耿夔等出居延塞，围北单于于金微山，大破之，出塞盖五千余里。

唐贞观中，以仆固部置金微都督府，盖以山名。

浚稽山，亦在居延塞外。汉太初二年，遣赵破奴出朔方西北二千余里，期至浚稽山而还。又天汉二年，诏李陵出遮虏障，至东浚稽山南龙勒水上，陵出居延，北行三十日，至浚稽山，营两山间，与单于战处也。胡氏曰：浚稽山在武威塞北，有东西二山，东浚稽在龙勒水上，匈奴尝分居之。龙勒水在敦煌境东北，流至浚稽山下也。后魏主焘太延四年，自五原北伐柔然，自出中道，至浚稽山，复分中道为二，使拓跋崇从大泽向涿邪山，魏主从浚稽北向天山，西登白阜，不见敌而还。○鞮汗山，在甘肃塞北。旧《志》：在遮虏障西北百八十里，李陵败降匈奴处，山盖亦在居延塞外。

镞曷山，在漠北，近西域焉耆之境。唐贞观十三年，西突厥东部可汗咄陆建牙于镞曷山，谓之北庭，自厥越失，拔悉弥、驳马、结马、火焊、触水昆等国，皆附之。刘昫曰：自焉耆西北行，至其南庭，又正北行八日，至北庭。南庭在虽合水，见陕西塞外亦力把力。

鹿浑谷，在漠北。《北史》：鹿浑海之谷也。本高车袁纥部所居，直平城西北，其东即弱落水。魏主焘太平真君四年，如漠南，以轻骑袭柔然，至鹿浑谷，遇敕连可汗，太子晃请亟击之，魏主不听，柔然遁去。即此。○起辇谷，在漠外，元诸主皆葬此，不加筑为陵。

穹窿岭，在漠北。魏主焘太平真君十年，复伐柔然，使拓跋那出东道。那日夜追击，柔然惧，弃辎重，逾穹窿岭远遁，那尽收其辎重而还，与魏主会于广泽。自是柔然衰弱，不复犯魏塞。

阿撒忽突岭，在和林境。元至元二十九年，诸王明里铁木儿附海都以叛，伯颜讨之，至阿撒忽突岭，大战破走之。

玉华峰，在漠北。成祖北征，前锋越胪朐河，西略黄崖，又西略玉华峰，是也。又环翠峰，亦在漠北。永乐八年，自清水原进次环翠峰，即此。

飞云壑，在斡难河东北。永乐八年，亲征本雅失里，至斡难河，败之。其大元帅阿鲁台东奔，追至飞云壑，复大败之。穷追至长秀川，尽获其辎重，又追破之于回曲津。

郁对原，在塞北。元魏正光三年，柔然阿那瓌叛魏，魏遣李崇等击之，自平城北出三千余里，别将于谨追至郁对原，前后十七战，屡败之，即此。

清水原，在漠北。其地水咸苦，不可食，成祖北征至此，于营西北二里许，得泉甚甘，赐名神应泉。又其北为长清塞，车驾至此，南望北斗处也。〇玄石坡，在漠北。永乐十年北征，车驾驻此。旁为立马峰，成祖勒铭处也。

玄冥河，在和林东北，即斡难河也。元初兴于此。铁木真以塔塔儿部叛，自斡难河帅众会金师同灭之，既而称帝于斡难河。永乐八年，追奔至此，大败之。其裔本雅失里穷蹙，以数骑遁去，赐斡难河名为玄冥河。

饮马河，在漠北。本名胪朐河，或曰即西平河也。宋绍兴十七年，金人与蒙古和，割西平河以北二十七团寨与之，即此。明洪武五年，李文忠进兵至此，袭败元将于土剌河，追至土鲁浑河，大战，穷追至骋海而还。永乐七年，命丘福击元，出开平而北，至胪朐河，败元游兵，恃胜轻进，师歼焉。八年，北征至此，赐名饮马河。旁有杀胡城、清远堡，即是时别将王友所筑，以贮粮运处也。其北为兀古儿札河，又西北即斡难河矣。

土剌河，在饮马河西。又西为阿鲁浑河，又西北为骋海。骋海之南，地名桑麻儿麻，亦名哥令麻思。明初，李文忠逐元兵，至骋海南，迷道于此。又永乐十二年，亲征瓦剌，败马哈兀等于撒里哈剌之地，又追败之于土剌河而还。

班尼朱河，在和林北。蒙古铁木真初起兵，至此，河水方浑，饮之，誓众曰：他日当记曾同此艰难。亦谓之班术河。〇答口兰纳木儿河，在和林东北。永乐二十二年，亲征阿鲁台，先锋陈懋等出塞数千里，至答口兰纳木儿河不见敌。或曰：即阔阔纳浯儿海也，蒙古铁木真会集部落之地。

清尘河，在和林东，旧名古札儿河，亦曰兀古儿札河。永乐八年北征，进次漠北环翠峰，获遗兵，询知其居兀古儿札，谋西奔，追及之于斡难河，还，赐名清尘河。〇五条河，在和林境。元至元二十二年，命并和林屯田入五条河，是也。

龙居河，在漠北，近和林境。元晋王也孙铁木儿袭位于龙居河，即此。〇海剌儿河，亦在漠北。明永乐初，蒙古国乱，可汗鬼力赤不为众所附，其臣太保阿鲁台逃居海剌儿河，是也。

独乐河，在漠北。隋开皇初，突厥庵逻以国让摄图，降居独洛水，即独乐河也。唐开元四年，突厥嘿啜击九姓拔野古，战独乐河，拔野古大败，嘿辍归不为备，拔野古残众自柳林突出，击斩之。

仙萼河，在碛北。唐龙朔初，遣郑仁泰等伐铁勒，分军出仙萼河。二年，仁泰等败铁勒于天山，追逾大碛，至仙萼河，为敌所败。《旧唐书》：碛北有仙萼河，唐讨回纥，置仙萼道行军总管。《新唐书》：回鹘牙北六百里至仙娥河。仙娥，即仙萼之讹也。

匈河，在漠外。汉元鼎六年，匈河将军赵破奴将万余骑出令居数千里，至匈河水而还。后汉永平十六年，遣来苗等出平城塞伐北匈奴，至匈河水上，众皆奔走，无所获。薛瓒曰：匈河水去令居千里。似误。

史侯河，在漠外。后汉永元初，时北匈奴衰弱，窦宪等议伐之，侍御史鲁恭言：北匈奴为单于所破，远藏于史侯河，西去塞数千里。即此。〇瓠𤬏河，在漠外。胡峤曰：黑车子之北有牛蹄突厥，人身牛足，其地有寒水，曰瓠瓟河，夏秋冰厚三尺，春冬冰彻底，常烧器销冰，乃得饮云。

帖麦孩川，在和林西南境。铁木真以乃蛮部侵掠，会属部于此，谋伐之。乃蛮将太阳罕营于沆海山，与蔑里乞诸部合，势颇盛，铁木真击败之。沆海山，盖乃蛮境内之山也。今陕西塞外于阗境内有乃蛮故国云。

浮图川，在乌德犍山西北。唐贞元五年，葛逻禄部附于吐蕃，败回鹘兵，乘胜取浮图川，回鹘震恐，悉迁西北部落于牙帐之南以避之。〇合罗川，在漠外。唐会昌二年，黠戛斯击败回鹘，上言将徙就合罗川，居回鹘故国。或曰川在郁督军山南。

鹰娑川，在漠北，近故庭州塞外。《唐纪》：鹰娑川在北庭府西北。是也。贞观中，西突厥鼠尼施部居此。显庆元年，程知节讨西突厥，大败之于鹰娑川，至坦笃城而还。坦笃，一作恒笃。三年，置鹰娑都督府，盖以川为名。〇多罗斯川，亦近故庭州境。《唐纪》：在西州北千五百里。贞观中，西突厥以阿史那贺鲁为叶护，居多罗水，统处月、处密、始苏、哥逻禄、失毕五姓之众。二十二年，贺鲁来降。是也。

郅居水，在塞北。汉征和三年，遣李广利出五原，匈奴悉徙辎重，北抵郅居水，左贤王驱其人民度余吾水六七百里，居兜御山，单于自将精兵度姑且水，广利深入，度郅居水，还至燕然山，败降匈奴。兜御山，姑且水，皆在大漠之北。

余吾水，在废夏州北塞外。《山海经》：北鲜诸山，鲜水出焉。北流注于余吾。汉武天汉四年，遣李广利出朔方击匈奴，匈奴悉远其累重于余吾水北，而以兵十万待水南，是也。又昭帝元凤二年，匈奴复遣骑屯受降城以备汉，而北桥余吾水，令可度以备奔走。宣帝本始元年，分道伐匈奴，田顺出五原塞八百余里，至丹余吾水上。或以为即此水也。受降城，见甘州卫。

栗水，在漠北，近稽落山，有汉将军窦宪故垒。魏主焘神䴥二年，袭柔然，舍辎重于漠南，轻骑至栗水，大破柔然。又稽落水，以导源稽落山而名。唐开元八年，朔方大总管请发东西降众掩突厥牙帐于稽落水上，不果。

弱水，在漠北。晋义熙十四年，魏主嗣命护高车中郎将薛繁帅高车、丁零北略，至弱水而还。又魏主焘神䴥二年，追击柔然，至菟园水，又循弱水西行，至涿邪山而还。菟园水，在燕然山南。《魏书》云：南去平城三千七百余里，魏主焘击柔然，循栗水西行，至菟园水，分军搜讨，东西五千里，南北三千里，俘斩无算。是也。

女水，在漠北。《北魏书》：女水在弱落水西，去平城三千余里。晋太元十四年，魏主珪击破吐突邻部于女水，徙其部落而还。又宋泰始六年，魏主弘大破柔然于女水之滨，改女水曰武川。《魏记》：女水当在长川西、赤城西北，武川镇置于此。或曰非也，武川镇置于魏主焘时，与女水相去绝远。弱落水，见北直大宁卫饶落水。○石水，《北史》：在额根河北。魏主焘太平真君四年，从鹿浑谷追柔然至石水，不及而还。

私渠北鞮海，在漠外，亦曰北海。汉元封初，单于留汉使郭吉，迁之北海。天汉初，又徙苏武于北海，即此。东汉永元初，窦宪等败北单于于稽落山，追击诸部至私渠北鞮海。又西北有西海，是时宪等遣使吴氾等，奉诏致赐，及北单于于西海上，说令称臣入朝。单于喜，随使者到私渠海，闻汉军已入塞，乃遣其弟奉贡入侍。二年，复款居延塞，欲入朝见，窦宪遣班固等迎之，会南单于复请袭击北单于，许之。单于遁去，班固至私渠海而还。

答剌海，在漠北。洪武六年，北寇犯武、朔诸州，大将军徐达分遣陈德、郭子兴击之，敌遁去，追破之于答剌海。即此。○蒙山海，在连儿温都儿之地，其水清冽。永乐十二年，车驾北征次于此。

阔湾海子，在漠北饮马河之东，周围千余里。斡难、饮马诸河皆注其中，漠北之薮泽也。永乐二十年，亲征阿鲁台，敌弃畜牧辎重于阔湾海侧遁去，大军至，焚其辎重，收畜牧而还。

称海，在和林境。元为屯田之所，置仓库，以军守之。元贞初，于六卫汉军内，拨千人赴称海屯田北方。大德末，哈剌哈孙镇和林，治称海，屯田得米二十余万。又求古渠浚之，溉田数千顷。或讹为骋海。明初李文忠追元帅至称海，是也。

杭海，在和林北。元至元二十六年，海都寇边，至杭海，晋王甘麻剌被围，土土哈翼而出之，元主赏其功，曰：昔太祖与臣同患难者，饮班术河之水，今日之事，何愧昔人？元至元三十年，命戍和林汉军四百留百人，余令耕屯杭海。是也。

巳尼陂，在漠外。《北史》：乌洛侯国，西北二十日行，有於巳尼大水，所谓北海也。乌洛侯直濡源西北，巳尼陂又当在其西北。魏主焘神麚二年，遣安原等击高车东部于巳尼陂，大败而还。乌洛侯，亦曰乌罗护，今见北直塞外。

浮沮井，在漠北。《汉舆地图》：井在匈奴中，去九原二千余里。汉元鼎六年，遣浮沮将军公孙贺出九原二千余里，至浮沮井，不见匈奴一人而还。

广漠镇，在碛北。永乐九年，北征，还至广漠镇渡河，蒙古阿鲁台来袭，与战，败遁。上度其必再至，乃伏兵数百于河西柳林中，敌果至，复败去。

霍博里，在和林北。宋绍定二年，铁木真死，其第三子窝阔台自霍博之地来会葬，耶律楚材以遗命奉之嗣，立于和林东库铁乌阿剌里之地。

鈋铁鍏里，在和林东北。宋淳祐元年，蒙古主窝阔台大猎，还至此，欢饮极夜，翌日卒。又汪吉宿灭秃里，亦近和林。宋淳祐六年，蒙古主贵由立于此。八年，卒于横相乙儿之地。十一年，蒙古主蒙哥立于阔帖兀阿兰，其地皆与和林近也。

阿力麻里，在和林境，南至故庭州四五千里。元至元三年，诸王海都作乱，举兵南来，忽必烈逆败之于北庭，追至阿力麻里，海都远遁，因设重兵镇于阿力麻里之地。至元十四年，诸王昔里吉作乱，劫北平王那术罕于此，引兵至和林城北。元主命伯颜御之，与其众遇于斡鲁欢河，夹水而陈，相持弥日，俟其懈，搤击破之，昔里吉走死。

哈梅里，在和林西。明洪武二十二年，遣刘真、宋晟征哈梅里，破其城，所获甚众。《诸夷考》：哈梅里，为元兀纳失里大王所居也，尝往来，患苦西域贡使，谕之不从，因讨破之。

野里麻里，在和林北。元至元八年，元主使其子南术金建幕于此。二十一年，始南还。又草地，亦在和林北。元至正九年，御史斡勤、海寿等，劾侍御史哈麻之奸，诏居哈麻于草地，即此。〇昔木土，在漠外。宋景定元年，忽必烈以阿里不哥谋篡立，讨之，与战于昔木土之地，阿里不哥大败，北遁。又憨答孙，亦在漠外，元至元二十五年，行台御史周祚劾桑哥之罪，流祚于憨答孙之地。

朵里伯真，在和林之东。元天历二年，和世㻋发和宁，次朵里伯真之地。越三日，次斡儿罕术东。又三日，次探秃儿海。又三日，次秃忽剌。越七日，次不鲁通。又二日，次忽剌火失温。又三日，次坤都也不剌。又三日，次撒里。又七日，次乙纳八之地。明永乐十二年北征，至忽兰忽失温，疑即忽剌火失温也。

富恼儿，在和林南。宋宝祐五年，蒙古主蒙哥至此，使其臣乞解镇守斡罗思之地。〇哈剌莽来，在和林东南。明洪武五年，李文忠自东路追元帅至哈剌莽来，远遁。文忠乃留辎重于胪朐河，轻骑追袭至土剌河。是也。

没脱赤，在和林西北。宋理宗淳祐十二年，蒙古主蒙哥以其故主窝阔台之后欲立其孙失烈门，徙之于扩端所居地之西，禁锢失烈门于没脱赤之地，即此。

八邻，在和林西。元大德初，海都作乱，据八邻之地，钦察都指挥使床兀儿帅师逾金山进攻之，海都将怙良台阻答鲁忽河而军，伐木栅岸以自庇，床兀儿驰击，大破之，还至阿雷河，与海都援将孛伯遇，复渡河蹙之，孛伯败走。答忽鲁等河，俱近陕西西域之境，钦察，亦见陕西于阗境内。

已上北翟，旧《志》作鞑靼。

突厥，匈奴之别种也。其初为西方小国，姓阿史那氏，世居金山之阳，为柔然铁工。至其酋长土门，始强大，颇侵魏西边。西魏大统十五年，宇文泰遣使通突厥。十七年，突厥大破高车，始与柔然绝。明年，击败柔然，杀阿那瓌，自称伊利可汗，自是日以盛强。梁敬帝绍泰初，突厥木杆可汗击灭柔然，因西破嚈哒，东走契丹，北并契骨。其地东自辽海，西至西海，长万里，南自沙漠以北五六千里皆属焉。隋开皇二年，突厥入塞，自平、幽以西，极于兰、鄯，悉见侵扰。隋大发兵击之，势稍杀。五年，突厥西部阿波浸强，号西突厥，与沙钵略分为二境，互相攻杀。七年，沙钵略死，其弟为莫何可汗，击擒阿波，国复强。明年死，沙钵略之子雍虞闾立，为都蓝可汗。十九年，为其下所杀，其北部达头自立，为步迦可汗。仁寿二年，杨素等击破之，突厥远遁，碛南无复寇抄。三年，步迦所部大乱，众溃，步迦西奔吐谷浑，隋因以所立启民可汗送置碛口，尽有突厥之众。大业五年死，子咄吉立，是为始毕可汗。十一年，始毕复叛隋，围雁门，自是中国乱，突厥遂强。唐武德四年，始毕东服契丹、室韦，西臣吐谷浑、高昌诸国。二年死，弟俟利弗设立，为处罗可汗。三年死，弟莫贺咄设立，为颉利可汗。贞观初，为铁勒诸部薛延陀等所败，颉利遂衰。四年，李靖等大破颉利于阴山，其部落次第来降，别部人因执颉利送京师，漠南遂空。十二年，复立其部阿思那思摩为可汗，令统旧部，建牙于河北，与薛延陀分碛为界。十八年，为薛延陀所败，其众皆南渡河，处于胜、夏二州间，思摩复入朝。二十一年，薛延陀既灭，时有突厥同族斛勃者，称为乙注车鼻可汗，建牙于金山之北，遣使入贡。永徽初，将军高侃击擒之。于是突厥悉为封内臣，分置羁縻府、州，授其部长为都督、刺史，而统于单于都护府。其后叛服不一。永淳二年，突厥骨笃禄叛。天授二年，其弟嘿啜代立，数寇边，复据漠北地。圣历初，有胜兵四十万，地万里。开元二年，击并西突厥、突骑施。三年，击拔野古，被杀国乱，骨笃禄之子嘿棘速代立，为毗伽可汗。三十二年，为其大臣梅录啜所毒死，子伊然可汗立。又卒，弟登利可汗立。二十九年，国乱，既而骨咄叶护自立为可汗。天宝初，拔悉密、回纥、葛逻禄三部，共攻骨咄叶护，杀之，推拔悉密部长为颉利伊施可汗，回纥、葛逻禄，自为左右叶护。突厥余众共立判阙特勒之子为乌苏米施可汗，拔悉密等复攻败之。判阙特勒即登利从叔，为左杀勒兵杀登利者，其部落多内附，突厥遂微。三载，拔悉密复攻杀乌苏可汗，国人立其弟鹘陇匐白眉特勒，为白眉可汗，突厥益乱。四载，回纥复击杀白眉可汗，突厥遂灭。

西突厥，本突厥西部也。隋开皇中，部长阿波浸强，与突厥相攻，既被擒，国人立其族鞅素特勒之子，为泥利可汗。死，子达漫为处罗可汗，居乌孙故地。大业六年，裴矩以计离其族射匮袭攻处罗，处罗败走，因讽谕入朝。明年，分处罗之众为三：一处会宁，一处楼烦，而处罗常从车驾。唐武德二年，西突厥统叶护可汗遣使入贡。统叶护者，射匮之子，射匮即达头之孙。先是处罗既入朝，国人立其叔射匮，射匮拓地，东至金山，西至海，遂与北突厥为敌，建牙于龟兹北三弥山。及统叶护立，北并铁勒，据乌孙故地，又移庭于石国北千泉，西域诸国皆臣之。贞观三年，国乱，西域诸国及敕勒先臣属者皆叛。六年，泥熟立，遣使内附。十三年，其国复中分为二：一居伊列以东，一居伊列以西。十五年，东部为西部所并。永徽初，西突厥阿史那贺鲁据其地。显庆二年，遣苏定方讨擒之，更立部长，自是部众离贰。长安二年，西突厥衰，突骑施最强，并有西突厥地，十姓皆属焉。开元二年，突骑施为突厥嘿啜所败散。嘿啜昏虐，不能抚有十姓，于是胡禄屋、鼠尼施诸部，皆诣北庭降。《唐史》：贞观十二年，西突厥咥利失可汗分其国为十部，左厢号五咄陆，置五大啜。五啜者：一曰处木昆律，二曰胡陆屋阙，三曰摄舍提敦，四曰突骑施贺鲁施，五曰鼠尼施处半。右厢号五弩失毕，置五大俟斤。五俟斤者：一曰阿悉结阙，二曰哥施阙，三曰拔塞干敦沙钵，四曰阿悉结泥孰，五曰阿舒虚半。所谓十姓也。十姓中，处木昆、突骑施、鼠尼施最强，天宝以后，皆降附于吐蕃。乌孙、龟兹及伊列河、千泉诸处，俱见陕西西域诸国。〇白服突厥，西突厥别种也。与葛逻禄相近，唐贞元初，降于回鹘，既而数为回鹘所侵掠，因附于吐蕃。服，一作眼。

柔然，在漠外。《晋载记》以为河西鲜卑之属也。其先曰木骨间，魏收曰：木骨间者，首秃也。与郁久间声相近，子孙因以为字。初为骑奴，后免奴为卒，以犯法亡匿广漠，收合逋逃，依鲜卑纥突邻部。木骨间死，子车鹿会，雄健，始有部众，自号柔然，世服于代。后分为东西二部，秦灭代，柔然附于刘卫辰。及拓跋珪嗣立，高车诸部皆服从，惟柔然不事魏。晋太和十六年，珪引兵击之，分道穷追，悉俘其众，置之云中。十九年，西部部长杜仑西走上郡，掠五原以西诸部，走度漠北，自此强大，屡为魏患。元兴元年，魏将和突攻黜弗、素故延部，柔然救之，为和突所破，杜仑帅部落远遁漠北，夺高车之地而居之。又击破斛律部，西北击匈奴遗众曰拔也鸡，大破之。于是并吞诸部，其地西至焉耆，东接朝鲜，南邻大漠，旁侧小国，皆羁属焉，与魏为敌国。魏主焘神麚二年，大破柔然，自是始衰。既而与魏和亲。太延二年，复犯魏边，与魏相攻。太平真君十年，魏大败柔然于漠北，自是衰弱，屏迹不敢犯魏塞。太和十一年，柔然复犯魏边，败去。时柔然浸衰，高车诸部皆叛之。景明三年，柔然复犯魏边。正始初，又侵魏之沃野、怀朔二镇，寻遁去。三年，请和于魏，魏主不许。五年，复请和于魏，既而为高车所袭败，杀其可汗佗汗。熙平初，时柔然伏拔可汗立，善用兵，西击高车，执其王杀之，击灭邻国叛去者，国复强。正光初，柔然乱，其主阿那瑰、婆罗门，于降于魏，国人复推阿那瑰之兄俟匿伐为可汗，魏人议分处阿那瓌、婆罗门于东西二境，各统其众。三年，婆罗门叛魏归嚈哒，魏击擒之。阿那瓌专统其众，既而魏乱，柔然遂雄据北方为边患。齐天保三年，突厥大破柔然，阿那嚈自杀，余众推其族铁伐为主，其国遂乱。明年，突厥复攻柔然，柔然举国奔齐，齐改立阿那瑰子庵罗辰于马邑川，追降突厥于朔州而还。明年，柔然叛齐，齐主洋自将击破之，柔然北走，既又屡击柔然，皆大破之。西魏主廓二年，突厥击柔然主邓叔子，灭其国，叔子收余烬奔魏，突厥恃其强，请于魏，尽杀之，柔然之后遂绝。嚈哒，见陕西西域于阗境内。

高车，在漠北。李延寿曰：古赤狄余种，初号狄历，后曰敕勒，北方谓之高车、丁零，其迁徙随水草，衣皮食肉，与柔然同，惟车轮高大，辐数至多。东晋哀帝兴宁元年，代什翼犍击高车，大破之。后魏太和初，高车酋长阿伏至罗与穷奇分为二部，魏人谓之东西部敕勒，阿伏至罗伏属柔然。十一年，与柔然二帅部落西走，至前部西北，即汉车师前王地也，遂自立为王，屡败柔然，引众东徙。二十六年，高车叛魏，拓跋继讨平之。正始中，高车为嚈哒所败，其众分散，魏遣将抚纳降户，处之于高平镇。国人共立弥俄突为王，与柔然战于蒲类海，不胜，西走三百余里。寻还击柔然，杀其可汗佗汗于蒲类海北，遣使入贡于魏。熙平中，弥俄突为柔然所杀，其众悉归嚈厌哒。正光二年，嚈厌哒遣弥俄突弟伊匐帅余众还国，伊匐击柔然，大破之。三年，伊匐复为柔然所败，其弟越居杀伊匐而自立。西魏大统十七年，铁勒将伐柔然，突厥部长土门邀击破之，尽降其众五万余落，高车遂并于突厥，其后谓之铁勒。《隋书》：铁勒之先，匈奴苗裔也，种类最多，自西海之东，依据山谷，往往不绝。独洛河北有仆骨、同罗、韦纥、拔也古、覆罗，并号俟斤。又有蒙陈、吐如纥、斯结、浑、斛薛等诸姓。伊吾以西，焉耆之北，傍白山，则有契弊、薄洛职、乙咥、苏婆、那曷、乌讙、纥骨、也咥、於尼讙等姓。金山西有薛延陀、乌、勤儿、十盘达契等姓，康国北傍阿得水，则有歌諤咥、曷巀拨忽、比干、具海、曷比悉、何嵯苏、拔也末渴达等姓。得嶷海东有苏路羯、三索咽、蔑促、隆忽等姓。拂菻东则有恩屈、阿兰、北褥九离、伏嗢昏等姓。北海南则都波等姓。族姓虽殊，通谓之铁勒。大抵与突厥同俗，以寇抄为主，无大君长，分属东、西突厥。隋大业初，西突厥处罗可汗无道，铁勒皆叛，立俟利发俟斤契苾歌楞为莫何可汗，又立薛延陀俟斤孛也咥为小可汗，与处罗战，屡破之。伊吾、高昌、焉耆皆附于莫何。《唐史》：敕勒凡十五部，曰薛延陀，其先与薛种杂居，后灭延陀部而有之，因名也。曰回纥，故袁纥也。曰都播，亦名都波，其地北濒小海，西接坚昆，南接回纥。曰骨利斡，其地在瀚海北。曰多滥葛，亦作多览葛，又作多腊葛，在薛延陀东，濒同罗水。曰同罗，在薛延陀北，多滥葛东，距长安七千里而嬴。曰仆固，亦名仆骨，在多滥葛东，地最北。曰拔野古，一作拔野固，或为拔曳固，散处碛北，地千里，西直仆固，东邻靺鞨。曰思结，在延陀故牙。曰浑，在诸部最南。曰斛薛，居多滥葛北。曰奚结，在同罗北。曰阿跌，一作诃跌，或为跌跌。曰契苾，亦作契苾羽，在焉耆西北鹰婆川，多滥葛之南。曰白霫，居鲜卑故地，直京师东北五千里，与同罗、仆固接。其后避薛延陀，保奥支水冷陉山，所谓十五部也。诸部薛延陀最强，西突厥曷萨那盛时，诸部皆臣附，既而曷萨那失众心，于是敕勒相帅叛，共推契苾哥楞为易勿真莫贺可汗，居贪于山。又以薛延陀、乙失钵为也咥水可汗，居燕末山。唐初，西突厥射匮强，乃复去可汗号而臣之。武德末，西突厥统叶护可汗世衰，乙失钵之孙彝男帅部落附于突厥颉利。贞观二十年，薛延陀灭，回纥、拔野古、同罗、仆固等十一姓，各遣使入贡，其后并于回纥。

回纥，在漠外。本匈奴别种也。其先曰袁纥，亦曰乌护，又曰乌纥，至隋曰韦纥，后为回纥。初居薛延陀北娑陵水上，去长安七千里。隋大业中，回纥五部在郁督军山者，属突厥始毕可汗。唐贞观初，与薛延陀等部叛突厥，败突厥兵于马鬣山，追至天山，虏其部众，回纥由是大振。二十年，薛延陀国乱，回纥部长吐迷度与仆骨、同罗等，共击败之。既复杀其可汗拔灼，遂据其地内附，以为翰海府。二十二年，所部内乱，寻诏授吐迷度子婆闰为翰海都督。天宝初，回纥部与拔悉密、葛逻禄，共攻杀突厥骨咄叶护，自为叶护。既而回纥叶护骨力裴逻遣使入贡，赐爵奉义王。三载，骨力裴逻与葛逻禄共攻杀拔悉密颉跌伊施可汗，遂自立为骨咄禄毗迦阙可汗，遣使言状，诏拜为怀仁可汗。于是南据突厥故地，立牙帐于乌德鞬山，初统九姓：曰药逻葛，曰胡咄葛，曰咄罗勿，曰貊歌息纥，曰阿勿嘀，曰葛萨，曰斛嗢素，曰药勿葛，曰奚邪勿。后又并拔悉密、葛逻禄，凡十一部，各置都督，每战则以二客部为先。四载，复击杀突厥白眉可汗，于是回纥斥地愈广，东际室韦，西抵金山，南跨大漠，尽有突厥故地。怀仁卒，子磨延啜立，号葛勒可汗。至德以后，中国多故，回纥益强。建中初，回纥登里可汗嗣立骄横，议大举入寇，为其相顿莫贺达干所杀，登里从兄自立为合骨咄禄毗迦可汗，请为藩臣，诏册为武义成功可汗。贞元四年，表请改称回鹘。太和以后，回鹘益衰。开成末，为黠戛斯所败，诸部溃散。太中初，其余种散亡殆尽，别部居甘州者为，甘州回鹘。五代时，屡遣使朝贡。

薛延陀，亦匈奴别种，即铁勒部落也。唐初西突厥强，薛延陀附属焉。武德末，西突厥势衰，因帅部落附突厥颉利。贞观初，颉利政乱，薛延陀与回纥、拔野古等，相率叛之，败突厥兵。二年，突厥北边诸姓多叛颉利归薛延陀，共推其俟斤彝男为可汗。上因遣将乔师望间道赍册书，拜为真珠毗伽可汗。彝男建牙于大漠之郁督军山，东至靺鞨，西至西突厥，南接沙碛，北至俱伦水，回纥、拔野古，阿跌、同罗、仆骨、霫诸部皆属焉。十九年死，子拔灼嗣。二十年，为回纥诸部所败，唐遣兵灭之。

咽面，亦敕勒种，居得嶷海。唐咸亨四年，弓月部北招咽面，连兵以叛，既而复降。永淳初，西突厥阿史那车薄叛，围弓月城，咽面复与车薄合，安西都护王方翼击破之于热海。《唐志》有咽面州，寄于北庭府界内。

右漠北诸部

河南方舆纪要序

河南，古所称四战之地也。当取天下之日，河南在所必争。及天下既定，而守在河南，则岌岌焉有必亡之势矣。周之东也，以河南而衰；汉之东也，以河南而弱；拓跋魏之南也，以河南而丧乱。朱温篡窃于汴梁，延及五季，皆以河南为归重之地。以宋太祖之雄略，而不能改其辙也，从而都汴。都汴而肩背之虑实在河北，识者早已忧之矣。女真之季也，惧蒙古之逼，乃迁于汴。迁汴未已，又迁于蔡，始为亡宋之资，终为自弊之地。当其亡宋之日，岂料其祸之亦中于此哉？说者曰：洛阳，周公所以营成周也，形胜莫尚焉。夫周公营洛，岂意后世之遂迁而东哉？周以幽王之乱，而召犬戎之祸，惕目前之小警，弃创垂之远图。其迁而东也，洛阳、岐周，同为畿内地耳。使都洛阳而守岐周，犹未为失计。乃举岐西捐之于秦，而洛阳之根本，不且自拨之哉？汉以三河并属司隶，唐以长安、洛阳并建两京，此亦得周公之遗意者欤！然则河南固不可守乎？曰：守关中，守河北，乃所以守河南也。自古及今，河南之祸，中于关中者什之七，中于河北者什之九。秦人以关中并韩、魏，汉以关中定三河，苻秦以关中亡慕容燕，宇文周以关中亡高齐。隋之亡也，群雄角逐，而唐独以先入长安，卒兼天下。金人之迁河南也，蒙古道汉中，出唐、邓而捣汴梁，汴梁遂不可守。谓关中不足以制河南之命乎？三晋之蚕食郑、宋也，光武之南收河、洛也，刘聪、石勒之略有河南也，鲜卑、氐、羌纵横于司、豫之境，晋、宋君臣切切焉。图复河南，分列四镇，求十年无事而不可得也。元魏孝文，远法成周，卜宅中土，规为措置，可谓盛强，乃仅一再传，而河北遂成戎薮。尔朱荣自河北来矣，尔朱兆自河北来矣，高欢亦自河北来矣。北中、河桥，易于平地，马渚、硖石，捷于一苇，而魏以分，而魏以亡也。安、史以河北倡乱，而河南两见破残。存勖发愤太原，而朱梁卒为夷灭。契丹之辱，石晋罹于前；女真之毒，靖康被于后。河北犹不足以制河南之命乎？然则河南信不可守矣。曰：河南者，四通五达之郊，兵法所称衢地者是也。往者吴王濞之叛也，说之者曰：愿王所过城不下，直去疾西据洛阳，虽无入关，天下固已定矣。杨玄感祖是说以攻东都则败，李密复出此以攻东都则又败。盖濞举江东之众，合诸侯之师，诚能西入洛阳，则事势已就。玄感、李密一朝创起，既不敢用长驱入蓟及直指江都之谋，又不能先据上游之势，然后争衡天下，宜其败也。朱温假借朝命，凭依城社，肆其凶狡，故能以汴梁得志。刘福通何人也？乃欲窃据大梁，指挥群盗，察罕以关中河北之师至，而奔亡不暇矣。夫古未有不可守之地而可以言战者。李光弼所以宁去洛阳而守河阳也，以大梁而战于城下，犹有自全之策乎哉。或曰：今日之河南，不既兼有河北乎？曰：以河北三郡而附于河南也，此固国家犬牙相制之意，出于山川条列之外者也。夫河北之足以制河南也，自昔为然矣。客更端而起曰：子不闻南阳可以建都乎？曰：以河南之全势较之，则宛不如洛，洛不如邺也，明矣。客曰：吾亦尝闻拓跋氏之说矣。拓跋氏曰：邺非长久之地，石虎、慕容所以覆灭者也。且南有枉人山，东有列人县，北有栢人城。君子不饮盗泉，恶其名耳。此所以去邺而迁洛也。若夫南阳者，朱朴以为建都极选，李纲亦谓光武所兴，而子乃谓宛不如洛，何欤？曰：朱氏以唐覆败之时，而献迁都之议；李公于宋奔亡之日，而为驻跸之谋，皆因时补救，出于不得已之计，而非所语于形势之常也。夫邺，倚太行，阻漳、滏，夏、商时，固有都其地者。战国之世，赵用此以拒秦，秦亦由此以并赵。汉之末，袁绍不能有其险也，入于曹操，遂能雄长中原。晋之衰，刘琨不能固其险也，殁于石勒，因以蹂躏司、豫。石赵之亡，冉闵不能保是险也，并于慕容儁，从而兼有山东。元魏之季，尔朱兆不能用其险也，归于高欢，因而盗窃魏柄。迨其后，尉迟迥据之以问罪杨坚，则远近震动。渔阳残孽，窃命于此，以九节度之师，而不能免于溃败也。魏博以相州为捍蔽，终唐之世，常雄于河、朔。河东得之，遂为灭梁之本。而谓邺非形势所在乎？且夫自古用兵，以邺而制洛也常易，以洛而制邺也常难，此亦形格势禁之理矣。彼宛者，延岑、朱粲所以覆亡者也；蒙古袭入唐、邓，所以径捣汴梁者也。乃谓其山川险固，贤于洛阳，是溺前人之说而不究其本也。曰：然则建都不贵于险固乎？曰：所谓险固者，非山川纠结、城邑深阻之谓也。使弃关、河之都会，远而求之奥窔之乡，是犹未见虎之入市，而先自窜于槛阱，知水之可以溺人而坐槁于岩隅也。岂所语于形势之常也哉？

读史方舆纪要卷四十六

河南一　封域 山川险要

〇《禹贡》曰：荆、河惟豫州。荆，荆山。见湖广襄阳府。《周礼·职方》：河南曰豫州。豫州在九州之中，言常安逸。又云：禀中和之气，性理安舒，故云豫也。性，音生。春秋时，为周畿邑，又为宋、郑、卫诸国地，亦兼秦楚之疆。战国时，为韩魏列国地。自河以北，则赵境也。今怀庆、卫辉、彰德三府，本古冀州地，春秋属卫属晋，战国兼属赵、魏。《天官》：柳、七星、张则周分野，房、心则宋分野，室、壁则卫分野，觜、觿、参则魏分野，角、亢、氐则韩分野。赵分野，见山西沿革。秦并天下，置三川、颍川、南阳等郡。河以北彰德府，则邯郸郡之南境。汉武置十三州，此亦为豫州，而半属于司隶。今河南府及怀庆府、卫辉府，皆属司隶，又彰德则属于冀州。后汉司隶改治洛阳，而别置豫州于谯郡，今江南凤阳府亳州。魏因之。豫州改治汝南安城，今汝宁府废县。而冀州治邺，河北皆属焉，即彰德府也。晋亦分置司州及豫州，司州仍治洛阳。豫州治项，今开封府陈州项城县。而河北则属冀州。永嘉以后，中原芜没，刘宋尝置豫州于汝南、司州于义阳，后复失之。隋末为李密、王世充等所据。唐分十道，此为河南道。开元中，为都畿，治东都，今河南府。河南、治陈留郡，今开封府。及河北道。治魏郡，今北直大名府，河北三府皆属焉。宋都汴，置京东、京西及河北路，河北路仍治大名。元丰中，又分京东东西、京西南北等路。详州域形势。金为汴京路，又改曰南京，亦分属河北、河东等路。怀州属河东南路，彰、卫属河北西路。元置河南江北行中书省，而河北为腹里地。明初为河南等处丞宣布政使司，领府八、州一、属州十一、属县九十六，总为里三千八百八十有奇，夏秋二税约二百四十一万四千四百七十七石有奇。而藩封卫所参列其间。今仍为河南布政使司。南阳府南召县废。

〇开封府，属州四，县三十。

祥符县，附郭。　陈留县，　杞县，　通许县，　太康县，　尉氏县，　洧川县，　鄢陵县，　扶沟县，　中牟县，　阳武县，　原武县，　封丘县，　延津县，　兰阳县，　仪封县，　新郑县。

陈州，

商水县，　西华县，　项城县，　沈丘县。

许州，

临颍县，　襄城县，　郾城县，　长葛县。

禹州，

密县。

郑州，

荥阳县，　荥泽县，　河阴县，　汜水县。

〇河南府，属州一，县十三。

洛阳县，附郭。 偃师县， 巩县， 孟津县， 宜阳县， 永宁县， 新安县， 渑池县， 登封县， 嵩县， 卢氏县。

陕州，

灵宝县， 阌乡县。

〇怀庆府，属县六。

河内县，附郭。 济源县， 修武县， 武陟县， 孟县， 温县。

〇卫辉府，属县六。

汲县，附郭。 胙城县， 新乡县， 获嘉县， 淇县， 辉县。

〇彰德府，属州一，县六。

安阳县，附郭。 临漳县， 汤阴县， 林县。

磁州，

武安县， 涉县。

〇归德府，属州一，县八。

商丘县，附郭。 宁陵县， 鹿邑县， 夏邑县， 永城县， 虞城县。

睢州，

考城县， 柘城县。

〇汝宁府，属州二，县十二。

汝阳县，附郭。 真阳县， 上蔡县， 新蔡县， 西平县， 确山县， 遂平县。

信阳州，

罗山县。

光州，

光山县，　固始县，　息县，　商城县。

○南阳府，属州二，县十一。

南阳县，附郭。　镇平县，　唐县，　泌阳县，　桐柏县，南召县。

邓州，

内乡县，　新野县，　淅川县。

裕州，

舞阳县，　叶县。

直隶○汝州，属县四。

鲁山县，　郏县，　宝丰县，　伊阳县。

东连齐、楚，

自归德府东界，接山东之兖、济，南直之淮、徐，皆古齐、楚地。

○西阻函谷，

洛阳西至新安，道路平旷。自新安西至潼关殆四百里，重冈叠阜，连绵不绝，终日走硖中，无方轨列骑处，其间硖石见陕州。及灵宝、阌乡，尤为险要，古之崤，函在此，真所谓百二重关也。

○南据淮，

淮水出南阳府桐柏县东南一里之桐柏山，至汝南府商城、固始县东而入南直寿州界。信阳、光州，俱在淮水之南。

〇北逾河、漳，

黄河自河南府陕州阌乡县入境，接蒲津、潼关界，至归德府虞城、夏邑县出境，接徐、兖界。漳水自彰德府磁州、涉县入境，接山西潞安府界，至临漳县出境，接北直广平府界。境内之地，皆逾河、漳已北。

〇其名山则有嵩高，

嵩高即嵩山，在河南府登封县北十里，五岳之中岳也。萃两间之秀，居四方之中，窿然特起，形方气厚，故曰嵩高。《禹贡》所云外方也。或曰：陆浑山，一名方山，盖《禹贡》之外方。《诗》：崧高惟岳。一名太室山。《左传》昭四年，晋司马侯曰：太室，九州之险也。又楚椒举曰：周幽王为太室之盟，戎狄叛之。《汉书》：武帝礼祭中岳太室，置奉邑，名曰嵩高。即今登封县。其西为少室山。戴延之《述征记》：少室高与太室相埒，相去十七里，少室山今在登封县西十七里，嵩其总名也。晋永康二年赵王伦篡窃，齐王冏等自许昌起兵讨之。伦惧，夜使人披羽衣上嵩山，伪称仙人王乔，陈述符命。永嘉三年刘渊遣子聪等犯洛阳，聪亲祈嵩山，留军围洛，洛中乘虚出击聪军，败之。后魏主嗣泰常八年如洛阳，遣使祠嵩高。又文帝宏太和二十年如嵩高，后魏主恪永平中，择嵩山形胜地立闲居寺。又魏主诩神龟二年胡太后游嵩高。孝武帝修永熙二年，狩于嵩高。《唐十道志》：河南道名山曰嵩高。高宗永淳初于山南作奉天宫。武后垂拱四年号嵩高为神岳。既而封神岳，禅少室。圣历二年幸嵩山，明年复幸焉。夫嵩高在汝、洛间，虽逼近都会，而道里少为僻远，故由来战胜攻取者或缺焉。宋嘉定八年蒙古攻金潼关不能下，乃由嵩山小路趣汝州，遇山涧，辄以铁枪相连锁接为桥以渡，遂趣汴京，金人大震。盖嵩高峻拔，望为表极，故能越险而前也。《名山记》：山高二十里，周百三十里，中为峻极峰，东曰太室，西曰少室。《述征记》：少室高八百六十丈，方十里。谓之室者，山下各有石室也。太室之峰二十四，远近齐高，无低昂之分，有凝重之势。少室之峰三十六，奇踪异迹，盖不可胜记云。

〇太行，

太行山，一名五行山，亦曰王母山，又名女娲山，在怀庆府城北二十里，接山西泽州南界，羊肠险道在焉。《禹贡》曰：太行、恒山，至于碣石。孔氏曰：二山连延，东北接碣石山也。《左传》襄二十三年，齐侯为二队，入孟门，登太行。《史记》：齐庄公二年，使栾盈间入曲沃，为内应，以兵随之，上太行，入孟门。栾盈败，齐兵还，取朝歌、孟门。贾逵曰：孟门，晋隘道。或云：即太行之陉口。司马贞谓在朝歌东北，盖以意言之。《齐语》：桓公悬车束马逾太行。《战国策》：范雎曰：北断太行之道，则上党之师不下。又曰：一军临荥阳，一军临太行，韩必请效上党之地。蔡泽谓范雎：君相秦，决羊肠之险，塞太行之口。《史记》：吴起谓魏武侯：殷纣之国，左孟门，右太行。《战国策》作左孟门，右漳、滏。又韩桓惠王十年，秦击我于太行，上党降赵。秦昭王四十四年白起攻太行道绝，而韩之野王降。又《世纪》：汤归自伐夏，至于太行。《史记》作汤归至泰卷陶。《索隐》曰：卷当为坰；陶衍文。杨慎曰：泰坰即太行，太行原有此音。《列子》作大形。《山海经》作五行之山。《淮南子》：武王欲筑宫于五行之山，周公曰：五行险固，德能覆也，内贡回矣。使吾暴乱，则伐我难矣。君子以为能持满，盖亦指太行而言。内读曰纳。汉三年，汉王数困于荥阳、成皋间，议退屯巩、洛，郦食其进曰：愿塞成皋之险，杜太行之道。后汉永平十三年登太行，幸上党。元和二年，北登太行山，至天井关。元初元年诏遣兵屯河内，通谷冲要三十六所皆作坞壁，设鸣鼓以备羌寇。盖太行北至恒山，限隔并、冀，其间谷道相通，时羌寇充斥，故于冲要处作坞壁以备之。又太行近邺，亦谓之西山。建安九年曹操围邺，袁尚自平原还救。操曰：尚从大道来，当避之；若从西山来，此成禽耳。尚果循西山而东，战败奔中山。盖太行深阻，尚有依险自全之心，故操逆知其必败。晋永嘉三年刘渊据蒲子，遣其子聪等十将南据太行，石勒等十将东下赵魏，所至残破。太元十九年后燕慕容垂伐西燕，顿军邺西南，月馀不进。慕容永以太行道宽，疑垂欲诡道取之，乃悉敛诸军杜太行口。既而垂自滏口入灭永。《述征记》：太行首始河内，北至幽州，凡百岭，诸山皆因地立名，实一太行也。连亘十三州之界。有八陉，《尔雅》：连山中断为陉：第一轵关陉，见济源县。第二太行陉，见河内县。《十六国春秋》：慕容永屯轵关，杜大行口以拒慕容垂。此二陉也。第三白陉，见卫辉府辉县。第四滏口陉，见彰德府磁州。第五井陉，在北直获鹿县，见北直重险，第六飞狐陉，在山西蔚州，见山西重险。第七蒲阴陉，在北直易州，见重险紫荆关。第八军都陉。在北直昌平州，见重险居庸关。《括地志》：太行连亘河北诸州，凡数千里，始于怀而终于幽，为天下之脊。《里道记》：自晋阳趣河内入洛阳，必经太行。太行在怀、泽间，实据南北之喉嗌。后魏主嗣泰常八年，自河内登太行至高都。见山西泽州。子攸永安三年，诛尔朱荣，使将军史仵龙等守太行岭。及尔朱兆自晋阳南下，仵龙等帅众先降，兆遂长驱入洛。东魏武定六年，高澄自虎牢济河南至洛阳，既而自太行还晋阳。隋仁寿末，汉王谅举兵并州，分遣其将余公理自太行下河内。大业三年北巡，发河北丁男凿太行山，达于并州以通驰道。继而自太原还，上太行，开直道数十里至济源。唐武德三年，世民攻王世充于东都，分遣将刘德威自太行东围河内。八年突厥寇并州，诏总管任瑰屯太行以备突厥。宝应初，以史朝义据洛阳，征回纥兵至河东。药子昂往劳军，请回纥自太行南下据河阴扼贼咽喉。不从。文德初，河南尹张全义袭河阳，节度使李罕之北走，引河东兵还攻河阳。朱全忠遣军救全义，分兵欲断太行路。河东军惧，引退。光化三年，朱全忠寇易定，李克用遣李嗣昭将兵下太行，拔怀州，攻河阳以救之。明年朱全忠攻李克用，分遣其将氏叔琮入自太行。五代汉末，郭威入汴，李骧劝刘崇疾引兵逾太行，据孟津。宋建隆初，昭义节度李筠谋举兵，从事闾丘仲卿说筠曰：公孤军举事，大梁甲兵精锐，不如西下太行直抵怀、孟，塞虎牢，据洛邑，东向而争天下。筠不能用。太祖遣石守信等击筠，敕之曰：勿纵筠下太行，急引兵扼其隘，破之必矣。三年，开太行运路，谋并北汉也。靖康元年，粘没喝陷太原，遂长驱下太行，入怀州。开禧二年，蒙古围金中都，分军循太行而南，破怀、孟。十年，蒙古使其将木华黎经略太行东西诸州军。元至正十八年，刘福通将关先生等逾太行，焚上党，大掠晋、冀以北。既而察罕帖木儿遣将关保等分兵阻隘，塞井陉，杜太行，以遏贼侵轶之道。时关先生等分军出塞外，馀党复自晋、冀南还也。明朝洪武元年，大军克元都，遂西下太行，收山西州郡。河南守将冯宗异亦渡河下怀庆，徇太行以北。夫太行为天下脊，岂止一方之险要而已。《元和志》：太行陉在怀州北，阔三步，长四十里，羊肠所经，《括地志》河内北有羊肠坂，盖即太行陉也。瀑布悬流，实为险隘。崔伯易《感山赋》曰：上正枢星，考《河图括地象》，太行为天下脊，上应枢星之精。枢星，北斗第一星也。下开冀方。逢胃而毕，自柳以张，胃、毕、柳、张，太行所值之宿也。起为名丘，妥为平冈。巍乎甚尊，其名太行。墨翟察而知骥之贵，贵，当作责。墨子上太行，将熙骥，足责也。尸佼过而辨牛之难，尸子大过，牛之难也。穆王升繇翟道而出，《穆天子传》：天子命驾八骏之乘，赤骥之驷，南征朔行，径绝翟道，升于太行，南济于河。世宗行自大河而还：阎若璩曰：世宗，疑当作孔子。孝明常登幸上党郡，在永平十三年。章帝以游至天井关。在元和二年。孟德北上纪摧轮之恐；魏武帝苦寒，行羊肠阪，诘屈，车轮为之摧。谢公西顾引忧生之端。谢灵运《平原侯植》诗有西顾太行山之句，其小序云：公子不及世事，但美遨游，然颇有忧生之嗟。阮籍失路而咏怀，嗣宗《咏怀》诗：北临太行道，失路将如何？刘峻怀人而发叹。见孝标《广绝交论》。归晋阳子惠之便道，子惠，齐高澄字。尝往晋阳道出林虑郡。语见《北史》。对二阪，祖濬之精详。羊肠阪有二处，崔赜尝以对隋炀帝。赜，字祖濬。见《隋书》。若夫或主或臣，建功立宗，尤显闻于后世，则有决羊肠之险，堑此山之道。攻荥阳，伐韩以威天下，应侯为秦昭王之谋也。据敖仓之粟，杜此山之厄，距飞狐之口，守白马之津，见北直大名府滑县。使天下知所归者，郦食其为汉高祖之谋也。逾此山入射犬，射犬，见河内县。破青犊之众，救谢躬于邺，以收复天下为心者，汉光武之谋也。济河降射犬之众，还军敖仓，属魏种以河北事，然后西向以争天下者，魏武帝之谋也。进据武牢扼其噤要，俾窦建德不能逾山入上党收河东之地，而卒以并天下者，唐太宗之谋也。夫太行之山千秋不异，则太行之险亦千秋不异矣。今山东、山西皆以太行而分。《唐十道志》于河东曰：南抵首阳、太行，于河北曰：西距太行、常山。今特详于河南者，以太行首起怀州也。

〇三崤，

三崤山，亦曰二崤，一名嵚崟山。在今河南府永宁县北六十里。其地或谓之崤渑。或谓之崤塞。《吕氏春秋》：九塞，一曰冥阨。《淮南子》作渑隘。或曰即此。《春秋》僖三十三年，晋人及姜戎败秦师于崤。《左传》崤有二陵焉。南陵，夏后皋之墓也；北陵，文王之所避风雨也。杜预曰：古道在二崤间南谷中，谷深委曲，两山相嵚，故可避风雨。《水经注》：北陵山径委深，峰阜交荫，故可以避风雨。《公羊传》云：崤之嵚岩。《穀梁传》云：崤岩崟之下。按《史记》：秦缪公三十三年，潜师袭郑。蹇叔、百里奚谓其子西乞术、孟明视曰：汝军即败，必于崤阨矣。师还，晋遮秦兵于崤，击之，无一人得脱者。《战国策》所称渑隘之塞也。秦昭王初，楚围雍氏，雍氏禹州。秦下师于崤以救韩。张仪说赵曰：秦军军于渑池，《地志》：崤底一名渑池，又名崤坂，在永宁县西北七十里，崤谷之底也。愿渡河逾漳，战邯郸下。苏代谓甘茂：自崤塞至鬼谷，今陕西三原县西北二十里有清谷，即鬼谷也。一作槐谷，谓槐里之谷，即今陕西兴平县。其地形险易，皆明知之。又秦昭王二十八年，使使者告赵王，愿为好会于河外渑池。汉景帝三年，吴楚叛，周亚夫出关讨之。赵涉说曰：吴王怀辑死士，必置奸人于崤渑厄鲜间。亚夫因出武关而东。又王莽命王奇曰：殽渑之险，东当郑、卫。后汉建武三年，赤眉自三辅引而东。帝令诸将屯渑池以要其东，使冯异击其西，异大破赤眉于崤底。建安十年，高幹举兵并州，河内张晟遂寇崤渑间，弘农张琰亦起兵应之。十九年，庞德破贼张白骑于两崤间。《水经注》：崤有盘崤、石崤、千崤之山。是为三崤。又盘崤之山，崤水出焉；石崤之山，石崤水出焉；千崤之山，千崤水出焉。其水皆北流入河。所谓崤有二陵，则石崤之山也。自汉以前，率多由此。建安中，曹公西侵巴、汉，恶南路之险，更开北山高道，自后行旅皆从之。山侧附路有石铭云：晋太康三年，弘农太守梁柳修复旧道。大崤以东，西崤以西，明非一崤也。《括地志》：文王所避风雨，即东崤山，俗亦号为文王山，在夏后皋墓北可十里许。其山幽深可荫，有回谿阪，亦曰回坑，即冯异与赤眉战处。行者畏之。曹公开北道，嗣后遂以北道为大路。晋太宁三年，后赵石生屯洛阳，寇掠河南。刘曜使其党刘岳趣孟津，呼延谟自崤渑而东，合诸军攻洛阳。兴宁三年，燕慕容恪陷洛阳，略地至崤渑，关中大震。秦苻坚自将屯陕城以备之。义熙十三年，刘裕伐秦，檀道济等由许、洛军渑池进攻潼关。秦将姚绍出战而败，自潼关退屯定城，定城，见陕西华阴县。遣姚鸾屯大路，以绝道济粮道，大路，即三崤路。先是绍遣胡翼度据东原，与大路相为唇齿，皆据险以绝饷道也。沈林子袭斩鸾。宋元嘉二十七年，将军庞法起等攻陕城，城险固难克。魏洛州刺史张是连提度崤赴救，薛安都击斩之，陕城遂下。后魏永熙三年，高欢自晋阳犯洛，宇文泰使别将李贤自关中将骑赴援，会魏主西走，遇于崤中。西魏大统四年，宇文泰援金墉，战于邙山，寻败还。高欢自孟津济河，遣别将追魏师至崤，不及。既而韦孝宽袭破东魏将段琛等于宜阳，崤渑遂清。杜佑曰：自魏晋以来，二崤皆由北道。后周初，更复南移。《隋纪》：大业初建东京，废二崤道，开葼册道。此仍废南道，开北道也。胡氏曰：历考东西二京往来缘道离宫，杂出于隋唐所置者，俱不载所谓棕楠册道。《山海经》云：夸父之山，多棕楠，其北曰桃林。今山在湖县西九里，或者棕楠讹为棕楠册欤。废湖县，今见阌乡县。九年，杨玄感攻东都，代王侑遣卫文昇自长安赴救。文昇鼓行出崤渑，直趣东都城北，与玄感相持。唐武德初，复开南道。贞观十四年，又废。大约出潼关，历陕州，入永宁界，又东，分为二道：东南入福昌县界，今宜阳县。此即南道。东北入渑池县界。此即北道。开元五年，幸东都，过崤谷，以道隘不治，欲罪有司，以宋璟谏而止。上元二年，史思明败李光弼于邙山，欲乘胜入关，使其子朝义为前锋，自南道袭陕城。思明自北道将兵继之。朝义至礓子坡，一作礓子岭，见陕州。为卫伯玉所败。后唐清泰末，石敬瑭引契丹趣洛阳，渡河，虑唐主西奔，遣契丹千骑扼崤黾。一作黾池。《元和志》：自东崤至西崤，长三十五里。东崤长坂数里，峻阜绝涧，车不得方轨；西崤纯是石阪十二里，险不异东崤。此二崤皆在秦关之东，汉关之西。指函谷新旧关而言。《舆地广记》：二崤山连入硖石界，自古险阨之地也。硖石，在陕州东南七十里。宋建炎二年，金人自同、华东走，石壕尉，即旧崤县，见永宁。李彦先保三寨，即三崤。屡败金师，复陕州及绛、解诸县。元至正十六年，汝、颍贼李武等陷陕州，断崤、函，欲趣秦、晋。察罕帖木儿夜拔崤陵，立栅交口。交道之口。贼运南山粟给食固守。察罕袭破其灵宝城，贼乃弃陕州，度河北遁。今自新安以西，历渑池、硖石，渑池县至硖石驿七十里。陕州、灵宝、阌乡，而至于潼关，凡四百八十里。其地皆河流翼岸，巍峰插天，绝谷深委，峻坂纡回。崤、函之险，实甲于天下矣。

○底柱，底，一作砥。

底柱山，亦曰三门山，在今河南府陕州城东南十里、山西平陆县东南五十里大河中。《禹贡》：导河至于底柱。《水经注》：禹治洪水，山陵当水者凿之，故破山以通河，河水分流，包山而过，山见水中若柱然，故曰底柱。《元和志》：禹凿底柱，二石见于水中，若柱然。河水至此，分为三派，流出其间，故亦谓之三门。《陕志》：三门，中神门、南鬼门、北人门。惟人门修广可行舟；鬼门尤险，舟筏入者鲜有得脱。三门之广，约三十丈。其东百五十步，有峰特立，斯为底柱。自底柱而下，至五户滩，其间一百二十里，夹岸巍峰重岭，干霄蔽日，盖亦禹所凿以通河者。冲湍激石，有一十九滩，水流迅急，势同三峡，破坏舟船，自古所患。汉武帝时，河东守番系言，漕从山东西，岁百馀万石，更底柱之艰，败亡甚多而烦费。鸿嘉四年，以河水决溢为患，杨焉上言：河从上下，底柱险隘，可镌广之。乃令镌之。才没水中不能复去，而令湍流沸怒，为害弥甚。是年秋，勃海、清河、信都河水溢。后汉兴平二年，李傕等寇长安，帝幸陕，别将李乐欲令车驾御船过底柱，出孟津。杨彪以为河道险艰，非万乘所宜乘，乃止。曹魏景初二年，以底柱道险，遣寇兹浚冶。晋泰始三年，复遣乐世帅众修凿，功卒不集。隋开皇三年，遣韦瓒自蒲、陕以东募人能于洛阳运米四十石，经底柱之险，达于常平者，常平仓置于陕州。免其征戍。十五年，诏凿底柱。大业七年，底柱崩，偃河逆流数十里。唐贞观二十年幸河北，河北，今山西平陆县。观底柱，令魏徵勒铭。是时自洛到陕皆运于陆，自陕至京，乃运于水，以避底柱之险也。显庆元年，苑西监褚明议凿三门山为梁通陆运，功不成。后大匠杨务廉又凿栈以挽漕舟，人以为苦。开元二十一年，转运使裴耀卿以关中用度不给，请于河口置仓，即武牢仓。使吴船至彼，即输米而去，官自雇载，分入河洛。又于三门东西各置一仓，至者贮纳，水险则止，水通则下。或开山路车运而过，则无复留滞，省费钜万。从之。明年，遂于三门置仓，东曰集津，西曰盐仓，亦名三门仓。漕舟输其东仓，而陆运以输西仓，凡凿山十八里以陆运。复以舟漕达关中，避三门水险。初，舟运江淮粟至东都含嘉仓，陆运三百里至陕。自耀卿建议，既避水险，而陆运庸钱亦省数十万缗。二十九年，陕州刺史李齐物，请凿底柱为门以通漕，开山巅为挽路，沃醯而凿之。天宝元年，上言三门运渠成。然弃石入河，水益湍怒，不能入新门，候水涨以人挽舟而上。未几益阻涩，不可行舟。贞元二年，李泌为陕虢观察使，益凿集津仓山西径为车道十八里，属于三门仓，盖即裴耀卿故道。时泌又为入渭船，方五板，输东渭桥太仓。人以为便。宋乾德元年，诏重凿底柱三门。庆历中陕西用兵，欧阳修请案耀卿旧迹，以通漕运。政和五年，蔡京建议，凿大伾、三山两河，创天成、圣功二桥，役夫数十万，才成而水涨桥坏。前朝天顺中，杨鼎言：黄河乃汉唐漕河，即今盐船木筏，往来不绝。其间虽有三门、析津之险，而古人倒仓之法为当。三门之上有小河，仅通延绥。如以所运粮草，各贮水次，通流儹运，庶几军饷可足。许进亦言：黄河自陕州而上，至绥德近境，春初皆可舟行。若计沿河郡县，改征本色，水陆接运而上，榆林可以少苏。盖黄河在山、陕之间，龙门为险，龙门，见陕西韩城、山西河津县。而在晋、豫之交，底柱为阨也。

○其大川，则有大河、

河南境内之川莫大于河，而境内之险亦莫重于河，境内之患亦莫甚于河。盖自东而西，横亘几千五百里。其间可渡处，约以数十计，而西有陕津，见陕州大阳津。中有河阳，见下河阳三城。东有延津。白马以西数十里间，皆谓之延津。今延津县亦因以名。自白马变为平陆，而延津之险，移于中滦。又东则黄陵冈、埽场口，亦常尝为津要。白马见北直滑县。中滦，见封丘县。黄陵冈见仪封县。埽场口，见山东鱼台县。自三代以后，未有百年无事者也。至巩、洛以东，河流屡变，兆端于周，浸淫于汉，横溃于宋。自宋至今，安流不可得而数见矣。今由潼关以东，历阌乡、灵宝、陕州之北，又东经渑池、新安县北，过河南府北邙山下，历孟津、巩县北，与怀庆府济原、孟县、温县、武陟县分界，又东历汜水、河阴、荥阳、荥泽、原武、中牟县，而经开封府北，与河北卫辉府之获嘉、新乡、胙城及阳武、封丘分界，又东历兰阳、仪封县北，又东为睢州、考城县及归德府北，又东为虞城、夏邑县北，而与山东、南直接界。详见川渎异同。

〇淮水、

淮水自南阳府桐柏县，流经信阳州北，又东历罗山县北、确山县南，又东流经真阳县、息县南及光山县、光州、固始县北，而入南直颍州界。其地居淮南上游。自古争淮南者，必争淮西；争淮西，必争于义阳、建安之间，建安，详固始县。盖南北襟要凭焉，不特一面之险也。《汉志》：淮水过郡四，谓南阳、汝南、九江、临淮也。行三千二百四十里。疑远。今详见川渎异同。

〇汴水、

汴水，即《禹贡》之灉水，所谓河出为灉也。春秋时，谓之邲水。邲音汳，即汴字。后避反字改为卞。宣十三年，晋楚之战，楚军于邲，即是水也。《水经注》：济水东合荥渎。济水于此亦兼邲之称。其地盖即荥口受河之处。今在河阴县西。秦汉间曰鸿沟。《史记》：荥阳下引河东南为鸿沟，以通宋、郑、陈、蔡、曹、卫，与济、汝、淮、泗会于楚。孔氏曰即汳水也。汳水首受济，东南与淮通。《汉志》谓之狼荡渠。前汉平帝时，汴河决坏。至明帝永平中，浸淫益甚，遣王景、王吴修筑，绝水立门，河汴分流，复其旧迹。亦曰荥阳漕渠。《说文》：汴水受陈留浚仪阴沟，狼荡渠，亦曰阴沟。至蒙今南直蒙城县，为灉水，东入于泗。《元和志》：禹塞荥泽，开渠以通淮、泗。汉永平中，命王景修渠，景所修筑，谓之渠堤。岁久湮废。晋末，刘裕灭秦，发长安，自洛入河，开汴渠而归。其后复塞。隋大业初，更开导，名通济渠，西通河、济，南达江、淮。唐自天宝以后，汴水湮废。广德二年，时漕运者皆自江汉抵梁洋，迂险劳费。乃命刘晏为河南江淮以东转运使，开汴水以通运，自是岁运米数十万石给关中。唐末，汴水溃决，埇桥东南埇桥，见南直宿州，悉为污泽。周显德二年，方谋伐唐，命武宁帅武行德发民夫因故堤疏导之，东至泗上。五年，浚汴口，导河流，达于淮，江淮舟楫始通。胡氏曰：此即唐时运路。江淮割据，漕运不通，水路堙塞。今复浚之。宋太平兴国中，汴水决溢不时。至道元年，诏张洎等讲求汴水疏凿之由。洎言，汴水横亘中国，首承大河，漕引江湖，利尽南海，半天下之赋，由此而进。禹初于荥泽下，分大河为阴沟，出之淮、泗，至浚仪西北，复分二渠。二渠，详见祥符县鸿沟注。其后或曰鸿沟，始皇疏之以灌魏都者也。或曰莨菪渠，莨菪，渠作狼荡，又为莨荡。自荥阳五池口，五池口，见中牟县。来注鸿沟者是也。或曰浚仪渠。汉明帝时，循河水故渎作渠，渠成，流注浚仪者是也。《水经注》：汉末，河入汳，灌注兖、豫。永平中，导汴水，绝河而受索。或曰石门渠，灵帝建宁四年，于敖城西北垒石为门，以遏渠口者是也。石门渠东合济水，与河渠东注，至敖山之北，敖山，见河阴县。而兼汴水，又东至荥阳北，而旃然之水，东流入汴。旃然水，见荥阳县。荥阳之西，有二广武城。汴水自二城小涧中东流而出，济水至此乃绝。惟汴渠首受旃然水，谓之鸿渠。桓温将通之而不果。晋太和中，桓温自兖州伐燕。郗超曰：道远，汴水又浅，恐漕运难通。盖兵乱之馀，汴水填淤，未经浚治而浅也。刘裕伐秦浚之，始有湍流东注。而岸善崩溃，裕更于北十里疏凿以运漕者，义熙十三年也。《水经注》：刘公命刘遵考漕此渠，而山崩壅塞，乃于渠北十里更凿故渠通之。皇甫谊发河南丁夫百万开之，起荥泽入淮千馀里，更名曰通济渠者，隋大业三年也。陈无己曰：隋大业初，合河、索为通济渠，别而东南入于淮。今于畿为白沟，于宋为沙，于单为石渠，于徐为汳，而入于南清。裴耀卿言，江南租船，自淮西北溯鸿沟，转输河阴、含嘉、太原等仓，河阴县有河阴仓，东都有含嘉仓，陕州有太原仓。凡三年，运米七百万石者，唐开元之二十三年也。唐初，改通济渠为广济渠。开元末，河南采访使齐浣以江淮漕运，经淮水入汴，淮流湍激，多损坏，遂浚广济渠下流，自泗州虹县，至楚州淮阴县北八十里，合于淮。功毕而水流迅急，不可行，乃废。又贞元十四年，董晋作汴州东西水门。时晋为宣武帅。五代汉乾祐三年，河决郑州，卢振请修汴河立斗门以备旱潦。振上言：汴河两岸，堤堰不坚，每岁溃决，正当农时，劳民役众。莫若沿汴水，访河故道陂泽处，立斗门，水涨溢时以分其势，即潦水无漂没之患，旱则兼收灌溉之饶。周显德四年疏汴水北入五丈河。五丈河，见后。六年命王朴如河阴案行河堤，立斗门于汴口；又命韩令坤自大梁城东导汴水入蔡水，以通陈、颍之漕；命袁彦导汴水入五丈渠，以通青、郓之漕。蔡水，见后。宋建隆二年，导索水，自旃然与须水合。索水、须水，见荥阳县。入于汴，谓之金水河。金水河，本京、索水，导自荥阳县东南黄堆山，其源曰祝龙泉，过中牟曰金水河。宋漕运四渠之一也。诏河阴汴口，每岁均节水势，济江淮漕运。《宋国史》：太平兴国三年，浚汴口。四年，名汴河水门曰上善、通津、大通。汴水入城西大通门，分流出城东上善、通津门。九年，又治汴堤。淳化二年汴决，景德三年汴溢，皆筑堤塞之。大中祥符二年，汴水溢，诏遣使相度。《宋会要》：时自京至郑州，汴水浸溢道路，诏减汴口水势。既而水减阻漕，乃复浚汴口。四年，白波发运判官史莹，请于汜水县东孤柏岭下，缘南岸山趾，开汴口以均水势。会内臣阎从翰请于下流开减水四道，以防泛溢，从之。莹议寝。寻又于中牟、荥泽各开减水河，而浚渠修堤之役，以时间举。八年，马元方请浚汴河中流，阔五丈，深五尺，可省修堤之费。诏相度修治，因浚泗州夹冈一带。天圣三年，汴水浅涩，诏疏河口。四年，复以涨溢为患，诏度京城西贾冈陂地，泄之于护龙河。嘉祐六年，都水监奏：汴河自泗州至南京今归德府，道直流驶，不复须治；自南京以上至汴口，水散漫多浅。请自南京都门三百里，修狭河木岸，扼束水势。从之。功成而人以为便。《会要》：嘉祐初，自京至泗州，俱置狭河木岸。熙宁四年，于故河口西创开訾家口，《宋志》：汴首受黄河之处，在河阴县南。每岁自春及冬，常于河口均调水势，止深六尺，以通行重载为准。然大河向背不常，故河口岁易。易则度地形相水势，为口以逆之。訾家口，在河阴县石门之西，近汜水县界。才成而淤，乃复开旧口。《宋史》：时有应舜臣者上言新口在孤柏岭下，当河流之冲，其便利可常用勿易。水大，泄以斗门，小则为辅渠于下流以益之。王安石善其说。后三年，河水壅溢，积潦败堤，提举汴口官王琉请塞訾家口而留辅渠。八年，侯叔献复浚訾家口。既而汴水大涨，乃复闭之。六年，都水丞侯叔献言：汴河两岸，沃壤千里，牧地废田二万馀顷。欲稍置斗门，泄其馀水，分为支渠，及引京索河，并三十六陂以溉田。三十六陂，俱在汴南。既而祥符、中牟之民，大被水患。又汴河数淤，常至绝流，公私大困。八年，议因故道凿渠置闸，酾汴水入蔡河通漕。元丰初，张从惠言：汴河岁闭塞，修堤防劳费。往有建议导洛入汴，患黄河啮广武山，见河阴县。须凿山岭十数丈以通汴渠，功大不可为。去年七月水退，河稍北，距广武山麓七里。退滩高阔，宜凿渠导洛，为万世利。都水丞范子渊请于汜水镇北门导洛，为清汴通漕。既又言：河阴十里店以西至洛口，地形西高东下，可行水。请起自巩县神尾山，即龙尾山。见巩县。至士家堤，筑大堤四十七里，以捍大河；起沙谷，亦在巩县东。至河阴十里店，穿渠五十二里，以引洛属汴。于是遣内侍宋用臣等相视兴役，自任村沙口，任村，在汜水县西南。至河阴县瓦亭子，达汴口，接运河，长五十一里，每二十里置束水一，以刍楗为之，节湍急之势。两岸为堤，长一百三里，时又引古索河为源，注房家、黄家、孟家三陂及三十六陂高印处，潴水为塘以备洛水不足，则决以济之。又自汜水关北开河五百五十步，属于黄河，上下置闸启闭，以通黄汴二河船筏。又即洛河口置水澾，以泄伊洛涨水入大河。其古索河等暴涨，则即魏楼、荥泽、孔固三斗门以泄之。仍修黄河南岸堤埽，以防侵夺新河之渐。于是闭汴口，徙官吏于新洛口。自是汴洛通流。三年，兴修狭河六十里。时以洛水入汴至淮，河流漫阔，多浅涩，因修狭河以扼束之。五年，又自汴河北引洛水入禁中，赐名天源河，于城西咸丰门立堤，凡三千三十步。是年，又废金水河透水槽，以阻碍汴舟也。六年，范子渊请筑新堤及开展直河。子渊请于武济山麓至河岸并嫩滩上，修堤及压埽堤，又筑新堤于新河两岸，及开展直河长六十里。明年，武济河溃，诏纵其分流，止护广武三埽。武济，即广武北山。嫩滩，新滩也。元祐初废水匮。时苏辙言：汴口以东州县所置水匮，徒费损民田。清汴水流自足，未曾取以灌注，乞尽废以便失业之民。从之。五年，复导河入汴。四年，梁焘上言：广武山北，即大河故道，旧洛水至此入河，今辟大河于堤北，攘其地以引洛，中间缺为斗门，名通舟楫，实盗河以助洛之浅涸也。广武三埽，岁费无虑数百万，新沙疏弱，力不能制悍河。倘怒流循洛而下，直冒京师，是甘以数百万之费，养异时万一之患。宜复为汴口，导引大河，启闭以时，诚为得策。至是，从之。绍圣初，绍述议起，因复闭汴口，引洛水。《宋史》：自引洛后，洛水涨溢入河，广武埽危急。朝议以埽去洛河不远，恐涨漫下灌京师，诏都水丞冯忱之相度，筑栏山签堤。既而洛水大溢，注于河。帝曰：若广武埽坏，河洛为一，则清汴不通，京都漕运可忧。诏吴安持等规度。安持言：广武第一埽危急，决口与清汴口绝近，缘洛河之南广武山千余步，地形稍高。自巩县东七里店至今洛口不满十里，可别开新河，导洛水近南行，地里至少，用功甚微。诏再按视。李伟复言：自武济以下二十里神尾山，乃广武埽首所起，约置刺堰三里馀就武济河下尾废堤枯河基址，增修疏导，回截河势东北行，留旧埽作遥堤，可以纾清汴下注京城之患。复诏宋用臣等覆按。四年，杨琰乞依元丰例减放洛水入京西界大白龙坑及三十六陂充匮，以助汴河行运。诏贾种民等相度。种民言：元丰改汴口为洛口，汴河为清汴，以取水于洛也，复匮清水，以备浅涩而助行流。元祐间，却于黄河拨口分引浑水，令自达上流入洛口，比之清洛，难以调节，请一依元丰旧制。从之。**宣和初大水，汴堤决坏，诏复修治。**时河水涨入都城以西，漫为巨浸，东决汴堤，汴水将溢，诸门皆城守，奔流东南注。有司募人决水下流，由城北五丈河中通梁山泺而止。既而以汴河淤浅，堤岸隤损，复诏兴修。靖康初，汴河上流为盗所决数处，塞久不合，运河干涸，纲运不通，责都水措置，寻复旧。**夫汴河本自大河支分，宋元丰中每事更张，汴洛亦不获循其故道矣。**梁焘言：洛水本清，自引洛入汴之后，汴常黄流，是洛不足以行汴。而所以能行者，乃附大河之馀波也。又旧汴洛未通，汴口折大河三分之一。导洛而后，洛口所窃大河之水十分之一耳。河流尽北，则河北多溃决之虞；若回薄洛口，则京师又有湮溺之虑，故不如复汴口为长策也。其言甚深切，而时不能寤。又沈括曰：国朝汴渠，发京畿附郡三十馀县岁一浚。祥符以后三岁一浚。其后益弛，汴渠有二十年不浚者。岁岁湮淀，东城东水门下至雍丘襄邑，渠底皆高出堤外平地一丈二尺。自堤下瞰民居，如在深谷。此决溢之患所以日多也。张方平曰：漕运以河渠为主。明初，浚河渠三道，通京城漕运。自后定立上供军额，汴河六百万石，广济六十二万石，惠民六十万石。惟汴河所运供京师亿万口之需。国家于漕河至急至重，而汴河又建国之本，非可与区区水利同言也。苏轼曰：世谓炀帝始通汴入泗，非也。晋王濬伐吴，杜预与之书曰：自江入淮，逾于泗汴，自河而上，振旅还都。王濬舟师之盛古今绝伦，而自汴溯河以班师，则汴水之大小，当不减于今矣。今考汴河故道，自河阴县东北十里广武涧中东南流，过阳武、中牟县界，至开封府城南，东流过陈留、杞县北，又东过睢州北、考城县南、宁陵县北，而东经归德府城南。自隋以前，自归德府界东北流，达虞城、夏邑县北，而入南直徐州界，过砀山县北、萧县南、至徐州北合于泗。自隋以后，则由归德府境东南流达夏邑、永城县南，而入凤阳府宿州界，东南流经灵壁县及虹县南，至泗州两城间而合于淮。宋时，东南之漕，大都由汴以达于畿邑，故汴河之经理为详。南迁以后，故都离黍，江淮漕运自是不资于汴，于是汴河日就湮废。金人虽常都汴，而周章匆遽，亦欲经理漕渠，自泗通汴，宋嘉定十五年，金元光元年也，议引汴通漕，不果。卒未遑也。明初，议建北京于大梁，规画漕渠，以浚汴为先务。洪武六年浚开封漕河，即汴河也。既而中格。自是河流横决，陵谷倒置，汴水之流，不绝如线，自中牟以东，断续几不可问矣。

〇洛水、伊瀍、涧附见。

洛水，出陕西西安府商州南六十里之冢岭山，经洛南县东北流入河南卢氏县西南境，又东北经永宁县、宜阳县南，而入洛阳西南境。又东则涧水流入焉。涧水之上源曰穀水，出渑池县南山中穀阳谷，东北流经县南，又东北至新安县南，又东北而涧水合焉。涧水出渑池县东北二十三里之白石山，东流合穀水，遂兼有穀水之称。引而东又折而南，俱至府城西故苑中入于洛。洛水又东经故洛阳城南，而瀍水入焉。瀍水出洛阳县西北五十里之穀城山，东流经府城北，至洛阳故城西，而南流入洛。东汉以后，则经洛阳故城东，又东南经偃师县南，又东而复入于洛也。洛水自洛阳故城南，又东至偃师县西，而伊水入焉。伊水出卢氏县东南百六十里峦山，一名闷顿岭。《汉志》：熊耳山在卢氏县东，伊水所出。《水经注》：伊水出南阳县西荀渠山。《六典》谓商州之熊耳，非也。商州熊耳在冢岭西北，则伊水在洛水北矣。颜师古曰：伊水出陆浑山，山，伊水所经，非所出也。东北流历嵩县南，经汝州伊阳县西，又东北至府城东南，又东至偃师县西而入洛。洛水又东北流，至巩县北入于大河。《禹贡》曰：伊、洛、瀍、涧，既入于河。又曰：导洛自熊耳，见卢氏县。东北会于涧、瀍，又东会于伊，又东北入于河。《周书·洛诰》：我乃卜涧水东，瀍水西，惟洛食。卜王城也。我又卜瀍水东，亦惟洛食。卜下都也。《周语》：伯阳父曰：昔伊洛竭而夏亡，河竭而商亡。又周灵王二十三年，穀洛斗，将毁王宫。涧水于是始有穀水之名。战国时，以河、洛、伊为三川，故张仪曰：三川周室，天下之市朝也。秦因之置三川郡。汉吕后三年，伊、洛溢。《汉志》：时二水溢，流千六百馀家。东汉初，定都洛阳。建武二十三年，张纯引洛水通漕，谓之阳渠。堰瀍、穀之水，自洛阳城北东屈而南曰千金渠，会于阳渠。自是瀍、穀非复故流矣。曹魏文明之世，大营宫殿，分引支流，灌注苑囿。延及晋代，川谷渐移。及元魏迁都，更复营治。太和七年，穀水自河南城北合瀍水乱流，而城西之支渠遂绝。大约时所务者，都邑之漕渠而已。及隋大业九年，改建东都，并河南洛阳而一之，大变成周之辙，而通济之渠复起。于时又以穀洛二水周匝都城为急，故复引穀南流以会于洛，从城西绕城而南以达于城东，经偃师巩县之间，而注于洛口。其千金、九曲之故迹，汉千金渠，后魏为九曲渎。又未尝过而问也。《汉志》注：洛水自冢岭至巩入河，过郡二，弘农、河南。行千七十里。《唐十道志》：河南大川曰洛水。自贞观以后，伊、洛二诸川往往决溢，为东都患，《唐志》：贞观十一年，穀洛水溢入洛阳宫，又洛水漂六百余家。永徽六年，洛水毁天津桥。永淳元年，洛水溢坏天津桥及中桥，漂居民千余家。如意元年，洛水溢坏永昌桥，漂居民四百余家。未几，复溢，漂居民五千余家。圣历二年，大雨，洛水坏天津桥。神龙元年，洛水溢，坏居民二千余家。三年，洛水坏天津桥，溺死数百人。开元四年，洛水溢，沉舟数百艘。五年，瀍水溢，溺死千余人。八年，穀水溢入西上阳宫，宫内人死者什七八，畿内诸县，田庐荡尽。十年，伊水溢，毁东都城东南隅。十五年，涧穀溢，毁渑池县。十八年，瀍水溺扬、楚等州租船，洛水坏天津、永济二桥及居民千余家。二十九年，伊、洛及支川皆溢，害稼，毁天津桥及东西漕、上阳宫仗舍，溺死千余人。天宝十三载，东都瀍、洛溢，坏十九坊。广德二年，洛水溢，漂二十余坊。大历元年，洛水复溢。咸通元年，东都暴水，自龙门毁定鼎、长夏等门，漂溺居人。继而洛水溢孝义桥，深三丈，破武牢关、金城门、汜水桥。六年，东都大水，漂坏十二坊，溺死者众云。于是屡费修塞。《宋志》：洛水贯西京，多暴涨。然唐宋皆以洛邑为陪京，渠堰之利，大抵皆因旧制，补偏救弊而已，无赫然可纪者。《唐六典》：天下造舟之梁四，河三洛一。河则蒲津、见山西重险。大阳、见陕州。盟津，见后河阳三城。洛则孝义。在偃师县。石柱之梁四，洛三灞一。灞桥，见陕西西安府。洛则天津、在府城西南。永济，在宜阳县。中桥，亦名洛中桥在府城东南。灞则灞桥也；大柱之梁三，三渭桥也。俱见西安府。举京都之冲要，为巨梁者凡十有一，而洛居其四云。

〇颍水、蔡河、五丈河俱附见。

颍水源出河南府登封县东二十五里阳乾山，流经开封府禹州北入许州界，经襄城县北亦谓之渚河。又东经临颍县北，又东经西华县北，陈州之南，又东经项城县南，沈丘县北，接归德府鹿邑县南境，而合于蔡河。蔡河首受汴，自祥符县东南，通许县西，尉氏、扶沟县之东境，太康县之西境，至鹿邑县南，而合于颍河，谓之蔡河口。《水经注》：莨荡渠自中牟东流至浚仪县分为二水，南流曰沙水，东注曰汴水。魏收曰：汴水在大梁城东分为蔡港。《续述征记》：汴沙到浚仪而分，汴东注，沙南流。沙即蔡也，颍水合蔡亦兼有沙河之称。自鹿邑县东南流入南直凤阳府界，经太和县及颍州之北，颍上县之东南，当寿州西北正阳镇而入淮，谓之颍口。《汉志》注：颍水历郡三，颍川、淮阳、沛郡。行千五百里，自古用兵之地也。《左传》：襄十年，晋帅诸侯伐郑，楚救郑，晋师进与楚夹颍而军，郑人宵涉颍与楚盟。此即今禹州北之颍水。三国魏黄初五年，曹丕为水军，亲御龙舟，循蔡、颍浮淮，如寿春，将以伐吴。正始四年，司马懿欲广田蓄穀于扬、豫间，使邓艾行陈、项以东至寿春。艾以为：昔太祖破黄巾，因为屯田，积谷许都以制四方。今三隅已定，事在淮南，每大军出征，运兵过半，功费巨亿。陈、蔡之间，土下田良，可省许昌左右诸稻田，并水东下。胡氏曰：汝水、颍水、莨荡渠水、涡水，皆经陈蔡间东入淮。令淮北屯二万人，淮南屯三万人，什二分休，常有四万人且田且守，益开河渠以增灌溉、通漕运。计除众费岁合五百万斛，以为军资。六七年间，可积三千万斛于淮上。此则十万之众五年食也。以此乘吴，无不克矣。懿善之。遂北临淮水，自钟离以南，钟离，今南直凤阳府治。横石以西，横石，一作硖石。见寿州。尽沘水四百余里，沘水即，渒水。见固始县及南直六安州、寿州境。五里置营，营六十人，且田且守。兼修广淮阳、百尺二渠，淮阳、百尺渠，俱在陈州。上引河流，下通淮颍，大治诸陂于颍南颍北，穿渠三百里，溉田二万顷。淮南淮北，仓庾相望。自寿春至京师农官屯兵，鸡犬之声，阡陌相属。每东南有事，大兵出征，泛舟而下，达于江淮，资食有储而无水害，艾所建也。晋太元八年，苻坚大举入寇。坚至项城，苻融等将兵先至颍口。唐建中二年，田悦、魏博帅、李惟岳、恒冀帅、李纳、淄青帅。梁崇义襄邓帅。拒命，举天下兵讨之，诸军皆仰给京师，而李纳、田悦兵守涡口，见南直怀远县。崇义扼襄邓，南北漕引皆绝。江淮转运使杜佑以秦汉运路出浚仪西十里，入琵琶沟，绝蔡河，至陈州而合颍河。自隋凿汴河，官漕不通。若道导流培岸，功用甚寡，疏鸡鸣冈首尾，尉氏县有鸡鸣城。或曰今南直合肥西北之鸡鸣山，淝水出焉。可以通舟，陆行才四十里，则江湖、黔中、岭南、蜀汉之粟可方舟而下，由白沙见南直仪真县。趣东关，在南直巢县。经庐、寿，浮颍涉蔡，历琵琶沟入汴河抵东都，无浊河溯淮之阻，佑盖欲由大江通淝水，由淝水达蔡河。减故道二千馀里。会李纳将李洧以徐州归朝，时涡口属徐州。淮路通而止。三年，淮西帅李希烈叛，徙镇许州，与李纳相结，绝汴渠饷道。由是东南转输者，皆不敢由汴渠自蔡水西上。宣武节度使李勉，因治蔡渠，引东南馈。元和十一年讨吴元济，初置淮颍水运使。杨子院米自淮阴溯淮入颍，至项城入溵，输于郾城，以馈淮西行营诸军，省汴运之费。《旧史》：时运米溯淮至寿州，四十里入颍口，又溯流至颍州、沈丘界，五百里至于项城，又溯流五百里入溵河，又三百里输于郾城。凡历千三百馀里，盖迂言之。五代周显德四年攻唐淮南。先习水战于大梁城西汴水侧，至是命将王环将水军数千，自闵水沿颍入淮，闵水亦蔡河之异名。唐人大惊。六年，自大梁城东导汴水入于蔡，韩令坤浚。以通陈、颍之漕。宋建隆二年浚蔡渠，先是元年浚蔡河设斗门。至是复命陈承昭督其役。导闵水自新郑与蔡水合，此闵水，谓蔡河上流溱、洧诸川也。贯京师南历陈、颍达寿春，以通淮右之漕。舟楫毕至，都人利之，于是以西南为闵河，东南为蔡河。乾德二年，又凿渠自长社，今许州。引潩水至京师，潩水亦见许州。合闵水。渠成民无水患，闵河之漕益通。开宝六年，改闵河为惠民河，太平兴国四年，名城南惠民河，水门曰普济、广利。为漕运四河之一。端拱初，陈尧叟等言：汉、魏、晋、唐，于陈、许、邓、颍暨蔡、宿、亳至于寿春，用水利垦田，陈迹具在。今用古法大开屯田，以通水利，导沟渎，筑防堰，每屯千人，人给一牛，治田五十亩，亩约收三斛，岁可收十五万斛；七州之间，置二十屯，可得三百万斛，因而益之数年可使仓廪充实，省江淮漕运矣。议不果行。淳化二年，以潩水泛溢，自长葛开小河，导溵水分流二十里，合于惠民河。至道初大理丞皇甫选言：邓、许、陈、颍、蔡、宿、亳七州境内，有公私闲田三百五十一支，合二十二万馀顷，民力不能尽耕，皆汉魏以来召信臣、杜诗、杜预、司马宣王、邓艾等立制垦辟地有陂、塘、防、埭旧址，即不能照旧增筑，宜择其堤防未坏可兴水利者，先耕二万馀顷，他处渐图建置。从之。未几复罢。咸平二年，霖雨，蔡河溢，开封守寇准治丁冈古河泄导之。在府城东南。大中祥符二年，陈州请自许州长葛浚减水河及治枣村旧河在临颍县，以入蔡河，从之。既又于顿固减水河口修双水门，在商水县南。以减陈、颍水患。九年，知许州石普请于大流堰穿渠，在尉氏县。置二斗门，引沙河以漕。天圣二年，复修大流堰斗门，开减水河通漕。《宋志》：时田承说献议重修许州合流镇大河堰斗门，创开减水河通漕，省迂路五百里。嘉祐三年，开京城葛家冈新河，分入鲁沟。鲁沟，见陈留县，时秋霖水溢，为京城患也。熙宁九年，于顺天门外，汴城西南门。通直河至染院后入护龙河，即城壕。至咸丰门南，城西北门。入京索河。元祐四年，知陈州胡宗愈议浚八丈沟，在陈州。分蔡河之水为一支，由颍、寿入河。诏经理之。大观初复开溵河入蔡河，蔡河盖兼闵水、溵水以通漕舟也。欧阳忞曰：蔡河即古之琵琶沟。胡氏曰：琵琶沟，自东京戴楼门入，南面西来第一门，本名安上门。京城宣化水门出，南面东来门也。投东南下，经陈州，过鹿邑县界蔡河口而入颍。今由朱仙镇见祥符县。而东南，有水道经西华、南顿、沈丘以达于颍、寿，盖即蔡河故迹。又有五丈河，亦宋漕运四河之一也。《九域志》：五丈河，即《禹贡》之菏泽，自汴城北，历陈留、曹、济及郓，其广五丈。周显德四年，疏汴水北入五丈河，东流经定陶北入于济。齐鲁舟楫皆达大梁。先是显德二年，于京城西引水入五丈河达于济。六年，浚五丈渠，东过曹、济、梁山泊，见山东寿张县。以通青、郓之漕。宋建隆二年，发曹、单民浚五丈河。先是河塞，命卫将军陈承昭于京城西夹汴河造斗门，自荥阳凿渠百馀里，引京索二水，通城壕，入斗门，架流于汴水上，东汇于五丈河，以便东北漕运。此即金水河。见前汴水。开宝六年，改为广济河。兴国四年，名城东水门曰咸通。又熙宁十年，名城北水门曰永顺。五丈河盖自永顺门入京城，而达于东之咸通门。景德三年，内侍赵守伦议自京东分广济河，由定陶至徐州入清河，即泗水。以达江湖漕运。役成，复罢。《宋史》：徐州运河成，帝以地有龙阜，水势极浅，难置渠堰；又历吕梁滩碛之险，非可漕运，罢之。天圣六年，阎贻庆言：广济河下接济州之合蔡镇，见山东巨野县。通梁山泺，请治五丈河入夹黄河，郓、济间小河也。引水注之，因立桥梁，置坝堰。诏有司相度。庆历中，又濬徐、沛之清河，任城、金乡之大义河，见山东任城即济宁州。以通漕运。熙宁七年有司请于通津门。汴城东面门也。汴河东岸开河，下通广济，以便行运，从之。元丰五年，废广济辇运司，移上供物于淮扬军界入汴，名清河辇运。寻复加修治。元祐中，都水监言：广济河以京索河为源，转漕京东岁计。请于宣泽门处置槽，架流入咸丰门，宣泽、咸丰二门，俱在汴城西面。咸丰又在宣泽之北。由旧道复河源以通漕。从之。建炎初，宗泽留守东京，开五丈河以通西北商旅。《宋会要》：汴都以惠民、金水、五丈、汴为四渠，而汴、黄、惠民、广济亦曰四河。盖河渠流通，转输易达，此汴洛所以为天下枢也。明朝洪武八年大河南决，挟颍以入淮，而蔡河之流渐绝。三十年，河复南决，拥蔡水入陈州。永乐初，计臣郁新奏言：淮、黄淤浅，官运不通。请自淮安用轻舟运至沙河及陈州颍岐口，以大舟载入黄河，复陆运入卫河，以达北京。从之。正统以后，大河决塞不一，颍、蔡、五丈诸流尽失故道，其可辨者无几矣。

○汝水、

汝水，出汝州鲁山县西南七十里大盂山。东北流，出县北，经伊阳县及汝州之南，又东南经宝丰县及郏县南，而入南阳府裕州界。经叶县北，又东入开封府许州之襄城、郾城县南，而入汝宁府西平县。自县北东南流，经上蔡县西至汝阳县北，又东经新蔡县西、息县北，至南直颍州南而注于淮。《左传》成十六年，楚以汝阴之田求成于郑。十七年，诸侯围郑，楚救郑师于汝上。哀元年，楚围蔡，使强于江、汝之间。十七年，楚子穀曰：文王以彭仲爽为令尹，县申、息，朝陈、蔡，封畛于汝。《国语》：齐桓公伐楚，济汝，逾方城。荀子曰：楚，汝、颍以为险。《淮南子》亦曰：颍、汝以为洫。《汉志》注：汝水，历郡四，南阳、河南、颍川、汝南。行千三百五十里。吕后三年，汝水溢。流八百馀家。唐开元十年，汝水溢。漂溺千馀家。《十道志》：河南大川曰汝水。宋刘敞曰：汝水南达淮，北距颍，悬瓠之险为南北必争之处。元至正间，汝水泛溢，有司自舞阳断其流，舞阳属裕州。盖下流壅而汝水逆上舞阳也。约水东注。今大河屡经决塞，汝水亦非复故流也。

○其重险则有虎牢，

虎牢关，在开封府郑州汜水县西二里。一名成皋关，亦曰古崤关。其地古东虢国，郑为制邑。《左传》：郑庄公曰：制，岩邑也。又为北制。隐五年，郑败燕师于北制。亦名虎牢。《穆天子传》：天子猎于郑，有虎在葭中，七萃之士擒之以献，命蓄之东虢，因曰虎牢。庄二十一年，郑伯定王室，王与之武公之略，自虎牢以东。僖四年，齐侯与郑申侯以虎牢。襄二年，晋悼公与诸侯会于戚，戚，见北直开州。谋郑故也。孟献子曰：请城虎牢以逼郑。晋从之。遂城虎牢，郑人乃成。杜预曰：是时虎牢属晋。十年，诸侯之师城虎牢而戍之，时郑复背晋即楚也。郑及晋平，亦谓之虢。昭元年，晋赵武会诸侯之大夫于虢。其后为成皋。《战国策》：三晋分知氏地。段规谓韩王曰：分地必取成皋。王曰：成皋，石溜之地也，无所用之。规曰：不然。一里之厚而动千里之权者，地利也。王用臣言，则韩必取郑矣。及取郑，果从成皋始。韩哀侯二年灭郑。又张仪胁赵曰：今秦发三军：一军塞午道，一军军成皋，一军军渑池。又胁楚曰：秦下甲据宜阳，则韩之上地不通，下河东，取成皋，韩必入臣。韩釐王时，赵李兑约五国攻秦，罢而留于成皋。李斯曰：惠王用张仪之计，东据成皋之险。《史记》：秦庄襄王元年，使蒙骜伐韩，韩献成皋，秦界北至大梁。自秦据成皋，十九年而韩遂亡。夫晋楚之霸也争郑；秦之并六国也，始于韩，以虎牢成皋之险也。及楚汉争衡，成皋尤为重地。汉三年，项羽使终公守成皋，而自东击彭越。汉击破终公，复军成皋，项羽攻援之。郦食其谓汉王：楚令适卒分守成皋，此天所以资汉。愿急复进兵塞成皋之险是也。四年，汉复取成皋，卒灭楚。十年黥布反。薛公策之曰：布东取吴，西取楚，并韩取魏，据敖仓之粟，塞成皋之口，胜败之数，未可知也。景帝三年，吴楚七国反。桓将军说吴王疾西据洛阳武库，食敖仓粟。不从，事败。元狩初，淮南王安与伍被谋反事曰：吴何知反？汉将一日过成皋者四十馀人，今我绝成皋之口，据三川之险，谓洛阳。招山东之兵举事如此，十事九成。安尝言塞成皋之道，天下不通云。东汉初，以冯异为孟津将军，异遂南下河南成皋以东十三县，寻置成皋关。时定都洛阳，成皋其东面之阻也。中平末何进谋诛宦官，召外兵，使东郡太守桥瑁屯成皋。初平二年关东州郡皆起兵讨董卓。曹操议引兵西据成皋，诸将不听。晋永康三年，赵王伦篡逆，齐王冏起兵许昌讨之。伦遣兵分道拒冏，使其党司马雅等自成皋关出。又永嘉四年，刘聪遣其子粲等犯洛阳，既而石勒出成皋关，围陈留太守王赞于仓垣。仓垣，见陈留县。太宁三年刘曜遣刘岳等围石勒将石生于金墉。勒使石虎西援，虎入成皋关，与岳战于洛西，谓洛阳城西。岳败走。咸和三年刘曜复攻石生于金墉。石勒自襄国驰救，谓其下曰：曜盛兵成皋关，上策也；阻洛水，中策也；坐守洛阳，此成擒耳。及至成皋，曜无守兵。勒大喜，诡道兼行，击曜于洛西擒之。永安五年后赵戍卒梁犊等作乱，自雍城东出潼关。雍城，今陕西凤翔府治。石虎使李农等拒之，战于新安及洛阳，皆大败，乃退壁成皋。犊东略荥阳、陈留诸郡，石虎复遣石斌击灭之于荥阳。兴宁二年，燕慕容恪谋取洛阳，先遣军军孟津及成皋。太和四年，桓温伐燕，燕请救于秦，许赂秦虎牢以西地。义熙十二年，刘裕伐秦，前锋檀道济等进至成皋，秦人以成皋、虎牢二城降，谓成皋县城、虎牢关城也。道济等遂长驱而进。十三年，裕引舟师溯河而上，魏主嗣命长孙嵩等伺裕西过，即自成皋济河，南侵彭、沛。谓彭城、沛郡。不果。元熙初，裕以毛德祖为荥阳太守，戍虎牢。宋永初元年，兼置司州于此。景平初，魏将奚斤等攻虎牢，毛德祖坚守不下。魏主嗣自如成皋，绝虎牢汲河之路，《北史》：虎牢乏水，城中悬绠汲河。魏主令连舰上施轒辒，绝其汲路。久之不拔。乃作地道泄虎牢城中井，井深四十丈，山势峻峭，不可得防。城中人马渴乏，乃陷。元嘉七年，命到彦之取河南地，别遣段玄将精骑直指虎牢，克之。所谓河南四镇，虎牢其一也。既而仍没于魏，为豫州治。二十七年，复遣军北伐，别将梁坦等逼虎牢，不克。二十九年，又分遣鲁爽等向许、洛。爽取长社，败魏人于大索，见荥阳县。进攻虎牢。闻碻磝败退，碻磝，见山东长清县。引还。北魏以虎牢为重镇。太和十八年，置东中郎府于城中。永安二年，梁将陈庆之送元颢北还，称帝于梁国。命尔朱世隆镇虎牢以备之。庆之寻拔荥阳，进击虎牢，世隆弃城走。永熙三年高欢自晋阳南犯洛阳，魏主修命斛斯椿等镇虎牢。既而魏主西走，虎牢属于东魏，置北豫州及成皋郡治焉。天平四年高欢以侯景为西道大行台，与高敖曹等治兵虎牢。及沙苑之败沙苑，见陕西同州，河南州镇多附西魏。元象初，复遣侯景治兵虎牢，魏人皆弃城西归。武定初，北豫州刺史高仲密以虎牢降魏，宇文泰亲帅诸军应之，大战于邙山，败还。虎牢复入于东魏。五年，守将陆子章增筑虎牢城。六年，高澄南临黎阳，见北直隶濬县。自虎牢济河至洛阳，由太行返晋阳。高齐河清二年，周人围洛阳，败去。高主湛如洛阳，东至虎牢，自滑台如黎阳，还邺。隋大业初，置虎牢都尉府。九年，杨玄感围东都，分遣其将顾觉取虎牢。虎牢降，以觉为郑州刺史，镇虎牢。十二年，以河南盗翟让等为乱，命裴仁基镇虎牢。明年，仁基降于李密。唐武德初，李密将徐世勣以黎阳来归，使经略虎牢以东。三年，世民围王世充于东都，将军王君廓引兵袭虎牢，拔之。四年，东都围急，窦建德引兵救世充，军于成皋东原。郭孝恪等请先据虎牢之险以拒之。世民亦曰：建德将骄卒惰，吾据武牢，唐讳虎，易曰武。扼其咽喉，彼若冒险争锋，取之甚易。遂东趣虎牢，及战，建德败灭。乾元二年，史思明叛。李光弼谓贼方窥洛，当扼武牢。是也乾符五年，黄巢寇叶阳翟，诏发兵守轘辕、伊阙、河阴、虎牢。五代唐同光四年，以邺都军乱，将浚河袭郓、汴。乃如关东招抚之，寻次汜水，至荥泽东进至万胜镇见中牟县。闻李嗣源入汴，遂旋师，留军守成皋关。嗣源遣石敬瑭将前军趣汜水。时议者复劝车驾控扼汜水，收抚散兵。方发，为郭从谦等所弑。嗣源遂入关。石晋天福二年，时范延光举兵魏州，张从宾以洛阳附之，袭取河阳。又引兵扼汜水关，汴州危急。既而杜重威等引兵克汜水，从宾败死。宋真宗祥符四年，西巡至虎牢关，诏曰：眷玉关之枢会，汜水旧关东题曰虎牢，西题曰玉关，故云。控鼎邑之要冲，改为行庆关。仁宗庆历四年，省汜水县为行庆关，属河南府。未几，复旧。靖康二年，粘没喝自河阳渡河，至汜水关。建炎初，岳飞大败金人于此。元至正十五年，汝颍贼转陷河南州郡，察罕戍虎牢以遏贼锋。十九年，图复汴梁，引大军次虎牢，发诸道兵四面俱进。明初，大兵下河南，自中滦镇入虎牢，遂清关洛。今自荥阳而东，皆坦夷；西入汜水县境，地渐高。城中突起一山，如万斛囷。出西郭，则乱岭纠纷，一道纡回其间，断而复续。

使一夫荷戈而立，百人自废。信乎！为洛阳之门户矣。唐贾至《虎牢关铭》曰：王侯设险，虎牢拥其要。振之以五岳，惟嵩萃焉；经之以四渎，洪河突焉。宜其咽喉九州，阈阃中夏。汉祖守之以临山东，坐清三齐，强楚踯躅而不进；太宗据之以拒河朔，克擒丑夏，伪郑袒缚而请命。惟兹虎牢，天设巨防；攻在坤下，拒在离旁；昏恃以灭，圣凭而王。又吕温《铭》曰：锁天中区，控地四鄙。此亦足以见虎牢之大略矣。

○黾厄、

黾厄塞，在汝宁府信阳州东南九十里，湖广应山县北六十五里。亦曰冥厄，亦曰黾塞，亦作鄳厄。鄳、黾，皆音盲。又谓之平靖关，靖，一作静。旧《志》：关在信阳州南七十五里。其地有大小石门，凿山通道，实为险厄。《左传》定四年，吴伐楚自淮涉汉，道出今光州、信阳之间。楚左司马戌请还塞大隧，直辕冥厄，自后击之。又三关总名曰城口，楚史皇所谓塞城口而入。《舆地广记》：罗山县有石城山，古所谓冥厄也。《战国策》：苏代曰：秦欲攻魏，重楚，则以南阳委于楚，残均陵，今襄阳府均州。塞黾厄。楚人对顷襄王曰：涉黾塞而待秦之倦也。又庄辛对楚襄王曰：穰侯受命于秦王，填黾塞之内，投己于黾塞之外。朱英谓春申君曰：秦逾黾厄之塞而攻楚，不便。魏信陵君说安釐王曰：秦伐楚，道涉山谷，《索隐》云：往楚之险路也。盖从褒斜入梁州之道。行三千里而攻冥厄之塞，所行甚远，所攻甚难。《吕氏春秋》天下九塞，冥厄其一。《淮南子》亦云。自魏晋以后，鄳厄之地，常为南北重镇，所谓义阳有三关之塞也。三关者，一曰平靖关，即《左传》之冥厄也。其关因山为障，不营濠隍，故以平靖为名。一曰武阳关，亦名澧山关，即《左传》之大隧也。在信阳州东南一百五十里，西南至应山县一百三十里，地名大寨岭。薛氏曰，三关之险，大寨岭为平易，是也。一曰黄岘关，亦名百雁关，俗讹为白雁。又谓之九里关，即《左传》之直辕也。在信阳州南九十里，南至应山县亦九十里。胡氏以大隧为黄岘，直辕为武阳。义阳城与三关势如首尾。齐东昏侯永元三年，军主吴子阳等出三关侵魏，败还。既而魏将田益宗谋取义阳，欲以扬州之卒顿于建安，见固始县。捍三关之援。时元英言东豫州刺史田益宗兵守三关是也。东豫州，魏治新息，即今息县。梁天监三年义阳降于魏，三关戍将闻之，皆弃城走。七年，魏三关戍主侯登以城降梁。梁司州刺史马仙琕谋固三关，梁司州治鹿城关，见湖广黄冈县。使其将马广屯长簿，胡文超屯松岘。长薄在武阳关北，松岘在黄岘关北。八年，魏元英将取三关，至义阳，策之曰：三关相须如左右手，若克一关，两关不待攻而破。攻难不如攻易，宜先攻东关。武阳关在东。又恐其并力于东，使李华向西关，平靖在武阳之西，故曰西关。分其兵势。英自督诸军向东关，至长簿，长簿溃，乃围武阳，克之。进攻黄岘，黄岘，《史》作广岘。及西关，梁将皆走。普通五年，遣将李国兴攻魏平靖关，杨乾攻武阳关及黄岘关，克之。进围郢州，不克，魏郢州治义阳。三关寻入于魏。八年，司州刺史夏侯夔等出义阳道，攻魏平静等关，克之。既而复自武阳进克东豫州。迨侯景之乱，三关为齐所有，于是南国之势益折而并于北。唐之中叶，淮西屡叛，亦以三关诸险在其境内，恃其强固也。宋南渡以后，三关防维单弱，故寿春合肥往往多事。盖欲保淮西，必守义阳；守义阳则三关之备不容不重。黄氏有言：三关险要，关外百里皆险也。金得信阳将与我分险而守。营要坡以抗武阳，要阪在武阳关北数里。营鸡头以抗平靖，平靖关北有鸡头山。营石门以抗黄岘，石门山，亦近黄岘关北。是举三关弃之也。

〇三鸦、

三鸦路，在今南阳府北及汝州之南。《一统志》：南阳府北七十里有二路，东北带西而行者为三鸦路。中有石山、鲤鱼山、拓禽山，即行人来往趣西洛之便路也。杜佑曰：汝州鲁山县，后周置三鸦镇，在县西南十九里，亦名平高城，以御齐。高齐亦于县东北十七里置鲁城以御周。今三鸦路自南阳府北六十里之故向城，又北有石川路，一名百重山。即三鸦之第一；府北七十里分水岭而北，即三鸦之第二；由故向城而北，又八十里有鲁阳关，入鲁山县界，即三鸦之第三。旧时邓、汝二州，与鲁阳关分界；荆、豫径途，斯为险要。张景阳诗朝登鲁阳关，峡路峭且深者也。晋太元三年，苻秦寇襄阳，使别将石越帅精骑出鲁阳关。北魏孝昌初，方有事于西北，二荆西郢，二荆，谓穰城及鲁阳。后魏太和中，置荆州于鲁阳，后又移治穰城也。或以为西荆治上洛，北荆治襄城，误。西郢，《隋志》在比阳。胡氏曰治真阳县，穰城，见邓州。鲁阳，即鲁山。襄城，今属许州。比阳，今唐县。群蛮皆久，断三鸦路。北至襄城，中阻汝水，屯据险要，道路不通。复引梁将曹义宗围荆州。即今邓州。魏将崔暹赴救，至鲁阳，不敢进，更遣元彧讨鲁阳蛮辛雄东趣叶城，别将裴衍等将兵出武关，通三鸦路以救荆州。又东魏兴和二年，侯景出三鸦，将复荆州。宇文泰遣李弼等出武关，景乃还。西魏大统十三年，侯景叛东魏，以鲁阳、长社诸城赂魏。魏荆州刺史王思政将州兵从鲁阳向阳翟，此即三鸦路也。宇文周建德四年，韦孝宽陈伐齐之策：一云广州义旅广州，治今鲁山县。出自三鸦；一云三鸦以北，万春以南，万春，见洛阳县。广事屯田，预为积备。三鸦盖出奇之道矣。《唐志》：开元八年，邓州三鸦口大水塞谷，漂溺甚众。

○河阳三城，

河阳城，在今怀庆府孟县西南三十里，即汉河阳县。自汉以来县皆治此，唐又为孟州治。今孟县城，金大定中筑，非古城也。古曰孟津，亦曰盟津。周武王济师于此，因谓之武济。亦曰富平津。都道所辏，古今津要也。东汉初，拜冯异为孟津将军，规取洛阳。永初五年，先零羌寇河东，至河内，诏朱宠将兵屯孟津以备之。中平末，何进谋诛宦官，使武猛都尉丁原将兵寇河内，烧孟津，火照洛阳城中。晋泰始中，杜预以孟津渡险，有覆溺之患，请建河桥于富平津。议者以为殷周所都，历圣贤而不作者，必不可作故也。预曰：造舟为梁，河桥之谓也。从之，桥果成。太安二年，成都王颖自邺举兵内向，列军自朝歌见淇县。至河桥，鼓声闻数百里。帝出屯河桥以拒之。永兴二年，豫州刺史刘乔与东海王越等相攻，河间王颙使成都王颖等据河桥，为乔继援。时越等欲连兵讨河间王于关中也。既而河桥之师为东军所击，次第败走，平昌公模等遂自邺而南，进逼洛阳。永嘉末傅祗屯三渚，刘聪遣子粲攻之。三渚，河中渚也。《水经注》：河中渚上有河平侯祠，旁有二渚，又有陶渚，故曰三渚。祗盖屯于孟津小城。又津西有凉马台，昔人每于河桥浴马，浴竟，就高纳凉处也。永和六年，苻健图入关中，自枋头悉众而西，枋头，见北直濬县。至孟津，为浮梁以济。既济焚桥。兴宁二年，燕慕容恪图取洛阳，遣将悦希军于孟津。太元十八年，慕容垂谋叛秦。初渡河，虑河桥南空仓中有伏兵，乃自凉马台结草筏以渡。北魏太和十七年，迁洛，命作河桥。河北侧岸有二城相对，置北中郎府戍守之，因谓之北中城。景明二年，咸阳王禧谋为变。会魏主出猎北邙，其党乞伏马居说禧还入洛城，勒兵闭门，天子必北走桑乾，谓平城也。殿下可断河桥，为河南天子。不果。又正光初，元略避元义之难，故人司马子宾与略缚荻筏夜渡孟津，抵屯留。屯留，见山西潞安府。《洛志》：魏都洛阳，以北中为重地。北中不守，则可平行至洛阳。宋白曰：河阳城，一名北中城。武泰初尔朱荣自晋阳南下，胡太后遣将守河桥及北中城以拒之。既而都督李神轨至河桥，闻北中不守，即遁还。又陶渚，在河阴西北三里南北长堤之外。故河阴城，见今孟津县。《水经注》：孟津，亦曰陶河。曹魏时，杜畿试楼船于孟津，覆于陶河。杜佑曰：河阳县西南十三里，古遮马堤即是其处。陶，或作淘。尔朱荣谋诛百官，请魏主子攸西循河西至淘渚，引百官于行宫西北，云欲祭天。百官既集，使朔骑围而杀之。又迁魏主于河桥，置之幕下。明年，元颢入洛，魏主北走，尔朱荣奉之南讨。颢遣陈庆之守北中城，自据南岸，分兵守河中渚，又别遣兵缘河固守。时北军无船可渡，杨侃请征发民材，多为桴筏，间以舟楫，缘河布列，皆为渡势。首尾既远，颢必不知所备。一处得渡，必立大功。高道穆亦请分兵遣将，所在散渡。荣从之，命尔朱兆等缚材为筏，自马渚西硖石见孟津县。夜渡，颢军遂溃。永安三年，魏主诛尔朱荣，遣将军奚毅等将兵镇北中。时尔朱世隆自洛出屯河阴，即欲还北。其党司马子如曰：兵不厌诈，不如还军向京师，出其不意，或可成功。世隆乃攻河桥，据北中城，引朔骑至郭下，举朝恇惧。李苗请径断河桥，许之。因募人从马渚上流乘船夜下，去桥数里，纵火船焚河桥，倏忽而至。世隆兵在南岸者，皆争桥北渡，桥绝，溺者甚众。世隆遂收兵北遁。既而尔朱兆从晋阳南下，倍道兼行，从河桥西涉渡。魏主初以大河深广，谓兆未能猝济。是日，水不没马腹，兆骑叩宫门，宿卫乃觉，一时溃散，魏主为兆骑所执。普泰二年，尔朱度律自洛阳，尔朱天光自长安，会尔朱兆等攻高欢于邺，败还，将之洛阳。尔朱彦伯在洛，欲自将守河桥。尔朱世隆不从，使其党阳叔渊驰赴北中，简阅败卒。斛斯椿谋叛尔朱，自邺倍道先还，至北中，给叔渊得入。椿遂据河桥，尽杀尔朱之党。度律等欲攻之，不克走死。永熙三年，高欢自晋阳犯阙，魏主勒兵屯河桥。欢寻自野王而南，引军渡河，魏主西走。东魏大象三年，筑中潬城及南城，中潬，即河中渚，时仍置河阳关于其地。高欢使潘乐屯北中城，高永乐守南城，置桥于河阳。及高敖曹为宇文泰所败，叩河阳南城，以闭关不纳而死。武定元年，高仲密以虎牢降西魏，宇文泰帅诸军应之。至洛阳，前军於谨围河桥南城，高欢将兵至河北。泰退军瀍上，纵火船于上流以烧河桥。东魏将斛律金使别将张亮以小艇百馀载长锁，伺火船将至，以钉钉之，引锁向岸，桥获全。欢遂渡河，据邙山，与泰相持。宇文周建德四年，大举伐齐，周主邕自将出河阳，拔河阴大城。宇文宪拔洛口东西二城，纵火焚河桥，桥绝，齐将傅永自永桥夜入中潬城。永桥镇，见武陟县。周人既克南城，围中潬二旬不下，乃还。隋开皇初，因东魏行台，置河阳宫于河阳城内。大业九年，杨玄感攻东都，诏屈突通自河北驰救，军于河阳。唐武德初，贼帅李商胡据孟津中潬城。二年，行军总管刘弘基，遣将种如愿，袭王世充河阳城，焚其河桥。三年，怀州总管黄君汉分道攻世充，以舟师袭世充回洛城，断河阳南桥。《五行志》：贞观十一年，河溢，坏陕州之河北县及太原仓，毁河阳、中潬。永淳二年，河溢，坏河阳桥。如意元年，复溢，坏河阳县。圣历二年，又漂怀州民千余家。盖河患亦莫甚于河阳也。天宝十四载，安禄山反。遣将封常清乘驿诣东京，断河阳桥，为守御之备。乾元二年九节度之师溃于相州，郭子仪以朔方军断河阳桥，保东京。众议欲捐东京，退保蒲、陕。朔方都虞候张用济定计守河阳，役所部筑南北两城而守之。盖因旧城增筑也。既而史思明陷汴、郑，将逼洛阳。李光弼以洛城难守，议移军河阳，北连泽、潞，利则进取，不利则退守，表里相应，使贼不敢西侵，为猿臂之势。遂率士马而东，守河阳。思明筑月城于河阳南以拒光弼，欲泛火船烧河桥，又悉力攻南城，皆不克。时光弼屯中潬，应援南北两城。思明进攻中潬，败却。又败思明于河阳西渚。是时贼虽入洛，而惮光弼兵威，南不出百里，西不越畿内，陕州得修戎备。关辅无虞，光弼保河阳之力也。建中二年，置河阳三城节度，自是常为重镇。广德初，史怀义败灭，命内侍鱼朝恩守河阳，以河清、济源、温租税入河阳三城，寻又以汜水军赋属之。建中二年，置河阳节度使，割东畿河阳、河清、济源、温、王屋五县隶焉。会昌三年，增置孟州，治河阳。光启三年，河南尹张全义袭河阳节度李罕之，入其三城，罕之走泽州。

既而河阳归于朱温。河东屡争河阳，不克，朱温自是益强。后唐同光四年，李嗣源讨邺乱，为乱军所戴，诏发军扼河阳桥以备之。清泰末，唐兵为河东契丹所败，唐主从珂遣兵屯河阳。寻议北讨，引军至河阳。卢文纪曰：河阳，天下之津要，车驾宜留此镇抚南北。既而复进次怀州，会诸军相继溃败，乃自怀州还洛。至河阳，命诸将分守南北城以卫河桥。既又命专守南城，断浮梁而还。及晋兵至镇守将苌从简以舟楫迎降。石晋天福九年，契丹入寇至黎阳，命西京留守安彦威守河阳。开运三年，契丹大举入犯，与晋军相持于恒州中度桥。李穀密奏大军危急之势，请驾幸滑州，及发兵守澶州、河阳，以备契丹之奔冲。不果。刘汉乾祐末，隐帝遇弑。李骧说太原留守刘崇，亟引兵逾太行，据孟津，郭威必不敢动。崇不听。宋靖康末，金将粘没喝自太原长驱而南，前锋渡孟津，粘没喝旋至怀州，顿河阳。绍兴六年，岳飞请提兵趣河洛，据河阳、陕府、潼关，为恢复之计。不用。绍定四年，蒙古窝阔台攻金汴京，引军自河清渡河，河清，今见孟县。入郑州。明初取山西，河南守将冯宗异分道出河阳，克武陟，下怀庆。河阳，盖天下之腰膂、南北之噤喉也。《三城记》：河阳北城，南临大河，长桥架木古称设险。南城三面临河，屹立水滨。中潬城表里二城，南北相望。黄河两派，贯于三城之间，每秋水泛溢，南北二城皆有濡足之患，而中潬屹然如故，潬，读诞。水中沙曰潬。《宋史》：乾德三年，水涨，坏中潬桥梁，而城郭无恙。政和七年，都水孟阳言：旧河阳南北两河分流，中潬系浮梁。顷缘北河淤淀，水不通行，止于南河修筑一桥。因此河项窄狭，水势冲激，每遇涨水，多致损坏。欲措置开修北河如旧，系南北两桥。从之。自古及今，常为天造之险。

按河南阃域中夏，道里辐辏。顿子曰：韩，天下之咽喉；魏，天下之胸腹。范雎亦云：韩魏，中国之处，而天下之枢也。秦氏观曰：长安四塞之国，利于守；开封四通五达之郊，利于战。洛阳守不如雍，战不如梁，而不得洛阳，则雍、梁无以为重，故自古号为天下之咽喉。夫据洛阳之险固，资大梁之沃饶，表里河山，提封万井。河北三郡，足以指挥燕、赵；南阳、汝宁，足以控扼秦、楚；归德足以鞭弭齐、鲁。遮蔽东南，中天下而立，以经营四方，此其选矣。然不得河北，则患在肩背；不得关中，则患在嗾吭。自古及今，无异辙也。宋绍定五年，蒙古攻金，降人李昌国言于拖雷曰：金迁汴将二十年，其所恃以安者，潼关、黄河耳。若出宝鸡，今陕西凤翔府属县。以侵汉中，不一月可达唐、邓，大事集矣。拖雷从之。遂自凤翔而南犯汉中，由金州出唐、邓间，破金人之师于钧州。今禹州。蒙古主窝阔台亦自河北渡河清合攻汴都，而金人之祸始烈。元至正十九年，刘福通据汴，号召群盗，声势甚壮。察罕帖木儿既平关中、河东，遂图河南，北塞太行，南守巩、洛，自将中军军渑池，败贼军于宜阳。乃自洛阳次虎牢，先发游骑南道出汴南，略归、亳、陈、蔡；北道出汴东，战船浮于梁，水陆俱下，略曹南，今山东曹县南。据黄陵渡，渡在黄陵冈下。见仪封县。乃大发秦兵出函谷，过虎牢；晋兵出太行，逾黄河，俱会汴城下，夺其外城。自将铁骑屯杏花营，见祥符县。贼窘，遂拔其城。此其经营措置，一何密也。从来有事河南，其大略固不能过此哉！

读史方舆纪要卷四十七

河南二　开封府

○开封府，东至归德府三百十五里，东北至山东曹州三百里，东南至南直颍州五百四十里，南至汝宁府四百六十里，西至河南府四百二十里，西南至南阳府裕州五百五十里，西北至怀庆府三百七十里，北至北直开州百五十里。自府治至京师一千五百八十里。至南京一千一百七十五里。

《禹贡》豫州之域，春秋时为郑地。战国时为魏都。魏惠王自安邑徙都大梁，即此。秦属三川郡。汉置陈留郡。晋为陈留国。其后没于群寇，石虎改为建昌郡。后魏亦曰陈留郡。东魏置梁州及陈留、开封二郡，天平四年，梁州附于西魏，侨置北徐州于此。旋复入于东魏。北齐以开封省入陈留。后周改梁州为汴州。隋废陈留郡，大业初，并废州，分其地入荥阳、梁、颍川等郡。唐初，置汴州；天宝初，改陈留郡；乾元初又为汴州；兴元二年自宋州徙宣武军于此。朱梁建都，升东京开封府，《唐本纪》：中和三年，以朱全忠为宣武节度使，封梁王。后篡唐，遂都于此。后唐复为汴州宣武军。晋复都此，仍曰东京开封府，契丹入汴，仍曰汴州，寻亦曰宣武军。汉、周皆因晋旧。宋太祖复定都焉，亦曰东京开封府。金曰汴京，废主亮改曰南京，宣宗珣迁都焉。元曰南京路，至元二十五年，改汴梁路。明朝洪武初，建北京于汴梁，复曰开封府。北京寻罢。今领州四、县三十。今因之。

府川原平旷，水陆都会。战国时，张仪说魏哀王曰：魏地四平，诸侯四通，条达辐辏，无有名山大川之限。魏之地势，故战场也。楚汉间，郦生说汉王曰：陈留天下之冲，四通五达之郊。唐韩宏曰：大梁襟带河、汴，控引淮、泗，足以禁制山东。后唐郭崇韬曰：汴州，关东冲要，地富人繁。石敬瑭说李嗣源曰：大梁，天下之要会也。胡三省曰：大梁控引河、汴，南通淮、泗，北接滑、魏，舟车之所凑集，且梁旧都也。故敬瑭云然。及敬瑭入洛，议徙大梁。时范延光镇天雄，谋作乱，桑维翰曰：大梁北据燕、赵，南通江、淮，水陆都会，形势富饶。大梁距魏不过十驿，彼若有变，大军寻至，所谓疾雷不及掩耳。天福三年，晋主以大梁舟车所会，便于漕运，遂建东京。宋人谓汴都背倚燕、赵，面控江、淮，泰岳镇其左，温、洛萦其右，为天下奥区。然形势涣散，防维为难。开宝九年，太祖幸洛，欲留都之，群臣及晋王光义力谏。太祖曰：迁河南未已，终当居长安耳。光义问故，曰：吾欲西迁，据山河之胜以去冗兵，循周、汉故事以安天下也。光义等复力请还汴。帝不得已，从之，叹曰：不出百年，天下民力殚矣。《史记》：张仪说魏曰：卒戍四方，守亭障者参列，粟粮漕庾，不下十万。鲍氏注：他国或有山川间阻，惟梁无之，以卒戍守。陈无己曰：开封无山川之阻，为四战之地，故太祖以兵为营卫，畿内常用十四万人。仁宗景祐三年，范仲淹与宰相吕夷简论建都之事，仲淹曰：洛阳险固，汴为四战之地。太平宜居汴；即有事，必居洛阳。当渐广储蓄，缮宫室。时不能用。庆历四年，韩琦自陕西还朝，请修京师外城，先是庆历三年琦条事所宜先者，亦莫如先营洛邑。言北戎势重，京师坦而无备，若一朝称兵深入，必促河朔重兵与之力战。彼战胜则疾趣澶渊。见北直开州。若京城坚固，戒河朔之兵勿与战。彼不得战，欲深入则前有坚城，后有重兵，必阻而自退，退而邀之击之皆可也。故修京师，非徒御寇，诚以伐深入之谋。谏官余靖言：王者守在四夷，今无故而修京城，是舍天下而为婴城自守之计。遂不果行。及靖康之祸，金人邀中山、河间、太原三镇地，许之。陈东等言：无三关四镇，高阳、瓦桥、益津三关，太原、中山、河间、真定四镇。是弃河北也。弃河北，朝廷能复都大梁乎？杨时亦言：河朔为朝廷重地，而三镇又河朔要藩。一旦弃之，使敌骑疾驱，贯我心腹，不数日，可至京城。若三镇拒其前，吾以重兵蹑其后，尚可为也。既而岳飞亦说张所曰，国家都汴，恃河北为固云。明初尝幸汴梁，议徙都之，不果。盖虽恃德不恃险，而设险重闭之义，亦未可略而不讲也。建都议曰：都汴者，以河汴流通、挽输便易为美谈。宋张方平曰：京师所谓陈留八达之地也。国依兵而立，兵以食为命，食以漕运为本，漕运以河渠为主。国家浚河三道，通京城漕运，曰广济、曰惠民、曰汴河，详见前，太仓蓄积，三军士庶咸取给焉。此建国之本也。《宋会要》：东京以惠民、金水、五丈、汴为四渠，而汴、黄、惠民、五丈亦曰四河。虽然，苏代有言：决荥口，魏无大梁。魏公子无忌亦曰：决荥泽水灌大梁，大梁必亡。及秦攻魏，王贲果引河沟以灌大梁，王假被虏，一国为鱼。

宋端平初，赵葵入汴，蒙古决黄河寸金淀水灌之，寸金淀，见祥符县，葵败还《纪闻》：崇祯十五年，闯贼围城，河决城西北十七里之朱家寨，水溢城北。又数日，大水至，汴城坏，军民死者数万。盖往古之祸，复中于今日也。王氏有言：汴四战之地，受敌最深。梁末帝之祸，甚于王假；靖康之辱，几于石晋。况滔天之浸，近在咫尺之间。言建都者，其亦有鉴于往事哉？

今府城，宋东京城也。旧《志》：外城周四十八里有奇，周显德中，世宗所筑，名曰新城。宋大中祥符九年、元丰元年，俱增筑。政和六年，又展筑京城南面。亦曰国城，里城周二十里有奇。汴州旧城也。唐建中初，节度使李勉所筑。宋亦曰阙城。金主珣兴定二年，筑汴京里城，盖因旧城增修之。宫城周五里。曰大内，据阙城西北。亦曰皇城。《宋会要》：大内即宣武军治所。朱梁建都，遂以衙署为建昌宫。晋天福初，为大宁宫。周世宗又少加营缮。宋建隆三年，广皇城东北隅。四年，按洛阳宫殿益加修治。乾德二年，导五丈河通皇城为池。自是屡增修之。靖康元年，种师道言：京师周回八十里，高数十丈。此言外城也。绍定五年，蒙古攻金汴城，京城周二十里，不能遍守。此言里城也。又宫城门凡六：南面三门，中曰乾元。朱梁曰建国门，后唐因之。石晋天福三年，改曰明德门。开运三年，契丹遣降将张彦泽将骑先趣大梁，自封丘门斩关入，顿兵明德门外，城中大扰。既而契丹主入封丘门，至明德门下马，拜而后入宫。汉乾祐初，郭威入汴，遣兵守明德门，诸军大掠。后周仍曰明德。宋因之。太平兴国二年，改丹凤。大中祥符八年，改正阳。明道二年，改建德。雍熙初，改曰乾元。其后因之。《金史》：宫城南外门曰南薰，以次而北，有丰宜、丹凤、承天、大庆诸门，以达于大庆殿。东曰左掖，西曰右掖，《金史》：左右掖门在承天门东西，南薰门之内；**东面一门曰东华**，旧名宽仁。石晋开运三年，张彦泽自宽仁门传契丹之命是也。宋开宝三年，改今名。又熙宁十年，改东华门内北便门曰諺门。**西面一门曰西华**，旧名神兽。开宝三年改。**北面一门曰拱宸**。旧名玄武。大中祥符五年，改今名。又熙宁十年，改门内西横门曰临华。《金史》：北一门曰安贞。明朝洪武初，幸宋故宫。十二年，即其处建周王府第。**里城门凡十：南面三门，中曰朱雀**。本名尉氏门。朱温袭李克用于上源驿，克用脱围登尉氏门，缒城得出。梁开平元年，改为高明门。晋天福三年，改为薰风门。宋曰朱雀门。**东曰保康，西曰崇明**；《宋国史》：南面本二门。祥符五年，始作保康门于朱雀门东。**东面二门，南曰丽景**。初名宋门。胡氏曰：宋门，大梁东面南来第二门也。朱梁改曰观化。石晋天福三年，又改曰仁和。周显德六年，将士推赵匡胤为帝，自陈桥驿还汴，从仁和门入。俗仍呼为宋门。丽景，盖宋名也。**北曰望春**，本名曹门，汴城东面北来第一门也。梁开平初，改曰建阳。晋天福三年，改曰迎春。汉乾祐末，郭威自邺都南下，汉主遇弑。郭威自迎春门入归私第。**西面二门，南曰阊阖**，旧曰郑门，西面南来第一门也。梁改为开阳门，晋为全义门，周为迎秋门，汴人仍呼为郑门。五代汉乾祐三年，大风，吹郑门扉起十馀步而落，即此。**北曰宜秋**，旧曰梁门，西面北来第一门也。朱温开平元年，改乾象门。俗仍呼为梁门。后唐同光初，军至汴，唐主入自梁门。晋天福三年，改乾明门。宋曰宜秋门。**北面三门，中曰景龙，东曰安远**，本名酸枣门，北面东来第一门也。五代梁开平初，改曰兴和。晋天福三年，改曰玄化。汉乾祐末，郭威南下，汉主自出御之，诸军逃溃，汉主还至玄化门。权知开封刘铢自门上射之，汉主走死。既而郭威至，铢复射之，威遂自迎春门入。门内有土阜曰夷山。或曰，大梁旧有夷门，盖本于此。**西曰天波**，宋人引金水河入天波门，贯于皇城内。按旧门曰陈桥、封丘、酸枣，酸枣门在封丘之东。梁开平元年，改封丘为含耀，时人仍谓之封丘门。后唐同光初，李嗣源至大梁，攻封丘门，梁人开门出降。四年，嗣源引军至滑州，以石敬瑭为前驱趣汴。敬瑭使裨将李琼以劲兵突入封丘门，敬瑭蹑其后，自西门入，遂据其城。晋天福三年，尝改为宣阳。开运末，契丹入汴，晋主迎于封丘门外。宋太平兴国四年，俱易以新名。《金史》：都城门凡十四：曰开阳，曰宣仁，曰安利，曰平化，曰通远，曰宜照，曰利川，曰崇德，曰迎秋，曰广泽，曰顺义，曰迎朔，曰顺常，曰广智。盖金主珣修筑汴城，因增易诸门也。**外城门凡二十有一：南面三门，中曰南薰**，亦曰朱明门。靖康二年，钦宗留于青城，金人堑南薰门路，人心大恐，既而上皇、后妃、太子俱自南薰门出就金营。**东曰宣化**，靖康二年，金人围汴，攻宣化门。**西曰安上**，俗曰戴楼门。**东面二门，南曰朝阳**，金人入青城，攻朝阳门。**北曰宾寅**，本名含晖。太平兴国四年，改曰宾寅。天圣初，复曰含晖。**西面三门，中曰开远**，一名千秋门。《宋志》：太平兴国中，于金辉门南置，本名通远。天圣初，改曰开远。**南曰顺天**，靖康初，马忠以援兵败金人于顺天门外，西路稍通是也。俗名为新门。**北曰金辉；北面四门，中曰通天**，一名天津。《宋志》：天圣初，改宁德，后复曰通天。**东曰景阳**，《宋志》作长景。靖康初，金人攻宣泽门，又攻天津、景阳门。**次东曰永泰，西曰安肃**，《宋志》：初号卫州门。太平兴国四年，改今名。门外有安肃教场。**又南面水门二，曰普济**，在南薰门东，惠民河上水门也。胡氏曰：惠民河出宣化门。**曰广利**，在南薰门西，惠民河下水门。胡氏曰：惠民河自戴楼门入京城。**东面水门三，曰上善**，在通津门南，汴河南水门也。**曰通津**，在朝阳门南，汴河北水门。天圣初，改广津门。熙宁十年，复曰通津。靖康二年，金人转攻通津门。**曰咸通**，在宾寅门北，五丈河下水门也。天圣初，改曰善利。**西面水门三，**

曰大通，在顺天门北，汴河上水南门也。《宋志》：太平兴国四年，赐名大通。天圣初，改顺济，后复旧。亦曰利泽水门。汴河自此入城。曰咸丰，在金辉门北，五丈河上水门也。靖康初，金人犯咸丰门。曰宣泽，在咸丰门北，旧亦曰大通。熙宁十年，改曰宣泽。汴河上水北门也。靖康二年，金人攻宣泽门。北面水门一，曰永顺，在安肃门西，五丈河上水门也。熙宁十年创建。岳珂《桯史》载：艺祖初修汴京，大其城址，纡曲纵斜，时人罔测。神宗尝欲改作而未果。政和间，蔡京擅国，乃一撤而方之，墉堞楼橹，虽甚藻饰，而无复曩时之坚朴。靖康北马南牧，二寇扬鞭城下，有得色，曰：是易攻耳。二寇令植炮四隅，随方而击。城既引直，一炮所压，一壁皆不可立。竟以此失守。然后知艺祖之沉几远睹也。又世传周世宗筑京城，取虎牢土为之，坚密如铁。蒙古将速不台攻汴，用炮石昼夜击之，不能坏，乃因外壕筑城，围百五十里，昼夜击攻，竟不能拔。按此谓汴之里城。里城，周世宗尝增筑之，金宣宗又修筑焉。时金人弃外城，专守里城。观金主守绪请和于蒙古，遣其臣杨居仁出宜秋门，以酒炙犒师可见。会崔立叛降，汴京乃下。李濂《汴京遗迹》曰：汴城，旧有十三门：南曰南薰、陈州、戴楼，东曰新宋、扬州、新曹，西曰新郑、万胜、固子，新郑，西面从南第一门也，即顺天门。万胜，西面从南第三门也，即开远门。固子，西面从南第四门也，即金辉门。北曰陈桥、封丘、酸枣、卫州。此兼旧里城外城而言。盖时代既移，见闻错误。今道路所通者，惟新曹、新郑、陈州、扬州、南薰、固子、封丘七门而已。《城邑考》：至元中，尽毁天下城隍，开封城亦仅馀土阜。洪武九年，始营筑，甃以砖石，周二十里有奇，有门五：东曰丽景，南曰南薰，西曰大梁，北曰安远，东北曰仁和。宋金遗址，不可复问矣。

〇**祥符县**，附郭。故大梁，魏都也。汉曰浚仪县，属陈留郡。后汉因之。晋属陈留国。后魏仍属陈留郡。东魏于此置梁州。后周改汴州。隋大业初，州废，县属荥阳郡。唐仍置汴州，治浚仪县。宋祥符中，改今名。今编户七十五里。

浚仪废县，在今城西北。汉县治此。《晋地道记》：故卫仪邑也。苏林曰：故曰大梁城，魏惠王始都此。秦昭王三十二年，穰侯攻魏，至大梁。始皇三十二年，王贲攻魏，引河沟灌大梁，大梁城坏。《史记》：大梁东门曰夷门，侯嬴为夷门监，即此。《括地志》：今大梁城北门是也。《舆地志》：夷门之下，新里之东，浚水之北，象而仪之，以为邑名。汉武帝废新里而立浚仪县。宋元嘉中后魏陈留郡治浚仪，亦谓之大梁城。又魏主子攸永安二年，梁将陈庆之送元颢北入洛，元天穆等攻大梁，拔之。遣将攻虎牢，庆之还击，天穆败走。魏主恭普泰初，徐州刺史尔朱仲远自滑台徙镇大梁。隋亦为浚仪县治。《旧唐书》：隋浚仪县在今县北三十里，为李密所陷。县人王要汉率豪族置县于故汴州城内。义宁元年，于县复置汴州。唐武德四年，移县于州北罗城内。贞观中，移于州西一里。元和中，移入郭内。

开封废县，在府南五十里。魏邑也。《史记》：韩釐王二十一年，使暴鸢救魏，为秦所败，鸢走开封。汉初，曹参西至开封，击秦赵贲军，破之，围贲开封城中。又沛公以郦商为将，将陈留兵，与偕攻开封，是也。高祖封功臣陶舍为侯邑。后为县，属河南郡。晋属荥阳郡。后魏孝昌中，改属陈留郡。东魏增置开封郡。齐郡废。隋属郑州。唐属汴州。贞观初，省入浚仪。延和初，复析置开封县，移入郭下。宋因之。明初，省入祥符。

新里城，在府西南。秦旧邑也。汉武帝时废。隋开皇中，复置新里县。大业初废。隋末，复置。唐初属汴州。武德七年，废入浚仪县。又信陵亭，在府城东南隅。《志》云：魏公子无忌尝居此，因名。或曰即传梁伯所作之新里，误。

青城，有二：一在南薰门外，宋祭天斋宫也，谓之南青城；封丘门外又有北青城，宋祭地斋宫也。靖康末，金人复围汴。斡离不自真定趣汴，至城下，屯于城东刘家寺。粘没喝自河阳趣汴，屯于青城，既而金人入青城，攻朝阳门。又绍定六年，蒙古速不台攻汴，至青城，金叛将崔立以汴京降，尽送后妃诸王于青城。皆南青城也。

凤凰山，在府城东北隅。宋徽宗所筑，初名凤凰山，后改寿山艮岳。上为华阳宫，峰峦嶂巘，洲渚池沼，皆以人力为之，穷奇极胜。后为金人所毁，仅存土阜而已。

驼牟冈，在城西北郭外。宋靖康元年，金人侵汴，据驼牟冈、天驷监，既而援兵稍至，乃守驼牟冈，增垒自固。又绍兴三年，襄邓将李横败刘豫兵，复颍昌府，传檄收东京。刘豫以金人逆战于驼牟冈，横败还。

赤冈，府东北十二里。《水经注》：渠水东南径赤城北，即赤冈也。今名霍赤冈。唐光启三年，蔡州贼秦宗权寇汴州，其党分屯赤冈及板桥，列三十六寨，连延二十余里。既而朱温大败宗权将张晊至于赤冈。五代石晋末，契丹主至汴，驻马赤冈，晋百官伏路侧请罪。既入城，日暮，复出屯于赤冈。汉隐帝末，郭威自邺都渡河南下，帝遣诸军屯赤冈拒之，即此。

葛家冈，在府城西。《宋志》：嘉祐二年，大水入京城，有司请自祥符西葛家冈开新河，直城南好草陂，北入惠民河，分注鲁沟，以纾京城之患，是也。今河堙而冈存。又幕天坡，亦在城西。宋靖康初，李纲帅军救姚平仲，与金人遇，战于幕天坡，既此。金人败走，姚平仲始得由坡而还。

黄河，今在府城北十里。旧黄河在城北四十余里。自汜水入境，东达虞城。自洪武二十四年河决原武之黑阳山，而故道淤，河去城北不过五里。正统十三年，决荥阳，过开封西南，自陈州项城，达南直亳州，入涡口，又经蒙城，至怀远界入淮，而汴城且在河北矣。景泰中，河始复归城北。自是以后，虽数经塞治，而横决不时。梁、宋、陈、颍之交，浸淫沮洳，几无宁宇。嘉靖四十四年已后，河患移于徐、沛，而汴南之患稍纾。崇祯十五年，贼围城日久，城北枕黄河，乃决城西北十七里朱家寨灌城，城倾。颍、亳以东，皆受其患。《汴录》：汴之要害，莫甚于河。秦王贲既引河以灌大梁矣。五代时，晋、梁夹河而争，晋虽屡胜，不敢自黎阳南渡者，梁之戍守严也。宋靖康之祸，金人至黎阳，入滑州，河南无一人御敌者。金人取小舟徐济，笑曰：南朝可谓无人。若以一二千人守河，吾岂得渡哉？既而李纲请固守京城，种师道亦议设策拒之，俟其惰归，扼而歼诸河。纲又请：扼河津，绝饷道，分兵复畿北诸邑，而以重兵临敌营，坚壁勿战，俟其食尽力疲，然后纵其北归，半渡而击之，此必胜之计。皆不听。建炎初，宗泽守东京，据形胜，立二十四寨于城外，沿大河，鳞次为垒，结两河山水寨，濒河七十二里，命十六县分守之。端平元年，赵葵入汴，蒙古引军南下，决黄河寸金淀水灌之，官军多溺死者。遂引还。寸金淀，旧在城北二十余里，盖河堤之别名也。今详川渎异同。

汴水，旧在城南。宋时自荥阳东南流，经府城内，东入归德府界。今合须、郑、京、索之水，自中牟县北入河，不复引而东也。旧《志》：汴渠即故鸿沟。《战国策》：苏秦说魏襄王曰：大王之地，南有鸿沟。《史记》：汉四年，项羽与汉王约，中分天下，割鸿沟以西为汉，东为楚。应劭曰：楚汉会处，在荥阳东南二十里。自荥阳以下，复分二渠：一渠东经阳武县中牟台下，为官渡；一渠东南流至浚仪县，为鸿沟。秦始皇使王贲伐魏，断故渠，引河东南出，以灌大梁，谓之河沟，即鸿沟也。鸿沟口，在河口东百里。或谓之阴沟，或谓之莨荡渠，或谓之汴渠。宋张洎曰：鸿沟，即出河之沟也。太平兴国二年，汴水溢，坏开封西大宁堤，浸民田。淳化二年，汴决浚仪。景德三年，京城汴水暴溢，皆诏有司相视筑塞。盖宋漕渠之利，莫过于汴，而亦时被决溢之患。苏氏曰：自唐以前，汴泗会于彭城之东北，然后东南入淮。近岁汴水直达于淮，不复入泗。《禹贡·扬州》言：沿于江海，达于淮泗。是时江无通淮之道也。《徐州》直云：浮于淮泗，达于河。则鸿沟、官渡、汴水之类，自禹时有之明矣。详见大川汴水。

蔡水，在城东南。自汴河分流为蔡水，亦曰沙水。沙，孔氏读为蔡。下流至归德府鹿邑县，合于颍水。宋开宝中，赐名惠民河，为漕运四河之一。今多堙废。详见前大川颍水。○永通河，旧在府城西南，亦曰永济河。即宋嘉祐中，自葛家冈穿河，引溢水入惠民等河处也。今亦废。

五丈河，在城北。亦自汴河分流，东通曹、郓诸州。宋开宝中，赐名广济河，为漕运四河之一。建炎初，宗泽留守东京，开五丈河以通西北商旅，即此。今堙。亦详见大川颍水。

金水河，在城西。其上源即荥阳县之京水也。宋建隆二年，命卫将军陈承昭凿渠引水，过中牟，凡百余里抵都城，架其水横绝于汴，设斗门，入浚沟，通城濠，东汇于五丈河，公私利焉。乾德三年，又引金水为渠，达于皇城，历后苑内。大中祥符二年，又诏内使谢德权引为渠，自城北天波门入并皇城，至乾元门引而东，由城下水窦入于濠。元丰五年，金水河透水槽阻碍上下汴舟，遣宋用臣按视，请自板桥为一河，引水北入汴，既而改由副堤河入蔡。以源流深远，与京西永安、青龙河相合，赐名曰天源。其后导洛通汴，自城西引洛水，由永丰门立堤三千余步入禁中，而金水河槽废。政和间，复命内侍宋昇等于城内七里河开月河一道，分水灌入禁中。重和初，复导入内庭；又于城西南水磨口引索河一派，架以石梁，绝汴南北，筑堤导入天源河以助之。《宋会要》：金水河，汴都漕运四渠之一也。今涸。

白沟河，在城东含辉门外。河无山源，以潦涸为盈竭。《舆地广记》：河出自封丘县界，亦曰湛渠。唐载初元年，引汴水注白沟，以通徐、兖之漕，其色甚洁，故名。宋至道元年，博士邢用之等请开白沟，自京师抵吕梁口，凡六百里，以通长淮之漕。议中止。咸平六年，白渠溢，用之，乃自襄邑疏下流，以导京师积水，而民田无害。大中祥符二年，金水河决。议者谓汴河南三十六陂，古蓄水之地，必有下流通河。熙宁六年，都水丞侯叔献请开白沟，储三十六陂及京、索二水为源，仿真楚州开平河置闸，使四时可行舟，则汴渠可废。既而都水监复言：白沟自睢河至淮，凡八百里，乞分三年兴修。从之。旋废。政和二年，都水丞孟昌龄复修白沟，开堰通流，功未及成。吕梁，见南直徐州。襄邑，今睢州也。○护龙河，宣化门外城壕也。靖康二年，郭京以妖术为将，开宣化门出兵攻金人，金人击之，京兵败走，堕死于护龙河者甚众，城遂陷。金人焚南薰诸门。

浚水，旧在城北。《诗》：爰有寒泉，在浚之下。《竹书纪年》：梁惠王三十一年，为大沟于北郭，以行圃田之水。县北有浚水，像而仪之，曰浚仪。《志》云：今城西三十里有寒泉陂，即《诗》所称者。浚水为汴所夺，故汴水经大梁北，亦兼浚水之名。汉明帝时，王景作浚仪渠，盖即汴渠也。《水经》亦谓之渠水。

通济渠，在城西南二里。隋炀帝所凿，以引汴水。杜佑曰：陈留郡城西有通济渠，炀帝大业初开，以通江淮漕运，兼引汴水。又城西十里有琵琶沟，从中牟县流入，本秦汉运路。炀帝幸江都，始凿沟入通济渠。以形似琵琶，因名。又有睢阳渠。《魏志》：建安七年，魏武至浚仪，治睢阳渠。盖东达睢阳之渠也。○犁水河，有二：一在城南戴楼门外，东流；一在城东扬州门外，南流，俱至城东南二十里入汴河。明朝洪武中，黄河决溢，疏凿二河以分泄之，因名。

金明池，在城西故琼林苑北。宋太祖置神卫水军以习舟师。太平兴国元年，诏凿池，引金水河分注焉。每临幸观水战。祥符六年，诏诸军选江淮习水卒，于金明池试战棹，立为虎翼军，营于池侧，又讲武池，在南薰门外故玉津园，东抵宣化门。宋建隆四年，凿以习水战，引蔡水注之，名教船池。开宝六年，改曰讲武池。又凝碧池，在城东南平台侧，唐牧泽也。宋真宗时，凿为池。今俱淤塞。

沙海，在府城西北十二里。《战国策》：齐欲发卒取周鼎，颜率说曰：梁君臣欲得九鼎，谋于沙海之上，指此也。隋文帝疏凿旧渠，引汴水注之，习舟师以伐陈。今塞。

蓬陂，即蓬泽也。在府东南二十四里。《左传》哀十四年：宋皇野语向巢：逢泽有介麇焉。逢泽去宋远。或曰：逢，犹遇也；泽，即宋之孟诸。周显王二十六年，秦孝王使公子少官，帅师会诸侯于蓬泽以朝王。《汲郡古文》：梁惠王发逢、忌之薮以赐民。《汉志》：开封有逢、忌之川，谓蓬陂、忌泽也，后合为蓬泽。晋永嘉末，有蓬阪坞，亦为蓬关。石勒与乞活陈午相攻于蓬关是也。其地又为陈川城。晋大兴初，蓬陂坞主陈川自称陈留太守，附于祖逖，继而以浚仪叛降石勒。逖攻川于蓬关，勒救之，逖败退。勒寻遣将桃豹守川故城，逖亦遣将韩潜分据其城，潜由东门，豹由南门。勒遣将运粮馈豹，至汴水，逖遣别将冯铁邀击，尽获之。豹宵遁，逖使韩潜进屯封丘，冯铁据二台，逖镇雍丘，威声甚振。二台，即在陈川城内。韩潜与桃豹据城时，潜居东台，豹居西台，是也。《唐志》：蓬泽，亦为蓬池。天宝六载，改为福源池，禁鱼采。〇雾泽陂，在府西南。宋熙宁九年，议引陂水至咸丰门，合京索河。元祐初，诏斥雾泽陂，募兵承佃，增置水匮，为广济河上源。今涸。

漻堤，《一统志》：在城东六里。堤东至归德，凡三百余里，亦曰蓼堤。世传梁孝王徙都睢阳时所筑。○翟桥堰，在城西，宋建隆元年置。又绍定五年，蒙古兵由唐、邓趣汴，金人议开短堤，决河以卫京城。短堤，城北小河堤也。

时和驿渡，府北十里，为防河要地。又府西北十五里有张家湾渡，又北五里为陶家店，与府西北三十五里之刘兽医口渡、府东北三十里之汪家楼渡，皆河防冲要也。又有翟家口渡，在府西北二十五里。

汴故宫，在府城内正北。朱梁始都此，曰建昌宫。石晋改为大宁宫。周显德中，尝修治之。宋营缮益广，谓之大内。正殿曰大庆，其别殿以数十计。又有苑内诸殿，绵延相属。金人南徙，复修而广之。今为周王府第。又寿圣宫，在大内之东，宋为母后所居。○龙德宫，在城内西北隅，宋徽宗潜邸也。即位后，广之，易今名。又延福宫，在府城安远门内，亦徽宗所建，为金兵所毁。又城内端礼街东、西有东西景灵宫，宋时奉安历代御容处。府东南三十里又有太一宫，宋太平兴国中所建祠宫也。

临蔡关，府东南四十里。五代周显德中，浚闵水入蔡河，沿颍入淮，以伐南唐，曾置关于此。今土人呼其地为关头。○通津关，在府东北。五代周显德中，疏汴水入五丈河，以通齐鲁，置关于此。

繁台，在府南五里。本师旷吹台也，梁孝王增筑焉。后有繁氏居台侧，因曰繁台。繁，音蒲。朱梁开平初，改为讲武台。《水经注》：台北有牧泽，中出兰蒲，方一十五里，俗谓之蒲关泽。今层台孤立于牧泽之右。晋世丧乱，乞活凭居，世谓之乞活台，又谓之婆台城。唐中和二年，黄巢围陈州，不克，引军东北趣汴州，屠尉氏。其将尚让以骁骑五千逼大梁，至于繁台，全忠将朱珍等击却之。五代刘汉初，知远自洛阳入大梁，杀契丹所留幽州卒于繁台之下。

封台，在南薰门外。洪武初，幸汴时所筑。又有奉天台，在城内布政司治后，亦幸汴时祭天之所。○岳台，在城西九里。六国魏时筑此台，遥事霍山神。宋太祖建隆三年，临幸岳台，习骑射。又讲武台，在城西千秋门外之杨村，宋太宗所筑。咸平二年，又于都城东北二十里东武村筑台，大阅。熙宁八年，又大阅八军阵于宫城南之荆家陂。

杏花营，城西二十里。宋嘉定八年，蒙古由汝州间道袭金汴京，至杏花营，金人击却之。元末，刘福通据汴，察罕帖木儿遣兵四面攻围，自将铁骑屯杏花营，是也。成化十四年，黄河决于此。

陈桥驿，在城东北二十里。亦曰陈桥镇。石晋末，杜重威以晋军降契丹，契丹主入汴，使重威以其众屯陈桥，谋悉诛之。不果。宋太祖为禅位于此。咸平二年，契丹南寇，帝亲御之，车驾次陈桥，进次澶州。明朝洪武初，徐达定山东，引军攻汴梁，至陈桥，元将左君弼等迎降。今有陈桥，在驿之北。自陈桥北六十里，即大名、长垣县。

上源驿，在城内。李克用引军救朱全忠，全忠宴之于上源驿，乘夜掩袭克用处也。晋天福五年，改为都亭驿，又作班荆馆于景阳门外，以延敌使。又怀远驿，在城东，周显德五年置。宋太平兴国二年，改为都亭驿。又景德三年，作怀远驿于汴河北。〇大梁驿，在府治东北。《志》云：县治东有时和递运所。俱国初置。

朱仙镇，在城南四十五里。宋绍兴十年，岳飞大败金人于郾城，进军朱仙镇，是也。今商旅所经，以朱仙为水陆会集之所，南舟北车，从此分岐矣。又城南五里有朱仙顿。又南五里为棘店顿，宋时尝射猎于此。〇白沙镇，在城西三十里。金兀术自郑抵白沙，距汴京密迩，宗泽击却之。

八角镇，在顺天门外。唐光启三年，蔡贼秦宗权败朱全忠于此。宋靖康初，梁师成赐死于八角镇。〇边孝村，在城北十五里。唐光启中，朱全忠败秦宗权之兵于此，追至阳武桥。桥盖在阳武县界，时宗权退屯郑州也。

七里店，在城北二十里。今圮于水。五代汉隐帝末，郭威自邺趣汴，至封丘，汉主遣诸军拒之。侯益等屯赤冈，慕容彦超军于七里店，既而南北军遇于柳子陂。陂在七里店之东北。胡氏曰：在封丘之南，汴郊之北。又汉主自将御郭威，夜宿七里寨，即此。又郭威篡汉，自澶州而南至七里店，进营于皋门村。薛居正曰：开封县郭外有皋门原。〇赵村，在城西南六里，汉隐帝遇害于此。又封禅寺，在府城东。石晋末，契丹入汴，百官出迎于封禅寺，既而契丹迁晋主及其家人于寺内。

板桥，在城西七里。唐大历十一年，河阳三城使马燧破汴宋叛将李灵曜引军西屯板桥。光启三年，秦宗权寇汴，其党张晊屯北郊，秦贤屯板桥，既而为朱全忠所败。

郭桥。在城西北。唐长庆二年，宣武军乱，以韩充为节度使。充自滑入汴，军于千塔。胡氏曰：其地在汴城北。既而败宣武乱兵于郭桥，进军万胜。《九域志》祥符县有郭桥镇。万胜，见中牟县。〇彰化桥，旧在汴城北，跨广济河。宋天僖二年，幸彰化桥北教场阅武。

〇陈留县，府东五十里。东北至兰阳县五十里。春秋为留地，属郑，后为陈所并，故曰陈留。秦置县。汉为陈留郡治。晋陈留国治小黄，县废入焉。隋开皇六年，复置，属宋州，大业三年，属梁郡。唐初，属杞州。武德四年，属汴州。五代属开封府。后因之。今城周七里有奇，编户四十八里。

陈留故城，县北二十里，秦旧县也。沛公、项羽去外黄，攻陈留。又郦食其说沛公袭陈留，得秦积粟处也。汉元狩初，尝建行宫于城内。晋《太康志》：故城南三里又有小陈留城。今县盖隋所置。城周七里有奇。

小黄城，县东北三十里。汉县，属陈留郡。高祖母昭灵后葬此，曰小黄园。晋为陈留国治。后魏因之。北齐废。或谓之下黄。今地名小黄村。

元延祐中，大河自小黄村口决入，下流合颍入淮。〇斗城，在县南三十五里。《左传》：子产葬伯有于此。又县境有瓶乡，后汉建武初，封王常为侯邑。

临济城，在县西北五十里，秦邑也。秦二世二年，章邯围魏王咎于临济，齐、楚救魏，邯大破齐楚军，杀齐王田儋于临济下。汉初，曹参略陈留，取临济，是也。刘昭曰平丘有临济亭，即此。

牛首城，在县西南十一里。《左传》桓十四年：宋伐郑，取牛首。襄十年：晋伐郑师，取牛首。俗谓之车牛城。〇老丘城，在县北四十里。《左传》定十五年：郑罕达败宋师于老丘。又县西北九十里有平丘城，今见北直长垣县，盖与县接界也。

仓垣城，在县西。城临汴水，一名石仓城。相传郑庄公所筑，以盛仓粟。晋怀帝永嘉三年，石勒寇信都，诏将军王堪等讨勒。勒略魏郡至黎阳，王堪退保仓垣。明年，勒攻仓垣，杀王堪。四年，石勒复围陈留太守王赞于仓垣，为赞所败。五年，豫州都督荀晞以洛阳饥困，表请迁都仓垣，不果。既而洛阳陷，豫章王端自洛东奔仓垣，荀晞率群官奉为皇太子，置行台。寻自仓垣徙屯蒙城。永和八年，晋将谢施屯仓垣，寻使荥阳太守刘遯据守此。后没于慕容燕。太和四年，桓温伐燕，不克，奔还，自东燕出仓垣，凿井而饮。后又为姚秦所得，置兖州于此。义熙十三年，刘裕伐秦，沈林子自汴入河，克仓垣。宋永初三年，魏将滑稽陷仓垣，陈留太守严棱降，魏仍置陈留郡于此。《水经注》：汴水出浚仪县北，东经仓垣城南，即大梁县之仓垣亭也。魏收《志》浚仪有仓垣城。旧《志》：城在陈留西南五十里。今城邑改置，故址不可复迹矣。

莘城，县东北三十五里。《括地志》：陈留县东有莘城，古莘国，即传所谓莘墟也。别详见山东曹县。又县南十五里有空桑城，相传伊尹生此，盖亦因莘城而名。

黄河，在县北三十里。自祥符、封丘县流入境，又东入兰阳县界。

汴水，旧在县北五里。自浚仪流入县界，又经小黄城南，而入杞县界。〇沙水，在县西南十里，即故蔡河也。东流入杞县。

睢水，旧在县东北四十里。合小黄河入杞县，又东经归德府之睢州，达宁陵县。后汉建安七年，曹操军谯，至浚仪，治睢阳渠，盖因睢水而作渠。《汉志》注：睢水于浚仪首受莨荡渠，东至取虑而入于泗。取虑，见南直虹县。

巴河，在县东北三十五里。一名泌水，黄河之支流也。元大德九年，黄河决溢汴梁，因自汴梁东开董盆口，导支河入巴河，以杀其势。既而正河流缓，并趣支流，巴河不能容，因南决归德诸处，北入济宁境内，大为民害，复塞治之。今东经兰阳、仪封县南，入归德府宁陵县界，复入于大河。

鲁沟，在县西北十七里。源出祥符之蓬泽，又东南经杞县南，而合于汴河。〇观省陂，在县东。唐贞观十八年，县令刘雅作陂蓄水，溉田百顷。

逍遥宫。在县南六里。隋大业二十年建，寻废。〇莘城驿，在县治南。明初置。

〇**杞县**，府东百里。东北至归德府睢州考城县九十里。古雍国，黄帝之后。周为杞国。汉置雍丘县，属陈留郡。晋属陈留国。后魏置阳夏郡。北齐因之。隋开皇初，郡废。十六年，改置杞州。大业初，州废，以县属梁郡。王世充亦置杞州于此。唐初因之。贞观六年，州废，县属汴州。五代晋改为杞县，汉仍曰雍丘。宋因之。金正隆后，复为杞县。元为南杞县。明曰杞县。今城周九里有奇，编户百二十三里。

雍丘城，今县治。春秋属杞。《括地志》：武王封禹后于此东楼公。号后属宋。战国属魏。雍，一作雝。《左传》襄九年：郑围宋雍丘，宋皇瑗围郑师，取之。《史记·郑世家》：繻公十五年，韩景侯伐郑，取雍丘。又秦蒙骜拔魏雍丘。秦二世二年，沛公、项羽自定陶西略地，破秦军于雍丘。又曹参南攻雍丘，击李由军，破之。后汉兴平二年，陈留太守张邈使其弟超保雍丘，曹操攻拔之。魏曹丕改封曹植为雍丘王。东晋初，镇西将军祖逖为豫州刺史，镇雍丘，屡破石勒军，大河以南，多为晋土，是也。刘宋永初三年，魏人渡河南侵，司州刺史毛德祖遣将刘怜戍雍丘以备之。唐天宝十载，真源令张巡起兵讨安禄山，西至雍丘，贼来攻，屡败之。

外黄城，县东北六十里。《左传》：鲁惠公季年，败宋师于黄。杜预曰：外黄县东有黄城。《战国策》：苏代曰：决白马之口，魏无黄、济阳。秦置外黄县。二世二年，沛公、项羽自雍丘还攻外黄。汉四年，项羽攻外黄，怒其不早下，将坑之，以舍人儿言而止。汉亦曰外黄县，属陈留郡，郡都尉治焉。张晏曰：魏郡有内黄，故此加外。晋属陈留国。后魏主焘延和三年，置徐州于外黄。皇兴初，州罢，县亦寻废。高齐复置外黄县。隋属曹州。唐初属杞州，贞观六年废。《陈留风俗传》：外黄有大齐城、小齐城，又有莠仓、科禀二城，皆汴水所经。杜佑曰：外黄县东有黄城，兵乱之后，城邑丘墟，因曰黄墟。晋大和四年，桓温伐燕，燕慕容厉逆战于黄墟，败走。又曲棘里，刘昭曰：在外黄城中。《春秋》：昭二十五年，宋公佐卒于曲棘。

高阳城，在县西二十五里。颛顼高阳氏佐少昊有功，封于此。郦食其居外黄，沛公兵过高阳，入谒，自称高阳酒徒。文颖曰：高阳，聚邑名也。亦曰高阳亭。汉文帝子武改封梁，其地北界太山，西至高阳。魏收《志》：雍丘有高阳城。

圉围城，县南五十里。春秋时郑地。昭五年，晋韩起逆女于杞，还过郑，郑伯劳诸圉。《战国策》：楚人说顷襄王还射圉之东，解魏左肘。

汉置圉县，属淮阳国。王莽居摄，东郡太守翟义起兵讨之，败于圉北，即圉城北也。后汉属陈留郡。晋属陈留国。后魏曰圉城县，属阳夏郡。北齐县废。隋复置，属宋州。唐初属杞州，贞观六年废。五代周显德三年，征淮南，驻师于圉城镇，即此。今亦曰南圉镇。

令狐城，在县西三里。唐至德初，令狐潮等攻雍丘，数月不下，乃置杞州，筑城于雍丘之北，以绝张巡粮援，即此城也。既而巡弃雍丘，东守宁陵。〇肥阳城，在县东北二十里。《城冢记》：禹治洪水，在肥泽之阳，因筑此城。今有西肥集。

张柔城，县北七里。元张柔镇雍丘时所筑。亦名新城。《元志》杞县：元初，河决，城之北面为水所圮，遂为大河之道，乃于故城北二里河北岸筑新城置县。继又修故城，号南杞县。盖黄河至此分为三：其大河流于二城之间，其一在新城之北睢河中，其一在故城之南。俗称三叉口。

成安城，在县城东。汉县，属陈留郡。后汉县废。《风俗传》：成安县，今名利望亭。《隋志》：外黄县，齐废成安县入。〇阳乐城，在县东北四十里。《述征记》：城在汴北一里，周五里。盖苻秦时所置。又有祺城，在县西北十八里，亦曰箕城。隋末，王世充尝置县于此。又吴起城，《志》云：在县东北十里。相传吴起屯兵处。

桃陵，在县东南十里。唐至德初，张巡守雍丘，击贼众于白沙涡，还至桃陵，遇贼救兵，悉擒之，即此处也。白沙涡，在归德府宁陵县。又县东南三十五里曰青陵，亦名青陵保。县西南五十里曰翟陵，又十里为石陵。县东北二十里有武陵，皆土阜也，俗亦谓之五陵。今多漫漶者。〇韩冈，在县西三十五里，又西至陈留四十里，往来所经之道。

汴水，在城北。自陈留县流入，经县东北境而入睢州界。《志》云：县北四十里有蒲口，旧时汴水分流处也。元大德初，河决于此。

睢水，在县北五十里。自陈留县流入境，又东入归德府睢州界。《水经注》：睢水首受浚仪莨荡水，东经高阳故亭北，又东径雍丘县故城北。

鲁沟，在县南。自陈留县流入境，下流入于汴河。〇白杨陂，在县东。《水经注》：陂方四十里，储水溉田处也。今涸。

汉堤，在县北。即汉永平中王景所治者。县有堤河，因此而名。又北五里有隋堤，大业中所筑，自大梁至灌口者也。灌口，或曰即老鹳河。见南直淮安府。

鸣雁亭。在县北四十里。《水经注》：汳水东径亭南。《春秋》成二年，卫侯伐郑，至于鸣雁。俗谓之白雁亭。〇雍丘驿，在县城东北，明初置。

〇**通许县**，府东南九十里。东至杞县六十里。本陈留、扶沟二县地。宋初置通许镇，咸平中升为咸平县，属开封府。金改今名。今城周九里有奇，编户二十五里。

上仓城，县西八里。五代周世宗所筑，为漕运转输之处。

鸑鷟冈，县东南四十里。相传有凤集此，故名。县境又有吴召冈、李大冈、青冈、竖冈、朱砂冈、擦子冈、七里等冈，大者绵亘数里，居民避水患，多筑庐于其上。《志》曰：县当祥符、陈留二邑之冲要，冈阜环列，河流萦绕。

蔡河。在县西。《志》曰：蔡河自祥符之范村流入县北，分为两道，名双沟河，至县西复汇而为一，下入扶沟，建闸启闭，宋时通江淮之漕道也。《宋志》：建隆二年，浚蔡河，设斗门节水，自京距通许镇。〇旧黄河，《志》云：自汴西杏花营分流，经县西三里，南达扶沟。今涸。

〇**太康县**，府东南二百里。东至睢州柘城县八十五里，南至陈州七十里。相传夏太康所筑城。汉置阳夏县，属淮阳国。东汉属陈国。晋属梁国。后魏属阳夏郡。高齐置淮阳郡。隋初郡废。开皇七年，改县曰太康，属陈州。王世充置夏州于阳夏，即此。唐复为太康县，属陈州。五代梁属开封府。宋宣和初，改属拱州。金仍属开封府。今城周九里有奇，编户三十六里。

阳夏城，即今治，汉县也。秦为阳夏乡，阳夏人吴广起兵于蕲，是也。汉元年，令将军薛欧、王吸出武关，逆太公、吕后于沛，楚发兵距之阳夏。五年，追项羽至阳夏南。洪氏曰：阳夏乡，今去太康县三十里。后汉建安初，陈王宠屯阳夏，袁术遣客诈杀之。晋永嘉五年，石勒攻陈留太守王赞于阳夏，擒之，即此地。又县西北五里有霸王台，临涡水，俗谓之项王将台，亦曰汉王台。县南二十里又有南拒台、北拒台，相传楚汉相拒处，相去各一里，亦谓之南拒城、北拒城。

涡水，在县北五里。其上源自通许境接蔡水，流经县北，东南经柘城县及鹿邑县境，又东入江南亳州界。《水经注》：涡水首受蔡，东流经阳夏北，其下流入于淮。是也。今有秋江泊，在县东南二十里，渡通柘城。〇五里口渡，在县西南五十里，路通西华县。

义安驲。在县南三十五里。路出陈州，此为中顿处。又县西南三十里有长陵冈，洪武初置递运所于此。

〇**尉氏县**，府南九十里。西南至许州百三十里。春秋郑大夫尉氏邑。秦置县。汉属陈留郡。晋属陈留国。后魏亦属陈留郡。东魏改属开封府。北齐省。隋开皇六年，复置，属许州。王世充于此置尉州。唐武德四年，改置洧州，或作南汴州。贞观初，州废，县属汴州。今城周七里有奇，编户二十六里。

康阴城，县东南四十里。隋末置。唐初属洧州，贞观初废。《志》云：武德四年，安抚使任瓌于古齐城置康阴县。又有苑陵城，在县西南四十里，古山氏城也。《竹书纪年》：梁惠成王十六年，秦公孙壮率师城山氏，即此。唐武德四年任瓌于新郑县界内，移苑陵县治山氏城，属洧州。贞观初废。

向城，在县西南五十里。《左传》襄十一年：诸侯伐郑，会于北林，师于向。杜预曰：向城在长社东北。即此。又十四年：晋及诸侯会吴于向，二十年：仲孙速会莒人盟于向。〇菟氏城，在县西北四十里。《左传》昭五年：郑伯劳楚屈生于菟氏。又蒋城，在县西六十里，与新郑接界。或以为即春秋时蒋国，所谓凡、蒋、邢、茅者。又有钟城，魏钟繇故居，在县西北五十里。

鸡鸣城，在县西南三十里。《竹书》：魏惠成王元年，韩伐魏，军于蟲泽陂，北对鸡鸣城。是也。又七里为三亭冈。秦王稽与范雎言：待我三亭之南。即此。〇蔡陂城，在县西南四十里，与鸡鸣城相近。《志》云：隋末，尝置县于此。

沙水，县东五十里。自祥符县流入，即宋之惠民河。宋祥符元年，惠民河决于尉氏，遣使修塞。县东有康沟，流合惠民河，即长明沟之支流也。又有笔沟，在县东北四十里，端直如笔，流合于康沟，引而南，合于大沟。其合处有大流堰，宋所置也。

长明沟，在县西南四十五里。源出许州长葛县界，经县西南汇为大陂，谓之蔡泽陂，东西五里，南北十里。或曰即蟲泽陂也，在鸡鸣城南。长明沟又东南流，与大沟合。〇大沟，在县西南十五里，东南流，与县境众水汇。今下流入于决河。

陵树亭。县东北三十五里。亦曰陵树乡。汉建安中，荀攸封陵树侯，即此。其东有少曲亭。《志》云：少曲亭，在县东。《陈留风俗传》：尉氏县有少曲亭，俗谓之少城。《水经注》：康沟东经扶沟县之白亭，又东经少曲亭。此河南之少曲也。〇尉氏驿，在县治东，明初置。

〇**洧川县**，府西南百五十里。南至许州六十里，西北至新郑县亦六十里。春秋郑之曲洧。汉为颍川郡新汲县地。唐初为尉氏县地。宋为宋楼镇，属尉氏县。金始置洧川县，旧治在今县南十里。前朝洪武初，以水患迁今治。今城周九里有奇，编户十七里。

新汲城，在县南。春秋时曲洧也。成十七年，公会诸侯伐郑，自戏童至于曲洧。汉神爵三年置新汲县，以河内有汲县，故曰新汲。后汉章帝封马防为侯邑。晋仍属颍川郡。后魏因之。东魏改属许昌郡。北齐废。唐初复置，属洧州。贞观初废。

匡城，在县东北。《左传》文元年：卫孔达侵郑，伐绵訾及匡。又定六年：公侵郑，取匡。此郑国之匡城也。

牛脾山，在县西南十里有小阜，俗谓之牛脾山。旧传即郑庄公阙隧见母处。

洧水，在县南。源出河南府登封县北阳城山，至禹州密县，又东流至新郑县，合溱水为双泊河，经长葛县北，为双济河，至县南，又名双泊河，西南有青龙泉水合焉，经朱曲镇，又东经鄢陵、扶沟、西华县境而合于颍水。

朱曲镇。在县东南。本属尉氏县。金曰朱家曲，改属今县。洧水至此，回曲而东，因名。○洧川驿，在县治西，明初置。

○鄢陵县，府南百六十里。西南至许州六十里，东至扶沟县四十里。春秋郑邑。战国属韩。汉置鄢陵县，属颍川郡。晋及后魏因之。东魏属许昌郡。北齐省入许昌县。隋开皇七年，复置县。十六年，又置洧州于此。大业初，州废。王世充复置。唐因之。贞观初，州废，县属许州。宋改今属。今城周六里有奇，编户二十九里。

鄢陵城，旧城在今县西南四十里。《春秋》隐元年：郑伯克段于鄢。成十六年，晋败楚于鄢陵。韦昭曰：古鄢国，为郑武公所灭。《国语》：虢、郐八邑，鄢其一也。《史记》：韩宣惠王十四年，秦败我于鄢。又秦始皇二十二年，李信攻楚鄢、郢，破之。胡氏曰：时楚迁寿春，所谓鄢者即此；郢，谓陈州也。魏曹丕封弟燕王宇为鄢陵王，筑台于城中，名燕王台。唐初移今治。《括地志》：故城在今鄢陵县西北十五里。又县南有朱濞城。濞，汉初功臣，封鄢陵侯，因筑此城。

安陵城，《括地志》：在县西北十五里。本郑地。《史记》：齐宣公四十三年，田庄子伐鲁、葛及安陵。战国时，魏襄王弟安陵君封于此。公子无忌所云王之使者出，过而恶安陵氏于秦者也。秦始皇二十二年，灭魏，欲以五百里地易安陵。《水经注》：安陵，一名富平。《陈留风俗传》：尉氏安陵乡，故富平也。汉昭帝封张安世为侯邑。盖旧为尉氏县界。又《后汉志》征羌侯国有安陵亭。征羌，见郾城县。杜佑云：安陵，在郾城东南七十里。又鲁，鲁城；葛，长葛也，俱见后。

洧水，在县北二十里。自洧川县流入境，又东南入扶沟县界。

五女店。在县西三十里，又西南三十里即许州也。相传汉献帝后伏氏，与姊妹四人为操所害，葬于此。

〇**扶沟县**，府南二百里。南至陈州西华县七十里。汉旧县，属淮阳国。以小扶亭有洧水之沟，因名。光武封朱鲔为侯邑，改属陈留郡。晋省。后魏复置。东魏属许昌郡。隋属许州。唐初于县置北陈州，寻废，以县属洧州。贞观初，仍属许州。五代梁改今属。今城周九里有奇，编户二十九里。

扶乐城，在县东南三十里。光武封刘隆为扶乐侯，即此。晋省。隋开皇十六年，置扶乐县，属陈州。唐贞观初废。《志》云：扶乐城，亦曰大扶城，其北又有小扶城。沙水径二城之西而东南流，即蔡河矣。

固城，在县西南尹村保。《通典》云：汉所筑，周回皆水，势甚固。其水亦曰二备沟。宋杨侃《东京赋》所云城通两扶，沟逾二备者也。

雍氏城，在县西南四十里。《春秋》襄十八年：楚伐郑，侵雍梁。又襄三十年：郑伯有奔雍梁。《战国策》：楚围韩雍氏，即雍梁也。杜预曰：阳翟东北有雍氏城。今城接禹州界。

蔡水，在县城东。自通许县西流入境，又东南流入陈州界。

洧水，在县西。自鄢陵县流入境，又东南入西华县界。《宋志》：洧水自许田注鄢陵，东南历扶沟，合于蔡。又溴水，自临颍历鄢陵、扶沟，亦合于蔡。盖宋时导蔡河上流以通漕处，亦谓之闵河。

桐丘亭。在县西二十里。亦曰桐丘城。《左传》庄二十八年，楚侵郑，诸侯救郑，楚师夜遁。郑人将奔桐丘，谍告曰：楚幕有乌。乃止。又哀二十七年：晋荀瑶伐郑，次于桐丘。杜预曰：许昌东北有桐丘城。今其地接许州东北境，亭盖与许州接界。《陈留风俗传》：县有白亭，楚封太子建之子胜为白公，居此。又有雕陵亭，即庄子所云游于雕陵之樊者。

○中牟县，在府城西七十里。西至郑州七十里。春秋郑中牟邑。汉置县，属河南郡。高帝封功臣单父圣为侯邑。晋属荥阳郡。后魏省，寻复置。东魏初，增置广武郡，治此。后周移县治圃田。隋开皇初，郡废，改县曰内牟，属郑州。十六年，改曰郏城。大业初，又改为圃田县，仍徙旧治。唐初复改中牟，并置牟州。贞观初，罢州，以县属管州。龙翔初，改属郑州。五代梁属开封府，唐复属郑州。宋仍属开封。今城周六里，编户三十七里。

中牟旧城，在县东六里，县旧治也。东汉初平二年，朱儁谋讨董卓，以河南残破，东屯中牟。三年，为卓将李傕等所败。唐乾符三年，山东盗王仙芝等陷阳武，攻郑州，昭义将雷殷符屯中牟，破走之。明朝天顺中，徙今治。○清池废县，在县西。《寰宇记》中牟有清阳亭。唐初置清池县，属管州。贞观初废。

官渡城，在县东北十二里，即中牟台也，亦曰曹公台。建安四年，曹操袁绍相持于官渡口。裴松之《北征记》：中牟台下临汴水，是为官渡，袁绍、曹操垒尚存焉。晋永嘉初，东海王越镇许昌，以石勒寇掠兖州，遣苟晞等拒之于平原、阳平间，越出屯官渡，为晞声援。又县西南有林亭。《左传》宣元年，楚蒍贾救郑，遇晋军于北林，即此。

牟山，县北五里。县南二十里有土山。又县西南有马陵。《志》云：陵绵亘五十余里，或曰即故河堤也。

汴水，在县南。又东流入开封城南。今淤。或曰在中牟故城北。唐中和四年，李克用等败黄巢于陈州，巢自陈趣汴，至中牟，又自中牟逾汴而北，克用邀击之于封丘，是也。

官渡水，在县北中牟台下。鸿沟自荥阳下分二渠，一为官渡水是也。圃田泽在其南，又北则为黄河。胡氏谓：官渡即黄河也，故袁曹相距。沮授曰：悠悠黄河，吾其济乎！按袁绍败后，幅巾渡河，则黄河在官渡北矣。

汜水，在县南。东北入官渡水，今涸。杜佑曰：此为东汜水。《左传》僖三十年，晋及秦围郑，晋军函陵，秦军汜南，盖此水之南也。又襄九年，晋会诸侯伐郑，师于汜，盖亦东汜云。

刁马河，在县东南。旧通汴河，宋元丰五年，范子渊等开清汴渠，引洛入汴。既而汴水增涨，提举司言：京西四斗门，近京惟孔固斗门可以泄水入黄河。其孙贾斗门，虽可泄水入广济，然下尾窄狭，不能尽吞。惟于万胜镇旧减水河汴河北岸，修立斗门，淘旧河，创开生河一道，下合刁马河，是也。今堙。

圃田泽，在县西北七里。《周·职方》：豫州薮曰圃田。《史记》：魏公子无忌曰：秦七攻魏，五入囿中，边城尽援。刘伯庄曰：囿，读圃，即圃田泽，中多产麻黄，《诗》所谓东有甫草也。东西五十里，南北二十六里，西限长城，东极官渡，高者可耕，洼者成汇。今为泽者八，若东泽、西泽之类；为陂者三十六，若大灰、小灰之类，其实一圃田泽耳。

五池沟，在县西。亦曰五池口，今涸。曹魏嘉平二年，司马懿讨王凌还，魏主使侍中韦诞劳军于五池。宋张洎曰：莨宕渠自荥阳五池口出，注为鸿沟。是也。

王满渡，在县南。旧为汴河所经津济之处。唐中和四年，李克用救汴州，自许州而北，追及黄巢于王满渡，乘其半济，奋击，大败之。《唐书》：渡在中牟北。

万胜镇，在圃田泽之北。亦曰万胜寨。唐长庆二年，宣武军乱，命韩充为宣武帅。充自滑州入境，军于万胜。光启三年，秦宗权将卢瑭军万胜，夹汴口为梁，以绝汴州运路，朱全忠袭取之。后唐同光四年，帝幸关东，至万胜镇，闻李嗣源入汴，遂还。宋景德二年，开封府言：万胜镇先置斗门以减河水，今汴河分注浊水，入广济河，堙塞不利。帝以斗门本泄京索河，泛流入汴，不便壅塞，命高置斗门。胡氏曰：万胜镇在中牟东，距大梁不过数十里。〇白沙镇，在县东三十七里。《九域志》县有白沙镇，与祥符县接界。

曲遇聚。在县西。司马彪《郡国志》：中牟县有曲遇聚，沛公破秦将杨熊于曲遇，熊走荥阳。又《世家》：曹参自开封西击杨熊，军于曲遇。是也。曲遇，读曰裕容。

〇**阳武县**，府西北九十里。北至卫辉府新乡县八十里。秦博浪沙地。汉置阳武县，属河南郡。晋属荥阳郡。东魏属广武郡。北齐省。隋复置，属郑州。唐因之。五代时属开封府。今城周五里有奇，编户五十四里。

博浪城，在县东南五里，即张良令力士击秦始皇处。司马贞曰：浚仪西北四十里有博浪城。建安五年，袁绍与曹操相距于官渡，绍军阳武，依沙堆为屯，东西数十里。沙堆，或曰即博浪沙。〇北埭城，《寰宇记》：在县北十里。其地又有南埭城。《左传》襄五年，楚伐陈，诸侯会于城埭以救之，即此二城也。杜预曰：酸枣县西南有埭城。

黄河，旧在县北，今在县南。自原武县流入境，又东入封丘县界。

白沟。在县东南三里，又东南入封丘县界。《水经注》：济水经阳武故城南，又东为白马渊，泉流为白沟。或谓之白河。唐载初元年，引汴水入白河，即此。今涸。

〇**原武县**，府西北百二十里。西南至郑州六十里，北至卫辉府获嘉县百里。汉县，属河南郡。晋省。后魏复置，属荥阳郡。东魏改属广武郡。北齐县省。隋置原陵县，开皇十六年复曰原武。唐属郑州。宋熙宁中，省入阳武县。元祐初，复置。金属郑州。元因之。明初，改属开封府。今城周四里有奇，编户二十三里。

卷城，在县西北七里。苏秦说赵王曰：据卫取淇，卷则齐必入朝秦。秦昭襄王三十二年，客卿胡伤攻魏卷，取之。又始皇二年，麃公将卒攻卷。汉置县，属河南郡。建初二年，帝幸偃师，东涉卷津。晋卷县属荥阳郡。后魏因之。北齐废。《水经注》：河水经卷县北，又东至酸枣之延津，二邑皆河津之要也。

垣雍城，在县西北五里。春秋时为郑地，亦曰衡雍。僖二十八年，晋文公败楚于城濮，还至衡雍。又文八年，鲁公子遂会晋赵盾于衡雍。后为垣雍。秦昭王四十八年，韩献垣雍以和。《战国策》：魏王曰：秦许我以垣雍；魏公子无忌谓：秦有郑地，得垣雍，皆此也。城濮，见山东濮州。

安城，在县东南二十里。《志》云：周所置城。《史记·魏世家》：昭王十三年，秦拔我安城，兵至大梁而去。《括地志》原武有安城。《史记》：信陵君谓魏安釐王：通韩上党，于共、宁，使道安城，出入赋之。谓此。明初置安城驿，正统中废，改置广武驿于荥泽县。共，见卫辉府；宁，见怀庆府修武县。

长城，在县西北。徐广曰：荥阳卷县有长城，经阳武到密，六国魏所筑。《竹书纪年》：梁惠成王十二年，龙贾帅师筑长城于西边。盖是时长城犹在河西。其后河西属秦，因改筑长城于此。

黑阳山，在县北二十里，连阳武县界。黄河经其下。洪武二十四年，河决于此。又正统十三年，河决荥泽县，东及黑阳山，由蒲经澶四百余里，合黄河故道，北入会通河。蒲、澶，见北直长垣县及开州。

黄河，在县北二十二里。自荥阳流入县界，达于开封城北。《水经注》：河水东经卷县北。春秋时，晋、楚之战，晋军争济，舟中之指可掬；楚庄祀河，告成而还：皆此处也。隋大业十三年，李密攻东都，遣徐世勣自原武济河，取黎阳仓。

扈亭。在县西北。《春秋》庄二十三年：公会齐侯盟于扈。又文七年：晋赵盾与宋、卫、齐、郑、曹、许诸侯盟于扈。其后往往会盟于此，盖其地在四方道里中也。《竹书》：晋出公二十二年，河绝于扈。又有城修亭，或以为修鱼也。《秦纪》：惠文王后七年，韩、魏、燕、齐率匈奴共攻秦，秦使樗里疾与战于修鱼。

〇封丘县，府北七十里。北至北直滑县一百四十里，东北至北直长垣县六十里。古封父国。《左传》赐封父之繁弱，是也。汉置封丘县，属陈留郡。后汉初平四年，袁术屯封丘，曹操自鄄城引兵击走之。晋属陈留国。大兴三年，祖逖遣其将韩潜屯于此，既而石勒遣石虎引兵南侵，城封丘而还。后魏太平真君九年，并酸枣，景明二年改，仍属陈留郡。北齐省。隋开皇十六年，复置，属滑州。唐属汴州。宋属开封府。金大定中，河水坏没，迁治新城。元初，城复为河所坏，乃因故城遗址，稍加修葺，迁治焉。明因之。今城周九里有奇，编户四十三里。

黑山，在县北三里。后汉初平四年，袁术引军屯于黑山，曹操断术粮道，术败走，即此。

黄河，在县南三十里。旧时沁河自山西沁源县来，由阳武入县界于家店，河水挟沁东决漕运，为害甚烈。弘治中，副使张鼐从于家店疏决故道，筑堤以免泛滥之虞，至今赖之。

黄池，在县西南七里。东西广三里。《春秋》哀十三年：公会晋侯、吴子于黄池。薛瓒曰：《国语》吴子掘深沟于商鲁之间，以会晋公午于黄池，正此地也。杜预曰：封丘县南有黄亭及济水。《史记》：韩昭侯二年，宋取我黄池。又《魏世家》：惠王十六年，侵宋黄池，宋复取之。即此。

濮渠，在县西南。首受沛，东北流至县，引以溉田，又东北流，入北直开州界。

翟沟，在县南八里。即白沟也，音转为翟。西接黄河支流，引渎东入，环带萦纡，澄澈如鉴。一名涤渠，亦曰湛渠。孟康曰：春秋时，宋败长狄侨如于此，因名。自阳武县流入，又东南经祥符县境。今涸。

桐牢亭，在县北二里。韦昭曰：古虫牢，郑地也。《春秋》成五年：公会晋侯，同盟于虫牢。襄十八年：楚侵郑，至于虫牢。定八年：晋士鞅会成桓公侵郑，围虫牢。今谓之桐涡。〇长丘亭，在县东。《左传》：宋败狄于长丘。《史记》宋武公获长狄侨如处也。

黄亭，杜预曰：在县南七里黄池之上。又南三里有云响亭。晋吴之会，诸侯云集响应，共筑此城，因名云响城。又有期城，在黄池旁，亦以诸侯相期于此而名。

中栾镇。在县南大河北岸。元人运道，以此为中顿。明初，徐达下汴梁，驻军中栾，然后率步骑入虎牢，既又规取河北，复自中栾渡河，下卫辉，是矣。县西北一里又有周太祖营，相传五代时郭威屯兵处。

〇延津县，府西北九十里。东北至卫辉府胙城县四十五里，西北至卫辉府新乡县七十里。本郑之廪延。秦置酸枣县。汉属陈留郡。晋因之。后魏属东郡。北齐并入南燕县。隋开皇六年复析置酸枣县，属滑州。

大业初，改属荥阳郡。唐复属滑州。五代梁开平元年，属开封府。宋政和七年，改延津县。金贞祐三年，置延州。元至元九年，复为延津县。今城周七里有奇，编户二十七里。

酸枣城，县北十五里。本郑之廪延邑。《左传》隐元年：郑叔段侵郑，至于廪延。亦曰酸枣。襄三十年：郑以伯有之乱，游吉奔晋，驷带追之，盟于酸枣。《战国策》：苏秦曰：魏北有河外、卷、衍、燕、酸枣。《史记》：魏文侯三十二年，伐郑，城酸枣，取郑北而城之也。秦始皇五年，使蒙骜攻魏，拔酸枣。汉县治此。武帝封广川惠王子晏为侯邑。后汉中平末，关东共起义兵讨董卓，兖州刺史刘岱等与曹操屯酸枣。《陈留志》：城内有韩王故宫阙，疑战国韩尝都此。又县东南二里有酸枣山，俗呼为土山，黄河昔尝绕其下。《邑志》云：山在县西南五里。后唐同光三年，治酸枣遥堤，以御决河。周广顺二年，河决酸枣，寻修塞之。

黄河，旧在县北。成化十四年，河决县西之扉村，泛滥七十余里。十五年，徙流县南，入封丘县界。

濮水，在县北。今涸。《水经注》：濮水自酸枣首受河而东北注，经燕城南。盖与封丘之濮渠异源而同流也。详见山东濮州。燕城，见胙成县。今黄河迁决，濮水绝流矣。

延津，杜预曰：酸枣县北有延津。《水经注》：河水又东北，通谓之延津。后汉初平二年，董卓入关，袁绍自河南还军延津。建安五年，曹操以袁绍攻白马，引兵趣救。荀攸曰：今兵少不敌，公到延津，若将渡兵向其后者，绍必西应之，然后以轻兵袭白马，掩其不备。从之。既败绍军，引还，绍渡河追至延津南。操勒兵，驻营南阪下，及战，大破绍军。晋延和四年，石勒破刘曜，途出于此，以河冰泮为神灵之助，号灵昌津。《志》云：唐卫州新乡县有延津关，盖在延津北岸。曹操救东郡太守刘延于白马，至延津，盖在延津南岸。今详见北直滑县。

乌巢泽，在县东南。《三国志》：许攸谓曹操曰：袁氏辎重，在故市乌巢。操遂出奇兵攻烧之，绍因此败亡。今故市城在郑州北三十五里。《水经注》：济渎又东，经酸枣县之乌巢泽。泽北有故亭。

香台关。在县西北。地名沙门镇，有巡简司。〇廪延驿，在县治东南。县治西又有廪延递运所。

〇**兰阳县**，府东北九十里。北至北直长垣县七十里，东北至直隶东明县百二十里。秦东明镇地，汉东昏县地，属陈留郡。三国魏废县为镇。宋初，复置东明县。金析东明六乡置今县，取其首乡曰兰阳以名，属曹州。元属汴梁路。今城周五里，编户三十八里。

东昏城，县东北二十里，故户牖乡也。《春秋》哀十三年：黄池之会，吴囚子服、景伯以还，及户牖，归之。秦属阳武县。陈平，阳武户牖人也，汉因封为户牖侯。后置东昏县。相传秦始皇东游至此，昏雾四塞，不能进，因名。有秦台废址存焉。《括地志》：东昏镇，在陈留东北九十里，即故县地。宋乾德元年，置东明县。金以县属南京。后避河患，徙河北。今见直隶东明县。〇韩陵城，在县东北五十里。《志》云：元时徙县治此。又县东南八里有流渠城，旧亦为县治，以渠水所径而名，日久渐塞。

济阳城，县东五十里。春秋宋地。战国属魏。苏代曰：决白马之口，魏无黄、济阳。《竹书纪年》：梁惠成王三十年，城济阳。秦二世二年，章邯等击灭魏咎于济阳。汉为济阳县，属陈留郡。景帝中六年，封梁孝王子明为济川王。应劭曰：即济阳县也。昭帝元平初，昌邑王初征至济阳，求长鸣鸡。又元帝永光三年，立子康为济阳王。建昭五年，徙王山阳，县仍属陈留。《后汉纪》：光武生于济阳宫，光明照室。盖县有武帝时东巡故宫。晋亦属陈留国。刘宋元嘉五年，徐州刺史王仲德攻魏济阳及陈留。又后魏延和二年，置徐州于此。皇兴初，州废。孝昌中，改属阳夏郡。隋属曹州。唐初省入冤句县。武德四年，复置济阳县，属杞州。贞观初复废。宋为济阳镇。冤句，见山东曹州。

白云山，在县西十里。山下有张良洞。山东南即张城山，周围三里，厥势如城。又县东北二十里为东冈头，有冈头铺，达仪封县十五里而近。

黄河，今在县北十五里，又东入仪封县境。旧《志》云：县北二十里有贾鲁河，元贾鲁所开。又三十里为马蹄河，旧名清河。秦始皇东游，饮马于此，因更名也。其下流俱入黄河，水势汹涌。嘉靖间，特于县东北十里开李景高河，以杀水势。万历十七年，河决李景高口，入睢、陈故道，寻塞。

巴河，县南六里。自陈留县流入，又东入仪封县境。

赵皮寨。县北十余里。嘉靖五年，河臣盛应期请疏赵皮寨支河，绵延数百里，以济漕运。其地视河高数尺，功卒不集。

〇**仪封县**，府东北百十五里。东至山东曹县百二十里，北至北直东明县百里。春秋时卫邑。汉为东昏县地。唐、宋为考城县地。金为考城县之通安堡。元置今县，属睢州。明初改今属。城周八里有奇，编户二十一里。

仪封城，在县北十七里。相传仪封人请见孔子处。元于此置县。明初圮于河，因迁今所。《一统志》：仪城在兰阳东北二十里，亦为仪封乡。

黄陵冈，县东北五十里，接山东曹县界。金末，蒙古围汴，金主守绪以粮援俱绝，遂东巡，次黄陵冈，谋入开州，是也。亦曰黄陵渡。元末，察罕谋复汴梁，使舟师出汴东，略曹南，据黄陵渡，即此。详见山东曹县。又有青陵冈，在县北十五里。

黄河，在县北二十里。自兰阳县流入境，又东入睢州界。《志》云：

县境有贾鲁旧河，自黄陵冈南经曹县梁进口，下通归德丁家道口。弘治中，刘大夏尝浚此以杀决河之势。今废。梁进口，亦曰梁靖口，由黄陵冈至梁靖口，凡八十余里。

巴河。在县南八里。自兰阳县流入界，东南经杞县东北之乌冈，而达于睢州境。〇黄渡湖，旧《志》：在县北堌阳乡，周围六十余里，盖大河所溢也。

〇新郑县，府西南二百二十里。西南至禹州九十里，北至郑州七十五里。古有熊地，黄帝都焉。周封黄帝后于此为郐国。春秋时为郑武公之国，曰新郑，以别于京兆之郑也。战国时，韩哀侯亦都之。秦为颍川郡地。汉置新郑县，属河南郡。晋省县而城如故。永嘉末，荥阳太守李矩保聚于此。隋开皇十六年，复置，属郑州。王世充置溱州。唐州废，县仍属郑州。宋因之。金、元属钧州。明朝万历初，始改今属。城周五里，编户二十九里。

郑城，古郑城，在县西北。郑武公始都此。《左传》：梓慎曰：郑，祝融之墟也。其城有渠门、皇门及沌鄟门、师之梁等门。《春秋》桓十四年：宋人以诸侯伐郑，焚渠门，入及大逵。宣十二年：楚克郑，入其皇门。襄十年：晋以诸侯之师伐郑，门于鄟门、师之梁及北门。二十六年：楚伐郑，门于师之梁。三十年，郑盟国人于师之梁之外，以子皙、伯有之乱也。昭七年：公如楚，郑伯劳于师之梁。又有墓门。诗：墓门有梅。襄三十年：郑伯有自墓门之渎入。杜预曰：墓门，郑城门。又纯门，或曰西门也。襄十八年：楚伐郑，门于纯门。又时门，郑南门也。昭十九年：郑大水，龙斗于时门之外洧渊。又哀二十七年：晋知伯伐郑，入南里，门于桔秩之门。桔秩之门，盖亦郑南门矣。又有闺门。昭元年：郑为游楚之乱，大夫罕虎、公孙侨、公孙段、印段、游吉、驷带私盟于闺门之外，实薰隧。杜预曰：闺门，郑城门；薰隧，门外道名。或曰闺门，郑内宫北门，如后世所谓复道云。

苑陵城，在县东北三十八里。秦邑。汉初，樊哙攻苑陵，先登。后置苑陵县，属河南郡。晋属荥阳郡。后魏属陈留郡。东魏天平初，属广武郡。四年，魏大都督宇文贵进据颍川，败东魏兵，东魏将任祥退保苑陵。隋开皇十六年，省苑陵入新郑。唐初复置，属洧州。贞观初，废。

华城，在县东南三十里。亦曰华阳亭。古华国。史伯谓郑桓公：华，君之土也。赧王四十二年，赵、魏伐韩华阳，秦昭王使白起救韩，败魏军于华阳之下，走芒卯，即此。《括地志》：华阳城，在郑州管城县南四十里。

制城，在苑陵城东。《左传》成十六年，晋以诸侯之师伐郑，诸侯之师次郑西，迁于制田，即此。杜预曰：苑陵县东有制泽。又焦城，在苑陵东北。《竹书纪年》：梁惠成王十六年，秦公孙壮伐郑，围焦城。

林乡城，在县东二十五里。杜预曰：苑陵县东南有林乡，盖郑地。《左传》宣元年：诸侯会于棐林以伐郑。又襄三十年：卫襄公如楚，过郑，郑伯有廷劳于棐林。或谓之北林。《战国策》：苏代曰：兵困于林中。信陵君曰：自林乡军以至于今，秦七攻魏。是也。又有白雁陂，在长社东北，林乡西南。晋太和四年，桓温伐燕，前锋邓遐、朱序败燕兵于林渚，即白雁陂矣。《宋志》：许、郑间有白雁沟，下流合于蔡河。

大騩山，今名具茨山，在县西南四十里，溟水出焉。《山海经》：大騩鬼之山，其阴多铁。《班志》河南密县有大騩鬼山，山盖与密县接界也。东魏主善见元象初，侯景攻广州，闻魏救将至，别将卢勇请进观形势，以百骑败魏军于大騩山，广州遂降。时州盖治于襄城。亦曰大隗山。《唐志》：元和八年，陈州、许州大雨，大隗山摧，水流出，溺死者千余人。即此。〇大山，在县西二十五里，一名自然山，黄水出焉。

陉山，在县南三十里。《左传》隐十一年：周以陉田与郑。僖四年，齐伐楚，次于陉。《战国策》：苏秦说韩曰：南有陉山；说楚曰：北有陉塞。又《史记》：魏襄王十六年，伐楚，败之陉山。又秦攻陉，使人驰南阳之地。徐广曰：陉，山绝之名。今自陉山而西南达于襄、邓，皆群山绵亘，故昔以陉山为南北之险塞。〇函陵，在县北十三里。《左传》僖三十三年，晋侯、秦伯围郑，晋军函陵，秦军氾南，即此函陵也。

阴坂，在县西。《水经注》：洧水自刽城又东径阴坂，北有梁焉。俗谓是济为参辰口。参、阴声相近，传呼谬耳。《左传》襄九年，郑伐晋，济于阴坂，次于阴口而还。杜预曰：阴坂，洧津也。

溱水，在县北。源出密县境，一名浍水，东北流至县界，与洧水合。《诗》：溱与洧方涣涣兮。《国语》：主芣鬼騩而食溱、洧。芣鬼騩，即大騩山也。

洧水，在县南。源出登封县阳城山。《水经注》洧水出密县西南马岭山，即阳城山也，经密县而东流，入县境，会溱水为双泊河，又东经长葛至西华县，入颍水。《左传》襄元年：晋帅诸侯之师伐郑，入其郛，败其徒兵于洧上。又十一年：诸侯围郑，观兵于南门，西济于济隧。或曰济隧，即洧隧之讹也。又襄二十六年：楚伐郑，涉于乐氏，门于师之梁。乐氏，亦洧津名。又有洧渊。昭十九年，郑大水，龙斗于时门之外洧渊是也。

潩水，出县西南大騩鬼山，南流经长葛县西，又南至许州城北，又南至临颍县界而合颍水。

黄水，在城东南二十里。源出大山，下流与洧水合。《左传》襄二十八年：如楚，过郑，郑伯有廷劳于黄崖。杜预曰：黄崖，以黄水而名。《水经注》：黄水出大山之黄泉，东南流，经华城西。

棘泽，在县东南。襄二十四年，楚伐郑，门于东门，次于棘泽。

琐侯亭，在苑陵城西。亦曰琐泽。《左传》成十二年：公会晋侯、卫侯于琐泽。又襄十一年：诸侯伐郑，会于北林，师于向右，还次于琐，是也。向，见尉氏县。

韩王垒，在县西南。相传战国时旧址。晋建兴末，刘聪使刘畅攻荥阳太守李矩于新郑，屯韩王故垒，相去七里，矩袭击之，畅败遁。今堙。

永新驿。在县治西。又有新郑递运所。

附见：

宣武卫。在府城内。洪武六年置，辖左、右、中、前、后五千户所。

〇陈州，府东南二百六十五里。东至南直亳州二百里，南至汝宁府二百里，西至许州二百一十里。

古庖牺氏所都，曰太昊之墟。周初封舜后妫满于此，为陈国。楚灭陈，项襄王自郢徙此。秦属颍川郡，陈胜于此自立为张楚。汉置淮扬国，高帝十一年置，治陈县。更始初封张卬为淮阳王。后汉章和二年，改为陈国。晋咸宁中，属梁国，惠帝复分立陈郡。宋、魏因之。东魏天平二年，置北扬州，俱治项县。北齐改为信州，以百姓守信不附侯景，故名。后周改曰陈州。隋废陈郡，改县曰宛丘。大业初，改州为淮阳郡。唐复为陈州，亦曰淮阳郡。贞元中，忠武节度治此。五代晋开运二年，置镇安军，周因之。宋仍曰陈州。宣和初，升为淮宁府。《寰宇记》：陈州城枕蔡水，周回三十里。金复为陈州。元因之。明初以附郭宛丘县省入。编户六十二里。领县四。今仍旧。

州控蔡、颍之郊，绾汴、宋之道。淮、泗有事，顺流东指，此其经营之所也。汉贾谊欲以淮阳禁吴楚。魏司马懿以陈、许图东南。唐以淮西多故，特置重镇于此，与汴洛相为唇齿。中和、光启之间，黄巢、秦宗权亟攻陈州，而卒不能陷也。又其地原隰沃衍，水流津通。汲黯守淮阳，益修陂塘以溉民田。贾逵为豫州刺史，通运渠二百余里。邓艾又为广漕渠，屯田积谷于陈、颍间。诚有意于富强，前轨讵不足问欤？详见前大川颍水。

宛丘废县，今州治。汉置陈县，为淮阳国治。后汉为陈国治。晋初属梁国。刘宋并入项县，为陈郡治。隋改置宛丘县，为陈州治。唐、宋因之。明初省。今州城周七里有奇。

长平城，州西六十里。秦始皇六年，蒙骜攻魏，拔长平。汉置县，属汝南郡。武帝封卫青为侯邑。后汉属陈国。晋属梁国。兴宁初，燕慕容尘攻陈留太守袁披于长平。后魏真君七年，并入扶沟，后复，仍属陈郡。北齐省。今为长平乡。杜预曰：长平东南有辰亭。《春秋》宣十一年，楚子、陈侯、郑伯盟于辰陵，即此。《志》云：长平城，在今西华县东南十八里。

临蔡城，州东北三十里。隋开皇初，析宛丘县置。大业初废。又新平废县，亦在州东北，唐初置，属陈州。贞观初废。

苹城，在州西北。王隐曰：苹北有谷水。《春秋》僖元年：公会齐、宋、郑、曹及邾人于柽。杜预曰：陈县西北有柽城。柽，即苹也。谷水上承涝陂，亦曰劳城。又有华城，在苹城南，谓之东华城。《水经注》：州城南郭内有一城，曰淮阳城，子产所置，高帝因以名侯国。

宛丘，在州城南三里，高二丈。《尔雅》：陈有宛丘，《诗》所称宛丘之上、宛丘之下者也。又州城内东北隅有池，即《诗》所谓东门之池者。〇砚丘，在州东南四十里，高五丈。相传楚王灭陈，于此醼会，因名醼丘，讹为砚丘。

杏冈，在州西北。元至元三年，乱民焚陈州，屯于杏冈，即此。

颍水，在州南五十里。源出登封县阳乾山，流经禹州、临颍、襄城、许州及西华、商水而达州界，下流至凤阳府寿州西北入于淮。详见大川颍水。

黄河，《志》云：在州南三十里，西接汴水，东至项城，合颍以至于淮。盖嘉靖中黄河南决之道也。今涸。

百尺沟，在城东，本沙水也。《水经注》：沙水自鄢陵城西北，经州东而为百尺沟，沟水东南流，谷水自陈城南注之。其水上承涝陂，陂在陈城西北。百尺沟东南流注颍，谓之交口，水次有大堰，即古百尺堰。曹魏嘉平三年，王凌谋举兵寿春，讨司马懿。懿发军袭凌，自水道掩至百尺堨，是矣。亦名八丈沟。《宋会要》：熙宁二年，遣大理丞陈世修经度陈颍州八丈沟故迹。初，世修言：陈州项城县界蔡河东岸，有八丈沟，或断或续，迤逦东去，由颍及寿，绵亘三百五十余里，乞因故道浚治，兴复大江、次河、射虎、流龙、百尺等陂塘灌溉，数百里内，复为稻田。王安石以蔡河今赖以通漕，不能如邓艾时并水东下，功未可就。乃诏先行相度，议遂阻。元祐四年，知陈州胡宗愈言：本州地势卑下，夏秋之间，许、蔡、汝、邓、西京及开封诸处大雨，则诸河之水并由陈州沙河、蔡水同入颍河，不能容受，故境内潴为陂泽。今沙河合入颍河处，有古八丈沟可以开浚，分决蔡河之水，自为一支，由颍、寿界直入于淮，则沙河之水虽甚汹涌，不能壅遏矣。诏可。功既成，谓之新河。政和初，知陈州霍端友又言：陈地污下，久雨则积潦害稼。比疏新河八百里，而去淮尚远，水不时泄。请益开二百里，起西华，循宛丘，入项城，以达于淮。从之。今皆湮废。

陈陀沟，在州北十里。世传陈公子陀所开。上承安仁沟，流入州郭。又城西南十五里有五梁沟。沟上承洧水，东流入谷水。沟有五桥，因名。其水会处有笼口之称。今与贾侯渠、陈陀沟合为城濠。

贾侯渠，在城西。《水经注》：后汉贾逵为豫州刺史所开运渠也。或谓之淮阳渠。又州南有广漕渠，《水经注》以为邓艾所开。又翟王渠，在州东。唐赵翊为忠武节度使，按邓艾故迹，决翟王渠，溉稻以利农，是也。今皆堙废。

厄台，在州城南，本弩台也。《后汉书》：陈敬王鲁孙宠善弩射，黄巾贼起，出军都亭，国人畏服，不敢叛。此其弩台。唐开元中，移孔子庙于台上，俗谓之厄台，以孔子在陈绝粮也。又州南二十里有贮粮台，相传汉高祖筑，北临蔡水。

故阳里，在州北。唐中和四年，黄巢攻陈州，李克用会诸道军击之。巢兵屡败，退屯故阳里，陈州之围始解。

固陵聚，州西北四十三里。汉王追项羽于固陵，韩信、彭越之兵不会，即此聚也。

思陵戍。在州西北二十里。刘宋元嘉三年，谢晦以荆州叛，魏遣将王慧龙援之，拔思陵戍，进围项城，闻晦败，乃退。

〇**商水县**，州西南九十里。西北至西华县九十里，南至汝宁府上蔡县八十里。汉汝阳县地，属汝南郡。隋开皇十六年，置溵水县，属陈州。唐建中二年，隶溵州。兴元初，仍隶陈州。宋改商水县。元末，徙治南顿县。今因之。城周四里有奇，编户十四里。

溵水旧城，在县西三十里。隋开皇十六年置县，属陈州。唐贞元十五年，诏夏州帅韩全义统诸道军讨淮西叛帅吴少诚，全义屡败，退保溵水。少诚进兵迫之，遂走陈州。元和十二年，淮西兵寇溵水镇，杀三将，焚刍粟而去。广明初，黄巢掠淮南，迤逦渡淮。诏河南诸道发兵屯溵水以拒之。中和三年，黄巢攻陈州，悉众屯溵水，既而感化帅时溥赴援，亦军于溵水。皆此处。

南顿城，即今县治。春秋时顿子国。或曰古顿城，在今县北三十里。应劭曰：顿子迫于陈而奔楚，自顿南徙，故曰南顿。《史记》：楚昭王二十一年，灭顿。汉置县，属汝南郡。光武父钦尝令此，曰南顿君。后汉亦曰南顿县。建武十九年，幸南顿。曹魏正元二年，毋丘俭讨司马师，举兵寿春，渡淮，西据项。王基言于司马师曰：南顿有大邸阁，计足军人四十日粮，宜速进据之。保坚城，因积谷。先人有夺人之心，此平贼之要也。师犹豫，基曰：彼得亦利，我得亦利者，是为争地，南顿是也。遂进据之，卒败俭。晋初仍属汝南郡。惠帝时，置南顿郡。永嘉五年，石勒攻杀新蔡王确于南顿，进拔许昌。刘宋、后魏皆曰南顿郡。梁大通二年，豫州刺史夏侯亶围魏南顿，攻陈、项，魏源子恭拒却之。大同初，元庆和攻东魏南顿，为豫州刺史尧雄所破。北齐郡废，改县曰和城，属信州。隋属陈州。大业初，复为南顿县。唐初省入项城县。证圣初，复析置光武县，以县有光武乡也。景云初，复曰南顿，仍属陈州。后因之。元末改置商水县于此。〇和城废县，在县西。晋南渡后，置县，属南顿郡，刘宋、后魏因之。北齐废入南顿县，而改南顿为和城。

汝阳城，在县西北。汉曰女阳县，属汝南郡。后汉曰汝阳。永元二年，封窦景为汝阳侯。曹魏正元二年，司马师击毋丘俭于项城，师屯汝阳，即此。东晋置汝阳郡。后魏因之。后齐郡废。隋并废县入溵水。

博阳城，县东北四十里。汉县，属汝南郡。宣帝封丙吉为侯邑。王莽更名乐嘉。东汉废。魏正元中，兖州刺史邓艾击毋丘俭于项城，进至乐嘉，作浮桥于颍水上，以待司马师。师遂自汝阳潜兵就艾于乐嘉，是也。《志》云：今县北有邓城，盖邓艾屯田时所筑。

扶苏城，县东南十二里。陈涉起兵，自称公子扶苏，从人望也。隋末，越王侗因于此置扶苏县。唐武德初，废。贞元末，刺史曲环夹河筑月城以备李希烈，志云：月城在县东北二十里，与扶苏城相对，互为犄角。

广利原，在故溵水县南。唐贞元十六年，夏州帅韩全义为招讨使，将诸道兵，与淮西叛帅吴少诚战于此，军溃，退保五楼。

颍水，在城北三十里。《水经注》：颍水过汝阳县北，又东南过南顿县，颍水注之，是也。

㶏水，在县北。亦曰大㶏水。自许州郾城县流入境，至县东二十里而合颍水。上有㶏桥。毋丘俭军项城，王基请司马师速据南顿，累请乃听，进据㶏水，既而师亦次于㶏桥。㶏，即溵也。〇縠水，《志》云：出县西召陵冈，流经项城县界，或谓之谷水，下流合于颍水。

北池湖，志云：在县北十五里，汇上游诸水而成，方四十里。又东合于颍水。〇驿马沟，在县西南十里。相传孙叔敖所凿，以沟水湍急而名。屈曲六十里，入于颍水。

时曲，在县西南五十里。唐元和十年，李光颜败淮西兵于时曲。胡三省曰：即洄曲也。溵水于此洄曲，故名。洄曲，今见郾城县。

凌云栅，在故溵水县西南，当郾城之东北。唐元和中，蔡人立栅于此，以凌云为名。其旁又有石、越等栅。元和十一年，李光颜等屡破淮西兵于凌云栅，寻拔之；又进拔石、越二栅。

章华台，在县西北三里。楚襄王保陈时所筑。又乾溪台，亦在县西北三里。相传即楚灵王所筑。又有丛台，在县北二十里。《陈州图经》：故楚时有嘉禾丛生，故名。

五楼。在故溵水县西南。唐贞元十六年，韩全义为淮西兵所败，退保于此；既而淮西复进攻之，全义败保溵水。

〇西华县，州西北九十里。北至府二百里，南至汝宁府上蔡县百十里。汉县，属汝南郡。光武封邓晨为侯国。光和末，皇甫嵩破黄巾贼彭脱于西华。晋初省。永康元年，复置，属颍川郡。元魏属陈郡。隋开皇十八年，改为鸿沟县。大业初，复曰西华，属淮阳郡。唐武德元年，改箕城县。贞观初省。长寿初，复置，改曰武城。神龙初，复曰箕城。景云初，又改为西华，仍属陈州。宋因之。元废，明初夏置，属陈州。今城周五里有奇，编户二十六里。

娲城，在县西，女娲氏所都也。城侧有陂。魏邓艾营稻陂，时柳舒为陂长，后人因目为柳城。《志》云：今县东北十五里有北柳城，县东南三十里有南柳城，皆以柳舒而名。

阎仓城，在县东北。《左传》昭二十年：宋华向之乱，公子城、公孙忌出奔郑，其徒与华氏战于鬼阎。杜预曰：长平西北有阎亭，曹魏筑城置仓于此，因改今名。又夏亭城，在县境。《寰宇记》：城去县三十里，春秋时陈大夫夏御叔之封邑。

颍水，在县城北。东南流，入商人界，洧水自扶沟县东南流合焉。○邓门陂，在县西。唐神龙中，县令张余庆因废陂复开，引颍水溉田。盖以邓艾故址而名。

长社关。县南六十里。有巡简司。又有凉马台，在县西北十里，相传邓艾所筑。

○项城县，州南百二十里。东至江南太和县百二十里，东北至归德府鹿邑县百三十里。古项子国。汉置项县，属汝南郡。晋属陈国，后属梁国。刘宋为陈郡治。魏因之。东魏置北扬州及丹阳郡秣陵县。梁太清初，改置殷州。北齐为信州治。后周为陈州治。隋始改为项城县，属陈州。唐武德四年，置沈州于此。贞观初，州废，县属陈州。宋因之。元初省入商水县，后复置。城周七里有奇，今编户七里。

秣陵废县，即今县治。春秋时为项国。僖十七年，灭项，是也。后为楚地。项氏世为楚将，封于项，即此。汉为项县治。曹魏因之。正元二年，毋丘俭等起兵讨司马师，西之项。甘露二年，司马昭奉车驾击诸葛诞于寿春，至项。晋咸宁五年，伐吴，以贾充节度诸军；荆州平，命充自襄阳移屯项。寻为豫州治。太元八年，苻秦大举入寇，坚发长安，至项城。

义熙十二年，刘裕伐秦，前锋檀道济入秦境，秦徐州刺史姚掌以项城降。宋永初三年，魏将叔孙建自平原济河，徇青、兖，豫州刺史刘粹遣高道瑾据项城。景平元年，魏人来寇，刘粹复遣将姚耸夫助守项城。元嘉二十七年，魏复南寇，拔项城。泰始三年，魏拓跋石自悬瓠攻汝阴，不克，退屯陈、项。时陈郡治项城也。梁大同初，元庆和攻东魏城父，高欢遣高敖曹拒之于项。太清初，侯景以北扬州归梁，改为殷州，命羊思达为刺史。明年，景为东魏所败，思达弃项城走还。《隋志》：项城县，东魏置扬州，兼置丹阳郡及秣陵县。开皇初，郡废，改秣陵为项城县。十六年，又分置沈州于此。大业初，州废。唐仍属陈州。中和三年，陈州刺史赵犨袭击黄巢将孟楷于项城，擒斩之，是也。

公路城，在县东颍水侧。袁术所筑，故以术字名城。又县北一里有互乡城。《志》云：即《论语》所谓互乡难与言者。亦曰合乡。唐中和四年，蔡州贼秦宗权攻朱全忠于宣武，天平帅朱瑄救之，败宗权于合乡，即此。

颍水，在县东。自陈州流入，又东入沈丘县界。

溵水，在县西七十里，接商水县界，即合颍之口也。唐元和十一年，置淮颍转运使，扬子院米自淮阴溯淮入颍，至项城入溵，输于郾城，以馈讨淮西诸军，即此处也。

项关，在县西北五十里。晋永嘉五年，刘聪遣王弥、刘曜等陷洛阳，弥与曜有隙，自洛阳东屯项关，是也。今名南顿关，有巡司。

丁村集，在县东三十里。又东四十里有直沟，俗名前河，至凤阳颍州水路二百二十里。正德中，贼刘六、刘七等尝出没于此。

光武台。在县西北二十里。光武幸南顿时所筑。《志》云：县南四十七里有秦丘，苻坚南侵时尝屯此，因名。

〇**沈丘县**，州东南百十里。东至南直颍州百二十里，北至南直太和县八十里。古沈子国。《春秋》定四年：蔡人灭沈。汉为寝县地。隋末，置沈州及沈丘县于此。唐初州废，以县属颍州，寻省。神龙初，复置沈丘县，仍属颍州。宋因之。元末，察罕败汝阴贼于此。明初，县废。弘治十年复置。城周三里，编户六里。

养城，在县东北。春秋时楚邑。昭三十年，吴二公子掩余、烛庸奔楚，楚使居养，取城父胡田以与之。盖其地近今亳、颍二州界。又砖城，在县东北四十五里，魏邓艾屯田置戍处也。今城址犹存。

武丘，在县东六十里。本名丘头。《水经注》：丘头南枕颍水。魏嘉平三年，司马懿击王凌于寿春，至丘头，凌面缚请降，因称武丘。甘露二年，诸葛诞据寿春讨司马昭，昭督诸军进屯丘头。胡氏云：是役也，昭改丘头为武丘，以旌武功云。又太和五年，桓温攻叛将袁瑾于寿春，慕容燕遣兵救瑾，温遣竺瑶破燕兵于武丘，即此。

沈丘，在县南百步。或曰即寝丘也。楚昭王封孙叔敖子于寝丘；秦始皇二十二年，蒙恬破楚，军于寝丘：皆此地云。

颍水，在县城东北五里，流入南直颍州界。《志》云：县西南十里有小汝河，自汝水分流，经县北入于颍水。〇流鞍河，在县东北二十里。《志》云：自项城县西接百尺沟，经县境，至南直颍州西二十里而入于颍河。

界首关。县东五十里。今有巡司。又沈亭，在县东五里，旧临颍水。亭南有阜阳城，今郎亭也。其旁又有青阳馆，相传汉光武尝驻跸于此。〇乳香台，在县东五十里。《志》云：颍水自项城县赵家渡流入境，又东经乳香台下。

附见：

陈州卫。在州城内。洪武初置，辖左、右、中、前、后五千户所。

〇**许州**，府西南二百二十里，西至河南。府三百三十里，南至汝宁府二百六十里，北至郑州二百八十里。

春秋时许国，战国为韩、魏二国境。秦属颍川郡，治阳翟县。汉初为韩国地，寻属颍川郡。东汉末，献帝都许。曹魏曰许都，晋为颍川郡，治许昌，其后移治长社后魏因之。东魏天平初，置颍州。徙颍川郡治长社，又置许昌郡治许昌，皆属之。武定七年，改曰郑州，移治颍阴。后周曰许州。隋初，废颍川郡。大业初，复改许州为颍川郡。唐复曰许州，亦为颍川郡。元和中，为忠武军治。五代梁为匡国军治，唐复曰忠武军。宋仍曰许州，亦为忠武军许昌郡。元丰三年，升为颍昌府。金复为许州昌武军。元亦曰许州，属河南路。明初改今属，以州治长社县省入。编户四十八里。领县四。今仍之。

州西控汝、洛，东引淮、泗；舟车辐集，转输易通；原野宽平，耕屯有赖。曹操挟天子于此，北并幽、冀，南抗吴、蜀。说者曰：自天下而言，河南为适中之地。自河南而言，许州又适中之地也。北限大河，曾无溃溢之患；西控虎牢，不乏山溪之阻；南通蔡、邓，实包淮、汉之防。许亦形胜之区矣。岂惟土田沃衍，人民殷阜，足称地利乎？《宋史·志》：许州长社，绕州郭有堤塘百八十里，唐节度使高瑀立以溉田。

长社废县，今州治。汉颍阴县地，属颍川郡。东魏武定七年，移颍州及颍川郡治颍阴，改曰郑州，复置长社县为州郡治。高齐以颍阴县并入。隋开皇初，改县曰颍川，仍为许州治。唐复曰长社。自唐以后，许州皆治此。明初，省县入州。今州城周九里有奇，有门四。

许昌城，在州东三十里。周时为许国。秦许县，属颍川郡。陈胜将伍逢军于此，章邯击破之。汉仍曰许县。后汉章帝封马光为侯邑。建安元年，献帝都此。曹丕黄初二年，改曰许昌，为五都之一，岁尝临幸。每伐吴，命司马懿留镇于此。明帝睿太和六年，如许昌，治许昌宫，起景福、承光等殿，后亦数临驻焉。晋为颍川郡治。永嘉末，屡为石勒所攻陷，既而荀组建行台于此。大兴初，勒遣兵逼许昌，组南走。大宁三年，许昌没于石勒。永和七年始归于晋。明年，降将张遇复以许昌叛归苻秦，寻复克之。既又没于燕，秦灭燕，属于秦。太元九年，复归于晋。隆安中，陷于姚秦。义熙十二年，刘裕伐秦，前锋檀道济克秦许昌，获颍川太守姚垣是也。宋景平初，为魏所陷，颍川太守李元德复袭取之。既而魏将周几复陷许昌，毁其城以立封疆而还。泰始四年，豫州刺史刘勔败魏兵于许昌。东魏天平初，始分颍川置许昌郡。北齐郡废。隋属许州。唐因之。五代唐讳昌，改曰许田县。宋熙宁四年，省入长社，为许田镇。

㶏疆城，在州西南。汉县，属汝南郡。光武封坚镡为侯邑。晋省。隋开皇十六年，置陶城县。大业初，复为㶏疆县，属颍川郡。唐初属许州，贞观初废。

洧仓城，在许昌故城东。即洧水之邸阁也。《水经注》：洧水过长社县，分一支东流过许昌，又东入汶仓城内。俗以洧水为汶水，故亦曰汶仓。东汉建安中，枣祗建议屯田，募人屯许下，得谷百万斛，此其仓城也。晋永嘉末，石勒败东海王越将何伦于此，宗室四十八王皆没于勒。〇鲁城，在州西南。《左传》隐八年：郑请以泰山之祊易许田而祀周公。后置邑于此，因曰鲁城。其旁又有刚城，或曰秦封蔡泽为刚城君，即此。

颍阳废州，在州西南。本秦邑。沛公南攻颍阳，屠之。汉置颍阳县，属颍川郡。后汉章帝封马防为侯邑，建初八年幸颍阳，是也。晋省。章怀太子曰：颍阳故城，在今许州。

颍水，在州西四十里。《郡国志》：颍水下流合洧水，亦兼洧之称。水上有诚桥。晋永和八年，谢尚等攻叛将张遇于许昌，苻健使苻雄等救之。尚与战于颍水之诫桥，败绩。《地记》许昌有诫桥。

溧水，在州北二里。自长葛县流入，又南经临颍县而合于颍。一名鲁固河，又名清流河。又州西七里又有石梁河，自禹州流入境，东南入临颍县界，亦合于颍水。

浊泽，在州西。《水经注》：皇陂水出胡城西北。胡城，颍阴之狐人亭也，亦曰胡宗乡。皇陂，古长社之浊泽。《史记》：齐田和会诸侯于浊泽，求为诸侯。又齐威王败魏于浊泽，围魏，魏请献观以和。《韩世家》：宣惠王十六年，秦败我修鱼，虏将鲠申差于浊泽。晋永康二年，赵王伦篡位，王盛等聚众于浊泽，谋讨伦，为伦将管袭所败，即此。观，今山东观城县。

东湖，在州东二十五里。湖本二，合为一，溧水经其中，多菱芡鱼虾之利。元时设提领官，主办岁课。

岸亭。在州东北二十八里。亦曰岸门，今名长武亭。《括地志》：战国时，秦人败韩于岸门，即此处也。似误。〇石固镇，在州西北五十里，西通密县诸山，商贾辏集处。又许州驿，在州治西南，明初置。

〇临颍县，州南六十里。西南至襄城县六十里，东南至郾城县六十里。汉县，属颍川郡，以在颍水之上，故名。晋及后魏因之。隋属许州。唐建中二年，属溵州。贞元初，仍属许州。今城周五里有奇，编户二十四里。

临颍故城，在今县西北十五里。孔颖达曰：郑庄公迁其母于城颍，即临颍也。汉县亦治此。宋白曰：隋大业四年，移县理临颍皋，实冈阜也，即今治矣。《郡国志》：临颍皋，东南长五十里，名曰龙牌冈。《嵩高记》：嵩山东南三百里有龙牌，沃壤可居，今县治据其上。贞元十四年，淮西吴少诚遣兵略临颍，陈、许留后上官涚遣军趣救，败没。少诚遂围许州。元和十年，陈许帅李光颜败淮西兵于临颍，又败之于南顿。

繁昌城，在县西北三十里。旧曰繁阳亭。汉献帝延康元年，曹丕南巡，至颍川颍阴县，筑坛于曲蠡之繁阳亭，受禅，改亭为繁昌县，属汝南郡。晋属襄城郡。后魏因之。隋属许州。唐贞观初，省入临颍。宋为繁城镇。《述征记》：繁昌，在许南七十里，有台高七丈，方五十步；南有台，高二丈，方三十步，即魏受终坛。又有城皋亭，在旧繁昌县界。《左传》定四年，诸侯盟于皋鼬。杜预曰：繁昌县东南城皋亭是也。

大陵城，在县北三十里。县东三十里又有黄连城。相传皆曹魏时所筑。〇豢龙城，《郡国志》：在县西四十里。《水经注》：颍水东过豢龙城，即古豢龙氏之邑，城西有拒陵冈。又《城冢记》：县东北有商城，商高宗巡狩时所筑。

颍水，在县城西，自襄城县界流入。《水经注》：颍水至临颍，小溵水注之，又东过西华县北，又南过汝阳县北，又东南过南顿县北，大溵水从西来注之。〇溑水，在县北，自许州南流至县，合于颍。宋时分流，自鄢陵、扶沟合于蔡水。

小溵水，在县西南。以郾城南有大溵水也。东流合于颍水。唐贞元十五年，诸道军讨淮西吴少诚，溃于小溵水。元和十年，李光颜等败淮西兵于小溵水。又十二年，诸镇讨淮西，夹溵水而军，无敢渡者。陈许将王沛先渡，据要地为城，于是诸军皆渡，败贼于郾城。又中和四年，朱全忠击秦宗权，败之于溵水，即小溵水也。《水经注》：小溵水自颍分支，复入颍水。又時水，在县西十里，或曰小溵水之支流也。唐元和十年，李光颜及吴元济战于临颍，败之于時水上。

枣祗河，在县北二十里，颍河之支流也。曹魏初，枣祗募民屯田许下，引流以溉，得谷数百万斛，后人因以名河。或谓之枣村河。〇泥河，在县西南四十里，一名玛瑙河，自襄城界流入。又有石梁河，在县北三十里，自许州界流入。旧俱入颍，今溷流而东南注于决河。

灌沟，在县西二十里。北接颍水，南接泥河。南北二口，俱有陡门，亦曹魏时引水溉田处。

尚书台，在县东南四十里。汉马融尝读书其上，因名。唐高宗于此阅武，更名讲武台。

小商桥。在县南小溵水上。宋绍兴十年，岳飞大败金人于郾城，兀术次于临颍，飞将杨再兴遇之于小商桥，骤与战，败之。〇临颍驿，在今县治西，明初置。

〇**襄城县**，在州西南九十里。北至禹州七十里，西至汝州之郏县百十里，西南至裕州叶县六十里。春秋郑汜地。汉置襄城县，属颍川郡。晋泰始二年，置襄城郡。后魏永安中，以襄城郡属广州。武定中，徙广州治襄城。周又改为汝州。隋初郡废。大业初，州废。唐初，复置汝州。贞观初，州废，以县属许州。开元四年，改属仙州，寻复旧。天宝七载，又改属临汝郡。乾元初，仍属汝州。宋因之。金属许州。今城周六里有奇，编户三十二里。

汜城，在今县城南。春秋郑汜地，谓之南汜。《左传》僖二十四年：王适郑，处汜。成七年：楚子重伐郑，师于汜。又襄二十六年：楚伐郑，涉于汜而归。杜预曰：于汜城下涉汝水南归也。又昭五年：楚子使令尹子荡如晋逆女，过郑，郑伯劳诸汜。《史记》：晋成公十五年，伐郑，取汜。后属魏。以周襄王避狄难，出居此，故谓之襄城。魏昭王元年，秦拔我襄城。后属楚。怀王二十九年，秦取楚襄城。秦为襄城县，属颍川郡。二世二年，项梁使项羽别攻襄城，是也。汉亦置县于此。晋为襄城郡治。后魏置广州。东魏天平十三年，入于西魏，寻复取之。明年，西魏将赵刚复拔广州，旋弃不守。武定五年，侯景以河南州郡归西魏，西魏荆州刺史王思政引兵屯襄城，欲以长社为行台，崔猷曰：襄城控带京洛，实当今要地，如有动静，易相应接。颍川既临寇境，又无山川之固，贼若潜来，径至城下。莫若顿兵襄城，为行台之所；颍川置州，遣良将镇守，则表里胶固，人心易安。思政不从，卒致覆败。唐建中四年，淮西叛帅李希烈作乱，进据许州。官军进讨，相持于襄城，寻以粮尽引还，襄城陷而贼势益炽。盖县为控扼要地也。

汾丘城，在县东北。《左传》襄十七年：楚伐郑，治兵于汾。《战国策》：楚北有汾陉之塞。《史记》：秦昭王四十三年，攻韩汾陉，拔之。盖与新郑陉山俱为南北隘道，楚尝于此为塞以御北方。

西不羹城，在县东南，楚别都也。《左传》昭十一年：楚大城陈、蔡、不羹。羹，音郎。不羹有二，此其一也。又县东北有襄亭。汉光武徇襄城，傅俊以亭长出迎，拜为校尉，即此处。〇论城，在县东北，魏武行营也。中有论事台。《志》曰：县北四十里有阎寨，即古阎乡，旧传周襄王屯戍之所。又五里为郑庄公城。《春秋》楚伐郑，庄公出师境上，与楚相拒处。

首山，在县南五里。《史记》：申公曰：天下名山八，三在夷狄，五在中国，皆黄帝所游。首山其一也。或以为即此山。首山者，县西诸山，迤逦直接嵩、华，而实起于此，故名。山上有圣泉。又紫云山，在县西南二十里，上有庙塔，俗呼半截塔，乃襄、郏二县之界。

白草原，在县东二十五里。唐元和十二年，裴度督征淮西，军行过白草原，淮西以轻骑要度，镇将曹华击却之。

颍水，在县东北。一名渚河。东入临颍县界。又玛瑙河，在县北二十里，东北流，达临颍县而入颍水。

汝河，在县南。自南阳裕州之叶县流入。有河堰在汝河之南，垒石为岸，长五里，势甚险峻，汲者若梯而达。又东达郾城县境，而入汝宁府上蔡县界。〇蛟龙池，在县北七十里，祝穆以为郑之洧渊也。

颍桥镇。在县北十五里。唐建中四年，哥舒曜讨李希烈，自襄城进兵至颍桥，遇大雨，还保襄城，即此。○襄城驿，在县治西，襄城递运所亦置于此。

○**郾城县**，州南百二十里。东至陈州商水县百十里，南至汝宁府西平县六十里。古郾子国。汉置郾县，属颍川郡。晋因之。后魏置颍川郡于此。北齐改置临颍郡。隋郡废，改县曰郾城。开皇十六年，置道州，寻废道州，以县属许州。唐初复置道州。贞观初，州废，以县属豫州。建中二年，于县置溵州，寻废，县仍属许州。今城周九里有奇，编户二十五里。

溵州城，今县治。古郾国。战国属魏。《史记》：楚昭阳伐魏，取郾。汉为郾县治，更始封尹尊为郾王。建武二年，贾复击郾，尊降。唐建中二年，置溵州治焉，兼领临颍及陈州之溵水县。《旧唐书》：郾城本治溵水南。开元十一年，因大水，移治溵水北。元和十二年，平淮、蔡，高承简为溵州刺史，开屯田，列防庸，濒溵绵地二百里无复水患，皆为腴田。长庆元年，州废。○司州城，在县西北二十五里。《寰宇记》：刘宋元嘉中，改汝南为司州，盖治于此。隋开皇十六年，置道州治焉。《志》云：今县西南五里又有道州城。

召陵城，县东四十五里。《春秋》僖四年：齐楚盟于召陵。昭十四年：楚子使屈罢简东国之兵于召陵。定四年：诸侯会于召陵，谋伐楚也。《史记》：秦惠王后十四年，伐楚，取召陵。汉置县，属汝南郡。东汉光和末，黄巾贼败汝南太守赵谦于召陵。晋属颍川郡。刘宋永初三年，魏人南侵，司州刺史毛德祖遣长社令王法政戍邵陵，是也。及景平中，许昌既失，乃徙颍川郡治召陵。后魏因之。齐改郡曰临颍郡。开皇初，郡废。大业初，并废召陵入郾城。又有陉亭，在其南，传齐伐楚次于陉，即此。

邓襄城，在县东南三十五里。亦曰邓城。《春秋》桓二年：蔡侯、郑伯会于邓。又昭十三年，楚蔡公、子干、子皙盟于邓。战国时，楚怀王伐秦，败于蓝田。韩、魏闻之，南袭楚至邓。又秦昭襄十六年，司马错取邓，封公子悝于邓，此邓城也。

征羌城，在县东南。后汉建武十一年，封来歙为征羌侯，改汝南之当乡为国。《郡国志》征羌县属汝南郡。志云：光武以歙征羌有功，因筑城以宠之。晋省。后魏复置，属汝阳郡。高齐废。

青陵城，县西南三十里。唐时淮西叛帅所置。元和十二年，李光颜讨吴元济，度溵水，围青陵以绝郾城归路，郾城遂降。〇葛伯城，在县南。相传古葛伯国也。唐元和十二年，宣武军奏克蔡州古葛伯城，即此。《志》云：县西五十里有裴城，裴度伐蔡时所筑。

大溵水，在城南。以临颍有小溵水也。自裕州叶县境流入，至陈州商水县而入于颍。《水经注》：汝水支分为大溵水。

洄曲，在县东三十里。唐元和中讨吴元济，降将李祐言于李愬曰：蔡之精兵皆在洄曲。是也。洄曲者，县有蔡水，在城东南五里，即汝水也。源自汝州鲁山县来，亦曰汝河。又有沣河，从裕州舞阳县来，经县南境，至县东螺湾渡，北流合汝河，又东南流，其处谓之洄曲也。吴元济以重兵委董重质守洄曲，拒郾城之兵，即此。

讨虏渠，在县东五十里。曹魏黄初六年，幸召陵，通讨虏渠，谋伐吴也。

沱口镇，在县东南二十里。又南七里曰五沟，与洄曲接境。或讹为鲍口。北魏永平初，悬瓠降于梁，魏主命邢峦击之。峦兼行至鲍口，叛将白皂生离城二百里逆战，峦击败之，长驱至悬瓠，是也。唐元和十二年，裴度讨淮西，屯郾城，观筑连城于沱口。贼将董重质率骑兵出五沟邀击，李光颜等力战却之，且扼其沟中归路，贼众大败。连城，一作赫连城。

贾店。在县东南十余里。唐元和十二年，李光颜等讨吴元济，与淮西兵战于贾店，败绩。又郾城驿，今在县治西北，明初置。

〇**长葛县**，州北五十里。春秋郑地。隐五年，宋人伐郑，围长葛。

又曰繻葛。汉为颍川郡长社县地。隋开皇六年，置长葛县，属许州。今城周六里有奇，编户三十五里。

长社故城，在县西一里。应劭曰：宋之长葛也。其社中树暴长，因更名长社。战国时，属魏。秦昭襄三十三年，取魏长社。后汉建武八年，以颍川盗贼初定，留寇恂于长社，镇抚吏民。光和末，皇甫嵩大破黄巾贼于长社。建安十三年，曹操使张辽屯长社。晋仍属颍川郡。宋元嘉二十七年，豫州部将梁坦出上蔡，向长社，魏荆州刺史鲁爽弃城走，坦因进攻虎牢。二十九年，时鲁爽降宋，宋遣爽等自汝南向许、洛。爽取长社，进败魏兵于大索。魏为颍川郡治。东魏天平初，为颍川治。四年，颍州附魏，东魏将任祥等来攻，宇文泰遣宇文贵等赴救，至阳翟，东魏军已去颍川三十里。贵等疾驰据颍川，大破东魏兵。《九域志》阳翟在长社西北九十里，是也。武定五年，侯景以郡降西魏，魏将王思政镇守。东魏攻围，逾年始陷。以城多崩颓，因移郡治颍阴县。

长箱城，即今城。东魏武定五年，清河王岳率众围西魏将王思政于颍川，筑此。初以车箱为楼，因名长箱城。俗亦呼长平城。○东、西两城，在县东北五里，相去各一里。《左传》隐十一年，郑伯使许大夫百里奉许叔以居许东偏，又使郑大夫公孙获处许西偏，或以为即此两城也。又凤凰城，在县之北张保。《寰宇记》：汉黄霸治颍川，有凤凰集此，因名。城周三里有奇。

洧水，在县北三里，自新郑县流入境。西魏大统十五年，王思政守颍川，东魏人攻之，逾年不能陷。刘丰生建策堰洧水灌城。城中泉涌，悬釜而炊，自长社以北，皆为陂泽，城卒不下。高澄自将来攻，督众作堰，既而大风从西北起，吹水入城，城坏。今一名双济河。○潩水，在县西，从新郑县流入境，又南入许州境。

狼沟。在县东。《水经注》：洧水又东南，与龙渊水合。水出长社县西北，有故沟，上承洧水，水盛则通注龙渊，渊水清洁澄深。《寰宇记》曰：即狼沟也。《左传》文九年：楚伐郑，师于狼渊。杜预曰：颍阴县西有狼陂。

〇禹州，府西南三百二十里。西北至河南府二百八十六里，西至汝州百七十里，东至许州九十里，东南至汝宁府三百七十里。

夏禹初封此。《汲冢周书》：禹都阳城，后居阳翟。春秋时，郑栎邑也。战国属韩，自新郑徙都此。秦始皇十七年灭韩，置颍川郡。《战国策》：游滕谓向寿，公何不以秦为韩求颍川于楚？此韩之寄地也。颍川之名，盖不始于秦。汉初，封韩信于此。后仍为颍川郡。晋属河南郡。徙颍川郡治许昌。后魏因之。又尝颍川于此。学明三年鲁阳蛮鲁北鸾等起兵颍川，即此。东魏兴和初，置阳翟郡。隋废郡，属伊州。大业初，属襄城郡。唐初，属嵩州。贞观初，改属许州。龙朔二年，仍属洛州。会昌三年，复属许州。宋属颍昌府。金置颍顺州，寻改为钧州。伪齐刘豫置颍顺军。金大定二十二年，改为州。二十四年，又改钧州，以州有钧台也。明初因之，以阳翟县省入。万历三年，避御讳，改曰禹州编户七十六里，领县一。今因之。

州控汴、洛之郊，通汝、颍之道，颍，谓许州。山川盘纡，形势险固。一旦有警，此腹心之患也。若其根抵淮、沔，凭依襄、邓，纵横北向，鸿沟不能限，成皋不足恃矣。战国时，韩都阳翟，以角群雄。汉初，高祖封韩王信于此，既而以信壮武，颍川北近巩、洛，南迫宛、叶，东有淮阳，皆天下劲兵处也，乃徙封信于太原。其后蒙古攻金人于河南，先陷钧州而汴遂不可守。

阳翟城，今州治。本春秋时郑之栎邑。《左传》桓十五年：郑伯突入于栎，自栎侵郑。庄十年：王室乱，郑伯以王归处于栎。僖二十四年：狄伐郑，取栎。宣十一年：楚伐郑，及栎。又昭元年，楚公子围使公子黑肱城栎。盖是时栎已属楚。《史记》：秦景公十五年，救郑，败晋兵于栎。后改为阳翟。战国初，入于韩。《郑世家》：繻公二十三年，围韩之阳翟。既而韩灭郑，都新郑，后复自新郑徙都焉。秦置阳翟县，为颍川郡治。二世三年，沛公拔颍川，令韩王成留守阳翟。后仍为颍川郡治。后汉光和七年，皇甫嵩等破黄巾贼波才于阳翟。建安十三年，曹操使乐进屯阳翟。晋属河南郡。大兴三年，郭诵保阳翟，石勒将石生屡攻之，不能克。东魏置阳翟郡于此。隋属伊州。唐初属嵩州，观初观。显庆二年改属洛州，开元二十六年仍属译州。宋因之。金为钧州治。明初省。今州城周九里有奇，有门四。

颍阴城，州东南四十里颍水北。汉县，属颍川郡。高祖封灌婴为侯邑，有灌台，今曰思故台。更始二年，封宗佻为颍阴王。建安十三年，曹操使于禁屯颍阴，曹魏典农都尉治焉。魏明帝封侍中辛毗为侯邑。晋亦曰颍阴县，仍属颍川郡。永康二年，赵王伦篡逆，齐王冏起兵许昌讨伦。伦遣其党张泓等拒冏，进据阳翟，冏军颍阴，泓乘胜济颍，攻冏营。后魏仍为颍阴县，属颍川郡。东魏武定七年，改颍州曰郑州，移治颍阴，复置长社县。北齐时，颍阴并入焉。〇黄台城，在州东北四里，有黄台冈。东魏兴和元年，分阳翟置县，属阳翟郡。隋大业初废。

康城，在州西北三十里。《水经注》：颍水又东历康城南，夏少康故邑也。魏明帝封尚书卫臻为康乡侯，邑于此。晋太宁二年，石勒将石生攻郭诵于阳翟，为诵所败，退保康城。后魏孝昌中，置康城县，属阳城郡。隋仁寿四年，废入阳城县。大业末，李密起兵于荥阳、梁郡间，败隋兵，密西至康城，说下数城，是也。唐武德三年，复置康城县，属嵩州。贞观三年省。今为安康里。

上棘城，在州南。《左传》襄十八年：楚师伐郑，城上棘，遂涉颍。

是也。又州西南有高氏亭。《左传》成十七年：卫侵郑，至高氏。〇小韩城，在州西北三十里，战国韩哀侯所筑。《史记》正文：景候自新郑徙据于此。

三峰山，在州西南二十里。上有三峰，亦曰三封岭。有泉，谓之㵣水。其西五里有黄榆店。宋绍定四年，蒙古兵自唐州趣汴，金将完颜合达等自邓州赴援，至黄榆店，雨雪，不能进。又前至三峰山，皆饥困，为蒙古所败。〇禹山，在州城北颍水之南。又州东北有官山。蒙古败金兵于三峰山，追获其将移剌蒲阿，杀之于此。

荆山，在州西北五十里。《洛阳记》：齐武帝于此采玉。又州西五十里有三磴山，其山上下俱有龙潭。又六盘山，在州北十五里。〇七女冈，在州东北三十里，下有七女泉，流至长葛入洧。又州西北颍水上有竹林。蒙古败金人于三峰山，金将武仙遁入竹林中，走密县。

颍水，在州北二里。自河南府登封县流入，经三峰山及禹山之北，东入许州界。或谓之沙河。蒙古败金人于沙河，即州西之颍水矣。〇马跑泉，在州东北四十里。世传汉光武驻兵于此，乏水，马跑泉涌，因名。

石梁河，在州北。自密县流入，又东入许州界。

钧台。在今州城北门外。《左传》昭四年：楚椒举曰：夏启有钧台之享。杜预曰：阳翟县南有钧台陂。魏收云：阳翟有钧台陂，陂方十里。司马贞曰：桀囚汤于夏台，即此。〇清颍古驿，在州城东。又城北一里有禹州递运所。

〇**密县**，在州西北百二十里。北至荥阳县八十里，西至河南府登封县八十五里。古密国，亦郐国地。汉置密县，属河南郡。晋属荥阳郡。后魏因之。后省。隋末复置，属郑州。唐武德三年，于县置密州。四年，州废，以县属郑州。龙朔二年，改属河南府。宋属郑州，寻属河南府。金还属郑州。元改今属。县城周七里，编户二十七里。

密城，在县东南三十里。即春秋之新密。《左传》僖六年：诸侯伐郑，围新密，以郑城不时也。汉县治此。晋永嘉五年，洛阳陷，司空荀藩等建行台于密；既而秦王业自洛阳南奔密，藩等奉之，南走许昌。隋大业间，始移治法桥堡，即今治。〇曲梁城，在县东北。后魏分密县地置曲梁县，属荥阳郡。东魏属广武郡。北齐废。

郐城，在县东北五十里。周郐国也。《诗》有《郐风》。《国语》：史伯曰：郐仲恃险。谓此。平王时，郑武公灭郐而并其地。《左传》僖三十三年：郑葬其公子瑕于郐城之下。杜预曰：城在密县东北。

横山，在县西三十余里。有二山，一大一小，东西对峙，横而不断。〇云珑山，在县北三十里，一名侵云山。其西南又有承云山，东南有石楼山。山皆高峻。

龙岩山，县西北二十五里。起伏连延，其势如龙。又香峪山，在县西北五十里。《志》云：县西北又有兰岩山，与汜水接界，峭拔千丈。

洧水，在县南十五里。自河南府登封县流入县境。又溱水，亦曰郐水，出古郐城西北鸡络坞下，东南流，至新郑县而合洧水。〇石梁河，出县西南山谷中，经禹州北境，达许州临颍县而合颍水。

眉山店。在县东。宋绍定五年，蒙古逼汴京，金将武仙自宛邓入援，至县东眉山店，败还。眉，应作梅，以近郑州梅山而名。

附见：

禹州守御千户所。在州城内。洪武初，置钧州所，直隶都司。万历初，改禹州所。

〇**郑州**，在府城西一百四十里。南至许州二百八十里，西至河南府二百六十里，北至怀庆府获嘉县界黄河中九十六里。

州在上古为高辛氏火正祝融之墟。周初封管叔于此，又为虢、郐之地。郑武公从平王东迁，灭两国而有其地。战国属韩。秦属三川郡。汉属河南郡。晋泰始二年，分置荥阳郡，《宋志》：晋末，有东京兆郡，领六县，寄治荥阳。魏亦曰荥阳郡。东魏因之。后周置荥州。隋开皇初，改郑州。《隋志》：俱治成皋。十六年，分置管州。大业初，改曰郑州，又为荥阳郡。俱治管城县。唐武德四年，又兼置管、郑二州。管州治管城，郑州治虎牢。贞观七年，改管州曰郑州。自是郑州遂治管城。愚按：盖周时自荥阳移郡治成皋，故于城皋置荥州。隋改郑州，既而分管城置管州。大业初，又自成皋移郑州于管城，遂改管州为郑州也。天宝初，曰荥阳郡。乾元初，复为郑州。宋因之，亦曰奉宁军。熙宁五年，州废，属开封府。元丰八年，复置。金、元仍旧。明朝亦为郑州，以附郭管城县省入。编户三十六里。领县四。今因之。

州雄峙中枢，控御险要。史伯谓郑桓公：子男之国，虢、郐为大，虢叔恃势，郐仲恃险。若克二邑，鄢、蔽、补、丹，依、畴、历、莘，八邑名。君之土也。若前莘后河，右洛左济，主芣騩读浮隗。而食溱、洧，可以少固。范雎说秦昭王：王下兵而攻荥阳，则巩、成皋之路不通。张仪曰：从郑至梁，不过百里。魏公子无忌谓魏王：秦有郑地，与大梁邻，王以为安乎？汉十二年，诏陈平、灌婴将十万众屯荥阳。故荥阳，在今荥泽县西南七十二里。帝以天下新定，恐易世之际人心动摇，故以信臣重兵屯南北之冲。景帝三年，吴楚七国反，周亚夫曰：吾据荥阳，荥阳以东无足忧者。吕氏曰：荥阳、成皋，自春秋以来，尝为天下重镇。由秦而上，晋楚于此争霸；由秦而下，楚汉于此分雄。后之有事者，未尝不睥睨此地而决成败焉。

〇**管城废县**，即州治。周初，管叔封于此。春秋时郑地。《左传》宣十二年：楚伐郑，晋人救郑，楚军次于管以待之。后为韩地。《战国策》：秦攻韩之管。又《韩非子》：魏安釐王攻韩，拔管，使缩高守管，信陵君攻之不下。汉为中牟县地。晋因之。隆安二年，邓启方等将兵击慕容德于管城，败还。隋开皇十六年，始析置管城县，又置管州治焉。唐武德四年，亦置管州。贞观元年，州废，县属郑州。七年，移郑州治此。宋因之。明初省。今州城周九里有奇，有门五。

衍氏城，在州北三十里，与原武县故卷城相近。苏秦谓魏北有卷、衍。《史记·魏世家》：景湣王五年，秦拔我衍。又秦始皇九年，杨端和伐魏，取衍氏。《曹参世家》：柱天侯反于衍氏，参破取之，是也。〇武彊城，在州东三十一里。曹参击项羽，破衍氏，还攻武彊城，即此。

故市城，州北三十五里。汉县，属河南郡。高祖封功臣阎泽赤为侯国。后汉县废而城存。建安五年，曹操将徐晃击袁绍，烧其辎重于此。晋废。

邲城，在州东六里。《左传》宣十二年，晋荀林父帅师与楚子重战于邲，即此。又祭城，在州东北十五里。周公子所封，后并于郑。成四年，晋伐郑，取汜、祭。汜在中牟南，祭即祭城。汜、祭，盖二邑也。〇莘城，《郡国志》：在州东。《国语》：史伯对郑桓公，所云依、㖱、历、莘者，此即莘邑矣。

梅山，在州西南三十五里。《春秋》襄十八年，楚蔿子逢率师侵郑，右回梅山，侵郑东北，即此。

郑水，在州东二十五里，源出梅山。京、索二水，自荥阳而东，合于郑水，又东北至中牟县，溉田千余顷。其余水下入于汴，亦名即不家水。

《水经注》：不家沟水，流经管城西，俗谓之管水。

须水，在州西。自荥阳废京城流入境，合于索水，久涸。明正德八年，以河患，河臣赵璜于州西凿须水河，又于荥泽西凿分水河，以分河流，俱导入孙家渡决河，以纾河患。寻淤。

大、小回湖，在州东三十里。二湖相连，下达中牟县，迤逦入黄河。又仆射陂，在州东南四里。元魏文帝赐仆射李冲，因名。唐天宝六载，更名广仁池。

万岁亭。在州东。后汉建安中，曹操表封荀彧万岁亭侯，即此。〇管城驿，在州城西南。城西又有郑州递运所。

〇**荥阳县**，在州西七十里。东至府城二百里，南至禹州密县八十里。古东虢国地。汉置荥阳县，属河南郡。晋置荥阳郡。北齐改郡曰成皋。隋初郡废，县属郑州。唐因之。武后天授二年，分置武泰县，属洛州，寻又并入荥阳，而改荥阳为武泰。神龙初，复故。宋仍属郑州。今城周三里，编户二十三里。

荥阳城，在县北。《括地志》：在今荥泽县西南十七里，殷之敖地也。亦曰隞敖，在敖山之阳。战国时，韩曰荥阳。《史记》：韩宣惠王二十四年，秦拔我成皋、荥阳。秦二世元年，陈涉以吴广为假王，监诸将西击荥阳，李由为三川守，守荥阳，弗能克。既而章邯击破涉将李归等于荥阳下。汉二年，汉王败于彭城，收散卒至荥阳，军复振，败楚军于荥阳东。既而项王围荥阳，拔之。三年，汉军围钟离眛于荥阳。吕后八年，后崩，齐哀王起兵诛诸吕，灌婴军荥阳，与诸侯连和，以待吕氏之变。文帝三年，幸太原，济北王兴居反，发兵欲袭荥阳。诏祁侯缯贺为将军，屯荥阳。景帝三年，七国反，以窦婴为大将军，屯荥阳，监齐、赵兵；周亚夫将兵击吴、楚，会兵荥阳。后汉初平二年，曹操自酸枣引兵西，将据成皋，进至荥阳、汴水。晋置荥阳县为郡治。永兴二年，东海王越等共起兵，讨河间王颙于关中。时范阳王虓镇许昌，进兵荥阳。既而虓为豫州刺史刘乔所败，走河北。颙使其将李朗等屯荥阳，寻复败散。永嘉末，石勒攻荥阳，太守李矩击却之。太宁三年，没于石勒。咸和三年，刘曜围金墉，勒会军荥阳，前救金墉。永和末，荥阳复归于晋。隆和初，为燕所陷。太和五年，秦王猛取洛阳，燕慕容臧自石门进屯荥阳，猛遣将梁成等击走之。自后燕至姚秦皆为重地。义熙十三年，刘裕伐秦，取荥阳。其后没于后魏，亦为荥阳郡治。梁大通三年，陈庆之送元颢北还，魏遣杨翌镇荥阳，庆之攻拔之。东魏天平四年，荥阳郡降西魏，寻复取之。齐郡废。隋大业九年，杨玄感围东都，分遣其将韩世咢围荥阳。皆故荥阳城也。隋末，移治大索城。五代时，始移于今治。

京城，县东南三十里。春秋时郑邑，庄公封弟叔段于京。汉二年，与楚战荥阳南京、索间，蒯通曰：楚人起彭城，转斗至荥阳，威震天下，然兵困于京、索间，迫西山而不敢进。谓此也。寻置县，属河南郡。建武初，宗室刘茂聚众京、密间，自称厌新将军，遣将击降之。晋属荥阳郡。后魏因之。后齐省入荥阳县。〇大索城，在故京城西二十里。东北四里为小索城。《春秋》昭五年：晋韩起如楚送女，郑子皮劳诸索氏，是也。宋元嘉二十九年，鲁爽破魏将拓跋仆兰于大索，进攻虎牢。《水经注》：东晋荥阳民张卓、董迈等保此，名为大栅坞。太平真君中，颍州刺史崔白自虎牢移州治此，后还治荥阳，改州为荥阳郡，城遂废。京相璠曰：京县有大索、小索亭，昔索氏兄弟居此，故有大小之称。《括地志》：今荥阳县，即大索城；小索故城，在县北四里。《元和志》亦云。

垂陇城，在县东。《春秋》文二年：晋士縠会诸侯，盟于垂陇。又襄二十七年：郑伯享赵孟于垂陇。京相璠曰：在荥阳东二十里，世谓之都尉城。曹魏典农都尉治此，故名。又东二十里有釐城。《春秋》公会郑伯于时来，即釐也。亦曰郲。

宅阳城，县东十七里。战国魏惠王五年，与韩王会于宅阳。《史记》：赵、魏合攻秦，不利于宅阳。又魏冉走魏将芒卯，入于北宅，即宅阳也。《竹书纪年》：晋出公六年，齐、郑伐卫，荀瑶城宅阳。又惠王三十三年，王及郑釐侯盟于巫沙，以释宅阳之围。《水经注》：荥阳泽际有沙城，即巫沙。

平桃城，在县东北二十里马渊。《郡国志》：县有虢亭，俗谓之平咷城。魏孝文太和十九年，自滑台舍石济，西还洛阳，太子恂出迎于平咷城，是也。咷，亦作桃。石济，见卫辉府胙城县。

须水城，在县东三十里。唐初置须水县，属管州，以须水自此入京水而名。贞观初，并入郑州管城县。宋曰须水镇。

嵩渚山，在县东南二十五里。一名小陉山，俗亦名周山。《水经注》以为黄堆山也，京、索二水出焉。其西又有万山，须水出焉。又有贾峪山，贾峪河出焉。二水下流皆入于京、索。

灵源山，在县治西。山多灵秀。又西有檀山，山多檀木，《水经注》谓之檀山罡。《赵世家》：成侯二十年，魏献荥阳，以为檀台罡。是也。按：荥阳，本作荣椽；檀台，详见直隶邢台县。

黄河，在县北二十五里。自汜水县流入境，又东入河阴县界。

京水，源出嵩渚山，经郑州西南十五里，东北入郑水。五代唐天成二年，自荥阳至京水，遂入大梁。又蒙古围汴，金主召邓州守将完颜思烈入援，至京水，兵溃。《水经注》：黄水发源京县之黄堆，东南流，俗名祝龙泉，世谓之京水也。○须水，在县东。或曰：源亦出嵩渚山，经故京城东南流入郑州。

索水，亦出嵩渚山，北流入京水。《水经注》：索水，即旃然水。《春秋》襄十八年：楚伐郑，右师涉颍，次于旃然。《寰宇记》：京水在县东二十二里，索水在县南三十五里。后唐同光二年，诏蔡州刺史朱勍浚索水通漕。宋人每浚京、索二水，以为金水河之源。

鸿沟，《通典》：在县南，楚汉分境处。《史记·河渠书》：于东方则通鸿沟、江淮之间。应劭曰：鸿沟在荥阳县东南二十里。《水经注》：尉氏有鸿沟乡、鸿沟亭，睢阳东有鸿口亭，萧县西又有鸿沟亭。苏秦所云南有鸿沟者，非欤！然则楚汉所分特就荥阳东西言之耳。《方舆纪胜》：鸿沟在河阴县东，北接广武山，与荥泽连。

冯池，在县西。东北流，历河阴县敖山南。《水经注》：池水经荥阳县北断山，东北注于济，世谓之砾石涧，亦谓之砾溪。司马贞曰：战国时，韩有宛冯之剑，盖宛人铸剑于冯池而名。

金堤关。在县东北。章怀太子贤曰：汴自荥阳首受河，所谓石门，在荥阳山北一里，过汴而东，积石为堤，谓之金堤，成帝阳嘉中所作也。按：汉文十三年，河决酸枣，东隤金堤，金堤非始于成帝时矣。胡氏曰：河堤自汴口以东，缘河积石为堰，通河古口，咸曰金堤。金堤关，盖因堤以名。隋大业十二年，李密说翟让取荥阳，于是破金堤关，攻荥阳诸县，多下之，即此。又县东北四十里有大海寺。李密与隋将张须陀战，伏兵于大海寺北林间，须陀战死处也。金堤关，盖在金河阴县东。○索亭驿，在县城西，明初置。

○**荥泽县**，在州北五十里。北至卫辉府新乡县百里，西南至汜水县四十五里。汉荥阳县地。晋属荥阳郡。隋开皇四年，置广武县。仁寿初，改为荥泽县，属郑州。唐因之。宋熙宁中，省入管城。元祐中，复旧。元属汴梁路。明初，改属郑州。成化十五年，以水患徙筑县城。周四里有奇，编户十六里。

王宫城，在县西北十五里。《左传》僖二十八年：晋文公败楚于城濮，还至衡雍，作王宫于践土。今故城内东北隅有践土台。宋白曰：荥阳故城，在今县南十七里平原上，索水经其东，即项羽围汉王处。

黄河，在县北三里。自河阴县流入境，又东入原武县界。又有孙家渡，在县东南五十里。明正统十三年，大河决荥阳，寻自孙家渡决而南，全河遂南徙，久之，始塞。弘治七年，河决封丘，河南抚臣徐恪议以孙家渡经朱仙镇下至项城南，旧决河余流犹未尽湮，疏而浚之，使由淮入泗，可以杀上流之势。从之。自是屡开屡塞。正德八年，复于县东浚分水河，以杀河患。万历十八年，复筑堤以固塞口云。

荥泽，在县治南。今县本荥泽地。《禹贡》：济水入于河，溢为荥。又曰：荥波既潴。《春秋》闵二年：卫侯及狄人战于荥泽。杜氏曰：战处当在河北，非此荥泽也。又宣十二年，楚潘党逐晋魏锜及荥泽，即此矣。郑玄曰：自平帝以后，荥泽塞为平地。荥阳人犹谓其地曰荥播。《史记》：波，亦作播。京相璠曰：荥泽在荥阳东南，与济隧合。《春秋》襄十一年，诸侯围郑，观兵于南门，西济于济隧，即此。恐误。盖春秋时济水或经郑城西也。

广武驿。在县治西，即原武县之安城驿。正统末，改置于此。治北又有荥泽递运所。

○**河阴县**，在州西北五十里。西南至荥阳县三十里，北至怀庆府武陟县五十里。本汜水、荥泽二县地。唐开元二十年，析置河阴县治此，属河南府。会昌三年，改属孟州。宋因之。金属郑州。明初县城圮于水，洪武三年徙筑。城周四里有奇，编户十一里。

河阴旧城，在县东。本荥阳、汜水县地。唐开元二十年，析置河阴县，管河阳仓。二十三年，徙治输场之东渠口，以便漕运。元时徙治于广武山之大峪口。明初，又徙今治。

广武山，县东北十里。《括地志》：在荥阳县西二十里，一名三皇山，亦曰三室山，又名敖鄗山。《史记》：秦昭王四十三年，攻韩汾陉，拔之，因城河上广武，或以为即此地也。戴延之《西征记》：三皇山上有二城，东曰东广武，西曰西广武，各在一山头，相去二百余步，汴水从广武涧中东南流，今涸。城各有三面，在敖仓西。郭缘生《述征记》：山上一涧横绝，相对皆立城堑，遂号东西广武。汉四年，汉王壁河内，引兵渡河，复取成皋，军广武，就敖仓食；又项王已定东海，西与汉俱临广武而军，既而项王即汉王，相与临广武间而语：皆此处也。今东广武亦曰楚王城，西广武亦曰汉王城。唐武德四年，窦建德救王世充，军于成皋东原，此即东广武。世民拒建德于虎牢，北济河，南临广武，察敌形势，此即西广武也。《志》云：广武山连亘五十里，其麓东跨荥泽，南跨汜水，傍有小山，名金山。又武济山，在县北十余里，即广武山北之支陇，以地连孟津。相传周武王从此济河，故曰武济。宋元丰以后，范子渊等议导洛通汴，屡请于武济山麓修堤置埽处也。

敖山，在县西二十里。皇甫谧曰：殷仲丁自亳徙嚣，即敖也。《水经注》：济水又东经敖山北，山上有城，即仲丁所迁。周宣王薄狩于敖。《左传》宣十二年：晋师在敖、鄗之间。秦时立敖仓于此。二世二年，陈胜将田臧自荥阳西迎秦军于敖仓，败死。汉二年，汉王军荥阳，筑甬道属之河，以取敖仓粟。郦生说汉高据敖仓之粟，是也。惠帝六年，修敖仓。武帝曰：洛阳有武库、敖仓，天下冲厄。王莽地皇三年，以东方兵起，遣杨浚守敖仓。光武建武二年，遣盖延南击敖仓。安帝永初元年，调滨水县谷输敖仓。四年，虞诩为朝歌长，谒河内太守马棱，曰：朝歌去敖仓百里，贼不知开仓招众，劫库兵，守成皋，此不足忧也。建安四年，曹操济河降射犬，还军敖仓。《括地志》：敖仓在荥阳县西北十五里石门之东，北临汴水，南带三皇山。射犬，见怀庆府。

牛口峪，在县西北二十五里。亦作牛口渚。窦建德与世民战于虎牢，自板渚出牛口置阵，北距大河，西薄汜水，南属鹊山，亘二十里。及战，大败，建德窜于牛口渚，为唐所擒。

黄河，在县北十三里。自荥阳县流入界，又东入荥泽县界。宋大观三年，诏沈纯臣开撩兔源河，河在广武埽对岸，分减埽下涨水也。宣和二年，复浚治焉。后废。

石门渠，县西二十里。荥渎受河之处，即《禹贡》导荥水之道，亦曰荥口。苏代曰：决荥口，魏无大梁。魏公子无忌所云决荥泽而水大梁者也。或曰：即秦王贲引河沟灌魏都之处。司马贞曰：荥泽口与汴河口通，水深可灌大梁。始皇二十六年，王贲断故渠，引水东南灌大梁，谓之梁沟。《水经注》：济水又东，合荥渎于此，亦兼邲之称。《左传》宣十三年，晋楚之战，楚军于邲，即是水也。渎水受河有石门，谓之荥口石门。后汉永平中，河流入汴，兖、豫皆被其害，明帝使王景修治处也。又灵帝建宁四年，于敖城西北垒石为门，以遏浚仪渠口。水门广十余丈，西去河三里，渠水盛则通于河，水耗则辍流。魏黄初中，大水，是后河、济泛溢，邓艾议开石门以通之。晋武帝时，复坏，傅祗为荥阳太守，乃造沉莱堰，于是兖豫无水患。咸和三年，石勒击刘聪于金墉，使石虎进据石门。永和八年，殷浩北伐，遣河南太守戴施据石门。升平二年，诸葛攸击燕，入自石门，屯于河渚。太和四年，桓温伐燕，使豫州刺史袁真攻谯郡、梁国，开石门以通水运。真克谯、梁而不能开石门，水运路塞。既而慕容德等率骑屯石门，断温粮道。五年苻秦王猛克燕洛阳，燕慕容臧击败秦兵于石门。太元九年，慕容垂称王于荥阳，自石门济河，长驱向邺。太元十五年，朱序自洛阳引还襄阳，留别将朱党戍石门。义熙十二年，刘裕伐秦，遣沈林子、刘遵考将水军出石门，自汴入河。魏太和二十年将如嵩高，至汴口而还。周、齐之间，更名汴口堰。隋开皇七年，使梁濬增筑汉古堰，遏河入汴，自是更名梁公堰。大业初，又开通济渠，自板渚引河，历荥泽入汴。胡氏曰：大河自板城渚口，东过荥阳县，莨荡渠出焉。是渠南出为汴水，汉之荥阳石门，即其地也。唐开元二年，河南尹李杰奏：河、汴间有梁公堰，岁久堰破，南方漕不通，请自故渠浚之。从之，公私便利。十四年，洛阳人刘宗器请塞汜水、旧汴河，于下流荥泽界开梁公堰，置斗门通淮、汴。明年，新漕填塞，行舟不通，乃命将作大匠范安及检行郑州河口斗门，疏决旧河，旬日而毕。广德二年，刘晏为转运租庸使，至河阴、巩、洛，见宇文恺梁公堰，厮河为通济渠，视李杰新堤，尽得其利病，于是转输无壅。后周显德五年，浚汴口，导河流达于淮，江淮舟楫始通。六年，复命王朴如河阴，按行河堤，立斗门于汴口。既又命韩令坤导汴入蔡，以通陈、颍之漕。胡三省曰：自汉筑荥阳石门，而济与河合流入海，不入荥渎矣。旧《志》：石门在荥阳山北一里。余详大川汴水。

清水，在县东北，即济水旧流也。晋太安十二年，成都王颖自邺举兵内向，进屯河南，阻清水为垒，即此。

八激堤，在县西。《水经注》：河水又东径八激堤。汉安帝永初元年，命谒者於岑于石门东积石八所，皆如小山，以捍冲波，谓之八激堤。

河口仓，在石门西。亦曰武牢仓。唐时江淮舟运悉至东都含嘉仓，僦车陆运三百里至陕。开元二十年，用裴耀卿议，置仓于汴水达河之口。二十二年，又于河口置输场，东置河阴仓，西置柏岩仓，江淮舟运，悉输河阴仓，更用河舟转运至东都陕州仓。大历中，刘晏掌漕运，以为江、汴、河、渭，水力不同，教漕卒以江船达扬州，汴船达河阴，河船达渭口，渭船达太仓。河阴仓，即河口仓也。元和十年，淄青叛帅李思道遣盗攻河阴转运院，焚谷帛，以救淮西。盖时以河口仓为转输中顿之处。柏岩，见孟县。

麻田。在县境。晋永和八年，姚襄率其众自荥阳而西，与苻秦将李历等战于麻田，为历所败。胡氏曰：荥、洛间有豆田、麻田，各因时所种而名之。

○**汜水县**，州西百十里。西至河南府巩县六十里，西北至怀庆府温县二十五里。汜，读曰凡，今俗呼曰似水。古东虢国，郑之制邑。昭元年，诸侯之大夫会于虢，又名虎牢。秦属三川郡。汉置成皋县，属河南郡。魏晋因之。晋末，于此置司州。北魏泰常中，置豫州。皇兴中，置豫州于汝南，以虎牢为北豫州。太和十九年，改置东中府，以县属荥阳郡。东魏天平中，复置北豫州，兼置成皋郡治焉。后周置荥州，隋改郑州，俱治于此。开皇十八年，改成皋曰汜水县。大业初，属荥阳郡。唐初仍属郑州。显庆中，改属洛州，移治武牢城。垂拱四年，改曰广武。神龙初，复曰汜水。开元二十九年，移治武牢城。乾元后属河阳三城，后属孟州。宋熙宁五年，省入河阴。元丰二年，复置，仍属孟州。金属郑州。今城周七里，编户十四里。

成皋城，在县西北。唐武德四年，分汜水置成皋县。贞观初，省。显庆二年，移汜水县治武牢城。开元二十九年，移于武牢。县北有故成皋城，兴虎牢俱详见前重险。

虎牢城，在今城西，自古戍守处也。刘宋永初末，毛德祖守虎牢，魏奚斤等攻围二百余日，毁其外城，德祖于内更筑三重城以拒之，魏又毁其二重，德祖惟保一城，昼夜相拒。久之，粮尽援绝，乃陷。《通典》：城侧有广武城，东魏将陆子章增筑虎牢城。其城萦带山阜，北临黄河，绝岸峻涯，以为险固。城西北隅有小城，周三里，北面临河直上，升眺清远，势尽川陆。武德二年，将军张孝珉袭王世充汜水城，入其郛，即武牢城也。贾至云：关上二城，一则张飞城，一则吕布城也。《舆地广记》汜水县有故虎牢城，有汜水关，东南有成皋故关，西南有旋门故关。《通释》：成皋关在汜水县南二里。近《志》谓今城即故关城也。

方山，在县南四十里。《山海经》：浮戏之山，汜水出焉。长罗川亦出于此。隋大业十三年，李密掠荥阳、梁国诸县，说翟让出阳城，北逾方山，自罗口袭兴洛仓。盖是时裴仁基守虎牢，密从间道西出登封，北逾方山也。《水经注》：罗水出方山，西北流为长罗川。或谓方山为玉仙山。又鹊山，在县东南数里。又县有三山，上有三峰。

九曲山，县西二里。其山自下而上，有乾沟相间，上有吕布城。〇紫金山，在县南五十里，西与白玉岭相对。

罂子谷，在县西，即成皋之关口。唐天宝十四载，封常清拒安禄山于武牢，贼至，败走；收余众战于葵园，又败。后唐同光四年，李嗣源入汴，帝自汜水关西还，过罂子谷，道狭，每遇卫士，皆慰抚之。既而李嗣源入洛，自罂子谷而西。《河南志》：谷在巩县东二十里。葵园，在罂子谷南。

黄河，在县城北一里。从河南府巩县而东，洛水入焉。李世民与窦建德相持于武牢，建德欲俟唐军牧马河北，乃袭武牢。世民于是北济河，南临广武，留马千余匹于河渚以诱之。盖河、洛之交，多牧马之渚云。

汜水，源出方山。《水经注》：汜者，水决复入之义，音凡，后讹为巳。汜水北径虎牢城东，又北注于河。《左传》昭二十二年，子朝之乱，王师军于汜。又项羽大司马曹咎守成皋，渡汜水击汉，士卒半渡，汉击之，大破楚军。隋大业十三年，虎牢镇将裴仁基等自汜水西入，与东都合兵攻李密等于洛口，东都兵先败，仁基引还。唐武德四年，李世民击窦建德，东涉汜水，直薄其阵。显庆二年，幸许州，畋于滍水南，至汜水曲。

板渚，津名也，在县东四十里。《水经注》：河水过成皋而东，合汜水，又东径板城北，有津谓之板城渚口，又东过荥阳县，莨荡渠出焉。隋大业初，开通济渠，自板渚引河历荥泽入汴。唐武德四年，窦建德救王世充，军于成皋东原，筑宫板渚，是也。

竹芦渡，在县东。宋建炎二年，岳飞败金人于汜水关，驻兵于此，与敌相持，选精锐三百，伏前山下，令缚刍为交炬，爇四端而举之。金人疑援兵至，惊溃。

古崤关，即虎牢也，在县西二里。《志》云：一名车从关。又玉门，成皋北门也。宋时西门关亦曰玉门关。《战国策》：周武王有玉门之难。汉三年，汉王自荥阳收兵复保成皋，项羽进兵围之，汉王跳，独与滕公出玉门，渡河走修武，楚遂拔成皋，是也。宋时，西关门亦曰玉关。又有厄井，在县东南七十里。汉高祖与项羽战，败于京、索，尝遁入此，因名。详见重险虎牢。

黄马关，在县西十五里。《水经注》：河水径黄马阪北，又东而径旋门阪。晋咸和三年，刘曜攻金墉，闻石勒济河来救，始议增荥阳戍，杜黄马关。盖关在黄马阪，因名。

旋门关。在县西南十里，即旋门阪。曹大家《西征赋》：陟伊洛之交流，看成皋之旋门，是也。汉灵帝时，河南八关之一。自旋门而东，至板城渚口，皆成皋关之道。

读史方舆纪要卷四十八

河南三　河南府

〇河南府，东至开封府三百八十，东南至许州三百三十里，南至南阳府三百里，西南至陕西商州八百八十六里，西至陕西华州五百七十里，西北至山西绛州五百里，北至山西泽州二百八十里，东北至怀庆府一百四十里。自府治，至京师一千八百里，至南京一千八百里。

《禹贡》豫州之域，周旧都也。秦置三川郡，秦庄襄王元年置郡，以河、洛、伊三川为名。汉置河南郡。高帝元年，项羽立申阳为河南王。二年，申阳降，置河南郡，治洛阳。东汉都于此，改为河南尹，兼置司隶。魏、晋相继都之，并置司州。改司隶为司州，河南尹如故。其后刘聪置荆州，石虎为洛州，慕容暐亦置洛州于此。苻秦曰豫州。刘宋初，亦置司州。治虎牢。后魏改为洛州，初置南雍州。后改洛州。太和十七年，自代徙都之，亦曰司州。郡守仍为河南尹。东魏复曰洛州，改河南尹为洛阳郡。西魏得之又改司州，北齐复曰洛州。后周曰东京。大成初以洛阳为东京，治洛阳宫。隋初罢郡曰洛州，大业初，徙都此，曰豫州。三年，复曰河南郡。初为东京，大业五年又改为东都。王世充亦置司州于此。唐初又为洛州，置都督府。显庆二年建东都，光宅初改神都，神龙初复曰东都。开元初改洛州为河南府，天宝初定为东京。龙纪初置佑国节度治焉。五代梁谓之西都。后唐都此复曰东都，石晋亦曰西京。宋仍为西京、河南府。金废西京而府如故，兼置德昌军，兴定初号中京，改为金昌府。元曰河南路。前朝曰河南府，领州一、县十三。今因之。

府河、山控带，形胜甲于天下。武王谓周公：南望三涂，三涂山，见嵩县。一云三险涂也，谓虎牢、轘辕、崤渑。北望岳鄙，孔颖达曰：太行、恒山之迹，鄙都邑也。又平阳府赵城县霍山，一名太岳。顾瞻有河，粤瞻洛、伊。此言洛阳形胜之祖也。《史记》：吴起谓魏武侯：夏桀之居，左河、济，右太华即华山。伊阙在南，羊肠在北，羊肠，见前名山太行。皇甫谧曰：武王以洛邑为有夏之居，起所言，今河南城直之。汉高祖初定都，群臣谓洛阳东有成皋，西有崤渑，背河乡伊、洛，其固足恃。因张良、娄敬言，乃西都关中。张良曰：洛阳其中不过数百里，四面受敌，非用武之国。景帝时七国反，桓将军说吴王曰：愿大王所过城不下，直去，疾西据洛阳武库，食敖仓粟，阻山，河之险以令诸侯，虽无入关，天下固已定。武帝时淮南王安谋反，谓伍被曰：今先据成皋之口，下颍川兵塞轘辕、见巩县。伊阙，见洛阳。之道，发南阳兵守武关，见陕西重险。河南太守独有洛阳耳。元帝时，翼奉上书：愿徙都成周，左据成皋，右阻渑池，前向嵩高，后介大河，建荥阳，扶河东，南北千里以为关，而入敖仓；见前河阴县。地方百里者八九，足以自娱；东厌诸侯之权，西远羌胡之难。及光武中兴，乃定都焉。班固云：崤、函有帝王之宅，河、洛为王者之里。张衡赋东京有曰：溯洛背河，左伊右瀍，西阻九河，东门于旋。旋门阪，见开封府汜水县。盟津达其后，大谷通其前，大谷见洛阳县。回行道于伊阙，邪径捷于轘辕。太室作镇，揭以熊耳，熊耳，见卢氏县。底柱辍流，镡以大呸。此以成皋为大呸也。灵帝光和七年，以黄巾贼乱，从河南尹何进言置八关都尉官。八关者，函谷、广成、见汝州，本河南梁县。伊阙、大谷、轘辕、旋门、小平津、见孟津县小平城。孟津是也。曹魏、西晋亦都之。陆机《洛阳记》：左成皋，右函谷，前有伊阙，后背盟津。谓之洛阳四关。又江统《赋》云：带以河、洛，重以崤阻。张华《博物志》：周在中枢，三河之分，风雨所起，四险之国也。晋永嘉五年洛阳为刘聪所陷，王弥说刘曜曰：时聪遣王弥、刘曜共陷洛阳。洛阳天下中，山河四塞，城池宫室，不假修营，宜为都邑。曜不用弥策而焚之，弥欲曜转白聪，徙都洛阳，曜以天下未定，洛阳四面受敌，不可守，遂不用弥策。弥骂曰：屠各子，岂有帝王之意耶！太和四年，桓温伐燕，屯枋头，见直隶县。燕请救于苻坚，王猛谓坚曰：燕虽强大，慕容评非温敌也。若温举山东，进屯洛邑，收幽、冀之兵，引并、豫之众，观兵崤、渑，则大事去矣。魏高欢犯顺，宇文泰言：长河万里，捍御为难，一处得渡，大事去矣。洛阳盖恃河为险也。唐初世民攻郑，至新安进至慈涧，遣史万宝自宜阳南据龙门，即伊阙。刘德威自太行东围河内，王君廓自洛口断其饷道，黄君汉自河阴攻回洛城，见孟津县。大军进屯北邙以逼洛阳。既而洛阳降下。宋初，周昭义节度使李继筠，昭义，今潞安府。举兵南向，其从事间丘仲卿说筠曰：公孤军举事，其势甚危，大梁甲兵精锐，难与争锋，不如西下太行，直抵怀、孟，塞虎牢，据洛邑，东向而声大义于天下，计之上也。

筠不能用而败。孔颖达曰：洛阳处涧、瀍之中，天地交会，北有太行之险，南有宛、叶之饶，东压江、淮，食湖海之利；西驰崤、渑据关、河之胜。李文叔曰：洛阳处天下之中，挟崤、渑之阻，当秦、陇之噤喉而赵、魏之走集，盖四方必争之地也。天下当无事则已，有事则洛阳必先受兵。明太祖命徐达，亦言：先取山东，次及河、洛。盖英雄举事，类以洛阳为标准矣。

今府城，隋大业初所营东都也。昔武王克商，定鼎于郏鄏，郑玄曰：郏，山名；鄏，邑名。司马贞曰：郏鄏，陌也。见后。时未有城，成王营洛为王城，谓之东都，在今城西偏。平王东迁居于此。灵王时穀、洛斗将毁王宫，齐庄公遣师城郏，郏陌也。《左传》襄二十四年：城郏。即王城也。亦曰河南城。《周书·作雒》解：周公立城，方千六百二十丈，郛方七十二里，南系于洛水，北因乎郏山，一作邙山。以为天下大凑。王城面有三门，凡十二门。南城曰圉门。《左传》庄二十一年：子颓之乱，郑、虢定王室，郑伯将王自圉门入。东城曰鼎门。以九鼎自此而入也。又洛阳西南洛水北有鼎中观，亦以九鼎而名。北城门曰乾祭。《左传》昭二十四年：子朝争立，晋使士伯立于乾祭，而问于介众是也。又下都城，在王城东四十里。在今城东二十里。下都居殷民，与王城俱曰成周。敬王以子朝之乱，出居狄泉，狄泉在故洛阳城中，详见后。晋定公使魏舒率诸侯之大夫会于狄泉，城之而居敬王，即下都也。《春秋》昭三十二年：城成周。亦曰洛阳城。《帝王世纪》：城东西六里十步，南北九里七十步，俗称九六城。秦因周城而益大之，建宫阙于洛阳。汉高五年，置酒南宫，即秦故宫也。东汉初定都于此，城郭益以宏壮，魏、晋亦相继都焉。汉

雒阳城凡十二门：魏晋因之。晋永安初成都王颖入京，师还邺，其党石超率兵屯十二城门是也。后魏都洛，亦因前制。**南面四门，正南一门曰平门，亦曰平城门**；魏、晋以后曰平昌门，永嘉末刘聪将呼延晏等寇洛阳，攻平昌门克之，遂焚东阳门及诸府寺。**其东曰开阳门**；光武以琅邪开阳县城门柱飞至而名，魏、晋以后，因之。**其西曰小苑门，亦曰誃门**；誃门，冰室门也，门内有冰室。魏、晋以后为宣阳门。《水经注》：宣阳，汉之小苑门也，对阊阖门，南直洛水浮桥。永嘉末刘聪将王弥逼宣阳门，寻克之，入南宫，升太极前殿，纵兵大掠。元魏时塞。**又西曰津门**。以洛水自此入城而名。魏、晋以后曰津阳门，晋永嘉二年王弥寇洛阳，屯津阳门。一名建城门。**东面三门，正东曰东中门**；魏、晋以后曰东阳门。吴孙皓亡国至洛，面缚诣东阳门。晋成都王颖将牵秀犯洛阳，败于东阳门外是也。**其南曰望京门，亦曰税门**；一名芒门，魏、晋以后曰清明门，后魏文帝改为青阳门。**其北曰上东门，一名上升门**。建武十三年车驾出猎，夜还上东门，门候郅恽拒关不开，乃回从东中门入。又袁绍悬节上东门，逃奔冀州。魏、晋以后曰建春门。晋成都王颖将马威等犯洛阳，长沙王乂奉帝战于建春门，大败之。又永嘉二年王弥寇洛阳，兵败，遂烧建春门而东。《水经注》：水经建春门前，水上有石桥。亦曰建阳门。按、唐宋时有上东、建春等镇，盖因故城遗址而名。**西面三门，正西一门曰雍门**；魏、晋以后曰西明门。晋永嘉三年刘聪寇洛阳，屯西明门。五年聪将刘曜寇洛阳，逼西明门，寻入屯武库。后魏主宏改为西阳门。魏主子攸永安三年诛尔朱荣，是夜尔朱世隆帅荣部曲焚西阳门，出屯河阴。**其南一门曰广阳门**；顺帝安汉二年立南匈奴兜楼储为单于，绍祖饯于广阳门外是也。魏、晋因之，晋河间王颙将张方至洛阳入广阳门。亦曰西阳门。石勒救洛阳，与刘曜大战于西阳门，即此。后魏主宏改曰西明门。

其北一门曰上西门。魏、晋以后曰阊阖门。石勒与刘曜战于广阳门，勒出阊阖门夹击之是也。又北一门曰承明门，后魏主宏所立，当金墉城前东西大道。初曰新门，旋改为承明。是时盖塞宣阳门开承明门，亦曰十二门。**北面二门，东曰榖门**，以榖水所经而名。灵帝中平末袁绍等诛宦官，中常侍张让等将帝步出榖门，夜至小平津，即此。魏、晋以后曰广莫门。**西曰夏门**。桓帝崩，迎立解读亭侯，至夏门是也。魏、晋曰大夏门。《载记》：晋永嘉三年，刘渊遣子聪攻洛阳，聪进屯宣阳门，曜屯上东门，王弥屯广阳门，刘景攻大夏门。又后魏永安三年，尔朱世隆以尔朱荣见杀，遣其党将胡骑至郭下，魏主升大夏门望之，即此。**其中曰宫城**，后汉为南、北两宫，魏、晋以后因为宫城。**宫城正南门曰云龙门**，后汉南宫正门曰端门，旁有东、西掖门。曹魏改建阊阖门，晋更名云龙门，而东、西掖门如故。元康初贾后谋杀杨骏，骏主簿朱振说骏烧云龙门以胁之，骏曰：云龙门魏明帝所造，功费甚大。是云龙门即阊阖门也。后魏亦曰阊阖门，或曰后魏以阊阖门为宫城外门，而云龙门为宫门。永安初尔朱荣擒葛荣于邺北，送至洛，魏主御阊阖门受之。三年尔朱天光擒万俟丑奴、萧宝寅于高平，至洛阳，置阊阖门外都街中。既而魏主诛尔朱荣，登阊阖门，下诏大赦。未几尔朱兆犯阙，魏主步出云龙门，为兆骑所执。是云龙门在阊阖门内也。又普泰二年尔朱度律等攻邺，败还河桥，为斛斯椿所擒，遣骑入洛，执尔朱世隆等斩于阊阖门外。高欢寻入洛，改立平阳王修，亦升阊阖门大赦。**东曰万春门**，曹魏门名也。晋时亦谓之上东门。长沙王乂与齐王冏相攻，帝幸上东门，即万春门也。后魏又改为万岁门。**西曰千秋门**，汉时宫西门曰广义门，亦曰神虎门。晋曰千秋门，又为神虎门。永宁二年齐王冏袭长沙王乂，乂驰入宫，闭诸门，冏将董艾陈兵宫西，烧千秋神虎门。后魏时亦曰千秋门，又名神虎门。尔朱度律等攻高欢于邺，败还，斛斯椿等据河桥，诛尔朱之党，遣行台长孙稚诣洛阳，于神虎门外，启诛尔朱氏。北曰朔平门。汉北宫门曰朔平，自魏、晋至后魏皆相因不改。华延儁《洛阳记》：洛阳城内宫殿台观府藏寺舍凡百一万一千二百一十九门，自刘曜入洛，元帝渡江，宫署里闾，鞠为茂草。后魏孝文太和十七年幸洛阳，巡故宫，咏《黍离》之诗，为之流涕，经始洛京。十九年新都始立。杨衒之《洛阳伽蓝记》：京师东西二十里，南北十五里，永熙多难，以后城郭崩毁，宫室倾覆。隋大业元年改营东京城，前直伊阙之口，后依邙山之塞，东出瀍水之东，西逾涧水之西，洛水贯其中，象河汉也，跨洛为桥曰天津桥，见后。河南、洛阳于是合而为一。《括地志》：周王城在苑内东北隅，自周敬王、汉光武、魏文帝、晋武帝皆都故洛城，至是自故洛城西移十八里置都城。唐亦曰东都，高宗始以洛州为东都，武后号曰金城。《志》云：自宫城而东二千五百四十步，周一万五千五十步，其崇丈有八尺，武后号曰金城。《会要》：天宝二年筑神都罗城，号曰金城，外城亦曰都城，亦曰京城。周五十二里九十六步，刘昫曰：都城南北十五里二百八十步，东西十五里七十步，周回六十九里三百二十步。又隋初作东都，无外城，仅有短垣，谓之罗城。正南曰建国门。唐武后时使李德昭筑之，天宝初又筑焉。内城，亦曰皇城，唐曰太微城，在都城西北隅。周十八里二百五十八步，宫城，唐曰紫微城，亦据内城西北隅。周九里三百步。刘昫曰：宫城东西四里一百八十步，南北二里十五步，有隔城四重。隔城者，皇城之东曰东城，皇城端门之南曰南城，东城之东曰曜仪城，宫城东南曰宝城。详见后。宋曰西京，大抵皆因隋、唐之故宫。城门凡六：中五凤楼，隋曰则天门，唐武德四年世民入东都，毁则天门及阙，贞观中复营治之。显庆五年御则天门楼受百济俘。武后改曰应天门。

《唐六典》：宫城门南曰承福门，或以为开元时名也。宋曰五凤门，**东兴教**，隋名也。唐曰重明门，昭宗迁洛又改为兴教。后唐同光末郭从谦等作乱，攻兴教门，遂焚门逾城而入。宋因之。**西光政**。自隋至宋相仍不改。一云唐曰长乐门，昭宗迁洛，改为光政。**东面一门苍龙**，隋曰太阳。越王侗皇泰初王世充攻太阳门，杀卢楚等。唐曰苍龙，亦名宣仁，宋仍曰苍龙。**西面一门金虎**，自隋至宋相仍不改。**北面一门拱宸**。《宋志》：拱宸门，旧名元武，后唐应顺初唐主从厚以潞王从珂犯洛，谋北渡河，使亲信守玄武门，遂出走是也。大中祥符五年改今名。或曰旧名师子门，后唐庄宗被弑，刘后自师子门出走，即此。**宫城东西有夹城，各三里，东二门：南曰宾晖，北曰启明；西二门，南曰金耀，北曰乾通**。皆隋、唐旧名，宋因之。**皇城门凡七：南面三门，中端门**，隋名也。大业二年，自江都还东京，御端门，大赦。唐世民入东都，改端门曰阊阖。既而恶其侈靡，命撤端门楼，焚乾阳殿。《唐六典》：皇城南门中曰顺天，隋开皇二年作，初曰唐阳，仁寿初改昭阳，大业初改为端门也。唐武德中又改曰顺天，贞观四年擒突厥颉利，上御顺天门受俘，即此。神龙初改曰承天。宋亦曰端门。**左右掖门，东面一门宣仁**；天宝十四载安禄山反，其将田承嗣等陷东京，封常清与战于都亭驿，兵败退守宣仁门，又败，乃自禁苑外墙西走。又《唐六典》：东城在皇城之东，其门东曰宣仁，南曰承福。后唐同光四年将东巡汜水，骑兵陈于宣仁门外，步兵陈于五凤门外，郭从谦等遂作乱。**西面三门，中开化，南丽景**，《六典》：洛城南门西有丽景，夹城自此潜通上阳宫，**北应福**。《六典》：西面二门，南曰鹿丽，北曰宣耀。此盖宋制。**京城门凡十：南面三门，中定鼎**，隋曰建国。《隋书》：东都南面三门，中曰建国。《六典》：唐平王世充，焚建国门。**东长夏，西厚载；东面三门，中建春**，隋曰建阳，亦谓之太阳。大业九年杨玄感遣弟玄挺分道攻东都，东都兵拒之于白司马阪，兵败，玄挺遂直抵太阳门。《宋志》谓为罗门，误也。**南永通**，《唐志》作罗门。**北上东**隋曰上阳，亦曰上春。杨玄感攻东都，屯上春门。大业十三年，李密攻金墉，陈兵北邙，南逼上春门。唐改为上东，安禄山遣田承嗣等犯东京，封常清与战于上东门，兵败，东都遂陷。**西面一门，关门；北面二门，东延喜**。《唐史》：昭宗天祐二年，敕改东都延喜门曰宣仁。**西徽安**。皆隋唐旧名也。又《隋志》：东都有三市，东市曰丰都，南市曰大同，北市曰通远。大业十三年李密屯洛口，遣兵入东都外郭，烧掠丰都市。《旧唐书》：都城内有东西二市，纵横各十街，街分一百三坊，每坊纵横三百步，开东西二门。**自靖康以后，而翟泉再出苍鹅，铜驼又沉荆棘，黍离、麦秀之悲，千秋一辙，山川岩壑之奇，都邑宫阙之盛，止以发嗜古者之唏嘘云尔。**

〇**洛阳县**，附郭。周下都也，在洛水北，故曰洛阳。秦为三川郡治，汉河南郡亦治焉。东汉改洛为雒，魏复为洛阳县，晋及后魏皆因之。隋迁郡治河南县，并移县郭下。唐神龙二年改洛阳曰永昌，唐隆元年，复旧。宋熙宁五年，省入河南县。元祐初复置。金人以河南县省入洛阳，今因之。府城周不及九里。门四：东建春，西丽景，北旺喜，南长夏。编户八十八里。

洛阳故城，在府东北二十里。周公迁殷顽民于此，是为成周。《春秋》昭二十六年，天王入于成周。三十二年，诸侯城成周。班固曰：晋合诸侯于狄泉，以其地大成周之城，居敬王也。战国时，亦曰洛阳。秦封吕不韦为洛阳十万户侯，后置三川郡，治洛阳。汉亦为河南郡治。后汉都此，改洛为雒。鱼豢曰：汉火德，火忌水，故去水而加佳也。魏复改为洛。魏于行次为土，土，水之牡也，故除佳而加水。晋仍为洛阳。永嘉以后，城郭宫阙，大都芜没。后魏太和十七年，始营洛阳。景明二年，司州牧广阳王嘉请筑洛阳三百二十三坊，各方三百步，从之。三年，洛阳宫室始成。永安二年梁陈庆之送元颢北还，入虎牢，魏主子攸北渡河入河内，颢入洛阳宫，未几败灭。东魏迁邺，改置洛阳郡。西魏大统三年遣独孤信等趣洛阳，至新安，东魏高敖曹自洛引兵北渡河，信进据金墉城。四年东魏侯景等围信于金墉，悉烧洛阳内外官寺民居，存者十二三。及邙山之战，两军互相伤败，宇文泰留长孙子彦守金墉而还。高欢来攻，子彦弃城走，焚城中室屋俱尽，欢毁金墉而还。未几，魏将是云宝复袭取洛阳，九年宇文泰败于邙山，西入关，洛州复为东魏所取。隋开皇初废洛阳郡，大业初移洛阳入新都郭内。《洛阳记》：魏、晋时城中有铜驼街，在宫南，旁有汶阳里。

河南故城，在府城西北。周之王城，亦曰郏邑。《春秋》桓七年：王迁盟、向之民于郏。襄二十四年：齐人城郏。是也。自平王以后十二王皆都此，敬王始迁洛阳，至赧王复居王城。秦置三川郡，汉为河南县，属河南郡。宋白曰：全唐苑城东北偶。后汉、魏、晋皆属河南尹。《晋·地道志》：河南城去雒城四十里。宋白曰后汉建武二年，遣冯异代邓禹定关辅，车驾送至河南。晋永嘉五年，刘聪遣呼延晏等寇洛阳，比及河南，晋兵前后十二败，遂至洛阳。后魏太和十七年，如河南城，遂定都洛阳，县仍属河南尹。东魏迁邺，改为宜迁县，徙置河南郡于此。隋初郡废。大业初，改营新都，仍曰河南县。唐因之。垂拱二年，以明堂成，改合宫县。神龙初复故，三年，仍曰合宫，旋又复旧。宋亦曰河南县。金人省入洛阳。〇永昌废县，《唐书》：垂拱四年分河、洛阳置，治都内道德坊，在洛水侧，神龙三年废。又来庭废县，唐天授三年分洛阳县置，治都内从善坊，龙朔元年废。

金墉城，故洛阳城西北隅也。魏明帝筑城，南曰乾光门，东曰含春门，北有暹门，又置西宫于城内。嘉平六年司马师废其主芳，迁于金墉。延熙二年魏主禅位于晋，出舍金墉城。晋杨后及愍怀太子至贾后之废，皆徙金墉。永康二年赵王伦篡位，迁惠帝，自华林西门出居金墉城，改曰永昌官。其后每有废置，辄于金墉城内。大宁三年后赵将石生保金墉，刘曜遣刘岳等攻之，不克。咸和三年刘曜攻石生于金墉，为石勒所败。八年后赵石朗举兵于洛阳讨石虎，虎攻朗于金墉，金墉溃。永和十一年桓温收洛阳，屯故太极殿前，寻徙屯金墉，置戍而还。兴宁二年为燕所陷。太和五年秦王猛克洛阳，使邓羌戍金墉。太元九年复归晋。隆安初姚兴遣姚崇寇洛阳，河南太守夏侯宗之固守金墉，崇不能克，久之始陷。义熙十二年刘裕伐秦，前锋至成皋，秦将赵玄劝姚洸：固守金墉，以待西师之救，金墉不下，晋必不敢越我而西。洸不听，遣军迎战，军败，洸出降。元熙初，刘裕使王康保据金墉。宋景平元年，为魏所陷。元嘉八年遣到彦之等北伐下河南，留杜骥守金墉，为河南四镇之一。既而后魏将安颉自委粟津济河来攻，骥南遁。魏太和十七年如金墉城，经营洛都。十九年金墉官成。《洛阳志》：金墉城有瑶光寺，魏太和中废后冯氏，延昌末太后，高氏皆徙居于此。西魏大统四年，东魏高欢因宇文泰自邙山西遁，克金墉，毁其城。后周建德四年周主自将攻金墉，齐将独孤永业拒却之。隋大业十三年李密攻金墉不克，明年密大败世充于巩城，乘胜进据金墉。唐初以洛阳县治故金墉城，贞观六年移入郭下，金墉遂废。

含嘉城，在东都城北。隋含嘉仓城也。王世充与李密战败于巩北，奔还东都，屯含嘉城。又唐武德三年世民伐王世充，世充使其子玄恕守含嘉城。开元中亦置含嘉仓于此。又有宝城，《隋志》：在洛阳罗郭内，自为一城，附于宫城东南。《六典》曰：即皇城也，以内有宝城朝堂而名。唐兵攻王世充，世充遣其弟世伟守宝城。皇城之南又有南城，皇城之东又有东城，东城之东则为曜仪城。王世充以唐兵来攻，使其兄世恽简较南城，子玄应守东城，道恂守曜仪城是也。〇伐恶城，在今城东。齐天保五年，于洛阳西南筑伐恶城、新城、严城、河南城，因巡四城以挑魏师，魏师不出。

新城，府南七十五里。古戎蛮子邑，战国时谓之新城。张仪曰：秦攻新城以临周郊。是也。又城浑言于楚，以新城为主郡。《史记》：秦昭王七年拔新城。十三年白起攻新城，败韩、魏之师于伊阙。二十三年与魏王会宜阳，与韩王会新城。二十五年复与韩会新城。又汉二年汉王至洛阳，新城三老董公遮说处也。汉惠帝四年置新城县，属河南郡。晋因之。隆和初桓温遣邓遐救洛阳，进军新城。后魏仍属河南郡。东魏置新城郡于此。隋初郡废，开皇十八年改县曰伊阙，以伊阙山为名，属伊州。大业初属河南郡。二年发江都，自伊阙入东京。唐亦曰伊阙县。贞观十五年校猎伊阙，因幸嵩阳。宋熙宁五年废为伊阙镇。杜预曰：新城县东南有蛮城，即戎蛮子故邑也。

高都城，在新城西南，《史记》苏代说韩相国以高都与周者。《竹书纪年》：梁惠成王十七年，东周与郑高都是也。其南七里有邥垂亭。邥音审。《左传》文七年：周甘歜败戎于邥垂。《水经注》：来儒之水出于半石山，西南流径大石山，又西至高都城东，西入伊水。

前城，在府西南五十里。《左传》昭二十三年：子朝之乱，司徒丑以王师败绩于前城。既而晋箕遗、乐徵、右行诡济师取前城。服虔曰：前读为泉，即泉戎地，在伊阙南。僖十一年扬拒、泉皋、伊洛之戎同伐京师，入王城，焚东门。杜预云：伊阙北有泉亭，扬拒、泉皋，皆戎邑也，泉皋即前城矣。又故洛城西南有戎城，则伊洛之戎也。〇甘城，在府西南二十五里。周襄王弟子带之故邑。亦谓之石城。又有蒯亭，《左传》昭二十四年：子朝之乱，其党尹辛攻蒯。王隐曰：河南县西南有蒯乡。

榖城，府西北十八里故苑中。西临榖水。《左传》定八年：周大夫儋翩叛，单子伐榖城，即此。汉置榖城县，属河南郡，晋省。西魏大统四年东魏侯景围金墉，宇文泰赴救，至榖城。北齐常山王演于榖城筑戍以备周师。即故县也。〇解城，在故洛阳城西南。《左传》昭二十二年：

王师次于解。杜预曰：洛阳县西南有大解、小解。《战国策》：苏代谓向寿：公与楚解口地，封小令尹以杜阳。解口，即两解城也。杜阳，或曰即今关中长安南废杜陵县。

北邙山，在府北十里。山连偃师、巩、孟津三县，绵亘四百馀里，古陵寝多在其上。邙一作芒。《左传》昭二十二年王田北山，即邙山也。魏明帝尝欲平北邙，于上作台观，望孟津，以辛毗谏而止。晋太安二年成都王颖自邺举兵内向，帝军于芒山以拒之。明年帝自邺还，济河至芒山。永和十二年姚襄为桓温所败，奔洛阳北山，即北芒也。元熙初后魏守将于栗磾游骑在邙山上，窥逼洛阳，刘裕遣兵救却之。魏太和二十年，命代人迁洛者悉葬邙山。景明二年猎于北邙。建义初尔朱荣自洛还晋阳，魏主饯之于邙阴。永安二年元颢自河桥败还，遂南走，洛中诸臣杨津等出迎魏主于北邙。三年尔朱兆作乱，立长广王晔于晋阳。明年将入洛，至邙山，尔朱世隆等胁之，禅位于广陵王恭。普泰二年高欢自邺趣洛阳，奉其主朗至邙山，复废之而立平阳王修。永熙三年魏主与高欢隙，因发河南诸州兵大阅于洛阳，南临洛水，北际邙山。既而欢自晋阳南犯，魏主勒兵屯河桥，以斛斯椿为前驱，陈于邙山之北。西魏大统四年东魏侯景围金墉，宇文泰驰救，景解围去，泰追至河上，景为陈北据河桥，南属邙山，既而败走。东魏武定初虎牢降魏，魏将宇文泰帅诸军应之，前军围河桥南城，高欢引军渡河，据邙山为陈，泰寻自瀍曲夜登邙山以袭欢，为欢所败。明日夜战，欢败走。后周保定四年宇文护等伐齐军于弘农，前锋尉迟迥围洛阳，宇文宪等军于邙山，久之齐将段韶自晋阳驰救，济河至洛阳，登邙阪，观周军形势，与周军遇于太和谷，周师败遁。自邙山至穀水三十里中，军资器械，弥满山泽。隋大业九年杨玄感围东都，代王侑自长安使卫文昇赴救。文昇度瀍水，进屯邙山之阳，与玄感决战。十三年李密据洛口，越王侗运回洛仓米入城，分兵屯丰都市、上春门及北邙山，为九营以备密。明年李密据金墉，拥兵三十万屯于北邙，东都出兵以拒之，为所败。唐武德初王世充攻密偃师，密自金墉引精兵出偃师，阻邙山以待之。世充夜遣二百余骑潜入邙山，伏溪谷中。及战，伏兵发，乘高压密营，纵火焚其庐舍，密众大溃。三年世民攻王世充，大军屯于北邙以逼洛阳，世充出战，临穀水拒唐兵，世民陈于北邙，登魏宣武陵望之，知贼可击，度水大战，贼败走。四年世民围东都，窦建德来援，世民分兵围守世充，自将兵历北，邙抵河阳趣巩，军于武牢，世充不敢出。上元二年，武后祀先蚕于邙山之阳。肃宗上元二年李光弼自河阳与史思明战于邙山，败绩。洛阳有事，北邙亦必争之会矣。金废主亮尝更山名曰太平。《志》云：太和谷，在邙山东垂。魏宣武陵，北魏主恪陵也，亦曰景陵，在邙山上，近府城西北隅。

阙塞山，在府西南三十里。亦曰龙门山，亦曰伊阙山，一名阙口山，一名钟山，又为龙门龛。《志》云：山之东曰香山，西曰龙门，大禹疏以通水，两山对峙，石壁峭立，望之若阙，伊水历其门。《左传》昭二十六年：晋知跞、赵鞅帅师纳王，使女宽守阙塞。又定六年郑伐周阙外，即伊阙之外也。《战国策》：秦攻魏将犀武军于伊阙，进兵攻周。既而犀武败于伊阙。《史记》：周赧王二十四年苏厉谓周君，秦将出塞攻梁。又秦昭王十四年，白起攻韩、魏之师于伊阙。四十一年将军摎攻魏，取阳城、负黍。西周君背秦与诸侯约从，将天下锐兵出伊阙攻秦，令秦毋得通阳城。东汉灵帝时，为河南八关之一。《北魏史》：伊阙以南大山长谷，蛮多居之，魏因以伊川土豪李长寿为防蛮都督。景明初尝遣宦者白整凿二佛龛于龙门，其后宦者刘腾复凿一龛，皆高百尺，用功数十万。又正始初魏主幸伊阙。熙平初胡太后作石窟寺于伊阙口，极土木之美。武泰初群盗李洪攻烧巩以西，阙口以东，将军费穆败洪于阙口南，遂平之。隋大业九年杨玄感作乱，围东都，分兵守伊阙道。唐初讨王世充，史万宝自宜阳南据龙门。其后武后居东都，数游龙门。建中四年，李希烈叛，游兵剽掠至伊阙。元和十一年淮西叛，屡犯东畿，防御兵屯伊阙以备之。宋祁曰：伊阙，洛阳南面之险也。自汝、颍北出必道伊阙。其间山谷相连，阻厄可恃。元末土民桀黠者，往往置寨于此，西连商洛、东出汝、颍，随地立名，多至数十，徐达收中原，次第平定。又龛涧，在阙塞山中。后唐同光三年猎于白沙，明日宿于伊阙，又明日，宿潭泊；又明日宿龛涧，明日还宫。其地皆在阙塞旁。又有八节滩，在龙门下。

穀城山，在府西北五十里，东连孟津县界。旧名替亭山，瀍水所出。又秦山，在城西南二十五里。俗传此山为秦头魏尾，因名。又谷口山，在城西南三十里，谷水出焉，亦曰孝水。〇八将山，在城西三十里。《志》云：唐尉迟敬德与单雄信等八将战于此，因名。

委粟山，府东三十里。曹魏景初元年营圜丘于此。后魏主宏太和十九年如委粟山定圜丘。又首阳山，在城东北。曹丕黄初三年，表首阳山东为寿陵。其相近者又有覆舟山。

大石山，在府东南四十里。亦曰大石岭，一名万安山。山阿有魏明帝陵，曰高平陵。曹爽从魏主芳谒高平陵，司马懿因之诛爽。后魏主修永熙末，西迁关中，散骑常侍裴宽不附高氏，逃于大石岭，即此。〇周山，在城南十五里，一名小亭山，下有周谷，山之东麓有柏亭。

大谷，府东南五十里。亦曰大谷口。章怀太子贤曰：自嵩阳县西北出八十五里，对故洛阳城，张衡《东京赋》所云大谷通其前者，亦灵帝时八关之一也。初平二年孙坚讨董卓，进军大谷，距洛阳九十里。坚盖军于登封县界。王世充置谷州，以在大谷口而名。

白司马阪，在府东北三十里。邙山东北垂也。或以为白马山。后魏孝昌三年萧宝寅以关中叛，萧赞在洛阳闻之，惧而出走，趣白马山，至河桥为人所获。隋大业九年杨玄感反于黎阳，引兵向洛，使其弟玄挺为先锋，自白司马阪逾邙山南入。唐贞观十一年河溢，坏陕州河北县，毁河阳中潬城，帝幸白司马阪观之。朱梁开平末晋王存勖屡破梁兵于河北，全忠惧，引兵屯白司马阪。又唐主从珂末以石敬瑭将渡河而南，遣将至白司马阪行战地，不果。

郏鄏陌，在故河南城西。或谓之郏山。《图经》：郏山在郡西南，迤逦至城北二里曰邙山。周武王定鼎于郏鄏，即此。

黄河，在府北二十里。自山、陕之交历潼关北流，入阌乡县北境，经灵宝、陕州、黾池、新安、洛阳、孟津、巩县北，而入开封府界。府境诸水悉入于河。后魏永熙三年高欢自晋阳举兵犯洛，魏主勒兵屯河桥，斛斯椿陈于邙山北，请帅精骑夜渡河，掩其劳弊，魏主不许。宇文泰闻之，曰：高欢数日行八九百里，此兵家所忌，当乘便击，而主上以万乘之重，不能渡河决战，方缘津拒守，长河万里，捍御为难，一处得渡，大事去矣。乃遣精骑赴援洛阳，魏主遂西幸。大统四年宇文泰破东魏侯景于洛北，赴河死者以万数。今详见大川黄河及川渎异同。

洛水，在府治南十五里。源出陕西商州冢岭山，经卢氏、宜阳而入县境，又东经偃师县，下流至巩县北入河。旧有洛水浮桥，在故洛城南五里。司马懿谋诛曹爽，勒兵屯洛水浮桥。晋永嘉三年刘渊遣子聪等犯洛阳，聪直逼西明门而屯。凉州将北宫纯帅勇士夜袭聪壁，乃南屯洛水。五年刘聪将呼延晏等寇洛阳，帝具舟洛水，将东走，晏尽焚之。《唐志》：洛水经东都城，南面三门有天津、永济、中桥三桥。又有写口，洛城中水于此写放入洛处也。唐武德四年王世充出右掖门，临洛水为陈。唐将王怀文先为世充所获，引置左右，忽起刺世充，衷甲不入。怀文走趣唐军，至写口，世充军追获杀之。开元十九年浚苑中洛水，九旬而罢。又有韩公堤，在今城南。宋韩缜尹洛时，筑此以障洛水。余详大川洛水。

伊水，府东南十六里。源出卢氏县之峦山，下流至偃师县西入洛。曹魏正始十年，司马懿闭城门拒曹爽，爽留车驾宿伊水南。晋永和十二年桓温北收洛阳军，至伊水，姚襄拒水而战，温击败之。后魏景明二年改筑圜丘于伊水之阳，盖在洛阳城南。伊水之北旧有伊水偃。唐天宝十载，河南尹裴迥自龙门山东抵天津桥，为石堰以遏水处也。《河南志》：今府城南二十五里有伊渠，西南二十五里有洛渠，引二水溉田，盖旧迹也。宣德初堙塞。弘治六年，复疏浚。明年，筑坝闸及子堰游渠，以均水利，民以为便。又府西南二十里有大明渠，分洛渠水以灌田，弘治十一年新开。府西南四十里又有新兴渠，亦是时所创，筑石坝断乾水河，引流灌田处。

瀍水，在府北。源出穀城山，东南流至故洛城西入洛。汉明帝作千金堨于故河南县城东十五里，盖堰穀、洛之水会于瀍水，而经洛阳城北，谓之千金渠，又东南合于阳渠，至偃师县东而入洛云。《水经注》：瀍水出河南穀城县北山，东与千金渠合，又东过洛阳县南，又东过偃师县南，又东入于洛。后魏永熙末高欢自晋阳引兵渡河，魏主以五千骑宿于瀍西，遂西奔。东魏天平末侯景围魏将独孤信于金墉，宇文泰军至瀍东，景等解围去。又武定初宇文泰围河桥南城，高欢至河北，泰退军瀍上，既而留辎重于瀍曲，距欢营四十里，袭欢军于北邙，不克；隋杨玄感作乱围东都，卫文昇自长安赴救，渡瀍水与玄感战；皆在今城东北隅。

涧水，在府西。源出渑池县之白石山，东流经新安县东而合穀水。穀水出渑池县南山中穀阳谷，东北流经新安县南，又东而与涧水会，自是遂兼穀水之称。又东历故洛阳城广莫门北，又东南出上东门外石桥下而会于洛水，此魏、晋以后之穀水也。周时涧水本在王城西入洛，故《洛诰》云：涧水东，瀍水西。周灵王时穀、洛斗，毁王宫，亦在王城西，自此涧水更名穀水。《水经注》：河南城西北穀水之右有石碛，碛南出为死穀，北出为湖沟。魏太和七年，暴水，流高三丈，此地下，停流以成湖渚，造沟以通水，东西十里，决湖以注瀍水。然则穀水入瀍而经城北，自元魏时始也。隋开通济渠，自西苑引穀、洛水达河，又自板渚引河通淮，而水道复一变。《唐六典》：东都苑中穀、洛二水会焉。《通典》云：穀水经东都西苑中入洛。贞观十一年，大雨，穀水溢入洛阳宫。开元八年，穀、洛溢入上阳宫，畿内诸县田庐荡尽。是也。又北齐河清中，段韶败周军，自邙山追至穀水。唐天复四年，朱全忠劫车驾迁洛阳，自陕而东，憩于穀水，寻发穀水入宫。穀水盖即涧水矣。

孝水，在府西二十里。出谷口山，本名谷水，晋王祥卧冰于此，因改为孝水，北流入于穀水。西魏大统四年东魏围金墉，宇文泰自关中赴救，别将莫多娄贷文请击泰前锋，夜遇西魏将李弼等于孝水，败死。高齐时，常山王演于此筑孝水戍以拒周师。〇甘水，在城西南四十里。源出宜阳县鹿蹄山，东北流经故甘城，又北入于洛水。

千金堨，在府城北。《洛阳记》云：在河南县城东十五里。旧堰穀水入洛阳城，晋河间王颙将张方逼洛阳，决千金堨，京师水碓皆涸是也。永嘉初李矩为汝阴太守，与汝南太守袁孚修洛阳千金堨，以利漕运。晋咸和三年，刘曜攻后赵将石生于金墉，决千金堨以灌之。唐初罗士信伐王世充，拔其千金堡，盖于千金堨傍筑堡也。又千金堨一名五龙堨，亦曰九龙渠，亦曰九曲渎。后汉建武中，司空王梁引穀水以溉京都，渠成而水不流。后张纯堰洛而通漕是渠，引穀水历堨东注。魏文帝使都水使者陈协更修此堰，谓之千金堨。积石为堨而开沟渠五，因谓之五龙渠。太始七年大水荡坏。晋元康七年更于西开泄，名曰代龙渠。凡更开二堨二渠，亦曰九龙渠。后魏太和五年又尝修治，亦谓之九曲渎。傅畅《晋书》、河南十二县薄言陈协凿运渠从洛口入，经巩县西至九曲渎，又西至洛阳东阳门会于阳渠是也。

阳渠，在府东。旧《志》：在故洛阳城南。汉建武二十三年，张纯奏穿渠引洛水为漕处也。《洛阳记》以为周公所作。《述征记》：东城有二石桥，旧于王城东北开渠引洛水，名曰阳渠，东流经洛阳，于城东南回通出石桥下，运至建春门以输常满仓。《水经注》：上东门外石桥右柱铭曰：阳嘉五年，诏书以城下漕渠东通河、济，南引江、淮，方贡委输，所由而至，乃作石桥。此即阳渠与穀水回通处也。唐乾元二年史思明陷郑州，西窥洛阳，李光弼去洛而迁河阳。时贼游骑已至石桥，诸将请曰：自洛城而北乎？当石桥而进乎？光弼曰：当石桥而进。部曲坚整，贼不敢逼。又后唐同光四年李嗣源入汴，帝自汜水西还，至石桥西，置酒悲涕，乃入洛城，即故上东门外之石桥也。

大阳三渠，在府南十里。旧分洛水以溉田，本一渠，后析为三，中曰中渠，北曰青渠，东曰莽渠，合名大阳。又漕口渠，在城东北。宋开宝九年幸西京，发卒自洛城市桥，凿渠至漕口三十五里，以便馈运。又有通津渠，在城南三里。《元和志》：隋大业初分洛水西北名千步碛渠，东北流入洛水。〇金水河，在城西二十里，自新安县流入。《志》云：隋时引水绕皇城，因名。

金谷涧，在府东北七里。《水经注》：金谷水出太白原，东南流历金谷谓之金谷涧，东南流经晋石崇故居。又穀水自千金堨东，径皋门桥东，左会金谷水。晋大宁三年刘曜督诸将与石虎战洛阳，屯金谷，夜军中无故大惊，士卒奔溃，乃退屯渑池。隋大业九年杨玄感攻东都，代王侑自长安遣卫文昇赴救。文昇鼓行出崤、渑，直趣东都城北，屯于金谷，即石崇之金谷也。太白原，在城西北六十里，即邙山之别阜云。

七里涧，在故洛城东二十里。《水经注》：鸿台陂在洛阳东北二十里，其水东流合于七里涧。晋泰始十年立石桥于涧上。永宁初成都王颖还邺，齐王冏送之七里涧。大安二年颖遣陆机为前锋，进逼洛阳，长沙王又讨破之。机军赴七里涧死者如积，水为不流。又永嘉二年群盗王弥逼洛阳，不克，引而东，晋将王秉追败之于七里涧。

鸿台陂，亦曰鸿池陂，在洛阳故城东二十里。《水经注》：穀水东经鸿池陂，池东西千步，南北千一百步。汉桓帝永兴元年幸鸿池。元魏时曰洪池。景明二年，咸阳王禧谋为变，夜宿洪池墅，事觉，自洪池东南走，即此。又天渊池，在故洛城内东北隅。《水经注》：穀水径洛阳故城北，东历大夏门下，枝分渠水东入华林园，又东注于天渊池，又东历故金市南，直千秋门，枝流入石逗伏流注灵芝九龙池，即曹魏明帝所引过九龙殿前水也。

翟泉，在故洛阳城中。《左传》僖二十九年：盟于狄泉。昭二十三年：天王居于狄泉。三十二年：晋合诸侯之大夫于翟泉，城成周。《史记》：景王元年晋人入敬王，子朝自立，敬王不得入，居泽。贾逵曰：泽，邑名，即狄泉也。时子朝据王城曰西王，敬王在狄泉曰东王。郑玄曰：狄泉本在下都城北，时城成周，乃绕狄泉于城内。杜预曰：狄泉即洛阳内太仓西南池水也。《地道记》：晋时此水在东宫西北，今堙。〇甄官井，在故雒阳城中。甄官掌琢石陶土之事，晋为甄官署，汉时盖属于他署，而井因以名。后汉初平二年孙坚讨董卓，败之，进至雒阳，得传国玺于城南甄官井中，即此。

汉故宫，在洛阳故城中。《括地志》：洛阳故城内有南宫、北宫，秦时已有之。汉五年帝置酒洛阳南宫。后汉建武元年车驾入雒阳，幸南宫，遂定都焉。蔡质《汉仪》：南宫至北宫，相去七里。永平初帝思中兴功臣，图画二十八将于南宫云台。延康四年孙程等定策立和帝，自德阳殿西钟下幸南宫，登云台，召公卿百僚是也。其北宫禁门亦曰省门，又名章台门。北宫北门曰朔平门。省门内有崇玄诸门，门内即德阳殿。又有承明门及温德等殿。南宫正门即端门，旁有鸿都、盛德、九龙及金商、青琐诸门。其正殿曰崇德殿，旁为嘉德殿，崇德殿，西则金商门也。董卓之乱，南、北两宫大都焚荡。建安初驾还洛阳，诸将张扬，自以为功，名所葺南宫正殿曰扬安。及曹丕篡位营洛阳宫，初居北宫，起建始殿朝群臣，又于其北建崇华殿。曹睿青龙三年，始于汉南宫崇德殿故址起太极、昭鼎诸殿。又是年崇华殿灾，乃更作九龙殿，引穀水过殿前。其北宫南又有式乾、显阳诸殿及太后所居曰永宁宫，皇后宫中殿曰含章殿，东宫门曰承华门。又于太极殿前作总章观，高十余丈，门曰阊阖，以象天门。晋武都洛，大抵因之。永嘉之季刘曜陷洛，复成灰烬。及后魏南迁，大营宫室，魏、晋之旧，次第修复。其后尔朱始祸，东西战争，东魏天平二年遣高隆之尽撤洛阳宫殿，运其材入邺，自是故址渐成蓁莽。及隋改营都邑，而沧桑益不可问矣。○永安宫，在汉北宫之东，中有候天台，亦汉置。

洛阳宫，在故宫城内。隋大业所建。其正殿曰乾阳殿，殿南门曰紫微宫门门，阙曰紫微观，其别宫曰景华宫。《隋史》：宫城南面为应天、兴教、光政三门。兴教之内曰全昌门，其北曰章善门，光政之内曰广运门，其北曰显福门。大业十四年东都立越王侗，王世充专政，使其党守章善、显福二门，既遂，幽侗于含凉殿。唐武德四年平洛阳，故宫遂废。贞观中复治之，永徽以后营缮益密。其正殿曰乾元，即隋乾阳故址也。武后垂拱四年毁之，改营明堂；开元五年复故。十年仍改为明堂；二十五年复为乾元殿，二十七年复曰明堂。明堂西则武成殿也。其别殿台观，在宫内者凡二十五所。又上阳宫，在宫城西南隅，南临洛水，西距穀水，东接宫城，北连禁苑门殿皆东向，正门曰提象，正殿曰观风，内有别殿亭馆凡九所。上阳之西隔穀水为西上阳宫，虹梁跨穀，行幸往来，皆高宗龙朔后所置。武后尝居东都，兴修益广。及天宝倦勤，渔阳乱作，车驾不复东巡，宫室渐废。天祐初朱全忠缮修旧宫，逼帝迁洛。未几全忠篡夺，开平三年亦徙居洛阳宫。后唐都洛，未遑改作。石晋迁汴至于宋季，宫阙犹存唐旧。及女真、蒙古，播毒中华，而故宫鞠为茂草矣。《东都记》：洛阳宫城西北出曰洛城西门，其内曰德昌殿，殿南出曰延庆门，又南曰韶晖门，西南曰洛城南门，其内曰洛城殿。龙朔初与群臣外夷晏于洛城门，武后载初二年策贡士于洛城殿，或以此为夹城内别宫也。

禁苑，在府西。隋大业初筑西苑，周二百里，内为海，周十余里，作蓬莱、方丈、瀛州诸山，高出水百余丈，台观殿阁，罗络山上，向背如神。北有龙鳞渠，萦纡至海内，缘渠作十六院，门皆临渠。十三年，李密攻东都，每入苑与隋兵连战。唐曰禁苑。《六典》：禁苑在皇城之西，北距北邙，西至孝水，南带洛水支渠，榖、洛二水会于其间。苑墙周回一百二十六里，东距上阳宫七里。西面四门，南曰迎秋，次游义，次笼烟，北灵溪。《两京记》：东都苑，隋曰会通苑，又改为芳华苑，东面十七里，南面三十九里，西面五十里，北面二十里。义宁二年唐世子建成等援东都，军于芳华苑，东都闭门不出，李密出军争之，小战各引去。苑内有青城宫，隋斋宫也，亦曰青城堡。唐武德二年行军总管罗士信攻王世充，夜入洛阳外郭，焚清化里，既又拔青城堡。三年世民攻洛阳，军于北邙，世充陈于青城宫，世民亦置陈当之。武德四年世民移军青城宫，世充自方诸门出，凭故马坊垣，堑临榖水以拒唐兵，为世民所败。方诸门，都城西出禁苑之门也，唐亦为青城宫。又明德宫，亦大业初建于禁苑中。唐贞观十年作飞山宫，十一，幸明德宫。是年以洛水漂溢居民庐舍，乃废明德宫及飞山宫之玄圃苑以给洛人之遭水患者。显庆二年改明德宫监为东都苑南面监。五年作入关宫，寻改曰合璧宫。调露初又作宿羽、高山等宫，寻又作翠微宫。凡离宫亭馆共一十四所。又苑中有三陂，一积翠，二月陂，三上阳，以榖、洛二水泛溢，故为三陂以防之。隋大业二年，集四方散乐于东京，阅之于芳华苑积翠池侧。唐贞观十一年宴洛阳西苑，泛积翠池。十二年猎于洛阳苑。开元二十年幸东都，晏百官于上阳东洲。二十四年河南尹李适之复修三坡，榖、洛始无泛溢之患。天宝以后亦曰西苑。建中四年李希烈以淮西叛，围郑州，游骑西至彭婆，留守郑叔则入保西苑，苑中有九曲池，即隋龙鳞渠也。天祐二年，朱全忠尽杀昭宗诸王子于此。

上林苑，在今府城东，后汉所置苑也。桓帝屡幸上林，灵帝亦尝幸焉。又广成苑，在府南。《后汉·郡国志》新城县有广成苑。后汉延熹中，帝屡校猎广成。又光和五年狩于广成苑。〇显阳苑，在故雒阳城西。后汉桓帝延熹二年作。中平六年袁绍等诛宦官，董卓自显阳苑急进至城西，闻帝在北，因与公卿奉迎于北邙阪下。

华林园，在故洛城内东北隅。与宫城相接，有东西二门，魏文帝所起。亦曰芳林园。《水经注》：大夏门内东际侧城有景阳山，在芳林苑西北，魏明帝景初元年所起土山也，齐王芳即位始改芳林曰华林。按太和元年王朗言华：林天渊，足展游晏。则华林之名久矣。内有天渊池，池中有魏文帝九花丛殿。后魏太和十九年游华林园，观故景阳山。二十年宴群臣及国老庶老于华林园。二十一年魏主将入寇，讲武于华林园。景明二年魏主游北邙，闻咸阳王禧谋变，自华林园还宫，既而擒禧送华林都亭是也。正始初，以北海王详得罪，遣左右郭翼开金墉门出谕旨，卫送华林园。魏主子攸建义初诏自孝昌以来有冤抑无诉者，悉集华林东门，当亲理之。明年元颢自河桥败走，魏主复入洛，居华林园。东魏天平二年毁。〇濯龙园，在故洛阳城中，近北宫。中有濯龙池，后汉时为游宴之所。又直里园，在故城西南隅，亦后汉所作。灵帝光和二年又造毕圭、灵昆苑，并在宣平门外。初平二年董卓逼车驾西迁，卓留屯毕圭苑中是也。又有西林、西游等园，后魏熙平以后置于宫旁，为游宴处。

三王陵，在府西。《水经注》：河南县西南柏亭东北有周景、悼、敬三王陵。隋义宁二年李密围东都，世民赴救，东都不应，引还，设伏于三王陵以待之，东都将段达来追，败去。〇原陵，在故洛城西北二十五里，汉光武陵也。《帝王世纪》：在临平亭东，南望平阴，大河绕其北。又显节陵，明帝陵也，在富寿亭西北，去故洛阳城三十七里。东汉凡十陵，俱在洛阳之郊。初平二年孙坚讨董卓，自阳人进军大谷，卓与战诸陵间，败走。

大谷关，在县东南大谷口。又皋门关，在故洛城榖门上，亦曰皋门桥，晋惠帝建，潘岳《西征赋》所云秣马皋门者也。《唐志》作高门关。龙门关，即府西南龙门山口。今有河南卫军戍守也。

褚氏聚，在故洛城南。《左传》昭二十六年：子朝之乱，王宿褚氏。杜预曰：洛阳南有褚氏亭。又有唐聚，昭二十三年：尹辛败刘师于唐。○上程聚，在故洛城西南，古程国。《史记》重黎之后伯休父之国也。关中有程地，所谓文王自程徙丰者，故此曰上程。

士乡聚，在故洛城东。东汉初冯异与更始将武勃战于士乡下，斩之。又有樊濯聚，在故雒城北，东汉清河王庆母宋贵人葬处。○圉乡，在故洛城东南。《左传》昭二十二年：子朝之乱，单氏伐东圉。杜预曰：洛阳东南有圉乡。

孔城防，在故伊阙县东南。魏收《地形志》：天平中置新城郡，治孔城防，属北荆州。西魏大统四年权景宣与李延孙会攻孔城防，拔之。后周天和四年盗杀周孔城防主，以其地入齐，盖周、齐相攻之境也。杜佑曰：孔城防，伊阙县东南故城是。

石梁坞，在故洛城东，洛水北。晋永嘉末将军魏浚聚流民屯洛北石梁坞，刘琨在并州，承制假浚河南尹，建兴初刘曜攻陷之。大宁三年后赵将石生据金墉，刘曜遣将刘岳攻之，岳拔孟津、石梁二戍。未几石虎围岳于石梁，寻拔之。孟津戍，胡氏曰：时置于河阴。

豆田壁，在故洛城东。晋太安二年成都王颖引兵内向，帝幸偃师，舍于豆田是也。胡氏曰：荥、洛之间，有麻田、豆田，大抵因人所种艺而名。姚襄与苻秦将李历战于麻田，襄大败。其地亦在洛阳、成皋间也。

张方垒，在故洛城西七里。晋齐王冏将张方所筑，后遂为戍守之所。永嘉五年刘聪遣呼延晏等寇洛阳，晏留辎重于张方故垒是也。

彭婆镇，在府东南九十里，又东入汝州界之临汝铺。唐建中四年李希烈畔围郑州，逻骑西至彭婆。《金人疆域图》：洛阳有彭婆镇。《郡志》：府东南四十五里即彭婆镇，东南七十里为白沙镇。

平乐观，在故洛城上西门外。汉灵帝初平五年讲武于平乐观下。又袁绍诛宦官，促董卓进兵屯平乐观。魏嘉平六年诏司马昭自许昌西击姜维，魏主芳幸平乐观以临军。隋末李密自洛口向东都，败隋兵于平乐园，即故平乐观也。时在东都之东十五里。胡氏曰：汉、魏平乐观，在洛城西，隋营新都，改为平乐园，在都城之东。○平望观，在故洛城华林园东南，天渊池水径其南，魏所置也。太和四年改曰听讼观。陆机云：洛阳城有三市、九观。三市者，一曰金市，在旧宫西大城内；二曰马市，在城东；三曰羊市，在城南。九观曰临商、凌云、宣曲、广望、阆风、万世、修龄、总章、听讼，皆在宫中，皆魏、晋时置。又玄武馆，在北邙山之尾，直故洛城北，曹魏立玄武馆于邙垂是也。高贵乡公自元城入即位，至玄武馆，即此。元城，今北直大名府属县。

宣武场，在故洛城大夏门东北。其南有宣武观。晋河间王颖之乱，帝自十三里桥还军宣武场。《水经注》：大夏门东宣武观，凭城结构，南望天渊池，北瞩宣武场。是也。

凌云台，在故金墉城之西。《水经注》：在洛阳城中金市之东。魏文帝黄初三年筑，苻秦置戍于此。晋大元八年丁零翟斌叛秦，举兵新安，慕容凤等归之，败秦兵，克凌云台戍是也。又东晋末刘裕诛除宗室，宗室多逃亡在河南，司马顺明率众保凌云台，即此。《寰宇记》：故洛城东有云台，今地名水南保，即汉明帝图中兴二十八将处。误。○周公台，在故洛阳县治东，相传周公所作。李密据金墉，筑寝室于台后。又龙虎台，在今城东。李密攻东都时筑此以阅武。

天津桥，在府西南洛水上。旧为洛水桥，在洛阳故城南。后汉时建。魏晋因之。后魏正光初，时方强盛，于洛水桥南御道东作四馆，道西立四里，有自江南来降者处之金陵馆，三年之后赐宅归正里。自北夷降者处燕然馆，赐宅归德里。自东夷降者处扶桑馆，赐宅慕化里。自西夷降者处崦嵫馆，赐宅慕义里。永安三年遣高乾等东归济州招集乡曲，魏主亲送之河桥，即洛水桥也。隋大业初迁都，以洛水贯都，有天汉之象，因建此桥，用大船连以铁锁，南北夹起四楼，名曰天津。李密破回洛仓，遂烧天津桥。唐武后长寿中始命李德昭甃石为岸，开元二十年又改造焉。广平王入东都，陈兵于天津桥南。宋建隆二年留守向拱重修，甃以巨石，基址甚固，横亘洛水，为都城之胜。

洛中桥，在天津桥东。武后时，李德昭所造。其东有利涉桥，上元二年韦弘机移中桥南当长夏门，废利涉桥，人以为便。《宋会要》：西京端门，前唐《洛阳图》有四桥，曰穀水、曰黄道，在天津桥北；曰重津，则在南桥西十里。有石堰曰分洛。自唐以来，引水入小河东南入伊。又有蒋桥，旧《志》：在城西穀水上。后唐应顺初潞王从珂自陕趣洛至蒋桥，百官班迎，即此。〇菜市桥，在府城东，亦唐所置。宋开宝九年郊祀西京，诏发卒五千自洛城菜市桥凿渠抵，漕口三十五里，馈运便之，其后导以通汴。

十三里桥，在府东。自洛阳故城西至桥十三里，因名。晋太安二年成都王颖自邺，河间王颙自关中，皆举兵内向，帝如十三里桥，既而还军宣武场，舍于石楼，屯于河桥。颙将张方寻攻洛阳，为长沙王乂所败，退屯十三里桥。石楼驿，在故洛城东北。

夕阳亭，在府西南。董卓为何进所召，引军至河南，复遣种劭止之，卓还军夕阳亭。又晋贾充出镇长安，荀勖、冯紞等饯送于夕阳亭，劭子谓晋室之祸，成于夕阳亭之一言者也。唐时亦为饯送之所，更名河亭。

夹马营，在府东北二十里。朱梁开平初置营于此，有指挥使掌之，后因而不废。宋太祖诞生焉，真宗时建为应天寺，后又改为发祥寺。

白马寺，在故洛城西。汉明帝时建，中国僧寺盖始于此。唐垂拱初武后复修之。乾元二年史思明取洛阳，畏李光弼在河阳，不敢入宫，退屯白马南，又筑月城于河渚以备光弼。唐末置白马顿于此。朱温乾化二年自洛阳至白马顿，寻渡河至武陟是也。胡氏曰：河渚在河阳南岸。

永宁寺。在故洛城内。元魏熙平初胡太后建于宫侧，极土木之美。《水经注》：榖渠南流出大尉、司徒两坊间，水西为永宁寺，有九层浮图，高百丈，最为壮丽。永安三年尔朱兆入洛阳，执魏主子攸，锁于永宁寺。永熙三年永宁浮图灾，既而高欢入洛，魏主西迁，欢舍于永宁寺。○汉王寺，在府东十七里。隋杨玄感作乱，遣其弟积善将兵自偃师，南缘洛水西入东都，遣达奚善意拒之，善意渡洛南营于汉王寺，旋溃还。

○偃师县，在府东七十里。北至孟津县四十五里，东北至怀庆府温县八十五里。帝喾所都，古亳邑也。亦曰西亳，成汤都焉，为三亳之一。又盘庚自耿徙此，改号曰殷。周武王伐纣，回师息戎，因名偃师。秦属三川郡，汉置县，属河南郡。晋并入洛阳。隋开皇十六年复置。大业十三年李密攻偃师不克，即此。唐仍属洛州。今，编户三十六里。

亳城，县西十四里。古西亳也。《史记》：自契至汤八迁，汤始居亳，从先王居。孔安国曰：契父帝喾居亳，汤自商丘迁焉，盘庚亦徙都之。春秋时为郑地。《左传》哀十一年，公会诸侯伐郑，同盟于亳城北。《汉志》：偃师有尸乡，汤所都。《水经注》：尸乡故汤所居，亦曰汤亭，今在县西三十里。亦曰尸氏。《左传》昭二十六年：子朝据王城，刘人败王城之师于尸氏。汉初曹参还击秦将赵贲于尸北，破之，谓尸乡北也。又田横乘传诣洛阳，至尸乡厩置，遂自刭。今有田横墓。又《晋太康地记》：尸乡南有亳坂，东有桐城，太甲所放处亦曰桐宫，汤墓在焉。

缑氏城，县南二十里。古滑国。《春秋》僖二十年：郑人入滑。僖三十三年，秦人灭滑。晋吕相绝秦曰：殄灭我费滑。杜预曰：滑国都于费，今缑氏也。昭二十二年，子朝之乱，晋师军于侯氏，即缑氏矣。战国时为东周之邑。《史记》：秦昭王四十六年攻韩缑氏、蔺，拔之。宋白曰：古缑氏城，在今城南二十里。汉始置县，属河南郡，武帝尝幸此。晋仍为缑氏县，属河南郡。太安二年成都王颖自邺入犯，帝幸缑氏，击颖将牵秀走之。后魏太和十七年，并洛阳。天平初复，亦属河南郡。东魏改属洛阳郡。隋开皇十六年，废。大业初，复置，仍属河南郡。唐贞观六年，省。上元二年，复属河南府，宋熙宁初，省入偃师。蔺，林氏曰：在缑氏南，故韩邑也。

胥靡城，在县东南四十里。《左传》襄十八年楚伐郑，侵费滑、胥靡。后亦为周邑。昭二十六年：子朝之乱，敬王入于胥靡，次于滑。定六年：郑伐胥靡，乘周大夫儋翩之乱也。晋使阎没戍周，且城胥靡，即此。

缑氏山，在县南四十里。一名覆釜堆，相传周灵王太子晋升仙之所。又百岯山，在县南。汉和帝永元十六年，幸缑氏，登百岯山是也。县西南三十五里又有半石山，合水出焉。○首阳山，在县西北二十里。杜佑曰：夷、齐葬于此。旧有周公庙，后魏普泰初尔朱世隆为尔朱荣立庙于首阳山，因周公旧庙而为之。庙成，为火所焚。

景山，在县南二十里。《商颂》景员维何，谓此山也。又懊来山，在县东南五十里。唐高宗太子弘葬此，曰恭陵，改山为太平山。天佑初朱温弑昭宗，葬于此，名曰和陵。○凤台山，在县东二十里，接巩县界。本名訾王山，宋天圣八年建太祖、太宗、真宗会圣宫于上，改名凤台山。

洛水，在县南五里。自洛阳县流入，又东北至巩县境。隋大业九年杨玄感作乱，自汲郡南渡河，使其弟积善自偃师南缘洛西入攻洛阳。县东北有塔儿湾，明初徐达取河南，自虎牢进至塔儿湾是也。

伊水，在县西。自洛阳县流入，合于洛水。上有望江台，相传周刘康公所筑。○合水，在县西南，出半石山。《水经注》：合水北径合水坞，又东北注于公路涧，俗讹为光禄涧。又有刘涧，亦出半石山东，西北流经刘聚而注于合水，又北入于洛。

通济渠，在县南，故阳渠也。隋时尝修导之，亦曰通津渠。王世充自东都出兵击李密，至偃师，营于通济渠南，作三桥于渠上，即此。

通山沟，在县西北三十里。深二丈，阔百尺，南起邙山，北通孟津。昔以邙山涧谷之水并流入洛，每遇霖潦，辄至泛溢，因为此沟，导之入河，故曰通山。《图经》：邙山在县北三里。

延寿关，在县南三十五里。晋永康二年，齐王冏举兵许昌讨赵王伦，伦遣兵出延寿关以拒之。或谓之延寿城。《嵩山记》：王子晋学道于洛鹿涧，涧旁有灵星坞，即延寿城。

刘聚，在故缑氏城南十五里。三面临涧，甚险固，周畿内刘子国也。昭二十三年王室乱，单子、刘子以王如刘。《括地志》：云即刘累故城。似误。又西南有鄔聚。《左传》隐十一年：王取鄔、刘之田于郑。庄二十年：王及郑伯入于鄔，遂入成周。昭二十四年：子朝入于鄔。或谓之鄔乡。杜预曰：缑氏县西南有鄔聚，西北有刘亭。

柏谷坞，在县东南十五里。《水经注》：洛水东经偃师县南，又东径柏谷坞。戴延之《西征记》：坞在川南，因高为坞，高十余丈。义熙十二年刘裕伐秦，军至成皋，秦姚洸镇洛阳，遣赵玄屯守柏谷坞，毛德祖击败之。元熙初司马楚之避刘裕，逃亡河南，屯柏谷坞。元魏景明二年咸阳王禧谋为变，事泄，自洪池东南走，济洛至柏谷坞，追兵擒之。东魏武定初，高季密以虎牢降魏，宇文泰率军应之，至洛阳，遣于谨攻柏谷，拔之。隋大业十四年李密围东都，柏谷降密。又《宋书》：武帝西征，营于柏坞，西有三垒相连如锁，名锁钩垒云。

袁术固，县西南三十五里。汉末袁术所筑，四周绝涧，迢递百仞，广四五里，有一水渊而不流，即公路涧也。隋大业二年设缑氏县于公路涧西，凭岸为城云。〇仙人山寨，在县南境，又有神顶山寨。皆元末土豪屯结处。

石阙，在县西二十五里。胡氏曰：偃师西山有汉广野君郦食其庙，东有二石阙。刘裕伐秦，檀道济等自成皋虎牢长驱而进，秦姚洸镇洛，遣石无讳戍巩，无讳至石阙，奔还。或作石关，误也。

孝义桥，在县东二十里洛水上。唐天宝七载河南尹韦济奏于偃师县东山下开驿路通孝义桥，后废。宋景德四年于其处造訾店渡桥，诏赐名奉先桥。

河阳仓。在县北。隋开皇三年于洛州置河阳仓，即此。〇夏台，在县西。《史记》：夏桀囚汤于此。又韩釐王二十年，秦败我师于夏山。或曰即夏台也，夏狱名。《郡志》：台在巩县西南，与永安故城相近。

〇**巩县**，府东一百三十里。东至郑州汜水县六十里，北至怀庆府温县二十五里。东南至禹州密县八十里。周巩伯邑，战国时谓之东周。汉置县，属河南郡，晋及后魏因之。东魏属成皋郡，北齐属洛州。隋开皇十六年，复置。大业初，移县治洛口，仍属河南郡。今城周四里有奇，编户二十九里。

巩城，在县西南三十里。周巩伯邑。《左传》昭二十六年：晋师克巩，逐王子朝。《尔雅》曰：巩，固也，四面有河山之固也。《史记》：西周惠公封少子班于此，为东周。秦庄襄元年蒙骜伐韩，韩献成皋、巩。盖东周亡于是年也。汉三年项羽拔成皋欲西，汉兵距之巩，令其不得西。后置县于此。隋迁今治。

訾城，在县西南四十里。《左传》昭二十三年：子朝之乱，单子取訾。或谓之东訾。二十五年子朝之党尹圉涉于巩，焚东訾是也。晋咸和三年石勒击刘曜于洛阳，至成皋，卷甲衔枚，诡道兼行，出于巩、訾之间，即此。亦曰訾聚。《地道记》訾城在巩县东，误。又黄亭在訾城北三里，有皇水。《春秋》昭二十二年，刘子、单子以王子猛居于皇。杜预曰：即黄亭也。

鄩城，在县西南五十八里。周鄩邑也。《左传》昭二十三年，王师晋师围郊，郊、鄩溃。杜预曰：郊、鄩，二邑名。今巩县西南有地名鄩中，郊与盖相近。或谓即夏之斟鄩，误。

洛口仓城，在东县。隋大业二年于巩东南原上筑仓城，周回二十馀里，穿三千窖，窖容八千石。亦曰兴洛仓。十二年以盗贼充斥，命移兵守洛口仓。明年李密说翟让曰：洛口仓多积粟，去都百里有馀，先无豫备，取之如拾遗耳。遂袭克兴洛仓。密称魏公，命护军田茂广筑洛口城，方四十里而居之。又临洛水筑偃月城，与仓城相应。既而与王世充战于洛北，败走洛南余众东走月城。唐武德三年世民伐王世充，分遣王君廓自洛口断其饷道。开元二十一年复置洛口仓于此。

永安城，在县西南四十里。宋太祖父昭武帝葬于此，曰永安陵，景德四年，割巩、偃师二县置县以奉陵寝，后为永安军。《志》云：宋景祐中，升永安镇为县。自太祖至哲宗八陵皆葬于城西南诸原上。金贞元元年，改芝田县。元废县。今为芝田集。又有南城军，亦在县西南。宋绍兴二年岳飞遣诸将收复河南，杨遇复南城军，张宪复永安军是也。金废。

王药城，在县东北，滨河，高齐时戍守处。后周建德四年宇文宪等入齐境，降拔三十余城，师还皆弃不守，惟以王药城为要害，遣将韩正守之。正以城降齐。

轘辕山，在县西南七十里。其坂有十二曲，将去复还，故名。《左传》襄二十一年：晋栾盈奔楚，过周，王使候出诸轘辕。《战国策》：张仪曰：秦下兵三川，塞轘辕、缑氏之口。《史记》：沛公伐秦，南出轘辕。汉三年从轘辕至阳城。又樊哙攻轘辕，克之。武帝时淮南王安谋反，欲塞轘辕、伊阙之道。建武九年帝幸缑氏，登轘辕。灵帝时为河南八关之一。建安初曹操奉献帝迁许，从轘辕而东。晋怀帝永嘉二年，群盗王弥自许昌入轘辕，败官军于伊北，遂逼洛阳，屯于津阳门。三年刘渊使王弥等复寇洛阳，不克，乃南出轘辕，掠豫、兖而东。四年刘聪使其子粲等犯洛阳，粲出轘辕，掠梁、陈、汝、颍间。五年刘曜、石勒等陷洛阳，勒引兵出轘辕，屯许昌。后魏永安二年元颢入洛，继而败于河桥，轻骑南走，自轘辕南出至临颍，为人所杀。唐武德二年讨王世充，王君廓攻轘辕克之。世充遣将魏隐来救，为君廓所败，遂东徇地至管城而还。四年王君廓与世充将单雄信等相持于洛口，世民援之，至轘辕，雄信等遁去。乾符元年黄巢侵逼东都，诏发兵守轘辕、伊阙、河阴、武牢。孔颖达曰：轘辕山在缑氏县东南三十里，道路险厄，自古为控守处。

寒战山，在县东南五十里。其山陡峻，临玉仙河，经者战惧，因名。又赵封山，在县东南四十里。《志》云：宋种茶于此而封固其地，因名。○青龙山，在县南四十里宋太祖永昌陵东，其尾接洛河者曰龙尾山。在县南三里。又有神尾山，在县东北，宋元丰初都水丞范子渊议引洛入汴处也。又黑云山，在县西南六十里，相传汤祷雨处。

横岭，在县东三十里，接汜水县界。李密据兴洛仓，隋遣东都兵讨之，又使虎牢镇将裴仁基自汜水西入以掩其后，密分兵伏横岭下以待仁基是也。又百花谷，在县东南三十余里，接汜水县西境。裴仁基讨李密，失期不进，屯于百花谷，旋降密。○窑岭，在县西南八十里，宋时常置寨于此。

岑原丘，在县西北三十里。《水经注》：山临大河，下有穴，谓之巩穴，潜通淮浦，北达于河。直穴有渚，谓之鲔渚。东晋永和十年故魏降将周成反，自宛袭洛阳，河南太守谢施自洛阳奔鲔渚是也。

黄河，在县北十里。洛水流合焉，又东入汜水县界。

洛水，在县北二里。流六里，至洛口入河。《续汉志》注：洛汭在巩县东北三十里，大康五弟溪于此。《左传》昭元年，晋赵武自郑还，王使刘定公劳赵孟于颍，馆于洛汭。杜预曰：洛汭在巩县南，水曲流为汭。晋大兴初荥阳太守李矩使郭诵救赵固于洛阳，屯洛汭，诵遣其将耿稚夜济河袭刘粲，大败之。大宁三年后赵石虎败刘曜将刘岳于洛西，盖在洛口西也。后魏永熙末，高欢自晋阳引军渡河，众议欲守洛口死战，魏主不能从。隋末李密据洛口，越王侗使诸军击密，夹洛水相守，既而王世充与密相持于洛水上，屡为密所败。义宁二年世充击密于洛北，败之，遂屯巩北，复渡洛击密，军败溺者甚众。《郡县志》：洛水东北过巩县东，又北入河，是为洛汭。自隋以前县与成皋中分洛水为界，西则巩，东则成皋，隋筑洛口仓而巩与成皋之界相错矣。洛水入河之处即洛口也，与大河清浊异流，皦焉殊别，亦名什谷云。

鄩谷水，在县北。亦谓之什谷，即洛口也。《元和志》：洛水东经洛汭，北对琅邪渚入河，谓之洛口，亦名什谷。《史记》：张仪说秦下兵三川，塞什谷之口。徐广曰：什口，寻口也。寻亦作鄩。鄩水，一名温水。《括地志》：温泉水即鄩，源出巩县西南四十里，谓之南鄩，亦曰上鄩；至巩洛渡北东入洛谓之北鄩，亦曰下鄩。《一统志》：偃师县东北十四里有溪，旁有莲池，夏寒冬暖，即鄩源矣。又市河，在县东一里；青龙河在县西南五十里，皆源出青龙山，绕流分注，下流入于洛河。

长罗川，在县西南。源出汜水县之方山，东北流入县界，又西北过訾城东北而入洛，谓之罗口。隋大业十三年李密自罗口袭兴洛仓，破之。又密将张善相为伊州刺史，据襄城，自襄城北出罗口，即长罗川口矣。○饮马沟，在县东七里。俗传吕布军虎牢，饮马于此。水经注：长罗于訾城东北入洛水。

石子河，县东南二十里。《水经注》：洞水出南溪石泉，世亦名之为石泉水，过巩东坎埳聚西而北入洛，盖即石子河也。李密取兴洛仓，隋刘长恭帅东都兵讨之。长恭度洛水陈于石子河西，南北十余里，密陈兵于石子河东，击长恭，大败之。又王世充与密相持，夹石子河而军，世充为密所败。或谓之王仙河。〇神堤渠，在县北三里，中低而四围高，常横流为患。永乐十六年县丞华胥开此渠而水患息。

九曲渎，在县西，即洛阳之千金堨。晋永康二年赵王伦败其子虔自河北还至九曲，闻乱，弃军归里第。〇荣锜涧，杜预曰：在县西。《左传》昭二十二年，景王崩于荣锜氏。涧盖在邑傍。又明溪泉，在县西南。昭二十二年晋贾辛军于明溪泉，谋定王室也。

五社津，在县北五里。大河东过巩北，谓之巩河，有五社渡，亦谓五社津，又名五度津。更始将朱鲔守洛阳，遣兵度巩河，攻温。又建武初，遣将军耿弇等军五社津，备荥阳以东，而使吴汉等围洛阳，是也。

黑石渡，在县西南二十五里，洛水津济处。隋末，王世充与李密相持，世充夜渡洛水，营于黑石。明日，分兵守营，自将精兵陈于洛北。李密渡洛逆战而败，复渡洛趣黑石。世充还救，为密所败。元至和初，陕西诸王阔不花等讨燕帖木儿之乱，进至巩县黑石渡，大败河南兵，遂克虎牢，闻上都已陷而还，入自巡简司。

轘辕关，在轘辕山上。陆机《洛阳记》：洛阳四关，南有轘辕。杜预曰：缑氏东南有轘辕关。

坎埳聚，在县东南境。《春秋》僖二十四年：周襄王避子带之难，出及坎埳，国人纳之。杜预曰：在巩县东。《晋·地道记》：县南有坎埳聚。

石窟寺。在县西南洛水北。隋末，王世充与李密相持，世充渡洛水逼仓城为营，与密战于石窟寺东，败还。〇天堂山寨，在县西南境；又有鹿耳、鸡翎、凌青、黑山等山寨，俱元季乡豪屯聚处。

〇**孟津县**，府东北五十里。东北至怀庆府孟县四十里，西北至怀庆府济源县七十里。汉平阴县地，属河南郡。魏晋时为河阴县地。唐为河清县地，仍属河南府。宋移河清县治白坡镇。金又徙而东十里，治孟津渡，改孟津县；又升为陶州，州旋废。元仍曰孟津县。明时嘉靖十七年，圮于水。二十五年，始迁今治。旧无城，今增筑，周三里有奇。编户二十九里。

孟津旧县，在县东二十里。周武王伐纣，师渡孟津，是也。汉为平阴县地。晋属河阴县。唐属河清县。宋亦为河清县地。金人徙置孟津县于此。前朝因之，并置巡司。嘉靖中，又徙今治，仍置孟津巡简司于旧县治。旧《志》：县北去孟县三十里。

平阴城，在今县东一里。旧《志》云：城在故洛阳城东北五十里。《左传》昭二十二年，子朝之乱，晋籍谈帅师军于阴，即平阴也。二十三年，晋师在平阴，是矣。其地亦为津济处。沛公北攻平阴，绝河津南，战洛阳东。汉二年，南渡平阴津，至洛阳。后置平阴县，属河南郡。《十三州志》：县在平津、大河之间，故名。更始将朱鲔遣兵攻温，自将数万人攻平阴，是也。魏文帝改曰河阴，仍属河南郡。晋因之。永嘉五年，帝以洛阳危困，欲东幸仓垣，而卫从不备，使傅祗出诣河阴，治舟楫，不得进而还。既而洛阳陷，祗建行台于河阴。后魏仍属河南郡。太和十八年，如河阴规方泽。二十年，营方泽于河阴。武泰初，尔朱荣立子攸于河阳，百官奉迎于河桥，荣遣骑入洛，执太后及幼主钊送河阴，沉之于河。魏收《志》：河阴县，晋置，太宗并洛阳，正始二年复。元象二年，又分置河阴郡治此。其后周武帝攻齐，拔河阴大城，是也。隋初郡废。仁寿末，汉王谅举兵并州，遣其将余公理下河内，诏史祥拒之于河阴。祥具舟南岸，公理屯河阳，亦聚兵当之。祥简精锐于下流潜济，公理败走。大业初，县废。王世充复置，又置平州治焉。唐武德四年废。开元二十年，始割汜水、荥泽二县地置河阴县，非复平阴旧地矣。《通典》河阴旧城，北对河阳岸，即此。

小平城，在今县西北。《汉志》河南郡有平县。武帝封刘遂为侯邑，城中有高祖讲武场。旧《志》云：汉平阴县城北有河津，曰小平津。津上有城，灵帝时河南八关之一也。袁绍诛宦官，中常侍张让等将帝步出穀门，至小平津，让等投河死。帝夜从小平津步至雒舍。雒舍在邙山之北，驿舍也。晋永嘉末，傅祗保盟津小城，或曰即小平津。建兴末，刘聪将赵固以洛阳归晋，聪遣刘粲以步骑十万屯小平津，逼洛阳。隆和元年，慕容暐遣其将吕护屯河阴，进攻洛阳，桓温遣军赴救，护退守小平津，中流矢而死。后魏太和二十年，讲武于小平津。又武泰初，尔朱荣举兵南向，胡太后遣费穆屯小平津拒之，穆遁还。《水经注》：小平津，亦曰河阳津。

武济城，在旧县东。旧传周武王伐纣由此济河，故名。东魏筑城于此，为戍守处。周建德四年，大举伐齐，宇文宪拔武济，进围洛口，拔东西二城，是也。

回洛城，在旧县东。《唐志》：河阳关南有回洛城。东魏大象初，侯景邙山之战，诸军皆北渡河桥，万俟洛独勒兵不动，魏人畏之而去，高欢因名其所营地曰回洛。隋大业二年，于其地置回洛仓，仓城周回十里，穿三百窖。十三年，李密遣兵袭回洛东仓，破之。既而据回洛仓，大修营堑以逼东都。隋段达等出兵拒之，战于仓北，隋兵败走。未几，达等复陈于回洛仓西北，密战败，奔还洛口。寻败隋兵，复取回洛。武德三年，世民攻王世充，分遣怀州总管黄君汉自河阴攻回洛城。君汉遣其将张夜叉以舟师袭回洛，克之。世充使其子玄应来攻，不克，乃筑月城于其西，留兵守之。《隋纪》云回洛仓置于洛阳北七里，似误。

破陵，在县西。隋大业中，杨玄感围东都，屈突通奉诏驰救，自河阳济河，军于破陵。胡氏曰：破陵，近洛城东北。

硖石，在县西二十里，亦黄河津济处。晋永嘉末，魏浚率流民数百家，保河阴之硖石。后魏永安二年，尔朱荣奉魏主子攸讨元颢，自马渚西硖石夜渡，亦河阴之硖石也。

黄河，在县北五里。河北即怀庆府孟县界，又东入巩县境。《志》云：旧县治西有护民、永安二堤，当黄河漫流。又有罗家滩、在县西北十五里；又西为杨家滩、柳滩、杏园滩及耕子、马坟二滩，俱在黄河中。

委粟津，在县西，黄河渡处也。刘宋元嘉七年，后魏将安颉自委粟津济，攻宋金墉，守将杜骥南遁，遂克之。

高渚，在县西，亦黄河津渡处。北魏胡太后之乱，尔朱荣举兵至河内，迎长乐王子攸于洛阳。子攸潜自高渚济河，会荣于河阳。亦曰霤陂。尔朱兆闻庄宗诛尔朱荣，自汾州引兵南下，破丹谷军，趣洛阳，从河桥西涉渡。《洛阳伽蓝记》曰：渡处即霤陂也。亦曰灅陂津。普泰二年，尔朱度律等攻邺，败还，斛斯椿等先据河桥拒之，度律等不得入，西走灅陂津，为人所获，是也。胡氏曰：灅陂津，在河桥西。丹谷军，见山西泽州。

马渚，在县西，近故洛城北，亦黄河渡处也。后魏永安二年，尔朱荣奉魏主子攸南讨元颢。颢列兵沿河固守，北军无船，不得渡。伏波将军杨摽与其族居马渚，自言有小船数艘，求为乡道。荣遂命尔朱兆等缚林为筏，自马渚西硖石夜渡，袭击颢子冠受，擒之，颢军遂溃。三年，尔朱世隆犯洛阳，李苗募人从马渚上流纵火船焚河桥，世隆北遁。〇陶渚，在县北，大河中渚也。河流经此，有三渚之名。晋永嘉末，刘聪子粲攻晋故司徒傅祗于三渚，即此。详见重险河阳三城。

河桥，在县北。晋杜预所建。详见重险河阳三城。

横水店，在县西。唐宝应元年，仆固怀恩讨史朝义，陈于横水。贼立栅自固。怀恩陈于西原以当之，遣骁骑回纥并南山，出栅，东北夹击之，贼大败。又转战于昭觉寺、石榴园、老君庙，皆败之。贼人马相蹂践，填满尚书谷。《金人疆域图》孟津县有横水店、昭觉寺诸处，应在河北岸。

文家寺。在县南。宋建炎二年，翟进复西京，遂袭兀术于河阳，败还；又帅韩世忠等战于文家寺，复败走，金人遂复入西京。○观兵台，在旧县治东。相传武王观兵于此。一名选将台。

○**宜阳县**，在府西南七十里。西至永宁县百二十里，北至新安县六十里，东至登封县百八十里，南至嵩县百二十里。周为召伯听讼之所。汉宜阳县地，属弘农郡。晋及后魏因之。后魏孝昌初，置宜阳郡。东魏天平初，置阳州。四年，州降于西魏。后周明帝二年，改置熊州。隋初郡废。大业初州废，县属河南郡。义宁初，复置宜阳郡。唐初，改郡曰熊州，改县曰福昌。贞观初，州废，以县属穀州，六年，又徙穀州治此。显庆初，穀州废，县属洛州。后唐改为福庆县。宋复曰福昌。熙宁五年，省入寿安县。元祐初，复置。金以福昌县属嵩州。正隆后，改寿安为宜阳县。元初，以福昌废入。明仍之。今城周四里有奇，编户六十八里。

宜阳城，在县东北十四里，韩城也。苏秦说赵曰：韩弱则效宜阳，宜阳效则上郡绝。说韩曰：韩西有宜阳、商阪之塞。张仪曰：秦攻新城、宜阳以临二周之郊。又说韩曰：秦下甲据宜阳，断韩之上地。苏代曰：秦起乎宜阳而触平阳。皆谓此也。又周王曰：宜阳城方八里，材士十万。故甘茂亦云：宜阳大县也。秦惠文王三年拔韩宜阳，既而韩复取之。又武王四年，使甘茂伐宜阳，五月而不拔，大起兵拔之。盖渑池、二崤，实皆在宜阳境内，为控扼之要地。孔氏曰：宜阳，韩之大郡，伐取之，三川路乃通。汉置县于此。光武降刘盆子，积甲宜阳城。晋太安二年河间王颙举兵关中，遣其将张方趣洛阳，长沙王使皇甫商将兵拒之于宜阳，为方所败。永嘉三年刘渊遣其子聪等寇洛阳，长驱至宜阳，弘农太守垣延袭败之。未几渊复遣子聪自宜阳寇洛阳。周、齐时，为东西必争之所，后周天和四年遣宇文宪等将兵趣宜阳，筑崇德等五城。五年齐斛律光救宜阳，屡破周军，筑统关、丰化二城而还。六年周宇文纯复取宜阳等九城，斛律光引兵争之，与周师战于宜阳城下，取周建安四戍四戍。亦在宜阳城侧。隋义宁二年唐公渊遣世民等救东都，东都不应，引还；东都将段达来追，世民败之，逐北至城下，置新安、宜阳二郡，留兵戍之而还。

福昌城，今县治。杜佑曰：即故乙合坞。晋永嘉末，魏浚屯洛北石梁坞，族子该聚众屯一泉坞。大兴初谈始自宜阳帅众南迁新野，盖其地险固可凭也。《水经注》：洛水经卢氏县南，又东过一合坞南。城在川北原上，高二十丈，南北东三箱，天险峭绝，惟筑西面，即为全固，因名乙合坞。《晋书》：一泉坞，在宜阳西南洛水北原上。又名一泉戍。慕容暐时戍此以备秦。晋太和四年燕慕容垂奔秦，一泉戍主吴归追之至阌乡是也。宇文周时亦置重兵于此以备齐。唐初移宜阳县于此，改曰福昌。○洛水城，在县西北。东魏置南渑池县，属金门郡。后周改曰昌洛县，属熊州。开皇末改为洛水县。大业初废。

寿安城，在县东南二十里。旧《志》：在洛阳西南七十里。后魏置甘棠县，属新安郡。隋仁寿四年，改曰寿安，义宁初移治九曲城，属熊州。唐贞观七年复移治此，改属洛州。宋因之，金废。杜佑曰：高齐孔城防在寿安县东南。又兴泰城，在县东南四十五里。隋大业四年置兴泰县，属河南郡，隋末废。唐长安四年立兴泰宫，复析置兴泰县，神龙初省入寿安。○金门城，在县西南六十里，以金门山名。后汉延熹二年，以诛梁冀功，封尚书令李玮为金门亭侯，即此处也。后魏天平初，置金门郡及金门县。后周废。《隋志》宜阳县有故金门郡。

九曲城，在县东三十里。高齐置城于此以备周。其地亦曰九阿。

《水经注》：洛水自宜阳而东径九曲南，其地十里有阪九曲，《穆天子传》所谓天子西征升于九阿，是也。刘昫曰：熊州寿安县，隋义宁元年移治九曲城。唐武德二年王世充与唐兵战于九曲，秦叔宝等来降。三年熊州总管史万宝邀败王世充子玄应于九曲是也。〇柏谷城，在县南，后周所置，以防齐。《北史》：高齐武成初斛律光出洛阳击斩周将曹回公，柏谷戍主薛禹生弃城走，光遂取文侯镇，立栅置戍而还。镇盖与柏谷城相近。又天和五年宇文宪与斛律光争汾北，齐将段韶等攻周人柏谷城，拔之而还。

熊耳山，在县西百里洛水之北。双峰竞举，状如熊耳。东汉建武三年赤眉震惊乞降，积甲宜阳城西与熊耳山齐。唐初李密自桃林畔走南山，盛彦师帅众逾熊耳山，南据要道，弓弩夹路乘高，刀楯伏于溪谷，曰：俟贼半渡，一时俱发。密至，逆击斩之。〇金门山在县西六十里。《九州要记》：金门之竹，可为笙管。一名律管山，后汉金门亭置于此。

鹿蹄山，县东南五十里。一名纵山。或谓之非山。唐龙朔元年，畋于非山是也。非。甘水出焉。又女几山，在县西九十里。晋张轨少隐于宜阳女几山，即此。〇锦屏山，在县治南。唐武后幸此赐名。中有一峰耸出，谓之玉柱。又寿安山，在县东十三里。隋寿安县以此名。又南五十余里有万安山，唐武后置兴泰宫于此。

洛水，在县北。自永宁县流经县界，又东入洛阳县境。前朝洪武二十九年洛河泛溢，漂没宜阳庐舍，因筑防于水侧。

宜水，在县西五十里。本名西度水。自永宁县界流经县西境之宜谷西，又南注于洛。〇昌谷水，在县西九十里，即永宁之刀辗川。源出陕州界，东南流入洛。又甘水，出鹿蹄山，西至洛阳县南而入洛。又汪洋水，在县西四十里。自渑池县流入，下流注于洛。〇豪水，在县东。《水经注》：洛水又东与豪水会，源出新安县密山，南流历九曲东而南入洛。

黑涧，在寿安废县南。《水经注》：黑涧水出陆浑县西山，历黑涧西北入洛。洛水径宜阳故城南，又东与黑涧水合。亦曰皂涧。《隋志》：大业初营显仁宫，南接皂涧，北跨洛滨，是也。〇上宜川，在寿安故城西南二十里大安山下。开元十年幸兴泰宫，猎于上宜川，是也。又有方秀川。开元十四年幸寿安，猎于方秀川。

福昌宫，县西十七里。隋置，后废。唐显庆三年复置，改为兰昌宫。〇显仁宫，在故寿安城内。隋置。自西京幸东都以此为中顿。亦曰甘棠宫。唐初讨王世充，史万宝进军甘棠宫是也。后仍曰显仁，贞观十一年幸显仁宫。又兴泰宫，在废寿安县西南四十里万安山上。唐武后长安四年置宫，因分寿安置兴泰县，神龙元年废。〇连昌宫，在寿安废县西二十九里。唐显庆三年置。

赵保镇关，县西南三十里。又县西南百二十里有穆册镇关。今俱有巡司戍守。

张白坞，在县西北。后汉末贼将张白骑据此，曹公使庞德破之于两崤间。西魏大统四年宇文泰置戍以拒东魏，使权景宣守之。〇福昌山寨，在县南。元末土豪屯聚于此。

永济桥。在县东十三里。旧《志》：在寿安县西十七里。隋大业三年置架洛水上，隋末废。贞观八年修治，造舟为梁，长四十丈，后又易以石柱云。

〇**永宁县**，在府西南二百里。北至渑池县一百二十里，西北至陕州二百里，汉为渑池县之西境，属弘农郡。西魏于黄栌城置北宜阳县，后改熊耳县，属宜阳郡。后周移于刘坞，属同轨郡。隋徙治同轨城，义宁二年又移于永固城，因苻坚旧城置县，曰永宁。唐初复移治同轨城，属熊州。贞观初改属穀州，又移治莎栅，后又移治鹿桥驿。显庆初改属洛州。

宋属河南府，金属嵩州，元属河南路。编户六十四里。

同轨城，在县东。西魏置同轨防于此。大统十五年高澄至洛阳，同轨长史裴宽与东魏将彭乐战，为乐所擒。后周为同轨郡。《通典》：永宁县，后周置黄栌、同轨、永昌三城以备齐，唐武德二年移县治同轨城，兼置函州，八年州废。又莎栅，亦在县东。唐乾元、上元间，卫伯玉等屡破史思明将李归仁于永宁、莎栅之间。宝应初仆固怀恩等帅蕃、汉兵讨史朝义于东京，军于同轨城。

崤县城，在县北五十里。后魏太和十一年置县，属恒农郡，以三崤山而名。隋大业初并县入熊耳。唐初复置。《旧唐书》：武德元年复置崤县；二年属函州，三年自石坞移治鸭桥，八年改属陕州；十四年移治硖石坞，改曰硖石县，《宋志》：熙宁二年，省硖石为石壕镇。五代刘知远自太原南下至陕州，明日至石壕是也。旧《志》：石濠镇，在陕州东南九十里。

龙骧城，在县西四十里。晋末龙骧将军王镇恶伐秦，尝军于此，因名。又县西三十里有金门坞。或以为金门郡城也。

崤山，在县北六十里。亦曰三崤。崤水出焉，北注于河。《志》以此为东崤。其西崤在陕州东南七十里，峡石故城是其地也。李吉甫云：两崤相去三十五里。今详见前名山三崤。○金门山，在县西南三十里，溪水出焉。《志》云：金门溪水出金门山，北经金门坞，西北流入洛。又有白马溪水，在今县东十余里，水出南山，北入洛。后汉建武二年，强弩偏将军陈俊转击金门、白马，皆破之，是也。

阳虚山，在县西五十里。一名阳峪，黄帝时仓颉随帝南巡，登阳虚之山是也。有玄扈水出焉，流注于洛。又大通山，在县西五十里，有风穴，击之如雹声。

鹈鹕山，县西八十里。高峻凌云，有二峰尤为峻极。山接卢氏县界。黄城溪水出焉，东南流入洛。○荀公谷，在县东南。有荀公涧水出南山，东北流入洛。宋元嘉中庞季明侵魏入荀公谷是也。又檀山，在县西五十里。其山四绝孤峙也。有坞聚，俗谓之檀山坞。

摩云岭，县西八十里。岭高入云。又鱼脊岭在县北七十里，以形似名。又县西四十里有分水岭，陕州、嵩县亦俱有之，以泉流分注名也。《志》云：县西南百二十里有十八盘岭，接卢氏县界。

回溪，在县北六十里。俗名回坑，长四里，阔二丈，深二丈五尺。更始初王莽遣九虎将东击汉兵，至华阴回溪，据隘自守，为汉兵所败。又建武三年冯异与赤眉战败奔上回溪阪。杜佑曰：自汉以前入崤之道皆由此。曹公西讨，恶其险，乃更开北道。○崤底，在县西北七十里，即崤谷之底也，亦曰崤阪，一名渑池。冯异大破赤眉于此，光武劳之曰：始虽垂翅回溪，终能奋翼渑池，是也。今有崤底关。明初。

洛水，在县南。自卢氏县流入，至县东六十里而入宜阳县境。亦曰永宁川。○刀轘川，在县东北三十五里。源出陕州界，下流经宜阳县界，入洛水。一名昌河，亦曰昌谷水。又有大宋川，源出县北八十里之横塘山，至宜阳县境注于洛水，即宜水矣。

宜利渠，在县西南三里，又有新兴渠、万箱渠、龙头渠，皆分洛水以溉田。

崎岫宫，在县西五里，又县南二十三里有兰峰宫，皆唐高宗显庆三年置。

鹈鹕关，在县西鹈鹕山谷，唐所建也。○高门关，在县西百二十里，又县西八十里有崇阳镇关。俱有巡司。

鹿桥驿。在今县城东。又东有柳泉驿。唐制三十里一驿。史朝义部将执史思明于鹿桥驿，囚之于柳泉，既而杀之。《志》云：今宜阳县西三十里有柳泉，即置驿之所。又金门桥，在县南，以金门山而名。

〇**新安县**，府西七十里。北至怀庆府济源县界九十里，西至渑池县九十里，南至宜阳县六十里，西南至永宁县百六十里，西北至山西垣县百四十里。战国时西周地，秦曰新安，汉置县，属弘农郡。晋属河南郡，后魏太和十二年，置新安郡。十九年罢为县。天平初复置郡。周置中州，寻废。隋初郡废。开皇十六年，置穀州于此。仁寿四年，州废，又废新安入东垣县。大业初，复为新安县，属河南郡。义宁二年，仍置新安郡。唐初，复置穀州。贞观初，移穀州治渑池县，新安改属洛州。后因之。今县城周三里有奇，编户十八里。

新安城，在今县西。《括地志》：秦新安故城在今渑池县东十二里。项羽夜击坑秦卒二十余万人于新安城南，盖在其地。是后东徙。后汉建武二年赤眉自三辅引而东，帝遣军分屯宜阳、新安以要其还路。晋永宁二年河间王颙举兵长安，罪状齐王冏，遣其将张方趣洛阳，军新安。大宁二年石勒将石生击斩刘曜河南太守尹平于新安。东魏天平四年魏独孤信取新安，逼洛阳。隋义宁初。刘文静等出潼关克弘农郡，遂克新安以西。唐为穀州治。武德二年，王世充围穀州，刺史任瑰拒却之，是也。

东垣城，在县东。晋太元十一年苻丕败奔东垣，谋袭洛阳，晋将冯该自陕邀击斩之，即此。元熙元年时刘裕将篡，宗室多逃亡在河南，司马道恭自东垣帅三千人屯金墉城西。《宋志》：魏收《志》新安郡有东垣县。《隋志》：仁寿四年，废新安入东垣。大业初，改东垣曰新安。唐武德初，仍置东垣县，属穀州。四年省。

八关城，在县东北。后汉灵帝中平元年以黄巾乱，京师震动，置八关都尉。杜佑曰：函谷为八关之首，故此城总名八关城。〇白起城，在县西三十里。相传白起尝屯兵于此，因名。

缺门山，在县西三十里。一名扼山，山阜不相接者里余，穀水经其间。唐乾元二年，郭子仪自相州溃还，至河阳，军中相惊，又奔缺门，即此。时有缺门营，以山名也。开元八年契丹寇营州，发关中卒援之，宿缺门，萦谷水上，夜半山水暴至，万余人皆溺死。〇慕容山，在县治后，相传慕容垂尝屯兵于此。又青要山，在县治西北三里。一名强山，或谓之密山，豪水出焉。

八特阪，在县东。《水经注》：涧水经新安县东南，东北流经函谷东阪，谓之八特阪。晋大宁三年石虎与刘曜将刘岳相持于石梁，曜自将救岳，虎率骑逆战，刘曜将刘黑大破虎将石聪于八特阪，是也。

穀水，在城南。自渑池县流入，又东合涧水入洛阳县界。《水经注》：穀水出弘农渑池县，又东径新安故城南，又东径千秋亭，又东径缺门山。是也。〇涧水，亦自渑池县流入，径县东而合穀水。

慈涧，县东三十里。《水经注》：少水出新安南山中，控引众流，积以成川，东流注于穀，世谓之慈涧。隋大业九年杨玄感围东都，分兵守慈涧道。唐武德三年罗士信围慈涧，王世充使其子玄应救之，败却。是年世民讨王世充，士信将兵围慈涧，既而世民自新安进至慈涧，世充拔慈涧之戍归洛阳是也。又有皂涧，在县东三里，注于穀水。

函谷新关，在县东二里。楼船将军杨仆数有战功，耻为关外人，上书乞以家财东徙关，武帝为徙于此。三国魏正始元年，关废。周主邕保定五年，以函谷关城为通洛防，置中州，镇函谷。《郡县志》：新安县城，本名通洛城，周武帝将东讨，令尉迟纲筑此以临齐境。《志》云：今县治西有函谷关驿。又县西八里为义昌递运所，县东三十里为慈涧递运所。

硖石堡。在县东四十里。《水经注》：穀水自新安故城东经千秋亭南，其亭垒石为垣，世谓之城也。又东经雍谷溪，回岫萦纡，石路阻峡，故有硖石之称。唐武德四年罗士信讨王世充，拔其峡石堡是也。

〇**渑池县**，在府西百六十里。西至陕州百三十里，北至山西平陆县五十里，东南至宜阳县百三十里，北至山西垣曲县百二十里。本韩地，后属秦。汉景帝中元二年，置县，属弘农郡，以县在崤、渑间，故名。曹魏徙治蠡城，晋因之，仍属弘农郡。后魏置渑池郡，后周置河南郡，大象中废郡，以县属洛州。隋因之，寻移治大坞城，义宁二年属宜阳郡。唐初属穀州，贞观初，移穀州治焉。三年又移县治双桥，即今治也。显庆初，穀州废，县属洛州。宋属河南府。金置韶州，元省州复为县。今因之。编户二十八里。

○**渑池城**，在县西南。自曹魏以后县徙治不一。隋移治大坞城，即此城也。其秦、汉时故城亦在今县西。秦二世二年章邯追败陈涉将周文，文走次渑池。后汉中平末，董卓为何进所召，军至渑池。初平二年董卓为孙坚所败，自雒阳却屯渑池，聚兵于陕。坚入洛阳，分兵出新安、渑池间以要卓。既而卓使董越屯渑池，引还长安。晋永兴三年东海王越等遣军迎车驾于关中，以周馥为司隶校尉，假节督诸军，屯渑池。永嘉四年刘聪遣子粲等寇洛阳，自大阳济，败监军崔邈于渑池，长驱入洛川。此皆故渑池也。唐光启初蔡州贼秦宗权将孙儒攻东都，留守李罕之兵少食尽，弃城西保渑池，即今渑池县。

蠡城，在县西四十里。宋白曰：渑池旧理蠡城。曹魏贾逵为渑池令，治此。姚秦以弘农太守戍焉。刘裕伐秦，王镇恶进军渑池，遣毛德祖击擒秦将尹雅于蠡城是也。今为蠡城驿。《水经注》：蠡城南对金门坞。坞属永宁县，以洛水为界。○俱利城，在县西。旧《志》云：县西十二里有东、西俱利城，二城相去止一里。相传秦昭王会赵惠文王处，云秦、赵俱利也。又有会盟台。《志》云：秦、赵会盟于此。

广阳山，在县东北三十里。一名渑池山。《郡县志》：渑池故韩地，秦攻商君，杀之于郑渑池。郑即韩矣。翼奉曰：成周右阻渑池，汉景帝始因崤渑之地以目县。又韶山，在县北三十里。金人以此名州。县东北三十里又有田山，山平可种。○白石山，在县东北二十三里，涧水所出。

穀水，在县南十里。源出三崤东马头山之穀阳谷。《水经注》：穀水出渑池县蟠冢社穀阳谷，东北流，历渑池川，或谓之彭池；又东径秦、赵二城南，又东入新安县界。亦谓之涧穀水。唐开元十五年，涧穀溢，毁渑池县，是也。〇天池，在县南。贞观十八年畋于渑池之天池。《水经注》：熊耳山际有池，池水东南流入洛，水侧有一池，世谓之黾池。天池盖近宜阳西北境。

紫桂宫，在县西五里。唐仪凤四年置。调露二年改曰避暑宫，永淳初又改曰芳桂宫。明年废万泉、芳桂、奉天宫，高宗遗诏也。

南村关。在县西北九十七里。有济民渡，路通山西垣曲县，设巡简司以守之。义昌镇，在县东四十里。《志》云：汉三老董公于此遮说汉王为义帝发丧，因名。今为义昌驿。

〇**登封县**，在府东南一百四十里。东至禹州密县八十五里，北至巩县有百三十里，南至汝州九十里。古阳城也。禹避舜子于阳城，即此。《世本》言禹都阳城，误也。汉武帝元爵元年，分阳城置崇高县，属颍川郡。东汉省入阳城县。后魏太和十三年，置堙阳县。东魏天平初，又于县置中川郡。后周郡废。隋开皇六年，改县曰武林。八年，又改曰输氏。大业初，改曰嵩阳，属河南郡。王世充置嵩州于此。唐初因之。贞观三年，州省。十七年，省县入阳城。永淳初，复置，旋省。光宅初，仍置嵩阳县。登封元年，改今名。神龙初，复曰嵩阳，旋复故，属河南府。今城周四里有奇，编户四十四里。

阳城废县，在县东南四十里。《河南志》：在县东二十八里。本周之颍邑。《左传》昭元年，晋赵孟自郑还，周景王使刘定劳孟于颍。九年，晋梁丙、张趯率阴戎伐颍。阴戎即陆浑之戎也。战国初属郑，谓之阳城。《史记》：郑君乙十一年韩伐郑，取阳城。秦亦为阳城县。陈胜，阳城人也。二世三年，沛公自洛阳东还至阳城。汉二年汉王使韩襄王孙信急击韩王郑昌于阳城，昌降。汉置县，属颍川郡。东汉永平六年幸阳城。初平二年袁术表孙坚领豫州刺史，屯阳城。袁绍寻遣周昂为豫州刺史，袭夺坚阳城，坚击昂走之。晋仍为阳城县，属河南郡。义熙十二年刘裕伐姚秦，使新野太守朱超石等趣阳城。后魏正光中复置。孝昌二年，置阳城郡。隋开皇初郡废。十六年置嵩州于此。仁寿四年州废，大业初县属河南郡。唐初仍置嵩州，贞观三年州省，县仍属洛州，登封初改曰告成县，神龙初复曰阳城，旋复曰告成。五代周省入登封县。《志》云：城中有测景台，周公定此地为土中，立土圭测景，汉唐皆因之。

颍阳城，县东南八十里。本秦邑，沛公南攻颍阳，屠之。封祭遵为颍阳侯。又汉置颍阳县，属颍川郡。章帝封马防为侯邑。建初八年幸颍阳是也。晋省，后魏复置，仍属颍川郡，寻属阳城郡。东魏属中川郡，后周省入堙阳县。唐载初元年分河南伊阙、嵩阳地置武临县，开元十五年复曰颍阳，仍属河南郡。宋因。金废为镇。

纶氏城，在县西七十里。《竹书纪年》：楚吾得帅师及秦伐郑，围纶氏。又《史记》：秦攻韩缑氏、蔺。或曰：蔺即纶也。二邑盖相近。汉置纶氏县，属颍川郡。东汉建初二年改置轮氏县，晋废。其西有武林亭，又西有堙阳亭，亦曰堙阳城，汉乡亭名也，北魏及隋因以名县。又有当阶城，在堙阳之西，或曰后魏所置。

嵩山，在县北十里。中岳是也。有逍遥谷，道士潘师正居此，唐高宗尝幸焉。又少室山，在县西十七里。其北有少林寺，元魏所建，历代尝修治之，近代所称少林寺之僧兵也。余见名山嵩高。

阳乾山，在县东二十五里。颍水所出。○阳城山，在县北三十八里。晋建兴末刘聪遣子粲屯小平津，粲遣刘雅生攻洛阳，守将赵固奔阳城山。俗名车岭山，亦名马岭山，洧水所出，又大熊山，在县东南五十里，顶宽平，四周陡峻，俗曰大熊寨，可避兵。县东南四十里又有小熊山。

《志》云：交牙山，在县南四十里。有石门，俗呼王莽寨。

崿岭，在县东南三十里。本箕山也，许由所隐，亦曰许由山。有崿坂关，东出阳翟、许昌之道。晋齐王冏举兵许昌讨赵王伦，伦遣兵出崿㟧坂关拒之。梁大通三年陈庆之送元颢北还，至梁国，魏人分兵镇荥阳、虎牢，又使尔朱世承镇崿坂以备之。唐乾元二年史思明窥洛，李光弼议去洛守河阳，或以东京帝宅，不可不守，光弼曰：守之则汜水、崿岭、龙门皆应置兵是也。〇鬼谷，在县北五里。战国时王诩隐于此，号鬼谷先生，即苏秦所师事者。《史记》：苏代为甘茂说秦王曰：甘茂，非常士也，殽塞及至鬼谷，其地形险易皆明知之。或为三原之鬼谷也。

颍水，在县东三十里。源出阳乾山，流入开封府禹州界。《水经注郡县制》：颍有三源，出阳乾山者为左源，出县西少室山者为中源，出少室南溪者为右源云。

五渡水，县东南二十五里。源出嵩山东谷，自山顶下注为二十八浦，山下大潭中有立石，高广平整，其水萦委，溯者五涉，故名。东南流入颍，亦谓之三交水。梁大通三年陈庆之自河阳败还，尔朱荣追之，会嵩高水涨，庆之军士死散略尽。胡氏曰：颍水出少室山，五渡水出太室山入颍水，即嵩高水也。〇少阳河，在县西南十五里。源出少室山，流入颍。县北又有双溪水，源出嵩山麓，亦南流入颍。

奉天宫，在县北嵩山之南，唐高宗永淳初建。又三阳宫，在县西二十里之石淙山。武后圣历三年建，自是数幸焉。长安四年毁。

轘辕关，在县西北二十四里。县与巩县以轘辕岭为界，置关于上。又有石羊关，在县治南。崖石险峻，仅容一车。又有嵩阳关，《唐志》云：在县北。今皆废。〇鸡翎山寨，在县西北；又有雾豹、王山等寨，皆元末土民撄险自守处也。

负黍聚。在故阳城县西南二十七里。世谓之黄城。《水经注》：

颍水东南径负黍亭东。《春秋》定六年，郑伐周负黍。《史记》：郑繻公十六年伐韩，败韩兵于负黍。郑君乙二年负黍反复归韩。《韩世家》：宣惠王十七年秦拔我阳城、负黍。又《楚世家》：悼王九年伐韩，取负黍。《古今地名》阳城县有负黍山。○铁聚，在县南。《史记》：郑声公八年晋伐郑，败我军于铁。是也。又杨志坞，在县西北。魏收《志》：武定七年汝北郡治杨志坞，即此。

○**嵩县**，在府南百六十里。东至登封县二百五十里，北至宜阳县百二十里，东至汝州伊阳县九十里。汉陆浑县地，属弘农郡。晋属河南郡。东魏武定二年，置北荆州及伊阳郡，治伏流城，领南陆浑县。周保定二年，于伏流城置和州。隋开皇初，改伊州，又改南陆浑曰伏流县。大业初，废伊州，改伏流曰陆浑，属河南郡。唐先天二年析置伊阳县，属洛州。宋属河南府。绍兴初升为顺州。金改嵩州，治伊阳县。元以县省入州，属南阳府。明初改州为嵩县，又改今属。编户五十六里。

陆浑城，县北三十里。《左传》僖二十二年，秦、晋迁陆浑之戎于伊川。宣三年，楚子伐陆浑之戎，遂至于雒。亦谓之阴戎。昭九年，晋梁丙、张趯率阴戎伐颍。杜预曰：阴戎，陆浑之戎也，以在晋阴地而名。昭十七年晋荀吴帅师灭陆浑，以其贰于楚也。汉置陆浑县。属弘农郡。建安二十四年陆浑民孙陆等起兵南附关羽，是时羽围樊城也。晋属河南郡后魏亦为陆浑县，又尝置防蛮都督于此，盖伊阙以南大山长谷，多为蛮居，故置督以防之。东魏为北陆浑县属新城郡。后周并入南陆浑县。《通典》：陆浑东北有齐北荆州城。

伏流城，在县北。此南陆浑也。魏收《志》：东魏武定二年置伊阳郡，治伏流城，仍领南陆浑县。隋初郡废，改县曰伏流。大业初，复曰陆浑县。唐因之。五代时省入伊阳县。今其地有伏流岭，亦曰伏流阪，北去废陆浑县二十馀里。西魏大统初，宇文泰以伊川豪李长寿为广州刺史，长寿帅其徒拒东魏，侯景攻拔其壁，杀之。其子延孙复集父兵拒东魏。宇文泰仍以延孙为广州刺史，又以长寿胥韦法保为东洛州刺史，助延孙拒守。法保与延孙连兵置栅于伏流是也。《元和志》：东魏筑伏流城，以城北有焦涧水伏流地下而名。广州时治襄城，今属许州。洛州时治商洛，此盖以洛阳南境地侨置东洛州。

三涂山，在县南八十里。《周书》：武王南望三涂。《春秋》昭四年，晋司马侯曰：三涂，九州之险也。十六年晋将伐陆浑，使屠蒯如周，请有事于三涂。今伊水经其下。○介立山，在县北四十里，一名孤山。

陆浑山，在县东北四十里，伊水经其下。一名方山。县东北五十里又有鸣皋山。宋建兴三年，翟兴破贼杨进于此。上有九皋寨，亦名九皋山，接汝州界。又奉牛山，在县东三十里。翟兴屯伊阳之奉牛山，刘豫诱其下贼杀之，即此。亦谓之伊阳山。○云梦山，在县东九十里，相传鬼谷子游息处，一名鬼谷山。又灵星山，在县西十里，尝置寨于此，名灵星寨。

露宝山，在县北六十里，产锡矿，上有古寨。又筛山，在县东九十里，以多岩洞而名，与县西二十里大矿山皆产锡。

伊水，在县南，自卢氏县流入境，与汝州伊阳县接界，县西北五里之高都川、七里之龙驹涧，县南六里之王母涧、八里之空桑涧，俱流入焉。东北流，达洛阳县界。《志》曰：高都河出大矿山，经县东关有顺阳桥跨其上。

伊阳渠，在县东十里，分伊水以溉田。○永定渠，在县南六里，又县东北六十里有鸣皋渠；县东六十里有顺阳渠，五十里有济民渠，皆洪武中，邑民分引伊水溉田，至今为利。

陆浑关。在县北七十里。旧《志》云在伊阙县西南。更始二年，赤眉贼西攻长安，分其众为二部：一自武关，一自陆浑关，两道西入。盖由陆浑西北趣函谷道也。《志》云：今旧县镇关，在县西七十里，有巡司。〇白杨关，在县东，有戍兵。又楼子关，在县西南。县南百里又有没大岭关，今置巡司于此。

〇**卢氏县**，府西南三百四十里。西北至陕州灵宝县二百里。本虢之莘地，汉因卢敖得仙始置卢氏县，属弘农郡。晋属上洛郡。秦苻健侨置青州于此。后魏又置乐安郡，西魏改义川郡，隋初改虢州，皆治焉。大业初，州废，属弘农郡，义宁初又置虢郡于此。唐初改虢州，贞观八年移虢州治弘农，县属焉。宋因之。元属嵩州，明初属陕州，万历初改属河南府。今县城周四里有奇，编户三十二里。

长水废县，县东南七十里。《九域志》：在河南府西南二百四十里。后魏为南陕县，西魏改长渊。隋因之，属弘农郡。唐讳渊，改曰长水，属洛州。宋因之，元废。宋白曰：汉卢氏县地也。后魏延昌二年，分卢氏东境库谷以西、沙渠谷以东为南陕县，以北有陕县也。废帝改长渊，以县东洛水长渊为名。唐贞元二年，陕虢观察使李泌败鄜州叛卒归淮西者于陕州城南，意贼必分兵自小路南遁，乃遣将自炭窦谷趣长水，贼果至，大败之。炭窦谷在长水县西北，与陕州接界。今《隋志》作长泉，亦唐时史臣讳之也。

玉城废县，在县西。后魏置石城郡，治玉城县。西魏郡县俱废。唐初复分卢氏县地置玉城县，属虢州。宋熙宁四年废为王城镇，属虢略。县《志》云：在今灵宝县东南八十里。〇栾川废县，在县东四十里。本伊阳县地。宋熙宁四年改属卢氏，元祐二年，为栾川镇，崇宁三年升为县，金废为镇。

高门城，在县东。《水经注》：洛水支津东北流径石勒城北，又东径高门城，有高门水出县北山，东南流合洛水支津南注洛。宋元嘉中伐魏，庞季明入卢氏，进达高门木城者也。

阴地城，在县东北。《左传》哀四年，楚围蛮氏，蛮子赤奔晋阴地。杜预曰：阴地，河南山北，自上雒以东至陆浑也。或曰晋有阴地之命大夫命大夫，别县监尹也，城即其戍守之所。

熊耳山，在县西南五十里。东连永宁，南接内乡，有东西两峰，相竞如熊耳然。洛水径其下。《禹贡》曰：导洛自熊耳。《史记》：黄帝南至于江，登熊、湘。熊，谓熊耳山；湘，今湖广岳州之君山也。又齐桓公南伐至召陵，公自称曰：寡人南伐，至召陵，望熊山。是也。《志》云：府境山名熊耳者有三：卢氏之熊耳也，宜阳之熊耳也，陕州之熊耳也。

塔山，在县东北二十里。旧有浮图，因名。上有太平寨，四壁陡绝，昔人避兵于此。又抱犊山，在县东南九十里，亦名抱犊寨。四周险绝，顶平可耕，昔人多避兵其上。

峦山，在县东南百里。《括地志》伊水出卢氏县东峦山，即此。一名闷顿岭。○邢公山，在县北九十里。旧传盛彦师杀李密及王伯当于此。密尝封邢国公，故名。下有断密涧。

铁岭，县北四十里。层崖陡立，峭壁嶙峋，中有一径，才通往来，古设关于此。宋绍定五年蒙古围汴，金人征兵入援。时金将徒单兀典镇阌乡以备潼关，奉命发兵由西南径入大山，潼关遂入于蒙古。蒙古引兵追兀典及于铁岭，金兵大败。

赀谷，在县境南山中。宋元嘉二十七年北伐魏，庞季明自赀谷入卢氏，说诱士民，薛安都等因之自熊耳山北出；又柳元景上百丈崖，出温谷以入卢氏，共引军向弘农。百丈崖在赀谷南，温谷或曰即赀谷。

洛水，在县南。自陕西商州流至县境，又东北流入永宁县界。○马回川，在县东北七十里。相传唐初盛彦师杀李密于此，振旅而回，因名。又东涧水，在县北。源出铁岭，流入城中析为众渠，灌溉蔬圃。二水俱东南流入洛。

淯水，县南百五十里。出南山溪谷中，东南流入南阳府内乡县界。《水经注》：淯水出卢氏县攻离山。

白华关，在县西。路通陕西商洛，有兵戍守。又县西南百余里有毛葫芦山寨，元末余贼负隅处也。徐达入河南，遣兵徇虢州，遂袭取之，于是诸山寨次第降下。〇社管镇关，在县北六十里。又县东南二百里有栾川镇关。今俱有巡司。朱阳关，在县西南五十里。县有朱阳山，后魏时置关于此。唐武德八年废，后复置。今亦有朱阳关巡司。

葭芦戍。在县西。隋大业九年，杨玄感为隋兵所败，自董杜原与十余骑奔上洛，至葭芦戍知不免，自杀。董杜原见阌乡县。〇土刬，在县东南四十五里。《通典》曰：古关之塞垣也，后周以为镇防。

附见：

河南卫。在府城内。初置左右二卫。五年并为一卫辖五千户及中前、中后千户所七，又守御嵩县千户所一，守御永宁百户所一。又有洛阳中护卫，永乐十年为伊府设，辖左右千户所二。嘉靖初废，寻改置汝州卫。

〇陕州，在府西三百里。西至陕西华州三百十里，北至山西平阳府四百三十里，西北至山西蒲州二百里，东南至南阳府七百三十里。

周为周公、召公分陕之所。《公羊传》：陕以东周公主之；陕以西召公主之。春秋虢国地，所谓北虢也。寻属晋。战国属魏，又属韩，后入秦，属三川郡。汉属弘农郡。魏、晋因之。后魏置陕州及恒农郡，后魏太和十一年置陕州带弘农郡。十八年省。天后复置。后周又置崤郡。置兵以备齐。隋初郡废，大业初废州，以其地属河南郡。义宁初复置弘农郡。唐复为陕州。天宝初改陕郡。乾元初复为陕州,《旧唐书》:天宝初改陕府。乾元初改陕郡,寻曰陕州,又为大都督府。天祐初升为唐兴府,《唐书》作兴德府,寻又为保义军。龙纪元年置。朱梁开平二年改曰镇国军。后唐复曰保义。宋仍曰陕州,大平兴国初改军号曰保平。金亦曰陕州,元因之。明初以州治陕县省入。编户三十五里。领县二。今仍旧。

州内屏关中,外维河、洛,履崤坂而戴华山,负大河而肘函谷,贾生所云崤、函之国也。戴延之云:其地南倚山原,北临大河,良为形胜。崔浩曰:东自崤山,西至潼津,通名函谷,号为天险。所谓秦得百二者,此地是也。东、西魏相争,宇文深劝宇文泰速取陕州,为兼并关东之计。唐初克长安,刘文静等将兵出潼关,克弘农,略定新安以西,而东洛已有削平之势。唐之中叶,陕州尤为重地,达奚抱晖之乱,李泌以单车定之,曰:陕州三面险绝,攻之未可岁月下也。抱晖为陕虢牙将,贞元初,作乱,与河中叛帅李怀光相结,帝忧之。曰:若蒲、陕连衡,则猝不可制,且抱晖据陕,水陆之运皆绝矣。因命李泌为陕虢防御水陆运使,乱遂定。石晋既亡,刘知远自晋阳举兵,保义帅赵晖以陕州附汉。汉主喜曰:晖挈咽喉之地以归我,天下不足定矣。盖据关、河之肘腋,扼四方之噤要,先得者强,后至者败,自古及今不能易也。

废陕县,今州治。《史记》:秦孝公元年东围陕城。又惠文君十三年使张仪伐魏取陕,出其人以与魏。汉置县,属弘农郡。后汉兴平二年李傕等作乱,帝崎岖至陕,结营自守。晋亦为陕县。后魏主焘始光三年遣将周几等袭夏陕城,夏弘农太守曹达弃城走,几乘胜长驱遂入三辅。太和中,始为陕州治。永熙末高欢自晋阳南犯,魏主命长孙子彦镇陕州。

既而欢入洛，魏主西奔，彦亦弃陕走，高敖曹追帝至陕西不及。西魏大统三年宇文泰取恒农，既而高欢使高敖曹攻之，不克。九年高欢败宇文泰于邙山，追至陕。隋大业初改属河南郡，义宁初置弘农郡治此。唐初仍为陕州治，后因之。明初省。州旧城周十三里有奇，洪武初改筑，截去城东。今九里有奇，有门四。

硖石城，在州东南七十里。本后魏崤县之峡石坞。唐贞观十四年移崤县治峡石坞，因名硖石县，属陕州。宋因之。金废县，置仓于此。蒙古围汴，完颜兀典自阌乡入援，起陕州民运灵宝、硖石米东下是也。今有硖石关，设巡司戍守。又为硖石驿。《一统志》：硖石关古之崤陵关也，路东通渑池，西通函谷。

上阳城，在州城东南。《水经注》：陕东城，即虢邑之上阳。《春秋》僖五年，晋围上阳。杜预曰：虢国都也，或谓之北虢。杜佑曰：虢都在陕西郡平陆县，今属山西平阳府，疑误。又《水经注》：陕县有安阳城，汉上官桀封邑，亦误。

曲沃城，在州西南三十二里。因曲沃水为名。春秋时晋侯使詹嘉守桃林之塞以备秦时以曲沃之官守此，故名。《水经注》：弘农县东十三里有好阳亭，又东有曲沃城。唐至德二年广平王俶出关收东京，至曲沃，又东败贼于新店，遂入陕城。新店在陕州西二十馀里。

焦城，在州南二里。因焦水为名。《括地志》：陕县有故焦城，周同姓国也。后属晋。《左传》：晋许秦焦、瑕，又秦与晋焦、瑕，是也。宣二年，秦围焦，晋赵盾救焦，遂自阴地及诸侯之师侵郑。盖自焦而东，河南山北之处，皆阴地也。《史记》：梁襄王五年，秦围我焦、曲沃，与秦河西之地。六年，秦取我焦。八年，秦归我焦、曲沃。焦与曲沃相近也。又《秦纪》：惠文王后十一年，樗里疾攻魏焦，降之。东魏武定初，高欢使李徽伯刺陕州，筑垒于此，因鸡足山为址，后遂名徽伯垒。四年，为宇文泰所拔。瑕，见山西临晋县。

砥柱山，在州东北四十里黄河中，河南之名山也。详见前名山底柱。〇鸡足山，在州西南二里。上有虎岩洞，山临河，宛如鸡足。又羊角山，在州城西北隅。高百尺。又州东有熊耳山。三觜山，在州东南五十里，山有三峰。又橐山，在州东五十里，橐水源出于此。

虢山，在州北三里，西临黄河，今临河有冈阜，似是颓山之余，河水涌起，方数十丈。《史记》：魏文侯二十六年虢山崩，壅河逆流。。

礓子坡，州东南五十里，接永宁县界。唐乾元二年史思明遣将李归仁寇陕州，卫伯玉击败之于此。又上元二年史朝义自三嵴南道袭陕州，伯玉败之于礓子岭，即礓子坡也。〇北崦，在州西。唐至德二载王师追贼于曲沃，回纥傍南山设伏，按军北崦以待贼，战于新店，贼大败。

陕原，在州西南二十五里。《括地志》：周、召分陕不因城名，从原为界也。〇莘原，在废硖石县西十五里。《左传》庄十三年有神降于莘，即此。

黄河，在城北。又东径渑池县境。又州东百六十里有五户滩，在河中，为湍激之处。自此而东河流稍为宽衍。〇焦水，在州南三里，平地涌出，北流入河。俗呼三里涧。焦，一作谯。

利人渠，有南北二渠：北渠在州北，隋开皇六年苏成引橐水西北入城，民赖其利；南渠在州东南，自硖石界流入，与北渠同时疏导。唐贞观十一年命丘行恭开南渠是也。又有广济渠，唐武德元年陕东道行台长孙操所开，引水入城以代井汲。傅畅《晋书》云：武帝泰始五年凿陕南山决河东注洛，以通漕。此即利人等渠之创始矣。

好阳涧，在州西四十五里。《晋书·地道记》：好阳亭在弘农县东十三里，本曰曹阳，以在曹水之阳也。其水出州西南四十里岘头山，北流入于河。陈涉将周章击秦，为章邯所败，出关止屯曹阳。汉献帝兴平二年幸弘农，李傕等追败乘舆，帝露次曹阳是也。曹操改曰好阳涧。○七里涧，在州西南七里。今名石桥沟，北流入河。唐贞元二年陕虢观察使李泌击淮西卒自鄜州叛还者，遣将夜出南门，陈于涧北，贼至，大败之。

漫涧，在州东，即橐水也，一名永定涧。源出橐山，其水漫流，故名漫涧，经州南境又北流入河。涧北旧有逆旅亭，谓之漫口客舍。《志》云：州西二十五里有盘涧水，即漫涧矣。

大阳津，在州西北三里，黄河津济之处，《志》云：津北对茅城，古茅邑也，谓之茅津。亦谓之大阳津，以河北即故大阳县也。又为陕津。《左传》文三年：秦孟明伐晋，自茅津济，封崤尸而还。《公羊传》：晋败入大阳是也。《史记》：秦穆公元年，自将伐茅津，胜之。《后汉书》：邓禹围安邑，更始将樊参渡大阳将攻禹，禹击斩之于解南。兴平二年献帝自曹阳至陕，夜潜渡河，河岸高十余丈不得下，乃以绢为辇匍匐而下，仅到大阳。建安十年河东卫固等谋举郡叛，曹公以杜畿为河东太守，固等绝陕津使不得渡，畿诡道自沍津济。又晋永嘉三年以刘渊据蒲子，遣将曹武屯大阳以备之。既而武为刘渊子聪等所败，遂长驱犯洛阳。又渊将呼延翼犯洛，为其下所杀，其众自大阳溃归。四年，刘聪使其子粲等寇洛阳、石勒自河内帅骑会粲于大阳。咸和三年，刘曜败石虎于河东，济自大阳，攻后赵将石生于金墉。义熙十二年，刘裕伐秦，军至成皋，秦使并州牧姚懿南屯陕津，为洛阳声援。懿以蒲阪叛，秦主泓使姚赞等屯陕津。唐贞观十一年，于茅津造浮梁曰大阳桥，长七十六丈，广二丈，架大河之上。寻废。宝应初，史朝义据洛阳，征兵回纥。回纥至河东，自大阳津济河。今其地亦曰大阳关。盖东则富平津，西则大阳津，实大河之冲要也。安邑、解，俱见山西平阳府。

弘农宫，在州城内。隋大业初置。杨玄感围东都不克，西趣潼关，至弘农宫，父老遮说曰：宫城空虚，又多积粟，攻之易下。弘农太守蔡王智积亦以玄感欲西度关，城恐成其计，激使攻城，玄感留攻不克，追兵大至，遂及于败。唐初曰陕城宫，调露二年改曰避暑宫，永淳元年曰芳桂宫，弘道元年废。○绣岭宫，在硖石废县，唐显庆三年置。又神爵台，唐天宝三年置，以赤爵见也。

雁翎关，在州东南。路通永宁，今有兵戍守。又州有硖石、大阳二关，见前。○乾壕镇，在州东九十里西，往来所经处也，后唐应顺初，潞王从珂举兵自凤翔而东，入陕州，唐主以康义诚统禁旅御之。义诚至乾壕，降于从珂，既而曹太后令内诸司至乾壕迎潞王。《金志》灵宝县有乾壕镇，似误。《郡志》州治南有甘棠驿，州城东有横渠递运所，东五十里有张茅递运所。

太原仓。在州西南五里。隋开皇三年所置常平仓也，唐贞观三十一年复置焉。开元二十二年，裴耀卿建转输之法，江淮舟运，悉输河阴仓，更用河舟，运至含嘉仓及太原仓，自太原仓入渭输关中是也。宝应初，回纥助唐讨史朝义，自大阳津渡河，食太原仓粟。贞元二年淮西兵自鄜州叛归，李泌遣兵伏于太原仓之隘道击之。《志》曰：太原仓北临焦水，西倚大河。又有集津等仓，在底柱山上，见前名山底柱。

○**灵宝县**，州西六十里。北至山西芮城县二十里。东北至山西平陆县七十里。本秦函谷关地，汉为弘农县地，魏晋、因之。隋开皇十六年，析置姚林县，属陕州。大业中，改属河南郡，义宁初属弘农郡。唐初，仍属陕州。天宝初，得符宝于古函谷关旁，因改今名。编户五十九里。

恒农城，在县西南三十里。春秋时虢国地。晋灭虢，其地属晋，后为秦。魏二国之境，秦属三川郡。汉武帝元鼎三年，徙函谷关于新安，以故关置弘农县。四年，置弘农郡治焉。后汉亦为弘农郡治。后避献帝讳，改曰恒农。魏复旧。晋亦为弘农郡治。后魏以献文帝讳，又改恒农，又移恒农郡治陕，而以恒农县为西恒农郡。后复曰弘农。永熙三年，高欢自晋阳举兵犯洛，魏主求迎于宇文泰，泰自将发高平，前军屯弘农。既而魏主入关，高欢自追迎魏，至弘农。后周郡废。隋复以弘农郡治弘农，义宁元年，又移弘农郡治陕，而以弘农置凤林郡。唐武德元年，改置鼎州。贞观八年，废鼎州，自卢氏移虢州来治。神龙元年，又改弘曰恒。开元十六年，复故。五代及宋皆为虢州。建隆初，改县曰常农。至道三年，又改曰虢略。金亦以虢州治虢略县。元至元八年，废虢州，并虢略入灵宝。《元丰志》：自河南府西南抵虢州界三百二十五里，稍南抵邓州界六百里，皆高山深林，古虢略也。〇窦门城，在函谷关南七里。汉武微行柏谷，遇辱窦门，即此。后周置邑阳县，隋开皇末，改曰邑川，属虢州。大业初，废。

朱阳城，在虢州城西南五十里。汉弘农县地。后魏分置朱阳郡，治黄水县，属析州。后周废郡，改县为朱阳。隋初属虢州。大业初，属弘农郡。唐初，仍属虢州。龙朔初，属商州，又改属洛州。开元中复属虢州。宋乾德六年，废入常农。太平兴国七年，复置。金海陵时又废，后又复。元至元八年，省入灵宝县。《志》云：县西北五里有沙城，唐武后幸洛阳时筑。《河南志》：沙城三面距河，南有深堑，在县西北五里。〇项城，在县南七十里。县南三十里又有霸王城。皆项羽屯兵处。

岘山，在县东三十五里。山连陕州界，曹阳水出焉。形似襄阳岘山，因名。〇石城山，在县南三十五里，一名横岭，亦曰衡岭，又名衙岭山，烛水出焉。又有华阳山，在故虢州南境，绪茹水出焉。俱东北流合于门水。又桔枞山，在县西南百里，一名地肺山。赤眉立刘盆子于郑北，《古今注》云：在桔枞山下。

柏谷，在县西南朱阳镇。《水经》：河水径湖城县北，又东合柏谷水。郦道元曰：柏谷水出弘农县石堤山，北径柏谷亭下。晋公子重耳出亡，及柏谷；汉武帝微行，夜至柏谷，是也。东西魏时，为战守之处，有柏谷城。

西原，在县西南五十里稠桑驿西。唐天宝末，哥舒翰出潼关，与贼战，遇贼将崔乾祐之兵于灵宝西原。乾祐据险以待，南薄山，北阻河，隘道七十里，贼乘高下木石，击杀士卒甚众。又遣精骑自南山出官军之背，官军骇乱，遂大败。又细腰原，在县西南七十九里。东西阔三里，南北长十里，中十五步，狭如束素，因名。

方伯堆，在故虢州东南五里。《水经注》：烛水东注于绪茹之水，历涧东北出，谓之开方口。水侧有阜，名方伯堆，上有城，宋元嘉中，奋武将军鲁方平伐魏时所筑。又是时柳元景率众至弘农，营于开方口。唐置府兵，虢州有开方府，盖因以名。

黄河，在县北十里。自阌乡县流入，又东入陕州境。

门水，在县西十里。《水经注》：洛水自上洛县南北流，至拒城西北，分为二水。枝渠东北出为门水，门水又北历华阳山，又东北历峡，谓之鸿关水，又东北径窦门城，历函谷故关城东而北注于河，谓之郖津云。华阳山，见陕西洛南县。

郖津，在县西北十里。郖，一作浢。《水经注》：河水径湖城北，又东合柏谷水，又东合门水。河水于此，有浢津之名。汉建安十年，使杜畿守河东，叛者绝陕津，不得渡，畿乃诡道从郖津渡。宋元嘉二十九年，柳元景等自卢氏趣弘农，北魏将封礼自郖津南渡，赴弘农以拒之。隋义宁元年，置郖津关。贞观初，废关置津，是也。

弘农涧，在县治西。会崤渑诸水北入于河。汉兴平二年，李傕等乱长安，杨奉、董承奉帝幸弘农。李傕、郭汜兵追乘舆，大战于弘农东涧，奉等大败，即是处也。又弘农渠，在故弘农县南七里。唐贞观元年县令元伯武引水北流入城，居民便之。

马牧泽，在县西。《水经注》：桃林之塞，湖水出焉，其中多野马。《三秦记》：桃林塞在长安东四百里，若有军马经过，则牧华山，休息林下，马牧泽是矣。西魏大统三年，宇文泰袭高欢将窦泰于潼关，自小阙出马牧泽，大破之。

桃源宫，在县城内。唐武德初置。又有上阳宫，隋初置于桃林县。唐贞观中，移置于湖城县。高宗又改置于东都禁苑。《一统志》云：上阳宫，在废湖城县西北一里。

函谷故关，在县南十一里。秦置关于此。汉初设关校尉。武帝移关于新安，以故关置弘农县。文颖曰：秦关在弘农衡岭。师古曰：今桃林县有洪溜涧水，即古所谓函谷。其水北流入河，夹河之岸，尚有旧关余迹。荀卿子曰秦有松柏之塞，谓函谷关也。《史记》：齐湣王二十六年，与韩魏共攻秦，至函谷，军焉。又汉元年，沛公入秦。或说沛公守函谷关，无内诸侯兵。项羽欲入关，关门闭，羽怒，攻破函谷关，遂至戏。刘宋元嘉二十七年，薛安都等攻魏陕城，别将鲁元保自函谷关驰赴之。皆谓此也。《志》云：关旁有望气、鸡鸣二台遗址，以老聃、田文而传。望气台，亦曰尹喜台，即关令尹喜候得老子处、唐天宝初言得符宝处也。今详陕西重险潼关。

洪关，在县西南四十里。《水经注》：门水东北历峡，谓之鸿关水。水东有城，即关亭也。水西有堡，谓之鸿关堡。宋元嘉末，遣雍州刺史臧质伐魏，质遣柳元景等进据洪关，即鸿关矣。○虢略关，《志》云：在县南百里。元至元八年废虢略州，并废虢略县，置巡司于此。今因之。又火烧关，在县东南百余里，接永宁县界，山溪险恶。县西南又有辘轳关，接陕西洛南县界，至为险阻。

蔀乡。在县西南三十里。后汉初，赤眉入长安，至弘农，更始遣将拒之，赤眉败更始将苏茂于枯枞山下，又败李松于蔀乡，转北至湖城，是也。蔀，莫老反。《续汉志》弘农有蔀乡。○桃林驿，在今县治西，明初置。

○阌乡县，州西一百三十里。西至陕西华阴县一百十里。北至山西芮城县□□里，东北至山西解州□□里。汉湖城县之阌乡也，西魏大统四年魏主自洛还关中，留阌乡。后周置湖城县。隋开皇十六年，改置阌乡，移治今所。大业初，属河南郡。唐属虢州。宋太平兴国三年，改属陕州。今城周四里，今编户二十五里。

湖城，县东四十里。秦曰湖关。王稽载范雎入秦，至湖关，即此。汉置胡县，属京兆尹。武帝更名湖县，以黄帝鼎湖而名。邓禹从关中还洛阳，自河北渡，至湖，邀冯异共攻赤眉处也。寻属弘农郡。晋因之。惠帝末，东海王越等遣兵迎帝于关中，河间王颙使其党彭随等拒之于湖，败走，东兵遂西入关。太元十七年，河南太守杨佺期军于湖城，击苻登将窦冲于华阴，走之。隆安初，姚兴寇湖城，弘农、华山二郡皆降于兴。后魏县废而城存。魏主修避高欢，西奔关中，至湖城。隋义宁二年，复置，曰胡城，属虢州。乾元初，改为太平县。大历四年，复故。宋太平兴国三年，属陕州。熙宁四年，省入灵宝。元丰元年，复置。金因之。元至元二年，省入阌乡。废城中有汉武帝鼎湖宫。刘昫曰：隋大业三年，于湖城县西一里置弘农县，寻随郡移治于弘农川云。

盘豆城，在县西南二十里。西魏大统三年，宇文泰使于谨为前锋，攻盘豆，拔之，进克弘农。其东为皇天原。隋大业九年，杨玄感攻东都不克，将西图关中，至阌乡，隋兵追及之于皇天原。玄感上盘豆，布陈亘五十里，且战且行，一日三败处也。

夸父山，在县东南二十五里。《山海经》：夸父之山，北有林焉，名曰桃林，广回三百里。《十三州记》：弘农桃丘聚，即桃林也。晋灼曰：在阌乡南谷中，周武王放牛于桃林之野，谓此。《志》云：自灵宝西至潼关，皆曰桃林塞。《寰宇记》：夸父山一名秦山，谚曰：秦为头，虢为尾。与太华相连，中有大谷关。○荆山，在县东南二十五里。《志》云：山下有铸鼎原，即轩辕采首阳之铜铸鼎处云。又有阌山，在县西南五十里，县以此名。

皇天原，在县西。《水经注》：玉涧水南出玉溪，北流径皇天原西。周固《记》：阌山东首上平博，方可里馀，三面壁立，高千许仞。汉世祭天于其上，名之曰皇天原。原上有汉武思子台，又有全鸠涧水出南山，北径皇天原东。《隋志》阌乡县有玉涧、全鸠涧，一经县城西，一经县城东，皆北注于河。胡氏曰：皇天原之西有盘豆城，盘豆之西有董杜原。隋杨玄感自阌乡而西，追兵及之于皇天原，玄感上盘豆，又败走董杜原是也。《志》云：董杜原，在县西四十馀里。

黄河，在县北七里。自山西西境、陕西东境南流千里抵潼关，乃折而东，沿府境之北而入开封府界，县首当其冲云。《志》云：县东五十里有阁源水，北达于河。

湖水，在废湖城县西门外，源出夸父山。又盘涧水在废湖城西二十五里，亦出夸父山；俱北流入河。〇西董渠，在县西。弘治八年，令孟周因故渠疏凿。又有阳平渠，县东南二里有坊廓渠，皆弘治中令孟周疏凿，以资灌溉。

轩游宫，在县东，故隋别院宫也。唐咸亨五年，更其名。

潼关，在县西六十里，与陕西华阴县分界。《唐志》云：武德元年，废。又西有凤陵关，贞观元年废。详见陕西重险。〇大谷关，在县西南秦山谷中。

黄卷坂，县西北二十三里。亦名黄卷坡。河自潼关东北流，水侧有长坂曰黄卷坂，傍绝涧，陟此以升潼关。潘岳《西征赋》云溯黄卷以济潼者也。

平吴台，在县西北二十三里。晋末，赫连勃勃取关中，攻克朱龄石之兵于此，筑京观以表武功，名曰平吴台。

曹公垒，在县西二十里。旁有李典营。郭缘生曰：汉末之乱，魏武征韩遂、马超，连兵于此，今际河之西有曹公垒。义熙十三年，王师曾据此。十四年，赫连勃勃南侵，赫连昌围晋将王敬先于此，断其水道，城遂陷。〇刘武七营，亦在县西。刘裕伐姚泓，檀道济、王镇恶滨河带险造大小七营是也。

稠桑驿，在县东三十里。《春秋》僖二年，虢公败戎于桑田，即稠桑也。魏主修奔关中，至稠桑驿。隋义宁初，刘文静遣将窦琮自潼关追屈突通，至稠桑执之。又高祖诏李密招抚山东，至稠桑驿复止之，密因入桃林以叛。其西有路曰晋王斜，馆驿使宋洋以遇暑则行者多渴死，乃开新路于此。〇王思村，在县东。后魏主修西奔至湖城，王思村民以麦饭壶浆献，帝悦，复一村十年，乃进至稠桑。是稠桑在村西也。胡氏云：湖城西为稠桑驿。

蓼坞，在县西北。西魏大统三年，行台杨白驹与东魏阳州刺史段粲战于蓼坞，白驹败绩。《水经注》：蓼水出襄山蓼谷，当时于此谷筑坞，因名蓼坞。《汉书音义》：襄山，在潼关北十馀里。

泉鸠里。在县东南十里。汉戾太子亡匿处。有泉鸠涧，一名全节水，亦曰全鸠水，北流入河，戾太子冢在涧东。又有归来、望思台址，皆汉武所作。《一统志》：今县东北二十里有汉武思子宫城。

附见：

弘农卫在州城内。洪武二年，置守御陕州千户所，属河南卫。十一年，改置今卫，辖左、右、中、前千户所四及守御尽六百户所一。

读史方舆纪要卷四十九

河南四　怀庆府 辉府 德府

〇怀庆府，东至卫辉府二百七十里，东南至开封府郑州一百五十里，西南至河南府百四十里，西至山西平阳府绛州五百二十里，西北至山西平阳府六百五十里，北至山西泽州一百二十里。自府治至京师一千八百里，至布政司三百里。

《禹贡》冀州覃怀之地，商属畿内，周亦为王畿及卫、雍、邘诸国地。春秋时，属晋，谓之南阳，晋人自山以东谓之东阳。自山以南谓之南阳。应劭曰：河内殷国也，周曰南阳。后又为魏、郑、卫三国地。秦始皇灭卫，徙其君角居野王，阻山自保。胡亥时，复废角为庶人。秦属三川郡。汉初为殷国，项羽立司马卬为殷王，王河内。寻为河内郡。晋为河内、汲二郡地。石赵改河内曰野王郡。后魏置怀州，魏收《志》：天安二年置，太和八年罢，天平初复置。兼置河内郡。隋初，罢郡存州。大业初，州废，复置河内郡。唐初，亦置怀州。天宝初，曰河内郡。乾元初，复故。宋仍为怀州。亦曰河内郡。金改为南怀州，又置沁南军，寻复曰怀州。元因之，寻改曰怀孟路。延祐中，又改怀庆路。前朝为怀庆府，领县六。

府南控虎牢之险，北倚太行之固，沁河东流，沇水西带，表里山河，雄跨晋、卫，舟车都会，号称陆海。周之衰也，晋得南阳而霸业以成。襄王十七年，与晋阳樊、温、原、攒、茅之田，晋于是始启南阳。战国时秦人与三晋争，多在南阳。綦毋恢见魏王曰：秦悉塞外之兵与周之众以临南阳，而两上党绝。上党跨韩、魏两境，故曰两上党。南阳，其南出之冲也。又张仪曰：魏绝南阳。《史记》：魏安釐王四年，魏段干子请割南阳予秦以和，实修武；秦昭王四十三年，白起伐韩，取南阳，攻太行道，绝之。四十五年，白起拔韩野王，上党路绝；皆郡境也。汉争中原，先定河内。东汉初，方经营河北，以河内带河为固，北通上党，南迫洛阳，险要富实，命寇恂守之，谓曰：昔高祖留萧何守关中，我今委公以河内。会更始将朱鲔遣兵自洛阳攻温，恂曰：温，郡之藩蔽，失温，则郡不可守。即勒军驰救，击却之，进规洛阳，王业始定。晋泰始中，杜预建河桥于富平津，尝为天下之津要。详见重险河阳三城。唐武德初，李密败于邙山，自虎牢走河阳，议南阻河，北守太行，东连黎阳，时黎阳属于密。以图进取，诸将不从而止。乾元二年，李光弼以史思明犯洛，移军河阳，北连泽、潞，以阻思明西入之谋。贞元以后，置河阳三城节度，为都城之巨防。会昌三年，讨刘稹于泽、潞。李德裕曰：河阳捍蔽东都，临制魏博。是也。五代梁开平四年，李茂贞合邠、泾两镇兵攻夏州，复请兵于晋。朱全忠欲西援夏州，时夏州帅李仁福附全忠。恐晋兵袭西京，梁以洛阳为西京。乃遣将屯河阳，晋兵若出泽州逼怀州，则西京震动。继而闻其在绥银碛中，喜曰：无足虑也。汉末，郭威自邺入洛，李骧说刘崇亟逾太行，据孟津。宋初，太祖闻李筠自昭义举兵南向，遣石守信等击之，敕曰：勿使筠下太行，急引兵扼其隘，破之必矣。明初略定山西，亦自怀、孟逾太行而北，岂非控扼之要地欤？

〇**河内县**，附郭。春秋时野王邑。汉为野王县，属河内郡。晋河内郡治此。石赵尝置野王郡，寻废，复为河内郡治。后魏因之。隋改县为河内。唐亦为怀州治。编户二百十六里。

野王城，今县治。《春秋》宣十七年，晋人执晏弱于野王。《大事记》：秦昭王四十五年，白起拔韩野王，绝上党道。秦始皇六年，拔魏东地置东郡。卫元君角自濮阳徙居野王，以保魏之河内。汉因置野王县。光武初，分遣邓禹入关亲送至野王，是也。初平中，董卓以张扬为河内太守，屯野王。曹魏末，以太原王辅为野王太守，寻罢。后魏为怀州治。宇文周建德七年，如怀州置怀州宫。隋改县曰河内。今府城，元至正二十二年筑，明洪武初改筑，正德中重修。周九里有奇，有门四。

邘城，在府城西北三十里，故鄂国，纣三公鄂侯邑于此。徐广曰：鄂，一作邘。《史记》：文王伐邘。又周武王子所封。《左传》隐十一年，王取鄔、邘之田于郑。僖二十四年，富辰曰：邘、晋、应、韩，武之穆也。汉武，封李寿为侯邑。今为邘台村。《水经注》：城当太行南路，道出其中，旧有上党关。〇期城，在府城西三十里。故隰城也。《左传》亦作隰城。又僖二十五年，取大叔于温，杀之于隰城。今名覆背村。

平皋城，在府城东南七十里入温县界。一名邢丘。《韩诗外传》：武王伐纣，至邢丘。《左传》宣六年，赤翟伐晋，围邢丘。襄八年，晋会诸侯于邢丘。昭五年子产相郑伯，会晋侯于邢丘。《战国策》：范雎说秦攻邢丘，邢丘拔而魏请附。《史记》：韩昭侯六年，伐东周，取邢丘。秦昭王四十一年，攻魏，取邢丘、怀。又秦始皇五年，蒙骜伐魏，拔邢丘。信陵君上魏安釐王书：秦固有怀、茅、邢丘、安成、垝津以临河内，即此邢丘也。汉置平皋县，属河内郡。高帝封项它为侯邑。后汉亦为平皋县。晋因之。后魏属武德郡。北齐废。杜预曰：平皋，即邢丘也。有平皋陂，周回二十五里，多产茭蒲，民赖其利。陂南即大河矣。怀、茅，见后。安城，见原武县。垝津，见直隶滑县。○付逯城，在府西南三十二里。本名絺城。《左传》王与郑絺，《晋语》襄王赐文公以州、陉、絺、阻之田，即此絺也。陉，王氏曰：在河南密县。又波城，在府城南。汉县，属河内郡。晋废。

武德城，在府东南五十里。本周之州邑。隐十一年，属郑，后又属晋。昭二年晋人以赐郑公孙段。七年子产归州田于韩宣子，宣子因徙居之。汉置州县，属河内郡。晋因之。后魏置武德郡。隋废郡，改县曰邢丘，属怀州。大业初，又改曰安昌。唐武德二年，改安昌曰武德，置北义州。寻没于王世充，置德州于此。后复取之。四年，废北义州，仍属怀州。盖武德初置义州于卫州汲县，故以此置北义州。义州凡有五：一在武德，一在汲县，一在易州容城县，一在光州商城县，一在眉州洪雅县，是也。宋熙宁中，省县为武德镇。又有武德城，在府东。孟康曰：始皇东巡，置武德县，自以武德定天下也。汉因之，属河内郡。晋省。又有安昌城，在府东南六十里。汉成帝封张禹为安昌侯，盖乡名也。隋唐因以名县。

紫陵城，在府城西北三十里。今呼紫陵村，有紫陵涧。又忠义城，在府西南三十里，今为崇义镇。又大行城，在府东北四十里，今为清化镇，城垣屹如。近时，贼寇河北者，由辉县入清化镇，即此。《志》云：三城皆唐武德三年置县，属怀州。四年废。又东金城，在府城东四十三里；西金城，在府城东北四十里，或云南北朝所置戍守处也。

射犬城，在故武德县北。亦曰射犬聚。光武初，破赤眉别帅及青犊、上江诸贼于射犬。又献帝建安四年，河东贼帅眭固屯射犬，曹操进军临河，使史涣、曹仁渡河击之，固北诣袁绍求救，遇史涣等，击杀之。操遂济河围射犬，射犬降。〇沙城，在府境。晋太元八年，慕容垂起兵复燕，使辽东鲜卑可足浑谭集兵于河内之沙城，是也。魏收《志》野王县有沙城。

太行山，在府北二十里。山麓曰太行南阪。五代汉初，河阳来附，契丹帅崔延勋等自泽州引兵南逼河阳，嵩山贼帅张遇赴救，战于南阪，败死。又府西北三十里曰太行陉，一名丹陉，太行八陉之一也。又有紫金坛，在府城西北四十三里。太行之阳，诸峰之上下有紫金涧。唐因以名县。余详见名山。

方山，在府北四十里。周围方正，上可容数百人。府北六十里又有十二回山，山麓旋绕，凡十二回。〇金繖山，在府东北五十里，奇峰崒嵂，上有万寿观。又青山，在府东北六十里。倚太行之侧，林木青翠，因名。郡境诸山，皆太行之异名矣。

碗子城山，在府北五十里太行山畔。山势险峻，羊肠所经，上有古城，亦曰碗子城关。元至正十八年，汝、颖贼大掠山西，察罕击之，自河东进屯泽州，塞碗子城。既而守将周全以怀庆叛降刘福通，察罕遣将守碗子城，为全所败。明初大兵攻山西，自碗子城北出，破泽、潞诸州。盖南北之要道也。

沁河，在府北二里。源出山西沁源县之绵山，穿太行而东南流，经济源县东北流至此，又东南经武陟县入黄河。后周大象二年，尉迟迥举兵相州，杨坚遣韦孝宽击之，军于武陟。迥遣子惇帅众入武德，军于沁东，会沁水涨，孝宽与迥隔水相持，寻为孝宽所败。唐至德中，安庆绪自邺攻李嗣业于河内，涉沁水，攻之不克。上元元年，李光弼攻史思明将安太清于怀州，思明自东都来救，光弼逆战于沁水之野水渡，即此。

丹河，在府东北二十五里。源出泽州高平县之仙公山，穿太行而南名曰丹口，南流三十里入沁河，引水灌溉，为利最溥。《唐志》：河内丹水，开元十一年更名怀水。〇尧河，一名尧池水，在府西北三十里，出太行谷中，资以灌溉，甚为民利，东南流入沁。

秦渠，或曰即丹水也，在府南，即广济河也。其上源为济源县之枋口水，经孟县流入境，又流经温县，至武陟南入黄河。《唐史》：崔弘礼节度河阳，治河内秦渠，溉田千顷。后温造帅河阳，亦奏复秦渠，民资其利。宋、元亦尝修治，明洪武中及万历十四年尝修。又二十八年，河内令袁应恭又凿山引水为渠，广八丈，长一百五十里，分二十四堰，均溉五县民田。后废，故址犹存。〇利人渠，在府城东。其上流自济源县分广济渠流经城西北，至城东入沁。隋开皇中，卢贲为怀州刺史，决沁水东注，名之曰利人渠。又顺利渠，即府城之濠堑。元至元中总管石抹引济水穿城而入，作二桥，曰利津，曰览胜。

碗子城关，见前碗子城山。又大斛关，在府北太行山畔，唐置。〇大台，在府城东。光武遣王梁击赤眉于此。

万善镇。在府城北二十里。唐会昌三年刘稹以泽潞叛，河阳节度使王茂元以兵守万善，既而刘稹遣将张巨等攻万善，别将刘公直潜师过万善南五里，焚雍居，是也。中和四年，黄巢攻略河南，诸道请救于李克用。克用将兵出天井关，河阳帅诸葛爽辞以河桥不完，屯兵万善以拒之，克用乃西自陕津及河中渡。《九域志》河内县有万善镇。今为万善马驿。又有覃怀马驿，旧在府治东，今废。〇又柏乡镇，在府西三十里。旧有城。

〇济源县，在府城西七十里。北至山西阳城县百十里，西至山西垣曲县百七十里。周为原地，后更名轵。东周为畿内地。春秋属晋。战国属魏。秦、汉皆为轵县地，属河内郡。晋及后魏因之。隋开皇十六年，析置济源县，属怀州，以济水发源，故名。唐初置西济州，后省州，县属怀州，后属洛州，又属孟州。宋因之。元初改县为原州，寻复为济原县，属孟州。明初改今属。县城周五里有奇。编户旧七十六里，今止二十一里。

向城，在县西南。《诗·大雅》：皇父作邑于向。阚骃曰：轵县南山西曲有故向城，即周向国也，此为苏忿生封邑。《左传》隐十一年，桓王以苏忿生之田向与郑。《竹书纪年》：魏襄王四年，郑使韩辰归晋阳及向。二月城阳、向，更名阳为河雍，向为高平。《战国策》：苏代为齐谓赵惠王：秦反高平、根柔于魏。《史记》：秦昭王十八年，司马错攻垣、河雍。又四十二年，东伐韩少曲、高平，拔之。《括地志》：高平故城，在河阳县西北四十里，即向也。垣，今山西垣曲县。根柔、少曲，当与高平相近。苏代曰：我起乎少曲，一日而断太行，是也。刘伯庄曰：少曲在太行西南。又根柔，一作榄柔，亦作平柔。○原城，在县西北十五里。周畿内国也。僖二十六年，晋文公代原示信，又赵衰为原大夫，即此。今名原乡。

曲阳城，县西南十五里。亦曰阳城，古阳樊也。服虔云：阳，邑名；樊，仲山父所居。僖二十五年，晋文公定王室，次于阳樊，王与晋阳樊、温、原、攒、茅之田。《国语》王以阳樊赐晋，是也。后为曲阳。《史记》：魏昭王九年，秦拔我新垣、曲阳之城。杜预曰：野王县西南有阳城，故阳樊也，即河雍矣。胡三省曰：修武县有阳乡，盖春秋之阳樊。晋大兴初，耿稚自洛汭渡河，袭击刘粲，粲大败，走保阳乡，是也。新垣，即垣之别名。

轵城，县南十三里。苏秦说赵曰：秦下轵道，则南阳动。苏代曰：秦下轵道、南阳而伐魏。又苏厉曰：齐反温、轵、高平于魏。秦昭王十六年，伐魏，取轵，是也。汉县，文帝封薄昭为轵侯。建武三年，吴汉等击青犊于轵西，破降之。晋及后魏皆为轵县。隋废。唐初复置，属怀州。贞观初废。今名轵村。旁有深井里，即聂政所居也。

王屋城，在县西八十里。周邵康公邑。汉为河东郡垣县地。后魏置苌平县，属邵郡。后周改为王屋县，兼置怀州治焉，州寻废，置王屋郡。隋初郡废，县属怀州。唐初因之。显庆中，改属洛州。会昌中，仍属怀州。宋属河南府。金属孟州。元省入济源县。旧《志》：城在孟州西北百三十里。○勋掌城，在县西北十二里轵关之东。高齐所筑以备周。旁有勋掌谷，因名。

沁水城，在县东北。汉置沁水县，属河内郡。晋及后魏因之，后齐废。《志》云：县在沁水之南、沁台之西，今呼为王寨城。唐初，王世充复置沁水县，并置原州治焉，寻州县俱废。又唐武德二年分济源县置溴阳、蒸川、邵原三县，属西济州。四年州废，三县仍并入焉。《郡志》：溴阳在今县东南，蒸川在北，邵原在西。《寰宇记》：县西北有西济州城，唐置，跨城东垣稍北，即唐以来济源城也。

王屋山，县西八十里，与山西垣曲县接境。《禹贡》底柱、析城，至于王屋，是也。山有三重，其状如王者车盖屋，济水出焉。魏熙平初，崔亮尝请于王屋等山采铜铸钱，从之。寻罢。其北为天檀山，峰峦特兀，岩壑奇胜。东峰为日精，西为月华，北有小有洞，为天下洞天第一，又北为五斗峰，洞西有七仙岭。《志》云：天檀山在县西百二十里。又有华盖山，在县西九十里，亦王屋之支峰也。其南有华峰，宋徽宗尝幸此。山之东有八仙岭。○西釜山，在县西二十里。《志》云：其山周回高峻，中深洼如釜，因名。

武山，县西北十二里，北接猴岭山之东麓。又猴岭山，在县西北五十里，北接太行山，有阻猿麓，因名，俗称侯景山也。○琮山，在县西北十里。《水经注》谓之原山，有勋掌谷，溴水出焉。溴，读曰贝鶪。又陵山，在县西北十五里，孤峰特立，稍西即轵关矣。

白涧山，县东北三十里。山有悬瀑如练，下注沁水。又熊山，在县东北五十里。三面距沁河，惟西南一峰突出。

齐子岭，县西六十里。杜佑曰：在王屋县东二十里，周、齐分界处也。西魏大统十二年，高欢围玉壁，别使侯景将兵趣齐子岭。又周建德五年，周主攻齐晋州，分遣韩明守齐子岭，是也。玉壁，见山西稷山县。○韩王岭，在县北四十里，与山西阳城县分界。盘谷，在县北二十里，唐李愿隐于此。其西谷为天井谷，石上有数坎，其深若井，水自上溢，相接而落，远视若倚剑然。

济渎，在县西北三里。《禹贡》：导沇水，东流为济。其源发王屋山下，既见而伏，复出于此为济。有二源：东源周回七百步，其深莫测；西源去东源二里，周回六百八十五步，深一丈，与东源合流，南入于河。《括地志》：沇水出王屋山顶，岩下，石泉渟而不流，深不测，至县西北二里平地，其源重发而东南流。《水经注》云：沇水东至温县西北为济水，又南当巩县之东北入于河，南溢为荥。今无水，成平地。司马彪曰：济水当王莽时大旱，川渎枯绝，入河以后，不复南溢是也。今见川渎异同。

黄河，在县南七十里。自山西垣曲县东流，径县界，又东达孟县之南境，与河南府洛阳县分界。

溴水，在县西。有三源：一出琮山，俗呼白涧水。《春秋》襄十六年，公会诸侯于溴梁。《尔雅》：梁莫大于溴梁。梁，水堤也。一出阳城西南山，一出阳城南溪，俱东南流至县西合白涧水，流经县城南与泷水会，又东南经孟县，至温县入河。晋永康二年，成都王颖起兵邺城讨赵王伦，与伦将孙会等大战于溴水，会等败走，颖遂长驱济河。又隋仁寿末，汉王谅举兵并州，其将余公理屯河阳，与隋将史祥战于溴水，为祥所败。溴，古阒翻。《通典》作湨水，音同。○泷水，在县西四里，东南流，与溴水合。

枋口水，沁水渠也，在县东北三十里两山之间，沁水经焉，旧以枋木为门，故名枋口。魏典农中郎将司马孚表言：太行以西，王屋以东，层岩高峻，天时霖雨，众口走水，小石漂迸，木门朽败，稻田泛滥，岁功不成。请夹岸累石，结以为门，蓄泄以时，用代枋木。故亦名枋口堰为石门堰，溉田甚众。唐太和五年，河阳节度使温造奏复怀州古秦渠及枋口堰，以溉济源、河内、温、武陟四县田，凡五千馀顷。《胜览》云：枋口水，隋卢贲、唐温造俱于此开渠灌田，亦名广济渠。《元史》：中统二年，自太行山下因沁口古迹，置分水渠凡四，溉济源、河内、河阳、温、武陟五县民田三千余顷，亘五百余里达于河，仍名广济渠。未几堙废。天历中复议疏浚，不果。今俗谓枋口为五龙口。余详河内县秦渠。

马头溪，在县东北八里。西有千工堰，六十余泉俱入此溪。〇天浆溪，在县东南二十里。源出轵城西南，其水二源各出一溪，东北合流，会泥沟水。泥，一作涂。又东与溴水合。《九州记》谓之玉浆涧。又七谷沟，在县西百三十里，有七山之水合流于此，因名。

轵关，在县西北十五里。关当轵道之险，因曰轵关。曹魏景初二年，司马懿时在汲，诏懿自轵关西还长安。晋永嘉二年群盗王弥寇洛阳，大败，遂走渡河，自轵关如平阳归刘渊。咸和三年后赵石虎自轵关西入，击赵之河东。永和六年苻健西入长安，遣其弟雄自潼关入，兄子菁自轵关入。太元十九年后燕慕容垂伐西燕，慕容永以太行道广，疑垂诡道取之，乃悉敛诸军屯轵关，杜太行口。又北齐主湛河清二年，遣斛律光筑勋掌城于轵关，仍筑长城二百里，置十二戍。宇文周保定四年杨檦与齐战，出轵关，引兵深入，为齐所败。又建德四年，韦孝宽陈伐齐之策，曰：大军出轵关，方轨而进。盖自轵关出险趣邺，前无阻险可以方轨横行云。关今废。

狐岭关，在县西。一名胡岭关。宋绍定三年，蒙古史天泽攻金将武仙于卫州，仙败走胡岭关，天泽遂取卫州，是也。〇邵原关，在县西七十里。或曰：故邵原县，盖置于此。今有巡司。

白骑坞，在县南溴水北原上。溴水东南流至此，有同水会之。坞据二溪之会，北带深隍，三面阻险，惟西版筑而已。东汉末，贼将张白骑据此筑坞，因名。宇文泰以权景宣守张白坞，此又白骑所筑于崤渑间者，非此坞也。

苗亭。在县西。《水经注》：瀙水源出王屋西山，径瀙关南，历轵关、苗亭西，亭故周之苗邑矣，又东流注河。苗亭盖在轵关南。瀙关，见山西垣曲县。

○**修武县**，在府东一百二十里。东至卫辉府获嘉县五十里，北至山西陵川县百四十里。商为宁邑。周曰修武，秦因之。汉高祖封功臣魏遬为宁侯，寻置修武县，属河内郡。晋属汲郡。后魏因之。东魏置广宁郡。后周郡废。隋属怀州。唐初改属殷州。贞观初，仍属怀州。宋熙宁六年省。元祐初复旧。今县城，明洪武初因旧址修筑，景泰三年重修，周四里。编户旧六十二里，今止十里。

宁城，在县东。古宁邑。周武王伐纣，勒兵于宁，因曰修武。定元年，魏献子焚于大陆，卒于宁。又《战国策》：秦攻魏，取宁邑，亦即宁也。信陵君曰：通韩上党于共、宁。《韩非书》：秦昭王越长平，西伐修武。盖宁与修武通称矣。汉二年，定河内，军于修武，寻置县。后汉建武二年，幸修武。自是修武县皆治焉。唐中和二年，魏博帅韩简侵河阳，败其帅诸葛爽于修武。明年，复侵河阳，爽遣李罕之御之，大败简于武陟，是也。共，今见辉县。○小修武城，在县东四里。汉三年，高祖自成皋北渡河，宿小修武传舍，既得韩信军，军于小修武，即此。

山阳城，县西北六十里。战国时魏邑。秦始皇五年，蒙骜伐魏，拔山阳城。八年，封嫪毐为长信侯，与之山阳地。汉置县，属河内郡，在太行山南，故曰山阳。曹丕奉汉献帝为山阳公，是也。晋山阳县仍属河内郡。后魏属汲郡。孝昌中，置山阳郡，寻罢。北齐废山阳入修武县。

雍城，在县西。古雍国，周文王子所封。《左传》：郜、雍、曹、滕，文之昭也。《后汉志》又有蔡城，盖蔡叔之采邑。○攒城，在县西北二十里。周襄王赐晋文公攒、茅之田。《水经注》攒茅，本一城也。或以为攒城在此地。旁有吴泽，亦曰大陆，今名大陆村。徐广曰：修武有茅亭，《括地志》在获嘉县东北二十里。今属卫辉府。又隤城，在县西北。周苏忿生封于温，其田有隤、怀是也。《左传》隐十一年，桓王与郑苏忿生之田，有攒、茅、隤、怀。

南阳城，在县北。应劭曰：晋始启南阳，今南阳城是也。《水经注》：修城，故宁，亦曰南阳。《战国策》：赧王四十二年，魏割南阳与秦，实修武然。则南阳其统名，而修武则魏之南阳地也。杜预曰：晋山之南，河之北，故曰南阳。马季长曰：晋地自朝歌以北，至中山为东阳；朝歌以南，至轵为南阳。刘原父曰：修武有古南阳城。

天门山，县西北四十里。诸山唯此最低，故名天门。其岩下可容百家，亦名百家岩。○温峪山，在县北五十里。山北二十里有石峡，峭壁千仞，悬瀑下注，汇而为潭，曰黑、白二龙潭，亦名温峪潭。又六真山，在县北二十里，下有新河，西流入吴泽陂。《水经注》谓之陆真阜。

沁水，在县西。万历中，沁水决于武陟县东之大樊口，县首受水患。盖县地较之大樊口下十五丈馀，每秋水泛涨，多有渰溺民田之患。

预河，在县南五里。积涝而成，东注于卫辉府之卫河。又新河，在县西北二十里。自六真山下，合黄王母诸泉水，南流入于吴泽陂。唐大中间，赵令所开。《志》曰：黄母泉，在县西北十五里黄王母村。又有王烈、巧妇、马鸣等泉，皆汇于新河。

吴泽陂，在县北十里。《左传》定元年，魏献子田大陆，焚焉。杜预曰：即吴泽陂也。东入获嘉县界，为太白陂，注于清水。又宣王陂，亦在县北十里。孔子欲北之赵，尝至此。后人以孔子追封文宣王而名。流合于吴泽陂。

承恩镇，县西三十五里。又县西二十里有待王镇，皆以武王伐纣时所经而名之也。

仁亭。在县境。后汉延熹二年，以诛梁异功，封尚书令欧阳参为仁亭侯，是也。旧《志》：修武有仁亭。又废山阳县有曲亭，是时封尚书令张敬为曲亭侯处。

〇**武陟县**，在府东一百里。南至郑州河阴县五十里，北至修武县三十五里，西南至河南府巩县六十里。汉山阳县地，属河内郡。隋开皇十六年析修武县置武陟县，大业初废。唐初复置，兼置陟州，州旋废，以县属殷州。贞观初改属怀州，移州治此。宋因之。今县城，明景泰中因旧址增筑，天顺间重修，周四里有奇。旧编户七十四里，今止二十里。

怀城，县西南十一里。隐十一年，王以隤、怀与郑，后属晋。宣六年，赤狄伐晋，围怀。《史记》：赵成侯四年，魏败我怀。又魏安釐王九年，秦拔我怀。《竹书纪年》：秦师伐郑，次于怀。汉置怀县，为河内郡治。后汉建武初，幸怀。元和三年，北巡，耕于怀。晋初仍为河内郡治。永嘉四年，刘渊遣子聪等围河内太守裴整于怀，陷之，别将郭默收馀众自保。建兴二年，刘曜攻默，默弃怀城，度河走新郑。自后，郡治野王，而怀属之。后魏因之。景明三年，魏主自邺还至怀，与宗室近侍习射。东魏改属武德郡。北齐废。唐初复置，属怀州。贞观初废。《郡国志》：怀城在洛阳北百四十里。《水经注》：怀城东有殷城，刘聪以郭默为殷州刺史，都督缘河诸军事，治焉。《元和志》：殷城，在县东十里。

浊鹿城，今县治也。汉山阳县有浊鹿城，献帝废居于此。帝崩，葬于城西北十里，名曰禅陵。刘昭曰：浊鹿城今名汉陵村。《郡志》山阳城在修武县西北三十五里，浊鹿城在修武西北六十里，似皆误。《旧唐书》：武德二年李育德以修武东北浊鹿城归顺，因置陟州及修武县于此。四年平王世充改为武陟县，仍废陟州，修武仍移旧治。贞观中，复移县于南境，即今县也。《志》云：今县西四十五里有樊城，相传樊哙屯兵处。又县西南三十里有司马城，相传司马卬故城。

沁河，在县东一里。自河内县流入，又南达于河，其入河之处名南贾口。支流复自县北东引，灌田二千余顷。后魏主子攸建义初，贼葛荣军乏食，遣其党任褒南掠，至沁水。宇文周末，尉迟迥起兵相州，杨坚使韦孝宽讨之，军于武陟，与迥隔沁水相持，盖在此。明永乐九年，沁河溢，淹没县境田庐，诏修决口以御之。盖沁河多沙而横暴也。又有观滩，在县东四十五里沁河之北，旧为决溢处。〇黄河，在县东南六十里，南岸即郑州荥泽县。

莲花池，在县东北沁河东岸，地名木栾店。其相邻者地名金坑垱，东去卫河百里。万历十五年，沁从此决，卫辉府之获嘉、新乡，俱受其患。时有议：引沁入卫，既以杀黄河之势，而卫河水盛东注，运河足资其利，当因其决，不必塞也。科臣常居敬言：沁河身阔里馀，穿太行而南注，浊流湍急，较黄河益甚。卫辉在沁河下流，地形卑下，横流一发，被灾最远。且临清运道，不能赖其清流之利，而每遭其淤阻之害，此前事可覆者也。盖卫小沁大，其势难容；卫清沁浊，其流必淤。木栾，在沁河北岸，与大樊口相邻。嘉靖三十五年，从此横决，突入卫河，泥沙弥漫，至临清，逆流上拥，运河板闸至砖关七十余里，淤塞难行。此患不专在于卫辉而更贻患于漕者也。于是复堤塞之，而引沁入卫之议始格。

候人亭，在县西南。《左传》成十一年，晋郤至与周争候田，即此也。杜预曰：怀县西南有候人亭。

永桥镇。在县西。宋白曰：隋大业十一年，移修武县于永桥。高齐有永桥大都督，盖地近河阳，设以控三城之险。后入于宇文周。大象二年，韦孝宽攻尉迟迥于相州，至永桥城，城为迥守。诸将请先攻之，孝宽曰：城小而固，若攻而不拔，损我军威。因引兵壁武陟。武陟，即今县地。○宁郭镇，在县西北二十里。旧有城，崇祯九年，通判窦光仪修筑，今亦名窦公城。宁郭驿置于此。

○**孟县**，在府西南六十里。西南至河南府孟津县四十里，北至山西泽州一百九十里。周武王会诸侯于孟津，是也。亦曰盟津。《左传》隐十一年，王以盟与郑。后属晋，为河阳。战国属魏，为垣雍地。汉为河阳县，属河内郡。高祖封陈滑为侯国。晋仍属河内郡。后魏因之，后废。隋开皇二十六年，复置河阳县，属怀州。唐武德四年，置盟州于此。八年，州废。显庆二年，改属河南府。建中三年，河阳三城节度使治焉。会昌三年，置孟州，治河阳县。宋仍曰孟州，亦置三城节度。金亦为孟州。元属怀庆路，明朝改州为县，以河阳县省入。今县，城周九里有奇，旧编户三十一里，今止十五里。

河阳城，旧城在今县西南三十里。春秋时晋之河阳邑。僖二十年，天王狩于河阳，是也。后属魏。《史记》：赵惠文王十一年，董叔与魏氏伐宋，得河阳于魏。汉置县。建武初，帝幸河阳。晋仍为河阳县。后魏因之。太和中，筑河阳城。北齐置河阳关。后周建德六年，灭齐，置河阳总管府，以地临河津，特为重镇。隋置河阳宫于城内。唐仍曰河阳县。刘昫曰：河阳城临大河，长桥架水，古称设险。乾元中，史思明再陷洛阳，太尉李光弼以重兵守河阳。及雍王平贼，留观军容使鱼朝恩守之。建中二年，遂以河阳为节镇。会昌中，中书门下因奏置孟州于此。《元丰志》云：怀州南至河阳七十里，河阳东南至河阴百六十二里。金大定中，城为河水所坏，筑城徙治，土人谓之上孟州。兴定中，复治故城，土人谓之下孟州。元初，复治上孟州，即今治也。

河清城，在县西南五十里。汉平阴县地。晋及后魏为河阴县地。隋省河阴县。唐武德二年，置大基县，属怀州。八年省。咸亨四年，复置，属洛州。先天二年，改曰河清。会昌三年，改属孟州，后仍属河南府。宋移治于白坡镇，仍曰河清县。金人移县于河南岸，杜佑曰：县南临黄河，城侧有野水渡，置戍守之，亦谓之野戍。乾元二年，镇西兵自相州溃还，段秀实时为行营留后，屯怀，帅将士妻子公私辎重，自野戍渡河，待命于河清南岸，荔非、元礼至而军焉。又史思明见军于河清，欲绝李光弼粮道，光弼军野水渡以备之，因降其将李日越于此。

柏崖城，在故河清县西三里。东魏侯景所筑。隋末，王世充以怀州侨治此。《唐志》：武德二年，于济源西南柏崖城置怀州，四年，移治野王，是也。咸亨四年，置敖仓于此，曰柏崖仓，容二十万石。开元十年废，二十二年复置。元和十年，淄青帅李师道遣盗焚柏崖仓。〇集城废县，在县西南。唐初置，属怀州，寻省入河阳。

中潬城，在今县西南黄河中郭家滩上。旧曰河中渚。《水经注》：河中渚上有河平侯祠，河之南岸有一碑，题曰：洛阳北界。中潬城盖在河中渚上，东魏元象元年筑，历代为防拒之所。唐武德三年，贼帅李商胡据孟津中潬，为窦建德所灭。今废。

无辟城，在县东南。《南齐书》：城在河桥北二里。后魏孝文太和二十年，废其太子恂为庶人，置于河阳无鼻城。《水经注》：湨水南经无辟邑西，又南注于河。无辟城，亦为无鼻城。或谓之无比城，又曰马髀城，皆非也。

紫金山，在县西八里。地宜麦，亦名麦山。唐太宗尝猎于此，以其冈岭稠叠，亦曰岭山。《舆程记》云：紫金山，在今县南三十里，其下即孟津。

黄河，在县西南三十里，南渡即河南孟津县，河广二里。亦曰富平津，亦曰陶渚，自古设险之所。太子贤曰：孟津在河阳县南门外。胡氏曰：河内北有太行之险，南据河津之要。光武初，拜冯异为孟津将军，统魏郡、河内兵于河上，以拒洛阳，是也。又有万艘潭，在旧县治南，潭水深平，为舟楫辏泊之所。〇溴水，在县北十五里。《志》云：水上有穀旦桥。又县东三里有东马桥，亦跨溴河上。

治坂津，在县东南四十三里。郭缘生《述征记》：治坂城，春秋践土也。《水经注》：河阳故城，在治坂西北。《魏土地记》：治坂城，旧名汉祖渡，城险固，南临孟津。刘宋景平元年，魏主嗣寇河南，还至孟津，于栗磾造河桥于治坂津。魏主遂引兵北济，西如河内。元嘉七年，宋人复取河南地，魏遣安颉击到彦之，彦之遣裨将姚耸夫渡河攻治坂，与颉战，败绩于此。旧《志》：治坂津，在洛阳东北四十二里。

黄河关，在县南黄河北岸。又县西南有河阳古关，宋白曰：河阳关，东魏置于中潬城。

白坡镇。在河清城东。或谓之白坡谷。后汉中平五年，黄巾馀贼郭大等起于河西白坡谷，寇太原、河东。胡氏谓孟津河西也，相近有东吴垒。晋永和中，谢施尝遣军屯此，北人因以为名。升平二年，泰山太守诸葛攸帅水陆二万击燕，入自石门，屯于河渚，燕将慕容评等与攸战于东吴，攸大败，即白坡也。宋绍定四年，蒙古攻金汴京，自河中而东，由河清县白坡渡河，汴京始困。〇穀旦镇，在县北十五里。《志》云：唐初尝析置穀旦县，旋废。今有穀旦桥。又沇河镇，在县东二十里。《志》云：在沇水东，金置镇于此。又河阳马驿，在县南十五里。

〇**温县**，在府东南五十里，又东南至郑州汜水县二十五里。周畿内国。战国时魏邑。汉为温县，属河内郡。晋及后魏因之。东魏属武德郡。北齐废。隋复置，属怀州。唐武德四年，置平州，寻复旧。显庆中，改属洛州。会昌中，又改属孟州。宋以后因之。明初改今属。编户一十九里。

温城，故城在今县西南三十里。周畿内国。武王时，苏忿生以温为司寇，是也。《春秋》庄十九年，王子颓伐王，不克，奔温。僖十年，狄灭温，温子奔卫。二十五年，襄王与晋温、原之田。明年，晋会诸侯于温。文元年，晋侯朝王于温。十六年，晋侯会诸侯于溴梁，晏于温。战国时为魏地。《史记·魏世家》：昭王十年，齐灭宋，宋王死于温。又安釐王元年，秦军大梁下，予秦温以和。汉置温县于此。后汉初，更始将朱鲔守洛，遣兵攻温，寇恂击却之。唐徙治于李城。文德初，河东帅李克用遣兵攻河阳，朱全忠命其党丁会等赴救。河东将李存孝分兵逆战于温，为汴兵所败，即今县也。

李城，今县治。战国时，秦攻赵邯郸，李同帅其徒赴秦军，秦军退。同死，封其父为李侯，邑于此。《续汉志》平皋县有李城。晋永和五年，石虎没，其下张豺擅命，虎子遵时出镇关右，至李城，举兵趣邺。城西南有李陂，淹地百余顷，葭苇生焉。又有鸣雌城，在县南。《楚汉春秋》：汉高祖封善相者许负为鸣雌侯，此其食邑也。

黄河，在县南二十里。自孟县流入县界，与河南府巩县接境。

济水，在县南。自济源县流入，经县西南虢公台下，又南注于河。《志》云：县西三十里有沇河堤，旧筑以防横溢之患，长七十里，一名小金堤。〇溴水，在县西南，自孟县流入，达于河。又涝水，在县北十里，积涝而成，流入溴水。

温润渠，在县东。隋开皇中，刺史卢贲于河内引沁水为利人渠，又流入温县，名温润渠，以灌斥卤之地。

虢公台。在县西南，济水径其北。相传亦周封虢仲之地，亦曰虢公冢。俗名贺酒台。司马懿过故邑，集父老宴贺于此，因名。

附见：

怀庆卫。在府城内。洪武六年建，辖左、右、前、后千户所四及守御卫辉千户所一。

〇**卫辉府**，东至直隶开州二百三十里，南至开封府百七十里，西南至河南府二百六十里，西至怀庆府二百七十里，西北至山西泽州四百十里，北至彰德府一百九十里，东北至直大名府三百二十里。自府治至京师一千四百里，至南京一千五百里，至布政司见上。

《禹贡》冀州之域。殷纣所都。周既灭殷，分其地为比邶、鄘、卫。《世纪》：纣都朝歌，周灭殷，分殷都以北为邶，西为鄘，东为卫。朝歌，今直隶濬县之废卫县是。后以卫封康叔，居河、淇之间。春秋时，邶、鄘皆入于卫。其后卫为翟所灭，齐桓公更封卫于河南楚丘见直隶滑县。而河内殷墟寻属于晋。战国属魏。秦为三川郡地。二汉为河内郡地。曹魏置朝歌郡。晋改置汲郡。治汲。后魏因之。魏收《志》：郡治枋头城。枋头，见北直隶濬县。东魏置义州。后周改卫州。又分置修武郡。《隋志》：州郡俱置于朝歌县。隋初郡废，仍曰卫州。大业初，复为汲郡。治卫县，故朝歌也。唐复曰卫州。治汲县。天宝初，亦曰汲郡。乾元初，复故。宋仍曰卫州。亦曰汲郡。金因之，亦曰河平军。大定二十六年，以河患，徙治共城。二十八年，复故。贞祐三年，又徙治胙城县。元曰卫辉路，复治汲县。明为卫辉府，领县六。今仍旧。

府南滨大河，西控上党，称为冲要。《战国策》：吴起谓魏武侯，殷纣之国，左孟门，孟门山，见前太行山。右漳、釜，漳、釜，二水也。《史记》作右太行。前带河，后被山。《史记》作常山在其北，大河经其南。张仪说楚曰：秦下甲攻卫阳晋。阳晋，见山东曹县。府境即卫地。必大关天下之胸。苏秦说赵曰：据卫取淇，则齐必入朝秦。盖其地在天下中矣。后汉安帝时，朝歌贼宁季等作乱，虞诩出为朝歌长，谒河内太守马棱曰：朝歌者，韩、魏之郊，韩界上党，魏界河内，俱接于太行，故云郊。**背太行，临黄河，去敖仓不过百里，**见开封府荥阳县。**而青、冀之民，流亡数万，贼不知开仓招众，劫库兵，守成皋，断天下右臂，此不足忧也。**

〇**汲县**，附郭。本殷牧野地，汉置汲县，属河内郡。魏属朝歌。晋为汲郡治。后魏兴和中，为义州治。北齐置伍城郡及伍城县。后周郡废，以伍城县属卫州。隋开皇六年，改为汲县，仍属卫州。唐初为义州治。武德四年，州废，属卫州。贞观初，徙卫州治此。今编户四十里。

汲城，在府城西南二十五里。《秦纪》：庄襄三年，蒙骜攻魏汲，拔之。又始皇七年，骜还兵攻汲，是也。汉为汲县治。后汉崔瑗筑汲城，即此。东魏兴和二年，恒农人率户来归，因置义州于汲县城中。魏收《志》：时置义州于汲县陈城内，领伍城、义宁、新安、渑池、恒农、宜阳、金门等七郡二十八县，盖皆侨置于汲县界。高齐时，悉省入伍城郡。《北史》：时分河内、汲郡二郡界扶风之地，立义州，以置关西归正之民。是也。《后周书》云：魏大统六年，陕州行台宫延和等降于东魏，东魏以河北马场为义州以处之。《通典》：汲郡，古牧野地。后魏太和十七年，徙代畜于石济之西，故有河北马场。又有怀义等屯，亦高齐于义州置，以给河南之费。盖其地皆属义州也。宋白曰：卫州旧城，隋以前谓之陈城。《郡国县道记》云：武王伐纣，于此列陈，故名。陈，俗作阵。隋改伍城为汲县，移于今治。

邶城，在府东北。周武王克商，分其地为邶、鄘、卫，是也。又鄘城，在府东北十三里。《通典》：新乡县西南三十二里有古鄘国城。〇隋兴城，在府北二十里。《五代志》汲郡有隋兴县，开皇六年置。寻又析置阳源县。大业初，以阳源县并入隋兴。唐初又废隋兴入汲县。

延津城，在府南。《战国策》谓之垝津。孔颖达曰：即延津也。汉建安中，曹操遣于禁渡河守延津。晋永嘉中，群盗汲桑等破邺，济自延津，南击兖州。城盖后汉末所筑，南临河津，为戍守处。《一统志》：延津关，在府东南二十五里，即延津城矣。

苍山，在府西北四十里。一名苍峪山，亦曰青岩山。产珉石，上有龙潭。又府西三十里有仙翁山，一名神山。《寰宇记》：县东北五十里有博望冈，接内黄县界。内黄，今属大名府。

黄河，旧在府东南十七里。东北流，南接胙城县，北接直隶濬县界。宋时，州西南有王供埽。熙宁四年，决王供埽，即此。详见川渎异同。

卫河，在城北一里。源发苏门山，经新乡县北，又东至城北，又东北入大名府濬县界。隋炀帝引之为永济渠，亦曰御河。《宋志》卫州东北有御河，直至乾宁军，于此运军食馈边，是也。元人漕江淮之粟达于河，至封丘，陆运一百八十里，至淇门，入御河。永乐初，卫士唐顺言：卫河南距黄河，陆运五十余里，若开卫河，距黄河百步置仓廒，受南方所运粮饷，转致卫河，公私两便矣。乾宁军，今北直青县。馀余详直隶大川。

黑龙潭，在府城西。旧时黄河决溢，潴而为潭处也。上有黑龙神庙。宋建炎二年，岳飞大败金人于胙城，又战于黑龙潭，复大败之。

卫关，在府南境。旧《志》：汲县有卫关，亦大河津济处。

淇门镇，城东北五十里。唐大顺初，朱温寇魏博，分遣其将丁会等渡河，取黎阳、临河，庞师古等下淇门、卫县。五代梁龙德二年，与晋军夹河相持，戴思远袭陷卫州，又攻陷淇门及共城、新乡等县。《九域志》汲县有淇门镇。元人运道，自封丘中栾镇，陆运至淇门。明初，徐达定中原，规取河北，自中栾渡河，下卫辉，至淇门镇，是也。黎阳等，见大名府。

杏园镇，在府城东南。旧为黄河津济处，设戍守。唐乾元初，郭子仪讨安庆绪于相州，自杏园渡河，至获嘉，败贼将安太清之兵。《九域志》汲县有杏园镇。

白公庙，在府东。宋绍定六年，金主次于河北，遣其臣白撒攻卫州，不能克而还，蒙古将史天泽追败之于白公庙。

牧野。在府东北。司马彪曰：北去朝歌十七里。周武王伐纣，陈师牧野。《诗》，会于牧野，是也。《水经注》：自朝歌南暨清水，土地平旷，据皋跨泽，悉牧野矣。又比干墓亦在焉。《水经注》：朝歌南有比干墓。魏主宏太和十八年，自邺南巡，过比干墓，祭以太牢是也。

〇**胙城县**，府东三十五里。东北至北直滑县九十里。古胙伯国，周公支子封此。春秋时为南燕国，战国属魏。汉置南燕县，属东郡。东汉为燕县。晋省。石勒复置燕县，兼置东燕郡。其后慕容德据之，改为东燕县。后魏因之，仍属东郡。隋开皇十八年，始曰胙城，属滑州。唐、宋因之。金属开封府，又改属卫州。贞祐中，移卫州治此。元还治汲县，以县属焉。今编户三十五里。

东燕城，在县西。春秋时之南燕也。《左传》隐五年，卫人以燕师伐郑。战国属魏。秦始皇五年，蒙骜攻魏，拔燕、虚。秦为燕邑。汉初，卢绾、刘贾与彭越复击破楚军于燕郭西。又汉将王武反黄、程处反燕，曹参往击，尽破之。孔氏曰：黄，今内黄黄泽；燕，即南燕也。汉置南燕县。后汉初为樊儵封邑。晋省县而城犹存，谓之东燕城。光熙元年，进东嬴公腾爵为东燕王，东燕国盖置于此。永嘉二年，石勒寇邺，诏车骑将军王堪屯东燕以拒勒，既而为刘渊将刘景败于延津。大兴二年，石勒将桃豹屯陈川，为祖逖将韩潜所逼，退保东燕。升平二年，故赵降将高昌保东燕，慕容儁遣兵攻克之。太和四年，桓温伐燕，不克，自枋头奔还，以毛虎生为东燕太守。沈约曰：东燕郡，江左分濮阳置。《晋志》：石虎分东燕郡，属洛州。后魏为东燕县，属东郡。隋始改置胙城县。《寰宇记》：唐德初，于胙城县置胙州，又析置南燕县于此。州旋废，仍以南燕省入胙城。

又旧胙城，在县南。杜预曰：南燕县有胙城，古胙国也。隋盖因以名县。

新城，在县西南。《金志》：大定二十六年，卫州避河患，徙治共城。二十八年，还治汲县。贞祐二年，城宜村。三年，徙卫州治于宜村新城。五年，以胙城为倚郭县。正大八年，以石甃新城，是也。元初复还旧治。

桃城，在县东三十里。战国魏桃邑。赧王四十二年，楚黄歇说秦拔虚、桃。虚与桃相近也。汉初封项襄为桃侯，邑于此。又虚城，亦在县东南，战国时魏邑也。秦始皇五年，蒙骜攻魏，拔燕、虚，此即虚邑矣。或以为朝歌，误。

黄河，旧在县北。自新乡县流入境，接汲县界，又东入大名府濬县境。金时黄河屡决，河在县南。元时自开封府原武县决而东南流，北道之河遂绝。

文石津，在县东北，旧为大河津济处。胡氏曰，津在东燕之东北，枋头之东南。是也。晋永嘉四年，石勒围陈留太守王讚于仓垣，为讚所败，退屯文石津。六年，石勒自葛陂北行，至东燕，将渡河，闻汲郡向冰聚众数千，壁枋头，恐邀之，从张宾言，使支雄等自文石津缚筏潜渡，尽取其船。勒遂自棘津渡河，击冰，破之。今堙。仓垣，见陈留县；葛陂，见新蔡县。

棘津，在县北。黄河自新乡县界流经此，亦谓之石济渠，故南津也。《春秋》僖二十八年，晋伐曹，假道于卫，卫人不许，还自南河济，即此津矣。亦谓之棘津。昭十七年，晋荀吴帅师，涉自棘津，用牲于雒，遂灭陆浑。晋永嘉六年，石勒将图河北，济自棘津，击破向冰于枋头。永和八年，戴施救冉智于邺，自仓垣徙屯棘津。《水经注》：河水经东燕故城北，有棘津之名。棘津，盖石济南津也。旧有棘津亭。《寰宇记》云：津在汲县南七里。

石济，旧在县东北。《水经注》：河水径东燕故城北，有济水自北来注之，即石济也。宋元嘉二十七年，王玄谟将兵取河南地，攻滑台，遣垣护之为先锋，帅百舸屯石济。石济在滑台西南百二十里。及玄谟败退，不暇报护之，魏人连战舰断河，绝护之还路。河水迅急，护之中流而下，遇连舰，以长柯斧断其铁锁，魏不能拒。后魏太和十七年，将迁洛阳，自河南城如虎牢，舍于石济。十八年，敕后军将军宇文福行牧地。福表石济以西，河内以东，距河凡十里为牧场，自代徙杂畜置其地。自是常畜戎马十万匹。正光以后，始渐衰耗。十九年，魏主自滑台还洛，舍于石济。又北魏主修永熙三年，与高欢隙，遣汝阳王暹分兵守石济，欢使其党韩贤拒之。宇文周末，尉迟迥以杨坚擅政，起兵相州，招东郡守于仲文，仲文不从。迥遣宇文胄自石济、宇文威自白马济河，二道击之。既而杨素攻杀宇文胄于石济。今亦为平陆矣。白马，见大名府滑县。

濮渠，在县南。《寰宇记》：渠在城南一里，自酸枣县流入。《水经注》：濮渠东北经燕城南，为阳清湖，又经桃城南，入濮阳县。濮阳，今北直开州也。

瓦亭，在县东北。春秋时卫地。定八年，公会晋师于瓦。杜预曰：燕县东北有瓦亭。刘昭曰：县北又有雍乡。谢沉《书》：赤眉攻雍乡。是也。○万户营，在县东南。《志》云：元末万户陈荣置营于此，因名。

○新乡县，府西五十里，南至开封府阳武县八十里。本汉河内郡之获嘉、汲二县地。隋于古新乐城置新乡县，唐初属义州，以后属殷州。贞观初，属卫州。宋因之。熙宁中，省入汲县。元祐初，复置。今编户五十里。

新乐城，今县治。晋太和五年，燕慕容臧所筑。元魏尝以获嘉县治此。魏收《志》，太和中，获嘉县治新乐城，是也。隋改置今县。唐武德二年，王世充使刘黑闼守新乡，为窦建德所获。朱梁开平五年，晋将周德威逼卫州，拔新乡及共城。

获嘉城，在县西南十二里。本汲县之新中乡。汉武元鼎六年，东巡至此，适灭南越得吕嘉首，因置县。自汉以后县皆治此。至隋，始迁今治嘉县是也。

五陵冈，县东北二十里。阜之大者有五，因名。又红土冈，在县北十里，俗传为纣师倒戈血流之所。

黄河，在县西南。旧自获嘉县流入境，又东北经汲县界。今自县西南流入阳武县界。又县境有汉堤。《志》曰：自获嘉西南四十里，至县南，又东北至胙城县，又北接汲县，皆有汉古堤。

卫河，在城北。又东入汲县界，或谓之清河。又清水，在县西北。《志》云：清水出怀庆府修武县西北，经获嘉县北六里，又东至新乡县西北侯家桥，而入于卫河。

沁河，在县西。今涸。《一统志》：沁河故道，自怀庆府武陟县入获嘉县境，下接新乡县，又东北接汲县界，北抵清河。按：沁河自武陟而东，从高入卑，势如建瓴。《府志》称卫辉浮图最高，才与沁水平，故万历十五年莲花池之决，为患甚烈，所当谨杜其端云。详见武陟县。

临清关，在县东黄河北岸。隋仁寿四年，炀帝发民掘堑，自龙门抵临清关。大业九年，杨玄感作乱，自黎阳引兵向洛阳，修武民相率守临清关，玄感不得渡，乃于汲郡南渡河，是也。《一统志》云：关，唐所建。误。

延津关。旧在县东南，所谓大河北岸之延津也。汉建安五年，袁绍以颜良败于白马，自黎阳渡河，追操军，沮授谏曰：今宜留屯延津，分兵官渡，谓此延津也。《唐志》新乡县有延津关。〇李台寨，在县东南。《志》云：元末，里民避兵之处。明改为李台驿，永乐中废。

〇**获嘉县**，在府西南至怀庆府修武县五十里。周之修武地。汉置获嘉县，属河内郡。晋属汲郡。后魏因之。后周置修武郡。隋开皇初，废郡，属怀州。十六年，又置殷州于此。大业初，州废，仍属河内郡。隋末，王世充复置殷州。唐武德二年，李厚德逐其殷州刺史，以城来降，唐仍置殷州。贞观初，州废，以县属怀州。宋因之。明初改今属。编户二十七里。

北修武县，今县治。后魏末，分修武县置北修武县，以故县为南修武县。后齐省入南修武，复曰修武县。隋开皇四年，移获嘉县治此。唐武德五年，世民击刘黑闼军至获嘉，黑闼弃相州退保洺州，是也。〇齐州城，在县西南二十五里。《志》云：南北朝时尝侨置齐州于此城，因以名。今亦名齐州村。

同盟山，在县东北五里。相传武王伐纣，与诸侯同盟处。

黄河，在县南六十里。自武陟县流经县界，又东入新乡县界。

清水，在县北六里。自辉县流入，又东至新乡县而入卫河。〇太白陂，在县西北十里，其上流即吴泽陂也。自修武县流入境，下流入于清水。

茅亭。《括地志》：在县东北二十里，周苏忿生之邑也。周桓王与郑攒、茅，襄王又以攒、茅与郑，即此。徐广曰：修武，故轵县，有茅亭。

〇**淇县**，府北五十里。北至彰德府汤阴县六十里。汉河内郡朝歌县地。唐、宋时，卫县之鹿台乡也。元初置淇州，又置临淇县为州治，属大名路。至元三年，省临淇县，以淇州属卫辉路。明初，改州为县。今编户二十六里。

朝歌城，在县东北。杜佑曰：卫县西二十里有朝歌古城。《括地志》在卫州东北七十二里，即纣所都也。《左传》：齐伐晋，取朝歌。战国时，属魏。秦始皇五年，拔魏朝歌。汉因置朝歌县。隋改曰卫县。今见北直濬县。近《志》云：县东二十里有卫县城，康叔所封。又云：今县西南二十里有朝歌砦。

临淇城，县西北十里。东魏天平初，置临淇县，属林虑郡。北齐废。隋开皇十六年复置，属相州。唐废。元初，复置临淇县，为淇州治，盖因旧名也。《志》云：今彰德府林县南七十里有临淇城。又魏德城，在县东，亦东魏天平二年置，属林虑郡。北齐废。《括地志》：魏德故城，一名晋鄙故城，在卫县西北五十里，即信陵君矫夺晋鄙兵处。

朝阳山，在县西十五里。有岩石泉林之胜。又县西南三十里有青岩，唐天宝末，甄济隐此，安禄山辟之不就。其上有水帘洞。又县西北二十里有灵山，上有黑龙泉。又金牛岭，在县西十五里。

淇水，在县西北三十里。《山海经》：淇水出沮洳山。《水经》：淇水出隆虑县西大号山。杜佑曰，出共县之共山，是矣。上流自彰德府汤阴县流入，又东至大名府濬县西而入卫河。淇水亦兼清水之名。○阳河，在县西南三里，一名太和泉。自辉县东流经县界，东入卫河。相传纣斫朝涉之胫于此，亦名斮胫河。

肥泉，在县东。《水经注》：淇水至朝歌东南，有马沟水出朝歌城北，东南流合美沟水；美沟水出朝歌西北大岭下，东南流与马沟水合；又东南注于淇水，为肥泉。《诗》曰：我思肥泉。《尔雅》：归异出同曰肥。犍为舍人曰：水异出流行合同为肥。是水异出同归矣。

淇园，在县西北，地名礼河社。汉武帝塞瓠子决河，下淇园之竹以为楗。东汉初，寇恂为河内太守，讲武肄射，伐淇园之竹，为矢百余万。章帝建初七年，幸淇园。今废。瓠子河，见直隶开州。○淇门驿，在县城西南，明初置。城西北又有淇县递运所。

鹿台，在县东北。刘向曰：朝歌城中有鹿台，大三里，高千尺。《志》云：今县之南阳社有鹿台，县东北吴里社有巨桥，皆殷纣积粟处。

黄桥。在县西南。胡氏曰：朝歌西有黄泽，泽水右入荡阴县之荡水，谓之黄萑沟。桥当在沟上。晋永康二年，成都王颖起兵于邺，讨赵王伦，前锋至黄桥，为伦党孙会等所败，即此。亦见直隶内黄县。

〇**辉县**，府西六十里。北至彰德府林县百七十里，西北至山西陵川县九十里。本共伯国，春秋时属卫，战国时属魏。汉置共县，属河内郡。高祖封旅罢师为侯邑。晋属汲郡。后魏因之。东魏改属林虑郡。后齐废。隋复置共城县，属怀州。唐武德初，置共州。四年，州废，以县属殷州。贞观初，属卫州。宋因之。金大定中，徙卫州治此，以避河患。旋复旧，改县曰河平，又改曰苏门。贞祐中，又置辉州治焉。元省苏门入州。明改州为县。今编户五十二里。

共城，今县治。春秋时卫邑。《左传》隐元年，郑公叔段出奔共。《战国策》：信陵君曰：通韩上党于共、宁；又云河内共、汲者也。秦灭齐，迁王建于共，饿而死。汉置共县。晋及后魏因之。隋改置共城县。自唐至宋，因而不改。宁，见修武县。

凡城，在县西南二十里。周公子凡伯国。《左传》：凡、蒋、邢、毛、胙、祭，周公之胤也。隐七年，王使凡伯来聘。唐初，因析共城置凡城县，属共州，寻省。〇王莽城，在县西北八十五里。三城如鼎足，相传王莽所筑。又县西南有邓城，南北朝时所置城也。

重门城，在县北二十里。魏主芳为司马师所废，降为邵陵公，筑宫于河内重门，即此。又刘曜为石勒所擒，谓勒曰：颇忆重门之盟否？又有重门山。后魏太和初，怀州民伊祁苟聚众重山作乱，洛州刺史冯熙讨平之，是也。或曰即苏门山之别名云。〇山阳县城，在县西南七十里，本修武县之重泉村也。清水源于此。金兴定四年，置县，隶辉州。元省为山阳镇。

太行山，县西五十里，连怀庆府界。有白陉，太行第三陉也。详见前名山太行。

苏门山，县西北七里。一名百门山。有百门泉，泉通百道，《卫风》所咏泉源在左者也。或谓之百泉。《左传》定十四年，晋荀寅、范吉射以朝歌叛，晋人败郑师及范氏之师于百泉。宋建炎元年，王彦与金人战败，保共城西山，即苏门山云。卫水源于此。〇共山，在县北七里，亦名九峰山，又谓之共北山，苏门之别阜也。杜佑曰：淇水源出于此。又方山，《志》云：在县西十里，山方正而上下平坦。

白鹿山，县西北五十里。与太行连接，长泉水出焉。东晋太元十七年，丁零翟钊为慕容垂所败，自滑台北济河，登白鹿山，凭险自守处也。〇黑麓山，在县北四十里。《水经注》谓之黑山，清水出于此云。

黄河，旧在县南。宋熙宁六年，内侍程舫言：得共城县旧河漕，若疏导入三渡河，可灌西坑稻田，即此。《志》云：三渡河，在县西四里，源出百泉之南，流入卫河。

卫水，在县城北。源出苏门山，谓之搠刀泉，南流入新乡县境。《宋志》卫河源出百门泉，是也。《漕河考》：卫河自山东临清而下，每虞浅涩，盖因发源之处，建有仁、义、礼、智、信五闸，壅泉灌溉民田，以致水不下流。合于粮运时，将五闸封闭，俾水尽归运河，馀月或从民便云。

清水，在县西南七十里。有重泉并注，东流经获嘉县境，下流合于卫河。〇长泉水，在县西。出白鹿山，东南伏流一十三里，至邓城西北，重源浚发，世亦谓之重泉水。南径邓城，又谓之邓渎。亦谓之白屋水。司马懿征公孙渊，还达白屋，即此水也。又东注于清水。

侯赵川，在县西北三十里，接彰德府汤阴县界。四面皆山，中甚平旷，即苏门之北麓，本无川也。宋建炎元年，岳飞破金人于新乡，复其城，又败金人于侯赵川，引军益北，战于太行，又败之。

侯赵川关。县西北七十里。又鸭子口关，在县西七十里。俱有巡司。县西北十里又有马武寨。盖皆太行之要隘也。

附见：

守御卫辉千户所。在府城内。洪武二十三年置，属怀庆卫。

〇彰德府，东至北直大名府二百二十里，南至卫辉府一百九十里，西南至山西泽州三百二十里，西至山西潞安府三百里，北至直隶广平府一百八十里。自府治至京师一千二百里，至南京一千七百里，至布政司三百六十里。

《禹贡》冀州之域，殷河亶甲居相，即此。春秋为晋东阳地。战国为魏之邺地，后属赵。秦为邯郸郡地。汉为魏郡。治邺，见临漳县。东汉末，冀州徙治焉。曹魏以受封于此，称为邺都。晋仍为魏郡，属冀州。后赵石虎、前燕慕容儁，并都邺。苻坚灭燕，亦移置冀州，治邺。魏仍为魏郡，兼置相州。魏主珪取河亶甲居相之义，置州名相。东魏都此改司州，以魏郡太守为魏尹。北齐又都之。改魏尹为清都尹。后周仍置相州及魏郡，周末，移治安阳城。隋初，废郡，炀帝复改相州为魏郡。唐仍曰相州。天宝初，改为邺郡，至德二载，安庆绪据此，伪改安成府。乾元初，复为相州。五代梁乾化五年，分天雄军置昭德军节度于此。明年，入晋，仍合于天雄。五代晋天福三年，置彰德军。兼领澶、卫二州。宋仍为相州，亦曰邺郡及彰德军。金为彰德府。元曰彰德路。明初复为彰德府，领州一，县六。

府山川雄险，原隰平旷，据河北之噤喉，为天下之腰膂。春秋晋之东阳地也。《左传》襄二十二年，齐侯伐晋，赵胜帅东阳之师以追之。杜预曰：东阳，晋之山东，魏郡广平以北是也。战国魏得其地，雄于三晋，后入于赵。范雎谓秦王：弛上党以临东阳，则邯鄣口中虱也。又国子曰：兼魏之河南，绝赵之东阳，则赵、魏亦危矣。其后谓之邺。燕太子丹曰：今秦举兵临赵，王翦数十万之众距漳、邺，而李信出太原、云中，赵必不支秦。两汉以来，魏郡称为雄固。袁绍窃据于此，既而曹公擅有之，训兵积粟，雄长中原。左思《魏都赋》：尔其疆域，则旁极齐、秦，结凑冀道；开胸殷、卫，跨蹑燕、赵，山林幽映，川泽回缭。晋永嘉末，张宾谓石勒曰：邺有三台之固，西接平阳，山河四塞，宜北徙据之，时石勒在葛陂，故云北徙。葛陂，见新蔡县。以经营河北。勒遂引兵渡河。勒至邺，会刘琨兄子演方镇邺，保三台以自固，诸将欲攻之。宾复曰：三台险固，攻之未易猝拔。乃进据襄国。今北直顺德府也。其后石虎自襄国徙都邺，慕容氏亦雄据于此。拓跋孝文之去代迁洛也，经邺，登铜雀台，其臣崔光进曰：邺城平原千里，漕运四通，有西门、史起旧迹，可以富饶，请都之。及高欢自赵州入邺，一战而霸业遂成，既管魏权，挟其主东迁。是时兵力雄盛，十倍于关西矣。周末，尉迟迥举相州之众，问罪杨坚，西方震动，韦孝宽仅而克之。及隋末，群雄角遂，起于河北者，未尝不急争相、邺。盖驰逐中原，邺其绾毂之口矣。唐天宝乱起，再犯关、洛，相州每当其冲。安庆绪偷息于此，犹足以抗九节度之师；田承嗣恣睢自擅，天雄兵力为河北最者，岂非相州形胜有以助之欤？朱梁之季，犹争相州以图河北。刘知远之自立于太原也，契丹亦知置军彰德以扼要害，时契丹犹据汴，乃分屯昭义、彰德、河阳以备太原之师。宋靖康初，女真将粘没喝犯泽州，种师中议由邢、相捷出上党，捣其不意，当可以逞，不果。夫相州唇齿泽潞，臂指邢洺，联络河阳，襟带澶、魏，其为险塞，自关以东当为弁冕。或以地气偏残，人情险诐而少之，岂笃论哉？又漳水在邺，富饶所资也。《史记》：魏西门豹为邺令，凿十二渠以富民。邺西有十二墱，亦名西门渠。《汉·沟洫志》：史起为邺令，引漳水溉邺，以富魏之河内。汉武帝太初二年，修理西门豹所分漳水，为陂流以溉民田。曹公建安十八年，凿渠引漳水，入白沟以通漕。白沟，即卫河。见大名府。东魏天平中，决漳水为万金渠，亦曰天平渠。唐咸亨三年，又引为金凤、菊花诸渠以溉邺南。详见临漳县。宋天圣四年，王沿上言：魏史起为邺令，凿十二渠引漳水溉田，历汉、魏、齐、隋不绝。唐至德后，其渠遂废。今相、魏、磁、洺之田，并漳水者，斥卤不可耕，又取为牧地，民益困。请募民复十二渠，渠复则水分，无奔决之患，可以富数郡之民。诏河北漕司规度。而议者谓漳水岸高，难开导，浑浊不可溉田。沿又奏：渠田起于战国魏襄王时，前载但言灌溉之饶，不言疏导之法。唯《相州图经》载天井堰，魏武所作，凡十二里，分十二墱，相距三百步，互相灌注。故《魏都赋》云：墱流十二，同源异口。《水经注》：魏武遏漳水，回流东注，号天井堰，作十二墱，一源分十二流，皆悬水门。陆氏《邺中记》：水所溉之处，名曰晏陂坡。然则为渠之法，必就高阜，凿岸为渠，截流为堰，然后行水，数里方至平田。若渠开二十四丈，则作堰之功，可损其半，日役万人，五十日而罢。若采伾山之石，见大名府濬县。取磻阳之木，见林县。给利成之铁，相州有利成铁冶。用郑白渠之法，郑白渠，见陕西西安府。扼中流以作堰，下流大渠，分置斗门，馀水东入于御河，或水盛溢，则下板闭渠以防奔注，复三百年之废迹，溉数万顷之良田，虽劳不可已也。议卒不行。后沿为河北转运使，导相、卫、邢、赵天平、晏陂诸渠，晏陂即天井堰。溉田至数万顷。

〇安阳县，附郭。本纣之朝歌地。七国时，为魏宁新中邑。徐广曰：宁，一作曼。秦昭襄王五十年，王龁从张唐拔之，更名安阳。汉省入荡阴县。昭帝尝封上官桀为侯邑。晋始置安阳县，属魏郡。后魏又并入荡阴，后复置，属汲郡。后周末，自故邺城移相州治此，亦曰邺县。隋开皇十年，复曰安阳。今编户八十四里。

相城，在府西。《帝王世纪》：河亶甲居相。今城西北五里洹水南岸有河亶甲城，即相城矣。隋开皇十年，分安阳置相县。大业初，复废。唐初仍置相县。武德五年，废。《志》云：相城在府西十五里。又有殷太甲旧都，在故邺城西南。〇魏郡城，刘昫曰：在安阳西北七里，汉郡治此。

安阳城，在府西北。魏宁新中邑也。《史记》：楚考烈王六年，秦围赵邯郸，楚遣将军景阳救赵。七年，至新中，即此。胡氏曰：故城在今县西北十里秦曰安阳。始皇十六年，桓齮攻赵，取邺、安阳。《晋土地记》：安阳城，在邺城南四十里。永安初，东海王越奉乘舆讨成都王颖，前锋至安阳。永和五年，后赵石遵举兵河内，自荡阴进至安阳。太和五年，苻坚伐燕，自帅精锐发长安，趣洛阳，七日而至安阳。太元八年，慕容垂谋复燕祚，自河阳趣邺，至安阳，是也。魏收《志》：天平初，安阳、荡阴俱并入邺县，后复置郡。《郡志》：安阳凡四迁：秦县在今府城东南四十三里；晋置县于今县西南；隋开皇十年，复徙于洹水南；大业十年，移郡郭内。今府城，宋景德三年筑，周十九里。今止九里有奇，门四。

永定城，在府城东四十里，与大名府内黄县接界。本晋之长乐县，属魏郡，高齐废入临漳县。隋开皇八年，复置。十八年，改曰尧城。唐因之，属相州。唐天祐中，改曰永定。朱梁开平中，曰长平。后唐同光初，复曰永定。宋天圣七年，避真宗山陵名，改永和。熙宁七年，废为镇。旧城周三里有奇，洹水环其西南隅。《安阳县志》云：永定城东有鲧堤，鲧治水时所筑，以捍孟门溢河，今谓之三刃城。

防陵城，在府南。战国时魏邑。《史记》：赵廉颇攻魏，拔防陵、安阳。孔氏曰：安阳南有防水，防陵盖以水为名。防水，今见汤阴县。〇灵泉废县，在府西南。后周置灵泉县，属相州。隋因之。唐武德四年废。灵，《唐志》作零。

韩陵山，在城东北十七里。相传韩信尝屯此，因名。北魏主嗣泰常八年，自代至邺，畋于韩陵山。普泰二年，尔朱兆等攻高欢于邺，欢于韩陵为圆陈，连系牛驴以塞归道处也。俗名七里冈。旧有栗园在山东北。高欢与尔朱兆战，高敖曹以千骑自栗园出，横击兆军，是也。

蒙赉山，在府城西南二十五里。后魏孝文迁洛阳，于此颁赉从臣。又宝山，在府西南四十里，产白石，人取以为器。山有八峰，峰下有泉，其西北为清凉、马鞍诸山，俱高胜。又铜山，在府西北四十里，旧产铜。〇龙山，在府西四十里，周十里，高五里，洹水出焉，左思《魏都赋》所云虎涧龙山也。又高望山，在府西北八十里。山最高，可以远望。

蓝嵯山，在府城西。《晋书》注：安阳境有蓝嵯山。杜佑曰：山在安阳。后汉建安九年，袁尚自平原还救邺，依曲漳为营，操围之急，尚遁保蓝口，盖蓝山之口也。或谓之祁山。诸葛武侯谓曹操危于祁连者，盖即蓝口之战云。

愁思冈，在城西南二十里。魏曹植尝悲吟于此，因名。隋文帝改曰崇义冈，俗曰望喜冈。冈周七里，防城在其上。薛居正曰：在汤阴县界。郭子仪讨安庆绪，拔卫州，进军向邺。庆绪收馀兵，拒战于愁思冈。石晋末，契丹入汴，执晋少帝及母后辅臣，寻还北，至此，登冈饮酒，因讹为愁死冈。〇野马冈，在城西三十里。冈侧有涧曰彪涧，亦曰虎涧。又有黄衣水，在冈东南，注万金渠入于鸬鹚陂。陂在临漳县境。

安阳河，在府北四里。本名洹水。出林县西北林虑山中，东流经府境，又经临漳县西南，达北直成安县界，至内黄县界永和镇而入卫水。《左传》叔孙声伯梦涉洹水，是也。苏秦说赵肃侯：令天下将相，会于洹水之上。曹操攻邺，进军至洹水。又尔朱兆等攻高欢于邺，夹洹水而军。马燧讨田悦，亦夹洹水而战。一名安阳河。唐乾元二年，九节度之师与史思明战于安阳河北，溃还。石晋开运二年，契丹入寇相州境，晋军陈于安阳水南，是也。既而契丹陈于安阳水北，复逾水，环相州而南，至汤阴，晋军驰救，乃还。胡氏曰：洹水经安阳县而东流，谓之安阳河。

漳水，在府北四十里。自林县东流经此，又东北接临漳县界，清漳水流合焉。《史记》：赵成侯二十四年，魏归我邯郸，与魏盟于漳水上。《水经注》：后汉建安十八年，曹公凿渠引漳水东入清洹以通河漕，名曰利漕渠。是也。《郡志》：漳河旧自安阳丰乐镇北，东流过临漳南，又东北至馆陶而南入卫。正德十五年，漳水溢，南决，自安阳显王村南流，折而东过崔家桥，又东过永和、吕村入卫，袤百余里，广四十里。境内上田，悉成□□。详见北直大川。

万金渠，在府城西。本东魏之天平渠。唐咸亨三年，复浚之，自府城西南宝山而东分注东南，以灌溉。《唐志》：尧城北四十五里有万金渠，引漳水入故齐镇渠以溉田。

高平渠，在府东南二十里。《志》云：府西三十里有高平村，自此堰洹水入渠。唐咸亨中，相州刺史李景引安阳水东流溉田，入广润陂，是也。宋至和中，韩琦判相州再疏之，置二水硙，改曰千金渠。其水绕城而北，分流入城，以资灌溉。明弘治后，渠流渐淤。《志》云：广润陂，在府东二十二里。隋开皇八年，刺史梁士彦引汤阴县之汤、羑二水，入陂以溉田。今堙。

水冶渠，府西四十里。后魏引水鼓铸于此，因名。其水东北流十里，入洹水，溉田数百顷。〇广遂渠，在府西南四十里。渠中水涌，四时不竭，亦名珍珠泉，民藉以溉。城西北又有蜀渠，流入高平渠。正德十四年，因旧渠开导，又复于东北作堰，障水入城壕，为灌溉利。又汤池，在府城外。晋太元八年，苻坚命慕容垂击丁零翟斌于新安，垂自邺行至安阳之汤池，是也。

殷墟，在府城北。《汲冢古文》：盘庚自奄迁北冢，曰殷虚。虚，与墟同。《国都城记》：安阳城，一名殷中，即北冢也。《相州图经》：安阳，纣都也。《战国策》曰：纣聚兵百万，左饮淇水竭，右饮洹水不流。今邑在二水间。《史记》云：二世三年，项羽与章邯盟洹水南殷墟上。亦即此矣。《水经注》：洹水东径殷墟。或以为即战国时之虚邑。虚邑，见前胙城县。奄，见山东曲阜县。

古垒，在府北十里，南北斜长五里。唐郭子仪等九节度围安庆绪于相州时，营垒于此。《志》云：府西□□里有天禧镇□□宋天禧中，徙林虑。北齐镇于此。又回隆水驿，在府东九十里，永乐十六年建。府治西南又有邺城，永乐十三年建。〇石梁驿，在府东北，古驿也。隋大业十年，李密从杨玄感之乱，被执至魏州石梁驿，逸去，即此。

安阳桥。在府北四里安阳河上。石晋开运二年，契丹犯相州，晋军陈于安阳河南，既而诸军东趣黎阳，留步卒五百人守安阳桥。知相州苻彦伦以桥非五百人所能守，召入乘城为备，至曙，契丹果数万骑陈于安阳水北，是也。岁久桥坏。元至元间，伐石改建，东徙里许。亦曰洹水桥，旧名鲸背桥。

〇**临漳县**，在府东北一百十里。东至北直魏县九十里，北至直隶成安县八十里。汉魏郡邺县地。晋建兴初讳邺，改为临漳。时邺已陷于刘聪，石赵仍称邺县。东魏天平初，分置临漳县，属魏郡。唐属相州。今城周四里，编户三十九里。

邺城，旧在县西二十里。春秋时，齐桓公所置。管子曰：筑五鹿、中牟、邺以卫诸侯。是也。后属晋。战国属魏，文侯二十五年，任西门豹为县令。安釐王十九年，使晋鄙救赵邯郸，畏秦之强，止壁于邺。又赵悼襄王六年，魏与赵邺。九年，秦攻邺，拔之。又秦始皇十一年，王翦等攻邺，取八城。汉高十二年，置魏郡，治邺县。后汉初，更始将谢躬屯邺，光武使吴汉等袭邺，斩躬，悉降其众。建初七年，帝幸邺。初平二年，袁绍自为冀州牧，镇邺。建安八年，曹操败袁谭、袁尚于黎阳，追至邺，收其麦。九年，操攻邺，为土山地道以攻之，既而毁土山地道，凿堑围城，引漳水灌之，寻拔其城。十五年，建邺都，作三台。曹丕篡位，号为五都之一。晋仍为魏郡治。惠帝时，成都王颖镇邺。太安二年，自邺举兵逼洛阳。永安初，幽州都督王浚讨颖，入邺，大掠而去。永嘉初，群盗汲桑、石勒等攻邺，杀新蔡王腾，焚邺宫，火旬有五日方灭。建兴初，勒复使石虎攻邺，邺溃，勒使桃豹守之，寻使石虎镇焉。咸和六年，勒营邺宫。咸康初，石虎徙都焉。升平初，慕容儁亦都之。苻秦灭燕，仍为冀州治。太元九年，慕容垂叛秦，攻邺，拔其外城，苻丕退守中城。十年，晋将刘牢之等救邺，寻入邺城，既而丕复守之，寻弃邺如晋阳，慕容垂取之。二十一年，拓跋珪遣拓跋仪等攻燕邺城，慕容德守邺，魏人不能克。隆安初，魏克中山，益兵攻邺。慕容麟说德曰：魏乘胜攻邺，邺城大难固，且人心恇惧，不如南趣滑台，阻河为境，伺衅而动，河北庶可图也。德从之。拓跋仪乃入邺，珪因置行台于此，寻置相州。太和十七年，将迁洛都，因巡省至邺，筑宫于邺西。十九年，复如邺。孝昌二年，邺城叛降于葛荣，复讨平之，既而荣再攻邺。建义初，尔朱荣击破荣于邺北，尽降其众。永安二年，魏主使尔朱世隆镇邺。普泰二年，高欢起兵信都，进围邺，拔之。魏主朗自信都入居邺，尔朱兆等来攻，欢大败之于邺西，遂南入洛阳，还镇邺。天平初，欢迁魏主都此。二年，作新宫于邺，筑邺南城，周二十五里。元象二年，复城邺。《北史》：邺有南北两城，高欢迁其主善见至邺，居北城。明年，改筑南城而居之。其后高洋篡位，亦居南城。后周建德六年，灭齐，置六府于邺城。宣政初，移六府于洛阳，以相州为总管府。大象二年，尉迟迥起兵讨杨坚，坚使韦孝宽击平之。乃焚烧邺城，徙其居人南迁四十五里，以安阳城为相州理所，仍名邺，而改旧邺县为灵芝县。隋开皇十年，复邺县为安阳，而灵芝仍为邺县，县治即故邺都之大慈寺。唐贞观七年，筑邺县治所小城，仍属相州。宋熙宁六年，省入临漳。邺城旧有七门：南面曰凤阳门。晋永和五年，后赵石遵自河内举兵趣邺，入自凤阳门，升太武前殿，斩张豺于平乐市。明年，赵将孙伏都等起兵诛冉闵，不克，屯于凤阳门。闵毁金明门，击斩伏都等。中曰中阳门，亦名章门；次曰广阳门。二门皆在凤阳东。东面曰建春门；北面曰广德门；次西曰厩门，西面曰金明门，亦名白门。晋永和三年，石虎命其子宣祈祷山川，戎卒十八万出自金明门，虎从后宫登凌霄观望之，即此门也。其城东西七里，南北五里。又有宫城，东魏所建也，在南城中，城周六里，正南门曰朱雀门，其内曰阊阖门。天平二年，作新宫，既而阊阖门灾。武定五年，慕容绍宗擒梁萧渊明至邺，魏主升阊阖门受俘。又北则云龙门。武定八年，魏主禅位于高洋，洋出云龙门，入北城。《邺都记》：魏以阊阖、云龙为宫门，皆仿洛阳之旧。是也。其东曰万春门，西曰千秋门，又有神虎门。武定五年，魏主谋诛高澄于宫中，作土山地道向北城，至千秋门，门者觉之，以告澄，澄因勒兵入宫，幽其主于含章堂。齐武平初，高俨斩和士开于神虎门，帅兵屯千秋门。其后莫多、娄敬显等谋伏兵千秋门，斩高阿那肱不克处也。北门亦曰玄武门。周大象二年，悉皆焚废。今俗名故邺城曰邺镇。《邑志》云：今县城，明洪武十八年，县为漳水冲陷，因移今治。城周四里，西南去旧城十八里，去故邺城几四十里。又故邺都，北城在邺镇东南一里有奇，南城在邺镇东南三里。

污城，在故邺县西。《水经注》：污水出武安县山，东南流，经污城北，又东入于漳。颜师古曰：污水在邺西南。项羽击章邯，军于污水上，大破之，是也。又司马彪曰：邺西有九侯城，纣三公国于此，一作鬼侯城。《隋图经》：九侯城，在磁州境。《括地志》亦云：滏阳西南五十里有九侯城。

平阳城，县西二十五里。《史记》：秦始皇十三年，桓齮攻赵，败赵将扈辄于平阳。明年取平阳。汉初，靳歙将兵别下平阳。又袁尚救邺，循西山来，东至阳平亭，去邺十七里，即平阳也。《括地志》：临漳县西有平阳故城。又高陵城，在县东。《邑志》云：在县东南三里。战国时，乐毅聘魏，魏封为冈陵君，即此。后讹为高陵城。

讲武城，在故邺城北漳水上。磁州南二十里亦有讲武城。皆曹操所筑也。又操有疑冢，凡七十二处，在漳水上，自讲武城外，森然弥望，高者如小山，布列直至磁州而止。

伯阳城，在县城西北。战国时魏邑。《史记》：赵惠文王十六年，乐毅将赵师攻魏伯阳。十九年，赵与魏伯阳。《括地志》：伯阳城，在相州邺县西，即汉之邯会县也。邯会，今见北直肥乡县。

东谶山，在县西南三十五里。东魏高澄凿池游玩于此，其后往往为游晏之所。亦谓之东山，旧在邺东也。又《北史》：武定初，魏主畋于西山。说者曰：邺无西山，盖即邯郸之西山。

紫陌，在故邺城西北五里。行旅往来，必经之地也。《水经注》：漳水东出山，过邺，又北径祭陌西。战国时，俗巫为河伯娶妇，祭于此陌。田融以为紫陌。石赵建武十一年，造紫陌浮桥于水上。其后慕容儁入邺，投石虎尸于漳水，尸倚桥柱不流处也。后魏永安末，高欢建义，克邺城，尔朱兆等会军攻邺，欢出顿紫陌，寻败兆兵。东魏武定三年，高欢自晋阳入朝于邺，百官迎于紫陌。齐天保七年，南巡晋阳，百官辞于紫陌。八年，齐主在晋阳，征其弟上党王涣于邺，将杀之。涣至紫陌桥，逸去。后周建德六年，伐齐，师至紫陌桥，是也。又有紫陌官，石虎所建。齐高洋复修为济口，巡游往来，百官祖饯，皆集于此。〇显原陵，在故邺城西，石虎虚葬处。冈阜陂陀，隐然陵麓。

漳水，在县西。有二源：一出山西潞安府长子县发鸠山，曰浊漳。东流入府界，过林县北，又东经安阳县北，至县西而合清漳。一出山西太原府平定州乐平县少山，曰清漳。历辽州潞安府境，入府界，经涉县及磁州南，又东南至县西，合于浊漳。其相合处谓之交漳口，并流而东，至县南，又东北入直隶广平府成安县境。后汉建武二年，遣吴汉击檀乡贼于邺东漳水上，大破之。又曹操围邺，于城西引漳水，堨以灌城。《魏志》：操围邺，凿堑周四十里，初令浅狭，示若可越，守者笑之，不出争利。操一夜浚之，广深二丈，引漳水灌之，城中大困。既而袁尚自平原还救邺，战败，依曲漳为营，操击走之。晋太元九年，慕容垂攻邺，亦引漳水灌城。唐郭子仪围安庆绪于相州，亦筑垒穿堑，拥漳水灌之。又有漳渠，在邺西紫陌桥下，谓之天井堰，亦曰西门渠，以西门豹所凿也。其后史起复修之，故《魏都赋》云：西门溉其前，史起灌其后。汉元初二年，复修故渠以溉田。魏武又于邺西二十八里堰为渠，东入邺城，经宫中，又东注为南北二沟，夹道东出石窦下，注隍水，以水激有声，名曰长明沟。《典略》：建安十八年，曹公作金虎台，于其下凿渠，引漳水入白沟以通漕，是也。又东魏都邺，兴和三年，筑漳滨堰。自隋及唐，皆引漳穿渠以资灌溉。宋天圣末，亦尝修浚。明洪武十五年，漳水决溢，为民患。永乐九年，复决于张固村，北合于滏阳河，寻修塞之。今有晏公堤，在县南二里，东西长四十五里；又有障城堤，在县西南十五里,皆以卫漳水之决溢。

滏水，在县西十五里。亦曰滏阳河。源出武安县东滏口山，泉源沸涌，若釜水之汤汤，故以滏名。经磁州而东南流，至县西北，入漳河。袁尚救邺，循西山东至阳平，去邺十七里，临滏水为营。胡氏曰：滏水在邺北，《魏都赋》所云北临漳、滏也。永乐中，漳河自张固村决入滏水，暴流汹涌，境内田庐，悉被其患。成化中，漳水复挟而东南出，滏水之旧流几绝。

洹水，在县西南四十里。自安阳县流入县境。《水经注》：洹水东北流经邺城南，又分为二水，北径东明观下，是也。

万金渠，在县西南。东魏天平中，浚漳水为万金渠以溉田，亦谓之天平渠。〇菊花渠，在县东南四十里，自故邺县引天平渠水溉田，屈曲三十里。其北三十里有利物渠，自磁州下流入广平之成安县，皆取天平渠水以溉田。唐咸亨四年，广平令李仁绰所开。

金凤渠，在县南五里。唐咸亨三年，引天平渠下流东至金凤台侧，又东出以溉田。又有百阳渠，在县西南四十五里，亦自天平渠引漳水南入安阳县界，亦曰安阳渠。

石渎堰，在邺城东。魏武引漳水入邺城，又东出为石窦堰，是也。晋永和六年，冉闵之乱，后赵将张贺度据石渎，即石窦矣。

三户津，孟康曰：在邺西三十里。《水经注》：漳水东径三户峡，为三户津。秦二世三年，楚项羽使蒲将军引兵渡三户，军漳南，击章邯，是也。

蒲池，在故邺城外。燕慕容儁尝与群臣宴会于蒲池。晋太元八年，慕容垂谋复燕，举兵河内，慕容农等自邺中出，至蒲池，奔列人，是也。列人，见直隶肥乡县。又玄武池，在故邺城玄武苑中。汉建安十三年，曹操凿池以肄舟师。

鸬鹚陂，在县东北二十里。又县东北二十里有毛象陂。《隋图经》：邺县有黄衣水，经野马冈，东南注万金渠，入鸬鹚陂，又东北入毛象陂。鸬鹚陂，广袤各十五里；毛象陂，周五里。洹水涨则入鸬鹚陂，而注于毛象陂。

三台，在故邺城内西北隅。因城为基，巍然若山。汉建安十五年，曹公所筑，中曰铜雀，南曰金虎，北曰冰井。左思所云三台列峙以峥嵘者也。晋永嘉二年，刘渊遣石勒等寇邺，杀魏郡太守王粹于三台。六年，石勒自棘津济河，长驱至邺。时刘琨以兄子縯为魏郡太守，縯保三台以自固，勒诸将欲攻之。张宾曰：三台险固，攻之未易猝拔，舍而去之，彼将自溃。乃进据襄国。咸康初，石虎徙邺，名铜雀曰鹳雀台。是年，台崩，虎修之，倍于其旧。《邺志》：旧台高十丈，虎更增二丈，又筑九华宫于其上。永和五年，石闵执其主遵于南台，杀之。南台，即金虎台也。继而石鉴立，居于中台，复为闵所杀。八年，晋将谢施救魏入邺，助守三台。升平元年，慕容儁徙都邺，复作铜雀台，以兵乱圮毁也。齐高洋天保七年，修广三台宫殿，发丁匠至三十馀万，历三年乃成。九年，更名铜雀曰金凤，金虎曰灵应，冰井曰崇光。高湛河清二年，以三台宫为大兴圣寺。后周建德六年，周主亲将兵趣邺，时齐臣相率出降。高劢言于齐主，请追三品以上家属置三台，因胁之以战，若不捷，则焚台，可背城一决。不果。周主入邺，诏毁三台宫殿。大象二年，杨坚焚烧邺都，楼台尽毁，唯土阜存焉。李善云：铜雀园西有三台：中央铜雀台，高十丈，有屋一百一间，亦曰中台；南有金虎台，高八丈，有屋一百九间，亦曰南台；北则冰井台，亦高八丈，亦曰北台，有屋一百四十五间，上有冰室，室有数井藏冰及石墨，又有粟窖及盐窖。《春秋古地》云：葵丘，今邺西台是也。棘津，见前胙城县。

九华宫，《一统志》：在铜雀台之东北，石虎所建，以三三为位，谓之九华。梁沈约诗：照耀三雀台，徘徊九华宫是也。又紫陌宫，见前紫陌。○明光宫，在县北，石赵所建也。晋永和七年，石祗自立于襄国，使其将刘显攻冉闵于邺，军于明光宫，去邺二十三里，为闵所败。又赤桥宫，在今县东南七里。石虎自襄国至邺，相去二百里，每舍辄立一行宫，有安阳、汤阴二宫，其临漳、永乐、黎园、赤桥四宫，皆在今县界。○清阳宫，在县东，高齐别宫也。齐主湛出高归彦为冀州刺史，敕督将悉送至清阳宫。胡氏曰：疑在清淇之阳，因名。

华林苑，在故邺城北。晋永和三年，石虎筑华林苑及长墙于邺北，广袤数十里，盖仿洛阳故名也。太元九年，慕容垂围邺，引漳水灌之，垂行围，饮于华林园。苻丕密出兵掩之，垂仅免。东魏武定三年，高欢自晋阳来朝，魏主晏之于华林苑，即此。

东明观，在故邺城东，石虎所立。《水经注》石氏立东明观于邺东城上，是也。石虎太子宣贼杀其弟韬于此。晋升平三年，慕容儁发虎墓，购其尸，得之东明观下。又宛阳观，在邺城东北，亦石虎所立。《水经注》：漳水自西门豹祠北径赵阅马台，台高五丈，石虎讲武于其下，列观其上以望之。《十六国春秋》：石虎欲击慕容皝，因悉括民马，大阅于宛阳，是也。又邺城有宣武观，亦石虎所筑。晋建元初，石虎大阅于此。〇御龙观，亦在邺城中，与三台相近。晋永和五年，石闵以兵守其主鉴于御龙观，悬食以给之，寻杀之。

榆林店，在县西南四十里。石晋开运二年，契丹入寇，至相州境，晋军陈于安阳水南。皇甫遇等觇贼，至邺，将度漳水，契丹数万奄至，遇且战且却，至榆林店，布陈力战，安阳救者至，乃得还。〇白沙镇，在故邺县东南。晋成都王颖使孙惠为白沙督，是也。

长桥，在县东漳水上。唐建中二年，马燧等讨田悦，军于漳滨。悦遣将筑月城以守长桥，燧以铁锁连车数百，实以土囊塞其下，水浅，诸军涉度，进军仓口，与悦夹洹水而军。明年，悦将王光进以长桥降于马燧。仓口，见直隶成安县。

混桥。在故邺城东北。冉闵之乱，姚弋仲自滠头帅众讨闵，军于混桥。或曰即故邺城东五里之石桥也。桥跨漳水上，长十馀丈。滠头，见直隶枣强县。

〇**汤阴县**，在府南四十五里。南至卫辉府九十里。汤，读曰荡。古相里地也。战国为魏荡阴地。汉荡阴县属河内郡。晋属魏郡。后魏因之。东魏省入邺县。隋开皇六年，复置汤阴县，属卫州。大业末省。唐初，置汤源县，仍属卫州，寻改属相州。贞观初，复曰汤阴县。宋宣和初，改属濬州，旋复故。今编户四十二里。

荡阴城，在今县西南。荡，亦作汤。战国时魏邑。秦围邯郸，魏使将军晋鄙救赵，畏秦，止于汤阴。又晋惠帝永安初，东海王越奉帝讨成都王颖，颖将石超将兵犯驾于荡阴，稽绍死难处也。五年石虎殁，张豺擅政，虎子彭城王遵自河内举兵趣邺，军于荡阴，寻入邺。《郡志》：隋开皇六年，徙置县于今县治东十七里。十六年，又改置于今县西南三十里。唐武德四年，还治古汤阴城，即今治云。〇邙城，在县东南三十里，相传殷纣子武庚所封地。又牖城，在县北九里，北临牖水，一名防城。相传殷纣囚文王于此，古羑里也。徐广曰：荡阴县有羑里城。

中牟城，县西五十里。《齐语》：桓公筑中牟以卫诸夏。《春秋》定九年，齐伐晋夷仪，晋车千乘在中牟。卫侯将会齐侯于五氏，过中牟，中牟人欲伐之。哀五年，晋赵鞅伐卫，围中牟。又赵襄子时，佛肸以中牟叛。《汲冢周书》：齐师伐赵东鄙，围中牟。又赵献侯徙居中牟。《战国策》：赵楼缓以中牟反，入梁。所谓河北之中牟也。夷仪，见山东聊城。五氏，见直隶邯郸县。〇魏将城，在县东南。相传魏公子无忌矫夺晋鄙军于此，亦谓之晋鄙垒。

五岩山，在县西四十里。山有五谷，故名。又浅山，在县西南侯兆川，与林县太行山相接。〇西牟山，在县西五十里，汤河发源于此。《隋志》县东有博望冈，今见直隶内黄县，盖接境处也。

汤水，本名荡水，在县治北一里。源出西牟山，流经县东五十里，东过大名府内黄县界，合洹水，入卫河。〇防水，出西山马头涧，东经防城西南，即防水。又有羑水，出县西北四十五里之鹤山，流经牖城北而成渊，一名牖水，又东会防水入于汤水。《志》曰：防水在安阳县西南二十里，盖经此而入汤水云。

淇水，在县西七十里。源出卫辉府辉县之共山，东北流入林县境，又东流至县界，复东南流而入卫辉府淇县境。

伏道店。在县东十二里。又县南二十五里有宜沟驿。隆庆三年，尝移驿于城内，万历三年复旧。县东五十里，又有榻河递运所。皆往来必经之道。

〇**林县**，在府西百二十里。北至涉县百五十里，西北至山西平顺县百十里，战国时，为韩之临虑邑。虑，音庐。汉为隆虑县，属河内郡。高帝六年，封周灶为侯国。后汉避殇帝讳，改林虑。三国魏属朝歌郡。晋属汲郡。后魏太平真君六年，省入邺县。太和二十一年，复置。永安初，又置林虑郡。北齐郡废。后周复置郡。隋开皇三年，罢郡。十六年，置岩州。大业初，州罢，仍属魏郡。唐初，复置岩州。寻罢，以县隶相州。宋亦曰林虑郡。金为林州。明洪武三年，以林虑县省入州，又降州为县。今编户三十五里。

淇阳城，《志》云：在县南三十里。隋初置淇阳县，属相州。大业初，并入林虑县。又磻阳城，在县西北八十里。或曰：石赵时置县于此。有沧溪水，经城西北隅入于漳水。又有石城，《括地志》：在县西南九十里。秦惠文王十一年，伐赵，拔石城，即此。

辅岩城，在县东六十里。本安阳县之水冶村。金兴定三年，置为县，属林州。元废。《志》云：县东北二十五里有利城，唐置铁冶处。宋至和中废。

太行山，在县西二十里。群山衿带，形势崔巍。其间峰谷岩洞，景物万状，在府界者绵亘凡二百余里云。余见前名山。

隆虑山，县西北二十五里。南负太行，北接恒岳。光武遣更始将谢躬邀击尤来贼于隆虑山，躬大败走邺，即此。后改曰林虑，隋大业十三年，汲郡贼王德仁保林虑山为盗，是也。一名黄华山，有黄华谷，其北岩出瀑布，曰黄华水。刘劭《赵都赋》置酒黄花之馆，盖谓此山。《志》云：黄花山有三峰，名仙人楼、玉女台、鲁般门，洹水源出于此。《志》云：鲁班门，南去黄华谷二十里，自谷至县亦二十里。〇大头山，在鲁班门西北。《水经》云：即林虑之峤岭抱犊固也。崖谷中断，以木为偏桥而行。晋乱，乡人尝保聚于此，以避石勒之祸。又马鞍山，在县东北四十里，山周三十里。

倚阳山，县西北三十里。山势突耸，而绝顶平坦，可以避兵。俗呼为蚁尖山，金末置蚁尖寨于此。宋宝庆三年，蒙古史天泽攻金将武仙于真定之高公、抱犊诸寨，仙走入汲县，天泽复取相、卫蚁尖、马武等寨。明洪武七年，设守御林县中千户所，拨守蚁尖寨；二十四年，移入县城内。或讹为尾尖寨。建文三年，燕兵在大名，南军据尾尖寨，梗燕饷道，燕王遣兵从间道击破之，即此。马武寨，或曰在荡阴县南。

天平山，在县西南三十里。峰峦泉石，奇胜万端。其别阜有将军山。相传春秋时齐侯伐晋，赵胜率东阳之师追之，驻兵于此。又有扑猪岭，最高峻，岭西即潞安府也。又有流沙岭，岭多沙，暴风则飞走如流，至潞安界不过十余里。二岭之东，地名草场缠。宋征河东时，积粮草于此，以兵戍守处。《志》云：将军山在县西南三十五里。又天平之南为玉泉山；又南曰泽阳谷，谷南曰禚谷，峰岩奇胜，参差相接。〇栖霞谷，在县西南四十余里。《志》云：谷在禚谷南十里，山溪幽险，迤逦与卫辉府辉县接界。

漳水，在县北八十里，浊漳水也。自山西黎城平顺县南流入县境，又东至临漳县西，合于清漳。

洹水，在县西北五里。出隆虑山中，东至安阳县，名安阳河。又淅水，在县南，一名三阳河。源自山西泽州陵川县，东流入县境，至县南合于洹水。〇淇水，在县西南七十五里。自卫辉府辉县东北流经县境，又东入汤阴县界。

鸡冠寨。县西北四十里。元至正中避兵处。又双泉务，在县西北二十里。宋端拱初，置磻阳务于磻阳城内，又置双泉务于此，遣使臣采木于林虑之南北两山。未几废。

附见：

彰德卫。在府城。洪武七年建，辖左、右、前、后千户所四及守御林县中千户所一。又有常山护卫，洪熙元年为赵府置，宣德三年革，而改后千户所为赵府群牧所。

〇磁州，府北七十里。东至直隶广平府邯郸县七十至直隶顺德府一百八十五里，西至山西潞安府二百六十里。

春秋时晋地，战国属赵。秦为邯郸郡地。汉魏郡地。晋属广平郡。后魏仍属魏郡。后周置成安郡。隋开皇十年，置慈州大业初，州废，仍属魏郡。唐初，复置慈州。贞观初废，仍属相州。广德初，复置磁州。相卫节度使薛嵩表置。《旧唐书》：磁州以地产磁石而名。朱全忠改为惠州。后唐复旧。五代梁贞明二年，惠州为晋王存勖所取，复曰磁州。宋仍曰磁州，亦曰滏阳郡。《宋志》：政和三年，改磁为磁。金因之。元初升为滏源军节度，属广平路，后复为磁州。明初改今属，省滏阳县入焉。编户四十里。领县二。

州倚太行之险，控漳、滏之阻。战国时，秦、赵往往争胜于此。苏秦曰：秦甲渡河逾漳，据番吾，则兵必战于邯郸之下。刘氏曰：番吾应在州东。《括地志》房山县东二十里有番吾城，今直隶真定府平山县也，去邯郸远矣。张仪曰：秦、赵战于河、漳之上，再战而赵再胜。是也。是后中原多故，凡出并、邺之间者，滏口实为之冲要。滏口，见武安县滏山。慕容垂出，自滏口入天井关。关在山西泽州南。或曰非也，在武安县西。灭西燕于长子。见山西潞安府。尔朱荣自晋阳讨葛荣于邺西，倍道兼行，东出滏口。高欢自邺城讨尔朱兆于晋阳，引兵入滏口，而分遣库狄干出井陉。见直隶真定府。高齐末，周师克并州，将向邺，高孝珩请以幽州兵出土门。即井陉。趣并州，洛州兵入潼关，而身将京畿兵出滏口，鼓行逆战。齐主不听。隋汉王谅举兵并州，遣其将綦良出滏口，趣黎阳，塞白马津。黎阳，见大名府濬县。白马，见滑县。唐武德三年，突厥谋入寇，欲自幽州会窦建德之师，自滏口西入，会兵于晋绛。又建德救世充，军虎牢，其妻曹氏亦劝建德自滏口乘唐国之虚。虽成败逆顺，势各不同，而滏口其必争之地矣。唐自大历以后，河北诸镇角立，磁州当太行之口，恒藉以联络邢、洺，为昭义之襟要。其后昭义多故，磁州尝无宁岁。五代周广顺初，以北汉屯兵黄泽，黄泽关，见山西辽州。谋犯邢、赵，遣兵屯磁州备之。磁州在山东西间，互为形援，不独一面之险而已。

滏阳废县，今州治。汉武安县地。晋为临水县地。后魏因之。后周析临水置滏阳县。隋为慈州治，州废，仍属魏郡。唐初复为慈州治，寻属相州。乾元初，九节度围邺，安庆绪求援于史思明，思明遣将李归仁军滏阳，为邺声势。广德初，复置州于此。明初县省。

临水城，在州西北三十里。晋置县于滏口之右，属广平郡。后魏及隋属魏郡。初省。代宗广德元年，薛嵩表于临水故城置昭义县，属磁州。大历九年，田承嗣叛，遣将卢子期攻磁州，官军破之于临水，即此。宋省入滏阳县。

梁期城，在州东南。汉县，属魏郡。《风俗记》：邺北五十里有梁期城。汉武元鼎五年，封任破胡为侯邑。后汉仍属魏郡。晋废。惠帝永兴元年，王浚自幽州遣乌丸渴末径至梁期，败成都王颖将石超于此。俗谓之两期城。又《水经注》曰：邺西有武城，俗谓之梁期城。非也。

台城，州东北二十里。相传昔赵王所筑避暑台也。《舆程记》：台城罡北去邯郸五十里，有车骑关。又较城，在州之留望里，俗传光武击王郎，较兵于此。又王城里有王城，周世宗击北汉时筑。岳城里有岳城，宋建炎初，岳武穆驻兵处也。

神麕山，在州西四十里。《水经注》滏水源于此。今山有黑龙泉，俗以为滏水源也。环城东流，入于漳水。成化十一年，判州事张□疏水北口，邯郸始无溃决之患。又州西北四十里有贺兰山，以贺兰真人居此而名。

漳水，在州南二十里，清漳水也。自山西潞安府流入州境，又东至临漳县界，而合于浊漳。漳河在磁州界，其北岸名三台口，西至讲武城，东至孙家庄，约十五里。其岸稍卑，每岁五六月大雨，漳河泛涨，溢岸而流，北至临漳谷子里分为三股，二股入邬米口，在邯郸县东十里。口北里许曰汉坝，折而专入肥乡、曲周。汉坝飞沙堆累，水自南来者阻塞不通，积于二口，水势浩大，堤岸崩决，渰邯郸县东、肥乡县西北、曲周西南。今议者专欲塞二口，但漳水未必起自邯郸二口，塞则邯郸独为壑矣。今有二计：自磁州讲武城而东，临漳县孙家庄而西，筑堤以障漳水，使不至横逆，则三股之水可除，二口亦无冲决之患矣；不然，疏漳河故道，决汉坝而东达苏胡寨口入于滏阳，庶各县均受益矣。

滏水，在州城西北。自武安县流入境，又东入临漳县界，复东北流，入直隶邯郸县界。《郡县志》：滏水出滏山，在州西北四十五里，所谓滏口之险也。亦谓之滏阳河。〇五爪渠，在州西十里，引滏水入焉。明洪武中开浚，宣德九年修治，可溉田千顷。

车骑关。在州北三十里。路通直隶邯郸县，自邺趣河北，车骑往来，往往取道于此，因名。今有巡司。又州治东北一里，有滏阳驿。

〇**武安县**，州北百二十里。东至北直隶沙河县九十五里，西至山西辽州三百里。汉置县，属魏郡。曹魏属广平郡。晋及后魏因之。东魏改属魏尹。后周属洺州。隋因之，大业初属武安郡。唐初属慈州，寻属洺州。广德初，还属磁州。宋因之。元初省入邯郸，寻复旧。今编户三十五里。

武安城，故城在县西南五十里。战国时赵邑。《秦纪》：昭王三十六年，赵奢救阏与，秦军军武安西，鼓噪勒兵，武安瓦屋皆振。又四十八年，王龁伐赵，取武安、皮牢。皮牢，盖与武安相近。汉因置武安县，后移置今治。隋大业初，群盗张金称陷武安，即今县矣。

毛城，在县西。汉建安九年，曹操攻邺，袁尚使武安长尹楷屯毛城，以通上党粮道，操击破之，即此。又阳邑城，《志》云：在县南三里。隋开皇十年，分武安县置。大业初，废。

固镇城，一作故镇，在县西。唐光启二年，李克用将李克修自潞州而东，败邢州孟方立兵，擒其将吕臻于焦冈，拔固镇、武安诸城镇。周显德元年，北汉逼潞州，世宗遣天雄帅符彦卿引兵自磁州固镇出北汉军后。胡氏曰：由固镇西北行至辽州，是出汉军后也。《里道记》：固镇至辽州三百十一里。

粟山，县东南十二里。相传秦白起拒赵廉颇于此，赵将绝粮，起命将士以布囊盛粟，积至山巅，赵军乃退。土人至今呼为粟山。又磁山，在县西南三十里。山产磁石，州名取此。

滏山，在县东南二十里。即滏口，太行第四陉也。山岭高深，实为险厄。晋永和六年，石赵冉闵作乱，赵将张沈据滏口。太元十九年，慕容垂攻西燕，遣慕容楷出滏口，既而垂亦引大军自滏口出，是也。后魏主子攸建义初，群贼葛荣围邺，尔朱荣自晋阳东出滏口，讨平之。永安三年，魏主使杨津督并、肆等九州诸军事，津以兵少，留邺召募，欲自滏口入并州，不果。既而尔朱兆使高欢统并、肆间六镇降户，欢请就食山东，遂自晋阳出滏口。高乾等闻欢东出，自信都迎谒于滏口。太昌初，高欢自邺入滏口，击尔朱兆于晋阳。后周建德五年，克晋阳，将趣邺。齐主遣尉世辨觇周师，出滏口登高阜西望。盖滏口为自邺西出之要道。亦曰鼓山，有二石如鼓，南北相当。俗语云：南鼓北鼓，相去十五。《冀州图经》：邺城西有石鼓，鸣则兵起。高齐之末，此鼓尝鸣而齐遂灭。隋末鼓又鸣，声闻数百里而隋亡。又高欢卒，高澄虚葬欢于漳水西，而潜凿鼓山石窟佛寺之傍为穴，纳其柩而塞之。《淮南子》亦谓之景山也。余见前。

阏与山，在县西南五十里。战国赵惠文王二十九年，秦韩相攻而围阏与，赵将赵奢拒秦军于阏与，先据北山，大破秦军于阏与下。北山，即此山之北云。〇焦冈，在县西六十里。唐末，河东将李克修败邢州孟方立兵于此。

三门山，在县西北八十里。山有三足，峻峙如门。《寰宇记》云：洺水所出也。又有天井岩，绝壁四围，极其险峻，在县西八十里，为适晋之要途。慕容垂灭西燕，出滏口入天井关，当在此地。

洺河，在县东北十里。源出辽州太行山，至县之柏林里伏流，至洺远里复出，东流入直隶邯郸县界，为广平府境之大川。县东北四十五里有响水河，北八里有儒教河，俱流入于洺河。

滏水，在县东南。源出滏山，南入磁州界。《水经注》：滏水出石鼓南岩下，冬温夏冷，东流注漳，亦名合河。

新口，在县西。唐会昌中，讨叛将刘稹于泽潞，自辽州开新路达磁州武安，谓之磁州新口。光化五年，朱全忠攻李克用，使张文恭引魏博兵入自磁州新口，是也。

固镇关。县西五十里，即固镇城也。今有巡司戍守。

○**涉县**，州西二百里。西至山西黎城县八十里。汉置沙县，属魏郡。后汉因之，后因漳水溢，人民徒涉，因曰涉县。建安九年，曹操围邺，涉长梁岐以县降。晋属广平郡。后魏天赐元年，并入临水县。隋开皇十八年，复于涉城置涉县，属潞州。唐初属韩州。贞观十七年，改隶潞州。宋仍旧。金置崇州。元罢州，复为涉县，属真定路。明初改今属，城周四里有奇，编户二十四里。

崇山，在县东南三十里。金升涉县为崇州，以此山名。山头青翠，形如螺髻，亦名青头山。○**韩王山**，在县东五里。相传韩信曾驻兵于此。

漳水，在县南一里。自山西潞安府流经县界，东入磁州境。亦曰涉河，县以此名。

通利渠，在县西一里。下流入于涉河，居民资以灌溉。

沙亭，在县东南。因故沙国为名。晋太元十八年，慕容垂遣将平规攻西燕将段平于沙亭。十九年，垂自出沙亭以击西燕，是也。胡氏曰沙亭在邺西南，恐误。

偏店关。县北三十里。旧设巡司，今迁县西南二十里吾儿峪，与山西黎城县接界。《志》云：吾儿峪，地当险要。嘉靖二十一年，抚臣李宗枢奏筑城，增设官兵守之。

附见：

磁州守御千户所。在州城内。洪武二十三年建，属山西潞安卫。

读史方舆纪要卷五十

河南五　归德府 汝宁府

〇归德府，东至江南徐州三百十里，南至江南亳州一百三十里，西至开封府三百五十里，西南至开封府陈州二百八十里，北至山东曹县一百四十里，东北至山东兖州府四百十七里。自府治至京师一千二百三十里，至南京八百五十里，至布政司见上。

《禹贡》豫州地，古曰商丘，《左传》：高辛氏子阏伯居商丘。商汤为亳邑地。周武王以封微子启，是为宋国。战国齐灭宋，与楚魏三分其地。秦置砀郡。汉改为梁国。后汉因之。晋亦为梁国。后魏曰梁郡。隋初郡废。开皇十六年，置宋州，炀帝复曰梁郡。王世充亦置梁州于此。唐初仍为宋州。天宝初，曰睢阳郡。乾元初，复曰宋州。五代梁为宣武军治，唐建中二年，置宣武军，治宋州。兴元初，宣武军移治汴州。梁改汴州为东京，因移宣武军于此。唐改为归德军。宋仍曰宋州，亦曰河南郡、归德军。景德二年，升为应天府。以太祖由归德节度使受命也。大中祥符七年，建为南京。金曰归德府。元因之。明初降为州。嘉靖二十四年，复为归德府。领州一、县八。今仍曰归德府。

府据江淮之上游，为汴洛之后劲。春秋时，宋以亡国之余，争长于山东诸侯者数百年。楚、汉之相距荥阳、成皋间也，彭越为汉徇梁地，往往攻下睢阳、外黄等城，绝其军后，破其积聚，楚是以败。景帝时，七国之变，梁实当其冲，吴楚兵不敢过而西，卒以破灭。后汉初，刘永擅命于睢阳，号召东方，居然强敌。晋永嘉以后，中原沦丧，王师出于彭城，梁、宋为必经之道。而胡、羯、氐、戎，亦由此以震动淮泗。萧梁因元魏之衰，尝道出梁国，席卷汴洛而不能保也。盖睢阳襟带河济，屏蔽淮徐，舟车之所会。自古争在中原，未有不以睢阳为腰膂之地者。唐天宝末，张巡、许远力守睢阳以抗贼锋，贼围益急，或议弃城东走，巡、远曰：睢阳者，江淮保障。若弃之，贼必乘胜长驱，是无江淮也。论者谓睢阳坚守，既足以挫贼之锋，使不敢席卷东下，又即以分贼之势，使不得并力西侵，江淮得以富庶全力赡给诸军。贼旋荡覆，张、许之功，于是乎伟矣。兴元末，李希烈僭逆，刘洽以宋州之兵西入大梁。及咸通之季，庞勋据彭城以倡乱，势甚张，而王师厚集于宋州，贼以平定。宋建陪京于此。其后蒙古攻金汴京，遣偏师陷睢州，攻归德，归德残破，汴亦不守。郡之形势，与徐、汴相表里，不较然哉？

今府城，春秋宋国城也。其城东门曰扬门，《礼·檀弓》：元公入自扬门。《左传》昭二十一年，宋元公以华、向之乱，入自扬门见公徒，下而巡之。汉时东门犹曰扬门。又东北门曰蒙门，《左传》襄二十七年，宋公及诸侯之大夫，盟于蒙门之外，是也。南门曰卢门，《左传》桓十四年，宋伐郑，取大宫之椽，归为卢门之椽。又昭二十一年，华氏居卢门，以南里叛。杜预曰：睢阳有卢门亭。西门曰垤泽门，即《孟子》鲁君所呼门也。《括地志》：宋东城南门曰泽门。《左传》襄十七年，宋皇国父为平公筑台，筑者讴泽门之皙，实兴我役者也。鲁君所呼当在此。西北门曰曹门，《左传》成十八年，郑伯侵宋，及曹门外，是也。北门曰桐门。《左传》襄十年，楚及郑围宋，门于桐门。又昭二十五年，宋乐大心居桐门，称桐门右师。又哀二十六年，宋景公无子，蓄公孙周之子得与启；景公卒，启立，得梦启北首而寝于卢门之外，己为乌而集于其上，咮加于南门，尾加于桐门，是也。又外城门曰桑林门。《左传》昭二十一年，宋城旧鄘及桑林之门而守之。又耏门，或曰宋郊外门。宋武公时，而彡班御皇父充石获长狄缘斯，宋公以门赏耏班，使食其征，谓之而彡门，是也。汉梁孝王都于此。本封大梁，以地卑湿，徙睢阳。《北征记》：城方三十七里，南临濊水，即睢水。凡二十四门。《汉书》：孝王筑东苑，方三百余里，广睢阳城七十里。《太康地记》：城方三十里。唐建中时，亦为宣武军城，城有三。长庆二年，宣武叛将李岕攻宋州，陷南城，刺史高承简保北二城，与贼战，却之。咸通十年，徐贼庞勋袭攻宋州，陷南城，刺史郑处冲守北城以拒贼。宋为南京城。城周十五里四十步，东二门：南曰延和，北曰昭仁；西二门：南曰顺成，北曰回銮；南一门曰崇礼，北一门曰静安。内为宫城，周二里三百十六步，门曰重熙、颁庆。京城中有隔城，门二：东曰承庆，西曰祥辉。东有关城，东面外城也。周二十五里八十三步，东、南、北各有一门。金之将亡也，以汴京危急，谋出幸。或言归德四面皆水，可以自保，既而金主出顿归德，复走蔡州。《志》曰：旧城周十二里三百六十步。明初，少裁四分之一。弘治十五年，圮于水。正德六年，重筑，乃徙而北之。城周九里有奇，今南门，即旧北门故址也。府东门曰宾阳门，南拱阳门，西埢泽门，北拱辰门。

〇**商丘县**，附郭。古商丘，为阏伯之墟。春秋宋国都也。秦置睢阳县。汉因之，梁国都于此。隋开皇十八年，改县曰宋城，属宋州。大业初，还属梁郡。唐仍为宋州治。后因之。金人复曰睢阳。明初，省入归德州。嘉靖中，升州为府，复置今县，编户二十七里。

睢阳城，《括地志》：在州治南三里外城中。秦县治此。项王拔外黄，东至睢阳，皆争下项王。汉文封子武于此。景帝三年，吴、楚叛，引兵攻睢阳，不能克。自汉以后，皆为梁国治。后魏主子攸永安二年，梁将陈庆之送北海王颢北还，进至梁国，魏将丘大千分筑九城以距之。庆之拔其三垒，大千降，颢遂即帝位于睢阳南，旋克梁国。隋始改县曰宋城，亦治南城中。宋建南京，宋城县移入郭内。

蒙城，在府东北四十里。亦曰大蒙城。《国语》：楚申无宇曰：宋有萧、蒙。《左传》襄二十七年，宋公及诸侯之大夫盟于蒙门之外。又有蒙泽，在城东北三十五里。《左传》庄十二年，宋万弑闵公于蒙泽。汉置蒙县，属梁国。晋因之。永嘉五年，苟晞奉豫章王端为皇太子，自仓垣徙屯蒙城，置行台，寻为石勒所虏。刘宋属谯郡。后魏因之，亦曰北蒙县。永安初，梁将陈庆之送北海王颢北还，自铚城进拔荥城，遂至梁国。荥城，即蒙城之讹矣。后齐废。又有小蒙城，在府南二十五里。《志》云：中有漆园。庄周尝为园吏，城亦名漆丘。晋义熙十二年，刘裕遣王镇恶等入秦境，秦将王苟生以漆丘降，即此。铚城，见江南宿州。〇贯城，在府西北。《左传》僖二年，齐侯、宋公、江人、黄人盟于贯。杜预曰蒙县西北有贯城，是也。今详见山东曹县。

亳城，在府西北。杜预曰：在蒙县西北，故汤都也。春秋时宋邑。定十二年，宋公子御说以宋万之乱，奔亳。亦曰薄。《左传》僖二十一年，楚执宋襄公以伐宋，冬会于薄以释之。哀十四年，桓魋请以鞍易薄，宋景公不可，曰：薄，宗邑也。汉置薄县，属山阳郡。后魏改属梁国。晋省。《括地志》：穀熟西南三十五里有南亳故城。《书》所称三亳者，蒙县之亳曰北亳，汤所兴；穀熟之亳曰南亳，汤所都；偃师之亳为西亳，汤所迁也。又诸家皆以蒙县之亳为景亳。按：《商颂》明言瞻彼景山，为高宗宗庙所托，则指偃师之亳无疑，况景山至今未改乎？指为北亳，误矣。鞍亦在亳西，盖魋之食邑。

穀熟城，在府东南四十里。汉睢阳县地。后汉建武二年，封更始子歆为穀熟侯，邑于此；寻为谷熟县，属梁国。晋因之。后废。隋开皇十六年，复置谷熟县，属宋州。唐武德二年，置南穀州治焉；四年，州废，仍属宋州。宋开宝五年，汴水决于此，迁治城南，仍曰谷熟县。元省。今为穀熟镇。

横城，在府西南。《左传》昭二十一年，宋华、向之徒乱，乐大心、丰愆、华牼御诸横。杜预曰：睢阳县南有横亭，世谓之光城，声相近也。〇新城，在城南。《左传》文十四年，晋赵盾盟诸侯于新城。杜预曰：谷熟县西有新城。

商丘，在城西南三里，周三百步。《左传》阏伯居商丘，是也。世称阏台。〇穀丘，在城南四十里。《左传》桓十二年，公会宋公、燕人盟于穀丘，是也。

黄河，在府北三十里丁家道口。自开封府仪封县东流，入府境之睢州考城界，流经此，又东至虞城、夏邑北，而东入徐州境，为丰、沛间之漕河。

汴河，旧在城南。自开封府杞县东流，经睢州考城界，又东入宁陵界，至府城南而东南流，入江南凤阳府界。宋开宝五年，汴决穀熟，害民田。太平兴国三年，汴水决宋城县。淳化二年，汴复决于宋城。景德元年，宋州复言汴河决溢，皆命有司修塞。《寰宇记》：睢水在城南，汴水在城北，梁孝王广睢阳城，开汴河，始经城南为洪蓬泽。今详见大川汴水。又《水经注》：睢阳有涣水，亦汴水之支流也。今见永城县界。

睢水，在府城南。自开封府陈留县东南，经睢州宁陵县之南流入境，又东至夏邑永城之南，而入江南徐州南界。《春秋》僖十九年，宋襄公用鄫子于次睢之社。成十五年，宋华元讨荡泽之乱，其党鱼石等出舍于睢上。元止之，不可，则决睢澨，闭门登陴以备之，鱼石等皆奔楚。汉建安七年，曹操军谯，遂至浚仪，治睢阳渠。胡氏云：睢水于浚仪首受莨荡水，东过睢阳，故曰睢阳渠。

孟诸泽，在府东北，接虞城县界。今虞城县西北有孟诸台，亦故泽地也。《禹贡》：导荷泽，被孟猪。《尔雅》十薮，宋有孟诸。《左传》僖二十八年，楚子玉梦河神赐以孟诸之麋。又文十年，宋道楚子田孟诸。哀十四年，宋皇野语向巢：迹人来告，逢泽有介麇焉。或曰：逢，犹遇；泽，即孟诸。《周礼》谓之望诸，《史记》谓之明都，《汉志》谓之盟诸。○漆沟，在府城北，一名陨石河。《左传》：陨石于宋五。相传水涸时，五石犹存。

漻堤，在府西北七里。漻，一作蓼。梁孝王所筑。宇文周末，杨坚使於仲文击尉迟迥将檀让于河南，军至漻堤，去梁郡七里，进拔之。《志》云：府城南六里有南湖，梁孝王园池故址也。

白沙渠，在府东。又有石梁渠。宋张亢知应天府，治此二渠，民无水患。○赵渠，在府东南。《志》云：即贾鲁所开大河故渎也。自商丘虞城县而东，达萧县至徐州。嘉靖末，始北徙。万历初，潘季驯议复开之，以费重而止。二十六年，刘东星复浚渠，功未竟而卒。

武津关，府东南三十五里。路通徐、亳，有巡司。又府北三十里曰丁家道口，当黄河之津要。今有丁家道口渡巡司，在府北十里。《志》云：府城西有商丘驿，明初置。

阳梁聚，在城东南三十里。《左传》襄十二年，楚会齐师伐宋，师于阳梁。杜预曰：阳梁在睢阳东。又鸿口亭，在府东。《左传》昭二十一年，齐师、宋师败吴师于鸿口。杜预曰：睢阳东有鸿口亭。

蠡台，在府城南。司马彪曰：睢阳有卢门亭，城内有高台，甚秀广，巍然介立，超焉独上，谓之蠡台，亦谓之升台。《续述征记》：回道似螺，故曰蠡台。《水经注》：蠡台傍又有女郎台、凉马台。晋永和九年，姚襄降晋，屯于历阳，殷浩恶其强盛，迁襄于梁国之蠡台。又燕升平四年，燕以慕容垂为征南将军、荆州刺史，镇梁国之蠡台，是也。又有平台，在府东北二十五里，宽广而不甚高。《史记》：梁孝王大治宫室，为复道，自宫连属于平台，三十余里，即此。司马贞曰：平台，一名修竹院。

竹圃。在府东南。《水经注》：睢水自睢阳东南流，历竹圃，水次绿竹荫渚，菁菁弥望，世谓之梁王竹园。官收其利，因名官竹。梁中大通四年，遣羊侃送元法僧北还，侃至官竹，闻谯城为魏所陷，引还。

〇**宁陵县**，在府城西六十里，又西至开封府杞县一百里，北至睢州考城县七十里。古葛国，后为宋之宁邑。战国时属魏。汉曰宁陵，高帝封吕臣为侯邑。元狩初，置县，属陈留郡。后汉属梁国。晋因之。刘宋属谯郡。后魏仍旧。北齐废。隋开皇六年，复置，属宋州。唐因之。宋初属拱州，后属应天府。今城，明初筑，周九里有奇，寻圮于水。成化二十二年，改筑，截去北城，周仅五里。编户七里。

宁城，在县城西。春秋时宋之宁邑也。战国时，魏公子无忌封信陵君，而食邑于宁。秦楚之际，周市欲立故魏公子宁陵君咎为王，即此。汉置宁陵县。后汉初平四年，曹操败袁术于封丘，术自襄邑走宁陵。唐至德初，张巡自雍丘东守宁陵，大破贼将杨朝宗等于此，即今县矣。〇葛城，在县北十五里。古葛伯国。《孟子》：汤居亳，与葛为邻。春秋时亦为葛国。桓十三年，葛人来朝。汉为葛乡。又县南三十里有东、西二期城，相去五里，战国时梁楚之边邑也。

己吾城，在县西南三十里。《风俗传》云：宁陵县之徙种龙乡也。后汉永元十一年，置己吾县，属陈留郡。中平末，魏武初起兵于己吾，即此。晋省县而城犹存。永嘉五年，石勒绐斩王弥于己吾，即此。后魏复置县，属马头郡。东魏置仁州及临淮郡治焉。北齐州郡俱废，省县入下邑县。盖废徙不一，非故县地也。

沙随城，县西北六里。《左传》成十六年，晋会诸侯于沙随。襄二十二年，复会于沙随。亦曰沙阳亭，或谓之棠阳城，俗谓之堂城。梁大通三年，陈庆之送元颢北还，自铚城进拔荥城，胡氏以为即堂城也。其西有白沙埚。唐至德初，张巡守雍丘以抗贼，贼众屯白沙埚，巡乘夜袭击，大破之。○汋陵城，在县东南二十五里。《左传》成十六年，郑子罕伐宋，宋将鉏乐惧，败诸汋陂，退舍于夫渠，不儆，郑人覆之，败诸汋陵，是也。

大棘城，县西南七十里。《左传》宣二年，宋华元、郑公子归生战于大棘，即此。汉景帝三年，七国反，吴、楚共攻梁，破棘壁，即大棘也。

始基城，在县南。晋豫州刺史祖逖督护卫策所置。策大破乞活陈川于穀水南，谓人曰：吾从祖公北伐，功始基此。因名。相去五里有仇留城，川将仇留所戍处。按：穀水，一名谷水。《水经注》，汴水又东，谷水入焉，又东南经己吾城者也。今湮。

甘露岭，在县西五里。隋文帝幸岱，至此，甘露降，因名。

汴河，旧在县北八里，又东入商丘县界。唐至德初，张巡守宁陵，大败贼将杨朝宗等，流尸塞汴而下。又兴元初，李希烈围宁陵，引汴水灌城，濮州刺史刘昌坚守，镇海节度韩滉遣将王栖曜赴救。栖曜以强弩数千，游汴水夜入城，希烈却走。宋太平兴国三年，汴河溢，坏宁陵堤岸，诏有司修塞。今湮。又县南七里有贾鲁堤。元时黄河南决，流经县界，鲁筑此堤障之，因名。

睢水，在县南。自睢州界流经此，又东入商丘县界。〇巴河，在县北。旧自睢州流经县境，入于大河。

桃园关。县北四十里。旧尝设关于此，并置巡司。今废，其地仍曰桃园集。县北三十里又有柳河集，旧设公馆于此。又宁城，亦在县城北。〇仪台，《括地志》：在县西南。《史记》：魏惠王六年，伐取宋仪台。一作义台。郭象云：宋之灵台。《志云》：县北四十里有桃园关，亦往来津戍处也。

〇**鹿邑县**，府南百二十里，东至江南亳州百三十里。汉郸县地，属沛郡。东汉析置武平县，属陈国。晋属梁国。后魏属陈留郡。隋开皇十八年，改曰鹿邑县，属陈州。唐属亳州。宋以后因之。明初改今属，城周九里有奇，编户三十四里。

鹿邑城，在县西南。宋白曰：在县西十三里。春秋时陈邑，本曰鸣鹿。《左传》成十六年，晋知武子以诸侯之师侵陈，至于鸣鹿。隋因以名县。唐中和三年，宣武帅朱全忠与黄巢党战于鹿邑，败之，遂入据亳州。《志》云：县东北四十里有武平故城，后汉置县治此。建安元年，封曹操为武平侯，此其食邑云。

苦县城，县东七十里。即楚之苦县。汉因置县，属淮阳国。东汉属陈国。晋仍曰苦县，属梁国。咸康三年，改曰谷阳，属陈郡。后魏仍曰谷阳县，属陈留郡。后齐省。隋开皇六年，复置谷阳，属亳州。唐乾封初，改曰真源县；载初元年，改曰仙源；神龙元年，复曰真源；宋大中祥符七年，改曰卫真县：俱属亳州。元并入鹿邑。《九域志》：县在亳州西六十里。

宁平城，在故苦县西南。汉县，属淮阳国。后汉属陈国。晋省县而城犹存，亦曰宁平。《水经注》：城在沙水北。永嘉五年，东海王越卒于项，王衍等奉其丧，还葬东海。石勒自许昌追之，及于苦县宁平城，是也。近《志》讹曰安平，在县西北四十里。

郸县城，在县东北。汉置郸县，属沛郡。郸，音多。后汉仍属沛国。晋省。隋开皇六年，复置郸县，属陈州。唐初省。今为郸城镇。《志》云故郸城在县西南七十五里，误。

颍水，在县南，与陈州沈丘县接界。《春秋》成十六年，晋知武子以诸侯之师至鸣鹿，遂侵蔡，诸侯迁于颍上，即此。蔡河亦自开封府太康县流合焉，古所谓蔡河口也。

涡水，在县西北。自太康县东南流，经柘城县境，又东南流经县界，又东入亳州境。《水经注》：涡水东径大棘城南，又东径宁平故城北，又东径鹿邑城北。是也。今县北有涡河渡。

赖乡。在废真源县东。《九域志》：真源县有赖乡及曲仁里，相传老子所居也。赖，一作厉，音赖。梁中大通六年，遣元庆和克魏赖乡，据之，即此。《志》云赖乡城在县东十里，误。○颐乡，在县东。汉初，灌婴攻苦、谯，与汉王会颐乡。徐广曰：苦县有颐乡。

○夏邑县，府东百二十里，东至江南萧县百五十里，北至山东单县七十里。战国时下邑地。秦属砀郡。汉置下邑县，属梁国。晋因之。刘宋兼置梁郡于此。后魏初，属梁郡。孝昌二年，于此置砀郡。隋属亳州。开皇十六年，改属宋州。唐、宋因之。金曰下邑县，仍属宋州。元初，并入睢阳县，寻复置，属归德府。明初，改下为夏。今县城周八里，编户十四里。

下邑故城，在县西南。战国时为楚邑。楚考烈王灭鲁，顷公亡迁下邑，是也。秦二世二年，沛公取砀，攻下邑，拔之。又彭城之战，吕后兄周吕侯军于此，高祖败还，从周军于下邑，寻置下邑县。景帝三年，吴、楚攻梁，走条侯军，会下邑，欲战，条侯坚壁不战。后周大象二年，尉迟迥举兵相州，徐州部将席毗罗之攻拔下邑。皆此城也。后移今治。

栗城，在县东。秦县也。二世二年，章邯破楚军至栗，又沛公将周勃攻栗，取之，既而沛公引兵西，与彭越俱攻秦军，战不利，还至栗，即此。汉亦置栗县，属沛郡。武帝封赵敬肃王子乐为侯邑。后汉省。《寰宇记》：今县城，本栗城。砀山县，汉下邑县也。后魏明帝置砀郡于下邑，移下邑县治此。栗县，魏收志不载，恐误。

谯城，在县北三十一里。或曰汉谯县初治此。东晋初，祖逖屯淮阴，进据太丘城，遂克谯城而居之，即此城矣。〇祁城，在县东北，秦邑也。汉初，曹参取祁善置。《括地志》：置，驿也；善，即驿名。盖祁县之善置。今夏邑东北有故祁城。

黄河，在县北二十二里。有巴堤，黄河之南岸也。东接徐州之萧县，北接兖州府之单县，东南为运河。

睢水，在县东南二里。自商丘县流入境，又东达永城县南境。

黍丘亭。在县西南。《左传》襄七年，宋围曹，筑五邑于其郊，黍丘其一也。杜预曰：夏邑县西南有黍丘亭。《志》云：今县南三十五里有会亭驿。

〇**永城县**，府东一百八十里。西北至江南砀山县百二十里，东南至江南宿州百三十里，西南至江南亳州百十五里。春秋芒邑地。汉为芒县，属沛郡。高祖初封耏跖为侯邑。耏，音而。后汉改芒曰临睢，属沛国。魏废。晋为谯郡蕲县地。隋末，置永城县，属谯郡。唐属亳州，宋因之。金兴定五年，升永城为永州。元至元二年，复降为永城县，改今属。城周四里有奇，编户二十四里。

酂县城，在县西南。本秦县，属泗水郡。陈胜初起攻酂，下之。汉亦为酂县，属沛郡。后汉属沛国。建武三年，盖延等围刘永于睢阳，永突出，将走酂，其将庆吾杀之以降，即此。晋属谯郡，魏置下邑县，属马头郡。北齐郡县俱废。隋开皇十六年，复置酂县，属亳州。唐因之。开元二十六年，移治于汴城之垣阳驿。宋因之。金改属永州。元至元二年，并入永城。酂，音嵯，本作鄼，非萧何食邑也。今有酂城桥，在县南二十里。

太丘城，在县西北三十里。《春秋》襄元年，郑子然侵宋，取大丘。杜预疑其远。按：是时楚方侵宋吕留，郑服楚，盖为楚取也。吕留，今见江南徐州。汉为敬丘县，属沛郡。东汉曰太丘，仍属沛国。陈寔为太丘长，即此。晋县废城存。东晋初，祖逖自芦州进屯太丘，是也。今有太丘集，与夏邑县接界，大河经此，东北流入江南砀山县境。芦州，详见江南亳州。

建平城，在县西南。汉置县，属沛郡。景帝封程嘉为侯邑，又昭帝封杜延年为建平侯。后汉仍属沛郡。晋析置马头郡，治建平城。章怀太子曰：建平故城，今马头城。刘昫曰：永城旧治在马浦城东北三里。唐武德五年，移于马浦，或曰即马头城也。○芒城，在县东北。《志》云：汉县治此，俗呼大睢城。

砀山，县北八十里，与徐州砀山县分界。其北八里为芒山，山有紫气岩，即汉高避难处。其东南有保安镇，相传高祖斩蛇于此。《邑志》云：砀山别名，有磨山、白毛、石洞、黄土、戏山之称，连亘几二十里。

磨山，在县东北。砀山之别阜也。唐咸通九年，徐州叛卒庞勋作乱，民逃匿其上，勋遣其党张玄稔围之，会旱，山泉竭，数万口皆渴死。又虞山，在县北九十里，《隋志》谓之鱼山。

睢水，在县南。自夏邑县流入，又东南入徐、宿二州之界。《水经注》：睢水在县北，与砀县分界。盖故道已湮矣。

涣水，旧在县东南。睢水之支流也。东入凤阳府宿州西南境，一名濊水。《战国策》：楚宣王时，魏拔赵邯郸，楚救赵，取睢、濊之间。唐咸通九年，康承训讨庞勋，屯新兴，济涣水，与贼战，贼伏兵围承训，朱邪赤心击却之，是也。

浍水，在县南二十里。自凤阳、亳州界来，经县界柏山，又东入宿州界。又南二十五里有泡河，亦自亳州来，经县境东入宿州界，会于浍水。县南有黄沟、清沟，西南有大小涧沟，县北有洪沟、渍沟，皆流入于浍、泡两河。

新兴镇，在县南。唐咸通中，康承训讨庞勋，引兵屯于新兴，贼将姚周屯柳子拒之，承训退屯宋州，是也。自新兴东至鹿塘，又东至柳子，相距各三十里。柳子，见江南宿州。

鹿塘寨，在县东南。康承训将诸道兵屯柳子之西，自新兴至鹿塘，壁垒相属。既而贼将王弘立引兵渡睢水，围承训于鹿塘，为沙陀所败，蹙之于睢水，贼死者甚众，自鹿塘至襄城，伏尸五十里。襄城，即今江南宿州之相城。〇太丘驿，在县东，以太丘故城名。

棘亭。在故酂县东北。《左传》襄二十六年，吴克棘入州来。又昭四年，吴伐楚，入棘。杜预曰：即棘亭也。〇费亭，在县西。《水经注》：沛国酂县有费亭。汉延熹中，封中常侍曹腾为费亭侯，腾养子嵩袭父封。建安初，曹操亦袭封于此。

〇**虞城县**，府东北六十里。北至山东单县六十里。古虞国，禹封商均于此。汉置虞县，属梁国。晋因之。后魏属沛郡，改曰萧县。北齐省。隋开皇十六年，置虞城县，属宋州。唐武德四年，置东虞州，州旋废，仍属宋州。五代梁属辉州。宋仍属宋州。金废。元复置，属东平路，后属济宁路。明初改今属。今城周四里有奇，编户八里。

虞城，在县南三里。旧县治此。《史记》，汉王败于彭城，还军砀西，过梁地，至虞，是也。自汉以后，皆为县治。明嘉靖九年，以河患，始营今城，移县治焉。

纶城，在县西三十五里。夏时虞国之邑。《左传》少康奔有虞，邑诸纶，是也。又西五里有熟城。阚骃《十三州志》：熟城，汉县。未详所据，或穀熟之讹矣。

广乐城，在县西。汉时有此城。建武二年，更始故将苏茂据广乐，降刘永。三年，吴汉率七将军击茂于广乐，大破之。隋避炀帝讳，改曰长乐城。

空桐山，《寰宇记》：在县东三十里。《郡国志》：县南五里有空桐亭。《左传》哀二十七年，宋景公游于空泽，卒于连中，大尹兴空泽之士千甲，奉公自空桐入，是也。杜注：空泽，邑名；连中，馆名。俱在虞城境内。

黄河，在县北十三里。自商丘县东流入境，又东入夏邑县境。○汴河，《志》云：旧自归德东北流，经县城北，后转而东南流。五代以后，县境之河遂涸。

孟诸台。在县西北十里。县境，古孟诸之地也，台因以名。○石榴堌驿，在县南六十里，明初置。

附见：

归德卫。在府城内。洪武二十三年置，辖左、右、中、前、后五千户所，属中都留守司。

○**睢州**，府西一百七十里。南至开封府陈州二百里，西北至开封府一百七十里，北至山东曹州一百七十里。

春秋时宋、陈二国地。秦置襄邑县。汉属陈留郡。晋属陈留国。刘宋属谯郡。后魏属梁郡。东魏属阳夏郡。隋属宋州。唐初，属杞州。贞观初，属宋州。宋属开封府。崇宁四年，升拱州，建为东辅，亦曰保庆军。大观中废。政和四年，复置。金改睢州。元因之。明初，以州治襄邑县省入。编户四十里。领县二。今仍曰睢州。

州界梁、宋之中，据汴河之会，土田平衍，舟车络绎。宋人置州于此，屏卫京邑。兖、豫有事，此亦驰驱之所矣。

襄邑废县，今州治。故宋承匡之、襄牛地。《左传》僖元年，卫侯出居于襄牛。又襄十年，楚、郑伐宋，卫侯救宋，师于襄牛。后以宋襄公葬此，亦曰襄陵。战国时，属魏。《魏世家》：文侯三十五年，齐伐取我襄陵。《齐世家》：威王使田忌伐魏襄陵。救邯郸又魏惠王十九年，诸侯围我襄陵。楚怀王六年，柱国昭阳将兵攻魏，破之于襄陵，得八邑。秦置襄邑县。汉因之，属陈留郡。更始二年，立成丹为襄邑王。建武二年，封更始子述为侯邑。晋仍旧，后废。魏景明元年复。东魏属阳夏郡。北齐省入雍丘县。隋开皇十六年，复置。唐因之。宋为拱州治。金为睢州治。明初省。州城周十里有奇，有门四。

承匡城，在州西三十里。《左传》文十一年，叔仲、惠伯会晋郤缺于承匡。《战国策》：犀首以梁与齐战于承匡。秦为承匡县，后以承匡之地卑湿，徙县于襄陵，城遂废。亦曰匡城。〇广乡城，在县东。圈称曰：襄邑有蛇丘亭，即广乡也。后汉顺帝封挚填为侯国。

金锁岭，在州治后。昔人避水患者，多居其上。又骆驼冈，在城西，有襄公台，其形起伏如驼。冈后有西湖，周回十四里。

黄河，在州北七十里。自开封府仪封县流入境，又东入考城县界。

汴河，在州北四十五里。自开封府杞县东流至此，又东入考城县界。今堙。

睢水，在州北。自开封府陈留、杞县之南境，流入州界，又东入宁陵县境。今上流渐淤矣。〇巴河，在州北五十里。旧自仪封东南流入境，达宁陵县，入于河。今堙，其馀流自州境至考城县，西北入于河。

东涧，在州东。晋太和四年，桓温伐燕，不克而还，燕兵追之，及于襄邑。慕容德伏兵东涧中，与慕容垂夹击温处也。

巢亭，在州南二十里。春秋时郑地。又有鄫亭，在州东南，亦郑地。《左传》襄元年，晋会诸侯伐郑，东诸侯之师次于鄫，以待晋师。晋师自郑以鄫之师侵楚焦夷及陈，是也。焦夷，见江南亳州。

滑亭，在州西北。《春秋》庄二年，次于滑。杜预曰：襄邑西北有滑亭。又有盂亭。《左传》僖二十一年，诸侯会宋公，盟于盂。

首乡。在州东南。《春秋》桓十八年，齐侯师于首止。僖五年，齐桓公会王世子于首止。成十五年，楚侵卫，及首止。又十七年，诸侯伐郑，楚子重救郑，师于首止。杜预曰：即首乡也，卫地。○葵丘驿，在州城南，明洪武初置。

○**考城县**，州东北九十里，西南至开封府杞县八十里，北至直隶东明县百二十里，东至山东曹县七十里。本周之戴国。《春秋》隐十年，郑取戴。改名穀城。《陈留风俗传》曰：秦置穀县，汉高封秘彭祖为戴侯属开封府，国于此。后为甾县，属梁国。东汉章帝改名考城，属陈留郡。晋省。惠帝时复置，属寄梓郡，宋因之。后魏改置考阳县，属北梁郡。北齐省入成安县。隋开皇十六年，复置考城县，属宋州。唐初，置东梁州，寻废，以县属曹州。五代梁改曰戴邑，属开封府。后唐复曰考城。五代晋国宋因之。崇宁中，改属拱州。大观中，仍属开封府。金复属曹州，又改今属。城周五里有奇，编户十一里。

考城故城，在县东南五里。本汉之甾县。王莽遣兵击翟义，东至陈留甾。后汉曰考城。后魏永安二年，梁将陈庆之送元颢北还，至梁国。魏元晖业军于考城，庆之攻拔之。唐元和十三年，宣武帅韩弘讨淄青叛帅李师古，围曹州，拔其考城。皆此城也。明正统十三年，以河患徙今治。城周五里有奇。

成安城，在县东北。《汉志》有成安县，属陈留郡。后魏孝昌中，复置成安县，为北梁郡治。北齐废郡，以考阳县省入，属济阴郡。隋初郡废。开皇十六年，又省县入考城县。

斜城，在县东。《陈留风俗传》：考城县有斜城。又东三里有周坞，旧汴水经坞侧。《续述征记》：晋义熙中，刘公遣周超之自彭城缘汴故沟，斩树穿道七百余里，以开水路。停泊于此，故兹坞流称矣。

黄河，在县北三里。自开封府仪封县而东，县为冲决之所，堤防最切。

汴河，在县南。《水经注》：汴水东经考城县故城南，而为菑获渠。亦兼丹水之称。《竹书纪年》：宋杀其大夫皇瑗于丹水之上。今为平陆矣。《汉志》注：菑获渠，自蒙县东北至彭城入泗，过郡二，行五百五十里。

黄沟，在县西。《水经注》：河水旧于白马南泆，通濮、济、黄沟。鲁惠公败宋师于黄。黄，盖沟名也。又《国语》吴子掘深沟于商、鲁之间，以会晋公午于黄池，亦即此矣。薛瓒曰：外黄以黄沟而名。盖沟近外黄。《汉志》注：考城县有黄沟。《寰宇记》：在县西三十六里。

葵丘亭。在县治东。《左传》僖九年，齐桓公会诸侯于葵丘。杜预曰：在外黄东。盖晋省考城入外黄也。今县西去故外黄城四十里。○蒲亭，在县界。东汉仇香为蒲亭长，即此。

○**柘城县**，在州东南九十里。东至宁陵县八十里。古朱襄氏邑。春秋为陈株野地。战国时为楚柘邑。《史记》：陈涉攻楚柘、谯，皆下之。汉置柘县，属淮阳国，以邑有柘沟而名。后汉属陈国。晋废。隋开皇十六年，复置，改曰柘城，属宋州。唐贞观初，省入穀熟、宁陵二县。永淳初，复置，仍属宋州。宋属应天府。崇宁中，改属拱州。金属睢州。后省。元复置。今县城，明初筑，周十二里。嘉靖二十一年，水坏重筑，周五里有奇。编户九里。

鄢城，在县北。《汉志》有鄢县，属陈留郡。应劭曰：郑伯克段于鄟，即此。《寰宇记》：柘城县北三十里，有故鄟城。又藏甲城，在县西三十里。相传项羽藏兵于此。城西有冈，亦曰霸王冈。

睢水，在县北。自睢州流入境，北接宁陵县界。○泓水，在县北。《寰宇记》：鄟城北里许有泓水。《春秋》僖二十二年，宋人及楚人战于泓，是也。

涡水。在县南三十里。自太康县流经县境，又东南入鹿邑县界。

附见：

睢阳卫。在州城内。洪武二十二年置，辖左、右、中、前、后五千户所。

○汝宁府，东至江南颍州三四里，南至湖广黄州府五百里，西至南阳府二百九十里，北至开封府许州二百六十里，东北至开封府陈州二百里。自府治至布政司四百六十里，至江南江宁府一千二百五十里，至京师二千三百里。

《禹贡》豫州之域，春秋时为沈、蔡二国地。战国时为楚、魏二国之境。秦属颍川郡。汉置汝南郡。后汉、魏、晋因之。刘宋立司州于汝南，元嘉末，司州自义阳侨置于此。号其城曰悬瓠。《唐书》作垂瓠。以为重镇。后魏得之，改为豫州，东魏置行台于此。后周亦曰豫州，置总管府。后改曰舒州，寻复曰豫州，又改溱州，时改洛州为豫州，因以豫州为溱州。复改曰蔡州，而汝南郡如故。隋初废郡，仍曰蔡州。大业初，复改为汝南郡。治汝阳县。唐初置豫州。天宝初，改汝南郡。乾元初，复为豫州。宝应初，又改蔡州。避代宗讳也。是后为淮西节度使治所。寻又曰淮宁军，后又为彰义军，皆治此。宋仍曰蔡州。亦曰汝南郡淮康军。金因之。亦曰镇南军。元仍为蔡州。

至元三十年，升汝宁府。《志》云：元以汝水泛溢，截断上流，水患得宁，因改今名。明因之，领州二、县十二。今仍曰汝宁府。

府北望汴、洛，南通淮、沔，倚荆楚之雄，走陈、许之道，山川险塞，田野平舒，战守有资，耕屯足恃，介荆、豫之间，自昔襟要处也。春秋时，楚文王县申、息，朝陈、蔡，封畛于汝，与晋争郑，夹颍水而军。是时楚之强，中国诸侯皆惴惴焉，其能与楚竞者，惟有晋耳。秦汉以降，汝南皆为雄郡。及晋室多故，南北瓜分，悬瓠之地，恃以屏蔽淮、泗，控带颍、洛。宋大明中，悬瓠丧败，而淮北之地，遂成荒外，中原声闻，日以隔远。历齐、梁、陈之际，南国之势往往折而入于北者，悬瓠不复之故也。唐之中叶，淮西抗命，李希烈纵横搏噬，河、洛、淮、汉之交，诸州悉被其患。其后吴元济以申、光、蔡三州，拒天下之兵，四面攻围，四年乃克。说者谓：自希烈据蔡，以迄于元济，蔡州不被王化者，几四十年，其风俗犷戾，虽居中土，过于奚貊。此亦山川险厄，有以致之矣。秦宗权以狼戾之资，窃有蔡州，肆其凶虐，毒螫所及，几半天下。朱温平之，遂成篡夺之势。宋人南渡以后，岳武穆自安、随北出，克复蔡州，大河以南，次第响应。陈亮亦尝欲以荆、襄之师，进规颍、蔡，为复取京、洛之计。及女真之衰，乃寄息蔡州。宋人会蒙古之兵，犄角并进，而后克之。然则蔡州之险固，争衡于南北门者，所必有事也。乃怅望三京，卒不复振。宋之覆辙，可深慨哉！

○汝阳县，附郭。汉为上蔡县，属汝南郡。晋初因之。东晋徙汝南郡来治。宋、魏因之。隋改故汝阳为殷水。大业初，遂改故上蔡为汝阳，仍为汝南郡治，即今县也。自唐以后，皆为郡治。编户三十三里。

女阳城，即府城也。汉女阳县，在今陈州商水县境。今城本汉上蔡县地。东晋时，尝为汝南郡治。隋始改置县于此，仍为汝南郡治。后因之。今城，明初洪武六年置，周五里有奇，惟东西南三门。八年，拓为九里有奇，增辟北门，又为水门二，一在南门之东，一在北门之东，以泄城中积水于汝河。成化二十年，增筑高厚。正德九年，流寇薄城，知府毕昭甃以砖石，增埤浚隍。隆庆三年，又复修治。崇祯七年，复增置守御之备，益浚旧隍，开南堤石门，引汝入壕，颇为完固。十五年，为贼所陷。

平舆城，在府东南汝水北岸。春秋沈国地。定四年，蔡灭沈。《史记》，蔡昭侯十三年，与晋灭沈，是也。后属楚。秦始皇二十二年，李信攻楚平舆。明年，王翦击荆，取陈以南，至平舆。汉置县，为汝南郡治。光武封姚铫为侯邑。晋仍为平舆县，属汝南郡。亦谓之悬瓠城。兴宁二年，燕李洪等攻汝南，败晋兵于悬瓠，郡守朱斌弃城走。宋元嘉二十六年，魏人入寇。时豫州刺史南平王铄镇寿阳，遣其属陈宪行汝南郡事，守悬瓠。魏人力攻，坏其南城，宪随方拒守，积四十余日，卒不能拔。明年，魏人南寇，陷悬瓠。寻复得之。泰始三年，汝南太守常珍奇以悬瓠降魏。齐建武末，魏主宏取沔北诸郡，复如悬瓠。既又诏州郡发兵集悬瓠。梁天监七年，魏悬瓠军主白皂生杀其豫州刺史司马悦，求救于梁。徐州刺史马仙琕遣兵赴之，寻复为魏邢峦所取。中大通三年，南、北司二州刺史陈庆之围魏悬瓠。太清初，侯景降梁，自颍州引兵屯悬瓠，既而梁将羊鸦仁入悬瓠，诏以悬瓠为豫州。明年，侯景败于涡阳，鸦仁以东魏兵渐迫，弃悬瓠还义阳，顿军淮上。自晋以来，平舆县名尝不改。高齐县废。隋大业初，析新蔡县复置，仍属汝南郡。王世充置舆州。唐初州废，县属豫州。贞观初，县废。天授二年，复置。宋仍属蔡州。元省入汝阳县。杜预曰：平舆县北有沈亭，古沈国也。沈，当作邥。城东北有月旦里，汉许虔、许邵所居，亦名二龙乡。近《志》：平舆城，在府东南七十里。又南直《颍州志》：州西百四十里有平舆城，与新蔡县接界。恐误。

宜春城，在府西南。汉县，属汝南郡。东汉改曰北宜春，安帝封后父阎畅为侯邑。晋亦曰北宜春县，属汝南郡。后省。《括地志》：在府西南六十七里。

安成城，在府东南十七里，汝水北。汉为安成县，武帝封长沙定王子苍为侯邑，属汝南郡。三国魏豫州治安成。晋平吴州，徙陈国，而安成仍属汝南郡。后魏因之。高齐废。又富波城，在府东。汉县，属汝南郡。光武封王霸为侯邑。晋省。

阳城县城，在府界。汉县，属汝南郡。东汉初，岑彭封此，后省入汝阳。又汝南城，在府城东汝水之南。后魏兴和中，置县，属汝南郡。高齐废。唐贞元中，复置。元和中，省入汝阳。〇**保城废县**，在府南。魏收志云：刘骏置，属汝南郡。今宋志不载。后魏仍属汝南郡，隋大业初省入汝阳。

天中山，在城北三里。亦名天台山。高止尺余，上土下石，以在天地之中，故名。自古考日景，测分数，以此为正云。

汝水，在城北。自开封府许州郾城县界，流经西平、上蔡县界，又东南流经此，入新蔡固始县界，又东入于淮。《水经注》：汝水自上蔡县东径悬瓠城西北，汝水枝别左出，西北流，又屈西东转，又西南会汝，形若垂瓠，因以名城。魏主宏太和二十二年，得疾于悬瓠，彭城王勰密为坛于汝水之滨，祈以身代，既而疾间，乃发悬瓠，舍于汝滨。梁天监七年，悬瓠来降，魏将邢峦渡汝水，围悬瓠，复取之。太清初，司州刺史羊鸦仁自义阳趣悬瓠，应接侯景前军至汝水，侯景遂自颍川出屯悬瓠。秦观曰：汝水故道已亡，惟存别枝，水潦暴降，郡城恒有涨溢之患。今城西北有黄公堤，又有岳公堤，皆在汝河东岸，逶迤五十里，广四丈，高倍之。水涨时，百里内皆蒙其利。万历中，按察司黄炜、邑令岳和声所筑，因名。余详大川汝水。

练水，在府西十里。亦曰练江，一名黄酉河。源出确山县之乐山，东流至府西，有断济河、寨河、冷水诸小川汇入焉，至府城西北，入于汝。或曰：旧有练家河，流合于此，因兼练江之名。宋端平初，孟珙会蒙古兵攻金蔡州，珙决柴潭，蒙古决练江，即此。

澺水，府东四十里。俗名洪河。源出西平县周家陂，东流合汝水支流，又东南经上蔡县东，而入于汝。复支分而东南出，经府东北十里，有洪河桥跨其上，复东流至新蔡县，入于汝。〇荆河，在府东北二里。源出天中山，汇悬瓠池水，经城北大堤外，东流六十里，南入澺水。又府西北十二里有马常河，亦东流入于澺水。

溱水，在府南十八里。源出南阳府桐柏县之桐柏山，一名沙河。东流经朗陵故城西，又径宜春故城南，又东北经溱口店入汝。复分流东南出，径平舆、安城故县北，又折而南入真阳县境，复东南流入息县界，又东北经新蔡县之官津店，复入于汝。梁中大通二年，陈庆之围悬瓠，破魏兵于溱水，即今府西南之溱口矣。

瀙水，府西北三十里。俗名泥河。源出南阳府唐县之中阳山，流经舞阳、泌阳县境，而入遂平县界，至县南狼家口，分二流：一东北出，至府西北四十里黄埠西，复折而南入汝；一东南受傅家沟诸水，至府西姚家湾，亦入于汝。又半截河，在府西南十六里，一名英河，下流亦入于汝。

南湖，在府城南。周十余顷，长堤亘其前。又西湖，在城西南。城东北又有三角湖，中多菱芡，俗谓之菱角湖。城北十里有十家湖，水产鱼、莲，旱种粳稻，居民赖之。《宋志》谓之车辋湖。

鸿郤陂，在府东十里。淮北诸水，溢为大陂，郡以富饶。汉成帝时，关东数水，陂溢为害。翟方进为相，议决去陂水，其地肥美，省堤防费而无水忧，奏罢之。后岁旱，民失其利。建武十八年，邓晨为汝南太守，修复旧陂，使许扬掌其事。扬因高下形势，起塘四百余里，数年乃立，郡以沃饶。亦曰鸿隙陂，亦曰鸿池陂，又为洪池陂。安帝永初三年，诏以鸿池陂假与贫民，自是陂遂废。宋秦观曰：鸿池陂非特灌溉之利，菱芡蒲鱼之饶，实一郡潴水处也。陂既废，水无归宿，汝水所以散漫为害欤。〇青龙陂，在府东。《志》云：府东百三十里有粳陂港，自青龙陂入汝。又府南二十里有汶河，源出真阳县境，亦自青龙陂入汝，今谓之汶口。

贾侯渠，在府东。魏贾逵为豫州刺史，南与吴接，修水战之具，遏鄢、汝之水，造新陂，又通运渠二百余里，时称为贾侯渠。又城西南有苍陵堰。唐刺史夏夔堰汝水，灌田千顷。今废。

柴潭，在城南三里。宋绍定六年，孟珙与蒙古共攻蔡州，珙进逼柴潭，立栅潭上，遂夺柴潭楼。蔡州恃潭为固，外即汝河，潭高于河五六丈。珙凿潭堤，决入汝水，潭涸，实以薪苇；蒙古亦决练江。于是两军皆济，攻破其外城，又堕其西城，蔡州旋拔。

鹅鸭池，在城北。汝水之曲也。李愬夜袭蔡州，击鹅鸭池，以乱军声。一名悬瓠池。〇栗渚，在城西南。汝水之湾，有地数顷，树栗其中，谓之栗洲。傍有溪曰锦绣溪。

杨埠关，府东八十里。有巡司。亦曰杨埠镇。下临洪河。〇韩庄店，在县西。正德六年，贼刘六等犯境，千户方瑶拒战于韩庄，败死。万历十二年，守备熊世锦击盗史世华于韩庄，擒之。又汝阳驿，在府城西，洪武中置。

〇**真阳县**，府南八十里。南至信阳州罗山县百十五里。汉置滇阳县，属汝南郡。高帝封栾说为侯邑。东汉永平中，讹曰慎阳县。滇、慎，俱读真。晋仍曰慎阳。刘宋因之。后魏初，仍属汝南郡。太和中，置郢州于此。天平四年，罢州，置义阳郡，兼置淮川郡。后齐废郡，又并县入保城县。隋开皇十一年，废保城县。十六年，复置真丘县，属蔡州。大业初，改曰真阳。唐属豫州。载初元年，改曰淮阳。神龙初，复故。宋仍属蔡州。金改属息州。元省入息州。明成化十六年，复置今县。城周四里有奇，编户十五里。

白苟城，在县东南。梁置白苟戍城，又为白苟堆。后魏将尧雄谓白苟堆，梁北面重镇，请备之，即此。魏收《志》：梁置西淮州，治豫州界白苟堆；又淮川郡亦治焉，领真阳、梁兴二县。高齐废州置齐兴郡，郡寻废，改为白狗县。隋改县曰淮川。大业初，省入真阳。唐初复置淮川县，属息州。贞观初废。元和十二年，李愬攻蔡州，遣兵下白狗栅，即故白苟城也。〇慎阳废县，在县北四十里，自汉以来县皆治此。明改置今县。

新阳城，在县西南四十二里。应劭曰：地在新水之阳，故名。陈涉殁，其将吕臣起新阳，攻陈，下之，复以陈为楚，即此。汉为县，属汝南郡。光武封阴就为侯邑。晋省。〇保城废县，在县西北。刘宋孝建三年，置宝城县，属义阳郡。后魏改为保城县，属汝南郡。高齐因之。隋省入汝阳县。

安阳城，在县东，与光州息县接界。信阳北出之道也。杜预曰：安阳，本春秋时江国。汉置安阳县，属汝南郡。文帝封淮南厉王子勃为侯邑。又武帝封济北贞王子乐为安阳侯。邑于此。后汉仍曰安阳县。晋改为南安阳，以河北有安阳也。刘宋仍曰安阳县。北魏仍属汝南郡，后属义阳郡，又置安阳郡，属郢州。《梁书》：大通元年，夏侯夔自广陵进屯安阳，遣别将屠楚城，义阳北道遂绝。是也。隋废入真阳。《括地志》：安阳故城，在新息西南八十里。广陵、楚城，俱在息县界。

江城，在县东南。春秋时江国也。《左传》文四年，楚灭江。应劭曰：安阳有江亭。〇建安城，在县南五十里。魏收《志》建安县属南郢州冯翊郡，盖东魏侨置郡也。又《志》云：县南八十里有临淮城，今为朱家店。又有固城，在县东北七十里。建置未详。

南龙冈，在县南三里。势颇高峻，拱峙如屏。

淮水，在县南八十里。自确山县流入，又东经息县境。淮河南岸，即罗山县界也。详见川渎异同及大川淮水。

溳水，县东北二十里。源出县西王家冲，经县南一里，东北流，入于汝。汉以此名县。《志》云：汝水在县东北七十里，接新蔡县境。又汶水，在县北三十里，亦东北流经安阳县之青龙陂，而入于汝。〇塘下沟河，在县北二十五里。源出确山县东南二十五里之金牛山，流经县北，又东北入于汝。

清水港，县南四十里。源出确山县之横山。县南二十五里有闾河，亦出确山县界。县南诸小水，俱附二河东流入于淮。

龙陂港，县东六十里。旧《志》：源出遂平县之洪山，流入县境，合清水港而入于淮。唐元和十三年，以蔡州牧地为龙陂监，盖因龙陂港而名。〇石塘陂，在县西北二十里。东汉永平五年，汝南太守鲍昱甃石堰水，灌田数百顷。今堙。

汶港栅。在县东北汶水上。唐时淮西拒命，立栅于此。元和十二年，李愬攻蔡，遣兵下白狗、汶港二栅，即其处也。

〇上蔡县，府北七十五里。西北至许州郾城县百里。故蔡国。楚并其地，谓之上蔡。汉因置县，属汝南郡。应劭曰：九江有下蔡，故此称上。后汉安帝封邓骘为侯邑。晋仍属汝南郡。宋为汝南郡治。魏因之。隋大业初，复分置上蔡县，属汝南郡。唐仍属蔡州。宋因之。今县城周六里有奇，编户三十六里。治也。

蔡城，县西南十里。《志》云：蔡国旧城，周二十五里。蔡叔度始封此，其子蔡仲即封焉。春秋时为楚所侵，迁于新蔡，因以此为上蔡。《竹书纪年》：魏章率师及郑师伐楚，取上蔡。亦谓之蔡阳。秦昭襄三十三年，客卿胡伤取魏蔡阳。孔氏曰：蔡城在蔡水之阳也，汉因置上蔡县。《隋书》：故上蔡县为汝南郡治，开皇初郡废，大业初置汝南郡，改县为汝阳。今汝阳县，盖故上蔡县地矣。〇临汝城，今县后魏置临汝县，属汝南郡。高齐省入上蔡县。隋开皇六年，改置武津县。大业初，改上蔡为汝阳，因徙改武津为上蔡。后因之。魏收志：临汝县，刘宋所置。今宋志不载。

武津城，在县东。刘宋置县于此，属汝阳郡。泰始四年，魏将赵怀仁率众寇武津，豫州刺史刘勔遣将击破之。后魏亦曰武津县。北齐废。隋改置于废临汝县。〇定颍城，在县北。汉安帝永初二年，分上蔡县置，属汝南郡。延光中，封尚书令郭镇之为侯邑。晋仍属汝南郡。后废。《志》云：县东北八十里有晋王城，相传李克用屯兵处。

蔡冈，在县东十五里。周二十里。又县西五里有芦山冈，俗名原王冈，亦曰芦冈。陵阜峻耸，南北绵延，周四十余里。

汝水，在县西五十里。自西平县流入境，又东南入汝阳县界。又㶏水，在县东。亦自西平县流入境，南入汝阳县界。

沙河，在县西南三十里。出遂平县嵖岈山，流入县境，至县西南十二里蔡家埠口，又东北至姚家湾，入汝。元至正十二年，也先帖木儿讨刘福通，复上蔡，驻兵沙河，军中夜惊，遂北奔汴梁朱仙镇。〇朱马河，《志》云：有二，一在县西二十七里，一在县东二十七里，俱东合戚桥河，至新蔡三义河，入于汝。

杜沟，在县东。旧有沟凡五，东流入于㶏水。后汉初，县令杜诗所浚，因名。蔡地西亢而东卑，五沟浚，民始无泛溢之患。故址犹存。〇蔡沟，在县东南三十里。又小茅河，在县东六十里。下流俱入于㶏水。

铁丘台。县西南五十里。相传汉光武曾驻此。又县东北有厄台，相传孔子绝粮处。

〇**新蔡县**，在府东五十里，东北至陈州项城县百二十里，东至南颍州七十里。古吕国。春秋时蔡平侯徙都此，故曰新蔡。汉置县，属汝南郡。光武封吴汉为侯邑。曹魏分属汝阴郡。晋惠帝分立新蔡郡。刘宋因之。后魏仍为新蔡郡。东魏兼置蔡州。高齐州废，改郡为广宁郡。隋初郡废。开皇十六年，置舒州及广宁县。仁寿初，改县为汝北县。大业初，州废，复曰新蔡县。唐初仍置舒州于此。贞观初，州废，县属豫州，后属蔡州。宋因之。金属息州。元省入息州。明洪武四年，复置，改今属。县城周三里有奇，编户十二里。

鲖阳城，在县北五十里。汉县，属汝南郡。鲖，水名也。汉明帝封阴庆为侯邑。晋属汝阴郡，后属新蔡郡。刘宋及后魏因之。东魏尝移蔡州治此。北齐州县皆废。隋开皇十一年，复置，属陈州。唐初属沈州。贞观初废。今为鲖阳村。《寰宇记》：鲖阳城在沈丘县西北三十五里。误。

楚王城，亦曰楚王戍，在县东北。《水经注》：葛陵城东北有楚武王冢，民谓之楚王岑。北魏时尝于此置戍，谓之楚王戍。萧齐建武四年，魏兵南寇，豫州刺史裴叔业攻魏楚王戍，为傅永所败。又梁天监七年，魏三关、悬瓠俱来降，梁将马仙琕进顿楚王城，遣兵助守悬瓠。既复遣别将张道凝屯楚王城，魏取悬瓠，道凝弃城走。八年，魏楚王城主李兴国以城降，是也。

栎城，在县北二十五里。今名野栎店。《左传》昭四年，吴伐楚，入栎。南北朝为戍守之所。萧齐建武三年，魏寇司州，齐栎城戍主魏僧珉拒破之，即此。

葛陵城，在县北。后汉建武十五年，徙封姚丹为侯邑。又壶丘城，在县东北。《左传》文九年，楚侵陈，克壶丘，是也。〇毛城，在县西。梁大通二年，义阳来降，以夏侯夔为北司州刺史，镇义阳。夔进拔魏毛城，逼新蔡。盖是时戍守处。

舒城，在县东。隋开皇六年，置舒县，属舒州。大业初，废。又永康废县，在县东南。高齐置，属广宁郡。后周改曰澺水县。隋大业初，废。○四望城，在县东二十五里。后魏，王肃于四望陂南筑之以御梁。魏收《志》：新蔡郡治四望城。

冢冈，在县西四里。冈势耸峙，上多古冢，因名。又县东二十五里有顿家冈，俗呼为邓家冈。《志云》：陈鲁悉达保新蔡，置顿居流民，冈因以名。

汝水，在县南。自汝阳县东流至此，又东南入息县界。《志》云：汝水经县南十里，有官津，即鲁昭公二十年夫子自楚反蔡问津处。今地名官津店。

澺水，在县北四里。上承汝水支流，经葛陵故城，又东南至县东，注于汝水。《志》云：澺水注于汝，又东南径下桑里，迤左为横塘陂。又县北四十里有延河，亦自汝阳县境流入界，又东北至项城县，入于颍河，不通舟楫。

东湖，在县城东。周四十馀里。今堙废，仅馀十之一。

鮦阳渠，在县北七十里。《水经注》：葛陂东出为鮦水，俗谓之三丈陂，自鮦陂东注而为富水。汉和帝时，何敞为汝南太守，修鮦阳旧渠，溉田增三万余顷，是也。

葛陂，在县西北。旧时陂方数十里。汉中平五年，鲍鸿破黄巾于葛陂。晋永嘉末，石勒掠豫州诸郡，临江而返，屯于葛陂，因筑垒于陂上，课农造舟，将攻建业，琅邪王睿集兵于寿春以御之。《一统志》：汝阳县西南三十里有葛陂，即费长房投杖化龙处。

青陂，在县西南。其接汝阳县境者，亦曰青龙陂。或曰即古青波也。秦二世二年，秦兵复攻陈，下之。陈将吕臣走，收兵复聚，与番盗当阳君黥布复击秦，破之青波，复以陈为楚。盖潴水之处。后汉时，陂废。

建宁三年，新蔡长李言请复此陂。陂上承真阳之滇水，入县境，又东南经息县而为墙陂，灌溉凡五百馀顷。今废。

繁阳亭。在县北。《左传》襄四年，楚师在繁阳，以陈叛楚即晋也。又定四年，吴败楚舟师，楚大夫子期又以陵师败于繁阳。杜预曰：繁阳，楚地，在鲖阳南。又大吕亭，亦在县北。《续汉志》云：故吕国也。

〇**西平县**，府西北百三十里。北至许州郾城县六十里，西至裕州舞阳县百里。古柏国。汉置西平县，属汝南郡。宣帝封于定国为侯邑。更始时，立李通为西平王。后汉建初中，置西平国，寻复故。建安八年，曹操击刘表，军于西平。晋仍属汝南郡。刘宋及后魏因之，后又置襄城郡于此。北齐改文城郡。隋初郡废，以县属蔡州。大业初，县废。唐初复置。贞观初，省入郾城。天授二年，复置，属蔡州。元和中，改隶溵州，寻复故。今县城周五里有奇，编户二十七里。

冶炉城，在县西七十五里。战国韩铸剑处。晋于此置铁官。唐元和十二年，李愬遣将破吴元济于嵖岈山，进取冶炉城，又破西平，是也。

武阳城，在县西南。后魏置武阳县，属襄城郡。隋开皇十八年，改为吴房县，属蔡州。大业初，废。唐初置北武县，属道州。贞观初，复废。

诸石山，县西一百里。势甚高峻，其南曰云庄山。近《志》云：汝水源出二山间。盖汝水故流变易，后世即以二山溪谷之水，目为汝水源耳。

汝水，在县北。自许州郾城县南流入县界，又东南入上蔡县境。《邑志》云：汝水在县城西。水涨时派分入城，自西水门入，由东水门出。后数泛溢，侵城郭，乃移水道于城北二里。

灈阳河，县西五十里。东北流入于汝水。《志》云：县西二十里有官桥河，县西北十八里有金水河，县北十五里有阏泥河，皆汇县北境之水，下流入汝。又县西五十里为流堰河，经县南，合县南二十里之双叉河，东流入汝。

周家泊，县北二十五里。县以北诸水，多汇流于此。水则多鱼，涸则多苇，民赖其利。澺水之源出焉。《寰宇记》：县西七十二里有二十四陂，魏典农都尉邓艾所造以溉民田，支分而东，凡二十有四。亦曰邓艾陂。今淤。

棠谿村，在县西北，接郾城县界。昔时产金甚精，所谓棠谿之金，天下之利也。《战国策》：苏秦曰：韩之剑戟，出于棠谿，即此矣。又县西旧有龙渊水。《太康地记》：西平有龙渊水，淬刀剑，特坚利，故剑有龙泉之名，苏秦所称龙渊之剑也。司马贞曰：天下之宝剑，韩为众，其剑皆出西平县。《汉志》注，西平有铁官，盖以此。〇西平驿，在县城南，明初置。

柏亭。在县西南。应劭曰：西平县有柏亭，故柏国也。杜预曰：春秋时柏国，县之柏亭是。

〇确山县，府西南九十里。西至南阳府泌阳县百八十里，南至信阳州百七十里。汉朗陵县地，属汝南郡。梁置安昌县于此，属陈州。后废。魏延兴二年，复置安昌县及初安郡。孝昌中入梁，置陈州。东魏废州。齐改置荆州，寻废。周又改置威州，后亦废。隋开皇初，废初安郡。十年，改安昌曰朗山县，属豫州。唐初，置许州。贞观初，州废，属蔡州。宋因之。大中祥符五年，改为确山县。明初，省入汝阳。洪武十四年，复置。今城周六里有奇，编户十二里。

朗陵城，县西南三十五里。汉县治此。光武封臧宫为侯邑。晋仍属汝南郡。武帝封何曾为朗陵公，是也。宋因之，后废。梁置安昌县。《宋志》豫州有绥城郡，领安昌县。魏收《志》安昌县属初安郡。隋改置朗山县，以安昌县并入。唐元和十一年，讨吴元济，唐邓帅高霞寓奏败淮西兵于朗山。十二年，李愬攻蔡，遣兵袭朗山，败之，既而夜袭蔡州城，分兵绝朗山道，即今县城矣。○道成，《寰宇记》：在县北二十里，即春秋时道国云。

阳安，在县东北。春秋时道国，所谓江、黄、道、柏也，后为楚所灭。汉置阳安县，属汝南郡。后汉因之。初平三年，曹操分汝南二县，置阳安都尉，寻罢。晋仍为阳安县，属汝南郡。宋及后魏因之。北齐省。章怀太子曰：阳安故城在朗山县东北。《寰宇记》确山县北二十里有道城，是也。

蟠山，县南二里。环绕邑城，其形如龙，亦名蟠龙山。又县东南二里有登高山，县东五里有五里山，皆峰峦秀耸，为邑之胜。

确山，县南十里。一名浮丘山。宋以此名县。旧《志》云：溱水盖出于此。又朗陵山，在县南四十里。汉以此名县。山之西北，即故朗陵城也。一名大明山，俗呼为马鞍山。○三山，在县南三十里。与马鹿山、会龙山并峙，因名。又县南五十里有走马岭，岭上有平冈数里，可以走马。

乐山，县西北四十里。本名朗山，隋县以此名。宋避讳，改曰乐山。山顶有皓月池及双龙泉，又有紫花涧，练水出于此。山之麓多军营石垒。唐时淮西拒命所置，以御官军处也。又秀山，在县西北十里。浮烟积翠，视诸山特秀。○佛光山，在县东南五十里。势极高峻，常有光焰。县东南六十里又有横山，以南北横亘而名。清水源于此。

淮河，县南四十里。自信阳州流入县境，又东入罗山、真阳县界。淮河南岸即信阳州境也。○溱河，在县南三十里。自南阳府桐柏县流入境。一名沙河，又谓之吴寨河。东流入汝阳县界。

黄西河，县北三十里。源出乐山，即练河之上流也。东流合诸小水，入汝阳县界。又有马庄河，亦出乐山，东流至汝阳县西十五里，谓之寨河，又北入于练河。

淇河，县东南三十五里。源出横山，东流入真阳县境，合塘下沟河而入于汝。又十里河，在县南十里，源出县西南十五里大仪山，东北流，至汝阳县界。又三里河，出县北三里中泉山，亦东入汝阳县界，俱合溱水而入于汝。又黑河，在城北，源出秀山，东流合于三里河。

竹沟镇关，县西南九十里。又县南九十里有明港镇关。明港河之水，自信阳州流经此入淮也。二关俱有巡司戍守。

桑里亭，在县东。《左传》成六年，晋侵蔡，楚救蔡，御诸桑隧。杜预曰：朗陵东有桑里，亦近上蔡西南。

鹰窝寨。县西南五十里。山岭高险，惟一径可通，乃昔人避兵处。相接者又有连珠寨。山岭参错，蜿蜒数十里，诸寨相接，若连珠然。

〇**遂平县**，府西九十里，南至确山县九十里。春秋时房国。楚灵王迁房于荆。昭十三年，平王复为房国。汉为吴房县，属汝南郡。晋因之。后魏改置遂宁县，属襄城郡。隋大业初，复改吴房县于此，属汝南郡。唐贞观初，县废，寻复置，属蔡州。元和中，改遂平县，属唐州。长庆初，还属蔡州。宋金仍旧。元初省入汝阳。大德间复置，属汝宁府。今城周九里有奇，编户二十八里。

吴房城，今县治。故房国，楚并其地。《春秋》定五年，吴王阖闾弟夫概奔楚，封此，故曰吴房。汉置县，高帝封功臣杨武为侯邑。后魏为遂宁县。隋复故。唐贞元十五年，山南东道帅于頔，讨淮西叛帅吴少诚，奏拔吴房、朗山，是也。元和十二年，李愬攻吴房，克其外城而还。既平吴元济，因改县曰遂平。〇义绥废县，在县北。后魏置，属襄城郡。北齐省入遂宁县。

濯阳城，在县东南。汉置县，属汝南郡。南有濯水，因名。光武封吴汉孙旦为侯邑。晋仍属汝南郡。刘宋及后魏因之。北齐废。

棠谿城，在县西北百里。应劭曰，吴房有棠谿亭，是也。楚昭王封阖闾弟夫概为棠谿氏，因城之。后汉建武中，封刘滺为棠谿侯，邑于此。《寰宇记》云：棠谿城，在郾城县南二十五里。盖自县北接西平、郾城，皆棠谿地也。

奥来山，县西七十里。亦曰嶅崍山。其相连者为枪峰垛，下有黑龙潭，即石洋河之源也。山之西二里，为平头垛，平衍可佃，有二池，水常不竭，昔人避兵于此。层峦叠嶂，为一邑伟观。又有牛心山，与平头垛相接。○横山，在县西四十五里。一名玉山。西有黄花山，下有乌枪洞。

查牙山，县西南七十里。亦曰嵖岈山。以山势崚嶒，亦名嵯峨山。又状类莲花，亦曰莲花山。又孔穴玲珑，风嘘则鸣，一名玲珑山。其东南十里曰马鞍山。唐元和中，唐邓节度李愬遣将董少玢等分兵攻淮西，下马鞍山，拔路口栅；别将马少良等下查牙山，又进取西平之冶炉城。乾符三年，王仙芝党尚让据查牙山，官军退保邓州，黄巢寻自颍、蔡而西，与尚让等合兵保查牙山。元末土豪保聚于此，曰玲珑山寨。明初，邓愈自信阳而北，讨平之。正德间，贼刘齐等倡乱，邑人避兵山上。山形险阻，中有平地可居。又有仙人洞，幽邃迤逦，路通舞阳，凡百馀里。○天磨山，在查牙山西，高耸如磨。又尖垛山，在查牙山西北，高十馀里。山洞有池，曰白龙池。《志》云：县西七十里有洪山，龙陂之源出焉。

石洋河，在县北五里。源出黑龙潭，东流入汝水。明天启中，县令胡三省于县东七里疏石洋河，南入沙河，引水周灌，谓之新河。俗呼为玉带水。

沙河，县南里许。源出查牙诸山，合流入汝，每遇水溢，冲决为害。万历五年，县令徐世隆筑堤捍御，水患少息。○上渠沟，在县西南三十五里。源出查牙山，东流合阳奉渠入沙河。

瀙水，在县南。东北流入汝，故瀙阳县以此名。《志》云：县东二十五里有菱角湖，周五十里。其下流亦入于汝水。又有溵水，在县北。

自舞阳县流入境。

文成栅，在县西三十里。旧《志》：在蔡州西南百二十里。亦曰铁城。元和十一年，唐邓节度使高霞寓自萧陂进至铁城，大败。盖淮西号文成栅为铁城也。十二年，李愬讨吴元济，降其将吴秀琳于文成栅，遂定灭蔡之谋。《旧唐书》：元和十二年，讨吴元济，置行吴房县于文成栅，权隶溵州，是也。又新兴栅，在文成西南，唐新立以御蔡人，故名。其地当近南阳府桐柏县界。元和十一年，吴元济围新兴栅，唐邓帅袁滋不敢出击，即此。

张柴村。在县东南三十里。村东有兴桥栅。唐元和十二年，淮西将李佑守兴桥栅，率士卒刈麦于张柴村，李愬以策擒之。又愬袭蔡州，自文成栅东行六十里，至张柴村，据兴桥栅，留军镇之，以断洄曲及诸道桥梁，复东行七十里入蔡，是也。洄曲，见开封郾城县。

附见：

汝宁守御千户所。在府城内。洪武七年建，属中都留守司。

○信阳州，府西南二百七十里，东至光州一百七十里，南至湖广德安府二百五十一里，西至南阳府唐县三百二十七里，西南至德安府二百四十四里。

《禹贡》荆州境，春秋时申国地，杜佑曰：申国当在南阳。后属楚。秦属南阳郡。后汉为南阳、江夏二郡地。今州治，汉南阳郡平氏县义阳乡地也。魏分南阳置义阳郡，后省。晋太康中，复置。刘宋因之。泰始中，兼置司州。齐因之。梁置北司州。后复曰司州。天监年为后魏将元英所陷。后魏永安三年置郢州，而义阳郡如故。后周改郡曰宋安。隋初，郡废州存。大业初，改为义州，寻复曰义阳郡。唐初，为申州。天宝初，亦曰义阳郡。乾元初，复故。宋开宝九年，降为义阳军。太平兴国元年，改信阳军。元曰信阳州。至元十四年，升为信阳府。明年，复降为州。明初因之。洪武十五年，降州为县。成化十六年，复为州。编户十七里，领县一。今仍曰信阳州。

州控据三关，为全楚之襟要。《左传》定四年，蔡侯、吴子、唐侯伐楚，舍舟于淮汭，杜预曰：吴乘舟从淮来，过蔡而舍之。自豫章与楚夹汉，杜预曰：豫章，汉东江北地，或以为今德安府之章山。左司马戌沈尹戌也。谓子常曰：子沿汉而与之上下，我悉方城外以毁其舟，方城，见裕州。还塞大隧、直辕、冥厄，详见重险黾厄。子济汉而伐之，我自后击之，必大败。子常违其言，而入郢之祸成矣。盖其地群山环结，地形阻隘，北接陈、汝，襟带许、洛，南连襄、郢，肘腋安、黄。自古南北争衡，义阳常为重镇。齐东昏末，萧衍东下建康，元魏东豫州刺史田益宗言：义阳差近淮源，利涉津要，淮水过义阳城下，西去淮源未远。魏人行师，以此地为利涉之处。朝廷行师，必由此道。若江南有事淮外，须乘夏水泛涨，列舟长淮；谓江南来争寿阳也。师赴寿春，须从义阳之北，谓魏人东援寿阳之军。时寿春没于魏。便是居我喉要，在虑弥深。义阳之灭，今实其时。请使两荆之众，西拟随、雍、两荆，魏置荆州于穰城，东荆州于沘阳也。随，谓随郡；雍，谓襄阳。扬州之卒，扬州，即寿春。顿于建安，建安，见固始县。得捍三关之援，三关，即黾厄三关。然后二豫之军，魏置豫州于汝南，东豫州于新息。直指南关，谓光州阴山关也。对抗延头；延头，见湖广黄陂县。遣一将节度诸军，不过十旬，克之必矣。益宗之策，盖欲孤义阳之势，使自入我彀中也。既而魏用其策，果克义阳。其后梁因魏人之衰，复取三关，争魏郢州。迨侯景之乱，义阳遂入于东魏。陈氏力争淮西，而义阳不复，卒至丧败。唐之中叶，淮西拒命，恒以申州当沔北诸军。宋南渡以后，陈亮议以信阳为恢复之资，卒之师入蔡州，由先克信阳也。王氏曰：义阳与三关势相首尾，欲复宛、洛，必自义阳。胡氏曰：义阳，淮西屏蔽也。义阳不守，则寿春、合肥不得安枕而卧。蒙古侵宋淮西，由信阳径趣合肥，此前车也。夫义阳南可以制全楚，北可以争许、洛，西可以出宛、邓，东可以障淮西。然自梁、魏相持以来，犹未有善用义阳者。何欤？

义阳城，在州南四十里。汉南阳郡平氏县之义阳乡也，在今桐柏县，故平氏县境。武帝元狩四年封卫为义阳侯，邑于此。魏文帝丕置义阳县，属义阳郡，治安昌，后省。晋初，又置义阳郡，治新野。后移徙不一。晋末，移义阳郡来治平阳，即此城也。宋泰始中，又移置司州于此。齐因之。建元二年，魏遣将冯熙等分道出义阳，入寇。建武末，魏将王肃复攻义阳，不克。梁天监二年，魏将元英等攻义阳，司州刺史蔡道恭拒守。三年，道恭殁，义阳寻降于魏，魏因改置郢州治焉。五年，梁人围义阳，不克而遁。大通二年，郢州来降，改曰北司州。东魏复曰司州。后周改县曰平阳，又改郡为宋安郡。隋初郡废，复改县曰义阳，为申州治。唐仍旧。宋改县曰信阳，为信阳军治。元移治罗山县，以信阳县属焉。明初复移今治。州城周九里有奇，明初重建。正德八年，甃以砖石。万历二年，辟小南门以便樵汲。崇祯十四年，为贼所毁，寻复修筑。旧《志》：义阳县本治石城山下。郦道元曰：义阳郡南对固城山。是也。《郡县志》：石城又南七十六里，即平靖关。

平阳城，在州东南。后汉置平春县，属江夏郡。建初四年，封子全为平春王，后为侯邑。晋仍为县，属义阳郡。太元中，改曰平阳，寻为义阳郡治。宋孝建中，仍析置平春县，即此城也。萧齐平春属南义阳郡。后魏废平春入平阳县。仍属义阳郡。○仁顺城，在州南。魏置义阳郡，初治安昌，后省。晋初封安平王孚之子望于义阳，初治新野，既而移治石城，石城在故平氏县东。寻为梁希所侵逼，移治于仁顺城。刘昫曰：晋自石城移郡治居仁顿。即仁顺城矣。○安昌城，在州西北七十里。汉置县，属汝南郡。成帝封张禹为侯邑。后汉省。

钟武城，在州东南。汉县，属江夏郡。宣帝元康初，封长沙顷王子度为侯邑。王莽末，钟武侯刘望起兵汝南，称帝，更始将刘信击灭之。又东汉初，臧宫徇钟武、竹里，皆下之。后省。刘宋初，复置，属义阳郡。萧齐因之，后废。

钟山城，州东南十八里。汉鄳县地，属江夏郡。北齐置齐安县及齐安郡，隋郡废，改县曰钟山，属申州。唐因之。宋省入信阳。○环水城，在州东南。刘宋置，属义阳郡。《沈约志》：泰始中，置宋安郡。环水县属焉。郡寻罢，县还属义阳。萧齐因之，后废。

淮源城，州西北六十五里。北齐置慕化县及淮安郡。隋郡废。大业初，改县曰淮源。唐初，淮安土豪杨士林等起兵攻朱粲，败粲于淮源，粲奔菊潭，是也。菊潭，见内乡县。又《一统志》云：州南十里有南罗州城，梁置汝北郡，唐于此置南罗州。似误。

武城，在州东北二十里。春秋时楚旧城也。又《十道四番志》：州北六十五里有乌叠城。《郡志》云：今州北六十里有楚王城，即楚武王破申时所筑。又有太子城，与楚王城相去四里许。门垣基址，两城俱存，中可容万人。又有栎城，在县北五十里，今与楚王城俱见新蔡县。

曹城，在州东南三十五里。梁天监初，曹景宗救义阳，军于凿岘口。是时所筑城也。其地今名曹店。又樊城，在州南，北魏所置。梁天监初，王僧炳据凿岘，魏元英遣别将元逞据樊城拒之，大破僧炳于此。

贤首山，在州西南七里。峰峦秀丽，蜿蜒数里。一名贤隐山。萧齐建武二年，魏遣刘昶攻义阳，王广之赴救，去城百里而军。别将萧衍请先进，率精兵间道夜发，径上贤首山，去魏军数里，魏人不敢逼。梁天监二年，魏元英寇义阳，司州刺史蔡道恭遣将杨由，帅城外居民保贤首山，为三栅，为魏所陷。《志》云：山有梁王垒，以萧衍而名。〇义阳山，在州城东。旧名武山，后改今名。旧有义阳书院，今为邮亭。

士雅山，在州南七里。本名大木山。晋祖逖为豫州刺史，藏家属于此，后人以逖字名山。雅，当作稚。梁天监三年，魏元英围义阳，诏马仙琕驰救。英结垒于士雅山，分命诸将伏于四山，示之以弱。仙琕不备，为英所败。〇钟山，在州东南十八里。隋因以名县。州东南三十里又有麒麟山，众山环抱，俗呼关儿口山。

釜山，在州南六十里。连环五十余里，势如覆釜。后魏将辛祥，夜袭梁将胡武成于釜山，即此。〇岘山，在州南七十里。梁天监三年，魏围义阳，诏曹景宗、王僧炳驰救。僧炳将二万人据凿岘，景宗为后继。既而景宗顿凿岘不进，义阳降于魏。胡氏曰：凿岘，在关南。《志》云：即岘山也。

石城山，州东南七十里。《括地志》以为即楚之冥厄。亦曰冥山。苏秦曰：韩卒之剑戟，皆出于冥山。《庄子》南行至郢北而不见冥山，即此。山上有石城。《水经注》，晋于山上置义阳郡城，是也。旧《志》云：石城山在废钟山县西南二十一里。〇鸡翅山，在州南九十里。一名鸡头山。有九渡水。

三角山，州西五十里。高峰横云，状如鼎足。其相近者又有坚山，高耸如削，一名尖山。又七盘山，在州西六十里，有七峰相峙。〇董峰山，在州西南五十里。峰峦竞起，高出群山，上有黑龙潭。

陇山，在州东北。宋嘉定中，金人破宋兵于信阳之陇山，遂渡淮，犯光州之中渡镇。又天目山，在州西北百二十里，山高峻，下有白龙潭，明河出焉。

淮水，在州北四十五里。自南阳桐柏县流经州界，又东入确山、罗山等县境。所谓义阳差近淮源者也。今城北五十里有长台渡。○洋河，在州东北七十里。一名盱河。东流入淮。又明河，在州北九十里。源出天目山，东流入淮。亦曰明港河。

浉水，在州南四十里。源出随州黄土山，流抱州城，东北流入淮。《水经注》：浉水源出大溃山，又北径贤首山西。亦曰师水。刘宋泰始二年，汝南太守常珍奇以悬瓠降魏，时豫州刺史殷琰亦据寿阳请降。魏兵至师水，将救寿阳，闻琰复归宋，乃掠义阳数千人而去。既而珍奇复谋南还，烧悬瓠东门，屯于师水，魏将拓跋石击破之。

九度河，在州南六十里。源出鸡翅山，溪涧萦委，沿溯九度，亦曰九曲河。经州南二十五里，有卧牛河合流焉，谓之双河。又东北流，合于浉水。又三湾河，在州南六十里，源出湖广应山县界，东北流，合浉水入淮。○杨柳河，在州西南四十里。源出应山界，北入浉河。一名杨龙河。

台湖，在州东三十五里。又有车辋湖，在州北四十里。又北二十里为冯家、杨家等湖。又有蔡家湖，在州南三十里。皆州境钟水处也。

平靖关，在州东南九十里。即古冥厄塞。又黄岘关，在州南九十里，即古之直辕也。又武阳关，在州东南百五十里，即古之大隧。此为义阳三关。俱详见重险冥厄。

黄土关，州西南六十里。东接三关，为首尾相顾之地。又平昌关，在州西六十里，亦曰平常关。又西百六十里为南阳府之泌阳县。○恨这关，在州西南百十五里。自关而南，至湖广应山县九十里，往来要地也。又州南有武胜关，亦险塞处云。

长乐关。州北五十里。又大埠关，在州东北三十五里。今俱有巡司戍守。

〇**罗山县**，州东七十里。东南至湖广麻城县百九十里，东至光山县百十里。汉置鄳县，属江夏郡。晋因之，寻属义阳郡。宋、齐因之。后魏亦曰鄳县。正始初，改属齐安郡。高齐改置高安县。隋开皇初，县废。十六年，改置罗山县，属申州。唐武德四年，置罗州于此。八年，州废，县仍属申州。宋开宝九年，废。雍熙二年，复置，属信阳军。元属信阳州。明洪武四年，属凤阳府。七年，改属汝宁府。成化十六年，改今属。县城周五里有奇，编户二十一里。

罗山故城，在县治东北。《元志》：宋置信阳军。端平间，兵乱，地荒凡四十余年。至元二十年，以罗山地当驿置要冲，徙州治此，而移县治于西南，号曰罗山新县。明初，信阳复还旧治，而县治不改。

礼山城，在县西南。刘宋时东随左郡地也。大明八年，改置宋安县，后又改为宋安郡，郡寻废。萧齐复置宋安左郡。后魏因之，并置东随县属焉。隋开皇九年，改置礼山县，属申州。大业末废。魏收《志》东随县有黄岘关，盖与关相近也。《邑志》云：黄岘关，在今县西南百二十里。〇乐宁废县，在县南。萧齐置县，属宋安郡，后废。萧齐复置。后魏宋安郡治此。高齐因之。后周移郡治平阳，县省入焉。魏收《志》乐宁县有武阳关。今关在县西南百余里。

高安城，县西南二十里。高齐置县于此。隋初废，寻改置罗山县。又鄳县城，在县西南黄岘关外，汉县旧治也。后魏亦曰鄍县。鄍，与鄳通。高齐时废。今基址犹存。又谢城，在县西北六十里，盖古申伯所都。王氏曰：申伯所居之谢，在湖阳县境。今见南阳府唐县。

罗山，在县南十里。峰峦环抱，隋因以名县。亦谓之龙山，又名小罗山。县南百里又有大罗山。〇独山，在县南五十里。以突兀挺峙而名。又南三十里曰掘山，水流萦抱，四面如一。又有鹊山，在县南九十里。山水胜丽，为邑之胜。

牢山，在县东南九十里。层峦叠嶂，势极险峻。又三爪山，在县南百六十里。山峰耸出，形如指爪，因名。〇黄神山，在县西南九十里。《志》云：下有唐南罗州遗址。

灵山，县西南百二十里。山视众山独高，旧名霸山。下有白马洞，小黄河出焉。又六斗山，在县西南百三十里。六峰并峙，形如南斗，因名。

淮水，县北二十里。自州境流入，其北岸与真阳县接界，又东流入息县境。〇竹竿河，在县东三十里。源出掘山，北流入淮。又县东北三十里有月儿湾河，亦出掘山，流入于淮。

小黄河，在县南门外。源出灵山，萦绕县城，东流合于竹竿河。县西南三十里有羊马河，亦流入竹竿河。〇马寨河，在县西南五十里，流入小黄河。又县北三十里有泺清河，一名泺米涧，北流入淮。

武昌湖，县西五十里。蓄水灌田，凡三百余顷。又县西南二百三十里有西湖，灌田百顷。〇大乘寺泉，在县西南百二十里。引流灌田，其利甚溥。

大胜关，在县南百四十里。宋宝祐末，蒙古忽必烈等分道南寇，自光山会军度淮，南入大胜关。明初，太祖尝驻跸于此。又九里关，即黄岘关也，在县南百二十里。俱有巡司。《志》云：县南有故金牛城，亦昔时戍守处。又有破关，在县南百二十里。

石门。《志》云：县有二石门：在县西南八十里者曰小石门，又十里曰大石门。乃两山之峡，其形似门。《胜览》云：二门皆凿鸟道以通往来，南扼荆楚，居然险塞。

附见：

信阳卫。在州城内。洪武二十二年建，辖左、右、中、前、后千户所五。

〇光州，府东南三百里。东至江南寿州四百五十里，东南至江南六安州三百二十里，南至湖广黄州府三百五十里，西南至湖广德安府四百三十里，西至信阳州二百五十里，北至开封府陈州四百里。

《禹贡》扬州境，春秋时黄国，亦为弦、蒋二国地。战国属楚。秦属九江郡。汉属汝南、江夏二郡。魏分置弋阳郡，治弋阳县。晋为弋阳、汝阴二郡地。宋、齐为光城、弋阳、新蔡等郡地。梁置光州及南郢州。东魏因之。魏收《志》：光州治光城，南郢州治赤石关，领定城等郡。后周为淮南郡。隋复为光州。大业初，改弋阳郡。唐复为光州。徙治定城县。天宝初，改弋阳郡。乾元初，复故。宋仍曰光州。亦曰弋阳郡及光山军。绍兴二十八年，改曰蒋州，避金太子光瑛讳也。寻复故。元属汝宁府。明初以州治定城县省入，《一统志》云：元省。改属凤阳府。洪武十三年，仍属汝宁府，编户十二里。领县四。今因之。

州襟带长淮，控扼颍蔡，自古戍守重地也。萧齐永元二年，寿阳降魏，魏将宇文福曰：建安，见固始县。淮南重镇，彼此要冲，得之则义阳可图，不得则寿春难保。遂攻建安，建安降。胡氏曰：魏兵南来，齐兵北向，建安皆当其冲要。魏得建安，则西南可图义阳；齐司州治义阳。若齐增建安之兵，北断魏援，东临寿春，则寿春难保矣。又魏宣武时，田益宗议取义阳曰：请使扬州之兵，顿于建安。扬州，谓寿春也。则自光州东至寿春四百余里，道皆险厄。唐元和中平吴元济，以濠、寿之兵胁其光州。其后朱温侵淮南，不能得志于光州，而杨吴之势遂成。周世宗用兵淮南，亦遣偏师争光

州。盖有事淮、蔡，未有不从事光州者。若夫自光山会军渡淮，出黄州，围鄂州，而江表震动，此蒙古寇宋之道也。光州岂惟为淮西之藩蔽，不且扼全楚之噤喉欤？

定城废县，今州治。本汉弋阳县地，属汝南郡。梁武置郢州，并置定城郡属之。东魏曰南郢州。齐废郡入南北二弋阳县，后又改南弋阳为定城县。隋开皇初，废郢州，以定城县属光州。唐武德三年，置弦州。贞观初，州废，仍属光州。太极初，徙州治焉，自是州郡皆治此。明初省。《志》云：今州城，宋庆历初，知州梁季泌创建土城，周九里有奇，城分南北，潢河贯其中。明正德六年，为流寇所陷。七年，知州李镗增修，甃以砖石，开北城五门，南城六门，环十四里。万历三十一年，南城复增一门，共十有二门云。

弋阳城，在州东北。汉县，属汝南郡。昭帝封任宫为侯邑。后汉仍属汝南郡。三国魏属弋阳郡。晋及刘宋因之。后魏移弋阳郡于此，又分置南北二弋阳县。高齐省北弋阳入南弋阳，又改为定远县，而弋阳之名隐。

长风城，在州西南。宋元嘉二十五年，以豫部蛮立十八县，长风其一也，县属西阳郡。萧齐永元二年，军主吴子阳等出三关，侵魏，与魏东豫州刺史田益宗战于长风城，子阳败还，县寻废。

黄城，州西十二里。春秋时小国也。《左传》桓八年，楚子会诸侯，黄、随不会。僖十二年，黄人不共楚职，曰：自郢及我九百里，焉能害我？于是楚灭黄，此其国城也。《史记》：皇帝末孙陆终之子封于黄，即此。又有弦城，在州西南，亦春秋时小国。僖五年，为楚所灭。唐置弦州，因此城以名。

车谷山，州南七十里。群峰拥抱，清流萦绕。又州东南七十里有彭山，上有古塔，俗名砖塔冈；中有九子岩、三教洞；下有小川，百折入于潢河。

淮水，在州北六十七里。自息县及光山县流入州界，又东入固始县境。

潢水，在州治南。源出湖广麻城县分水岭，东流历光山县境，又东至州城西北，复贯州城而东出，又折而北，注于淮。《水经注》谓之黄水。其入淮处，谓之黄口。俗呼小黄河。旧有跨潢桥，明天顺中所置浮桥也。后废。万历中，改置镇潢桥，在城中，长十余丈。〇白露河，在州东三十里。源出州南三十里之南岳山，东北流，又东入固始县界，合春水，注于淮。旧《志》云：源出麻城县之分水岭，北流经阴山关而东北出云。

小弋阳陂，在州东。魏贾逵为豫州刺史，造新陂及运渠，又断山溜长溪水，造小弋阳陂以溉田，是也。今堙。

亚港，在州东二十五里。旧时引潢水及白露河诸川汇流入港，资以灌溉，为利甚溥。又州西三十里有马家湖，亦潴水溉田处也。

阴山关，旧《志》云：在州西南长风城之北。亦曰南关。梁天监中，北魏田益宗议取义阳，曰：二豫之军，直指南关，对抗延头。正谓此也。《唐史》阴山关在黄州麻城县东北。今麻城境有阴山。〇白藁戍，与阴山关相近。《南史》：梁天监初，魏长风戍主奇道显入寇，取阴山、白藁二戍。是也。

中渡镇。在州北淮水侧。宋嘉定十年，金人入寇，渡淮犯光州中渡镇，杀榷场官吏。是时宋与金人以淮为界，设榷场于光州，谓之中渡镇。

〇光山县，州西四十五里。南至湖广麻城县二百里。春秋弦国地。汉为弋阳县地。属江夏郡。晋分置西阳县。刘宋元嘉十五年，以豫州蛮民立光城等县。大明中，立光城左郡。梁兼置光州，寻没于魏。天监十三年，魏东豫州刺史田益宗诸子鲁生等奔关南，招引梁兵，攻光城以南诸戍，魏将李世哲等击破之。东魏亦于此置光州及光城郡。隋开皇初，郡废。十八年，置光山县。大业初，移弋阳郡治此。唐复改郡为光州，徙治定城县，以光山县属焉。宋太平兴国中，改曰期思，寻复故，仍属光州。今城周六里，编户三十八里。

仙居城，在县西。刘宋置乐安县，属弋阳郡，寻改属光城左郡。齐因之。梁置乐安郡于此。后魏因之。隋初郡废，县属光州。唐初亦曰乐安县。天宝初，改为仙居县，仍属光州。宋因之。建炎中省。刘昫曰：轪县古城，在仙居北十里。今轪县，见湖广蕲水县。〇西阳城，《寰宇记》：在县西二十里。汉江夏郡属县。晋为弋阳郡治。今见湖广黄冈县。刘氏曰：光山县有轪县、西阳故城，皆后代侨置县，非汉故县也。

茹由城，在县南六十里。宋元嘉二十五年置县，属弋阳郡。大明中，分属光城左郡。齐因之。后魏复改置边城郡于此。高齐废。又黄川城，在县境。魏尝置郡，梁废。

宋安城，在县西南。本乐宁县地，隋废入罗山县。唐初复析置宋安县，以乐宁故宋安郡治也，并置谷州治焉。贞观初，省谷州，又以宋安并入乐安县。〇丰安城，亦在县西。或曰：本后魏所置永安郡也，治新城县。高齐改为丰安郡。隋开皇三年，废郡，以其地并入乐安。邑志云：今县东十里有天子城，临官渡河。汉光武尝夜经此，因名。

浮光山，县北八十里。一名浮弋山，即弋阳山也。山岩耸秀，俯映长淮，每有光耀，因名。亦曰濮公山，相传旧有濮公者隐于此。〇雾山，在县西七十里。高插云汉，虽甚晴朗，尝有云雾蒙其上。又县西南百五十里有天台山，壁立万仞，一望千里，上有铁瓦寺，下有龙池。旧《志》云：县西五十里有仙居山，唐仙居县以此名。

石盘山，县南九十里。山势盘旋险峻，其顶平整。旧有寨栅，可屯千兵。又有寨山，在县南七十里，上有三井，元末邑人立寨于此，以避兵。其相接者曰三山。山有千峰万壑，迥出云表，绵亘二百里。〇会龙山，在县南四十里。二山并峙，如两龙相会。又南四十里曰龙蟠山，亦以形似名。又四面山，在州南八十里。其峰四面相向，水流萦回，为邑之胜。

淮水，在县北八十里。自息县流入境，又东入光州界。〇官渡河，在县南五里，即潢水也。自麻城县流入境，又东至光州界而为小黄河。又有临仙河，在县南二十里，东北流入于官渡河。

梅林河，在县东南三十里。源出县南百里之金泉山，东北流，会官渡水入淮。又高陌河，在县南四十五里。源出县南八十里之白压山，东北会临仙河，而入于官渡河。又县南九十里有陡山河，又南十里有三道河，俱东北流，入于官渡河。

寨河，在县北二十里。县西四十五里有清流河流合焉，至县东北，有寨河桥跨其上，为往来之孔道。又东北注于淮河。〇泊陂河，在县东南四十五里。商城县之五水关河流合焉，下流亦注于淮河。

雨施陂，在县南八里。唐永徽四年，光州刺史裴大觉所开。积水溉田，凡百余顷。〇千工堰，在县城西，绕城而东，凡数十里，为众水所汇。嘉靖五年，邑令王室筑石障水，负郭数千亩皆资以溉。自是修筑不一。明万历十二年，复增修之。寻废。

木陵关，在县南百三十里，南至湖广麻城县八十里。有木陵山，关在其上。《水经注》：木陵关，在黄武山东北，晋西阳城东南，南北代时为戍守要地。梁天监初，将军张嚣之侵魏淮南，取木陵戍，旋复陷于魏。普通八年，司州刺史夏侯夔出义阳道，攻魏平靖、木陵、阴山三关，皆下之，是也。唐元和十二年，鄂岳观察使李道古讨吴元济，引兵出穆陵关，攻申州，克其外郭，寻溃还。穆陵，即木陵也。

白沙关，在县西南百四十里。五关之一也。旧《志》云：县有五关，与湖广麻城县分界。五关者，白沙而外，曰土门关，在县南九十里；曰斗木岭关，在县西南百里；曰黄土岭关，曰修善冲关，俱在县西南百二十里。宋绍兴中，江州都统赵廞议建五关以拒金人。嘉定十四年，金人围光州，犯五关，遂进围黄州汉阳军。或曰：五关，木陵、虎头、黄土、白沙、大城是也。今详见麻城县。

界河关。县南百十里。《志》云：三道河，源出于此关，南至麻城县九十里。又牛山镇关，在县东百里。二关俱有巡司戍守。牛山巡司，嘉靖二十年设。〇石脑山寨，在县西。元末土豪屯聚于此。明初邓愈平遂平县玲珑山寨，又进破石脑山寨，是也。

〇固始县，州东百四十里，北至江南颍州百十里，东至江南霍丘县百四十里，东南至江南六安州百八十里。春秋时蓼国地，后灭于楚，谓之寝县。汉亦置寝县，属汝南郡。汉置固始县，在今陈州沈丘县界。萧齐别置新蔡郡于此。后魏亦为新蔡郡，又始别置固始县属之。寻没于梁，改曰蓼县。高齐复曰固始，置北建州于此，寻废州，复为新蔡郡。后周改置浍州。隋初州郡并废，县属光州。唐因之。今县城周六里，编户七十七里。

期思城，县西北七十里。古蒋国，楚灭之为期思邑。汉置期思县，属汝南郡。英布大夫贲赫封期思侯，即此。后汉仍属汝南郡。晋属弋阳郡。刘宋因之。齐永元二年没于后魏。正光中，置边城郡于此。梁、陈亦置边城郡。隋初郡废，县属光州。兵乱后废。

建安城，在县东。萧齐所置戍守处也。建武中，夏侯详为建安戍主，带边城、新蔡二郡太守。永元二年，寿阳降魏，魏遣元勰镇之。宇文福言于勰云：建安，淮南重镇。勰因使福攻建安，戍主胡景略以城降。自后，魏新蔡太守常带建安戍主。今县东有建安乡。胡氏曰：建安与固始期思城相近。北魏正光中，群蛮出山，居边城建安者八九千户。边城郡治期思，则建安亦去期思不远矣。

安阳山，县东五十里。一名大山。势甚高耸，有白龙池在其上。《志》云：唐元和中，平蔡，尝驻兵于此。又有故元时大山民寨。〇独山，在县南七十里。山高五里，岸然独立。又有三山，亦在县南七十里，三峰并峙，高出云表。

鏊山，在县东。唐元和十年，寿州帅李文通奏屡败淮西兵于固始，拔鏊山。盖淮西置戍于此，以拒官军也。又县南有白鹿崖，亦昔时戍守处，故寨存焉。〇白牙山，在县东南九十里。山产桑，中弓材。

青峰岭，县南百里。有泉出焉，流为梅仙河，东北入于淮。《志》云：岭跨商、固二邑之境。〇枣林冈，在县北。上有古城。近代贼自霍丘抵县东之高塘，犯县北古城，是也。又县北七十里有蓼城冈，或以为古蓼国城盖在此。

淮水，在县北七十里。自光州流入境，东北流，历朱皋镇，而入江南颍州界。

史河，县东二十里。其源即商城县之牛山河，东北流，经县南五十里均济等闸，又东至江南霍丘县，入于淮。《志》云：史河入境，分为二支：上一支曰清流。旧有闸二：曰上闸，一名均济；曰中闸，一名清河。中闸承上闸为启闭，分入胜湖，共灌塘堰三十有六。下一支曰堪河，在县东北蒋家阜分泄。旧亦有闸二：曰普惠，曰均利，共灌湖堰十有六。今多湮废。胜湖，亦曰圣湖，在县东南六十里。

曲河，县西十五里。源出商城县之斛山，东北流，经县北，又东入于史河。县西旧有曲河土坝，地名石嘴头。天旱则筑以障水，东入串子等堰，灌湖堰十有四，至九里沟，灌湖堰二十有八。余继善曰：西淤石嘴头，而胜湖一带之水源塞；北淤三叉口，而堪河之溥惠、均利二闸塞，邑之水利，十失六七矣。

春河，县南十五里。源出商城县马鞍山，东流入淮。崇祯九年，流寇自光州掠春河而东。又有白露河，在县西南三十里，自州境流入，合于春河。有白露河土坝，天旱则筑坝障水，入黄道人等港，灌湖堰十有七。〇石槽河，在县南四十五里。源出商城县大苏山，北流入于史河。又泉河，在县东四十里。县境之石梁堰沿城涧诸水，悉汇入焉，亦东北注于淮。

淠水，在县南五十里。自江南六安州霍山中发源，西北流入县境，又东北入江南霍丘县界，经寿州西南安丰废县而北注于淮。又灌水，在县西南四十五里，有大灌水、小灌水之称。《水经注》：灌水出大苏山，亦名浍水，流入霍丘县，合史河入于淮。

茹陂，县东南四十里。后汉末，扬州刺史刘馥所筑，为耕屯之利。其后邓艾等尝修治之。今故址仅存。

朱皋镇关。县东北六十里，与江南颍州接界。有巡司戍守。今详见颍州。

〇**息县**，在州西北九十里。北至府城二百里。春秋时息侯国。汉为新息县，属汝南郡。光武封马援为侯邑。晋为汝南郡治。刘宋曰南新息县，仍为汝南郡治。萧齐因之。后魏置汝南郡。太和中，又置东豫州。梁改曰西豫州，又改曰淮州。东魏复曰东豫州，汝南郡皆如故。高齐复改县为新息。仍属汝南郡治。后周又改州为息州。隋州郡俱废，以县属蔡州。唐初复置息州于此。贞观初，州废，县属豫州。宋仍属蔡州。金复置息州于此。元以新息县省入州，属汝宁路。明初改州为县，属颍州。洪武七年，复改今属。编户二十八里。

息城，县北三十里。古息国也。《左传》隐十一年，息侯伐郑，郑伯败之。庄十四年，灭于楚。汉初于此置息县，寻徙而南，因以新息为名。刘宋置北新息县于此，属汝南郡。萧齐及后魏因之。高齐以北新息县并入南新息县，复曰新息云。〇白城，在县东。是也。杜预曰：白，楚邑也，今褒信县西南有白亭。哀十六年《传》，初，子西召太子建之子胜于吴，使处吴竟，为白公。《史记》：楚惠王二年，子西召胜于吴，为巢大夫，号白公。巢，今江南巢县。《邑志》云：县西南七里有故白城。

阳安城，在县西南十里。汉置阳安县，在今确山县北。后魏时，侨置阳安县。东魏复改侨置阳安郡，领永阳一县。高齐郡县俱废。

成阳城，在县西。汉县，属汝南郡。高帝封奚意为侯邑，后省。后魏太和三年，乐陵镇将韦珍引兵渡淮向义阳，略齐七千余户，表置城阳、刚陵、义阳三郡。后入于梁，亦置城阳郡，兼置楚州。《梁书》：大通元年，克魏东豫州，司州刺史夏侯夔自广陵引军屯安阳，遣别将屠楚城，由是义阳北道遂与魏绝。二年，郢州来降，夏侯夔自楚州往会师，遂镇焉。中大通二年，陈庆之围悬瓠，破魏将孙腾于楚城。大同二年，东魏侯景寇楚州，虏刺史桓和，进军淮上，南北司二州刺史陈庆之击却之。寻没于东魏，亦曰西楚州。高齐改置永州。陈大建五年，将军樊毅克齐广陵、楚子城。二城盖相近也。后周亦曰永州。大象二年，尉迟迥举兵相州，申州刺史李惠应之，攻拔永州，即此。隋州废，县属蔡州。大业末，县废。唐元和十二年，李愬攻蔡，遣兵破西平，别将王义又破楚城，即成阳故城矣。

广陵城，在县西南。本新息县地也。魏收《志》：太和十七年，光城蛮田益宗来降。十九年，置东豫州于新息广陵城，以益宗为刺史。延昌二年，以益宗诸子贪暴，召令赴阙，未至；遣将李世哲等奄入广陵，益宗诸子鲁生等南走。孝昌三年，梁谯州刺史湛僧智围魏，东豫州刺史元庆和于广陵克之。后复没于魏。兴和中，置广陵郡，兼置宋安县，为郡治。高齐末入于陈。大建十一年，周将梁士彦攻广陵，拔之，是也。胡氏曰：广陵城与齐义阳隔淮对垒，有太仓在淮北岸，与广陵城相近。盖魏人置戍广陵，此其积粟处也。萧齐建武四年，魏将傅永军淮北，齐将鲁康祚军淮南，相距十余里。康祚夜渡淮，袭魏太仓口，为永所败。后周改置息州，广陵郡及宋安县俱废入焉。

长陵城，在县东北八十里。梁置长陵郡，领长陵等县。东魏因之。

高齐郡废。隋初县属蔡州。大业初，省入褒信县。唐初复置长陵县，属息州。贞观初废。

褒信城，在县东北七十里。本汉鄎县地。东汉析置褒信县，属汝南郡。晋属汝阴郡。刘宋曰苞信县，属新蔡郡。齐因之。后魏尝为新蔡郡治，梁普通六年，裴邃拔魏新蔡郡，即此城也。高齐亦曰苞信县。隋属蔡州。大业初，复曰褒信。唐初改曰包孚，寻复曰褒信，属舒州。贞观初，州废，改属豫州。后唐复故。宋仍属蔡州。金改属息州。南宋开禧二年，韩侂胄主用兵光州，忠义人孙成复褒信县，是也。元省为镇。

淮水，在县南五里。自真阳县流入境，又东历光山县界。淮之南岸曰濮公山，即光山县之浮光山也。

汝水，在县东北百三十里。自新蔡县流入，又东北入江南颖州界。又有营河，在县东北百十里，即汝水之支流也，东南流，入于淮。〇间河，在县东北九十里。源出确山县境高皇陂，东流入淮。又县东四十里有谷河，县东南四十五里有泥河，俱东入于淮。

黄漂港，在县南八十里。又连桥港，在县东百里。下流俱入于淮。又县东北百四十里有曲吕港，县东又有涧头港，下流俱入于汝。

玉梁渠，在县西北五十里。隋故渠也。唐开元中，县令薛务增浚之，灌陂六十所，溉民田三千余顷。

杨庄镇。在县北九十里。有杨庄店巡司，明隆庆中，改固城巡司。自县达府之通道也。〇珉玉坑，在县西北。旧出珉玉，隋时置官采之。唐初为淮水所没。开元中，淮水东移，坑复出玉。今仍没于淮。

〇**商城县**，州东南百九十里。东至江南霍丘县百十里，南至湖广罗田县百六十里。汉期思县地。刘宋置西苞信县于此，以旧苞信县为东苞信县。梁亦为苞信县，兼置建州及义成郡治焉。东魏为南建州及平高等郡。高齐因之。隋初州郡俱废，改置殷城县，属光州。唐初置义州于此。贞观初，州废，县仍属光州。宋建隆初，以宣祖讳，改曰商城县，仍属光州，寻省入固始县。明成化十六年，复置商城县。今城周六里，编户二十三里。

殷城，在县南。《五代志》：梁曰苞信县，置义成郡及建州，兼领平高、新蔡、新城三郡。东魏为南建州。隋州郡并废，改其地置殷城县，取县东古殷城为名。唐元和十一年，寿州将李文通奏败淮西殷城之众，拔五栅，是也。明置县于今治。

金刚台山，县南三十里。旧名石额山。延袤六十余里，双峰高峙，上有风洞、龙井。宋绍兴初，义师首领张昂结寨于此，以御金人。绍熙初，筑石城于山之阳，为光州寓治。元末，土豪余思铭据之。今有仓廪遗址。《邑志》云：县东南三十里有里罗城，元末余思铭所筑。盖在金刚台下。

铁林山，县东北三十里。上有铁林寨，昔人尝避兵于此。又县东北四十里有铜井山，上有古井，以铜作口，引流西南出，为考溪十八道河。○青山，在县东北七十里。一名峡口。有泉涌出，流为寨河。又梅林山，在县东北十里。山溪险隘，可以守御。

大苏山，县东四十里。下有苏仙市，灌水出焉。一名灌山。《水经注》：灌水出庐江金兰县大苏山，亦名浍水。金兰县，亦见苏林《汉志》注，或以为三国魏所置县，晋废。盖在大苏山东。

马头山，县南百五十里。山势高耸，形如马头。晋咸和中，谯国内史桓宣以豫州刺史祖约作乱，将其众营于马头山，即此。时豫州治寿春也。今山有古寨遗址。明正德中，原杰言：信阳、固始等州县，南迫蕲、黄，西接荆、襄，东连凤阳、霍丘，山势绵亘，河流四达，盗易出没；又商城南距六安州二百余里，四野旷达，而金刚台巡简司乃在偏北，今宜移置于马头山。从之，因置巡司，为戍守处。○东葛山，在县南百里。《志》云：山与六安州接界。

万安山，县西南六十里。上有古寨。又西南十里曰斛山，曲河源出其下，流经县西北而为龙潭，又北流入固始县界。○横溪山，在县西南百八十里。有溪夹山横流，分为十八道，即五水关河之上源也。

竹根山，县东南百八十里。群山列峙，有招军、躲军、三官、钵盂、金家、蛮王等寨，同罗、松子等关，皆高峻险隘。元末，徐寿辉曾据其地。

界岭，县西南九十里。南接湖广麻城县界，因名。○仰天洼，在县西南百八十里。下有溪涧，上有深洞，可避兵。

九女原，在县东。唐元和十年，寿州刺史李文通讨吴元济，夜出九女原，屠堡壁三十所。《郡县志》：原在殷城县界。

牛山河，在县南七十里。其地有大小二牛山，河出其下，流六十里，合为一河，即固始县史河之上源也。

五水关河，县西南十里。其源为考溪十八道河，出铜井山，旋转迂回，西南流为五水，入光山县界，合泊陂河而入淮。又有五河，俱在县南，曰商城、曰泰苏、曰下马、曰回道、曰麻埠，俱出金刚台山，北流入固始县，合史河而注于淮矣。

太湖，在县北四十里。周五里。又粳亢陂湖，在县东北四十里，长五里。皆灌溉所资也。

五水关，在县南六十里。以五水合流于关下而名。旧为隘口，可以守御。又定城关，在县西南九十里。《志》云：定城关北去固始县百二十里，五水关东北去固始县百四十里。

长岭关，县南百二十里。以岭亘百里而名。又松子关，在县东南百二十里，接湖广罗田县界。○同罗关，在县东南百四十里，亦接罗田县界。与罗田险要相同，故名。又栗子关，亦在县东南百四十里，接罗田界，以山多栗而名。

赖亭。在县南。春秋时赖国也。昭四年，楚灭赖，楚子欲迁许于赖。《后汉志》褒信县有赖亭故国。近《志》云：殷城县有赖亭。

读史方舆纪要卷五十一

河南六 南阳府 汝州

○南阳府，东至汝宁府二百九十里，南至湖广襄阳府二百五十里，西南至湖广郧阳府五百四十里，西至陕西商州七百四十里，西北至河南府陕州七百三十里，北至汝州三百七十里。自府治至京师二千一百四十五里，至南京一千七百里，至布政司六百八十里。

《禹贡》豫州之域，春秋为申伯及邓侯地。战国为秦、楚、韩三国之疆。秦并其地，置南阳郡。治宛，以在中国之南而居阳地，故曰南阳。两汉因之。曹魏置荆州于此，亦治宛。晋为南阳国。宋齐并为南阳郡。后魏于穰县置荆州，以郡属焉。西魏以荆州为重镇，置兵以备齐。隋初罢郡，置邓州，治穰，改宛为南阳县，属焉。炀帝复为南阳郡。唐初置宛州，寻属邓州，武德三年，置宛州于南阳县。贞观八年，州废，县属邓州。天宝初，亦曰南阳郡。乾元初，仍曰邓州。宋亦属邓州。自隋以后，州、军俱治穰县。金人始复于南阳县置申州。元改曰南阳府。明朝因之，领州二、县十一。今仍曰南阳府。

府南蔽荆、襄，北控汝、洛。当春秋时，已为要地。楚有图北方之志，其君多居于申，合诸侯又在焉。子重请申、吕为赏田，巫臣曰：不可。此申、吕所以邑也，是以为赋以御北方。若取之，是无申、吕也，诸侯必至于汉。夫周之盛也，申、吕方强，为周之翰，故荆楚有所惮而不敢肆。周室东迁，申、吕亦削，楚既灭申，而俨然问鼎于中原矣。宋林氏曰：申、邓者，楚图郑之道所自出也。战国时，宛、穰尝为韩有。苏秦说韩，谓北有成皋之固，西有商阪之阻者也。其后谓之南阳。《战国策》：秦惠王时，楚、魏战于陉山。见前新郑县。楚败于南阳。又秦攻陉，使人驰南阳之地。自南阳入秦，而楚遂不复振。胡氏曰：凡山南水北皆曰阳。晋南阳在修武，以在太行南、大河北也。秦南阳郡置于宛，以在嵩山南、汉水北也。及沛公起义师西伐秦，战洛阳东，遂略南阳，围宛城。陈恢见沛公曰：宛，大郡之都也，连城数十。沛公于是下南阳，入武关，在府西境，详陕西重险。而秦以亡。司马迁曰：南阳西通武关、郧关，见湖广郧县。东南受汉、江、淮，宛亦一都会也。及光武中兴，肇自南阳，于是建为南都。张衡《赋》曰：尔其地势，则武关阙其西，桐柏揭其东；流沧浪而为隍，沧浪，即汉水，在府南界。廓方城以为墉，方城，见裕州。汤谷涌其后，府北紫山有汤谷。道元曰：此指梁县之汤泉。今见汝州。淯水荡其胸；推淮引湍，三方是通。汉德既衰，曹公破张绣，取南阳，而刘表之荆州在囊中矣。南北纷争，以南阳为孔道。桓温刘裕，皆由此以问关、洛。晋永和十年，桓温自襄阳伐苻秦，道出南阳。义熙十二年，刘裕伐姚秦，遣沈田子等自襄阳、南阳，趣武关。宋元嘉中，亦遣兵出此，直抵潼关。元嘉二十七年，随王诞镇襄阳，遣柳元景等由南阳北出，拔弘农，向潼关。齐建武五年，元魏主宏取南阳五郡，而齐不能争也，五郡，曰南阳、新野、南乡、北襄城及西汝南、北义阳也。西汝南、北义阳并治舞阳，故止云五郡。襄汉之藩篱，于是日坏。魏将西迁，时贺拔胜镇南阳，其属卢柔说胜曰：今宜席卷赴都，与高欢决胜负，都谓洛阳。时魏主修与高欢隙，欢自晋阳举兵向洛，魏主召胜赴行在。次则北阻鲁阳，南并旧楚，东连兖、豫，西引关中，可以观衅而动。胜不能从，为欢所并。既而宇文泰得之，用以东争颍、豫，南取荆、雍。豫谓汝南，雍谓襄阳。隋之末也，朱粲以南阳擅命。唐击平之，遂以南临萧铣。其后淮西用兵，削平之功，卒在唐、邓。及唐室日衰，朱朴献迁都之议，以为襄都之西夷漫数百里，其东则汉与凤林为之阙，凤林关，在襄阳岘山上。南则菊潭环屈而流于汉，菊潭，见内乡县。西有上洛重山之阻，北有白崖联络，白崖山在邓州西北，朴之议盖指今邓州而言。时邓州亦曰南阳郡也。诚形胜之地，沃衍之墟。若广浚河渠，漕挽天下，可使大集。且去秦咫尺，而有上洛为之阻，永无戎狄侵轶之虞，此建都极选也。宋建炎初，李纲图恢复中原，以为天下形势，关中为上，襄邓次之，建康又次之。南阳光武所兴，有高山峻岭，可以控扼；宽城平野，可以屯兵；西邻关陕，可以召将士；东达江淮，可以运谷粟；南通荆湘、巴蜀，可以取货财；北距三都。开封、河南、归德也。可以遣救援。暂议驻跸，乃还汴都。策无出于此。又熊刚大曰：南阳北连中原，东通吴会，西接巴蜀，南控蛮越，故诸葛武侯尝以为用武之国。元人之取襄樊也，以南阳为基本。近代群盗盘据其间，纵横四出，沔、洛数千里间，俱被其患。南阳为南北腰膂，不信然欤？

〇南阳县，附郭。周申国。楚文王灭申，为楚邑。秦为宛县，南阳郡治焉。汉因之。魏晋以后，俱为郡治。后魏分置上陌县。后周并宛县入上陌，改为上宛县。隋初郡废，改县为南阳县，属邓州。唐初置宛州，州寻废，县仍属邓州。宋因之。金始置申州于此。今编户二十二里。

宛城，今府治。春秋时楚邑。百里奚亡秦走宛，楚鄙人执之，是也。《秦纪》：昭王十五年，白起攻楚，取宛。十六年，封公子市于宛。市即泾阳君也。又《韩世家》：釐王五年，秦拔我宛。《年表》：釐王五年，为秦昭王十六年。意者韩邑近宛，秦取之以广市之封邑欤？又昭王二十二年，与楚顷襄王好会于宛。二十七年，使司马错攻楚，赦罪人，迁之南阳。宛于是始兼南阳之名。三十五年，置南阳郡，治宛。二世三年，沛公略南阳，郡守齮保宛。沛公引兵过而西，从张良谏，夜引兵从他道出，黎明围宛城三匝，宛降。汉三年，汉王出荥阳，南走宛，寻出兵宛、叶间。后亦为南阳郡治。王莽居摄二年，东郡翟义等兵起，莽使其党刘秀屯宛。地皇四年，新市、平林兵围宛，下之，更始入都焉。既而更始封其宗室赐为宛王。后汉建武二年，遣吴汉击宛，赐降。四年，幸宛。章帝元和初，自章陵还幸宛。又安帝延初四年，南巡至宛。灵帝光和末，朱儁破斩黄巾贼赵弘于宛。又击贼帅韩忠，入其大城，忠退保小城，儁复击平之。建安初，张济族子绣将济众屯宛，曹操击之，绣降。魏太和初，使司马懿督荆、豫诸州，镇宛。嘉平中，王昶亦镇焉。自是常为重镇。晋太安二年，荆州刺史刘弘等讨江沔贼张昌，屯宛。永嘉四年，石勒济河，将趣南阳，击败群盗王如等于襄城，进屯宛北。时群盗侯脱据宛，勒攻克之，遂南寇襄阳。建兴三年，荆州贼杜曾等围荆州都督荀崧于宛。咸和三年，宛城为石勒所陷。永和五年，梁州刺史司马勋拔宛城。太和初，又为慕容燕所取。明年，荆州刺史桓豁等攻拔之。太元三年，陷于苻秦。九年，复归于晋。刘宋仍为南阳郡治。齐永明五年，荒人桓天生与雍、司二州蛮相扇动，据南阳故城，请兵于魏，将入寇，诏萧景先等讨之。建武四年，魏主宏留诸将攻赭阳，引兵南攻宛，克其郛，太守房伯玉婴城拒守。既而留元禧等攻南阳，自引兵至新野。五年，魏人拔宛北城，房伯玉以城降。永元初，魏主宏殂于穀塘原，数日至宛城。《水经注》：南阳郡治大城，其西南隅即宛城，荆州刺史治焉，亦曰荆州城。盖北魏荆州，初亦治宛也。后周废宛县入上陌。隋初并废南阳郡，而宛城之名晦。唐初置宛州，未久而罢。刘昫曰：武德三年，置宛州，领南阳、上宛、上马、安固四县，并寄治宛城内。其后上马入唐州，余二县并入南阳。今郡城周六里有奇，盖元时所更置。明洪武三年修葺，有门四。其小城大城之址，堙废久矣。

申城，府北二十里。《括地志》：南阳县北有申城，周宣王舅所封。《左传》庄六年，楚灭申，遂为楚邑。昭四年，楚灵王会诸侯于申，即此城云。又吕城，在府西三十里。虞夏时国，周亦为吕侯国。穆王以吕侯为司寇，作《吕刑》。《国语》，史伯曰：当成周者，南有申、吕，是也。后亦并于楚。汉吕后封昆弟子吕忿为吕城侯，邑于此。今名董吕村。〇武城，在府北。春秋时申地，后属楚。《左传》僖六年，蔡穆侯将许僖公以见楚子于武城。又成十六年，楚子自武城，使公子成以汝阴之田求成于郑，郑叛晋，从楚子盟于武城。襄七年，秦人侵晋，楚子师于武城，为秦援。昭四年，楚灵王田于武城。皆此城也。杜预曰：武城在宛县北。或谓之武延城，俗呼西城。其相近又有濮城，俗呼东城。汝阴，谓汝水北也。

育阳城，在府东淯水之阳。汉育阳县，属南阳郡。育，亦作淯。更始初，刘演败严尤、陈茂于淯阳，遂围宛。建武二年，邓奉据淯阳以叛。明年，讨降之，桓帝封邓康为侯邑。晋仍属南阳国。东晋尝置淯阳郡，旋复旧，孝武改曰云阳县。宋因之。后魏仍属南阳郡，又置北淯郡，治武川县。西魏置蒙州。隋仁寿中，改曰淯州。大业初，州废，改为淯阳郡，仍治武川县。隋末郡县俱废。魏收《志》：魏置北淯郡，治武川县。后周盖以云阳县并入武川也。〇皇后城，在府东北。后汉初，世祖遣傅俊迎光烈皇后于淯阳，税舍于此。又三公城，在府东南三十里，即邓禹故乡也。

博望城，在府东北六十里。汉县，属南阳郡。武帝封张骞为侯邑。

后汉亦属南阳郡。晋属南阳国。宋废。《括地志》：博望城，在向城东南四十里。今有博望驿，又东至裕州六十里。〇向城，在府北六十里。汉西鄂县地。西魏置向城县，兼置雉阳郡治焉。隋初郡废，县属淯州。唐武德三年，置淯州。八年，州废，属北澧州。贞观九年，还属邓州。圣历元年，改曰武清。神龙初复故。五代周废。《志》云：向城在府东北。春秋时，许国向邑之人迁此，西魏因以名县。今为村聚。自向城废县而北，即三鸦路矣。

西鄂城，府北五十里。古楚邑也。汉置西鄂县，属南阳郡。应劭曰：江夏有鄂，故此加西。后汉因之。晋属南阳国。宋废。后魏复置，亦属南阳郡。后周废。县南有精山。后汉光和末，朱儁追南阳黄巾余贼孙夏，至西鄂精山，大破之，是也。

安众城，在府西南三十里。汉县，属南阳郡。武帝封长沙定王子丹为侯邑。王莽居摄初，安众侯刘崇举兵讨莽，攻宛不克，败死。后汉仍属南阳郡。建安三年，曹操击张绣于穰，不克，引还。刘表遣兵救绣，屯于安众，守险以绝军后，操还至安众，绣追之，前后受敌，操乘夜凿险伪遁，表、绣悉军来追，操纵奇兵，步骑夹击，大破之。荀彧问操破敌之故，操曰：敌遏我归路，而与我死地也。晋省入宛县。〇杜衍城，在府西南二十三里。汉县，属南阳郡。高祖封王翳为侯邑。后汉建武三年，祭遵击叛将邓奉弟众于杜衍，破之，追至涅阳，即此。晋省。涅阳，见邓州。

雉城，府北八十里。相传秦文公时，童子化雉止此，后因置雉县。汉因之，属南阳郡。晋属南阳国。大和二年，荆州刺史桓豁攻宛，拔之，追擒燕将赵盘于雉城，是也。宋省。后魏复置北雉县，属北淯郡。西魏因置雉阳郡。隋初，郡县俱废。

南乡城，府西南百里。汉安众县地，地名沙堰。汉析县及顺阳之地。王莽末，析人邓晔起兵南乡以应汉。后汉始置南乡县，属南阳郡。建安中，曹操割南阳西界为南乡郡。晋属顺阳郡。咸康四年，析置南乡郡。永和十年，桓温伐苻秦，水军自襄阳入均口，至南乡。后陷姚秦。义熙元年，姚兴割南乡郡归晋，是也。刘宋复曰顺阳郡。萧齐仍之。建武末，陷于后魏。永元初，陈显达拔魏马圈城，遣军主庄丘黑进击南乡，拔之。旋复陷于后魏，又置南乡郡。梁普通六年，晋安王纲自雍州遣长史柳浑破魏南乡郡，寻复失之。西魏仍置南乡郡及淅州于此。隋初郡废。大业初，又改淅州为淅阳郡。隋末废。又安山城，亦在县西。《隋志》：后魏置左南乡县，并置左乡郡。西魏改郡为秀山，县为安山。后周秀山郡废，县属淅州。隋大业初，并安山入南乡县。又有龙泉、湖里、白亭三县，俱西魏置，属南乡郡。后周并入焉。

豫山，府东北十五里。孤峰峭立，俗名独山。下有三十六陂，汉召信臣、东汉杜诗、晋杜预作陂溉田，民被其利。遗址犹存。又丰山，在城东北三十里。《山海经》：山有九钟，霜降则钟鸣。下有泉曰清泠。

百重山，府北七十里。山峦重复，几及百重，其最著者曰鹿鸣、武阳、乱石、拓禽、鲤鱼五山。皆高峻深险，乃三鸦之第一鸦也。〇雉衡山，在府北七十五里。本名衡山，马融《广城颂》所谓面据衡阴者也。以在故雉县境内，因名雉衡。《寰宇记》云：以光武射雉于此而名，误。又有紫山，在城北二十五里。一名紫灵山。下有汤谷，冬夏常温。

分水岭，府北七十里。水自岭而下，南北分流，俗呼为分头岭。其水为鸦河，亦曰鲁阳关水，北流入于汝水，南流入于淯水。此三鸦之第二鸦也。〇卧龙冈，在城西南七里。起自嵩山之南，绵亘数百里，至此截然而止，回旋盘绕，相传孔明草庐在其中。

淯水，府城东三里。俗名白河。源出河南府卢氏县南山中，经内乡县东境，又东南流，至府城东，绕城南而达于新野县，府境诸水悉会焉。又南至湖广光化县东北，又东经故邓城东南而入汉水。王莽末，诸将共设坛场于淯水上沙中，立刘玄为帝，即今府城南也。又后汉建安三年，曹操击张绣军于淯水，败还。《志》云：淯水旧有四堰，曰上石谷、马渡港、蜣螂堰、沙堰，汉召信臣所置，溉田六千余顷。后汉杜诗、晋杜预皆增广之，以溉稻田。宋太平兴国三年，西京转运使程能上言：白河旧从唐州南流入汉，请自南阳下向口置堰，回水入石塘沙河，合蔡河达京师，以通湘潭之漕。诏遣使督治，堑山堙谷，历博望、罗渠、少柘山，凡百余里，月余抵方城，地势高，水不能至，益发役兴作，卒不可通。端拱初，内使阎文逊等复请开古白河，通襄汉漕路至京，卒不就。盖地势悬绝，不可以人力回也。

湍河，在府西南三十里。湍，音专。源出内乡县熊耳山之枪竿岭，东南流，经邓州城北，折而东北，至安众故城，又南至新野县，东合于淯水。《水经注》：湍水经安众城西，涅水自邓州来注之，堨而为陂，为安众港。魏武破张绣，谓荀彧曰：绣遏我归师，迫我死地。盖二水之间，沿涉为艰阻也。〇梅溪水，在府西二十里。源出府北之紫山，南流经杜衍故城东，土地垫下，湍流注之。旧于安众置堨，令游水是潴，所谓安众港也。

洱水，在府北四十里。亦出内乡县熊耳山，东南流，入于淯水。府南又有泗河，与灌河、潦河及留山、黄渠等河，俱注于淯水。〇栗河，在府东南十里。《志》云：源出马渡堰，分流至新野县界，仍入于淯水。又上石堰，在府北四十六里，南注于斗门、黄池等陂、拒柳等堰，达于唐县、新野二县，溉田千余顷。

瓜里津，府北四十里。即淯水之津也。上有三梁，谓之瓜里渡。汉建武三年，邓奉拒光武于此，帝自赭阳西入讨奉，斩之于夕阳下。今津西即夕阳聚。

沙堨在故南乡城北。即沙堰也，为淯水四堰之一。聚沙以壅水，因名。齐建武二年，后魏主宏遣将军薛其度引兵向襄阳，军于沙堨。齐南阳太守房伯玉、新野太守刘思忌，皆城守拒魏兵。既而伯玉败魏兵于沙堨，魏人引退。〇礅，在府城外三里。淯水环流，为一城之胜。礅以御水患而障城郭，向甚坚完，后渐毁坏。今甃石犹存。

三鸦路，府北七十里。自府境北出汝、洛之径，道狭路深，称为险要。详见前重险三鸦。

小长安聚，在府南三十七里。谢沈《汉书》：光武初攻淯阳不下，引兵欲攻宛，至小长安，与莽将甄阜战，败绩。建武三年，帝自将征邓奉，至堵乡，奉自堵乡逃归淯阳，帝追破之于小长安聚，奉降。《郡国志》淯阳有小长安聚。

夕阳聚，在府西北。袁山松《汉书》：贾复从击邓奉，追至夕阳聚。刘昭曰：宛县有夕阳聚。是也。又淯阳南有安乐乡，后汉安帝封胡广为侯邑。元魏时，于此立乐宅戍。

百章郭。府西北六十里。淯水所经。旧为戍守处，俗讹为击獐郭。又永饶冶，在府南。晋时置冶于此，有令掌之。永宁初，永饶冶令空桐机斩安南将军孟观于此。时观党于赵王伦，引军屯宛也。冶寻废。〇林水驿，在府南六十里。南出襄阳，此为通道。又府城东有宛城驿，府北六十里有博望驿。

〇**镇平县**，府西七十里。西南至邓州八十里。汉安众县地。宋为穰县地。金初置阳管镇，后置镇平县，属申州。元属南阳府。明初省。成化六年，复置镇平县。城周五里有奇，编户四里。

安国城，在县东北三里。《志》云：汉初，王陵聚众南阳，以兵属汉，封安国侯，盖邑于此。

遮山，在县东三十里。峦岫迢峣，沟涧深阻，遮隔前后，故名。《志》云：汉世祖初起义师，兵败，为王莽兵所追，此山遮隔，竟不能及，因曰遮山。

骑立山，县西北五十里。山势昂耸，状若立骑，因名。又有五峰并耸，亦曰五朵山。上有龙湫三穴；又有矿，产铜。

潦河，在县东四十里。《志》云：源出南阳县之马峙坪，西流经县西北五十里之杏花山，又南流至新野县界，入于淯河。

柳泉。在县东遮山北。广五丈余，溉田甚溥。又青龙泉，在县之竹园保，引流溉田，为民利。〇菱花池，在县西南，俗名天池，广五丈余，有菱芡蒲鱼之利。

〇**唐县**，府东南百二十里。北至裕州百六十里，南至湖广枣阳县百九十里。汉置比阳县，属南阳郡。后汉因之。晋属南阳国。宋属广平郡。齐因之。后魏太和中，置东荆州治焉。西魏改为淮州。隋初又改显州，以界内有显望冈而名。大业初，改州为淮安郡，仍治比阳县。唐武德四年，仍曰显州。贞观九年，改曰唐州。天宝初，曰淮安郡。乾元初，复为唐州。五代梁移州治泌阳县，改曰泌州。后唐复曰唐州。晋又改泌州。汉复为唐州。宋因之，亦曰淮安郡。金仍为唐州。元还治泌阳，属南阳府。明初降州为县。今县城周六里，编户五十里。

比阳废县，即今治。汉所置县也。比，一作泚。后汉初，更始立王匡为泚阳王，即此。魏、晋皆曰比阳县。后魏得其地，置乐陵镇于此。太和三年，齐义阳民谢天益自称司州刺史，欲以州附魏，魏乐陵镇将韦珍引兵度淮应援，略七千余户而去。其后置东荆州于此。西魏得之，常置重兵以防东魏。《北史》：西魏大统三年，荆州刺史郭鸾攻东魏东荆州，刺史慕容俨败却之。明年，东魏东荆州刺史王则寇梁淮南，是也。《隋志》：比阳县，后魏曰阳平。开皇七年，改为饶良。大业初，又改曰比阳，为淮安郡治。唐初为显州治，寻为唐州治。天祐三年，朱全忠徙州治泌阳，而以比阳县属焉。宋、金因之。元至元三年，复移州治比阳，以泌阳县省入，而改比阳为泌阳县。明初省县入州，又改州为县。又比阳故城，在今县东。汉旧县治此。《魏志》有郢州，治安阳郡。《隋志》：后魏于比阳故县置西郢州。西魏改鸿州。后周州废，改置真昌郡。开皇初郡废。大业初，改饶良曰比阳，以故比阳县省入。是也。

湖阳城，县南九十里。故蓼国地，后属楚，谓之湖阳。《竹书纪年》：楚共王会宋平公于湖阳。《史记》：沛公攻湖阳，下之。汉为县，属南阳郡。后汉初，光武封姊为湖阳公主。建安二年，曹操击张绣于穰，拔湖阳，又攻舞阴，下之。晋省入棘阳。宋元嘉十九年，沈庆之讨缘沔诸蛮，进至湖阳，其后遂于此置戍。齐因之。北魏太和二十一年，齐湖阳戍主蔡道福南遁，遂克之，置西淮安郡及南襄州治焉。梁天监初，鲁阳蛮鲁北燕围魏湖阳，魏将李崇击平之。大通三年，魏淮安太守晋鸿以湖阳来降，后复入于魏，改曰南平州。西魏改昇州，又改湖州，州寻废。后周曰昇平郡。隋初郡废。仁寿初，复置昇州。大业初，又废州，以县属春陵郡。唐初，复置湖州。贞观初，州废，县属唐州。宋因之。金仍属唐州。贞祐初，废为镇。宋嘉定十三年，孟宗政败金人于湖阳，即湖阳镇也。〇柘林废县，在湖阳城东北。《隋志》：后魏置顺阳郡。西魏改柘林郡。后周省郡，改置柘林县。大业初，废入湖阳县。

慈丘城，在县东七十里。汉比阳县地。后魏置江夏县，又置江夏郡。隋改置慈丘县，属显州。胡氏曰：隋分比阳县置慈丘县，取县界慈丘山为名，山在唐州东北。唐属唐州。元和十年，山南东道帅严绶讨吴元济，败于慈丘，却五十余里，驰入唐州，是也。五代周省入比阳。

昭越城，在县东。后魏延兴三年置昭越县，属初安郡。隋初，郡废，县属显州。大业初，改为同光县，寻废。又后魏郢州，治城阳郡。《隋志》比阳县境有魏城阳县，置殷州城阳郡，隋初废。又后魏南襄州有襄城郡。《隋志》慈丘县有后魏襄城郡，隋初废。〇劳州城，在县东南。后魏所置州，以授蛮酋。《北史》：永熙二年，劳州刺史曹凤、东荆州刺史雷能胜，举城降梁。二城盖相近矣。

谢城，在故湖阳城北。相传周申伯徙封于此。《诗》所谓肃肃谢功，召伯营之，又曰申伯番番，既入于谢者也。《国语》：郑桓公问于史伯曰：谢西之九州，何如？盖即古申伯地矣。《荆州记》：棘阳东北百里有谢城，光武封樊重少子丹为谢阳侯，即此城云。

唐子山，县南百里。一名西唐山，唐因以名州。山麓西南有唐子亭，即唐子乡也。刘縯等起兵讨王莽，自新野屠唐子乡，杀湖阳尉，盖在此。又蓼山，在县南九十里。县本古蓼国地，山因以名。

大胡山，在县东北三十里。亦曰大狐。张衡《南都赋》：天封大狐，神仙之陬。是矣。亦曰壶山，沘水所出。后汉顺帝时，南阳樊英隐于壶山之阳，即此。

花山，在县南。石晋天福六年，安从进以襄阳叛，攻邓州，不克，退至花山，为张从恩所败。胡氏曰：花山在湖阳北。〇中阳山，在县东七十里。一名慈丘山，隋因此置慈丘县。亦名上介山。溵水出于此，流入泌阳县界。

沘水，在县南。源出大胡山，南流与澧水会，谓之派水。又西南径南阳县南，至新野县南而入于淯水。《水经注》：沘水又西，澳水注之。水北出茈丘山，南入沘水。《吕氏春秋》：齐令章子与韩、魏攻荆，荆使唐茂蔑将兵应之，夹沘而军。章子夜袭茂，斩之。《史记》：秦会韩、魏、齐兵伐楚，败其兵于重丘，杀其将唐昧。胡氏曰：重丘，即茈丘矣。又王莽将甄阜、梁丘赐，破汉军于小长安，遂南渡潢淳，临沘水，阻两川间为营，光武大破之于沘水西，是也。沘水，通作比水。小长安，见南阳县。

潢淳水，在县西。赭水之支流也。《水经注》：赭水支分，结为二湖，二湖流注，合为潢水。又南经棘阳县之潢淳聚，谓之潢淳水。又南经棘阳故城西，谓之棘水。光武击甄阜、梁丘赐，阜、赐军溃，士卒溺死潢淳水者几二万人，是也。棘阳，见新野县。潢淳，亦作黄淳水。

泌水，在县西。出自泌阳县铜山，流入县界，又西会县境之三家、八叠诸水，入南阳县界，与语淯水合流入于襄江。

召渠，在县西。亦曰召堰。汉召信臣守南阳，障水溉田，民赖其利。唐卢庠为刺史，使从事复修之，岁增良田四万顷。《志》云：召渠乘高泻水，类关中郑渠。宋嘉祐二年，唐州守赵尚宽，修复召信臣故迹，浚渠溉田，为利甚溥，人亦谓之赵渠。熙宁五年，常平提举使陈世修请于唐州石桥南北岸累石为虹桥，架淮水入东西邵渠，灌注九子等十五陂，可使二百里间水利均浃。议不果行，识者韪之。

马仁陂，在县北。沘水合众流之水，汇为陂泽，溉田万顷。又县有三大陂，皆汉、唐遗迹也。宋嘉祐二年，唐州守赵尚宽以土旷民希，四境之田多入草莱，乃按视图记，得召信臣故迹，发卒复三大陂、一大渠，皆溉田万余顷。又教民自为支渠数十，转入浸灌，四方之民，来者云集，比三年，皆为膏腴云。又高公陂，在县境，凡四十四处。宋治平中，知州高赋所作。

上闸，在县南。亦潴水溉田处也。宋端平二年，蒙古寇唐州，守将全子才弃师走，襄阳帅赵范败蒙古兵于上闸而还。

石夹口关，在县东北。《唐志》县有石夹口关，昔时戍守处也。

深桥。在县南。萧齐永明五年，荒人桓天生引魏兵至沘阳，齐将陈显达遣兵与战于深桥，大破之，天生退保沘阳。《齐书》云：深桥距沘阳四十里。

〇**泌阳县**，府东二百二十里。西南至唐县百二十里，东至信阳州二百三十里。汉置舞阴县，属南阳郡。晋属南阳国。宋、齐、后魏因之。东魏改置临舞县及期城郡。隋郡废，以县属显州。又分置石马县。隋曰上马县。唐改县曰泌阳。五代梁以泌州治此。历宋至金，唐州皆治泌阳。元移治比阳，又省泌阳入焉。明初复置。城周五里，编户四十里。

舞阴城，在县北十里。汉县治此。后汉初，更始封李轶为舞阴王，既而光武封岑彭为侯邑。又建安二年，曹操与张绣战于宛，败还舞阴，破绣追兵于此。晋亦为舞阴县。姚秦置舞阴郡。刘宋复曰舞阴县。萧齐永明五年，荒人桓天生兵寇舞阴，舞阴戍主殷公愍拒破之。既而魏将公孙邃等与桓天生复寇舞阴，公愍又击破之。建武四年，魏大举入寇，诏军主鲍举助西汝南、北义阳二郡太守黄瑶起戍舞阴。盖二郡并治舞阴也。明年，为魏所陷，仍曰舞阴县，属南阳郡。孝昌中，改置舞阴郡治焉。东魏郡废，改之临舞县。舞，一作潕。隋初郡废，改县曰显冈，属显州。唐贞观三年，县废。又魏孝昌中，置期城郡，领东西二舞阳县。东魏改置临舞县。开皇初废郡，以县属显州。十八年，改东舞阳为昆水县。大业初，废入临舞县。唐初省。

上马城，在县南。汉湖阳县地。后魏置石马县，属襄城郡。后讹为上马县。西魏属昌州，隋因之。大业初，属春陵郡。唐初，侨置于宛城内，属宛州。贞观八年，州废，以上马县地并入比阳县。开元十六年，复割湖阳县地置上马县。天宝初，省入泌阳。又钟离废县，在县东南。后魏置西淮郡，治钟离县。《隋志》云：后魏于钟离县置洞州及洞川郡。后周州废。开皇初，郡废。十六年，改钟离曰洞川县。大业初，省入上马县。

铜山，县东四十里。相传邓通曾鼓铸其上，因名。泌水所出也。又盘石山，在县南四十里。今讹为盘古山。县东北八十里又有截军山，与棋盘山并峙。

泌水，在县南。源出铜山，西南流入唐县界。杜佑曰：光武初起兵破王莽将甄阜、梁丘赐于此处。

潕水，在县北。《志》云：自平地涌出，如飞舞然，东北流，达于舞阳县东南，又东入于汝。舞阴、舞阳，皆以此水名也。○瀙在县东北百余里。源出唐县之中阳山，流入舞阳县界，经舞阳县南，又东经县境之象河关，而入汝宁府遂平县界。

马仁陂，县西北七十里，与唐县接境。四面皆山，水潴其中，溉田甚广。

象河关。在县东北百二十里。东出遂平、西平，北达舞阳、叶县，为要隘之道，有巡司戍守。

○**桐柏县**，府东南三百里。东至信阳州一百六十里，南至湖广随州界四十里。汉复阳县地。梁置淮安县，又置华州及上川郡治焉。西魏改州曰淮州，又改纯州，寻废。后周复置大义郡。隋开皇初，郡废，改县为桐柏，属显州。唐属唐州。宋因之。金亦曰桐柏县，元废。明成化十二年，复置今县。今城周四里有奇，编户十八里。

平氏城，县西北四十里。汉县，属南阳郡。更始立申屠建为平氏王。晋属义阳郡，宋省。齐永明中，陈显达城平氏，因置汉广郡，属宁蛮府。隋郡废，县属显州。唐因之。宋开宝五年，省入泌阳县，为平氏镇。

义阳城，在故平氏县界。汉武帝元狩四年，封卫山为义阳侯，寻废。元凤四年，又封傅介子为侯，后绝。五凤三年，又封厉温敦为侯。皆未置县。三国魏黄初三年，封弟据为义阳王。盖自是始置县，并立为郡。景初元年，分襄阳之都叶属义阳郡，后省。晋武帝泰始元年，封从伯望为义阳王，治新野，领义阳县。后魏中，改新野为郡，徙义阳郡治石城。晋末，又徙郡治平阳，而旧郡及县俱废。《水经注》：淮水自平氏桐柏山，又东经义阳县故城南，故义阳郡治也，世谓之白茅城。

复阳城，在县东。汉县，属南阳郡。阚骃曰：湖阳之乐乡也。成帝元延二年，置县于大复山之阳，因名。晋省。又淮南废县，在县境。《隋志》：西魏置淮南县，属淮州。隋属显州。开皇末，改油水县。大业初，废入桐柏县。

澧阳城，在县西三十里澧水北。萧齐永明六年，魏人筑城于澧阳，陈显达攻拔之，进攻沘阳，是也。又有隔城，在县西南，刘宋所置。萧齐永明六年，荒人桓天生引魏兵据隔城，齐将曹虎攻拔之，斩其襄城太守帛乌祝，天生弃平氏遁去。

桐柏山，在县东一里。其山东南接随州界，西接枣阳界。峰峦奇秀，上有玉女、卧龙、紫霄、翠微、莲华诸峰，淮水出焉。《禹贡》所云导淮自桐柏者也。旁有大木山。杜佑曰：祖逖为豫州刺史，藏家属于此山。又胎簪山，《寰宇记》：在县西北三十里。《水经》云：淮水出胎簪山，东北过桐柏山，是也。

高老山，在县东十里。一名栲栳山，一名高乐山，皆高老之讹也。峰峦峻起，高出群山。其相连者又有石门山。两山对峙，如门之辟，故名。

大复山，在县东三十里。《水经注》：淮水出桐柏支冈，潜行地下三十余里，东出大复山南，谓之阳口。水南即复阳县也。《括地志》：大复山南有淮源庙。唐武德二年，朱粲据南阳，淮安土豪杨士林等起兵攻粲，粲与战于淮源，大败，即此地矣。

淮水，在县东。源出桐柏山，东入汝宁府信阳州界，又东会汝、颍、汴、沂、泗诸大川，而入于海。天下有四渎，此其一也。详见大川淮水及川渎异同。

醴水，亦作澧水，在县西。《水经注》：醴水出桐柏山，与淮同源而别流西注，径平氏县东北，又西至唐县境而入沘水。

宜秋聚，在平氏故城西南。王莽末，刘縯等起兵南阳，会下江兵王常等至宜秋，縯因说以合从之利，即此处也。刘昭曰：平氏县有宜秋聚。

宜阳栅，在县西。唐元和中，立栅于此以拒淮西。李愬讨吴元济，自唐州徙屯宜阳栅，即此也。又县东九十里有桐柏镇，桐柏关设于此，与信阳州接界，今置巡司戍守。

〇**南召县**，府北百四十里。北至汝州鲁山县百二十里。汉西鄂县地。唐为向城县地。宋为南阳县地。明初为南召店巡司。成化十二年，置今县，属南阳府。城周三里有奇，编户二十里。今仍废入南阳县。

东岐州城，在县东北五里。《志》云：后魏尝置东岐州于此。又为南召故城，昔时戍守处也。其东北十里又有北召废城，未详所据。

丹霞山，一名留山，在县西北三十里三鸦路中。金末，武仙自三峰败走南阳，收溃兵屯留山，即此。今山上有栖霞寺，寺后一峰，巉岩千仞，左右又有两峰，最为奇胜。三峰山，见开封府禹州。

礬山，县南十五里。山产礬石。又县西南二十里有天子望山，相传光武尝登此以望南阳，因名。〇土地陂，在县北。正德中，乱贼刘三为官军所败，走死于土地陂，即此。

三鸦水，在县北鲁阳关南七里，亦谓之鲁阳关水。源出南阳县分水岭，下流东北出，而入鲁阳县界。亦谓之鸦河。

鲁阳关。在县北五十里，与鲁山县分界。即三鸦路口也。《史记》：赵惠文王元年，赵梁将兵与齐合军攻韩，至鲁关下。《淮南子》鲁阳公与韩战酣，日暮挥戈，日返三舍。即此地也。晋太和二年，荆州刺史桓豁攻宛，拔之，燕将赵盘退保鲁阳，豁追擒之。太元三年，苻坚遣兵分道寇襄阳，使其将石越等率精骑出鲁阳关。关控据要险，自昔为必争之地矣。今为鸦路镇，有巡司戍守。〇清风店，在县西南。近时群贼自商洛窥郡境，北寇汝、洛，往往屯聚于此。官军攻之不能克。

附见：

南阳卫。在府城内。洪武二年置，辖右、中、后三千户所及唐县守御千户所。《志》云：唐县所，分置县城内。

〇邓州，府西南百二十里。南至湖广襄阳府百八十里，西南至湖广均州二百五十里，西北至陕西商州六百四十八里，东北至汝州四百九十里。

春秋时邓侯国，战国时属楚。秦为南阳郡地。两汉因之。晋属义阳郡，后改属新野郡。宋、齐因之。后魏仍属新野郡，寻置荆州于此，魏收《志》：太和中，荆州移治穰城。西魏时，以为重镇。置兵于此以备齐。隋初，改为邓州，炀帝又改曰南阳郡。唐仍为邓州，亦曰南阳郡。五代梁置宣化军于此，兼领唐州。唐改曰威胜军，周改为武胜军。宋仍曰邓州，亦曰南阳郡武胜军节度。金因之。元属南阳府。明朝仍曰邓州，以州治穰县省入。编户三十七里。领县三。今因之。

州古所称邓林之险。《荀子》曰：限之以邓林，《荀子》又云：邓地之山林。盖州境古多名材。缘之以方城。方城，见裕州。又《荆州记》：郦县有故城一面，未详里数，号为长城，即方城之西隅。其间相去六百里，南北虽无基筑，皆连山相接，而汉水居其南。故楚屈完答齐桓公，有方城为城，汉水为池之语。郦县故城，在今内乡县东，是州境亦有方城矣。又《淮南子》亦曰：垣之以邓林，绵之以方城。春申君曰：楚之右壤，皆广谷大川，山林溪谷，不食之地。说者谓自邓以西耳。今其地西控商、洛，南当荆、楚，山高水深，舟车辏泊，号为陆海云。秦之末也，沛公自南阳入武关。后之有事关中者，往往图武关，图武关而州为孔道矣。又自州而南，径指襄阳，两驿而近。南北有事，襄邓为之腰膂。三国之季，魏王昶为扬豫都督，以宛去襄阳三百余里，有急不足恃，乃徙屯新野。后魏盛时，亦置荆州于穰县，以控临沔北。其后宇文泰欲经略江汉，使杨忠都督三荆，镇穰城，而沔口以西，遂拱手取之矣。唐以襄、邓为重镇，恃以震慑淮、沔。至德二载，史思明遣兵寇邓州，鲁炅悉力拒守，炅时为南阳节度使。经年，贼不能陷。其后炅以粮援俱尽，突围走襄阳。时贼欲南侵江汉，赖炅遏其冲，南夏得全。其后淮西拒命，兵锋辄及于邓州，及蔡州之平，功亦集于唐、邓。黄巢之入长安也，惧荆襄之军起而制其后，遣朱温陷邓州，遂据之以扼荆、襄。事在广明二年。温旋为官军所败，引还长安。温既篡位，因置镇于此，以犄角山南，屏蔽荆、湖。其后襄沔有变，实恃此以挫抑之。石晋天福六年，安从进以襄阳叛，举兵攻邓州，败还，高行周等自邓州进击，遂平之。迄于晚宋，蒙古由此以倾金人之汴、郑，寻复道此以陷宋之襄、樊。虞允文有言：邓州，襄汉之藩篱，而实秦楚之喉嗌也。岂不信欤？

穰县城，州东南二里。战国时属楚，后为韩邑。《史记》：韩襄王十一年，秦取我穰。又秦武王十六年，封魏冉于此，为穰侯。昭王二十四年，与楚会穰。汉置穰县，属南阳郡。更始二年，立廖湛为穰王。建武三年，耿弇击延岑于穰，大破之。建安初，张济自关中入荆州境，攻穰，为流矢所中死。二年，济族子绣败曹操于宛，还屯穰，与刘表合。三年，操围绣于穰，不克而还。魏仍属南阳郡。晋属义阳郡。宋属新野郡。后魏因之，又置荆州治焉。梁大通二年，将军曹义宗围魏荆州，堰水灌城，不没者数版，刺史王罴固守不下。既而魏遣将费穆驰救，义宗败没。隋为邓州治。自是州郡皆治此。明初，省县入州。府旧城，周二十四里，元初筑，至正中毁。明洪武、正德、嘉靖中，俱重修。今城周四里有奇，有门四。

冠军城，州西北四十里。汉县，属南阳郡。武帝以霍去病功多，割穰县卢阳乡、宛县临洮聚为冠军侯邑。后汉永元二年，封窦宪于此。魏、晋仍为冠军县，属南阳国。东晋隆安三年，桓玄为江州刺史，自夏口袭殷仲堪于江陵。仲堪出奔酂城，将奔长安，至冠军，玄将冯该追获之。宋、齐俱属南阳郡。后魏因之。隋属邓州。唐武德二年，马元规等击朱粲于冠军，败之。既而粲称楚帝于冠军，寻败奔王世充。贞观初，省入新城。夏口，见湖广重险。酂城，见湖广光化县。

新城县城，州西北七十里。汉冠军县地。后魏主宏太和中，析置新城县，属南阳郡。西魏改曰临湍。隋复为新城县，属邓州。唐因之。唐武德二年，县移治虎遥城，置郦州。八年，州废，属邓州。贞观三年，还治故临湍聚，南去虎遥城十里。天宝初，复改曰临湍。五代汉改曰临濑县。宋建隆初，省入穰县。

涅阳城，州东六十里。汉县，属南阳郡。在涅水之阳，因名。高帝封吕胜为侯邑。武帝元封四年，复封朝鲜降人路最为涅阳侯。晋属南阳国。永嘉四年，刘聪逼洛阳，诏征天下兵入援，山简自襄阳遣将王万将兵军于涅阳，为群盗王如所败。宋、齐皆曰涅阳县，属南阳郡。后魏因之。隋改曰课阳，属邓州。唐初因之，贞观初废。俗呼赤眉城。又白牛城，在城东南。光武封刘嵩为侯邑，后废。

东阳城，在州东。本汉穰县之东阳聚。后汉建武三年，延岑为耿弇所败，自穰走东阳，朱祐等击破之。刘昭曰：淯阳有东阳聚，朱祐败张成处也。盖穰县旧与淯阳接境矣。又《志》云：州南三十里有乐乡城，本汉之乐城县，属南阳郡。后汉省。

马圈城，州东北七十里。汉涅阳县地。后魏于此置马圈镇。齐东昏侯永元初，陈显达攻马圈，拔之。既而魏主宏发洛阳，自梁城至马圈，命元嘉断均口，邀齐兵归路，显达败还。梁普通六年，曹义宗围魏荆州，取顺阳、马圈，魏将裴衍寻败义宗于析阳，复陷顺阳，进围马圈。义宗击败衍，仍拔顺阳。杜佑曰，马圈去襄阳三百里，在今穰县北，是也。《一统志》内乡县顺阳保北有马尾镇。误。梁城，见汝州。均口，见湖广榖城县。

晋城，在州东南。北魏置。梁普通六年，晋安王纲自襄阳遣司马董当门，破魏晋城，又破马圈、雕阳二城，是也。雕阳，或曰亦在州东。刘昫曰：唐武德四年，置平晋县，属邓州。六年，省入穰县。盖置于故晋城云。○魏武城，在州西南五里，《志》云曹操攻张绣时所筑。

紫金山，在州城西南隅。冈阜掘起，城据其上，因山为墉，屹然险固。《志》云：州治南有福胜寺，寺东北隅有古塔，凡十三层，高百丈，中有一井，水尝泛溢，俗呼海眼。凭塔而望，四远廓然，亦有事时守御所资也。○五陇山，在州城西。山有五堆连接，因名。

白崖山，在州西北。唐朱朴所云北有白崖联络者也。其上有香岩寺，自山而西，群山连亘，以达于武关。又赤石山，亦在州西北，朝水出焉。○覆釜山，在州西北八十里。以形似名，俗呼吐雾山。上有青龙池，水常不竭。

析隈山，州南七十里。《左传》僖二十五年，秦、晋伐鄀，秦人过析隈入。杜预曰：析为楚邑，隈其隐蔽处也。今州有析隈山，俗讹为厮隈山。○汤山，在州西七十里。山有两峰，东西列峙，东峰上有汤庙。又禹山，在州西南九十里，与析川县接界。

岐棘山，在州东北。涅水发源于此。《水经注》：涅水出涅阳县西北岐棘山东南，是也即镇平县骑立山。涅水所出，今名赵河。○榖塘原，在州东南。后魏太和二十三年，魏主宏殂于榖塘原，即此。

湍水，在州城北三里。自内乡县东南流入州境，经临湍、冠军故城间，又东南流至州北，复东北流，入南阳县界。州境诸水悉合焉。○涅水，在州东北。出岐棘山，经涅阳故城南，又东南经南阳县安众故城西，而入于湍水。晋咸和七年，桓宣破石勒将郭敬于涅水，是也。

朝水，在州西南。源出赤石山，东南流经冠军故县界，又东南径州南境而入新野县界，合于淯水。《水经注》，晋杜预修六门陂，陂水散流，咸入朝水，是也。又刁河，在县南十五里。源出内乡县之萧山，流经州界，亦至新野县东南而入于淯水。

六门陂，在州西。汉召信臣为南阳守，以建昭五年断湍水立穰西石堨，至元始五年更开三门，为六石门，故号为六门堨，溉穰、新野、涅阳三县五千余顷。晋太康三年，镇南将军杜预复请开广，利加于民。《水经注》：湍水经穰县为六门陂。杜预复六门之遏，六门之水下给二十九陂，民资其利。六门既破，诸陂遂断矣。

钳卢陂，在州南六十里。亦曰玉池泽陂。汉建昭中，召信臣于穰南造钳卢陂，累石为堤，旁开六石门，以节水势。泽有钳卢玉池，因名。用广灌溉，岁增多至三万顷。后杜诗为守，修复其业，于是有召父杜母之歌。王氏曰：玉池陂，盖在宛县。

楚堰，州西北六十里。或曰：晋杜预所作，引湍水溉田千余顷。《水经注》所云楚堨也。高下相承，凡八重，周十里，方塘引水，蓄泄不穷。又州北有废永国渠。《宋会要》：熙宁五年，御史张商英言：闻献议者请开穰县永国渠，引湍水灌溉民田，失召信臣故址，所凿焦家庄，地势偏仰，水不通流。诏宦者程昉疏治，功卒不成。

千金镇。在州西。宋靖康二年，汴京为金人所陷，范致虚以陕西五路之师，出武关，至邓州千金镇，为金将娄宿所败，溃入潼关。《志》云：州东旧有板桥镇。又有塌河关，在州南，今废。

○内乡县，州西北百二十里。东南至镇平县八十里，北至河南府卢氏县四百八十里。春秋时楚之析邑。秦置中阳县，属南阳郡。汉为析县，属弘农郡。后汉属南阳郡。晋属顺阳郡。刘宋时，县省。后魏复置西析阳县，兼置析州及析阳郡。西魏又改曰中乡县。后周郡废。隋讳中，改曰内乡县，属析州。唐武德二年，改置析州于此。贞观八年，州废，县属邓州。今城周八里，编户二十二里。

淅阳城，在县治西。春秋时楚白羽地，亦曰析。《左传》僖二十五年，秦、晋伐鄀，过析，即此。又昭十八年，许迁于析，实白羽。战国时，秦昭王发兵出武关，攻楚，取析，是也。秦曰中阳县，汉仍曰析县。晋因之。后魏置析阳郡。魏收志析阳郡属析州，领东西二析阳县，此即西淅阳也。梁普通六年，曹义宗等取顺阳、马圈，与魏将张衍战于淅阳，败还。后魏永熙末，贺拔胜闻魏主修西入长安，使其长史元颖行荆州事，守南阳，自帅所部西入关，至淅阳而还。既而东魏取荆州，蛮酋樊五能攻破淅阳郡以应魏。东魏荆州刺史辛纂欲讨之，李广曰：淅阳四面无民，惟一城之地，山路深险，表里群蛮，不如完垒抚民，然后讨之。纂不从，果败。魏因遣独孤信取荆州，出武关，东魏恒农太守田八能帅群蛮拒信于淅阳，又遣别将出信后，信进击八能，破之，遂乘胜袭取穰城。《隋书》云：西魏置淅州，又改西析阳为内乡县。刘昫曰：后周改曰中乡，隋始曰内乡也。又武德初，析内乡置默水县，寻复省入内乡。

郦县城，在县东北。秦邑。二世二年，沛公攻析、郦，皆下之，是也。汉置郦县，属南阳郡。武帝封王同为侯邑。晋仍属南阳国。宋、齐因之。后魏析置南郦县，属恒农郡，而北郦县属东恒农郡。后周复合为郦县。隋初改为菊潭县。唐武德二年，朱粲为淮安土豪杨士林所败，自淮源奔菊潭，是也。唐亦曰菊潭县，属邓州。五代周省。今城亦谓之下郦，或谓之南郦。其北有北郦城，即后魏所析置县也。淮源，见桐柏县。〇武关废县，在今县西。后魏太和中，置东恒农郡，领西城等县，郡县皆侨置也。西魏改县曰武关。隋初废郡，复省县入菊潭。

丹水城，县西南百二十里，南去丹水二百步。古鄀国，又为商密地。

《左传》僖二十五年，秦、晋伐鄀，楚人以申、息之师戍商密。班固曰：丹水县有密阳乡，即故商密也。杜预曰：丹水县西南有密乡，即楚所戍处。又周礼职方氏：分九州，为商密之地。秦置丹水县，属南阳郡。二世二年，沛公破宛，引兵西至丹水。汉亦为丹水县，属弘农郡。后汉属南阳郡。晋属顺阳郡。建元初，庾翼欲经略中原，表桓宣为梁州刺史，前趣丹水，为石赵将李罴所败而还。宋、齐皆属顺阳郡。后魏置丹川郡于此。后周郡废。隋以县属析州。唐初县废。范汪《荆州记》：丹水县，尧子朱所封，亦曰丹朱城。

商於城，在县西。本秦地，秦孝公封卫鞅以商於十五邑是也。又张仪以商於六百里之地诳楚。裴骃曰：有商城在於中，故曰商於。道元曰：丹水经内乡、丹水二县间，历于中北，所谓商於者也。杜佑曰：今内乡西七里有於村，亦曰於中。或曰：商，即商州；於，即内乡也。自内乡至商州，凡六百里，皆古商於地矣。唐上元末，淮西运阻，转运使刘晏以江淮粟帛由襄、汉越商於以输京师，是也。今为商於保。

三户城，在县西南。《春秋》哀四年，晋执戎蛮子赤与其五大夫，以畀楚师于三户。杜预曰：丹水县北有三户亭，后汉桓帝时，河间孝王子博封三户亭侯，盖即城置亭云。又县西南百里有汉王城，城内有试剑池。其相近为罗王城，未知所始。相传春秋时楚人伐罗即此，误也。

修阳城，在县北。汉析县地。后魏置修阳县，兼置析州及修阳郡治焉。后周郡县俱废。又盖阳城，亦在县北。魏收志：修阳郡领盖阳、修阳二县，是也。后周废。或讹为葛阳县。○房阳城，在县东。《志》云：汉哀帝封孙宠为房阳侯，盖邑于此。

熊耳山，县东十二里。峰峦耸峙，连亘甚远。其北麓接卢氏县界。旁有枪竿岭，湍水所出也。又萧山，在县东二十五里，上有萧王庙。光武初封萧王，因以名山。刁水所出。

丹崖山，县西百里。岩岫参差，崖石多赤，称为奇胜。又白岩山，在县西南三百九十里。峰峦绵亘，山岩莹白，有水帘洞诸胜。〇墨山，在县北五十里。山石尽黑，亦名石黑山。又岝岭山，在县西北三百里，山岩峭拔。

太白山，县南百二十里。峰峦高峻，下临丹河。旧指此山为顺阳、淅川二县分界处。《志》云：县境群山回还，连接绵远，与关中之南山秦岭参差映带，此山亦以似关中之太白而名。

马蹬山，县西南百六十里。其东南有石穴山、岵山、王子山，绵联百余里。宋绍定六年，孟珙破金将武仙于顺阳，仙走保马蹬山，于是顺阳及申州唐州皆来降。仙将刘仪亦降于珙，谓珙曰：仙所据九寨，其大寨在石穴山，以马蹬、沙窝、岵山三寨蔽其前，三寨不破，石穴未可图也。若破离金砦，则岵山、沙窝孤立矣。珙遂遣兵破其离金砦，又捣王子山砦，围马蹬，还至沙窝西，与金人战，败之。复遣兵破其默侯里砦，惟板桥石穴未破，珙遣仪招之。又料仙势穷蹙，必上岵山窥伺，乃遣将先夺岵山，驻军其下。仙果登山，及半，伏兵四起，仙溃走。珙进军小水河，仪言仙且谋往商州，依险以守。珙急攻石穴，破之，追败仙于鲇鱼砦，又追败之于银葫芦山，降其众七万。离金、默侯里诸寨，盖皆是时依山据险处也。小水河，亦山涧之名。银葫芦山，见汝州伊阳县。

淅水，在县西南百三十里。源出商州南山，流经县南，与丹水会。〇丹水，在县西南。源出商州清池山，出武关，又东南流经丹水故城，又东南而合于淅水，下流入于均水。战国赧王三年，秦人大败楚师于丹阳，遂取汉中郡。盖即丹水之阳矣。

淯水，在县东。《水经注》淯水出郦县北攻离山。《括地志》淯水出熊耳山。《郡志》云：淯水出嵩县双鸡岭。双鸡，盖攻离之讹也。今淯水经故郦城东南，而达南阳县界。〇湍水，在县东。出熊耳山枪竿岭，经故郦城东，又东南入邓州境。

菊潭，在县北。源出县西北之石涧山，亦曰析谷，亦名石马峰，汇而为潭，傍生甘菊，其水甘香特重于诸水，居人饮之多寿，隋因此名县。《汉志》淅县有黄水出黄谷，鞠水出析谷。师古曰：鞠水，即菊潭也。《荆州记》：郦县北八里有菊水。○涌泉，在县西。广八尺，水极清澈，自下涌出，的皪如珠，溉田甚广。

武关，在县西百七十里，与陕西商州接界。襄、郧、宛、洛，由此入关，其捷径也。详见陕西重险武关。

西夹口关。在县西北古城内。今有巡司。又荆子口关在县西南，其相近者又有党子口关，俱间道通关中，有官兵戍守。○金斗关，在县东北百十里。道路险僻，有巡司戍守。《志》云：县北有马尾关，西魏置此以御高齐。

○**新野县**，州东南七十里。南至襄阳府一百十里。汉县，属南阳郡。后汉因之。晋初为义阳郡治。惠帝时，改置新野郡。宋、齐皆为新野郡。后魏因之。后周郡废，改县曰棘阳。隋仍为新野县，属邓州。唐武德四年，置新州于此，旋废，县仍属邓州。乾元初，省入穰县。宋为新野镇。元复置县，属邓州。今城周四里，编户二十二里。

新野故城，在县治南。汉置县于此。后汉桓帝延熹七年，南巡，幸新野。建安六年，曹操击刘备于汝南，备奔刘表，表益其兵，使屯新野。曹魏正始中，王昶督荆豫诸军事，自宛徙屯新野。晋置新野郡。宋、齐因之。齐建武四年，魏主宏自南阳至新野，新野太守刘思忌拒守，魏人攻之，不克。明年，魏将李佐拔新野，沔北大震。梁普通七年，曹义宗据魏穰城以逼新野，不克而退。后周废郡而县不改。唐末县废。元始复置。今城周四里，即元时故址云。

河南城，在故棘阳县东北。刘宋大明中，侨立河南郡，分沔北为境，兼置河南县为郡治，共领五县，唯棘阳为实土。萧齐因之，后没于北魏。《梁书》：天监五年，江州刺史王茂侵魏荆州，诱魏边民及诸蛮更立宛州，遣其所署宛州刺史雷豹狼袭取魏河南城。既而为魏将杨大眼所败，复取河南城，追茂至汉水，拔五城而还。萧子显《齐书》：雍州有河南郡，所领五县惟棘阳为实土云。

东乡城，在县东。本新野之都乡。永始元年，以封莽为新都侯国，属南阳郡。东汉废入新野，谓之东乡。又县东有黄邮聚。元始三年，有司请益莽黄邮聚新野田，是也。建武初，遣傅俊、岑彭击秦丰，先拔黄邮聚；吴汉又破秦丰于黄邮水上。黄邮水，盖即棘水云。

朝阳城，在县西朝水之阳。汉县，属南阳郡。晋属义阳郡。刘宋属顺阳郡。大明八年省。亦曰朝城，俗呼刁城，今为朝阳村。又沈约《宋志》：广平郡，治襄阳。宋为实土。以汉朝阳县地立广平郡及广平县，并领酂、阴、比阳等县。萧齐仍之。魏废。今酂、阴二县，见湖广光化县。

淯水，在县西一里。自南阳流入县界，又东南入于汉水。县北有比水，县西有湍水，东南有棘河，西北有刁河。凡府境之水，悉流入焉。〇湍水，在县西。亦自南阳流入县界，至县南合于淯水。元顺帝至元二年，邓州大霖雨，湍河、白河溢。白河，即淯水也。

棘水，在县东。其上源即赭河也，自唐县流入，经故棘阳城、黄邮聚南，至县东南而入于淯水，谓之棘口，俗讹为力口。〇朝水，在县西，自邓州界流经朝阳城东南，而合于淯水。又有白水，在县西南，自朝阳城西，东南流而入于淯水。

樊陂，在县西北。《水经注》：朝水支分南北，为樊氏陂，东西十里，南北五里，俗谓之凡亭陂。汉樊宏兄重善农稼，开此陂以灌溉，因名。又有豫章陂，在县东南，灌田三千余顷。今废。

蓝乡。在县东。王莽地皇三年，甄阜、梁丘赐败刘縯于小长安聚，乘胜径进，留辎重于蓝乡，縯潜师夜起袭之，尽获其辎重处也。刘昭曰：棘阳县有蓝乡。《一统志》泌阳县有古蓝乡，误。湍阳驿，在县城东。又城西有新野递运所。

〇**淅川县**，州西南百二十里。南至湖广均州一百六十里，北至内乡县百五十里。汉淅县地。后魏置东析阳县。西魏改曰淅川县。后周并入内乡。唐初，又置淅川县，并置淅州于此。贞观初，州废，县亦寻省。《通考》：邓州淅水县，梁置，至宋始省。《元志》云：邓州旧领淅川县，元初省入内乡县。盖废置不一矣。明成化七年，复析内乡地置。今县城周四里有奇，编户十八里。

顺阳城，县东北三十里。本汉析县之顺阳乡。哀帝初封孔光为博山侯，因置博山县，属南阳郡。后汉复曰顺阳。建武四年，延岑复寇顺阳，为邓禹所败，走汉中。章帝封马廖为侯邑。建安中，置南乡郡。晋改为顺阳郡，而顺阳县属之。刘宋亦曰顺阳郡，领顺阳县。萧齐避讳，郡县皆改曰从阳。建武五年，没于后魏，仍曰顺阳郡，移治顺阳。永元初，崔慧景攻魏顺阳，顺阳太守张烈固守不下。西魏析顺阳置郑县，寻改为清乡。周并顺阳入清乡。开皇初，废郡，又改清乡为顺阳，县属邓州。唐初因之。武德六年，省顺阳县入冠军县。宋太平兴国六年，复升顺阳镇为县，仍属邓州。金省入穰县，仍曰顺阳镇。宋绍定五年，蒙古自金州趣汴，金人御之于邓州，屯顺阳。完颜合达等议由光化截江与战，不果，复还邓州。淳祐中，蒙古既灭金，谋寇荆、襄，积船材于邓之顺阳，孟珙潜遣兵焚其所积。《一统志》内乡县有顺阳保。《括地志》云：顺阳在穰西一百四十里。

丰乡城，在县西南。《左传》：楚人谋北方，司马起丰、析以临上洛。《续汉志》析县有丰乡城，是也。其地与湖广上津县接境。

禹山，县东南三十里。本以祷雨得名，曰雨山，后讹为禹。蒙古侵金，自汉中金州而东，由光化渡汉江而北。金将完颜合达等与战于禹山，不胜，将还邓州，过光化对岸枣林后，蒙古突至，邀其辎重而去。枣林，在禹山东二十余里。

鹰子山，在县东南。齐东昏侯初，陈显达攻魏马圈，魏人断均口邀齐兵归路。显达引兵渡均水西，据鹰子山筑城，为魏所败，自分碛山出均口南走，是也。分碛山，见襄阳穀城县。

岵山，县东二十五里。宋绍定六年，孟珙破金武仙于岵山，仙遁走，即此处也。今详见内乡之马蹬山。又太白山，在县东南八十里，亦见内乡县界。

淅水，在县西南三十里。东北流入内乡县境，合于丹水。晋永和十年，桓温伐秦，步兵自析川趣武关，是也。〇丹水，在县北十五里，旧为析川、顺阳二县分界处，东北会于淅水，又东注于均水，并流而南，入于汉江。后汉初平二年，曹操讨袁术，率南阳之军军丹水，即此。

均水，在县东。源出内乡县熊耳山，曰涓水，流经废顺阳县西，曰汋水，至故涉都城东北而入沔，曰均水。《汉志》：顺阳西有白石山，南临均水。《水经注》：均水自南乡合丹水，又南经顺阳县西白石山，又南注沔。其入沔处亦曰涓口，亦曰均口，亦曰汋均口。晋桓温伐秦，水军自襄阳入均口，至南乡。齐陈显达攻魏马圈，军入汋均口，是也。涉都，见襄阳府穀城县。

花园头关，在县西北二百里。本在内乡县西北，成化中，改属县界。今有巡司戍守。〇峡口镇，在县西，其南即湖广均州界也。《金志》内乡县有峡口镇。今入县界。

胡村。县西北九十里。《舆程记》：自县西北水行四十里至幕围，四面皆山，又四十里至胡村，又陆行九十里至青山，又九十里为青油河，又四十里而入武关。是也。

附见：

邓州守御千户所。在州城内。洪武三年建，属南阳卫。

〇裕州，府东北百二十里。东至开封府许州二百七十里，东南至汝宁府三百五十里，北至汝州二百里。

春秋时，楚方城地。汉属南阳郡。东汉因之。晋属南阳国。萧齐置北襄城郡。后魏因之。西魏曰襄邑郡。隋废郡，以其地属淯州。唐初，置北澧州。贞观八年，改曰鲁州，州寻废，改属唐州。宋因之。金人始置裕州。元属南阳府。明初，以州治方城县省入。编户三十二里。领县二。今仍之。

州南蔽三关，谓义阳三关。北控郑、洛，东掣许、蔡之肘，右拊宛、邓之背。山连太室，川带淮、汝，此亦形胜之所也。昔楚人图北方，以宛、叶为重地，所谓方城之险，州实当之。《左传》曰：叶在楚国，方城外之蔽也。屈完对齐侯曰：方城以为城。晋阳处父伐楚以救江，门于方城。荀偃伐楚，侵方城之外。盖地有所必争矣。秦白起伐楚，取宛、叶而楚之鄢、郢危，魏公子无忌谓魏王：秦叶阳、即叶县。昆阳与舞阳、高陵邻，高陵，在舞阳县东北。《汉志》定陵有高陵山，汝水所出。盖因山以名邑。王氏谓冯翊之高陵，误矣。绕舞阳之北以东临许，南国必危。盖方城之险，秦既得之，则足以祸南国也。《淮南子》天下九塞，方城其一。盛弘之《荆州记》：叶县东界有故城，始犨县，见汝州鲁山县。东至瀙水，见舞阳县。达泚阳界，今唐县。南北连绵数百里，号为方城，亦谓之长城。林氏曰：宛在方城内，叶在方城外，外有方城，内有冥厄，而宛、叶为之表里。朱子曰：荆州地势四平，其守当在外。楚人谓方城为城，汉水为池，是矣。

方城废县，今州治。汉堵阳县地。后魏置方城县，为襄城郡治。西魏为襄邑郡治。隋初郡废，县属淯州。唐初置北澧州。贞观八年，改置鲁州。九年，省，以县属唐州。宋亦曰方城县。金为裕州治。明初省。今州城周七里有奇，门四。

堵阳城，在州东六里。汉县，属南阳郡，亦曰赭阳。堵，音者，盖通称也。后汉建武二年，封朱祜为侯邑。是年，堵阳人董訢反宛城，坚镡攻宛，拔之，訢走还堵阳。明年，帝自将至堵阳，訢降。晋仍属南阳国。刘宋时省。萧齐于此置北襄城郡。建武初，魏将卢渊等攻堵阳以取叶仓，北襄城太守成公期拒守，魏不能克。四年，魏复南寇，军主胡松引兵助守赭阳，魏主因留诸将攻赭阳，自引兵南攻宛。既而别将韩显宗将别军屯赭阳，成公期遣胡松引蛮兵攻其营，为显宗所败。五年，陷于后魏，仍置襄城郡。孝昌中，又置襄州及襄城郡，又改置方城县，废堵阳入焉。亦曰堵乡。《水经注》：堵水南经小堵乡，为小堵水。○襄邑城，在州南二里，西魏襄邑郡城也。又后魏有建城郡，太和中置，景明末罢。永熙中复置，亦治赭阳县。后亦改建城。后齐郡县并废入方城。

真昌城，在州东南。后魏置北平县，属襄城郡。隋开皇九年，改县曰真昌，属显州。唐初属北澧州。贞观初，省入方城县。○青台城，在州东南。唐元和十二年，李愬遣方城镇将李荣宗击淮西青台城，拔之。又元人筑青台城以图襄阳。《九域志》方城县有青台镇。今其地南接唐县界。

方城山，州东北四十里。《左传》楚方城为城，是也。又文三年。楚围江，晋阳处父伐楚以救江，门于方城。荀偃伐楚，侵方城之外。《史记》：秦昭襄王八年，魏使公孙喜、韩使暴鸢，共攻楚方城。或曰：楚置城于山上以为要隘。其山连接南阳、唐县、叶县之境，几数百里，亦曰长城山。曹魏太和二年，张郃将兵伐吴，屯于方城，是也。杜预曰：方城在叶南。今州境本叶地。或谓之万城。《水经注》：楚欲争强中国，多筑列城于北方以逼华夏，故号叶为万城。唐勒《奏土论》曰：我是楚也，世霸南土，自越以至叶垂，引境万里，故号万城矣。或曰：非也，方与万相似，好事者为之说耳。

七峰山，在州北三十里。上有七峰列峙，下有暖泉，三时俱凉，至冬则暖。又泉白山，在州北四十里。山顶有泉，下流如布，因名，与七峰山对峙。又北十里为黄石山，亦奇胜。〇大乘山，在州东南，晋《裕州图经》所云大乘峙前，方城镇后者也。《志》云：州东北二十里有招抚冈，相传光武曾驻此招抚降众云。

堵水，《元和志》：西去县三十五里。亦曰赭水。源出方城山，经州西，汉以此名县。下流至唐县界，入于沘水，其相合处谓之会口。又州城东有潘河，出州北四十里之当阳山，南流合赵河，至唐县界入唐河。

贾河，州东四十里。源出县东南之牛心山，流入舞阳县界，与沙水合。〇圣井，亦在州东。其地四面皆下，井居其中，独高仞余，泉常仰溢云。

仙翁关。在州东北。道出汝、颍，旧为戍守之处。又州有青台镇，今废。〇赭阳驿，在州城西南，明初置。

〇**舞阳县**，州东北一百四十里。南至泌阳县一百八十里，东至汝宁府西平县百里。汉置南阳县，属颍川郡。应劭曰：在舞水之阳，因名。高帝封樊哙为侯邑。东汉亦属颍川郡。魏置舞阳郡，后仍为县。晋属襄城郡，后改北舞阳县。萧齐尝置西汝南、北义阳二郡于此。后魏收置西舞阳县，寻置定陵郡隋初郡废，又改北舞县，属许州。唐复为舞阳县，仍属许州。宋因之。金改属裕州。元省入叶县，寻复置，属裕州。今县城周六里有奇，编户四十四里。

舞阳城，在县西。战国时魏邑。信陵君上安釐王书：秦叶阳、昆阳与舞阳邻；又曰：绕舞阳之北以东临许，南国必危。即此。汉置县。晋因之。后魏皇兴初，改置北舞阳县，又分置西舞阳县。齐永明五年，荒人桓天生引魏兵寇舞阴，雍州刺史陈显达拒之，进据舞阳城。隋曰北舞。唐贞观初，县废。开元四年，复置曰舞阳，初治古城内。元和十三年，移吴城镇，后又移今治。又《括地志》今叶县东十里有舞阳故城，此为樊哙封邑云。

定陵城，在县北灰河保。汉县，属颍川郡。更始初，王凤与偏将军秀等徇昆阳、定陵、郾，皆下之。晋属襄城郡。后魏改置北舞阳县，为定陵郡治。高齐因之。隋省入北舞县。郾，今许州郾城县也。

红阳城，在县西南三十二里。汉县，属南阳郡。有红山在城北，因名。成帝封王立为侯邑。后汉省。又东不羹城，在县西北。《汉志》定陵有东不羹城，楚灵王所谓大城陈、蔡不羹者也。又有西不羹城，见前许州襄城县。《志》云：县北有楚王城，相传楚平王所筑。

十八盘山，县南八十里。周回一十八盘，因名。○高陵山，在县北定陵城西。《汉书·志》汝水出于此。又县西有苏寨山，《邑志》云：瀙水源出于此。

沙水，在县西南，源处汝州鲁山县之吴大岭，东流经叶县界与滍水会，又东入县境。又东至许州襄城县界，入于汝水。○澧水，在县北。源出方城山，经叶县界，流入县境，又东至郾城县界，入于汝水。

瀙水，在县南。自唐县东北，流达县界，又东南经泌阳县界而入汝宁府境。又烧车水，在县东，源出叶县之黄城山，下流注于澧河。光武烧王寻辎重于此，因名。

舞水，在县南。自泌阳县流入境。《志》云：今县东南有舞水泉，涌跃若舞，流为三里河，即潕水也。舞阳之名以此。又县北四十里有涤清湖，周围凡十里。俗作狄青湖，误也。

百尺沟，在县东北。《水经注》：汝水经定陵城北，右则溠水入焉，左则百尺沟出焉，沟北通颍水于襄城县，颍盛则南播，汝溢则北注，沟水夹岸层崇。亦谓之百尺堤。〇刁沟，或曰：在县东北，又东入许州郾城界。唐贞元十三年，淮西吴少诚擅开刁沟入汝。诏止之，不从。新、旧《唐书》以为司洧河云。

北舞镇。在县北。即故舞阳城也。《金志》舞阳县有北舞、吴城二镇，盖皆舞阳旧县治云。

〇**叶县**，州北百二十里。东至襄城县九十里，西北至汝州百四十里。春秋为楚地。成十五年，楚迁许于叶，是也。秦曰叶阳。汉为叶县，属南阳郡。晋属南阳国。后魏属南安郡。孝昌中，置襄州于此。东魏因之。后周废襄州，置南襄城郡。隋初郡废，以县属许州。唐初于此置叶州。贞观初，州废，县仍属许州。开元三年，置仙州。二十六年，州废，县属汝州。宋因之。金改今属。城周六里有奇，编户三十三里。

叶城，在县治东。汉县治此。后汉因之。建安七年，刘表使刘备屯新野，引兵北出至叶，曹操使夏侯惇等拒之，备一旦烧屯去，惇追之。李典曰：敌无故退，疑必有伏。南道窄狭，草木深，不可进。惇不听，果败。后魏为襄州治。西魏大统四年，取襄州，寻复为东魏所取。十三年，复入于西魏。十五年，东魏复取之。盖其地阻隘，高齐时，亦保此以备周。唐初置叶州，寻罢。开元三年，置仙州于此，分汝州之叶、襄城、唐州之方城、豫州之西平、许州之舞阳，皆属焉。既而复废。今城周六里有奇，称为险固。

昆阳城，县北二十五里。战国时魏邑。苏秦谓南有昆阳，是也。汉置县，属颍川郡。王莽末，光武大破王寻、王邑兵于此昆阳下。建武中，封傅俊为侯邑。晋属襄城郡，后废。后魏永安中，置广州汉广郡，治昆阳城。高齐改置汝渍县，亦为汉广郡治。隋县属颍川郡。唐属汝州。贞观初废，郡寻废。元初分叶县置昆阳县，仍治故昆阳城。至元三年，并入叶县。

定南城，在县东南。后魏置。魏收《志》定南县属南安郡。《隋志》云：东魏置定南郡，后周废为定南县。大业初，省入叶县。○仙凫废县，在县南。唐开元四年，析叶县地置仙凫县，属仙州，以汉王子乔曾为叶令也。寻废。又卷城，在县界。《汉·郡国志》叶县有卷城。《左传》昭二十五年，楚子使季然郭卷，是也。杜预曰：叶县南有卷城。

南安城，在县西南。本叶县地。后魏析置南安县。魏收《志》，太和十三年，置郢州；十八年，改为南中府；天平初，改置南安郡，属襄州，治南安县，是也。高齐时，南安城主冯显降周，周使丰州刺史郭彦将兵迎之。寻郡县俱废。丰州，即今湖广均州。○蒲城，在县东北。相传蒲洪所筑，因名。《水经注》湛水经蒲城北。今为蒲城保。《寰宇记》：县西北十余里有河山保，即后魏所置河山县云。又奇额城，在县东北二十三里。《寰宇记》：后魏置，为南颍川郡治。魏收志南颍川郡领淮县，盖亦侨置县也。

黄城山，在县北十里。一名苦莱山，一名长城山。或以为即方城山，非也。林氏曰，叶在方城外，是矣。《冢墓记》：黄城山，即长沮桀溺耦耕处，下有东流水，子路问津于此。

汝水，在县北。自汝州郏县流入，又东入许州襄城县界。详见大川汝水。○濆水，在县东。《水经注》：汝水东南径奇额城西北，濆水出焉。世谓之大滍水。《尔雅》云：汝出为濆。濆与隐，声相近也。

滍水，在县东北一里。自汝州鲁山县之尧山发源，东南流入县界，径昆阳故城北，又东合于沙河，入舞阳县界，下流入于汝水。《左传》僖三十三年，楚人与晋师夹泜水而军，即滍水也。光武击王邑、王寻，与敢死士三千人从城西水上，冲其中坚，寻、邑大败，士卒溺死，滍水为之不流。晋杜预镇襄阳，引滍、淯之水，浸良田万顷。唐显庆二年，幸许州，畋于滍水之南，是也。

昆水，在昆阳故城南。源出鲁山县界，东南流，入县境，又东至舞阳界，合于沙河。旧昆阳县以此名。唐咸亨二年，校猎于叶县昆水之阳，是也。○沙河，在县北二十里。自鲁山县境流入，与滍水会，而入舞阳界。

湛水，在县北三十里。源出东南汝州鱼齿山，经县北，入于汝水。《左传》襄十六年，晋伐楚，楚公子格及晋师战于湛阪，楚师败绩，遂侵方城之外，是也。《周礼·职方》：荆州，其浸颍、湛。

东陂，在县东。《志》云：春秋时，楚叶尹沈诸梁所凿，东西十里，南北七里。又有西陂，方二里，黄城山之水潴于此。

昆阳关。在故昆阳城北。亦为昆阳镇，有兵戍守。一名阳关。东汉初，王莽征天下兵与汉战，世祖以数千兵邀之于阳关，诸将惧莽兵盛，反走入昆阳处也。○讲武台，在县东。唐武后讲武于此。上有温泉。《志》云：县城北有滍水驿，县南六十里有保安驿。

○汝州，东至开封府许州二百八十里，南至南阳府二百七十里，西至河南府卢氏县三百里，北至登封县一百十里，西北至河南府一百八十里，东北至开封府禹州一百七十里。自州治至京师一千九百八十里，至南京一千四百八十里，至布政司四百九十里。

《禹贡》豫州之域，周为王畿地。春秋时，为戎蛮子邑，亦楚、郑二国之境。战国属韩。秦属三川郡。汉为颍川、河南、南阳郡地。魏属河南，舞阳等郡，晋属河南、襄城郡。后魏属汝北、鲁阳二郡。东魏置北荆州。后周改和州。隋初，曰伊州，俱治陆浑县。大业初，改曰汝州，以汝水为名。寻改为襄城郡。李密亦曰伊州。杜佑曰：治陆军县。一云治承秀县。唐初，复曰伊州。贞观八年，复为汝州，治梁县，即隋承休县也。天宝初，曰临汝郡。乾元初，复曰汝州。五代因之。宋仍曰汝州，亦为临汝郡陆海军节度。金因之。元仍为汝州，属南阳府。明初因之，以州治梁县省入。成化六年，升为直隶州。编户九十二里。领县四。今仍旧。

州山川盘纡，原隰沃衍。南出三鸦，则拊宛、邓之背；北首伊阙，则当巩、洛之胸；西指嵩高，而陕、虢之势动；东顾汾、陉，所谓汾陉之塞也。见前新郑陉山及襄城县之汾丘城。而许、颍之要举矣。春秋时，晋、楚争郑，恒角逐于颍、湛间。及战国之季，韩、魏、楚之师，常战于三梁下。及秦失其鹿，沛公自洛阳南入南阳，寻复自宛、叶北出巩、洛，州其必经之道也。王莽之篡窃也，光武起于宛、邓，遂收洛阳。既而赤眉以山东之众，西出陆浑，直走弘农。是时，汝、颍之间，几于无日不战也。东京既宅，南梁近在畿甸，路通宛、洛，巡幸屡经，因建为苑囿。马融上《广成颂》，其略曰：右矞三涂，左概嵩岳；面据衡阴，衡，即雉衡山。见南阳府。背箕王屋，王屋山，见山西垣曲县。浸以波、溠，波，见鲁山县。溠，见湖广襄阳府县。演以荥、洛，荥，荥泽。洛，洛水。融盖即广成而侈言之。此亦足以见州之形胜矣。汉德浸衰，河南八关，广成其一，东南保障，此为要膂。关东诸军讨董卓，分道出鲁阳而北。曹操迁车驾都许，自梁而东。晋室浊乱，兵戎起于辇毂，攘夺接于羌胡，河洛多故，兵锋每及焉。元魏承之，以迄周、齐争逐之日，汝北鲁阳，朝秦夕楚。盖西不得此，则不能得志于汝、蔡；东不得此，则不足以争衡于伊、洛也。隋季纷纭，李密围东都，先断襄城之援。唐攻王世充，亦遣别军出此以多其敌。厥后范阳流毒，因而淮西效尤，东面之防，近在汝、邓。建中四年，李希烈以淮西叛，寇陷汝州，官军寻复取之。元和九年，又移置怀汝节度使于此，以御淮西。李吉甫云：汝州，东都藩蔽。是也。广明之乱，黄巢由淮北西趣汝州，遂陷东都。其后秦宗权之徒，亦往往恣睢于此。宋三京陷没，汝州沦丧。岳武穆经略中原，先收汝州，西京旋下。宋嘉定八年，蒙古窥金汴京，时金人守潼关大河以拒之。蒙古乃由嵩山小路，略汝州，遂趣汴。明初，大兵取河南，分命邓愈出汝、裕，收南阳。州在嵩、洛、宛、颍间，为棋劫之势，自昔用兵者所必争也。

承休废县，在今州治子城东。本曰周承休城。汉武帝元鼎四年，封姬嘉为周子南君，以奉周祀，邑于此。元帝永光五年，更置周承休侯国，属颍川郡。成帝绥和初，更进为公。平帝元始四年，更名为郱。光武改封姬常于东郡畔观县，曰卫公，以郱县废入阳城县。桓帝时黄琼封郱乡侯，盖邑于此。后魏置南汝原县，兼置汝北郡。高齐改曰汝原县，又改郡曰汝阴。后周郡废。大业初，改县曰承休，移本州来治，又改为襄城郡。唐初为伊州治。贞观初，以梁县并入，而改承休为梁县，自是州郡皆治此。明初废。《括地志》：周承休城，一名梁雀坞，在梁县东北二十六里。魏收《志》：东魏武定中，汝北郡移治梁雀坞，即梁瞿乡也。《水经注》：承休东南有梁瞿乡，后汉世祖尝驻军于此。杜预曰：故承休城，在梁县东。然则隋之承休，非即古城矣。今州土城，明初重筑，后屡经修葺。周九里有奇，有门四。

梁县城，州西南四十五里。周邑，后为蛮氏邑。哀四年，楚为一昔之期，袭梁及霍，遂为楚邑。《国语》：惠王以梁与鲁阳文子，文子辞曰：梁险而在北境。是也。战国时，谓之南梁，以别于大梁、少梁。亦谓之上梁。城浑曰：郑、魏之弱，楚以上梁应之。亦谓之三梁。《史记》：魏伐赵，赵与韩共击魏，赵不利，战于南梁。又须贾说穰侯，梁惠王伐赵，战胜三梁，即此。汉置梁县，属河南郡。后汉建武二年，改封邓禹为梁侯。建安初，曹操攻杨奉，拔其梁屯。晋属襄城郡。后魏因之。太和二十三年，齐将陈显达攻魏马圈诸城，魏主驰救，自洛阳南至梁城。孝昌中，改属汝北郡。隋属伊州，寻属襄城郡。唐武德四年，杜伏威自丹阳遣兵助唐击王世充，攻梁，克之。贞观初，并入承休县。〇汝北城，在州城西南。魏收《志》：孝昌二年，置汝北郡，治阳仁城，领石台等县。天平初罢。武定初，复置，治梁雀坞。五年，移治杨志坞。齐废。《通典》：高齐置汝北郡，置兵于此以备周。一名王坞城。

注城，在州西四十五里。故韩邑。《史记》：魏文侯三十三年，败秦于注。又赵孝成王元年，田单攻韩注人，拔之。后讹为治城。北魏时，置治城县于此，属汝北郡。高齐废。《括地志》：梁城在汝南，注城在汝北，隔水相对云。

蛮城，在州西南。攻蛮戎子国。亦曰鄤乡城，亦曰蛮中聚，俗呼麻城。蛮与麻，声相近也。《左传》昭十六年，楚杀戎蛮子嘉，遂取蛮氏，既而复立其子。哀四年，楚单浮馀围蛮氏，蛮氏溃。东汉初，祭遵获山贼张满于鄤聚，即此。

成安城，在州西。汉县，属颍川郡。武帝封韩千秋子延年为侯邑。东汉省。俗讹曰白泉城。〇临汝城，在州西北六十里。唐先天初，置县，属汝州。贞元八年，移县治石壕驿。五代周废。宋建炎中，翟兴守西京，置镇汝军。刘豫因之。绍兴六年，岳飞遣将复镇汝军及河南长水县，或曰即故临汝城也。今为临汝铺。又西北即彭婆镇，入洛阳者必取道于此。

霍山，州东南二十里。春秋时有霍阳聚，盖因山以名。杜佑曰：汉于山下立霍阳县。俗谓之张侯城。或曰东汉初，蛮中山贼张满屯于此，故有是名。〇鹿台山，在州北二十里，有台，状如蹲鹿。又州东北二十里有风穴山。

鱼齿山，在州东南五十里。《左传》襄十八年，楚伐郑，次于鱼陵，涉于鱼齿之下。杜预曰：滍水经鱼齿山下，故言涉也。又湛水源于此，流入叶县境。

空峒山，州西南六十里。唐卢贞云：天下空峒有三：一在临洮，一在安定。庄子称黄帝问道空峒，游襄城，登具茨，访大隗，皆与此山相接。今山上有广成庙，下有广成城。汉广成苑，盖亦因山以名也。又云梦山，在州西南五十里。有水帘洞，相传鬼谷子修道处。

鸣皋山，州西六十里。亦曰狼皋山。汝水自山东流出峡，谓之汝厄。唐贞观十四年，作襄城宫于汝州西山。明年，罢之。新《志》：襄城宫亦曰清暑宫，在临汝县鸣皋山，南控汝水，睨广成泽。宋建炎二年，翟进保西京，乱贼杨进剽掠汝、洛间，进击败之，追贼至此，为贼所杀。进弟兴复击贼于鸣皋山北，遂殪之。

汝水，在州南五里。自鲁山县流入，合广成泽水，东南流而入郏县界。后魏孝昌初，汝水诸蛮据险为乱，鲁阳以南，道路不通。诏元彧进讨鲁阳蛮，屯汝上。又永熙末，魏主修以高欢犯洛，诏贺拔胜自荆州赴援，胜引军军汝水，即此处也。《志》云：汝水环流州境，几三百余里。州境之田，支引分灌，渠堰不可数计。其汝水不及者，则穿泉引渠，互相灌注。详见大川汝水。

广成泽，在州西四十里。源出鸣皋山，合于汝水。一名黄陂。周围百里，有灌溉之利，百姓赖之。旧有广成聚。汉置广成苑，东汉时，往往校猎习射于此。和帝永初元年，诏以广成游猎地假与贫民。灵帝初平元年，置河南八关，广成其一也。隋大业中，置马牧于广成泽。欧阳忞曰：广成泽，今为广润河，盖避朱梁讳云。又有汤泉，在苑中。泉有九源，东南流注广成泽。别有寒泉在其侧，西流入于滍水。虽盛夏，肃如冰谷。《志》云：梁县西南六十里有温汤，可以熟米。一名皇女汤。后魏主修永熙二年，狩于嵩高，遂幸温汤，即梁县之温汤也。炀帝于此置温泉顿。唐仪凤元年，幸汝州温汤，后又屡幸焉。武后圣历三年，亦幸汝州温汤。又开元十年，幸汝州广成汤泉。《金志》：废主亮正隆六年，命环汝州百五十里内州县商贾，悉赴温汤买市，时将游汝州汤泉云。

西湖，在州西八里。一名龙塘陂。其水四时不竭，溉田甚广。○马跑泉，在州东南。相传光武经此，军渴乏水，马跑地得泉。《寰宇记》：州西门外有洗耳河，源出登封县之箕山，相传许由洗耳处，南流入于汝河。

榆关，在州境。战国时楚之边境。《史记》：楚悼王三年，归榆关于郑。郑，即韩也。又十一年，三晋伐楚，败我大梁榆关。大梁，或曰即梁县。

霍阳聚，在州东南二十里。《左传》哀四年，楚为一昔之期，袭梁及霍，以围蛮氏。梁，即故梁县也。霍阳，杜预以为山名。梁、霍，皆蛮子之邑也。东汉建武二年，祭遵攻新城蛮、柏华蛮，破霍阳聚，即春秋诸蛮部落矣。郦道元曰：弘农有柏华聚。新城，见洛阳县。《后汉书》作厌新蛮。

惮狐聚，在州西北三十里。《史记》：秦昭王五十二年，取九鼎宝器，迁西周公于惮狐。惮、惮同。徐广曰：惮狐聚，在洛阳南一百五十里，梁、新城之间。是也。又阳人聚，旧《志》：在梁县西四十里。《战国策》：郑强娇以新城、阳人与韩太子。秦迁东周君于此。《史记》：秦庄襄王元年，灭东周，不绝其祀，以阳人地赐周君。东汉初平二年，孙坚讨董卓，移屯梁东，为卓将徐荣所败。坚复收散卒，进屯梁县阳人，去鲁阳百余里，是也。今有阳人故城。

沛公垒。在州东北大刘山南。汉高入关时驻此。世祖西征，亦尝驻焉。故山有大刘、小刘之称。《寰宇记》：大刘山，在郏县北三十里。

〇**鲁山县**，州西南百二十里。南至南阳府南召县百二十里，东至裕州叶县九十里。夏时刘累所迁之邑也。春秋时属郑。战国时属楚。汉为鲁阳县，属南阳郡。后汉及魏晋因之。后魏太和十一年，置鲁阳镇。十八年，改为荆州。寻改为广州。二十二年，罢州置鲁阳郡。永安二年，复置广州。东魏武定中，广州移置于襄城县。西魏得其地，仍置广州，寻改曰鲁州。隋初，郡废。大业初，州废，以鲁县属襄城郡。唐初复置鲁州，改县曰鲁山。贞观初，州废，县属伊州。八年，改属汝州。宋以后皆因之。今县城周五里，编户四十六里。

鲁阳城，今县治南。战国时楚邑。《史记》：魏武侯十六年，伐楚，取鲁阳。汉置县。后汉初平初，关东诸将讨董卓，袁术屯鲁阳，既而孙坚与术合军。二年，坚败卓兵，至雒阳，还屯鲁阳。自是常为战守处。后魏太和二十年广州刺史薛法护降于齐，时州治鲁阳也。二十三年，魏主之丧自宛北还，太子恪至鲁阳，与丧会，乃即位。其后东西魏相争，鲁阳尤为重地。《通典》鲁山县东北十七里有鲁城，即高齐所置，屯兵以备周处。

犨城，县东南五十里。春秋时楚邑。昭元年，楚公子围使伯州犁城犨。又《史记》：沛公与秦南阳守庄齮战于犨东。汉置犨县，属南阳郡。建武初，遣岑彭击荆州群贼，下犨、叶等十余城。晋仍为犨县，属南阳国。刘宋时省。后魏改为翼阳县，属襄城郡。西魏为雉阳县。后周又置武山郡于此。隋初，郡废，开皇十八年，改为湛水县，属伊州。大业初，复曰犨城县，属襄城郡。唐初鲁州领滍阳，即雉阳也。贞观初，废。近《志》曰：滍阳城在宝丰县南三十里。又河山城，在犨城东南。后魏太和二十一年，置河山县，属鲁阳郡。隋大业初，省入犨城。《寰宇记》云：今叶县境之河山保是也。

应城，在县东三十里。古应国。《左传》：邘、晋、应、韩，武之穆也。《史记》：魏惠王六年，与秦会应。襄王十一年，复与秦武王会于应。又客谓周最，以应为秦王太后养地。秦昭王时，范雎封于此，曰应侯。《续汉志》父城县有应乡，古应国。后魏太和中，置山北县于此，属鲁阳郡。高齐时省。○绕角城，在县东南。春秋时郑地。《左传》成六年，楚伐郑，晋救郑，与楚师遇于绕角。《郡县志》鲁山县有绕角城。

平高城，在西南十九里。杜佑曰：宇文周筑此以备齐，又置三鸦镇，为戍守重地。亦曰平皋城。城当三鸦之口。韦孝宽谓广州义旅，出自三鸦，指此城也。

汝南城，在县东南。后魏永安初，置汝南郡，治符垒县，兼领汝南一县。后齐废郡，又以符垒县并入汝南。隋仍曰汝南县，属伊州。隋末废。滍阳城，在县东滍水之阳。或曰王世充所置。唐初置鲁州，滍阳县属焉，贞观初废。又赤城，在县东北三十里。或曰：汉赤泉城也，高祖封杨喜为赤泉侯，盖邑于此。《志》云：刘裕伐姚秦时，筑以屯兵。今为赤城村。

鲁山，在县东北八十里。山高耸，迥出群山，为一邑巨镇，县以此名。一名露山。又彭山，在县东南二十里。或曰：以岑彭尝屯兵于此而名。

尧山，在县西四十里。夏孔甲时，刘累迁鲁，立尧祠于山上，因名。《水经注》：汝水东届尧山西岭下，水流两分：一水东径尧山南，为滍水；一水东北出，为汝水云。《寰宇记》：尧山，一名大陌山，一名大龙山。刘累以扰龙称，故以名山。

大盂山，在县西南七十里，西接卢氏县界。山岭并竦，四围若城，俗呼为大团城、小团城山。《水经注》汝水源出大盂山黄柏谷，是也。○歇马岭，在县西八十里。亦名孤山，波水所出。又西十里为吴大岭，沙河所出也。

汝水，在县北。源出大盂山，东北流入伊阳县界。《春秋》昭十九年，晋赵鞅、荀寅帅师城汝滨。盖是时灭陆浑而取其地也。

滍水，在县东南。源出尧山，东南流，经废犨城西，又东南入裕州叶县界。唐天宝十五载，南阳节度使鲁炅立栅于滍水南，以拒安禄山。禄山遣将武令珣攻之，炅兵溃走，即此处也。又鸦河，在县西南，亦曰鲁阳关水。自南召县流入境，又东合于滍水。

沙河，在县南五里。源出吴大岭，东流至叶县界合于滍水。县南二十里有清水河，县西三十里有当齐河，俱流入于沙河。

波水，在县西。源出歇马岭，下流入于汝。《周礼·职方》：浸波、溠。马融《广成颂》：浸以波、溠。杜佑曰：即此波水也。

鲁阳关。在县西南九十里，与南阳府南召县分界。一名鸦路镇。自昔戍守要地也。今详见南召县。○歇马岭关，在县西北九十里。路出卢氏县界，有巡司戍守。

○**郏县**，州东南九十里。东至许州襄城县六十里。春秋时郑地，后为楚边邑。战国属韩。汉置郏县，属颍川郡。后汉因之。晋属襄城郡。后魏改为龙山县，仍属襄城郡。东魏置顺阳郡治。后周又尝改置辅城郡。隋初郡废，改龙山县为汝南县，属伊州。开皇十八年，又改县曰辅城。大业初，复改郏城县，属襄城郡。唐属汝州。宋属许州。金还属汝州。元初省入梁县，后复置郏县，仍属汝州。今县城周十三里，编户四十六里。

郏城，即今县。故楚郏邑也。郏，音夹。《左传》昭元年，楚公子围使公子黑肱城郏。又十九年，令尹子瑕城郏，是也。秦二世元年，陈胜兵起，胜将邓宠将兵居郏，章邯遣军击破之。汉置郏县，自是常为东西孔道。后魏太和十七年，以县有龙山，改置龙山县。隋复为郏城县。唐建中四年，李希烈叛，寇汝州，陷之。哥舒曜以东都节度使进讨，破希烈前锋将陈利贞于郏城，进攻汝州，克之。《志》云：今城周十三里有奇，称为岩邑。

父城，在县西四十里。春秋时楚邑，亦曰城父。杜预曰：昭十九年，楚费无极言于楚子，大城城父而置太子，以通北方，即此城父也。故二十年，无极谓楚子：建与伍奢将以方城之外叛。《史记》：秦始皇二十二年，李信破楚鄢、郢，引军而西，与蒙恬会城父，楚人随而破之，即此。汉置父城县，属颍川郡。光武攻父城不下，屯巾车乡，获冯异处也。班固曰：颍川有又城，沛郡有城父。晋亦为父城县，属襄城郡。后废。司马彪曰：父城西南即巾车乡。

期城，在县西南。本郏县地，后魏置南阳县于此。东魏兼置南阳郡。隋废郡。开皇十八年，改南阳县曰期城，属伊州。大业初，废入郏城县。〇贾复城，在县东二十里，一名通鸦城，俗讹为寡妇城。东汉初，贾复击郾，筑城于此。

凤翅山，县西北四十里。以形似名。上有灵泉，澄渟不竭。又峨眉山，在县西北三十里。峰峦绵亘，状若列眉。县北四十里又有扈阳山，扈涧水出焉。《志》云：峨眉、扈阳，与凤翅山参差连峙，为县之胜。又自县而东南，道多坦平；自县而西北，则山岩层叠，直接关陕。天地之气，自此中分，形胜与成皋相似矣。

汝水，在县东南十里。自汝州流入宝丰县境，又东经县界，又东南流入裕州叶县界。县境群川，悉流合焉。

扈涧水，在县西十里。源出扈阳山，流入汝水。唐建中四年，神策将刘德信等与李希烈将李克诚战，败于沪涧，即此。又长桥水，在县东三十里，亦流入于汝。

潵水，在县东南。《水经注》：潵水源出鲁阳县北将孤山，东南流，有柏水会之，下流入于汝。又养水，在县西南，亦自鲁山县流入县境，或谓之沙水，下流入汝。《续汉志》襄城有养阴里。京相璠曰：在郏县西南，或谓之沙城，以养水而名也。

摩陂，在县南。汝水支流所汇也。后汉建安二十四年，关羽围曹仁于樊城，曹操自洛阳南救仁，驻军摩陂，既而徐晃解樊围，振旅还摩陂。曹魏太和六年，如摩陂。明年，有青龙见摩陂井中，魏主临观，纪元曰青龙，改摩陂为龙陂。晋泰始四年，吴主皓出东关，遣将入江夏侵襄阳，命司马望统军出龙陂为二方声援。唐于此置马监，曰龙陂监。《水经注》：摩陂纵广可一十五里。东关，见江南重险。

纪氏台。在县东北十余里。《续汉书》：世祖车驾西征，颍川盗贼群起，郏县贼延衰等攻县令冯鲂于县舍，世祖东还，诣纪氏台，群贼自降。即此处也。○阳石寨，在县西。宋绍兴初，李横败刘豫兵于阳石，乘胜克汝州。或曰：时刘豫置寨于此。

○宝丰县，州东南八十里。东南至裕州叶县百一十里，西至鲁山县八十里。汉郏县地。唐证圣初，分郏城、鲁山二县地置武兴县。神龙初，改为中兴县，旋又改曰龙兴，属汝州。宋初因之。熙宁五年，废为镇。元祐初，复故。宣和二年，以县有冶铸场，改曰宝丰。金因之。元省入梁县，明成化十一年复置今县，属汝州。城周五里，编户四十里。

宝丰城，在县东。故县治此，元废。明复置县，移于今治。又豢龙城，在今县北。相传豢龙氏刘累尝居于此。《金志》宝丰县有豢龙城，是也。

歇马山，县东南六十里。相传汉高帝道出宛洛，曾驻马于此。又九里山，在县东三十里，以延袤九里而名。○三堆山，在县西三十里。又西五十里曰五垛山，以五峰相峙而名也。

青条岭，在县东。四面分水。其东南曰净肠河，流合滍水。又北为马渡河，又西为绵封河，东北为达老河，俱流合于沙河。

汝水，在县南二里。自汝州流入境，又东入郏县界。县东有湖，阔二十里，即汝水所溢也，名曰杨家湖。《志》云：唐杨汝士居此，因名。

薛店。在县东。《奉天记》：唐建中四年，讨李希烈，官军自汝州前进，至薛店，为贼所败。又县东北有宋村。宋建炎四年，牛皋邀败金人于宋村，即此。

〇伊阳县，州西五十里。西至河南府嵩县九十里。周伊川地。汉为陆浑县地。唐、宋为伊阳县地。明初为嵩县地。成化十二年，析嵩县汝州地置今县，属汝州。城周四里有奇，编户三十一里。

太和城，在县西南。后魏时筑。其后西魏得其地，置兵为防御之所。《水经注》汝水经太和城西，复经城北，是也。

天息山，在县西。《水经》：汝水出天息山。郦道元曰：汝水出大盂山，非天息也。今在县西二十里。又九皋山，在县西北二十里，峰岩层峙，或以为即鸣皋山之支麓。又甘泉山，在县北五里，上有泉，味甚甘，因名。

伊阳山，在县西十里。冈陇绵亘，接嵩县东之奉牛山。宋绍兴二年，河南镇抚使翟兴屯伊阳山，刘豫将迁汴，惮兴，诱其下，贼杀之。兴子琮复守伊阳。三年，乃奔襄阳。又山有伊阳台，宋将李吉殪刘豫将梁进于此。

太和山，在县西南。汝水经其下。山有太和谷，北魏置太和城，盖以山名。又现山，在县南二十里。《志》云：山有乾明寺，唐文皇尝经此，喜其危峰独现，因名。

银葫芦山，在县西南。宋绍定六年，孟珙追金将武仙至此，大破之，仙逸去，降其众七万。又县境有五重山，唐开元十五年，税伊阳五重山银场，即此。

汝水，在县南。自鲁山县流入境，又东入汝州界。《志》云：县南八里有窄口，汝水所经也。又县东十里有紫逻山口，相传大禹所凿，导汝水自东出云。

伊水，在县西。自卢氏县流经嵩县南，东北出而经县境，与嵩县分界，又北流入洛阳县境，注于洛水。〇叶家湖，在县北一十里，大数百亩，四面岭水潴焉。近决谷口北出，遂成沃田。

上店镇关。在县西南三十里。县境山溪错杂，连属深远，自关而西，南出邓州之内乡，北出卢氏，皆崎岖曲折，历险而达。今有巡司戍守。

附见：

汝州卫。在州城内。洛阳中护卫。永乐六年，为伊府置，在河南府内，领左、右千户所二。嘉靖初，废。四十二年，改置汝州卫，仍领千户所二。

陕西方舆纪要序

陕西据天下之上游，制天下之命者也。是故以陕西而发难，虽微必大，虽弱必强，虽不能为天下雄，亦必浸淫横决，酿成天下之大祸。往者，商以六百祀之祚，而亡于百里之岐周；战国以八千里之赵、魏、齐、楚、韩、燕，而受命于千里之秦。此犹曰非一朝一夕之故也。若夫沛公起自徒步，入关而王汉中，乃遂收巴蜀，定三秦，五年而成帝业。李唐入长安，举秦凉，执棰而笞郑夏矣。盖陕西之在天下也，犹人之有头项然。患在头项，其势必至于死，而或不死者，则必所患之非真患也。往者，刘曜有关中，而败亡于石勒。李茂贞、王行瑜有关中，而见役于朱温。李思齐、张思道有关中，而王师一临，皆为臣虏。夫刘曜固非石勒敌也，么麽如茂贞辈，又岂知有天下之大略者哉？项羽率诸侯兵而入咸阳也，天下大势已在掌握中，乃不用韩生之说，还都彭城，譬犹操戈而授人以柄。然犹虑关中之能为天下患也，分土三降王，欲以拒塞沛公。夫以三晋之强，不足以当一秦，而三秦之弱，乃欲以当一汉，则羽之计亦左矣。刘裕之灭姚秦也，知王镇恶之才而不用也。诚以镇恶之才，而资以关中之地，其势必足以有为。身为篡弑之事，而授人以霸王之资，裕不若是愚也。故携贰其权，隐授沈田子以杀镇恶之计。镇恶死而关中束手而归于赫连矣。裕固以为宁失之赫连，不可以资镇恶也。苻坚之用关中也，能亡燕而不能并晋也。宇文邕之用关中也，能灭齐吞梁，而不能并陈也。隗嚣用秦陇，及身而败。赫连勃勃用关中，再世而败。张轨据凉，传祚六十余年。赵元昊据夏，享国且二百余载。夫以区区之地，而能垂久若此者，岂非以天下之势，恒在西北，边塞阻险，受敌一面，虽中才亦足以自保哉！隗嚣既不能先收河西，又不能早图三辅，事机已失，乃欲倔强自雄，宜其不振也。赫连勃勃非无纵横之才，而拓跋方强，凉秦列峙，仅能拾取秦川，无暇越关河而问苻姚之旧辙矣。李唐一入长安，即并仁杲，平李轨，而后东向以争河洛，亦惧秦凉之掣其后也。诸葛武侯有言：南方已定，事在中原。夫以关中之地，岂不十倍于巴蜀？武侯之贤，岂不知得关陇十倍于保巴蜀？而必先定南方者，盖定南方，然后可以固巴蜀；固巴蜀，然后可以图关中。武侯谨慎有余，跋前疐后之举，断断不敢出者也。夫重战轻防，千古同戒。太宗之明，虑之必早矣。方苻秦之亡也，河西陇右，割裂纷纭，虑无不帝制自为者，而卒不能越河陇尺寸。何哉？夫亦地丑德齐，各有户牖之虑，连鸡之羽，势不能翱翔于云霄之上耳。薛举之东下高墌，志吞关中也，亦未尝不以李轨为患。唐畏薛举之锋，切切焉通好李轨，以分薛举之势。使李轨能与薛举戮力一心，虽太宗之英武，未必遂能得志于泾原也。是故，李茂贞、王行瑜并峙于邠、岐，而卒不能拒晋汴之甲。李思齐、张思道连兵于凤、庆，而卒不能阻河中之师。岂惟势分力弱、不足有为，亦必貌为比附、情实参差也。夫以一隅之地，而彼此称雄，互相观望，此犹三秦降王之已事，有大力者出焉，未有不供其渔猎者也。呜呼！蒲洪、姚苌之时，可以用关中矣，而其人非也；诸葛武侯之才，足以用关中矣，而其时非也；张浚之时，可以用关中，浚之识亦知关中为可用，而其才非也。然吾观自古以来，为天下祸者，往往起于陕西。东汉当承平之际，而羌、胡构乱于西垂，故良将劲卒，尽在河陇间。迨其末也，封豕长蛇，凭陵宫阙，遂成板荡之祸。马超、韩遂挟羌胡之士而东，以曹操之用兵，几覆于潼关。幸而超、遂亦两相携贰，智计不立，卒以解散耳。终魏之世，关陇有事，必举国以争之。故以武侯、姜维之才智，而不获一逞也。晋武帝既并天下，以关中势在上游，为作石函之制，非至亲不使镇焉。及元康之世，乱果始于关中。元魏之乱，起于沃野、高平诸镇，而盛于萧宝寅之徒，则亦关中为厉阶矣。女真入关中，而宋室之中原，遂不可复。蒙古入关中，而金人之汴、蔡，遂不可保。国家以北方为虑，沿边四镇，竭天下之力以供亿之。及于挽季，犷夫悍卒，奋臂而起，纵横蔓衍，以致中原鼎沸，宗社沦胥。此何为者也？呜呼！当创兴之日，势大力强，即有桀黠之徒，亦且弭耳俯首，以就我之驱除。迨凌迟之际，庸夫牧竖，忽然思逞，初视为疥癣之忧，而卒有滔天之祸。虽时会使然哉，亦地势形便为之也。然则，陕西之为陕西，固天下安危所系也，可不畏哉？

读史方舆纪要卷五十二

陕西一 封域 山川险要

《禹贡》曰：黑水、西河惟雍州。按：黑水在雍州西北，西河在州东。此主冀州而言，故曰西河。《周礼·职方》：正西曰雍州。应劭曰：雍，壅也。四面有山，壅塞为固也。又为西北之位，阳所不及，阴气壅阏也。周都丰镐，则雍州为王畿。东迁以后，乃为秦地。孝公作为咸阳，筑冀阙徙都之。故谓之秦川，亦曰关中。按潘岳《关中记》：东自函关，西至陇关，二关之间，谓之关中。东西千余里。《三辅旧事》云：西以散关为限，东以函谷为界。徐广曰：东函谷，南武关，西散关，北萧关，秦地居四关之中，亦曰四塞。其在天文，东井、舆鬼，则秦分野，亦兼赵、魏之疆。按：今榆林以北属赵，同、华二州以东，皆属魏。而汉中，在《禹贡》为梁州之域，于春秋、战国，则楚地也。始皇并天下，置内史、上郡、北地、陇西暨汉中郡。项羽入秦，分其地为雍、塞、翟三国，谓之三秦，而汉中则属于汉。秦郡及三秦，详见首卷。汉有天下，都长安。武帝置十三州，以三辅属司隶，而更置凉州，以地处西方，常寒凉也。其汉中则属益州。后汉因之。建武初，尝以三辅置雍州，治京兆，旋罢。献帝时，复置雍州，并凉州属焉。魏分河西为凉州，陇右为秦州，而司隶如故。蜀汉有汉中，置梁州治焉。二汉、三国，俱详第二卷。晋改司隶为雍州，而凉、秦、梁三州皆如故。及永嘉以后，刘、石、苻、姚相继据之。时所置州郡纷纭难理。今见第三卷。刘裕灭姚秦，而其地旋没于夏，惟汉中之地，常为内境，以秦、梁二州并治焉。后魏置雍州及南秦、北秦等州，按：雍州治长安。北秦州治上邽，今见巩昌府秦州。南秦州治洛谷，见巩昌府成县。尽有雍州之地。迨西魏以及宇文周，则又南兼汉中矣。隋氏虽置司隶、刺史，分部巡察，而不详所统。余州皆然。自南北朝至隋，俱见第四卷。唐贞观中，分天下为十道，此为关内、陇右道，而汉中属于山南道。开元中，又分为京畿、关内、陇右及山南西道。以上详见第五卷。唐末，为李茂贞及朱温所据，而汉中旋属于王建。后唐同光中，悉收复焉。应顺初，汉中又亡于孟蜀。唐末方镇及五代十国，俱见第六卷。宋初，置陕西路，而于汉中置峡西路。庆历初，改置鄜延、环庆、秦凤、泾原四路。熙宁中，又增置熙河路，既又分置永兴路，凡六路。元丰六年，改为永兴、秦凤二路，而峡西亦析为利州路。仍治兴元，即今汉中府。金人得关中，亦置京兆、鄜延、庆原、熙秦等路。后又分熙秦为凤翔、临洮二路。时汉中仍为宋境。元置陕西等处行中书省于京兆，汉中亦属焉。又置甘肃等处行中书省于甘州。元末，李思齐、张思道等据其地。从上见七、八卷，后皆仿此。明初，讨平之。洪武九年，置陕西等处承宣布政使司，领府八、属州二十一、县九十五，总为里三千五百九十有七，夏秋二税，大约一百九十二万九千五十七石有奇。而卫所参列其间。今仍为陕西布政司。

〇西安府，属州六，县三十一。

长安县，附郭。　咸宁县，附郭。　咸阳县，　泾阳县，　兴平县，　临潼县，　渭南县，　蓝田县，　鄠县，　盩厔县，　高陵县，　富平县，　三原县，　醴泉县。

华州，属县二。

华阴县，　蒲城县。

商州，属县四。

商南县，　洛南县，　山阳县，　镇安县。

同州，属县五。

朝邑县，　郃阳县，　韩城县，　澄城县，　白水县。

耀州，属县一。

同官县。

乾州，属县二。

武功县，　永寿县。

邠州，属县三。

淳化县，　三水县，　长武县。

〇凤翔府，属州一，县七。

凤翔县，附郭。　岐山县，　宝鸡县，　扶风县，　郿县，　汧阳县，　麟游县。

陇州。

〇汉中府，属州二，县十四。

南郑县，附郭。　褒城县，　城固县，　洋县，　西乡县，　凤县。

宁羌州，属县二。

沔县，　略阳县。

兴安州，属县六。

平利县，　石泉县，　洵阳县，　汉阴县，　白河县，紫阳县。

○延安府，属州三，　县十六。

肤施县，附郭。　安塞县，　甘泉县，　安定县，　保安县，　宜川县，　延川县，　延长县，　青涧县。

鄜州，属县三。

洛川县，　中部县，　宜君县。

绥德州，属县一。

米脂县，

葭州，属县三。

吴堡县，　神木县，　府谷县。

○庆阳府，属州一，县四。

安化县，附郭。　合水县，　环县，

宁州，属县一。

真宁县，今县属府。

○平凉府，属州三。　县七。

平凉县，附郭。　崇信县，　华亭县，　镇原县。

泾州，属县一。

灵台县，

静宁州，属县二。

庄浪县，　隆德县。

固原州，卫所附见。

〇巩昌府，属州三，县十四。

陇西县，附郭。　安定县，　会宁县，　通渭县，　漳县，　宁远县，　伏羌县，　西和县，　成县。

秦州，属县三。

秦安县，　清水县，　礼县。

阶州，属县一。

文县，

徽州，属县一。

两当县。

〇临洮府，属州二，　县三。

狄道县，附郭。　渭源县。

兰州，属县一。

金县。

河州，河州卫、归德所附见。

洮州卫，

岷州卫，西固城所附见。

榆林卫，

宁夏卫灵州、兴武、韦州等。所附见。

宁夏后卫，

宁夏中卫，

靖虏卫，

〇陕西行都指挥使司，属卫七，属所四。

甘州卫，各卫、所、城、堡俱附见。

肃州卫，

山丹卫，

永昌卫，

凉州卫，

镇番卫，

庄浪卫，镇夷、古浪、高台三所附见。

西宁卫。碾伯所附见，羁縻司卫及属夷附见。

东濒河，

黄河，在榆林镇东。又南经延安府东及西安府之东北，与山西皆濒河为界。

南据汉水，

汉水，在汉中府城南。东流过兴安州北，入湖广界，陕西之境，实逾汉水而南也。

西抵羌、戎，

肃州、西宁、洮州、岷州诸卫以西，皆古羌、戎地。今为西域诸国及西番诸裔之境。

北届朔漠。

即沙漠也。自西域横亘而东北，以达于辽海，为内外大限。今榆林、宁夏、甘肃三镇之北，皆以沙漠为界。汉唐至今，所以固内攘外之要地也。

〇其名山，则有终南，秦岭附。

终南山，在西安府南五十里。亘凤翔、岐山、郿县、三县俱属凤翔府。武功、盩厔、鄠县、长安、咸宁、蓝田之境，皆谓之南山。《禹贡》谓之终南。雍州：终南惇物。《诗》谓之终南，亦谓之南山。《秦风》终南何有、《小雅》南山有台及节彼南山之类，皆指终南也。《诗传》：周之名山曰终南。《左传》：终南，九州之险也。汉东方朔曰：南山，天下之阻也。南有江淮，北有河渭。其地从河陇以东，商洛以西，厥壤肥饶。《汉书》东方朔曰：南山出玉石、金、银、铜、铁良材，百工所取给，万民所仰足也。又有粳亢、稻、梨、栗、桑、麻、竹箭之饶，土宜姜芋，水多蛙鱼。贫者得以人给家足，无饥寒之忧。故酆、镐之间，号为土膏。班固曰：鄠、杜竹林，南山檀柘，号称陆海。其《西都赋》云：表以太华、终南之山。张衡《西京赋》曰：终南太一，隆崛崔崒。按王氏应麟曰：终南，南山之总名。太一，南山之别号。据经传皆以终南、太一为一山。《西京赋》既并言之，则非一山矣。又潘岳《西征赋》曰：面终南而背云阳。又云：太乙巃嵷。所谓太一，谓武功县之太白山也。《一统志》：太一山，在终南西二十里。误。盖终南脉起昆仑，尾衔嵩岳，钟灵毓秀，宏丽瑰奇，作都邑之南屏，为雍梁之巨障。其中盘纡回远，深岩邃谷，不可殚究。关中有事，终南其必争之险也。后汉建武二年，赤眉大掠长安，乃引而西，自南山转掠城邑入安定、北地。三国时，汉魏相持，必在南山褒斜诸谷间。晋大兴四年，终南山崩，时刘曜窃据长安。说者曰：此曜亡之征也。咸康三年，侯子光聚众杜南山，南山在杜县界中，故曰杜南山。僭称帝，后赵将石广击斩之。《地志》曰：南山大谷凡六，六谷，或曰：

子、午、傥、骆、褒、斜，南北分列，此六谷也。详见汉中府子午等道。出奇走险，则南达汉中，东通襄、邓，故后秦姚苌拜郝奴为六谷大都督，使备南山之险云。义熙十三年，刘裕伐秦，使沈田子等入武关。恐田子众少不敌，遣沈林子将兵，自华阳循南山趋秦岭往助之。宋元嘉二十二年，魏卢水胡盖吴作乱于渭北，民皆渡渭奔南山。明年，魏发兵屯南山诸谷，以备盖吴窜逸。隋大业末，李渊入关，南山群盗皆起兵应之。武德七年，校猎于鄠之南山，遂幸终南。广德初，吐蕃入长安，亡军叛卒、乡曲无赖，多乘乱为盗。吐蕃去，犹窜伏南山五谷中，五谷，见下《元和志》。乃设南山五谷防御使讨之。永泰二年，京兆尹黎干自南山引涧水，穿漕渠入长安，不就。兴元初，李怀光叛附朱泚，车驾自奉天幸梁州。怀光遣将孟保等将精骑趣南山邀车驾。保逗留不前，至盩厔而还。于是百官从行者，皆得达行在。广明以后，长安多故，车驾往往入南山，趣兴元。五代梁开平三年，遣杨师厚击叛将刘知俊，至华州，长安已为岐守，按：是时刘知俊以同州附李茂贞，复取长安，请兵于岐。师厚因以奇兵并南山，疾驱而进，自长安西门入，遂克之。长安西面三门，惟延平门最近南山。宋失中原，以南山与金人分界。其后，蒙古突入山南，而宋与金人之患俱急矣。《唐十道志》：西京南据终南，一行以天下山河之象，存乎两戒，而终南分地络之阴阳。一行，唐贞观时僧。山河两戒说见《旧唐书》。柳宗元曰：据天之中，在都之南，按晋潘岳《关中记》云：终南，一名中南。言在天下之中，居都之南也。西至于褒斜，又西至于陇首，以临于戎；东至于商颜，按：颜师古《汉书注》：商颜者，商山之颜，譬人之颜额也。又东至于太华，以距于关。关谓潼关。其物产之厚，器用之出，则璆琳琅玕，《夏书》载焉；纪堂条梅，按《诗》注：纪，山之廉角也。堂，山之宽平处。条，山楸也，材宜为车版。梅，亦材之美者。《秦风》咏焉。《元和志》：南山，西接岐州，东抵陕虢。其谷之大者有五：曰子午谷、斜谷、骆谷、蓝田谷、衡岭谷也。按：衡岭亦作横岭，见蓝田县。五谷之外，又有牛心谷，见华阴县。其谷北接华山，南通商洛，或与子午五谷为六谷。其谷之小者，约以百计。宋宣和六年，种师道致仕，居南山豹林谷，是其类也。南山深远，自昔常为用兵之地。《雍记》：终南横亘关中南面，西起秦陇，东彻蓝田，相距且八百里。昔人言山之大者，太行而外，莫如终南。胡三省曰：关中有南山、北山。自甘泉连延至巀嶭、九嵕为北山；自终南、太白连延至商岭为南山也。按唐时京师每多水患，盖诸山之水暴溢所致。罗洪先曰：关中虽称四塞，然南山东西通接商、洛、汝、邓、汉、凤、襄、沔，山深谷密，萦纡盘互，无虑数千里，内多岩洞窟穴。盗贼往往逋逃其中，潜通声问，不啻萌蘖。故《易》称豮豕牿牛，涣丘解拇。称名取类，义弘远矣。呜乎！罗氏之言，岂意为天宝、靖康之谶哉？按：罗氏有《广舆图》传于世。又《史记》：秦岭，天下之大阻也。《通释》：秦岭在商州西八十里。《一统志》云：秦岭在西安府蓝田县东南。恐未可据。《西京记》云：长安正南，山名秦岭，东起商、洛，西尽汧、陇，东西八百里。岭根水北流入渭，号为八百秦川。王应麟曰：秦岭北为秦山，南为汉山，周六百二十里。旧记皆云，南山深处，高而长大者曰秦岭。然则终南、秦岭，本一山矣。按《括地志》：终南山，一名南山，一名橘山，一名楚山，一名秦山，一名周南山，一名地肺山。是亦以终南为秦山也。《六典》云：陇右道名山曰秦岭，或以为今凤翔府之岍山。

〇泰华，少华山附。

泰华山，在西安府华州华阴县南十里，即西岳也。《舜典》：八月西巡狩，至于西岳。《禹贡》：导河至于华阴。即华山之北矣。《周礼·职方》：豫州，其山镇曰华山。《山海经》：太华之山，削成而四方，高五千仞，广十里，远而望之，若华然，故曰华山。按《白虎通》：西方华山，少阳用事，万物生华也。《尔雅》云：西南之美者，有华山之金石云。汉成帝元延二年，幸河东，涉西岳而归。后汉初平四年，华山崩裂。《灾异志》云：汉亡之征也。《水经注》：华岳有三峰，按《胜览》云：华岳三峰：芙蓉、明星、玉女是也。直上数千仞，基广而峰峻叠秀。屹于岭表，有如削成。山顶有二泉，东曰太丘泉，西曰蒲池。东西分流，挂溜腾虚，直泻山下。今其山盘回峻挺，翼带河滨，控临关险，壮都邑之形胜，扼雍、豫之噤喉。秦中险塞，甲于天下，岂不以践华为城，因河为池，山川之雄，泰华裒然称首哉！唐武德二年，大猎于华山，按《唐史》：是年祀华山，明年复祀焉。上元初，复较猎于华山曲武原。原在山下。天宝九载，群臣请封西岳，不果。按：是年将封华山，命凿华山路，设坛场，既而以关中旱，不果。《六典》：关内道名山曰泰华。唐玄宗《华岳铭》有曰：雄峰峻削，菡萏森爽。是曰灵岳，众山之长。伟哉此镇，峥嵘中土。高标赫日，半壁飞雨。又《题名记》：自开元迄后唐之清泰，登华岳者，凡五百四十有二人。其峰峦洞谷，参差错列，而峰之最著者，为莲花诸峰，按《华岳志》：岳顶中峰曰莲花峰，东峰曰仙人掌，西峰曰巨灵足。世传华山初与蒲州首阳山为一山，河神巨灵劈分为两，以通河流，掌迹犹存。故张衡《西京赋》云：缀以二华，巨灵赑屃，高掌远蹠，以流河曲。曹植《述征赋》亦云表神掌于岩谷也。唐王涯为之辨曰：华岳首峰有五崖，比壑破岩而列，自下远而望之，偶为掌形耳，谓是巨灵之迹，不亦诞哉！又华山南峰，曰落雁峰。其相近者，曰黑龙潭、仰天坪。西北曰毛女峰。东北曰云台峰。其与云台相近者，曰公主峰。相传汉南阳公主避王莽乱，入山得仙处。**洞之最著者，为碧云诸洞，**《华岳志》：岳顶而东，为碧云洞，下为碧云溪。稍西有王刁洞，昔仙人王遥与刁自然所居也。岳顶之东南，曰老君洞，旁为焦公岩。岳顶之北，则为仙人洞、水帘洞。其近毛女峰者，《道书》以为太极总仙洞也。**谷之最著者，为牛心诸谷。**牛心谷，见前终南山五谷小注。按《华岳志》：碧云洞旁有黄神谷、牛心谷。其相近为藏马谷，相传谷有神马藏焉。汉武求仙时，马自谷中出也。又有文仙谷，为仙人贾君所居。迤西曰车箱谷。又有雾谷，后汉张超居此。宋陈抟命弟子凿张超谷中石室，是也。又西曰仙谷，一名石羊城，俗讹为黄初平叱石成羊处。又西南曰桃谷、瓮谷、竹谷、大敷谷。又西南则华阳薮也。**登华岳之巅，俯视云烟，皆出其下。帝座微茫，仿佛可通也。**郭缘生《述征记》：从山麓至山顶，升降纡回，凡三十三里，有天井、青柯坪、百丈崖。夹岭以上至屈岭，为绝顶处，道皆奇险。而夹岭两箱，悬崖数百仞，路广裁三尺余，世亦谓此为搦岭也。**又少华山，在华州南十里，东去太华八十里。**张衡赋：缀以二华。即太华、少华也。**峰势相连，视华山差小，故曰少华。其峰之名者，曰少华诸峰，**按《华岳志》：少华山正峰，曰少华峰。峰之东曰独秀峰，亦曰玉女峰。其下即敷水峪也。**谷之名者，曰白石诸峪。**《华岳志》：少华峰西，有白石峪、潭峪、水峪，皆深广。白石峪之西，为郑南峰。华州，本春秋时郑始封地也。《志》云：以后周所移郑县而名。又西则石堤峪也。**华山**

层岩复岭，与终南相环带，信为天设之险矣。

〇陇坻，陇关附。

陇坻，即陇山，亦曰陇坂，亦曰陇首，在凤翔府陇州西北六十里，巩昌府秦州清水县东五十里。山高而长，北连沙漠，南带汧、渭。关中四塞，此为西面之险。《战国策》范睢曰：秦右陇、蜀。按汉初张良亦云：关中右陇、蜀，盖以陇坂险阻，与蜀道并称也。又《西京赋》曰：右有陇坻之隘。《汉书》：元鼎五年，自雍逾陇，西登崆峒。王莽之篡也，命其右关将王福曰：汧、陇之阻，西当戎狄。后汉建武二年，赤眉引兵欲西上陇。时隗嚣据天水，遣将杨广迎击，破之。六年，遣耿弇、盖延等七将军，从陇道伐蜀。隗嚣惧，遂发兵反，使王元据陇坻，伐木塞道。诸将与嚣战，大败，各引兵下陇。八年，来歙袭取略阳。见秦州秦安县。嚣使王元拒陇坻，行巡守番须口，见陇州。王孟塞鸡头道，见平凉府开头山。牛邯军瓦亭，见秦安县。以上数处，皆陇道要口也。嚣悉众围略阳，不克。帝寻部分诸将，数道上陇，略阳围解。永和五年，于扶风、汉阳筑陇道坞三百所，置屯兵以备羌乱。既而羌入武都，烧陇关。陇关，即大震关。永初以后，群羌扰乱，屡断陇道，窥三辅。《三秦记》：天水郡有太坂，曰陇坻。其坂九回，不知高几许。欲上者七日乃得越。故《论都赋》曰：置列汧、陇，壅偃西戎。《西京赋》亦云：陇坻之隘，隔阂华戎。言其高且险也。郭仲产《秦州记》：陇山东西百八十里，登山巅，东望秦川，四五百里，极目泯然。山东人行役，升此而顾瞻者，莫不悲思。俗歌曰：陇头流水，鸣声呜咽，遥望秦川，肝肠断绝。又云：陇头流水，分离四下，念我行役，飘然旷野，登高远望，涕零双堕。又张衡《四愁诗》曰：吾所思兮在汉阳，欲往从之陇坂长。度汧陇，无蚕桑，八月乃麦，五月乃冻解。《说文》：登陇山，东望秦川，墟舍桑梓，与云霞一色。高处可容百余家，下处容十万户。上有悬溜，吐于山中，汇为澄潭，名万石潈，流溢散下，皆注于渭。又有小陇山。《志》云：在陇州北。王氏曰：在清水县。旧《志》以大陇为陇首，小陇为陇坻。胡氏曰：小陇山，在陇州废南繇县西北，非也，即今州西八十里之关山矣。岩障高深，不通轨辙，亦曰分水岭。自曹魏以后，秦雍多故，未常不以陇坻为要害。晋义熙八年，姚兴分遣诸军击杨盛于仇池，兴自雍赴之，与诸将会于陇口。即陇关之口。后魏正光五年，秦州贼莫折念生等作乱。李苗言：陇贼猖狂，利于疾战。如令陇东不守，汧军败散。时元志将兵军汧。则两秦遂强。谓秦州及南秦州也。见上沿革。时南秦州民张长命等，亦据城应贼。故云两秦。三辅危弱，国之右臂，于斯废矣。未几，念生遣其弟天生将兵下陇，与元志战于陇口。志败保岐州，贼势遂炽。明年，崔延伯破天生于黑水，见盩厔县。追奔至小陇，岐、雍、陇东皆平。会将士稽留采掠，天生遂塞陇道，由是诸军不得进。孝昌二年，念生以秦州降。萧宝寅使元修义西进。修义停军陇口，久不前。念生遂复叛。隋义宁初，李世民破薛仁杲于扶风，追奔至陇坻。唐贞观二十年，车驾逾陇山，幸灵州，抚定敕勒诸部。《六典》：陇右道名山曰陇坻。《里道记》：陇山有新故两关：故关，大震关也；在陇州西七十里。旧《志》云：在清水县东五十里。新关，安夷关也。在陇州西四十里。先是武德五年，突厥入原州，陷大震关。至德初，安禄山遣其将高嵩，以敕书缯彩诱河陇将士，大震关使郭英乂击斩之。广德元年，吐蕃入大震关，尽陷河西、陇右地。大历三年，凤翔帅李晟出大震关，破吐蕃于临洮。大中六年，陇州防御使薛逵，奉诏移筑故关。上言汧源西境，切在故关。昔有堤防，殊无制置，僻在重冈之上，苟务高深。今移要会之中，实堪控扼，旧绝井泉，远汲河流。今临水挟山，当川限谷，危墙深堑，克扬营垒之势。乞改为安戎关。一作定戎，今曰安夷。从之。由是以大震为故关，而安戎为新关。天复二年，李茂贞劫驾幸凤翔，朱全忠讨之，进军凤翔城下。遣将孔勍出大散，自凤州西取成州，《九域志》：凤州西至成州，二百七十里。又北取陇州，又西至秦州，《九域志》：成州北至陇州，二百五十里。陇州西至秦州，亦二百五十里。不克，乃自故关引还。五代梁贞明二年，蜀将王宗播自秦州出故关，攻陇州，寻引归。六年，蜀将王宗俦等伐岐，出故关，壁于咸宜，入良原，咸宜，见陇州。良原，见泾州灵台县。复攻陇州，不克。汉乾祐初，王景崇以凤翔叛附蜀，蜀将韩保贞赴援，出新关，军于陇州。宋建炎四年，张浚败绩于富平，金人遂逾陇关，取秦、巩诸州。绍兴十年，杨政自巩州入陇关，拔陇州，取岐州诸屯。明初，徐达克陇州，逾陇关，秦州、巩昌遂下。《纪胜》云：大震关，西汉时置。《地道记》所称汉置陇关，西当戎翟者也。世传汉武帝登陇经此，遇雷震而名。俗歌曰：震关遥望，秦川如带。陇关之名大震，旧矣。宇文周天和中避讳，改关曰大宁，亦曰陇山关。隋唐复为大震关。唐薛逵改筑新关于陇山上，西去故关三十里，控扼要道，与故关并为戍守处。秦雍喉嗌，陇关当之矣。今大震关曰故关，安夷关曰新关。有故关大寨巡司，两关俱属焉。

○龙门，

龙门山，在西安府同州韩城县东北八十里，山西河津县西北三十里，夹河为险，古称津要。《禹贡》：浮于龙门、西河。又曰：导河积石，至于龙门。亦谓之孟门。《战国策》：吴起曰：殷纣之国，左孟门。盖指龙门也。今山西吉州有孟门山，《志》以为即龙门之上口。《竹书》：晋昭公元年，河水赤于龙门。《大事记》：周威烈王十三年，晋河岸倾，壅龙门至于底柱。《吕氏春秋》：龙门未辟，吕梁未凿，河出孟门之上。《汉纪》：成帝元延二年，游龙门。今悬崖峻壁，夹河并峙，河经其中，惊涛激浪，震动岩谷，相传大禹所凿也。《史记·自叙》：迁生于龙门。《魏土地记》：龙门山，大禹所凿，通孟津，河口广八十里，岩际镌迹尚存。《三都记》：龙门外悬泉，而两傍有山，水陆不通，鱼鳖莫上，故江河大鱼有暴腮龙门之困。《水经注》：河水出龙门，以两山夹河而名。晋太元二十一年，后秦姚兴攻河东。故西燕所署河东太守柳恭等临河拒守，兴兵不得济。汾阴薛疆引秦兵自龙门济，遂入蒲坂，恭等皆降。后魏太和二十一年，魏主宏自代北南还，至龙门，谓今河津县。遣使祀大禹，寻置龙门镇于此。旧《志》：龙门镇，西对夏阳之龙门山。盖置于河东岸也。孝昌二年，以薛修义为龙门镇将。永熙末，高欢破潼关，屯华阴。龙门都督薛崇礼以城降欢。宇文周太和五年，齐将斛律光侵汾北，围定阳，今山西吉州。筑十三城，拓地五百里。宇文宪督诸将自龙门渡河，光退保华谷，华谷城，见山西稷山县。宪攻拔其新筑五城。隋大业十三年，李渊起义师，至龙门，亦谓河津县。任瑰请从梁山渡河，径指韩城。渊从之。《括地志》：龙门之南，即梁山。故龙门亦兼梁山之称。时唐兵盖自龙门渡也。梁山，今亦见韩城县。唐武德二年，李世民讨刘武周，自龙门乘冰坚渡河，屯柏壁。见山西绛州。七年，治中云得臣自龙门引河，溉田六千余顷。《通典》：韩城东北有龙门城，极险峻。又有龙门关，盖周齐时攻守处。其地两峰壁立，大河经此，扼束而出，南北盖百余里。关之下，即禹门渡矣。

〇桥山，

桥山即子午山，亦曰子午岭，在庆阳府合水县东五十里。山绵亘深远。其在延安府保安县东六十里者，亦曰艾蒿岭，以岭多艾蒿也。又葭州南六十里有艾蒿坪，亦为桥山东麓。其在鄜州中部县治北者，则曰桥山，以沮水穿山而过，山若桥然也。相传黄帝葬衣冠于此。《史记》：黄帝葬桥山。汉元封初，北巡朔方，还祭黄帝冢于桥山，释兵须如。须，一作凉。《地志》以为山南地名。即此。其在今榆林卫西南境者，则曰桥门。后汉灵帝初，段颖讨东羌先零等，破之于高平逢义山，见平凉府镇原县。追羌出桥门。《水经注》：桥山有长城门，故谓之桥门，一名青岭门。后唐长兴四年，李彝超以夏州拒命，遣军讨之。彝超使其兄阿罗出守青岭门，以拒官军。薛居正曰：自庆州而东北，过奢延泽，至夏州青岭门，即古长城门也。《寰宇记》：桥山南连耀州，北抵盐州，东接延州，绵亘八百余里。盖邠、宁、环、庆、延、绥、鄜、坊诸郡邑，皆在桥山之麓。宋人所称横山之险，亦即桥山北垂矣。又沮水出桥山，合于洛水，东西群川，皆会流于山下，俗亦谓其地为川东、川西。

〇嶓冢，

嶓冢山，在汉中府宁羌州东北四十二里。《禹贡》：嶓冢导漾。是也。《山海经》以为鲋嵎山。《水经注》：沔水出武都沮县东狼谷中。沮县，今略阳县。狼谷，盖即嶓冢之谷。狼谷，即嶓冢之异名矣。薛氏曰：陇东之山，皆嶓冢也。《唐六典》：山南道名山曰嶓冢。又秦州西南七十里有嶓冢山，则西汉水所出。

〇西倾，

西倾山，在洮州卫西南二百五十里。《禹贡》：西倾因桓是来《寰宇记》：桓水自吐谷浑界流入洮州境。是也。一名强台山，又为疆山，亦曰西疆山，或谓之马寒山。刘宋景平中，吐谷浑王阿豺升西疆山，观垫江源，即此山也。《沙州记》：洮水与垫江水俱出漒台山，漒与强通。山南即垫江源，山东则洮水源也。垫江水即阶、文之白水。郭景纯曰：自西倾山东南流，入汉而至垫江。故段国以为垫江水，盖即《禹贡》之桓水。隋大业三年，裴矩撰《西域图记》，从西倾以去，纵横所亘，将二万里，盖以西倾为内外之界也。《唐六典》：陇右道名山曰西倾。今临洮府西南百五十里有西倾山，巩昌府漳县西北八十里亦有西倾山，皆非《禹贡》之西倾也。

〇积石，

积石山，在西宁卫西南百七十里。《禹贡》：导河自积石。是也。《水经注》：河径积石而为中国河。成公子安《大河赋》曰：潜昆仑之峻极，出积石之嵯峨。俗谓之大积石山。又河州卫西北七十里有积石山，两山如削，黄河中流，西临蕃界，俗谓之小积石山。一名唐述山。后汉延禧三年，西羌余众复与烧何大豪寇张掖，校尉段颖击之。羌引退，颖追之，且斗且行，积四十余日，遂至积石山，出塞二十千里，盖自张掖而南，转战至积石，道路纡回，遂至于此。斩烧何大帅，降其余众而还。隋大业三年，平吐谷浑，命刘权戍河湟郡积石镇，大开屯田，捍御吐谷浑，以通西域之路。唐贞观八年，遣李靖等攻吐谷浑。靖督诸军经积石山河源，至且末，且末，见甘肃塞外曲先卫。穷其西境。盖积石控据河津，实为西面之险。《唐六典》：积石，陇右道之名山也。

〇贺兰，

贺兰山，在宁夏卫西六十里。其山盘踞数百里，上多青白草，遥望如骏马。北人呼骏马为贺兰也。山多果实，又产铅，丹崖翠壁，巍然隆峻。唐建中二年，吐蕃请灵州之西，以贺兰山为界，许之。五代唐长兴三年，夏州帅康福奏：党项入寇，击败之，追至贺兰山。宋景祐以后，赵元昊据有其地，建宫于贺兰山东。今宫垣遗址尚存。庆历四年，契丹主宗真亲帅骑兵十万，济河入夏，遣将萧惠与元昊战于贺兰山北，败之。又皇祐初，契丹伐夏，获夏王谅祚之母于贺兰山以归。今贺兰屹峙宁夏西北，实为屏障。正统以后，北人入套中，西犯甘、凉，多取道于山后，甚且阑入山南，视为通途。弘治二年，督臣王越袭击于贺兰山后，败之。嘉靖三年，亦不剌驻牧贺兰山后，出设扰边。议者以打硙口、赤水墩诸处，可以垛截，若设瞭望于山外，而于山南络绎布置，防其冲突，庶宁夏完固，而河西之患亦寡矣。

〇祁连，

祁连山，在甘州卫西南百里。山甚高广，本名天山，匈奴呼天为祁连也。汉元狩元年，霍去病出陇西，击匈奴，至祁连，斩首三万二百级。《西河旧事》：祁连山在张掖、酒泉二郡界，产松柏五木，美水茂草，山中冬温夏冷，宜牧放，牛羊充肥，乳酪美好。

故匈奴歌曰：夺我祁连山，使我六畜不蕃息。是也。今自张掖以西，其大山多以祁连名。

○其大川，则有大河，

大河，自西域入西宁卫及河州之境，绕兰州而北，经靖远、宁夏及榆林之境，乃折而南，出龙门，抵华阴，复折而东，周匝三垂，皆大河也。《禹贡》曰：浮于积石，至于龙门、西河，会于渭、汭。又曰：导河积石，至于龙门，南至于华阴。禹迹至今未改矣。又龙门以南，河山之会，秦晋之郊也。春秋时，其地属晋，故其力足以拒秦。鲁僖公九年，秦穆公援立夷吾。夷吾请割晋之河西八城与秦；《左传》作赂秦伯以河外列城五，此从《秦纪》。背约不与。十五年，战于韩，获晋君以归，夷吾献河西地，既而晋复取之。战国初，魏使吴起守西河，秦兵不敢东向。武侯尝浮西河而下，所谓美哉山河之固者也。方是时，魏筑长城，自郑滨洛以北，郑，即今华州。有上郡。其后秦数出兵攻魏，魏日以削。秦惠王六年，魏始纳阴晋，即今华阴县。八年，魏纳河西地，孔氏曰：同、丹二州之地也。丹州，今延安府宜川县。十年，魏纳上郡十五县，今延安以北地。而河西之地尽入于秦。《战国策》：摎留谓韩王：魏两用犀首张仪，而西河之外亡。是也。吕氏曰：秦孝公用商鞅，取河西地。其尽得河西，则犀首张仪之力也。《吕氏春秋》：吴起去西河而泣曰：君诚知我，而使我毕能，秦必可亡，而西河可以王。今君听谗人之议，而不知我，西河之为秦也不久矣。吴起果去魏入荆，而西河毕入秦，魏日以削，秦日益大。《秦纪》：穆公时，尝得河西地，而晋复取之，故孝公元年下令曰：三晋攻夺我河西地。于是出兵东围陕城。十年，东地渡洛，此即渭北之洛川，所谓自郑滨洛者也。贾生《过秦》所云商君佐之，拱手而取西河之外者也。自秦晋以后，争于关河之交者，其盛衰强弱，无不以是为判。又大河在关中，馈运所资也。《春秋》僖十三年，秦输粟于晋，自雍及绛相继，命之曰泛舟之役。孔颖达曰：秦都雍，雍临渭，晋都绛，绛临汾，由渭入河，又由河以溯汾也。汉岁漕关东粟，以给中都官，多至六百万石，大率取于关东诸郡，从河入渭。隋唐都长安，皆溯河为运。而河有三门底柱之险，见河南名山底柱。水流湍悍，输挽为劳。隋开皇三年，以长安仓廪尚虚，诏西自蒲、陕，东至卫、汴，水次十三州，募丁运米，十三州，华、陕、穀、洛、管、汴、汾、晋、蒲、绛、怀、卫、相是也。于卫州置黎阳仓，陕州置常平仓，华州置广通仓，转相灌输，漕关东及汾晋之粟，以给长安。唐大历中，刘晏为转运使，以江、汴、河、渭水力不同，各随便宜，缘水置仓，转相受给。江船不入汴，汴船不入河，河船不入渭；江船之运积河阴，今河南河阴县。河船之运积渭口，渭船之运入太仓，岁输粟百余万，无升斗溺者。宋以陕西用兵，欧阳修谓宜按唐裴耀卿之迹，不惮十余里陆运之劳，裴耀卿置仓三门东西，亦见河南名山底柱。则河漕通而物可致，且纾陕西之困。明天顺中，延绥多故，杨鼎请循河通饷，且议摘漕粮数千石赴陕谓河南陕州，就令教习山、陕、河南之人。待舟楫通后，乃许回运。且可顺携解盐数十万以充淮课，则国利大有益。郑晓曰：河自蒲州北至龙门，两岸平广，可渡者百余里。此诚关中之襟要，而华阴渭口，又运道之喉嗌也。今详见川渎异同。

〇汉水，西汉水附见。

汉水有二：一曰西汉水，源出巩昌府秦州西南九十里嶓冢山，西南流经西和县北，又南至成县西，接阶州东北境，复折而东南，经成县南，流入略阳县西，谓之犀牛江。又南流经宁羌州东，而合于嘉陵江。此即嘉陵江之上流，非《禹贡》所称汉水也。嘉陵江，见四川大川。其自宁羌州嶓冢山东流，经沔县及褒城县南，又东南经汉中府南，又东经成固县及洋县之南、西乡县之北，又东经石泉县南，乃折而南，经汉阴县、紫阳县之西，复折而东，出兴安州之北，又东经洵阳县南、白河县北而入湖广郧阳府界者，此即《禹贡》所云嶓冢导漾，东流为汉之汉水也。俗亦谓之东汉水。详见川渎异同。

〇渭水，

渭水出临洮府渭源县西二十五里之南谷山，流经鸟鼠山下，在渭源县西二十里。过县北，东流经巩昌府北及通渭县、宁远县、伏羌县之北。又流经秦安县南、秦州之北，至州东南清水县西。又东南流经山谷中，入凤翔府陇州南界。又经宝鸡县南，而汧水自北入焉；汧水出陇州汧山，历汧阳县至宝鸡县东三十里，入于渭。又东经岐山县及扶风县南，又东经郿县北，而斜水自南入焉。又东流，入西安府乾州武功县南，又东经盩厔县北、兴平县南，又东经鄠县北、咸阳县南，而沣、镐二水自南入焉。详见西安府。又东过西安府城北，而霸、浐二水亦自南入焉；详见西安。又东历临潼县北、高陵县南，而泾水自北入焉。又东历渭南县北及华州之北，又东历同州朝邑县南，而漆、沮二水亦自北入焉；又东至华阴县北而入于河。《禹贡》：导渭自鸟鼠同穴，东会于沣，又东会于泾，又东过漆、沮，入于河。《汉志》渭水出鸟鼠同穴山，东至船司空，见华阴县。入河，过郡四，谓天水、扶风、京兆、冯翊。行千八百七十里、汉漕渠所经也。元光六年，郑当时言：异时关东漕粟，从渭上，度六月罢，而渭水道九百余里，时有难处。引渭穿渠，起长安，旁南山下，至河三百余里，径易漕，度可令三月罢；渠下民田万余顷，又可得以溉。此损漕省卒，而益肥关中之地，得谷。上以为然，令水工徐伯穿漕渠，渠成，水大便利，民得以溉。《淮南子》：渭水多力，宜黍。杜笃《论都赋》：洪渭之流，径入于河，大船万石，转漕相过。是也。建安十六年，曹操击马超、韩遂，自蒲阪渡西河，循河为甬道而南。超等自潼关退拒渭口。操多设疑兵，潜以舟载兵入渭，为浮桥，夜分兵结营于渭南。既而进军，悉渡渭，与超等战，大破之。晋义熙十三年，刘裕伐姚秦，王镇恶等至潼关，请帅水军自河入渭，径趣长安。后魏太和二十一年，自长安还洛阳，泛渭入河。隋开皇元年，诏郭衍开漕渠，引渭水经大兴城北，东至潼关，漕运四百余里，关中赖之，名富人渠。四年，又以渭水多沙，深浅不常，漕者苦之。诏宇文恺凿渠引渭，自大兴城东至潼关三百余里，名广通渠。漕运通利。唐天宝三载，韦坚为运使，规汉隋旧渠，皆起关门，西抵长安，通山东租赋，乃占咸阳壅渭为堰，绝灞浐，并渭而东，注永丰仓下，见华阴县，即渭水入河处。复与渭合。《五行志》：元和八年，渭水涨，绝济。大和元年，岁旱河涸。挽漕者揞沙而进，米多耗。咸阳西十八里有兴成堰，秦汉故漕渠也。咸阳令韩辽请疏之，东抵潼关二百里，可以罢车挽之劳。从之。天复四年，朱全忠劫迁车驾于洛阳，毁长安宫室百司及民间庐舍，取其材，浮渭沿河而下，长安自此丘墟，而漕渠之利，亦废不复讲。王氏应麟曰：渭川自大散关以北，达于岐雍，夹渭南北岸，沃野千里，谓之秦川。关中有事，沿渭上下，可度者不一处，战守之宜，所在皆急。此诚都城之襟带、畿辅之堑防也。

○泾水，汭水附。

泾水，出平凉府西南四十里幵头山之泾谷，《淮南子》：泾水出薄洛之山。《华戎对境图》：泾水上接蔚茹水，南流至幵头山，乃折而东。东流经府城北，又经泾州北，又东历邠州长武县北，汭水入焉。汭水源出凤翔府陇州西四十里弦蒲薮，东北流，入平凉府华亭县南，又东经崇信县北，至泾州城北，又东南过长武县北，而东流合于泾水。泾、汭同流，过邠州北，又东南流经淳化县西南，又南经永寿县东，又南历谷口，见醴泉县。至醴泉县东，又东南流，过咸阳县东北，泾阳县南，至高陵县西南二十里，而合渭水。《禹贡》所谓泾属渭汭者，是也。《周礼·职方》：其川泾、汭。《诗·公刘》：芮鞫之即。芮、汭同。鞫，水外也。《左传》成十三年，晋师以诸侯之师及秦师战于麻隧，在泾阳县西南。秦师败绩。师遂济泾，及侯丽而还。刘伯庄云：侯丽在泾阳县境。襄十四年，晋帅诸侯之师伐秦，济泾而次。秦人毒师上流，师人多死。乐史曰：济处即今泾阳县之睢城渡。《史记》：秦桓公二十六年，晋率诸侯伐秦，秦军败走，追至泾而还。景公十八年，晋悼公败秦军，追度泾，至棫林而还。棫林，或曰即咸林，今华州也。又关中溉田之利，莫如泾水。《汉志》：泾水出幵头山，东南至阳陵入渭，阳陵，见高陵县。过郡三，安定、扶风、冯翊也。行千六十里。秦始皇初，韩闻秦好兴事，欲罢音疲。之，毋令东伐。乃使水工郑国间说秦，令凿泾水，自中山。见泾阳县。西抵瓠口为渠，瓠口，《索隐》曰：即谷口。见醴泉县。并北山，东注洛。北山，即九嵏、嶻嶭诸山。三百余里，欲以溉田。中作而觉，秦欲杀郑国。国曰：始臣为间，然渠成，亦秦之利也。秦以为然，卒使就渠。渠就，用注填阏之水，溉舄卤之地四万余顷，收皆亩一钟，六斛四斗为钟。于是关中为沃野，无凶年，秦以富强，卒并诸侯。因命曰郑国渠。汉元鼎六年，左内史倪宽请穿六辅渠，以益溉郑国旁高卬仰通。之田。太始二年，赵中大夫白公复奏穿渠，引泾水。首起谷口，尾入栎阳，见临潼县。注渭中，袤二百里，溉田四千五百余顷，因名曰白渠。颜师古曰：六辅渠，在郑渠上流之南。白渠，在郑渠下流之南。民得其饶，歌之曰：田于何所？池阳谷口。郑国在前，白渠起后。举臿为云，决渠为雨。泾水一石，其泥数斗。且溉且粪，长我禾黍。衣食京师，亿万之口。言此两渠饶也。后汉迁雒，而郑、白两渠渐废。晋建兴四年，刘聪使刘曜寇长安。曜陷冯翊，转掠上郡、北地，进至泾阳，谓泾水北。渭北诸城悉溃，遂逼长安。义熙十三年，刘裕伐秦。王镇恶自河入渭。秦主泓遣其将姚疆等合兵屯泾上以拒之，为镇恶所败。其时，泾水左右皆战地也。宇文周以后，渠堰之利复起。唐永徽六年，太尉长孙无忌言：渠水带泥淤，灌田益肥美。又渠水发源本高，向下支分极众，若使流至同州，则水饶足。比为碾硙用水，泄渠水随入渭，加以壅遏耗竭，所以失利。诏尽毁水上碾硙，以利民田。天宝以后，泾、渭之间，屡遭寇乱。广德二年，回纥、吐番逼奉天，还攻泾州，不克，遂涉泾而遁。又是时，势豪之家，多引泾水营私利，民田益困。大历十三年，敕毁白渠支流碾硙以溉田。杜佑曰：秦汉时，郑渠溉田四万顷，白渠溉田四千五百顷。唐永徽中，两渠灌浸，不过万顷。大历中，减至六千顷。亩朘一斛，岁少四五百万斛。复两渠之饶，诱农夫趣耕，河陇可复也，岂徒自守而已哉！《元和志》：太白渠在泾阳县东北十里；中白渠首受太白渠，东流入高陵县界；南白渠首受中白渠，东南流，亦入高陵县界。刘禹锡曰：泾水东行注白渠，酾而为三，以沃关中。白渠之利不废，关中可无硗埆忧也。唐宝历元年，泾阳令刘仁师请更水道。渠成，名曰刘公渠、彭城堰。《宋史》：淳化二年，泾阳民杜思渊言：泾河内旧有石翣，以堰水入白渠，溉雍、耀田，岁收三万斛。其后多历年所，石翣坏，三白渠水少，溉田不足，民颇艰食。乾德中，节度判官施继业，率民用竹木为堰，壅水入渠。缘渠之民，颇获其利。然每遇暑雨水骤，堰辄坏。至秋，复以民力葺治，役烦而堰终不固。乞依旧修叠石翣，为暂劳久逸计。诏从之。寻复中止。至道初，度支判官梁鼎、陈尧叟言：郑、白二渠，旧史溉田以万计，今所存不及二千顷。郑渠难兴工，请修三白渠旧迹。诏皇甫选、何亮相度，选等言：郑渠并仲山而东，凿断冈阜，首尾三百余里，连亘山足，岸壁颓坏，堙废已久。度其制置之始，泾河平浅，直入渠口。暨年代浸远，泾河陡深，水势渐下，与渠口相悬，水不能至。峻崖之处，渠岸废久，实难致力。三白渠溉泾阳、栎阳、高陵、云阳、三原、富平六县田，三千八百五十余顷，宜增筑堤堰以固护之。旧设斗门一百七十有六以节水，宜悉缮治。渠口旧有六石门，谓之洪门。亦曰洪口堰。今亦圮，若复议兴置，则其功甚大。且欲就近度岸势，别开渠口以通水道，令渠官行视疏浚。又泾河中旧有石堰，修广皆百步，捍水雄壮，谓之将军翣，废坏已久。杜思渊尝请兴修而不克，仍止造木堰。涉夏水潦，堰辄坏。欲自今溉田毕，即命水工拆堰木置岸侧，充秋季修堰之用。诏行之，于是自仲山南移治泾阳，未几复败。景德三年，博士尚宾经度郑、白渠。宾言郑渠久废，不可复。今自介公庙，在泾阳县北。回白渠洪口，直东南合旧渠，以畎泾河，灌富平、栎阳、高陵等县，经久可以不竭。工毕，民果获利。景祐三年，漕臣王沿言：三白渠溉田数万顷，今才及三千余顷，宜以时修治。又郑白渠皆上源高处为堰，沿渠立斗门，多者至四十余所，以分水势，其下别开小渠，分以溉田。其作堰之法，用石，锢以铁，积之于中流，拥为双派。南流者仍为泾水，东流者酾为二渠。故虽骇浪，不能坏其防。诏从其言，修三白渠。熙宁五年，诏三白渠为利甚大，又有旧迹，可极力修治。是年，泾阳令侯可议凿小郑渠引泾水，高与古郑渠等。又都水丞周良孺言：自石门北开二丈四尺，堰泾水入新渠，可溉田二万余顷。开至临泾，泾阳县西三十里泾水南，有临泾镇。就高入白渠，则水行二十五里，利益广。开至三限，口五十余里接云阳，可溉田三万余顷。诏如其议，自石门至三限，合白渠兴修，既而复罢。六年，复诏修举。大观四年，丰利渠成，见泾阳县。疏泾水入渠，下与白渠会，溉泾阳、醴泉、高陵、栎阳、云阳、三原、富平七邑之田，总二万五千九十有三顷。《元史》：宋熙宁中，修白渠故迹，自仲山旁开凿石渠，从高泻水，名丰利渠。大统八年，泾水涨，毁堰塞渠，复疏导之。至大初，御史王琚请于丰利渠上更开石渠。从之。至正三年，以新渠堰坏，导流益艰，乃复治旧渠口堰。成，凡溉农田四万五千余顷。明朝洪武中，耿炳文守西安，修筑泾阳洪渠诸堰，以溉民田，由是军需无缺。永乐以后，屡经修治。成化中，项忠、余子俊、阮勤等并凿石通水，引泾入渠，谓之广惠渠。白渠之利，得以不废。水分三限，旧《志》：自仲山下截泾河，筑洪堰，引入白渠，下至泾阳县北白公斗门，分为三限，宋元以来旧迹也。上限入云阳、三原、栎阳，亦曰北限。中限入三原、高陵、栎阳，南限入泾阳，皆立斗门以均水，凡一百三十五处。《志》云：三限闸在泾阳县北五里，北曰大白，中曰中白，南曰南白。大白之下为邢堰。堰之上，渠分为二：北曰务高渠，南曰平皋渠。中白渠之下二十里，为彭城闸。渠分为四：北曰中白渠，南曰中南渠，又南曰高望渠，又南曰禑南渠。中南渠之下，又北分者，曰折陂渠，南分者，曰昌连渠。独南白渠无分。其五县分水，以三限及彭城为要地云。说者谓秦汉时，泾河平浅，古沟浍犹有存者，故引河作渠，直易易耳。年久泾河益深，水势与渠口相悬，必益就上流，然后能引水，而疏凿非故渠，且多石，故其用力尤难。刘麟有言：北随旧址以开渠，南高泾渭之岸，东北杜入河之口，如李冰壅江作堋法，即高陵、栎阳以北，舄卤变为沃壤矣。

○洛水，

洛水源出庆阳府合水县北二十里白于山，《汉志》云：洛水出北地归德县蛮夷中。又《匈奴传》注：洛水出上郡雕阴泰冒山。一云周时有洛国居此。又《西羌传》：洛川有大荔之戎。归德废城，见庆阳府。雕阴，见延安府甘泉县。东北流经废洛源县，见庆阳府。又东经延安府保安县西南，又南经安塞县甘泉县西，历鄜州城东，又南经洛川县西南，中部县东，而沮水入焉，沮水自中部县子午岭东南流，而入于洛水也。《唐·五行志》：太和四年，鄜、坊水漂三百余家，即洛水矣。于是洛水亦兼沮水之称；又南流经宜君县东，而入西安府耀州境。过州西，又南合于漆水；漆水自同官县界流经耀州、三原而合洛水。历三原县东北，富平县西北及白水县东，又东南流，经澄城县西，南至同州西。《唐·五行志》：开元十五年，洛水溢入鄜城，平地丈余，坏同州城市及冯翊县，漂居民二千余家。鄜城，见洛川县。又东南流，至朝邑县南而入渭水。《禹贡》：漆、沮既从，杜佑曰：洛即漆、沮。盖三水同流也。《周礼·职方》：雍州，浸曰渭洛。《周纪》：西伯献洛西之地于纣。即此洛水也。于春秋时，与泾、渭并为三川。《国语》：幽王三年，西周三川皆震。《左传》昭二十二年，苌弘曰：周之亡也，三川震。谓西周。韦昭以泾、渭、汭为三川。杜预曰：泾、渭、洛也。东魏杨休之对高欢曰：河、洛、伊为三川，泾、渭、洛亦为三川。汉刘向云：昔周岐山崩，三川竭，而幽王亡。《史记·六国表》：显王三年，秦败韩魏之师于洛阴。又洛河在关中，亦灌溉所有事也。《史记》：武帝时，庄熊罴言：临晋民愿穿洛以溉重泉以东万余顷故卤地。重泉，见蒲城县。诚得水，可令亩十石。于是穿渠，自徵引洛水至商颜下。徵，即今澄城县。商颜，杜佑曰：即商原也。岸善崩，乃凿井，深者四十余丈。往往为井，井下相通行水，水颓以绝商颜，东至山岭十余里间。井渠之生自此始。穿渠得龙骨，故名曰龙首渠，《括地志》：伏龙寺，在同州冯翊县西北四十里。故老云：汉穿渠得龙骨，因立祠焉。是也。作之十余岁，渠颇通，犹未得饶，后遂废。后周保定二年，亦于同州开龙首渠，以广灌溉云。

〇洮水，

洮河，出洮州卫西倾山，见上。经卫南，东北流，经岷州卫北，又折而北，入临洮府西南境。盘束山中千数百里，始经府城南，又西北入兰州境，合湟水注于黄河。《沙州记》：洮水出漒台山。漒台，即西倾也，故洮水亦兼漒川之名。以其西接黄沙，谓之沙漒。段国云：黄沙在浇河郡西南一百七十里。其沙南北百二十里，东西七十里，西极大阳川，周回数百里，都不生草木，荡然黄沙，望之若人委乾糒于地。其东则为洮漒。自洮漒南北三百里中，地草遍是龙须而无樵采。《水经注》：洮水与蜀白水，俱出西倾山。见名山西倾。洮水东北流，经吐谷浑中，又东北经临洮、安故、狄道，又北至枹罕而入于河。诸县皆在洮东，洮西悉羌虏所居也。蜀汉延熙十年，姜维与魏将郭淮、夏侯霸战于洮西。匈奴王白虎文率部落降维。十八年，姜维自枹罕趣狄道，魏将王经前军逆战于故关，关在洮水西，盖汉关故址。不利，经度洮水，与维战于洮西，大败。炎兴初，魏邓艾遣王颀等攻姜维于沓中，见洮州卫。维闻钟会已入汉中，引还。魏将杨欣自甘松，亦见洮州卫。追蹑维于漒川口，大战，维败走。晋咸和二年，凉将韩璞与赵将刘胤，夹洮相持七十余日，为胤所败。胡氏曰：漒川口，在漒台山东南，即洮水口也。前凉张骏于此置漒川郡。后乞伏国仁亦置焉。又吐谷浑为乞伏乾归所败，其王树洛干帅众奔莫何川，亦见洮州卫。沙漒诸戎悉附之。义熙十二年，乞伏炽磐攻秦洮阳公彭利和于漒川，利和奔仇池。炽磐因置益州，镇漒川。其地亦谓之南漒，旧皆吐谷浑地。后魏、后周及隋、唐盛时，皆斥逐吐谷浑，郡县其地。宋时，为羌人所据。元祐二年，羌长鬼章城洮州以居，熙河总管姚兕、种谊讨之，兵分两路，并洮水而进。兕部洮西，捣讲朱城，见河州卫。遣人走间道，焚河桥，绝西援。谊部洮东，使岷州蕃将包顺为前锋，由哥龙，谷见洮州卫。宵济，进至洮州，壁青藏峡，同上。大败鬼章兵，复洮州。洮河者，亦陇右西南之巨防矣。元朱思本曰：洮河出羊撒岭北，东北流，过临洮府，凡八百余里，与黄河合。羊撒岭，或曰西倾山之支岭也。

〇西海，

西海，在西宁卫西三百馀里。阚骃曰：西海东去西平郡二百五十里。亦曰僊海郦道元曰：古西僊之地也。亦曰青海，亦曰卑禾羌海，阚骃曰：金城临羌县西有卑禾羌海。亦曰鲜水海，亦曰允谷盐池，西海则其总名也。海方数百里。汉元鼎四年，先零羌与匈奴通，攻令居，见西宁卫。围枹罕。遣将李息、徐自为击平之，始置护羌校尉。羌乃去湟中，依西海、盐池。神爵初，西羌叛。酒泉太守辛武贤请击罕幵在鲜水上者。又赵充国请治湟狭以西道桥七十所，令可至鲜水左右。元始四年，王莽诱塞外羌献鲜水海允谷盐池，置西海郡。后汉永元中，护羌校尉周鲔等击灭叛羌，西海及大小榆谷。见西宁卫。无复羌寇。隃糜相曹凤言：自建武以来，诸羌犯法者，常从烧当种起。所以然者，以其居大小榆谷，土地肥美，有西海鱼盐之利，阻大河以为固，故强大，常雄诸种。今者衰困亡逃，宜及此时建复西海郡县，规固二榆，广治屯田，隔塞羌胡交关之路。又植谷富边，省委输之役，国家可以无西方之忧。从之，乃缮修故西海郡。晋隆安二年，后凉杨轨叛，起兵攻姑臧，兵败，屯廉川，降于秃发乌孤。轨寻为羌梁饥所败，西奔僊海，袭乙弗鲜卑而据其地。

义熙九年，沮渠蒙逊遣兵袭破卑和、乌啼二部，卑和，即卑禾也。二部盖在西海旁。十三年，蒙逊复遣将袭乌啼及卑和部，皆破降之。西魏初，凉州刺史史宁与突厥分道袭吐谷浑，还会于青海。隋开皇初，遣元谐等袭吐谷浑，败之于青海。《隋书》：青海在吐谷浑中，周回千余里。海中有小山，每冬冰合，以良牝马置此山，至来春牧之，牝马皆孕，生驹，号为龙种。青海西十五里，吐谷浑伏俟城在焉。隋伐吐谷浑，得其地，以俗传置牝马于小山上得龙种，因置马牧，纵牝马二千匹于川谷，以求龙种，无效而止。唐贞观八年，段志宁出西海道，破吐谷浑，追奔八百余里，去青海三十里。既又使李靖出西海道，节度诸军，尽平其地。十二年，吐蕃击破吐谷浑。吐谷浑王诺曷钵遁于青海北。龙朔二年，吐蕃大破吐谷浑，屯于青海。咸亨二年，薛仁贵等击吐蕃，败于大非川，青海遂没于吐蕃。仪凤三年，洮河总管李敬玄击吐蕃，败于青海之上。永隆元年，吐蕃赞婆寇良非川，河源军副使黑齿常之败之，又追破之于青海。二年，赞婆畜牧于青海，常之复掩破之。武后万岁通天初，吐蕃请罢安西四镇戍兵，并求分十姓突厥之地。郭元振议以青海吐谷浑为国家要地，使吐蕃归之，以易四镇十姓，不果。开元十四年，吐蕃悉诺逻寇大斗拔谷，见凉州卫。遂破甘州，焚掠而去。凉州都督王君㚟度其兵疲，引兵蹑其后。吐蕃自积石军西归，顿大非川。君㚟追之，及青海西，乘冰而渡，袭其辎重而还。三十五年，河西节度副大使崔希逸败吐蕃于青海西。天宝初，陇右节度使皇甫惟明，破吐蕃大岭军，又败之于青海。五载，河西陇右节度使王忠嗣与吐蕃战于青海、积石，皆大破之。七载，哥舒翰为陇右节度使，筑神威军于青海上。吐蕃来攻，翰击破之。又筑城于龙驹岛，时有白龙见，因号应龙城。吐蕃不敢近青海。明年，翰遣谪卒二千戍龙驹岛，冬冰合，吐蕃大集，戍者尽没。自是以后，中原多故，青海不复为王土。明正统以后，逋寇窜集于青海。论者常引为西顾之忧云。

○其重险，则有潼关，

潼关，在今西安府华州华阴县东四十里，东至河南阌乡县六十里，古桃林塞也。《左传》文十三年，晋侯使詹嘉处瑕，瑕，见山西猗氏县。守桃林之塞。杜氏曰：桃林，在弘农华阴县东，潼关是矣。自函谷至斯，高出云表，幽谷秘邃，深林茂木，白日成昏。又名云潼关，亦曰冲关。河水自龙门冲激至华山东也。王氏曰：自灵宝以西，今河南灵宝县。潼关以东，皆曰桃林。自崤山以西，崤山，见河南名山三崤。潼津以南，通称函谷。范雎谓左关坂。即崤函也。苏秦曰：秦东有崤函之固。贾生《过秦》亦曰：秦孝公据崤函之固者也。《史记》：周慎靓王三年，楚、赵、魏、韩、燕同伐秦，攻函谷关。秦出兵逐之，五国之师皆败走。秦始皇六年，楚、赵、魏、韩、卫合从伐秦，取寿陵，胡氏曰：寿陵在新安、宜阳间。至函谷，败还。林氏曰：春秋时，崤函晋有也，故能以制秦。秦得崤函，而六国之亡始此矣。当苏秦之约从也，山东六国共攻秦，至函谷关。秦出兵击六国，六国皆引而归，岂非天险不可犯耶？沛公伐秦，不从函谷入，乃引而南还，袭攻武关，破之，诚畏其险也。及沛公军霸上，项羽引军而西，或说沛公亟守函谷关。既而项羽破守关兵，至鸿门。《本纪》：时项羽至关，不得入，使黥布先从间道破关下军，遂得入，至咸阳鸿门。鸿门，今见临潼县。此非函关不足恃也？沛公方弱，阴欲贰于羽，而外不能与抗，虽守亦不固也。张良劝都关中，则云：关中左崤函。《淮南子》：九塞，崤坂其一也。《五行志》亦云：函谷关拒山东之险，地利乌可忽欤？《括地志》：函谷故关，在陕州桃林县南十一里。今河南灵宝县。有关城在谷中，深险如函，因名。其中劣通，东西十五里，绝岸壁立。其上柏林荫谷中，殆不见日，荀卿谓之松柏之塞。西去长安四百里。秦法：日入则闭，鸡鸣则开。汉初因其制，置关都尉守之。景帝初，吴楚谋叛，吴遣其臣应高说胶西王印曰：王幸而许之一言，则吴王率楚王略函谷关，守荥阳敖仓之粟，拒汉兵，治次舍，须大王矣。武帝元鼎三年，从杨仆言，徙故关于新安东界，以故关为弘农县，东徙盖三百里，谓之新关。今见河南新安县。王莽居摄二年，关东翟义等兵起，遣其党武让屯函谷关。东汉初，王霸屯函谷关，击荥阳、中牟贼，平之。此新关也。王元说隗嚣曰：请以一丸泥，东封函谷关，图王不成，其弊犹足以霸。杜笃《论都赋》云：关函守峣，山东道穷，峣，峣关，见蓝田县。此仍据故关言之。班固《西都赋》：左据函谷二崤之阻。张衡《西京赋》：左有崤函重险桃林之塞。此兼新故关言之也。桓帝初平二年，校猎上林苑，遂至函谷关。延熹九年，复幸函谷关。灵帝光和五年，校猎上林，历函谷关，遂狩于广成苑。见河南汝州。此皆新关也。献帝初平二年，董卓胁帝西幸长安，出函谷关。是时关犹在新安。建安十六年，曹操破马超于潼关，潼关之名，始见于此。是时关已在华阴。盖中间所更置，而史不之载也。《魏志》：建安十六年，曹公遣兵讨张鲁于汉中，关中诸将马超、韩遂等疑惧，同时俱反，部众十万屯潼关。曹公自将击之，与超等夹关而军。既而自潼关北渡河，曹公自留南岸断后，马超击之，几不免。诸葛武侯《出师表》谓操殆死潼关，正此事也。魏正始初，弘农太守孟康言，移函谷关，更号大崤关，又为金关。此以关城既移，欲更定新关之名耳。新关，谓在新安者。晋大安二年，河间王颙举兵关中，使其将张方自函谷东犯洛阳。永嘉三年，时南阳王模守关中。模将赵染以蒲坂降刘聪，聪使染等攻模于长安，战于潼关，模兵败，染长驱至下邽。下邽，见渭南县。咸和三年，后赵石虎攻赵蒲阪，刘曜驰救，自冲关北济，冲关，史误作卫关。虎惧，引退。九年，后赵石生举兵于长安，讨石虎。虎遣其子挺为前锋，向长安。生遣将郭权拒之，战于潼关，挺败死，虎奔还渑池。今河南属县。永和六年，苻健遣其弟雄率众先驱，自潼关入。时杜洪据长安，遣兵逆战于潼关北，败走，健遂入关中。十年，桓温伐秦，不克，还自潼关。太元十八年，氐帅杨佛嵩叛，奔后秦。河南太守杨佺期等追之，败佛嵩于潼关。后秦将姚宗趣救，佺期引却。义熙十二年，秦姚懿以蒲坂叛。秦主泓遣姚驴屯潼关。十三年，刘裕伐秦，前锋王镇恶自渑池径抵潼关，檀道济等自陕北渡河，攻蒲阪。秦主泓使姚绍督军五万守潼关，又遣兵救蒲阪。沈林子谓檀道济曰：蒲坂城坚兵多，未可猝拔，不如并力争潼关。若得之，蒲坂不攻自溃矣。从之。姚绍出战，大败。绍复使姚鸾屯大路。即三崤路也。以绝道济粮道。鸾分遣尹雅将兵战于关南，皆为晋军所败。绍又遣姚讃屯河上以断水道，亦败走。裕寻至潼关，遂克之。既而裕自长安东还。夏王勃勃图取关中，其臣王买德曰：

青泥、上洛，南北险要，青泥关，见蓝田县。先遣游军断之，东塞潼关，绝其水陆之路，三辅不足取也。勃勃遂遣军向长安，而分命其子昌屯潼关。十四年，长安乱，朱龄石等奔潼关，关中遂入于勃勃。《西征记》：函谷左右绝岸，高十丈，中容一车，沿路逶迤。入函道六里，有旧城，城周百余步，北临大河，南对高山，姚氏置关以守峡。宋武帝入长安，檀道济、王镇恶或据山为营，或平地结垒，为大小七营，滨带河阴。姚氏亦保据山原，阜上尚传故迹。《水经注》：河在关内，南流，冲激关山，因谓之潼关。晋所谓桃林之塞，秦所谓杨华也。又西有潼水，东北注于河。河自潼关东北流，水侧有长坂，谓之黄卷坂，见河南阌乡县。傍绝涧，陟此坂以升潼关。潘岳《西征赋》所云：溯黄卷以济潼也。历此出东崤，通谓之函谷关。邃岸天高，空谷幽深，涧道之峡，车不方轨，号曰天险。《西京赋》云岩崄周固，襟带易守者也。宋元嘉二十七年，遣兵北伐，雍州刺史随王诞遣其属柳元景等自南阳北出，入卢氏，拔弘农，进向潼关，遂攻之。魏戍主娄须弃城走，将军庞法起等据之。关中豪杰，所在蜂起，西山氐、胡，皆来送款。会王玄谟等自滑台败退，魏军深入，宋主以元景等不宜独进，皆召还。二十九年，复遣雍州刺史臧质，分道向潼关。魏人闻之，遣军屯守。《北史》：魏孝昌三年，关中乱，秦州贼莫折念生遣其党据潼关，既而魏复得之。未几，萧宝寅以关中叛，遣兵守潼关。魏主遣长孙稚等讨之。至恒农，杨侃谓稚曰：昔魏武与韩遂、马超据潼关相拒，遂超之才，非魏武敌也。然而胜负久不决者，扼其险要故也。今贼守御已固，虽魏武复生，无以施其智勇，请分兵自蒲阪而西。

从之。稚遂克潼关，入河东。永熙三年，高欢入洛，魏主西入关。欢自追迎之，至弘农，攻陷潼关，进屯华阴。寻退屯河东，使别将薛瑜守潼关。宇文泰复进攻潼关，斩瑜。东魏天平二年，司马子如等攻潼关，宇文泰军霸上以备之。三年，复遣高敖曹趣上洛，窦泰趣潼关。欢军蒲坂，造三桥，欲渡河。宇文泰谋先袭其潼关军。关之左有谷，谓之小关。宇文深请选精锐，潜出小关击贼。从之。窦泰败走，欢军乃退。后周保定四年，宇文护约突厥共伐齐，护军至潼关，遣尉迟迥为前锋，趣洛阳。权景宣帅山南之兵，时周人有荆、襄之地。山南谓荆、襄也。趣悬瓠，见河南汝宁府。杨檦自邵郡出轵关。邵郡，今山西垣曲县。轵关，见河南济源县。大象二年，尉迟迥举兵相州讨杨坚。坚遣将杨尚希将兵镇潼关。隋大业七年，移潼关道于南北镇城间㘰角。音阙。兽槛谷，去旧关四里余。十三年，唐公渊济河而西，遣世子建成等将兵屯永丰仓，见华阴县。守潼关，以备东方兵。屈突通自河东引兵趣长安，为唐军所拒，东保潼关北城，与唐相持。《唐史》：潼关有南北二关城，炀帝各置都尉守之，谓为都尉南城，都尉北城。唐公初济河，遣建成戍永丰仓，备潼关，别将王长谐遂克潼关南城而守之。既而屈突通谋攻长安，不克，乃保潼关北城，为刘文静所败。北城亦降于唐。天授二年，益移关向北，近河为路。开元十二年，以华州岳祠南为通衢，旧入关而西，路在岳祠北也。天宝十四载，安禄山陷东都，封常清败走，至陕，谓高仙芝曰：潼关无兵，若贼豕突入关，则长安危矣。陕不可守，不如引兵先据潼关以拒之。仙芝从之。贼至，不得入。既而哥舒翰代仙芝守潼关，屡却贼兵。寻奉诏与贼战于灵宝西原，败绩。贼遂入潼关。玄宗西狩。至德二载，郭子仪自河东遣其子旰等，济河击潼关，破之。安庆绪自洛阳遣兵救潼关，旰等大败。既而子仪将收东京，追贼至潼关，克华阴、弘农二郡，破贼将崔乾祐于潼关。乾祐走保蒲津。子仪又遣赵复等败贼关内军，进收永丰仓，见华阴县。关陕始通。杜佑曰：旧关在灵宝县南，今通途反在关北，则旧关非衿束之要矣。今关即天授间所置。其地上跻高隅，俯视洪流，历崤函而至潼津，数百里间，盘纡峻极，实为天险，所谓秦得百二者，此也。河之北岸为风陵津，亦见华阴县。观山西蒲州。又北至蒲关六十里，河山之险，迤逦相属。自此西望，川途旷然，岂非神明之奥区、帝宅之户牖哉？自开元而后，牧华州者多带防御潼关军使，即汉设都尉之意也。乾符三年，王仙芝寇汝州，逼东都，诏凤翔帅令狐绹发兵狩陕州潼关。又小关曰禁谷，亦曰禁坑。广明初，黄巢陷虢州，张承范屯潼关，仅得军二千人，为守御之备。关左有谷，平日禁人往来，以榷征税，所谓禁坑也。贼至仓卒，官军忘守。时汝郑将齐克让，以军万人屯关外，力战，饥甚而溃，遂从谷入。谷中灌木寿藤，茂密如织，一夕践为坦途。明日，贼急攻潼关。关外有天堑，贼驱民千余人入其中，掘土填之，须臾即平，引兵而度。夜，纵火焚关楼俱尽。承范方分兵守禁坑，而贼已入矣。贼夹攻潼关，关上兵皆溃。朱梁开平三年，刘知俊以同州附于李茂贞，又袭华州，以兵守潼关。刘鄩讨之，乘间入关，华州降，知俊遂遁。汉乾祐初，乱将赵思绾据长安。虢州伶人靖边廷杀州将，驱掠州民，奔思绾，至潼关。守将出击，其众皆溃。又李守贞以河中叛，先遣兵据潼关，潼关度河至河中百余里。陕州将王玉复克而守之。郭威奉命讨守贞，自陕州进，分遣别将白文珂自同州、常思自潼关进，寻克河中。宋室南迁，潼关入于金，而永兴六路，遂不可复。嘉定十五年，蒙古木华黎取金河中，遂趣长安，遣安赤将兵断潼关。既而金人尽弃河北、山东关陕，惟守河南，保潼关。铁木真谓金精兵尽在潼关，是也。又降人李昌国言于蒙古曰：金迁汴将二十年，所恃以安者，惟潼关、黄河耳。绍定四年，金人闻蒙古入饶风关，见汉中府西乡县。遣徒单兀典行省阌乡，以备潼关。及蒙古围汴，兀典发兵入援，潼关遂入于蒙古。元致和元年，燕帖木儿作乱，迎怀王图帖睦尔于江陵。将至汴，遣孛罗等将兵守潼关，又遣襄阳、邓州兵守武关。既而诸王阔不花等破潼关，克阌乡；陕州别将铁木哥出武关，破邓州、襄阳。又也先帖木儿北渡河中，趣怀、孟，下郡县三十余，横绝数千里。河南河东皆大震，既闻上都陷，乃引还。至正末，元主诏潼关以西属李思齐，潼关以东属扩廓帖木儿。明洪武二年，冯宗异破潼关。太祖曰：潼关，三秦门户，扼而守之，李思齐辈如穴中鼠耳。既而自关以西，次第降下。今有关城，设卫防御，又以备兵使者驻其地。

〇武关，

武关，在西安府商州东百八十里，东去河南内乡县百七十里。文颖曰：在析西百七十里。析，即内乡也。旧为秦楚之衿要。《左传》哀四年：楚人谋北方，司马起丰、析以临上雒，使谓阴地之命大夫士蔑曰：士蔑，晋大夫也。将通于少习以听命。杜氏曰：丰，丰乡也；见河南淅川县。析，析县也；见上。上雒，今上洛郡；即商州。阴地，河南山北，自上洛以东至陆浑也。陆浑，今河南嵩县。《郡县志》商州即晋阴地。误。又今河南卢氏县有阴地城。少习即武关，谓将大开武关道以伐晋。京相璠曰：武关，楚通上雒厄道也。春秋时，武关属晋，非秦有也。秦未得武关，不可以制楚。故穆公之世，秦伐鄀，与楚争商密，鄀国本治商密，今内乡县之丹水城。商密近武关也。苏秦说楚威王：秦起两军，一军出武关，一军下黔中，则鄢、郢动矣。楚怀王十八年，秦使人告楚，请以武关之外易黔中地。二十年，齐遗楚王书：王取武关、蜀汉之地，则楚之强百万也。三十年，秦昭王绐怀王会武关，至则闭执之以归。顷襄王元年，秦出武关攻楚，取析十五城。及秦并六国，东至齐，即墨大夫入见齐王曰：使鄢郢大夫收楚地，则武关可入；三晋大夫收晋地，则临晋之关可入也。秦始皇二十八年，自南郡由武关归。二世二年，陈涉使其将宋留将兵定南阳，入武关。三年，沛公南出轘辕，见河南巩县。略南阳，攻武关，入秦。汉元年，遣将军薛欧、王吸出武关，东略地。三年，辕生说汉王出武关，军于宛、叶间。宛、叶，俱见河南南阳府。景帝三年，七国反。吴王濞臣田禄伯曰：愿得五万人，别循江淮而上，收淮南、长沙，入武关，与大王会。当是时，周亚夫击反者，将会兵荥阳，发至霸上。赵涉说曰：从此右走蓝田，出武关，抵洛阳，不过差一二日，直入武库击鸣鼓，诸侯闻之，以为将军从天而下。贾谊《新书》：所谓建武关、函谷、临晋关者，大抵为备山东诸侯设也。淮南王安谋反，欲发南阳兵守武关矣。武帝太初四年，徙河南都尉治武关。时武关属弘农郡。太史公《货殖传》：南阳西通武关。应劭曰：武关，秦南关也。王莽居摄二年，以东郡翟义兵起，遣逯并屯武关。更始初，遣申屠建等攻武关，析人邓晔于匡起兵应汉，攻武关都尉朱萌，萌降。二年，赤眉扰关中，樊崇、逢安自武关，徐宣等从陆浑关，见河南嵩县。两道俱入。后汉建武三年，冯异击破延岑于蓝田。岑自武关走南阳。献帝初平四年，李傕等作乱，吕布自武关奔南阳。晋永兴三年，东海王越等遣兵入关中迎车驾，成都王颖自武关奔新野。永嘉四年，洛阳陷于刘聪，豫州刺史阎鼎奉秦王业于密，见河南密县。鼎寻奉业自宛趣武关，入关中。永和七年，桓温伐秦，步兵自淅川趣武关，败秦军于蓝田，进至霸上。义熙十二年，刘裕伐秦，遣沈田子等趣武关。明年，田子入武关，进屯青泥，见蓝田县。姚泓来战，败之。后魏孝昌二年，汝、颍群蛮断三鸦路，按三鸦路，见河南重险。引梁兵围荆州，魏荆州治穰城。遣都督崔暹将兵救之，至鲁阳，不敢进。乃别遣将军裴衍等将兵出武关，通三鸦路以救荆州。东魏天平初，高欢遣侯景击贺拔胜于荆州，胜败降梁，东魏遂取荆州。宇文泰遣独孤信出武关，攻东魏兵于淅阳，见河南内乡县。遂袭下穰城，即是时荆州治。既而东魏复取之。三年，高欢使高敖曹由武关趣商洛，击宇文泰。敖曹自商山转斗而进，遂攻上洛。又西魏大统六年，东魏侯景出三鸦，将复荆州。宇文泰遣李弼等出武关，景引退。《括地志》：武关山，地门也。唐至德二载，兴平将王难得攻安庆绪于武关，败之，克上洛郡。广德初，吐蕃入长安。郭子仪至商州，发武关防兵收长安。建中四年，朱泚据长安，尚可孤自襄阳入武关赴援，军于七盘，亦见蓝田县。败泚兵，遂取蓝田。又是时，江淮朝贡，为淮西李希烈所阻，皆由宣、饶、荆、襄趣武关。中和四年，黄巢为李克用所败，自蓝田入商山，从武关逸去。五代至宋，皆置兵于此，以为商、洛、宛、邓之防。元致和初，燕帖木儿迎立怀王，遣兵守武关。诸王阔不花等遣将破之，遂引而东。今由河南南阳、湖广襄、郧入秦者，必道武关。自武关而至长安四百九十里，多从山中行，过蓝田始出险就平。夫武关之于潼关，犹阴平之于剑阁也。然阴平僻而险，武关径且易，故尤能为秦患。《志》曰：武关之西，接商洛、终南之山，以达于岍陇；武关之东，接熊耳、马蹬诸山，以迄于轘辕。大山长谷，动数千里，倘逋逃者视为渊薮，秦、楚、梁、豫之间，患未有已也。杜笃云：一夫守垒，千夫沉滞，武关之谓乎？

○散关，

散关，在凤翔府宝鸡县西南五十二里。汉中府凤县东北百二十五里有大散岭，置关岭上，亦曰大散关，为秦蜀之噤喉。南山自蓝田而西，至此方尽。又西则陇首突起，汧、渭萦流。关当山川之会，扼南北之交。北不得此，无以启梁、益，南不得此，无以图关中。盖自禹迹已来，散关恒为孔道矣。汉元年，汉王自故道。故道即凤县。出陈仓，定三秦。说者谓出陈仓必由散关也。《后汉志》注：散关故城，在陈仓县南十里，有散谷水，因名。东汉初，汉中王嘉与延岑战，岑引兵北入散关，至陈仓，嘉追破之。建武四年，公孙述遣将李育等出屯陈仓，将徇三辅，冯异击破之。元初二年，虞诩为武都太守，叛羌遮诩于陈仓崤谷，诩计却之。胡氏曰：崤谷，即今之大散关。建安二十年，曹操讨张鲁，自陈仓出散关，至河池。蜀汉建兴六年，诸葛武侯出散关，围陈仓。宋元嘉十九年，遣裴方明等平仇池。既而魏主焘遣古弼等督陇右诸军，自祁山南入。皮豹子等督关中诸军，自散关西入，俱会仇池，遂取之。梁承圣二年，益州刺史武陵王纪引兵侵荆州，梁主绎求援于西魏。宇文泰曰：取蜀制梁，在兹一举。遂遣尉迟迥自散关伐蜀。后周天和五年，周主西巡，如散关。隋义宁元年，唐公李渊定长安，使姜谟、窦轨俱出散关，抚定陇右。唐上元二年，奴刺党项寇宝鸡，烧大散关，南侵凤州，大掠而西。凤翔节度使李鼎追破之。天宝末，西幸成都，道出散关。光启二年，田令孜劫上自宝鸡幸兴元，以杨晟为兴凤节度使，守散关。邠宁帅朱玫来追，攻散关，不克。继而玫复遣将王行瑜攻散关，晟败走。行瑜进屯凤州，攻兴州。天复二年，李茂贞劫车驾幸凤翔，朱全忠讨之，军于虢县。遣将孔勍出散关，攻凤州，拔之。又拔秦、陇二州，至成州而还。朱梁贞明二年，蜀遣将王宗绾等自凤州出大散关，破岐兵，遂取宝鸡，进围凤翔。五年，又出散关击岐，度渭水，会大雨而还。六年，蜀将陈彦威复侵岐，出散关，军于箭筈岭。见宝鸡县箭筈关。后唐同光三年，郭崇韬伐蜀，自宝鸡入散关，指其山曰：吾辈进无成功，不得复还此矣。长兴元年，石敬瑭入散关，攻董璋于东川。及石晋末，蜀人乘中原之乱，遣兵攻凤州。寻分兵扼散关，以绝北兵之援，凤州降蜀。刘汉初，蜀将张延钊等出散关及陇州，以逼凤翔。王景崇拒却之，又追败之于散关。乾祐初，景崇以凤翔叛。蜀兵赴援，军于散关。赵晖攻凤翔，遣别将李彦从击败蜀兵。既而蜀将安思谦复自散关应援，击汉兵于箭筈寨。周显德二年，命凤翔节度使王景攻蜀，自散关入，拔其秦凤诸州镇。南宋初，恒屯重兵于此，以备金人。而金人亦盛兵宝鸡，以当大散之冲。嘉定十年，金人入寇，遣完颜阿邻入大散关，攻西、和、阶、成州。明年，复犯大散关。绍定四年，蒙古拖雷入大散关，而梁洋诸州悉见涂炭。宝祐五年，蒙古主蒙哥南寇，由陇州入散关，捣蜀口。明初定关中，徐达亦分军自凤翔出散关，下兴元。盖梁益有事，必在散关。入散关而南出褒斜，西走阶、文，蜀亦岌岌矣。《元丰志》：由长安而至商州，二百余里；从商州至金、洋，皆数百里；兴元去长安，盖千二百余里；自骆谷关至洋州，亦五百余里；惟宝鸡南入大散，至梁州，五百里而近。今皆以连云栈为经途，而大散之势益重矣。

○萧关，

萧关，在平凉府镇原县西北百四十里，关中四关之一也。《括地志》：萧关，亦名陇山关。襟带西凉，咽喉灵武，实为北面之险。汉文帝十四年，匈奴入朝那萧关，杀北地都尉。至彭阳，使奇兵烧回中宫，见陇州。候骑至雍甘泉。景帝三年，吴王濞反书曰：燕王北定代、云中，抟音专，统帅之也。胡众，入萧关，走长安。武帝元鼎五年，行幸雍，逾陇，登崆峒，北出萧关，猎新秦中。元封四年，复幸雍，通回中道，遂出萧关。自魏晋以后，关中多故，萧关皆为往来孔道。唐武后久视初，以魏元忠为萧关道大总管，以备突厥。神龙元年，置萧关县。天宝十五载，太子按军平凉，议出肃关，趣丰安，见宁夏故灵州所。曰：灵州我之关中也。大中三年，吐蕃以秦、原、安乐三州及原州之石门、驿藏、制胜、石峡、木峡、六盘、萧七关来降。安乐州，即故宁夏中卫之鸣沙州。七关，俱见镇原县及固原州境内。五年，白敏中帅邠宁，平党项，乃规萧关，通灵威道；灵州、威州之道也，又置武州于此，以控三州七关之险。宋自天圣以后，西夏多事，萧关南北，筑城置戍，几无虚日。明初，徐达由静宁、隆德至萧关，遂取平凉。萧关诚控扼要地矣。

右按：陕西山川四塞，形胜甲于天下，为自古建都重地。雄长于兹者，诚足以奄有中原矣。然外虞羌戎之警，内殷资储之虑，则谈边备、议屯政者，往往聚讼焉。而汉唐成辙，固瞭如矣。《汉志》：雍州有鄠、杜竹林、南山檀柘，号称陆海，为九州膏腴。天水、陇西多林木。及安定、北地、上郡，皆迫近戎狄，修习战备，高尚气力，以射猎为先，故秦诗多车马田猎之事。自武威以西，本匈奴昆邪王、休屠王地，习俗颇殊，地广民稀，水草宜畜牧。故凉州之畜，为天下饶。项羽入关，韩生说羽曰：秦地山河四塞，地肥饶，可都以霸。汉六年，田肯说高祖曰：秦形胜之国也，带河阻山，隔绝千里，持戟百万，秦得百二焉。地势便利，其以下兵于诸侯，譬犹高屋之上建瓴水也。后汉建武中，杜笃献《论都赋》曰：西被陇蜀，南通汉中。北据谷口，东阻嵚岩。即崤关。关函守峣，山东道穷。置列汧陇，痈偃西戎。拒守褒斜，岭南不通。杜口绝津，朔方无从。此亦足以见雍州之大都矣。又永建初，陇西羌反，校尉马贤击降之。四年，虞诩上疏曰：《禹贡》雍州，厥田惟上，沃野千里。又有龟兹盐池，今见故宁夏后卫。以为民利。水草丰美，土宜产牧，因渠以溉，水舂河漕，用功省而军粮足。故孝武、光武筑朔方，开河西，置上郡，皆为此也。乃复三郡，使缮城郭，激河浚渠为屯田，省内都费，岁一亿计。唐筑受降诸城，广事屯田，而边储以足，徭戍减省，岂非雍州饶沃、不必虚中国以事疆埸之明验欤？

宋赵鼎曰：经营中原，当自关中始。汪若海曰：将图恢复，必在川陕。淳祐十二年，时蒙古主蒙哥欲以中州封同姓，命忽必烈于汴京、关中自择其一。姚枢曰：南京河徙无常，土薄水浅，泻卤生之。不若关中，厥田上上，古名天府陆海。忽必烈遂请关中。蒙古主并以河南与之，由是地广兵强。章俊卿有言：自蜀江东下，黄河南注，而天下大势，分为南北，故河北、江南，为天下制胜之地。而挈南北之轻重者，又在川、陕。夫江南所恃以为固者，长江也，而四川据长江上游，下临吴、楚，其势足以夺长江之险。河北所恃以为固者，黄河也，而陕西据黄河上游，下临赵、代，其势足以夺黄河之险。是川、陕二地，常制南北之命也。